JN057380

極めろ！ リスニング解答力 TOEIC® L&R TEST

著：イ・イクフン語学院
関 正生

スリーエーネットワーク

Published by 3A Corporation
Trusty Kojimachi Bldg., 2F, 4, Kojimachi 3-Chome, Chiyoda-ku, Tokyo 102-0083, Japan

ISBN978-4-88319-677-7

First published 2021
Printed in Japan

Preface

TOEIC is an international standardized test, designed to help students improve their English language skills in 'real-life work settings.' Therefore, understanding its newly updated format is as important as studying the language itself. This book not only provides a large number of questions that will effectively train you to improve your English ability but it also contains the questions in the exact same format as the NEW TOEIC. Moreover, this book includes logical explanations right next to the questions, making it easier to understand the reasons why your answer is right or wrong. Since understanding the reasons is the essence of getting the right answers to similar types of other questions, what makes a TOEIC book great is the explanation part. In addition, you can be more confident about those questions if you master the frequently-appearing vocabulary and patterns in this book, which was originally published by Lee Ik Hoon Language Institute.

Lee Ik Hoon Language Institute, founded in 1997 in Korea, owns the Lee Ik Hoon Research Center, which specializes in English education. The research center has been accumulating all the know-how and data of official English tests, such as TOEIC, TEPS, and TOEFL, for more than 20 years. All the questions developed by the research center are verified by Korean students through the institute. Therefore, the institute has been able to provide the best English questions to students all over the world. For these reasons and more, you can definitely trust the questions in this book.

As CEO of Lee Ik Hoon Language Institute and the head of Lee Ik Hoon Research Center, I proudly recommend this book to any of you who need to ace the TOEIC tests. In addition, the great quantity of qualitative questions, including the excellent explanations made by the top Japanese author, Masao Seki, will help you to be fully trained to earn your targeted score. Moreover, I wish you all the success that you desire to obtain through the TOEIC standardized test.

Lee Ik Hoon Language Institute
Ike Lee Jr., CEO

はじめに

TOEIC テストの対策は，とても大変なことです。ですからこの本は，しっかりと勉強した人に，その努力が無駄にならないよう，しっかりとスコアが上がるように作られました。

きちんとしたやる気と根気があれば現状のスコアは問いませんが，現状 550 点～700 点くらいの人が「800 点の壁」を超えて，860 点を達成するための本だとお考えください。

●なぜスコアが停滞するのか？

ボクは今，オンラインスクール『スタディサプリ』で，TOEIC テスト対策として，300 本以上の動画を担当し，年間で数万人もの TOEIC 受験者に講義をしています。

そこに寄せられるたくさんの悩み事から，550 点～700 点のスコアを持っている人に共通する悩みに気づけました。

もし現状が 400 点で 550 点くらいが目標の人なら，それなりの量をこなしていけば目標のスコアは出る人が多いです。つまり，勉強の質を気にしなくても，量と時間が解決してくれることが多いのです。

しかし 550 点～700 点のスコアを持つ人が 860 点以上を目標にした場合，結構な割合の人が大きな壁にぶつかって，そのまま停滞してしまいがちなのです。勉強を続けているのにスコアが伸びなくなったり，自分のやってきた勉強に自信を持てなくなって勉強法がブレてしまい，貴重な時間を無駄にしたり，そんなことに嫌気がさして TOEIC の勉強をやめてしまうなんてことがよく起きるんです。

そうなってしまう原因を，万単位の悩みの声から分析した結果は２つあります。

①勉強の「質」が低い

丸暗記やセンスに任せて勢いだけでスコアを伸ばしてきてしまった。その結果，そういったものが通用しない領域（700 点以上）で立ち往生している。丸暗記の英語は，時間がたてば丸忘れしてしまうので，いくらやってもキリがありません。そもそもハイスコアに必要な単語・文法などを丸暗記していくのは現実的ではありませんよね。

②勉強の「量」が足りない

一段階大きな壁を超えるために，さらに多くの勉強をしていかないといけません。ところが 550 点～700 点のスコアを持つ人の中には，「それなりにやっています」と言えるほど量をこなしている人も少なくありません。確かに，忙しい仕事の合間をぬって時間を捻出している人もたくさんいるのです。

しかしそれでもスコアは伸びません。

たくさんの対策本をこなす，その姿勢自体は素晴らしいのですが，どの本も頻出パターンを載せることが多く，したがって TOEIC の頻出パターンには何度も触れるため強くなるのですが，上級者の仲間入りをするための「ちょっと難しめの問題」に触れることがあまりに少ないからなのです。

●「質と量の両立」を実現

そこで本書では「解説の質」と「演習問題の量」を両立させました。

まず「解説の質」は，スタディサプリの映像授業で大きな評価を頂いている「丸暗記英語の排除 → 理屈の説明」を軸に据えて解説しています。単にその場の問題を解くだけの場当たり的な解説ではなく，なぜそうなるのかに極力触れるようにしました。TOEIC のスコアだけでなく，英語の実力そのものも養成されるはずです。
次に「演習問題の量」は，韓国の『イ・イクフン語学院』の全面協力で作成した基本パターン・頻出パターンはもちろん，860 点達成のための「ちょっと難しめの問題」を大量にかつ効率的に演習できる問題ばかりを 1 冊の中に網羅することができました。

さあ，これ以上のことはもう言葉を重ねる必要はないでしょう。論より証拠ということで，本書を手にしたみなさん自身の目と肌で確認しながら，その威力を実感していただければと思います。では始めましょう。

関 正生

本書の構成

各 Part は問題形式やテーマ別に Unit を分けてあります。各 Unit，各 Part の学習順序は次のようになります。

❶ **チャレンジ** **各パートで必要な英語の「基礎力」を養成する。**

Part 1

●重要表現の聞き取りと基礎問題

正解としてよく出題される文を聞き取りディクテーションし，基礎的な問題を本試験形式で解きます。

Part 2

●正解パターンの聞き取り

正解パターンを聞き取りディクテーションします。

Part 3

●短い会話 ＋ 設問 1 問だけ
●キーワードや正解を導く文の聞き取り

本試験より短い会話に関する設問を 1 問 1 答で解くことで，どのような設問があるのかを確認します。

Part 4

●本試験と同様の 3 問の設問を先読みして解答

Part 4 の説明文をテーマごとに構造分析します。Part 4 はパターンごとに一定の構造を持っています。代表的な説明文パターンの構造を知っておけば，多少難しい内容が出てきても流れを把握するのがはるかに楽になります。また，問題パターン別のアプローチ法も解説します。むやみに聞くのではなく，問題のパターン別に戦略を立てて聞くようにすると，ハイスコアを取るのにはるかに有利になります。

▼

❷ **練習問題** **各パートで必要な「解答力」を養成する。**

Part 3 と 4 では，どのようなキーワードが正解の根拠となるかを，簡単な問題とディクテーションで確認していきます。

❸ **まとめ問題** **実戦形式の問題で「実力」をつけ，本試験に備える。**

音声は下記の Web site から無料でダウンロードできます。
https://www.3anet.co.jp/np/resrcs/592120/
スマホのマークシートアプリ abceed でも音声を提供しています（☞ 7 ページ）。

スマホがマークシート代わりに！

No.1 TOEIC®対策アプリ

abceed

Android・iPhone対応

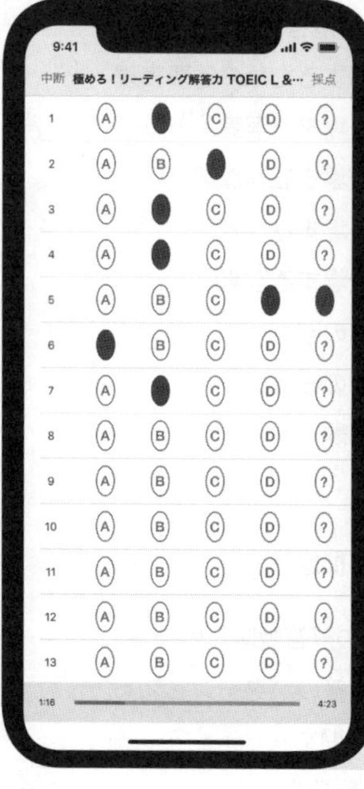

タップで解答・自動で採点

＊本書のアプリ版は有料です。
＊abceed proプランは有料です。
＊使い方は、www.abceed.comにてご確認ください。
＊ご利用の場合は、スマートフォンにアプリをダウンロードしてください。

https://www.abceed.com/

*abceedは株式会社Globeeの商品です。

目次

はじめに …… 4
本書の構成 …… 6
マークシートアプリ abceed ご案内 …… 7
TOEIC リスニングのための勉強法 …… 10

極めろ！ Part 1 写真問題 …… 13

Part 1 の解答戦略と勉強法 …… 14
Unit 1　全問正解するための重要表現 …… 16
Unit 2　人物が登場する写真① …… 26
Unit 3　人物が登場する写真② …… 42
Unit 4　人物が登場する写真③ …… 58
Unit 5　人物が登場する写真④ …… 72
Unit 6　室内の物の写真 …… 92
Unit 7　屋外の物の写真 …… 108
Unit 8　まとめ問題 …… 124

極めろ！ Part 2 応答問題 …… 137

Part 2 の解答戦略と勉強法 …… 138
Unit 1　誤答と正答のパターンを知る …… 140
Unit 2　When 疑問文 …… 146
Unit 3　Where 疑問文 …… 154
Unit 4　What 疑問文 …… 162
Unit 5　Who(se) 疑問文 …… 170
Unit 6　How 疑問文 …… 178
Unit 7　Why 疑問文 …… 186
Unit 8　Which 疑問文 …… 194
Unit 9　Do 疑問文 …… 202
Unit 10　be 動詞疑問文 …… 210
Unit 11　Have・Will・Can・Should を使った疑問文 …… 218

Unit 12 勧誘・依頼・提案 …… 226
Unit 13 付加疑問文 …… 234
Unit 14 選択疑問文 …… 242
Unit 15 平叙文 …… 250
Unit 16 まとめ問題 …… 258

極めろ！ Part 3 会話問題 …… 279

Part 3の解答戦略と勉強法 …… 280
Unit 1 場面に慣れる①——ビジネス …… 284
Unit 2 場面に慣れる②——日常生活 …… 314
Unit 3 設問パターンに慣れる① …… 344
Unit 4 設問パターンに慣れる② …… 374
Unit 5 設問パターンに慣れる③ …… 404
Unit 6 新形式パターンに慣れる …… 438
※「まとめ問題」はUnitごと

極めろ！ Part 4 説明文問題 …… 515

Part 4の解答戦略と勉強法 …… 516
Unit 1 メッセージ …… 520
Unit 2 案内・お知らせ …… 548
Unit 3 広告 …… 576
Unit 4 スピーチ …… 604
Unit 5 報道 …… 632
Unit 6 スケジュール紹介 …… 664
※「まとめ問題」はUnitごと

おわりに …… 692

TOEIC リスニングのための勉強法

1.「ディクテーション」をする

本書では，各パートで必ず「ディクテーション（聞いた英文を書き取ること）」を行います。問題を解いて正解を確認し，英文スクリプトとその訳を見るだけでは，「聞き取れる」ようにはなりません。結局，聞き取れなかった箇所はそのままになってしまい，自分の思っている発音と実際の発音の違いに気づけないからです。たとえば，“up here” や “away from” はそれぞれがハッキリ発音されるとは限りません。また，前置詞・代名詞・接続詞・助動詞・be 動詞などの「普段の発音」は，多くの人が思っている発音とかなり異なります。このような普段の発音は「弱形」と呼ばれ，たとえば of なら「オブ」ではなく，「ァヴ」と発音されるのが普通なんです。さらに「ァ」や「ヴ」になることもよくあります。ディクテーションをすることによって，自分が聞き取れなかった箇所がハッキリし，このような「弱形」の理解にもつながるわけです。ただ，すべての英文をディクテーションするのは非常に時間がかかりますので，本書では「正解を選ぶためにはどの部分が聞き取れなければならないのか」という視点から，効率良くディクテーションを行っていきます。

2.「しっかりと１文１文読む力」をつける

「いくら音声を聞いても聞き取れるようにならない」という相談があれば，僕は「問題英文の音声スクリプト・設問・選択肢すべてを，返り読みせず理解できるようにしてください」とアドバイスします。「読んで理解できない英文」は，聞いてもわかるわけがないからです。実際に流れる「リスニングのスピード」で英文の内容を読んで理解できるかを確認してみると，多くの人がそのスピードで理解できないことに気づくと思います。この状態でいくらリスニングの練習をしても，非常に効率が悪いわけです。そこで，皆さんはまず「英文スクリプト・設問・選択肢」に出てくる「単語・熟語・文法・英文の構造」を確実に押さえてください。「聞き取り」の問題以前に，返り読みせず，一度で理解できるレベルまで徹底的に読み込むことが大切なんです。英文を和訳しろとまでは言いませんが（本当はやってほしい），和訳するつもりできちっと読んでください。こういった勉強をきちんとすることで，英語力そのものが上がり，目標点数の手前で伸び悩むということがなくなるはずです。

3.「シャドーイング」をする

ディクテーションをし，スクリプトを理解できるようになったら「シャドーイング」をしましょう。シャドーイングとは「リスニングしながら，その英文に影（shadow）のようにくっついて声に出していくこと」です。最初は英文を見ながらでOKですが，５回くらいやったら，今度は英文を見ずにシャドーイングしてみてください（５回もやったはずなのにあまりできないと思いますが，これは誰でも同じなのでご安心を）。何回もこなして，最終的に１度もつっかえずにシャドーイングできる状態までいけば，その英文は完成です。完璧にシャドーイングできるようになるには，何十回も聞くことになるのが普通で，

50回を超えることもあるでしょう。かなり大変ではありますが，この作業を繰り返すことで，リスニングの力はついていきます。たくさんの英文を1回聞くだけよりも，完全にシャドーイングできるまで同じ英文を聞き込んだ方が，リスニング力は上がるんです。

4.「聞き覚え」を作る

何度もシャドーイングをすると，音と意味が結びついてきます。僕はこれを「音の記憶」と言っています。この音の記憶を蓄積していくことで，「聞き覚えがある」という状態になり，本試験でも力を発揮するのです。シャドーイングを何度も繰り返すことで「聞き覚え」を作ることができ，確実にリスニングのスコアは上がっていきます。

5.「スキマ時間」を効果的に使う

勉強は机の上だけでするものではありません。日々いろいろとやることがある中で，机に座る時間がないことも多いでしょう。そこで，復習が終わった素材をスマホなどに入れておき，スキマ時間にリスニングの勉強ができるようにしておきましょう。歯を磨きながら，掃除しながら，電車を待っている間，電車の中でつり革につかまっている間，昼休みなどなど，意外にスキマ時間はあるものです。シャドーイングは実際に声を出すのが理想ですが，慣れないうちは自分の声で英語がかき消されてしまうので，小声もしくは「声に出さないでシャドーイング（心の中で英文を繰り返すだけ）」でもOKです。これなら電車の中でもできるので，リスニングの勉強時間が一気に増えますよ。

6.「復習の鬼」になる

点数が伸び悩む人やスコアが安定しない人に共通しているのが，「復習不足」です。問題を解いた後に，設問と関係のあるところをサラッと読んで（しかも英文を読むのではなく和訳だけを読んで），知らない単語の注釈に目を通すだけ，という復習方法ですませていることが驚くほどよくあります。これでは，英語ができるようになるはずがありません。たとえば，100回の模試を1回ずつ解くより，5回の模試を20回読み込み，シャドーイングを完璧にする方が絶対にスコアは伸びます。大変に思えるかもしれませんが，浅い勉強を繰り返し，1年も2年もスコアアップしない方が悲しいですよね。ですから，シャドーイングは「完璧にできるようになるまで（結果，数十回は行くはず）」，さらに，問題の解き直しを「3回」はしてみてください。特に「聞き取れなかったもの」や「間違えた問題」は必ず3回解き直してみましょう。TOEICはきちんと勉強すれば必ず結果が出る試験ですので，本書を徹底的に復習することで，大幅なスコアアップに直結するはずです。

極めろ！ Part 1
写真問題

Part 1 の解答戦略と勉強法
Unit 1　全問正解するための重要表現
Unit 2　人物が登場する写真①
Unit 3　人物が登場する写真②
Unit 4　人物が登場する写真③
Unit 5　人物が登場する写真④
Unit 6　室内の物の写真
Unit 7　屋外の物の写真
Unit 8　まとめ問題

アイコン一覧

1_001　MP3音声ファイル

解説

語句

解答

動　動詞

名　名詞

形　形容詞

副　副詞

pl.　複数形

cf.　参照

Part 1 の解答戦略と勉強法

1. Part 1 の流れ

(1) LISTENING TEST のテスト説明が英語で放送され（約 28 秒），その後 Part 1 の Directions（問題指示文）が放送されます（約 1 分）。

(2) No. 1. Look at the picture marked No.1 in your test book. という放送文が流れ，問題が始まります。

(3) 第 1 問から第 6 問の 6 問です。

(4) 各問題に写真が 1 枚印刷されていて，(A)(B)(C)(D)4 つの選択肢が音声で流されます。

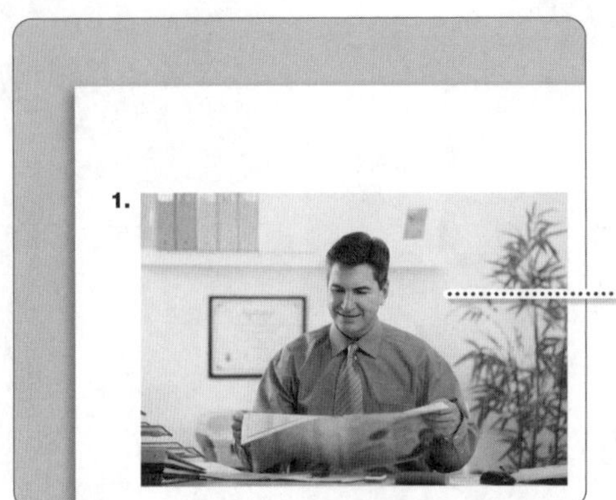

放送される選択肢

(A) He's opening a bag.
(B) He's looking at a desk.
(C) He's entering a store.
(D) He's reading a newspaper.

(5) 写真を最もよく描写している選択肢を選びます。

(6) 選択肢を聞き終えてから 5 秒以内に答えを選び，該当するマーク欄を塗りつぶします。

2. 解答戦略

(1) ムリに予想は不要

従来，写真を見たら「風景・人物・人数に注目する」などと言われてきましたが，無理に予想する必要はありません。確かに写真を見て，出てきそうな表現を予想できた方が有利なのは事実ですが，目を引くところとまったく違うところが正解になる問題もあります。予想できなくても気にする必要はなく，英語に集中すればＯＫです。

(2) 消去法を活用する

実際の試験ですべての音を聞き取ることはかなり難しいので，消去法も活用しましょう。マークシートの上に鉛筆の先を置いておくという対策がメジャーですが，この方法にこだわる必要はありません。たとえば，僕は写真の４辺を (A)(B)(C)(D) に見立てて，その場所に消しゴムを置いています。(A) の選択肢を聞いて，それが正解だと思えば「Ａの位置（写真の上)」に消しゴムを置いたままにします。もし (A) が違うと思えば，時計回りに移動して「Ｂの位置（写真の右)」に消しゴムを移動します。普段から試しておいて，自分なりの方法を身につけておくといいでしょう。

(3)「弱形」を意識する

単語の中には「強形」と「弱形」という２種類の発音を持つものがあり，日本人は「強形」で教わりますが，普段は「弱形」の方が圧倒的に使われます。たとえば，一般的に been は「ビーン」，being は「ビーイング」と発音されると思われています。しかし，実際には been は「ビン・ベン」，being は「ビーィン」と発音されるんです。こういった「実際の発音」を知らないと，being「ビーィン」が発音されているのに，been と勘違いしてしまいます。「弱形」はリスニング攻略の最大の切り札となりますので，必ずマスターしておきましょう。

(4)「ズラす」パターンに注意する

写真で「目立っているもの」が正解になるとは限りません。たとえば，「１人の女性がバイオリンを演奏していて，そばの壁にいくつかのギターが立てかけてある」写真があるとします。普通は「バイオリンを演奏している」のが目立っているので，ここが正解になると考えてしまいますが，There are instruments standing against the wall.「楽器が壁に立てかけてある」という文が正解になることがあるんです。インパクトの強いところに目が行ってしまうと，どうしても予想した単語が出てくると飛びついてしまいます。ですから，試験中は写真を見て予想をするのではなく，音声に集中することをおススメします。

3. Part 1 の勉強法

(1) まぎらわしい音の聞き分けはほどほどでOK

bending と vending など，似た発音のひっかけは確かに出題されますが，実際の試験では，英文の前後の内容から問題なく判別できます。基本的には文脈から判断できますので，そこまで気にする必要はありません。

(2) Part 1 によく出る文法事項を理解する

たとえば，Part 1 は「受動態＋進行形（be being p.p.)」と「受動態＋完了形（have been p.p.)」の区別がよく出題されます。「受動態＋進行形」の場合は「～されている途中」という意味になるのに対し，「受動態＋完了形」だと「～されてしまった」という意味になり，主に「完了」を表します。この区別が問われる問題が頻出で，さらに「発音」もまぎらわしいので，こういった頻出パターンに慣れておく必要があります。

(3) Part 1 によく出る単語・表現を押さえる

Part 1 では，写真に guitar があれば，正解の選択肢ではそれを instrument「楽器」で表すことがよくあります。こういった「総称的にまとめた単語」が Part 1 では頻出なので，しっかり押さえておきましょう。

また，be secured to ～「～に固定されている」，curb「縁石」，patterned「模様の付いた」など，受験勉強などであまり覚える機会のなかった単語もよく出てきます。さらに，Part 1 ではやたらと「何かが積み重なっているとき」の写真がよく出て，be stacked (up)・be piled (up)「積み重ねられている」という表現が使われます。こういった，Part 1 特有表現をチェックしておくことが重要です。

1. カテゴリーを表す名詞表現 1_001 アメリカ

先ほど例に出したinstrumentのように，Part 1では「総称的にまとめた単語」が非常によく出ます。毎回の試験で必ず出てきますので，以下でチェックしておきましょう。

□ (1) Display shelves are full of merchandise. ｜ 陳列棚は商品でいっぱいである。

"merch-"の部分は，フランス語で「市場」という意味があります（フランス語marchéの発音は「マルシェ」で，日本でもお洒落な場所での青空市場が「マルシェ」と名付けられたりします）。merchant「市場の人」→「商人」，merchandise「（商人が扱う）商品」となりました。
たとえば「棚にカバンが陳列されている」写真で，上のような英文が使われるわけです。ちなみに，product · goods「商品」，produce「農作物」なども似た働きをします。

□ (2) Products have been organized in two rows. ｜ 製品は２列に整理されている。

produce「生産する」から派生した単語で，productは「生産されたもの（商品）」を漠然と指します。たとえば「帽子が店内で2列に並べられている」写真で，productsを使って表すことができます。

□ (3) A storeroom is stocked with supplies. ｜ 収納室に消耗品を保管している。

supplyは「備品・消耗品」という意味で，備品はいろいろあるので「複数形（supplies）」で使われるのが普通です。リスニングではsurprise「驚かす」と勘違いしてしまう人も多いので，しっかり押さえておきましょう。ちなみに，pens, paper, erasers, scissors, paper clips, binder clips, binders, notebooksなどの「文房具・事務用品」をstationeryで表せます。

□ (4) They are getting into a vehicle. ｜ 彼らは車に乗り込んでいる。

□ (5) A vehicle is stopped by the curb. ｜ 車は縁石のそばに駐車されている。

自動車・バス・トラックなどの「乗り物」のことをvehicleと言います。キャンピングカーなどを「RV車」と言いますが，recreational vehicleの略です（recreationalは「娯楽の」という意味で，小学校の「レク」のことです）。busやtaxiに人が乗り込んでいる写真で，vehicle「乗り物」を使って表現されることがあります。

□ (6) A man is installing some equipment. 男性が装置を取りつけている。

equip A with B「AにBを備え付ける」の名詞形が equipment で，「会社・工場に備え付けられたもの」→「装置・機器」となりました。装置の大小に関係なく使うことができ，microscope, microphone, projector などさまざまなものを表すことができます。ちなみに，office equipment「オフィス用品」として，copier, printer, shredder, telephone, fax machine などを表すこともあります。

□ (7) A man is wearing safety gear. 男性が防具を身につけている。

gear は「道具・用具一式」という意味で，safety gear「安全装置・防具」とよく使われます。helmet, gloves, protective glasses「保護メガネ」, work vest「作業用チョッキ」なども safety gear です。

□ (8) He is using a medical device. 彼は医療機器を使用している。

device は「機械・装置」という意味で，日本語でもパソコン・スマホ関係の機器を「デバイス」と言ったりします。medical device と言えば「医療機器」のことです。また，printer や mouse のことも device で表せます。

□ (9) A man is holding a tool with both hands. 男性が両手で道具をつかんでいる。

□ (10) There are some power tools near a work area. 作業場の近くにいくつかの電動工具がある。

tool は「手で使う小さな道具」のことです。たとえば，「男性がのこぎりで木を切っている」写真の場合，(9) のような英文を使うことができます。また，電動ドリルなどを power tool「電動工具」で表すこともあります。

□ (11) He is operating heavy machinery. 彼は重機を操作している。

machine・machinery は「機械」で，heavy machinery だと「重機」となります。上の英文は，「ショベルカーに座って操作している」ような写真で使われます。equipment・device・machinery などは細かい日本語訳は気にせず，どれも「機械」と押さえておけば OK です。

□ (12) She is playing a musical instrument.	彼女は楽器を演奏している。
□ (13) They are playing different instruments.	彼らは異なる楽器を演奏している。

guitar や piano などのような楽器を，(musical) instrument「楽器」で表すことができます。CD で「楽器だけ（ボーカルなし）」の曲に「インストゥルメンタル（instrumental）」と書かれているのを見たことがある人もいるでしょう。

□ (14) Baked goods are on display in a shop window.	パンがショーウィンドウに陳列されている。
□ (15) A man is removing some baked goods from an oven.	男性がオーブンからパンを取り出している。

baked goods は直訳「焼かれた（baked）商品（goods）」→「焼き菓子」で，パンやクッキーなどを表します（baked は，日本語でも「ベイクドチーズケーキ」のように使われていますね。ちなみに，英語の baked の発音は「ベイクト」です）。bread, pie, cookie, cake などが陳列されていたり，作ったりしている写真がよく登場します。

□ (16) They're viewing some artwork in a gallery.	彼らは美術館で美術作品を鑑賞している。
□ (17) Some artwork has been placed in front of a building.	美術作品が建物の前に設置されている。

artwork は「芸術（art）の作品（work）」→「芸術品」のことで，drawing, painting, picture だけではなく，sculpture「彫刻」，statue「彫像」，photograph, portrait, pottery「陶磁器類」なども指します。「展示場」や「銅像が立っている公園」，「建物の前に彫像が置かれている」写真でよく使われます。

□ (18) A bookshelf is full of reading materials.
本棚が読み物でいっぱいである。

□ (19) Some reading materials are on a desk.
何冊かの読み物がデスクの上に置かれている。

material は「物・材料」などの意味で，reading material で「読み物」となります。上の英文のように，「本でいっぱいの本棚」や「雑誌が置かれたテーブル」の写真がよく出てきます。

□ (20) Appliances are placed on a shelf.
電化製品が棚に置いてある。

動詞 apply は「応用する・利用する」で，名詞 appliance は「利用するもの・道具」→「電化製品」となりました。refrigerator「冷蔵庫」，microwave oven「電子レンジ」，stove「コンロ」，dishwasher「食洗機」，washing machine「洗濯機」，dryer「ドライヤー・乾燥機」，rice cooker「炊飯器」，toaster「トースター」など，さまざまなものを表すことができます。

□ (21) Utensils are arranged on a shelf.
キッチン用品が棚に並べてある。

utilize「利用する」と語源が同じで，utensil は「利用できる・役立つもの」→「(特に台所の)用具」となりました。主に，ナイフ・フォーク・スプーンなどを指します。さらに難しいところで言えば，whisk「泡だて器」，spatula「へら」，ladle「お玉」，tongs「トング」，peeler「皮むき器」なども表します。

□ (22) Silverware is being laid for a meal.
食事のために食器が置かれているところだ。

ware は「商品」という意味で，silverware は「銀の（silver）商品（ware）」→「銀製食器類」を表します（ware は cookware「料理器具」や housewares「台所用品」などにも使われています）。主にナイフやフォーク，スプーンなどのことで，「テーブルの上にナイフ・フォークなどを置いている」場面の写真で上のような英文が使われます。

□ (23) Some garments are on display.
衣類が何点か陳列されている。

一点の「衣服」のことを garment と言います。「体を保護する（gar）もの」→「衣服」となりました（gar は guard「保護する」の語源にもなっています）。shirt, pants, blouse, sweater, jeans, suit, dress, skirt, scarf, jacket, coat, vest, hat などはすべて，garment で表すことができます。

2. 動詞表現 1_002 アメリカ

□ (1) Various items sit on a shelf. | さまざまな品物が棚に置かれている。

sit には「座る」以外に,「(物が) 存在する」の意味もあります。

□ (2) He is positioning a vase on the table. | 彼はテーブルの上に花瓶を置いているところだ。

position は名詞「位置」が有名ですが,今回は動詞で「(特定の位置に) 置く・配置する」という意味です。arrange や place と同じように使われます。

□ (3) A ladder has been propped against a house. | はしごが家に立てかけられている。

prop は本来「支える」で (ラグビーでスクラムを支えるポジションを「プロップ」と言います), そこから「立てかける」という意味が生まれました。受動態 "be propped (up) against ～"「～に立てかけられている」の形が頻出です (against は「～に対して」を表します)。

□ (4) A walkway encircles a lake. | 歩道が湖を取り囲んでいる。

encircle は「円 (circle) の中に入れる (en)」→「取り囲む」という意味です。surround と同義語です。

□ (5) Pipes have been laid in a trench. | 溝のなかにパイプが置いてある。

laid は lay「置く」の過去分詞です (lay - laid - laid と変化します)。これは「他動詞」なので,受動態として使うことができます。ちなみに,lie「いる・ある」は「自動詞」で,lie - lay - lain と変化します。

□ (6) Some bicycles have been secured to a rack. | 何台かの自転車がラックに固定されている。

secure は形容詞「安全な・確実な」だけでなく,動詞も大事です。「安全な」→「安全に固定する」という意味で,Part 1 では be secured to ～「～に固定されている」の形がよく使われます。

☐ (7) Passengers are disembarking from a bus. | 乗客がバスから降りているところだ。

embark は「乗り込む」で，disembark はその逆で「降りる」となります。人々が飛行機・バス・船などから降りている写真を描写するのに使われます。

☐ (8) Some papers are pinned to a bulletin board. | 書類が掲示板に留めてある。

pin には「ピンで留める」という動詞があり，be pinned to ～「～にピンで留められている」の形でよく使われます。

☐ (9) A lighthouse is situated near a shoreline. | 灯台が海岸線の近くに設置されている。

situate は本来「（建物を）置く」という意味で，受動態 be situated で「置かれている」→「位置している」となります。be located「位置している」と同義語です。Part 1 では，こういった位置表現が非常によく使われます。

☐ (10) A truck is hauling some goods. | トラックが品物を運んでいる。

haul「引っ張る・運ぶ」という意味で，carry や move と同じイメージで使われます。ちなみに，YouTube などに Haul Video と呼ばれる動画がありますが，これは「購入品を袋から引っ張り出して紹介するビデオ」のことです。

☐ (11) They're sorting through some documents. | 彼らは書類を分類しているところだ。

sort through ～「～を分類する」という熟語です。コピー機で「紙を分ける機能」を「ソート機能」と言います。

☐ (12) A ramp extends from the shore to a boat. | 岸からボートに乗降板が延びている。

extend は「外へ（ex）伸びる（tend）」→「伸びる・続く」です。「付け毛」のことを若い人は「エクステ」と言いますが，これは名詞 extension で，「髪の長さを伸ばすこと」ということです。

☐ (13) A ramp leads into the back of a truck. | トラックの後部に乗降板がつながっている。

lead には「導く・率いる」の他に,「(道路などが)通じる・至る」といった意味があります。lead into ～ で,「～の中に(into)通じる(lead)」→「～に続いている」です。ちなみに,ramp は「乗降板・スロープ」という意味の少し難しい単語ですが,ぜひチェックしておきましょう。

☐ (14) A hat is shielding a shopper's face from the sun. | 帽子が買い物客の顔を日光から保護している。

この shield は動詞「保護する」です。ゲームでは,自分を守る楯に「シールド」という言葉がよく使われています。

☐ (15) A pier protrudes into the water. | 埠頭が海に突き出すように伸びている。

protrude は「前へ(pro)突っ込む(trude)」→「突き出る」という意味です。ちなみに,intrude なら「中へ(in)突っ込む(trude)」→「押し入る・介入する」となります。少し難しい単語ですが,高得点を目指すみなさんは,ぜひ押さえておきましょう。

☐ (16) A woman is walking a dog in a park. | 女性が公園で犬を散歩させている。

walk は自動詞「歩く」が有名ですが,この walk は「歩かせる・散歩に連れて行く」という意味の他動詞です。直後に目的語をとり,walk a dog「犬を散歩させる」となります。

☐ (17) A train station overlooks a parking area. | 駅から駐車場が見渡せる。

overlook は「上から(over)見る(look)」→「見渡す」です。建物を表す語句が主語になると,「(その建物から)～が見下ろせる」という意味になります。

☐ (18) Diners are studying the menu. | 食事客がメニューを見ている。

study には「詳しく見る」という意味があり,Part 1 で狙われることがあります。

☐ (19) Trees are casting shadows on the ground. | 木が地面に影を落としている。

cast は「投げる」で,cast a shadow on ～ は「～の上(on)に影(a shadow)を投げる(cast)」→「～に影を落とす」となりました。

3. 予想外の描写 1_003 アメリカ

写真に写っているものを直接描写するのではなく，少し異なる観点から写真を描写した選択肢が正解になることがあります。以下で，このパターンの例を確認しておきましょう。

(1) 女性が草花に水をあげている写真

「植物に水を与える (water some plants)」や「水がまかれているところだ (is being watered)」という表現ではなく，「世話をしている (take care of)」が正解となることがあります。

□ She's <u>watering</u> some plants.	彼女は植物に水をやっている。
↓	
□ She's <u>taking care of</u> some plants.	彼女は植物の世話をしている。

(2) レストランのテーブルに花瓶が置いてある写真

単に「花が置かれている」という説明ではなく，「花がどのような役割をしているか」が描写されることがあります。

□ A floral arrangement <u>has been placed</u> on a table.	生け花がテーブルに飾られている。
↓	
□ A floral arrangement <u>decorates</u> a table.	生け花がテーブルを飾っている。

(3) 作業員が工事をしている，事務員がオフィスで仕事をしている写真

特定の動作や姿勢ではなく，「…に集中している」という描写が正解になることがあります。

□ They're <u>fixing [building, repairing, working] ...</u>	彼らは…を取り付けて（建設して，修理して，動かして）いる。
↓	
□ They're <u>concentrating</u> on their work.	彼らは仕事に集中している。

(4) 女性が作品を鑑賞している写真

人ではなく物の観点から「写真が女性の関心を引いている」と描写しています。人と物の両方が出てくる写真では，このように「物」の観点から描写することもあると知っておきましょう。

□ She's <u>looking at</u> some photographs.	彼女は何枚かの写真を見ている。
↓	
□ Some photographs <u>have drawn</u> the woman's <u>attention</u>.	何枚かの写真が女性の注意を引いている。

4. 現在完了形の受動態（has/have been + p.p.） 1_004 アメリカ

写真を見る時点を現在とし，「過去～現在まで」を表すときに使います。また，been は一般的に「ビーン」と発音されると思われていますが，実際には「ビン」「ベン」のように発音されます。

□ (1) Some products have been hung from hooks.	いくつかの商品がフックに吊るされている。
□ (2) Items have been organized in two rows.	商品が２列に整理されている。
□ (3) Boxes have been emptied of their contents.	箱の中身は取り出されている。
□ (4) Stools have been lined up under the windows.	スツールが窓の下に並べられている。
□ (5) A ladder has been propped against a house.	はしごが家に立てかけられている。
□ (6) Tracks have been left in the sand.	わだちが砂の上に残されている。
□ (7) Tables have been arranged in a room.	テーブルが部屋に並べられている。
□ (8) Containers have been set on shelves.	容器が棚に置いてある。
□ (9) Seaweed has been washed up on the shore.	海岸に海藻が打ち上げられている。
□ (10) Packages have been stacked on a platform.	荷物がホームの上に積み上げられている。
□ (11) Pipes have been laid in a trench.	パイプが溝の中に置いてある。
□ (12) A bookshelf has been placed between two beds.	本棚が２つのベッドの間に置かれている。
□ (13) Bicycles have been secured to metal posts.	自転車が金属の柱に固定されている。
□ (14) Some leaves have been gathered into a pile.	葉が集められて山になっている。
□ (15) Some items have been piled on the ground.	商品が地面に山積みになっている。

5. 進行形の受動態(is/are being + p.p.) 1_005 アメリカ

進行形は「～している途中」を表すので，進行形の受動態では「～されている途中だ」という意味になります。基本的に「動作の進行中」のときに使われる表現で，これを「状態」を表す写真に使うひっかけがよく出ます。また，being の発音は「ビーイング」と思われていますが，実際には「ビーィン」です。been を「ビーン」と思い込んでいると，being「ビーィン」を聞いたときに been と勘違いしてしまうわけです。この区別は本当によく出るので，発音まで完璧に押さえておいてください。

□ (1) Some paper is being removed from a printer.	何枚かの紙がプリンターから取り出されているところだ。
□ (2) Crates are being loaded onto a truck.	木箱がトラックに積まれているところだ。
□ (3) A microphone is being adjusted.	マイクが調整されているところだ。
□ (4) A fence is being constructed.	フェンスが建設中だ。
□ (5) A poster is being stuck to a wall.	ポスターが壁に貼りつけられているところだ。
□ (6) A patient's arm is being examined.	患者の腕が診察されているところだ。
□ (7) Some flowers are being sprayed with water.	花に水がかけられているところだ。
□ (8) Boxes of different sizes are being displayed.	大きさの異なる箱が陳列されているところだ。
□ (9) Products are being labeled on an assembly line.	製品が製造ラインでラベルを貼られているところだ。
□ (10) A piece of paper is being thrown out.	一枚の紙が捨てられているところだ。
□ (11) Trees are being trimmed.	木が刈り込まれているところだ。
□ (12) Luggage is being removed from a conveyer belt.	手荷物がベルトコンベアから回収されているところだ。
□ (13) Shadows are being cast on the sand.	砂の上に影が落ちている。

見る

音声を聞いて空所を書き取ってください。

1. 1_006
A woman's ________ ________ ________ ________ on a car.

2. 1_007
People are ________ ________ ________ in a gallery.

3. 1_008
Travelers are ________ ________ ________ ________ ________.

4. 1_009
Some people are ________ ________ ________ ________.

5. 1_010
Women are ________ ________ ________ ________.

(A) から (D) の 4 つの文を聞いて，写真を最も的確に描写しているものを選んでください。

6. 1_011

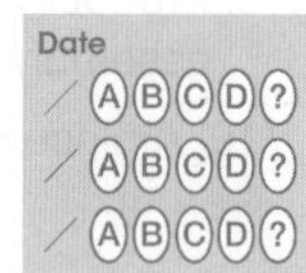

7. 1_012

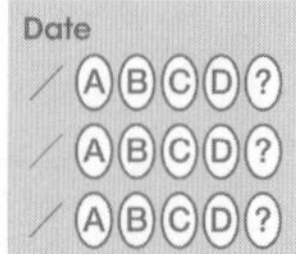

解説・正解

見る

書き取れなかった英文は,「聞き覚え」するまで何度も聞き込んで,「音の記憶力」をつくりましょう。

カナダ

1. 1_006 A woman's watching a man work on a car.
2. 1_007 People are viewing some artwork in a gallery.
3. 1_008 Travelers are gazing at a city landscape.
4. 1_009 Some people are staring into the distance.
5. 1_010 Women are looking over a railing.

1. 男性が車の作業をするのを女性が見ている。
2. 人々が美術館で美術作品を鑑賞している。
3. 旅行者たちが都市の景観を眺めている。
4. 数人の人々が遠くを見つめている。
5. 女性たちが手すり越しに見ている。

間違えた問題は,「聞き覚え」するまで何度も聞き込んで,「音の記憶力」をつくりましょう。

6. 1_011 カナダ

(A) She's looking out the window.
(B) She's staring at the computer screen.
(C) She's stacking notebooks in a pile.
(D) She's hanging up the telephone.

(A) 彼女は窓の外を見ている。
(B) 彼女はコンピューターの画面を見つめている。
(C) 彼女はノートを積み重ねている。
(D) 彼女は電話を切っている。

stare at ～「～をじっと見つめる」という熟語がポイントです。**at** は「一点」→「対象の一点(～をめがけて)」を表し,**stare at** ～ は「視線が一点をめがける」イメージになります。ちなみに,この **at** は **look at** ～「～を見る」,**smile at** ～「～にほほえむ」,**gaze at** ～「～をじっと見つめる」などにも使われています。

□**stare at** …をじっと見つめる □**stack** …を積み重ねる □**hang up** (電話)を切る

7. 1_012 アメリカ

(A) They're entering an art gallery.
(B) They're leaning against a lamppost.
(C) They're looking at a painting.
(D) They're viewing a museum exhibit.

(A) 彼らは美術館に入ろうとしている。
(B) 彼らは街灯の柱に寄りかかっている。
(C) 彼らは絵を見ている。
(D) 彼らは博物館の展示を見ている。

a museum exhibit「博物館の展示」という表現がポイントです。**exhibit** は「イグジビット」と濁音で発音されるので気をつけてください。

□**lean against** …に寄りかかる □**lamppost** 街灯の柱 □**view** …を見る・眺める □**exhibit** 展示

6(B) 7(D)

特定の方向を見る

音声を聞いて空所を書き取ってください。

8. 1_013
He's ________ ________ ________ ________.

9. 1_014
Two people are ________ ________ ________ ________ ________.

10. 1_015
They're ________ ________ ________.

11. 1_016
A speaker is ________ ________ ________.

12. 1_017
They're ________ ________ ________.

(A) から (D) の 4 つの文を聞いて，写真を最も的確に描写しているものを選んでください。

13. 1_018

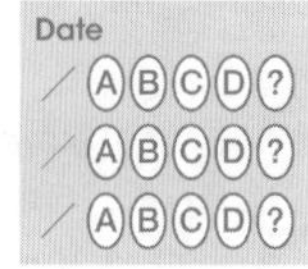

14. 1_019

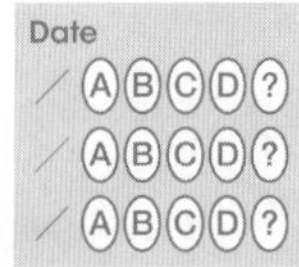

解説・正解

特定の方向を見る

書き取れなかった英文は，「聞き覚え」するまで何度も聞き込んで，「音の記憶力」をつくりましょう。

オーストラリア

8. 1_013 He's facing a computer monitor.

9. 1_014 Two people are facing away from each other.

10. 1_015 They're facing each other.

11. 1_016 A speaker is facing the audience.

12. 1_017 They're greeting each other.

8. 彼はコンピューターの画面に向かっている。
9. ２人の人が互いの反対側を向いている。
10. 彼らは顔を向き合わせている。
11. 話し手が観客側に向いている。
12. 彼らはお互いにあいさつをしている。

間違えた問題は，「聞き覚え」するまで何度も聞き込んで，「音の記憶力」をつくりましょう。

13. 1_018 オーストラリア

(A) They're watching a film.

(B) Glasses and cups have been placed on a table.

(C) They're passing notebooks to each other.

(D) A group of people is facing some presenters.

(A) 彼らは映画を観ている。
(B) グラスとコップがテーブルの上に置かれている。
(C) 彼らはノートを交換し合っている。
(D) 人々が発表者たちの方を向いている。

face は名詞「顔」は簡単ですが，Part 1 では「顔を向ける」という動詞がよく出てきます。～ is facing some presenters で，「～は発表者たちに顔を向けている（発表者たちの方を向いている）」となります。

□film 映画　□be placed 置かれる　□face …に向き合う・直面する
□presenter 発表者，司会者

14. 1_019 イギリス

(A) The women are staring at a photograph.

(B) The women are facing each other.

(C) The women are wearing the same outfit.

(D) The women are filing some documents.

(A) 女性たちは写真を見つめている。
(B) 女性たちは顔を向き合わせている。
(C) 女性たちは同じ服装をしている。
(D) 女性たちは書類をファイルしている。

(B) の face も動詞「顔を向ける」です。face each other で「お互いの方に顔を向ける」→「互いに向かい合う」となります。ちなみに，face away from ～「～とは別の方を向く」という表現も頻出です。away from ～ は「～から離れて」で，「～から顔をそむける・別の方を向く」となりました。

□face each other 向かい合う　□outfit 服装一式，上下揃いの服　□file …をファイルする
□document 書類

13(D)　14(B)

読む・検討する・点検する

音声を聞いて空所を書き取ってください。

15. 1_020
The man's ________ ________ ________.

16. 1_021
The women are ________ ________ ________.

17. 1_022
A mechanic is ________ ________ ________.

18. 1_023
A woman is ________ ________ ________ ________ ________.

19. 1_024
He is ________ ________ ________ ________.

(A) から (D) の 4 つの文を聞いて，写真を最も的確に描写しているものを選んでください。

20. 1_025

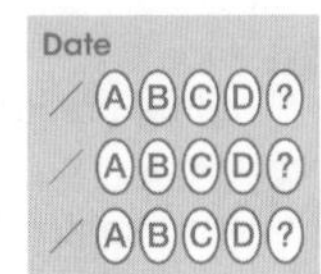

21. 1_026

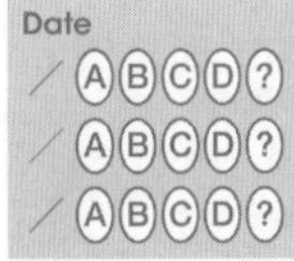

解説・正解

読む・検討する・点検する

書き取れなかった英文は,「聞き覚え」するまで何度も聞き込んで,「音の記憶力」をつくりましょう。

アメリカ

15. 1_020 The man's inspecting an engine.

16. 1_021 The women are viewing a document.

17. 1_022 A mechanic is checking a tire.

18. 1_023 A woman is examining an article of clothing.

19. 1_024 He is looking into a box.

15. 男性はエンジンを点検している。
16. 女性たちは書類を見ている。
17. 整備士がタイヤを点検している。
18. 女性が 1 着の衣料品を検査している。
19. 彼は箱の中をのぞいている。

Part 1

間違えた問題は,「聞き覚え」するまで何度も聞き込んで,「音の記憶力」をつくりましょう。

20. 1_025 カナダ

(A) She's examining a patient.

(B) She's walking towards a laboratory.

(C) She's looking into a microscope.

(D) She is putting on protective gloves.

(A) 彼女は患者を診察している。
(B) 彼女は研究所の方へ歩いている。
(C) 彼女は顕微鏡をのぞいている。
(D) 彼女は保護手袋をはめているところだ。

look into ～「～の中を見る・のぞき込む」という熟語で, microscope は「マイクロ・ミクロ (micro) な世界を見るスコープ (scope)」→「顕微鏡」です。ちなみに, look into ～ には「問題などの中まで (into) 見る (look)」→「詳しく調べる」の意味もあり, Part 5 で問われることがあります。

□examine …を診察する・調査する・検討する □patient 名 患者 □laboratory 研究所
□look into …をのぞき込む・調べる □microscope 顕微鏡 □put on …を身につける
□protective gloves 保護手袋

21. 1_026 アメリカ

(A) He's parking a car.

(B) He's locking a car door.

(C) He's changing a tire.

(D) He's checking the car's engine.

(A) 彼は車を止めている。
(B) 彼は車のドアをロックしている。
(C) 彼はタイヤを交換している。
(D) 彼は車のエンジンを点検している。

He's checking の g は飲みこまれて,「チェッキン」のような発音になります。最後の g は飲みこまれることが非常に多いので, 何度も聞いて慣れておきましょう。ちなみに, (A) は「今まさに駐車している最中」を表すので, 今回はアウトです。

□park 動 …を駐車する □lock …の鍵をかける □check …を点検する・確認する

20(C) 21(D)

書く・署名する・描く

音声を聞いて空所を書き取ってください。

22. 1_027
A woman's _______ _______ _______ _______.

23. 1_028
Students are _______ _______.

24. 1_029
A man's _______ _______ _______.

25. 1_030
She's _______ _______ _______.

26. 1_031
She's _______ _______ _______ _______.

(A) から (D) の 4 つの文を聞いて，写真を最も的確に描写しているものを選んでください。

27. 1_032

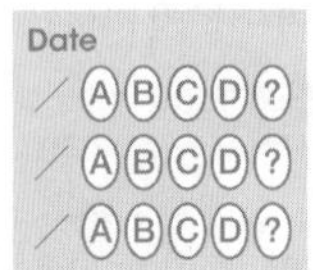

28. 1_033

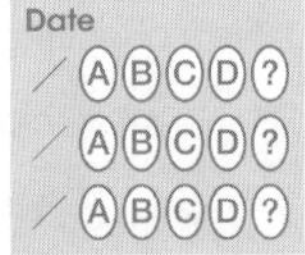

解説・正解

書く・署名する・描く

書き取れなかった英文は,「聞き覚え」するまで何度も聞き込んで,「音の記憶力」をつくりましょう。

オーストラリア

22. 1_027 A woman's writing in a notebook.

23. 1_028 Students are taking notes.

24. 1_029 A man's signing a document.

25. 1_030 She's drawing a picture.

26. 1_031 She's working on a painting.

22. 女性がノートに書き込んでいる。
23. 学生たちがノートをとっている。
24. 男性が書類に署名している。
25. 彼女は絵を描いている。
26. 彼女は絵画の制作に取り組んでいる。

間違えた問題は,「聞き覚え」するまで何度も聞き込んで,「音の記憶力」をつくりましょう。

27. 1_032 オーストラリア

(A) She's drawing a picture.

(B) She's picking up a pencil.

(C) She's writing on a board.

(D) She's adjusting a screen.

(A) 彼女は絵を描いている。
(B) 彼女はえんぴつを持ち上げている。
(C) 彼女は黒板に書いている。
(D) 彼女はスクリーンを調整している。

write on a board「黒板・ホワイトボードに書く」という表現です。on と a がくっついて,「オナ」のように発音されるので,気をつけましょう。ちなみに,(A) She's drawing a picture. がまぎらわしいですが,「絵」とは判断できませんね。本番では,こういったまぎらわしい選択肢は一旦保留にしてください(ほとんど正解にはなりません)。

□draw(線で絵)を描く □pick up …を拾い上げる・持ち上げる □adjust …を調整する・調える

28. 1_033 イギリス

(A) He's typing on a keyboard.

(B) He's using laboratory equipment.

(C) He's decorating an office.

(D) He's writing something down.

(A) 彼はキーボードで入力している。
(B) 彼は実験器具を使っている。
(C) 彼はオフィスを飾りつけている。
(D) 彼は何かを書き留めている。

write down は,直訳「下に(down)書く(write)」→「書き留める」という表現です。高得点を目指すみなさんは,この機会に jot down「手早く書き留める」という表現もチェックしておきましょう。

□laboratory equipment 実験器具,実験設備 □decorate …に飾りをつける
□write down …を書き留める

27(C) 28(D)

手に取る・つかむ・取り出す・与える

音声を聞いて空所を書き取ってください。

29. 1_034
He's _______ some balloons.

30. 1_035
A man is _______ _______ vegetables from the counter.

31. 1_036
She's _______ the steering wheel.

32. 1_037
Two men are _______ a sofa _______ _______ _______.

33. 1_038
A man has _______ _______ in his hand.

(A) から (D) の４つの文を聞いて，写真を最も的確に描写しているものを選んでください。

34. 1_039

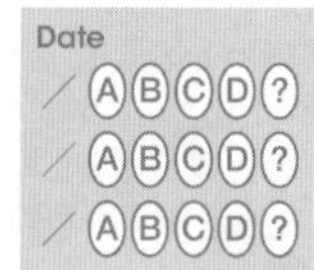

35. 1_040

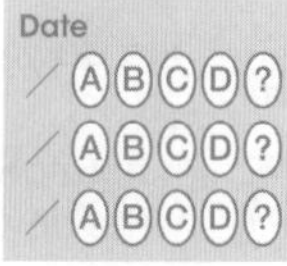

解説・正解

手に取る・つかむ・取り出す・与える

書き取れなかった英文は，「聞き覚え」するまで何度も聞き込んで，「音の記憶力」をつくりましょう。

カナダ

29. 1_034 He's holding some balloons.

30. 1_035 A man is picking up vegetables from the counter.

31. 1_036 She's grasping the steering wheel.

32. 1_037 Two men are lifting a sofa off the floor.

33. 1_038 A man has a microphone in his hand.

29. 彼は風船をいくつか持っている。
30. 男性がカウンターの野菜を手に取っている。
31. 彼女はハンドルを握っている。
32. 2人の男性が床からソファを持ち上げている。
33. 男性がマイクを手に持っている。

間違えた問題は，「聞き覚え」するまで何度も聞き込んで，「音の記憶力」をつくりましょう。

34. 1_039 カナダ

(A) The man is using a long net.

(B) The man is climbing up a staircase.

(C) The man is removing his helmet.

(D) The man is holding a rope.

(A) 男性は長いネットを使っている。
(B) 男性は階段を上っている。
(C) 男性はヘルメットを外している。
(D) 男性はロープをつかんでいる。

is holding a rope「ロープをつかんでいる」というあまり目立たない箇所が正解になっています。(B) は is climbing up から選びたくなるかもしれませんが，最後の staircase「階段」がアウトです。こういった，「最後の単語が明らかにおかしい」というパターンはよく使われます。

□net ネット □climb up …を登る □staircase 階段 □remove …を脱ぐ・取り去る・取り除く
□rope ロープ，綱，縄

35. 1_040 アメリカ

(A) A woman is opening a box.

(B) A woman is pointing to a door.

(C) A man has a package under his arm.

(D) A man is ringing a bell.

(A) 女性が箱を開けている。
(B) 女性がドアを指さしている。
(C) 男性が小脇に小包を抱えている。
(D) 男性がベルを鳴らしている。

package「荷物・小包」の意味・発音がポイントです。日本語の「パッケージ」は荷物の「包装」を指しますが，英語の package はそれ以外に「荷物そのもの」も表します。また，発音は「パキッヂ」となりますので，注意してください。

□point to …を指さす・指摘する □have X under one's arm Xを小脇に抱える
□package 荷物，小包

34(D) 35(C)

指さす・腕を伸ばす・手でサインを送る・握手する

音声を聞いて空所を書き取ってください。

36. 1_041
A man is _______ _______ a bag.

37. 1_042
The woman is _______ _______ the door handle.

38. 1_043
She's _______ _______ a screen.

39. 1_044
A man is _______ _______ _______.

40. 1_045
They're _______ _______.

(A) から (D) の 4 つの文を聞いて，写真を最も的確に描写しているものを選んでください。

41. 1_046

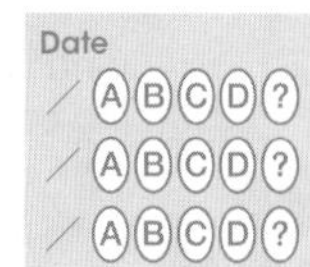

42. 1_047

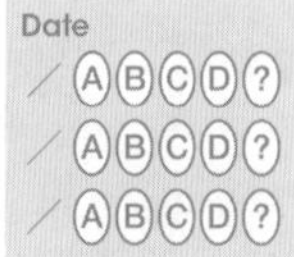

解説・正解

指さす・腕を伸ばす・手でサインを送る・握手する

書き取れなかった英文は，「聞き覚え」するまで何度も聞き込んで，「音の記憶力」をつくりましょう。

イギリス

36. 1_041 A man is reaching into a bag.

37. 1_042 The woman is reaching for the door handle.

38. 1_043 She's pointing at a screen.

39. 1_044 A man is raising his hand.

40. 1_045 They're shaking hands.

36. 男性がカバンの中に手を突っ込んでいる。
37. 女性はドアの取っ手に手を伸ばしている。
38. 彼女は画面を指さしている。
39. 男性が片手を上げている。
40. 彼らは握手をしている。

間違えた問題は，「聞き覚え」するまで何度も聞き込んで，「音の記憶力」をつくりましょう。

41. 1_046 イギリス

(A) He's pointing at something.
(B) He's holding onto a railing.
(C) A boat is tied to a pier.
(D) Sails are waving in the wind.

(A) 彼は何かを指さしている。
(B) 彼は手すりにつかまっている。
(C) ボートが桟橋に（ロープで）つながっている。
(D) 帆が風に波打っている。

point at ～「～を指さす」という熟語で，この at も「対象の一点」を表しています。「何かを指さしている」というかなり漠然とした意味ですが，こういった選択肢が正解になることもあると知っておいてください。

□point at …を指さす □hold onto …につかまる・しがみつく □railing 手すり
□be tied to …に（ロープなどで）つながれている □pier 桟橋，埠頭 □sail 帆 □wave 波打つ
□in the wind 風に

42. 1_047 オーストラリア

(A) A man is putting a notice on a bulletin board.
(B) The man is closing the door.
(C) One of the women is raising her hand.
(D) One of the women is picking up a chair.

(A) 男性が掲示板にお知らせを貼っている。
(B) 男性はドアを閉めている。
(C) 女性の 1 人が手をあげている。
(D) 女性の 1 人がいすを持ち上げている。

raise one's hand「人の手をあげる」という表現です。raise は TOEIC 重要単語で，「上げる」以外に，「親が子供の年齢を上げる」→「育てる」，「集めたお金を積み上げる」→「お金を集める」という意味もあります。

□put A on B A を B に置く，A を B に貼る □notice 名 告知，通知，知らせ □bulletin board 掲示板
□raise one's hand 手をあげる □pick up …を拾い上げる・持ち上げる

41(A) 42(C)

1.

1_048

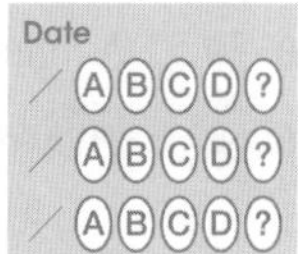

2.

1_049

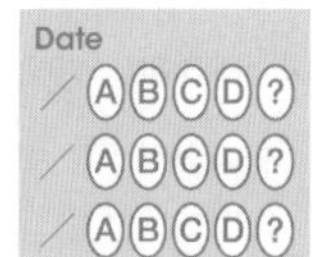

3.

1_050

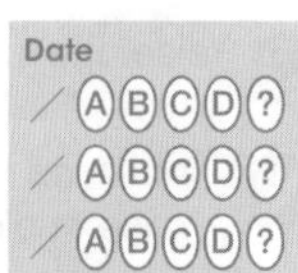

解説・正解

間違えた問題は，「聞き覚え」するまで何度も聞き込んで，「音の記憶力」をつくりましょう。

1. 1_048 アメリカ

(A) The women are shaking hands.
(B) The women are facing away from each other.
(C) The women are facing each other.
(D) The women are sitting on stools.

(A) 女性たちは握手している。
(B) 女性たちは互いに別の方を向いている。
(C) 女性たちは向かい合っている。
(D) 女性たちはスツールに座っている。

face は動詞「顔を向ける」で，face each other「互いに向かい合う」という表現です。(B) の face away from each other「互いに別の方を向く」という表現も頻出なので，セットで押さえておきましょう。

□shake hands 握手する □face away from …から顔をそむける・視線をそらす
□face each other 互いに向き合う □stool（ひじ掛け・背もたれのない1人用の）腰掛け・スツール

2. 1_049 オーストラリア

(A) A man is watching a slide show.
(B) A man is viewing a document.
(C) A man is turning off a computer.
(D) A man is opening a drawer.

(A) 男性がスライドショーを見ている。
(B) 男性が書類を見ている。
(C) 男性がコンピューターの電源を切っている。
(D) 男性が引き出しを開けている。

view は「景色」という意味から，動詞「見る」という意味が生まれました。さらに，document「文書・書類」は総称的にまとめて表す単語（まとめ単語）としても重要で，解答のキーになることが多いです。

□view …を見る・眺める □document 書類 □turn off …を止める・消す □drawer 引き出し

3. 1_050 イギリス

(A) They're greeting each other.
(B) They're wearing short-sleeved shirts.
(C) They're walking side by side.
(D) They're being introduced.

(A) 彼女たちは挨拶を交わしている。
(B) 彼女たちは半袖のシャツを着ている。
(C) 彼女たちは並んで歩いている。
(D) 彼女たちは紹介されているところだ。

握手して挨拶していると考えられるので，(A) They're greeting each other. が正解です。greet「挨拶する」は Part 1 頻出で，日本語でも「グリーティングカード（greeting card）」＝「クリスマスや誕生日などに送るカード」として使われています。

□greet …に挨拶する □short-sleeved 半袖の cf. long-sleeved 長袖の
□side by side 並んで，並行して □introduce …を紹介する

1(C) 2(B) 3(A)

4.

1_051

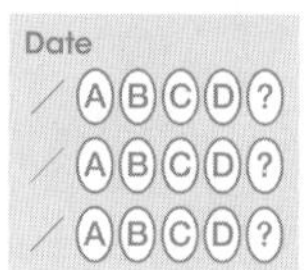

5.

1_052

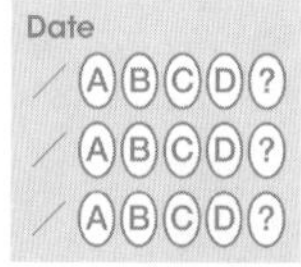

6.

1_053

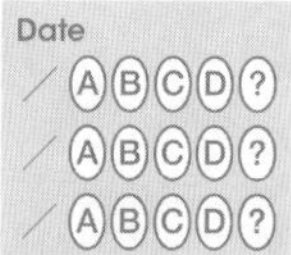

解説・正解

間違えた問題は，「聞き覚え」するまで何度も聞き込んで，「音の記憶力」をつくりましょう。

4. 1_051 カナダ

(A) She's looking through a catalog.
(B) She's handing a customer some change.
(C) She's putting items in a cart.
(D) She's reaching for an item on a shelf.

(A) 彼女はカタログに目を通している。
(B) 彼女は客にお釣りを手渡している。
(C) 彼女はカートに商品を入れている。
(D) 彼女は棚の商品に手を伸ばしている。

reach for ～「～を取ろうと手を伸ばす」という熟語がポイントです。for は「方向性（～に向かって）」を表し，「～に向かって（for）手を伸ばす（reach）」→「～を取ろうと手を伸ばす」となります。また，item は「商品」というまとめ単語で，棚に置いてある具体的な商品を item で表しています。

□look through …をよく見る・ざっと目を通す □hand A B AにBを手渡す □change 名 釣り銭，小銭 □item 商品，品物 □reach for（手を伸ばして）…を取ろうとする □on a shelf 棚に置いてある

5. 1_052 アメリカ

(A) He's inspecting a machine.
(B) He's getting a document from a drawer.
(C) He's putting boxes onto a rack.
(D) He's carrying a hat in his hand.

(A) 彼は機械を点検している。
(B) 彼は引き出しから書類を取り出している。
(C) 彼は棚に箱を置いている。
(D) 彼は帽子を手に持って運んでいる。

inspect は「中を（in）見る（spect）」→「点検する」です（spect「見る」は，spectator「観客」などにも使われています）。また，machine「機械」もまとめ単語で，さまざまな機械を総称的に表すことができます。

□inspect …を点検する・調べる □get A from B BからAを取り出す □drawer 引き出し □put A onto B AをBの上に置く □rack 置き棚 □carry …を持ち運ぶ・持っている

6. 1_053 イギリス

(A) There are wardrobes in the middle of the room.
(B) One of the students is taking notes.
(C) They're speaking to an audience.
(D) A woman is handing a man a piece of paper.

(A) 部屋の真ん中に洋服だんすがある。
(B) 学生の1人がノートをとっている。
(C) 彼らは聴衆に向かって話している。
(D) 女性が男性に紙を1枚手渡している。

take notes「メモをとる・ノートをとる」という熟語がポイントです。日本語でも，授業や通訳の際に「メモをとる」ことを「ノートテイキング」と言ったりします。

□wardrobe 衣装たんす □in the middle of …の真ん中に □take notes ノートをとる □hand A B AにBを手渡す

4(D) 5(A) 6(B)

Part 1 Unit 3 ▶ 人物が登場する写真② ▶チャレンジ

立っている・座っている

音声を聞いて空所を書き取ってください。

1. 1_054
They're ________ ________ a bench.

2. 1_055
They're ________ ________ ________ ________.

3. 1_056
Some people are ________ ________ ________ ________ some shelves.

4. 1_057
People are ________ ________ ________.

5. 1_058
A woman is ________ ________ a garden.

(A) から (D) の４つの文を聞いて，写真を最も的確に描写しているものを選んでください。

6. 1_059

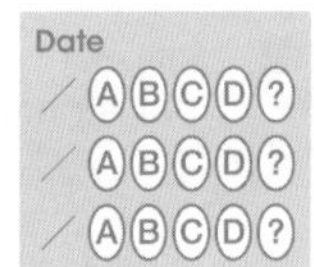

7. 1_060

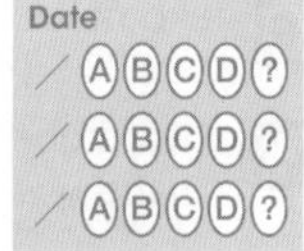

解説・正解

立っている・座っている

書き取れなかった英文は,「聞き覚え」するまで何度も聞き込んで,「音の記憶力」をつくりましょう。

アメリカ

1. 1_054 They're seated on a bench.
2. 1_055 They're sitting in a circle.
3. 1_056 Some people are standing in front of some shelves.
4. 1_057 People are waiting in line.
5. 1_058 A woman is kneeling in a garden.

1. 彼らはベンチに座っている。
2. 彼らは輪になって座っている。
3. 数人の人々が棚の前に立っている。
4. 人々が列に並んで待っている。
5. 女性が庭でひざをついている。

間違えた問題は,「聞き覚え」するまで何度も聞き込んで,「音の記憶力」をつくりましょう。

6. 1_059 オーストラリア

(A) They're standing in front of a map.
(B) They're hanging pictures on the wall.
(C) They're walking in the same direction.
(D) They're looking at each other.

(A) 彼らは地図の前に立っている。
(B) 彼らは壁に写真を掛けている。
(C) 彼らは同じ方向に歩いている。
(D) 彼らは顔を見合わせている。

in front of ～「～の前に」の聞き取りがポイントです。front は「フロント」ではなく「フラント」と発音されます。さらに，場合によっては，in front of ～ は front の t が消え，n と o がくっついて「インフラノヴ」のように発音されることもあります。上級者でも意外とミスしてしまうので，聞き込んでおきましょう。

□in front of …の前に □hang …を掛ける □in the same direction 同じ方向に
□look at each other 顔を見合わせる

7. 1_060 イギリス

(A) There's a boat on the lake.
(B) There's a picnic table beside the water.
(C) People are lying near the shore.
(D) People are seated on benches.

(A) 湖にボートがある。
(B) 水辺にピクニックテーブルがある。
(C) 人々が岸辺の近くで横になっている。
(D) 人々がベンチに座っている。

be seated on ～「～に座っている」という表現です。seat は「座らせる」という他動詞で，be seated で「座らせられている」→「座っている」となります。ちなみに，sit は「座る」という自動詞で使われることが多く，この区別が Part 5 で問われることもあります。

□beside …のそばで □water 水辺（海・川など） □be lying near …の近くで横たわっている
□shore 岸 □be seated on …に座っている

6(A) 7(D)

休む・横になる

音声を聞いて空所を書き取ってください。

8. 1_061
A man is ________ ________ ________ ________ in his hands.

9. 1_062
They're ________ ________ ________ ________.

10. 1_063
Some people are ________ ________ ________ ________.

11. 1_064
Some people are ________ ________ ________ ________.

12. 1_065
Workers are ________ ________ ________.

(A) から (D) の４つの文を聞いて，写真を最も的確に描写しているものを選んでください。

13. 1_066

14. 1_067

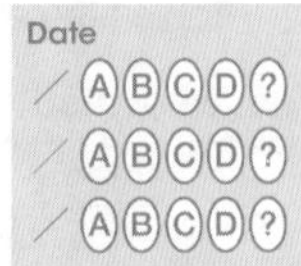

解説・正解

休む・横になる

書き取れなかった英文は,「聞き覚え」するまで何度も聞き込んで,「音の記憶力」をつくりましょう。

アメリカ

8. 1_061 A man is resting with a magazine in his hands.

9. 1_062 They're relaxing on the grass.

10. 1_063 Some people are lying on the beach.

11. 1_064 Some people are sitting in the shade.

12. 1_065 Workers are taking a break.

8. 男性が雑誌を手に休息をとっている。
9. 彼らは芝の上でくつろいでいる。
10. 数人の人々がビーチに横になっている。
11. 数人の人々が日陰に座っている。
12. 作業員が休憩をとっている。

間違えた問題は,「聞き覚え」するまで何度も聞き込んで,「音の記憶力」をつくりましょう。

13. 1_066 カナダ

(A) People are resting on the grass.

(B) People are lying on a beach.

(C) People are seated at a table.

(D) People are getting up from their chairs.

(A) 人々が草の上で休息をとっている。
(B) 人々がビーチに横になっている。
(C) 人々がテーブルに着席している。
(D) 人々がいすから立ち上がっているところだ。

rest は「休息をとる」という意味で,日本語でも「アクティブレスト(積極的休養)」などと使われています。rest は多義語としても重要で,「グタッともたれかかる」イメージから,「休息」と「頼る」の意味があります。さらに,「後ろに(re)留まる(st=stand)」→「残り」という意味も大切です。

□rest 休息をとる,休む □grass (=lawn) 草,芝生 □be lying on …の上で横になっている □be seated at …に座っている,(席)についている □get up 立ち上がる

14. 1_067 アメリカ

(A) A woman is swimming in the ocean.

(B) A woman is taking off her sunglasses.

(C) A woman is relaxing in a hammock.

(D) A woman is sitting under a parasol.

(A) 女性が海で泳いでいる。
(B) 女性がサングラスを外しているところだ。
(C) 女性がハンモックでくつろいでいる。
(D) 女性がパラソルの下で座っている。

relax は動詞「リラックスする・くつろぐ」です(日本語の「リラックス」のように名詞で使われることはありません)。また,in a hammock「ハンモックで」では,前置詞 in が使われています。in は本来「包囲」を表し,女性が「ハンモックに包まれている」イメージになります。

□take off (服,帽子など)を脱ぐ・外す □hammock ハンモック □parasol パラソル

13(A) 14(C)

歩く・登る

音声を聞いて空所を書き取ってください。

15. 1_068
People are _______ _______ _______.

16. 1_069
They're _______ _______ the water's edge.

17. 1_070
She's _______ _______ _______ on a path.

18. 1_071
Some people are _______ _______ a door.

19. 1_072
A man is _______ _______ _______.

(A) から (D) の 4 つの文を聞いて，写真を最も的確に描写しているものを選んでください。

20. 1_073

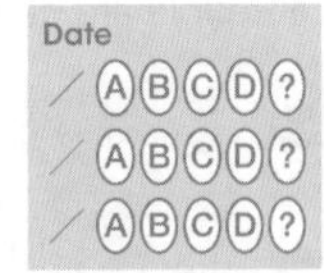

21. 1_074

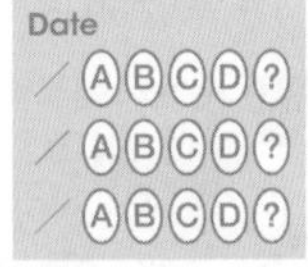

解説・正解

歩く・登る

書き取れなかった英文は，「聞き覚え」するまで何度も聞き込んで，「音の記憶力」をつくりましょう。

オーストラリア

15. 1_068 People are crossing a road.

16. 1_069 They're strolling along the water's edge.

17. 1_070 She's walking her dog on a path.

18. 1_071 Some people are exiting through a door.

19. 1_072 A man is climbing a staircase.

15. 人々が道を渡っている。
16. 彼らは水辺を散歩している。
17. 彼女は小道で犬を散歩させている。
18. 数人がドアから出てきている。
19. 男性が階段を登っている。

間違えた問題は，「聞き覚え」するまで何度も聞き込んで，「音の記憶力」をつくりましょう。

20. 1_073 オーストラリア

(A) They're clapping their hands.

(B) They're sitting together.

(C) They're strolling in a park.

(D) They're walking through an arcade.

(A) 彼らは拍手している。
(B) 彼らは一緒に座っている。
(C) 彼らは公園を散歩している。
(D) 彼らはアーケードを通り抜けている。

stroll「散歩する」という単語がポイントです。stroll は特に目的がなく「ぶらぶら歩く」ときに使われます。まさに，今回の写真のような状況でよく使われる単語で，stroll in a park「公園を散歩する」となります。

□clap one's hands 拍手する □stroll 歩く，散歩する，ぶらぶらする
□arcade アーケード，屋根付きの街路・商店街

21. 1_074 イギリス

(A) A man is climbing up a ladder.

(B) A man is digging a hole.

(C) A ladder is leaning against a tree.

(D) Equipment has been gathered in piles.

(A) 男性がはしごを登っている。
(B) 男性が穴を掘っている。
(C) はしごが木に立てかけられている。
(D) 機材が集められて積んである。

ladder「はしご」という単語がポイントです。スポーツのトレーニングで，「ラダー（はしごの形をした道具）」を使ったことがある人もいるでしょう。ちなみに，ladder には「成り上がるためのはしご」→「出世の手段・道」という意味もあります。

□ladder はしご □dig …を掘る □lean against …にもたれる・寄りかかる
□equipment 機材，備品，機器 □gather …を（寄せ）集める □in piles 積み重なって

20(C) 21(A)

走る・運動する

音声を聞いて空所を書き取ってください。

22. 1_075
Some people are ________ ________ ________.

23. 1_076
A woman is ________ ________ ________.

24. 1_077
He's ________ ________ ________ ________ ________ ________.

25. 1_078
They're ________ ________ ________ ________.

26. 1_079
Cyclists are ________ ________ ________.

(A) から (D) の 4 つの文を聞いて，写真を最も的確に描写しているものを選んでください。

27. 1_080

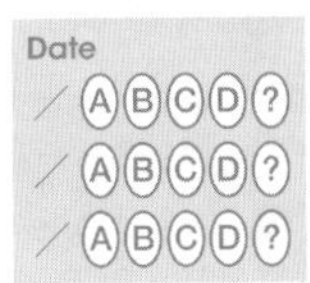

28. 1_081

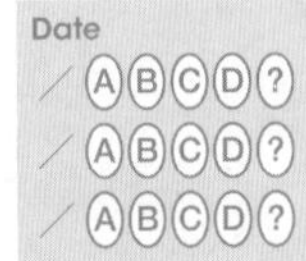

解説・正解

走る・運動する

書き取れなかった英文は，「聞き覚え」するまで何度も聞き込んで，「音の記憶力」をつくりましょう。

カナダ

22. 1_075 Some people are playing sports outdoors.
23. 1_076 A woman is playing a game.
24. 1_077 He's kicking a ball into the air.
25. 1_078 They're jogging on a track.
26. 1_079 Cyclists are riding single file.

22. 数人が外でスポーツをしている。
23. 女性がゲームをしている。
24. 彼はボールを空中に蹴り上げている。
25. 彼らはトラックでジョギングしている。
26. 自転車に乗っている人たちが一列になっている。

間違えた問題は，「聞き覚え」するまで何度も聞き込んで，「音の記憶力」をつくりましょう。

27. 1_080 カナダ

(A) Riders have stopped on a bridge.
(B) A vehicle is parked in front of a house.
(C) They're riding down the street.
(D) They're walking under a tree.

(A) 自転車に乗った人々が橋の上で止まっている。
(B) 乗り物が家の前に止められている。
(C) 彼らは自転車に乗って通りを走っている。
(D) 彼らは木の下を歩いている。

down the street「通りを先へ」という表現がポイントです。down は「今いる場所から離れて」という意味で，必ずしも「下」に向かうわけではありません（電車の「下り」も中心（都心）から離れているという意味ですね）。down the street は「今いる場所から通りを先へ進んで」ということです。

□vehicle 車両，乗り物 □down the street 通りを先へ，通りを行ったところに

28. 1_081 アメリカ

(A) A man is throwing a ball.
(B) A man is putting on tennis shoes.
(C) A man is playing tennis.
(D) A man is watching a game.

(A) 男性がボールを投げている。
(B) 男性がテニスシューズを履こうとしている。
(C) 男性がテニスをしている。
(D) 男性が試合を見ている。

正解の (C) A man is playing tennis. は問題ないでしょう。(B) A man is putting on tennis shoes. がまぎらわしいですが，put on は「身に着ける」という動作を表し，be putting on ～ で「～を身に着けている途中」となります。今回は「今まさに靴を履いている最中」ではないので，アウトです。

□put on …を身に着ける・着る cf. wear …を身に着けている・着ている

27(C) 28(C)

動かす・運ぶ

音声を聞いて空所を書き取ってください。

29. 1_082
He's _______ a piece of paper _______ _______ _______.

30. 1_083
They're _______ _______ _______.

31. 1_084
A gardener is _______ _______ _______.

32. 1_085
Workers are _______ _______ _______ a plane.

33. 1_086
A woman is _______ _______ _______ a box.

(A) から (D) の４つの文を聞いて，写真を最も的確に描写しているものを選んでください。

34. 1_087

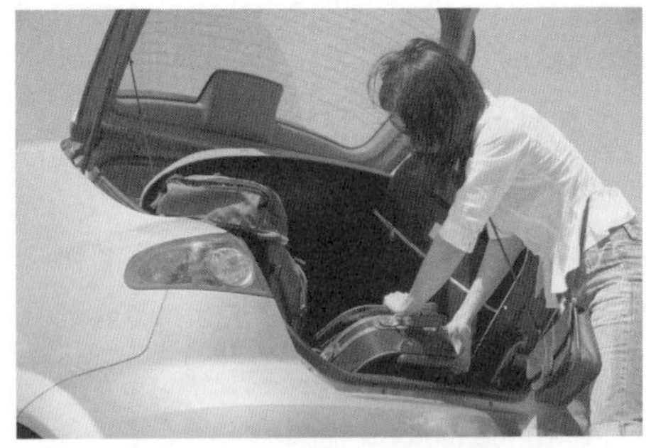

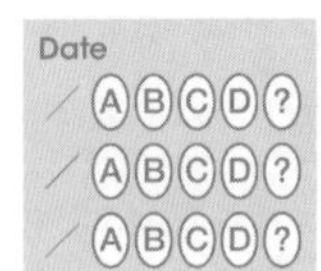

35. 1_088

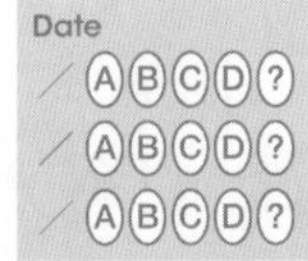

解説・正解

動かす・運ぶ

書き取れなかった英文は，「聞き覚え」するまで何度も聞き込んで，「音の記憶力」をつくりましょう。

アメリカ

29. 1_082 He's positioning a piece of paper on a table.

30. 1_083 They're rearranging some furniture.

31. 1_084 A gardener is pushing a wheelbarrow.

32. 1_085 Workers are loading baggage onto a plane.

33. 1_086 A woman is packing books into a box.

29. 彼はテーブルの上に一枚の紙を置いている。
30. 彼らは家具の位置を変えている。
31. 庭師が手押し車を押している。
32. 作業員たちが飛行機に荷物を積んでいる。
33. 女性が箱に本を詰めている。

間違えた問題は，「聞き覚え」するまで何度も聞き込んで，「音の記憶力」をつくりましょう。

34. 1_087 オーストラリア

(A) She's washing a car.

(B) She's filling a car with fuel.

(C) She's loading a suitcase into the trunk.

(D) She's getting out of a vehicle.

(A) 彼女は車を洗っている。
(B) 彼女は車にガソリンを入れている。
(C) 彼女はトランクにスーツケースを積み込んでいる。
(D) 彼女は車から降りている。

load A into B「AをBに積み込む」という熟語がポイントです。load は「積む・詰め込む」で，「ダウンロードする」とは「サーバーから下の機器（スマホなど）にデータを詰め込む」ということです。ちなみに，load の反対は unload「（荷物を）降ろす」で，こちらもリスニングでよく出ます。

□fill A with B AをBで満たす □fuel 燃料 cf. …に燃料供給する □load A into B AをBに積み込む
□trunk トランク（自動車の荷物入れ） □get out of …から出る・降りる □vehicle 車，乗り物

35. 1_088 イギリス

(A) A woman is pushing a bicycle.

(B) A woman is crossing a road.

(C) A woman is walking on a lawn.

(D) A woman is riding a bicycle.

(A) 女性が自転車を押している。
(B) 女性が道を渡っている。
(C) 女性が芝生の上を歩いている。
(D) 女性が自転車に乗っている。

push a bicycle「自転車を押す」という表現です。今回は bicycle をそのまま使っていますが，まとめ単語の vehicle「乗り物」で表すこともあります。また，関連して cyclist「自転車に乗る人」という単語も Part 1 頻出なので，チェックしておきましょう。

□cross …を横切る・渡る □lawn 芝生 □ride a bicycle 自転車に乗る

34(C) 35(A)

寄りかかる・体を曲げる

音声を聞いて空所を書き取ってください。

36. 1_089
She's ________ ________ ________ ________.

37. 1_090
A speaker is ________ ________ ________ ________.

38. 1_091
They're ________ ________ ________ ________.

39. 1_092
A man is ________ ________ ________ ________.

40. 1_093
One of the men is ________ ________ ________ ________.

(A) から (D) の４つの文を聞いて，写真を最も的確に描写しているものを選んでください。

41. 1_094

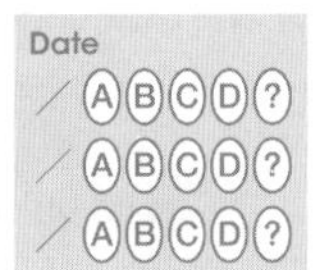

42. 1_095

解説・正解

寄りかかる・体を曲げる

書き取れなかった英文は,「聞き覚え」するまで何度も聞き込んで,「音の記憶力」をつくりましょう。

アメリカ

36. 1_089 She's leaning out a window.

37. 1_090 A speaker is leaning against a podium.

38. 1_091 They're leaning against a wall.

39. 1_092 A man is leaning over a railing.

40. 1_093 One of the men is bending over a machine.

36. 彼女は窓から顔を出している。
37. 話し手が演壇に寄りかかっている。
38. 彼らは壁に寄りかかっている。
39. 男性が手すりの上から身を乗り出している。
40. 男性のうち1人が機械の上に身をかがめている。

間違えた問題は,「聞き覚え」するまで何度も聞き込んで,「音の記憶力」をつくりましょう。

41. 1_094 カナダ

(A) They're standing in the shade.
(B) They're looking through some binoculars.
(C) They're leaning against the railing.
(D) They're walking along the sidewalk.

(A) 彼らは日陰に立っている。
(B) 彼らは双眼鏡を覗いている。
(C) 彼らは手すりにもたれている。
(D) 彼らは歩道を歩いている。

lean against ~「~にもたれかかる」という熟語がポイントです。against は本来「~に反対して」で, lean against the railing「手すりに対してもたれかかる」が直訳となります。また, railing「手すり」は「レール状（rail）の柵・縁」ということで, 階段などの横にある「柵のようなもの・縁にあるもの」→「手すり」です。

□in [under] the shade 陰で □look through …を通して見る □binoculars pl. 双眼鏡
□lean against [on] …にもたれる・寄りかかる cf. lean over …の上から身を乗り出す □railing 手すり
□walk along …に沿って歩く □sidewalk 歩道

42. 1_095 アメリカ

(A) A guest is giving his card to the clerk.
(B) A guest is bending over the counter.
(C) A guest is unpacking a suitcase.
(D) A guest is making a phone call.

(A) 客がカードを店員に渡している。
(B) 客がカウンターに前かがみになっている。
(C) 客がスーツケースを開けて中身を取り出している。
(D) 客が電話をかけている。

bend over「~に向かって前かがみになる」という熟語がポイントです。over は「上から覆って」を表し, bend over the counter で「カウンターを上から覆う」ようなイメージになります。

□clerk 店員 □bend over …に向かって前かがみになる・腰を曲げる
□unpack …を開けて中身を取り出す □suitcase スーツケース □make a phone call 電話をかける

41(C) 42(B)

1.

1_096

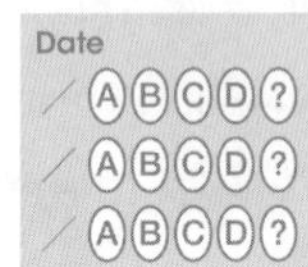

2.

1_097

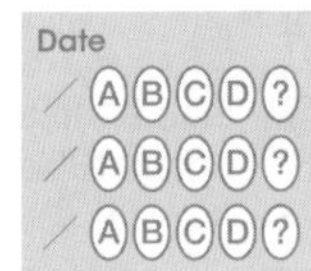

3.

1_098

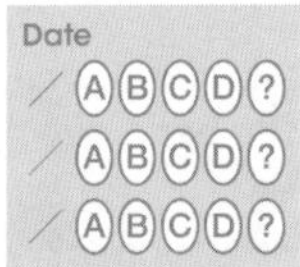

解説・正解

間違えた問題は,「聞き覚え」するまで何度も聞き込んで,「音の記憶力」をつくりましょう。

1. 1_096 オーストラリア

(A) Some people are waiting in line.
(B) Some people are crossing a street.
(C) Some people are having a meal.
(D) Some people are boarding a bus.

(A) 数人が列に並んで待っている。
(B) 数人が通りを渡っている。
(C) 数人が食事をしている。
(D) 数人がバスに乗り込んでいる。

in line「一列になって」という熟語がポイントです。このinは「形式(〜という形式で)」を表し,in line「ライン・一列という形式で」→「一列になって」となりました。「形式のin」は,in a row「一列になって」,in a circle「輪になって」などでも使われています。

□wait in line 列に並んで待つ □cross 動 …を渡る □board …に乗り込む

2. 1_097 イギリス

(A) They're moving the cart.
(B) They're standing beside a ramp.
(C) They're opening some boxes.
(D) They're loading furniture onto a truck.

(A) 彼らはカートを移動している。
(B) 彼らは傾斜路の近くに立っている。
(C) 彼らはいくつかの箱を開けている。
(D) 彼らはトラックに家具を積んでいる。

load A onto B「AをBに積み込む・載せる」という熟語です。ontoはonとtoがくっついてできた単語で,「〜の上に・〜の方へ」を表します。また,furniture「家具」はまとめ単語で,写真に写っている具体的なものを総称して表しています。

□move …を動かす・移す □ramp スロープ,坂,傾斜路 □load A onto B AをBに積む・載せる

3. 1_098 カナダ

(A) They're strolling along a street.
(B) They're walking through a forest.
(C) They're riding bicycles outdoors.
(D) They're running on a path.

(A) 彼らは通りを散歩している。
(B) 彼らは森の中を歩いている。
(C) 彼らは屋外で自転車に乗っている。
(D) 彼らは小道を走っている。

ride a bicycle「自転車に乗る」という表現で,outdoorsは「外へ・外で」という副詞です。outdoorsのsは「副詞を作るs」で,besidesやalwaysにも使われています。副詞なので前置詞toなどは不要で,(×)go to outdoorsにはならない点も重要です。

□stroll along …沿いを歩く・散歩する □walk through …の中を歩く □forest 森
□ride a bicycle 自転車に乗る □outdoors 屋外で □path 小道

1(A) 2(D) 3(C)

4.

1_099

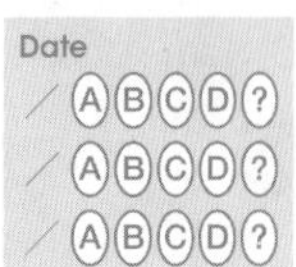

5.

1_100

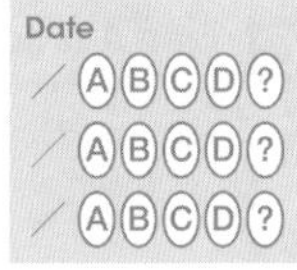

6.

1_101

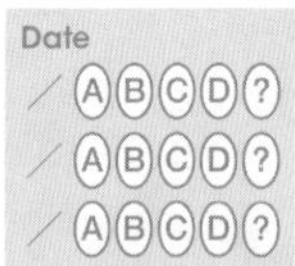

解説・正解

間違えた問題は，「聞き覚え」するまで何度も聞き込んで，「音の記憶力」をつくりましょう。

4. 1_099 アメリカ

(A) The women are raking leaves.
(B) The women are seated on a bench.
(C) A tree trunk is blocking a road.
(D) A trail goes through the woods.

(A) 女性たちは熊手で葉をかき集めている。
(B) 女性たちはベンチに座っている。
(C) 木の幹が道をふさいでいる。
(D) 遊歩道が森の中を通っている。

be seated on ～「～に座っている」という表現です。seat は「座らせる」という他動詞で，be seated で「座らせられている」→「座っている」となります。ちなみに，(A) の rake「熊手・～を熊手で集める」は少し難しい単語ですが，Part 1 では出ることがあるので押さえておきましょう。

□rake …を熊手で集める □be seated on …に座っている □trunk 木の幹
□block 動 …をふさぐ・封鎖する □trail 道

5. 1_100 イギリス

(A) A man is working on a fence.
(B) A man is pushing a car.
(C) A man is wearing safety glasses.
(D) A man is leaning over to inspect the engine.

(A) 男性はフェンスの作業をしている。
(B) 男性は車を押している。
(C) 男性は保護眼鏡をかけている。
(D) 男性はエンジンを点検するためにかがんでいる。

lean over「身を乗り出す・～の上にかがむ」という熟語がポイントです。over は「上から覆って」を表し，今回の写真でも「車のエンジンの上を体が覆う」ような姿勢になっていますね。ちなみに，後ろの to は不定詞の「副詞的用法（～するために）」です。

□work on …に取り組む □wear …を身に着けている □safety glasses 保護眼鏡 □lean over かがむ
□inspect …を点検する

6. 1_101 カナダ

(A) The woman is relaxing under some trees.
(B) The woman is resting on the grass.
(C) A worker is mowing the lawn.
(D) The trees are casting shadows on the grass.

(A) 女性は木々の下でくつろいでいる。
(B) 女性は芝生の上で休息をとっている。
(C) 作業員が芝生を刈っている。
(D) 木々が芝生の上に影を落としている。

rest は「休息をとる」で，rest on the grass「芝生の上で休息をとる」となります。rest は重要多義語なので，「休息・頼る・残り」という3つの意味をチェックしておいてください。また，(C) の mow the lawn「芝生を刈る」，(D) の cast shadows on ～「～に影を落とす」という表現も Part 1 頻出です。

□relax くつろぐ，リラックスする □rest 動 休息をとる，休む □grass 芝生，草地
□mow（草など）を刈る □lawn 芝生 □cast shadows on …に影を落とす

4(B) 5(D) 6(B)

作業する・働く・修理する

音声を聞いて空所を書き取ってください。

1. 1_102
A man is _______ _______ _______.

2. 1_103
He's _______ _______ _______ a piece of wood.

3. 1_104
They're _______ _______ _______ _______ _______.

4. 1_105
A worker is _______ _______.

5. 1_106
A woman is _______ _______ _______ _______.

(A) から (D) の 4 つの文を聞いて，写真を最も的確に描写しているものを選んでください。

6. 1_107

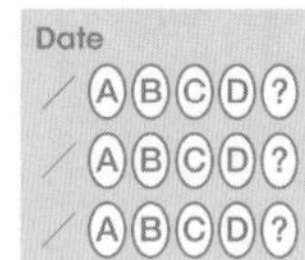

7. 1_108

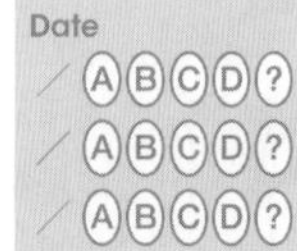

解説・正解

作業する・働く・修理する

書き取れなかった英文は，「聞き覚え」するまで何度も聞き込んで，「音の記憶力」をつくりましょう。

イギリス

1. 1_102 A man is hammering a nail.
2. 1_103 He's concentrating on cutting a piece of wood.
3. 1_104 They're working at the construction site.
4. 1_105 A worker is laying bricks.
5. 1_106 A woman is replacing a light bulb.

1. 男性がくぎを打っている。
2. 彼は木片を切ることに集中している。
3. 彼らは工事現場で作業をしている。
4. 作業員がレンガを積んでいる。
5. 女性が電球を取り換えている。

間違えた問題は，「聞き覚え」するまで何度も聞き込んで，「音の記憶力」をつくりましょう。

6. 1_107 アメリカ

(A) A worker is working outdoors.
(B) A worker is sawing a board in half.
(C) A worker is closing a screen door.
(D) A worker is digging a hole with a shovel.

(A) 作業員が屋外で働いている。
(B) 作業員がのこぎりで板を半分に切っている。
(C) 作業員が網戸を閉めている。
(D) 作業員がシャベルで穴を掘っている。

「屋外で作業している」という，かなり漠然とした選択肢が正解になります。こういった「漠然とした選択肢が正解になる」パターンは頻出です。

□outdoors 屋外で □saw 動 …をのこぎりで切る □board 板 □in half 半分に □screen door 網戸 □dig a hole 穴を掘る □shovel シャベル

7. 1_108 イギリス

(A) A man's stepping over some rocks.
(B) A man's pushing a wheelbarrow.
(C) A man's loading boxes onto a pallet.
(D) A man's laying blocks on top of one another.

(A) 男性が岩をまたいでいる。
(B) 男性が手押し車を押している。
(C) 男性がパレットに箱を積んでいる。
(D) 男性がブロックを積み重ねている。

多くの人が lay を「横たえる」と覚えているのですが，「置く・横にする」と押さえておきましょう（普段の生活で「横たえる」なんて使いませんよね）。また，one another は「お互い」という意味で，on top of one another で「お互いの上に」→「次々と重ねて・積み重なって」となります。

□step over …をまたぐ □wheelbarrow 手押しの一輪車 □load A onto B AをBに積む・載せる □pallet パレット（品物を運搬・保管する台で，形状・寸法などがそろっているもの） □lay …を置く・横にする □block ブロック（建築用石材） □on top of one another 次々と重ねて

6(A) 7(D)

調整する・作動させる・使う

音声を聞いて空所を書き取ってください。

8. 1_109
A woman is _______ _______ _______ _______ _______ _______.

9. 1_110
He's _______ _______ _______ _______ on a piece of wood.

10. 1_111
A technician is _______ _______ _______.

11. 1_112
A man is _______ _______ _______.

12. 1_113
She's _______ _______ _______.

(A) から (D) の 4 つの文を聞いて，写真を最も的確に描写しているものを選んでください。

13. 1_114

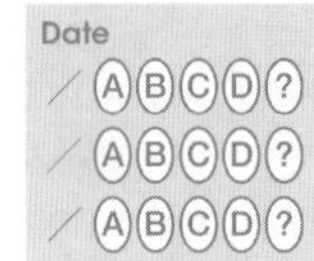

14. 1_115

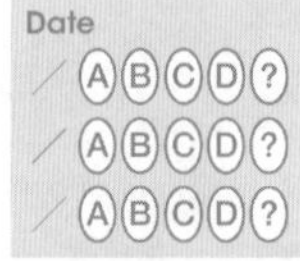

解説・正解

調整する・作動させる・使う

書き取れなかった英文は，「聞き覚え」するまで何度も聞き込んで，「音の記憶力」をつくりましょう。

アメリカ

8. 1_109 A woman is using a computer on her lap.
9. 1_110 He's using a power tool on a piece of wood.
10. 1_111 A technician is adjusting some equipment.
11. 1_112 A man is operating heavy machinery.
12. 1_113 She's using a sink.

8. 女性はパソコンを膝に載せて使っている。
9. 彼は木片に対し電動工具を使っている。
10. 技術者が器具を調整している。
11. 男性が重機を操作している。
12. 彼女は洗面台（流し）を使っている。

間違えた問題は，「聞き覚え」するまで何度も聞き込んで，「音の記憶力」をつくりましょう。

13. 1_114 カナダ

(A) She's using a computer on her lap.
(B) She's folding the paper in half.
(C) She's putting reports in a filing cabinet.
(D) She's operating a copy machine.

(A) 彼女はパソコンを膝に載せて使っている。
(B) 彼女は紙を半分に折っている。
(C) 彼女は報告書を書類整理棚に入れている。
(D) 彼女はコピー機を操作している。

operate「操作する」，copy machine「コピー機」という語句がポイントです。Part 1には「コピー機」の写真が頻出で，photocopier「コピー機」という単語もよく使われます（「写真（photo）式の複写機（copier）」→「コピー機」となりました）。

□lap 膝 □fold …を折り畳む □in half 半分に □filing cabinet キャビネット，書類整理棚
□operate …を運転する・操作する・動かす □copy machine (=photocopier) コピー機

14. 1_115 アメリカ

(A) A man is adjusting his tie.
(B) A man is opening a toolbox.
(C) A man is using a power tool.
(D) A man is putting on a mask.

(A) 男性がネクタイを整えている。
(B) 男性が工具箱を開けている。
(C) 男性が電動工具を使っている。
(D) 男性がマスクを着けようとしている。

まとめ単語のpower tool「電動工具」がポイントです。powerには「電力」の意味があり（without power「停電で」などがよく使われます），power toolで「電力で動く道具」→「電動工具」となります。

□adjust …を調整する・調節する □toolbox 道具箱 □power tool 電動工具 □put on …を身に着ける

13(D) 14(C)

乗る・降りる・運転する

音声を聞いて空所を書き取ってください。

15. 1_116
He's ________ ________ ________.

16. 1_117
They're ________ ________ ________ ________.

17. 1_118
The driver is ________ ________ ________ ________.

18. 1_119
Passengers are ________ ________ ________.

19. 1_120
Passengers are ________ ________ a bus.

(A) から (D) の 4 つの文を聞いて，写真を最も的確に描写しているものを選んでください。

20. 1_121

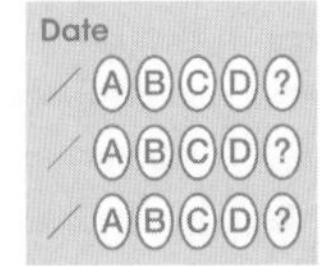

21. 1_122

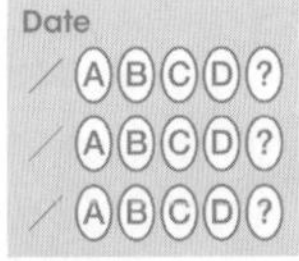

解説・正解

乗る・降りる・運転する

書き取れなかった英文は,「聞き覚え」するまで何度も聞き込んで,「音の記憶力」をつくりましょう。

オーストラリア

15. 1_116 He's riding a motorcycle.

16. 1_117 They're getting into a vehicle.

17. 1_118 The driver is holding the steering wheel.

18. 1_119 Passengers are boarding an airplane.

19. 1_120 Passengers are disembarking from a bus.

15. 彼はオートバイに乗っている。
16. 彼らは乗り物に乗り込んでいる。
17. 運転手はハンドルを握っている。
18. 乗客が飛行機に搭乗している。
19. 乗客がバスから降車している。

間違えた問題は,「聞き覚え」するまで何度も聞き込んで,「音の記憶力」をつくりましょう。

20. 1_121 オーストラリア

(A) A ferry is passing beneath a bridge.

(B) Passengers are gazing at the skyline.

(C) People are disembarking from a ship.

(D) Some people are riding in a boat.

(A) フェリーが橋の下を通過している。
(B) 乗客がスカイラインをじっと見ている。
(C) 人々が船から降りている。
(D) 数人がボートに乗っている。

ride は本来「またがって乗る」なので,馬・バイク・自転車などに使うことが多いです。ただ,実際には車やボートの場合にも使うことができ,今回は ride in a boat「ボートに乗る」となっています。

□pass beneath …の下を通過する cf. beneath (=below) …の真下に・下方に
□gaze at …をじっと見つめる・凝視する
□skyline スカイライン(空と建物などの輪郭線,空を背景とした建物などのシルエット)
□disembark from …から降りる・上陸する

21. 1_122 イギリス

(A) There are service vehicles near an aircraft.

(B) Passengers are boarding an airplane.

(C) Several airplanes are lined up in a row.

(D) Travelers are waiting in the terminal.

(A) 航空機のそばに作業車がある。
(B) 乗客が飛行機に搭乗している。
(C) 数機の飛行機が一列に並んでいる。
(D) 旅行客たちがターミナルで待っている。

多義語の board がポイントです。今回は「乗る」という意味で,board an airplane「飛行機に搭乗する」となります。本来 board は「板」で,「黒板」→「黒板がある部屋・会議室」→「会議室に集まる人たち・役員会」という意味も非常によく出てきます。

□vehicle 乗り物,車両 □aircraft (=airplane) 航空機 □board 動 …に乗車する・搭乗する
□several いくつかの □be lined up 並んでいる □in a row 一列に □traveler 旅行客
□terminal 空港ビル,(バス・鉄道・飛行機などの)発着所

20(D) 21(B)

料理する・食事する

音声を聞いて空所を書き取ってください。

22. 1_123
A chef is ________ ________ ________ ________ ________ ________.

23. 1_124
A woman is ________ ________ ________ ________ ________.

24. 1_125
He's ________ ________ ________ ________ ________.

25. 1_126
Some people are ________ ________ ________ ________.

26. 1_127
Some food is ________ ________ ________ ________ ________.

(A) から (D) の 4 つの文を聞いて，写真を最も的確に描写しているものを選んでください。

27. 1_128

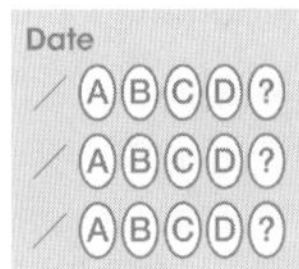

28. 1_129

解説・正解

料理する・食事する

書き取れなかった英文は，「聞き覚え」するまで何度も聞き込んで，「音の記憶力」をつくりましょう。

アメリカ

22. 1_123 A chef is slicing some vegetables with a knife.

23. 1_124 A woman is preparing food by a sink.

24. 1_125 He's stirring soup in a pot.

25. 1_126 Some people are having a meal together.

26. 1_127 Some food is being cooked on a grill.

22. 料理人が包丁で野菜を薄く切っている。
23. 女性が流し台のそばで食事の用意をしている。
24. 彼は鍋のスープをかき混ぜている。
25. 数人が食事を共にしている。
26. 食べ物が焼き網で調理されているところである。

間違えた問題は，「聞き覚え」するまで何度も聞き込んで，「音の記憶力」をつくりましょう。

27. 1_128 オーストラリア

(A) Food is being cooked on a grill.

(B) Dishes are being washed in a sink.

(C) A chef is preparing food in a wok.

(D) A man is wiping a cooking surface.

(A) 食べ物が焼き網で調理されているところである。
(B) 皿が流し台で洗われているところである。
(C) 料理人が中華鍋で食べ物を料理している。
(D) 男性が調理器具の表面を拭いている。

prepare food「食べ物を用意する・調理する」という表現です。文末の wok「中華鍋」はかなり難しいので，余裕がある人だけ押さえておけばいいでしょう。(A) Food is being cooked on a grill. もまぎらわしいですが，最後の grill「焼き網」がアウトです。

□grill 鉄板，焼き網 □sink 流し台 □chef 料理人 □prepare …を準備する・用意する □wok 中華鍋 □wipe …を拭く □cooking surface 調理器具の表面

28. 1_129 イギリス

(A) Diners are tasting some soup.

(B) Some people are eating in a restaurant.

(C) A server is handing the bill to a customer.

(D) A server is serving food from a trolley.

(A) 食事客がスープの味見をしている。
(B) 数人がレストランで食事をしている。
(C) 接客係が伝票を客に手渡している。
(D) 接客係が料理をワゴンから出して提供している。

写真全体を描写した，(B) Some people are eating in a restaurant. が正解です。(A) Diners are tasting some soup. のように，細かくて判断がつかない選択肢が正解になることは基本的にありません（diner「食事をする人」は，dine「食事をする」に "-er"「～する人」がついた形です）。

□diner 食事をする人 □taste …の味見をする □hand A to B AをBに渡す □bill 伝票，勘定書 □server 接客係，給仕係 □serve（飲食物）を出す・提供する □trolley（食べ物などを運ぶ）ワゴン，台車

27(C) 28(B)

注文する・料理を運ぶ・料理を配膳する

音声を聞いて空所を書き取ってください。

29. 1_130
She's ________ ________ ________ ________ ________.

30. 1_131
A server is ________ ________ ________.

31. 1_132
She's ________ ________ ________ ________.

32. 1_133
They're ________ ________ ________ ________ ________.

33. 1_134
________ ________ ________ ________ into cups.

(A) から (D) の 4 つの文を聞いて，写真を最も的確に描写しているものを選んでください。

34. 1_135

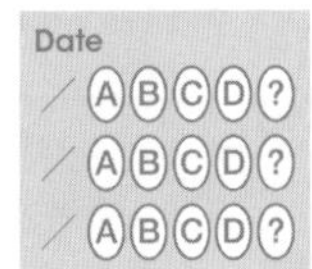

35. 1_136

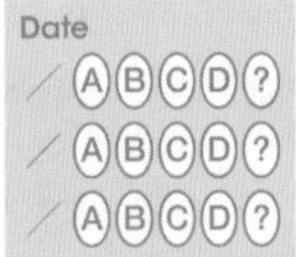

解説・正解

注文する・料理を運ぶ・料理を配膳する

書き取れなかった英文は,「聞き覚え」するまで何度も聞き込んで,「音の記憶力」をつくりましょう。

アメリカ

29. 1_130 She's pouring liquid into a flask.

30. 1_131 A server is taking an order.

31. 1_132 She's serving customers some food.

32. 1_133 They're setting the table for dinner.

33. 1_134 Beverages are being poured into cups.

29. 彼女は液体を魔法瓶に注いでいる。
30. 接客係が注文をとっている。
31. 彼女は客に料理を出している。
32. 彼らはディナーテーブルを用意している。
33. 飲み物がカップに注がれているところである。

間違えた問題は,「聞き覚え」するまで何度も聞き込んで,「音の記憶力」をつくりましょう。

34. 1_135 カナダ

(A) A server is taking an order.

(B) A server is serving food.

(C) Diners are looking at a menu.

(D) Diners are being shown to their seats.

(A) 接客係が注文をとっている。
(B) 接客係が料理を出している。
(C) 客がメニューを見ている。
(D) 客が席に案内されているところである。

serve「(飲食物)を出す」という単語がポイントです。名詞形は service で,日本語でも「セルフサービス(自分に食べ物を出す店)」と使われています。また,居酒屋にあるビールの「サーバー」も「(ビールを)出すもの」ですね。どの Part でもよく狙われる単語です。

□server 接客係 □take an order 注文をとる **cf.** place an order 注文をする
□serve (飲食物)を出す・食卓に運ぶ □diner 食事をする人,飲食店の客 □be shown to …に案内される

35. 1_136 アメリカ

(A) Tables are arranged in a circle.

(B) Many of the seats are occupied.

(C) The server is folding the tablecloths.

(D) The server is setting a table.

(A) テーブルは円形に配置されている。
(B) 多くの席に人が座っている。
(C) 接客係がテーブルクロスを畳んでいる。
(D) 接客係が食卓の用意をしている。

set は「きちんと置く・配置する」を表し,set a table で「テーブルをきちんと配置する」→「食卓を整える・食卓の用意をする」となります。ちなみに,(B) の be occupied も Part 1 の重要表現です。occupy は「占める」で,be occupied で「(席が人に)占められている」→「席が埋まっている」となります。

□arrange …を整頓する・そろえる・配置する □in a circle 円形に,輪になって
□occupied (席が人に)占められている □fold …を折りたたむ □tablecloth テーブルクロス
□set a table 食卓の用意をする

34(B) 35(D)

1.

1_137

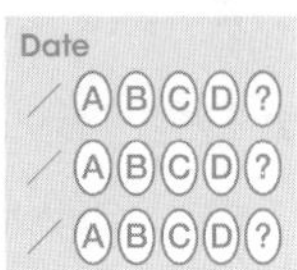

2.

1_138

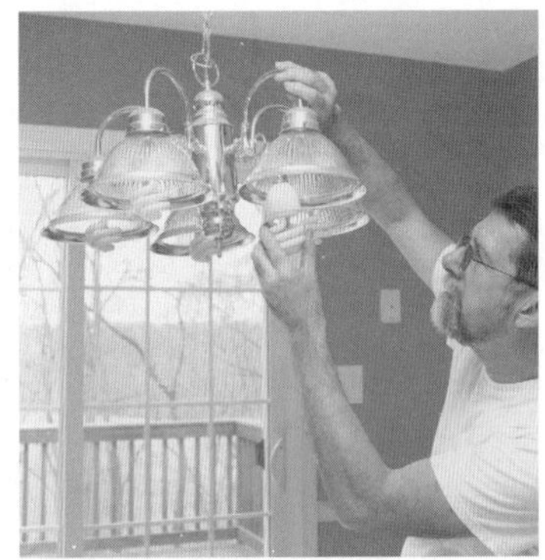

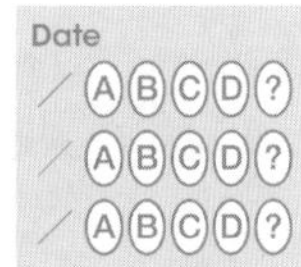

3.

1_139

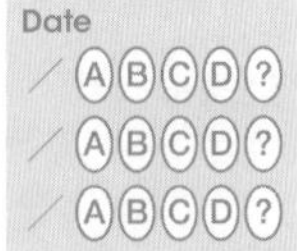

解説・正解

間違えた問題は,「聞き覚え」するまで何度も聞き込んで,「音の記憶力」をつくりましょう。

1. 1_137 アメリカ

(A) A server is handing a menu to a customer.
(B) People are waiting to enter a café.
(C) A customer is drinking from a cup.
(D) A man is taking a customer's order.

(A) 接客係が客にメニューを手渡している。
(B) 人々がカフェに入るのを待っている。
(C) 客がコップから飲み物を飲んでいる。
(D) 男性が客の注文をとっている。

take an order「注文をとる」という表現がポイントです。take は「持って行く」の意味が有名ですが,本来は「とる」を表します。take a customer's order で「客の注文をとる」です。

□hand A to B AをBに手渡す □take an order 注文をとる

2. 1_138 オーストラリア

(A) He's repairing the base of a lamppost.
(B) He's replacing a light bulb.
(C) He's cleaning a window.
(D) He's removing tools from a bin.

(A) 彼は街灯柱の土台を修理している。
(B) 彼は電球を交換している。
(C) 彼は窓を掃除している。
(D) 彼はふた付きの大箱から道具を取り出している。

replace「取り替える」· light bulb「電球」という語句がポイントです。bulb は「球状のもの」を表し,light bulb で「光を出す球」→「電球」となりました。ちなみに,日本語で「バルブ」と言うと「弁,真空管」を思い浮かべる人もいるかもしれませんが,これは valve というまったく別の単語です。

□base 基部,底,土台 □lamppost 街灯柱 □replace …を取り換える □light bulb 電球
□remove A from B AをBから取り除く・取り出す □bin ふた付きの大箱,ごみ箱

3. 1_139 イギリス

(A) He's slicing vegetables on a cutting board.
(B) Vegetables are being washed in a sink.
(C) A cook is taking some equipment out of a cupboard.
(D) Dishes have been arranged on a dinner table.

(A) 彼はまな板の上で野菜を薄く切っている。
(B) 野菜が流し台で洗われているところだ。
(C) 料理人が戸棚から器具を取り出している。
(D) 料理がディナーテーブルに用意されている。

slice は「スライスする」,cutting board は「切る(cutting)ための板(board)」→「まな板」です。Part 1 では料理関係の写真が頻出なので,sink「流し台」,cupboard「食器棚」,dish「皿・料理」などは必ずチェックしておきましょう。特に,cupboard は「カバァド」のように発音されるので,注意が必要です。

□slice …を薄く切る □cutting board まな板 □sink 流し台 □take A out of B AをBから取り出す
□cupboard 戸棚,食器棚,クローゼット □dish (皿に盛った)食べもの,料理,皿

1(D) 2(B) 3(A)

4.

1_140

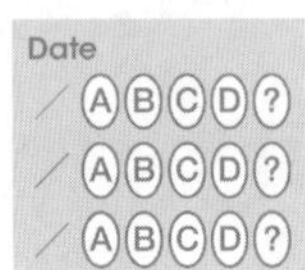

5.

1_141

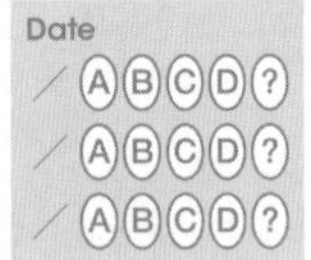

6.

1_142

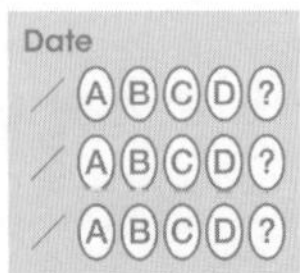

解説・正解

間違えた問題は，「聞き覚え」するまで何度も聞き込んで，「音の記憶力」をつくりましょう。

4. 1_140 カナダ

(A) She's pouring liquid into a teacup.
(B) A centerpiece is being adjusted.
(C) A kettle is hanging from a hook.
(D) Some dishes are being put away.

(A) 彼女は液体をティーカップに注いでいる。
(B) テーブルセンターが整えられているところである。
(C) やかんがフックに掛けてある。
(D) 何枚かの皿が片付けられているところである。

pour A into B「AをBに注ぐ」という熟語です。今回はAにliquid「液体」がきており，一種のまとめ単語として使われています。化粧水・整髪料で「リキッドタイプ」と言えば，「液体状」のことです（正確な発音は「リクィッド」）。

□pour A into B AをBに注ぐ □liquid 液体 □centerpiece（食卓などの）中央に置く飾り（生け花など）
□adjust …を調整する・調節する □kettle やかん □hang 掛かる，ぶら下がる
□put away …をしまう・片付ける

5. 1_141 オーストラリア

(A) People are wiping a table with a cloth.
(B) People are setting out knives and forks.
(C) People are having a meal together.
(D) People are serving food to the guests.

(A) 人々が布でテーブルを拭いている。
(B) 人々がナイフとフォークを並べている。
(C) 人々が食事を共にしている。
(D) 人々が客に料理を出している。

have a meal「食事をする」という表現です。「オートミール」とは，ざっくり言うと「麦をお粥にしたようなもの」で，欧米で朝に出される「食事」です（日本ではダイエット食で有名になりました）。

□wipe …を拭く □cloth 布 □set out …を配列する・並べる □have a meal 食事をする
□serve A to B AをBに提供する

6. 1_142 カナダ

(A) Signs have been posted by a path.
(B) Some trees are being cut down.
(C) He's operating heavy machinery.
(D) He's inspecting some equipment.

(A) 小道のそばに標識が掲げられている。
(B) 何本かの木が切り倒されているところである。
(C) 彼は重機を操作している。
(D) 彼は器具を検査している。

写真の「ショベルカー」を，まとめ単語のheavy machinery「重機」で表しています。また，operate「操作する」は，61ページに出てきた「コピー機」から，今回のショベルカーのような大きなものにまで，幅広く使うことができます。

□sign 標識，看板，掲示 □post …を掲げる・掲示する □path 小道 □cut down …を切り倒す
□heavy machinery 重機 □inspect …を検査する □equipment 器具，設備，備品

4(A) 5(C) 6(C)

演説する・発表する

音声を聞いて空所を書き取ってください。

1. 1_143
One man is ________ ________ ________.

2. 1_144
An audience is ________ ________ ________.

3. 1_145
He's ________ ________ ________ ________.

4. 1_146
The man is ________ ________ ________ ________.

5. 1_147
A crowd is ________ ________ ________ ________.

(A) から (D) の４つの文を聞いて，写真を最も的確に描写しているものを選んでください。

6. 1_148

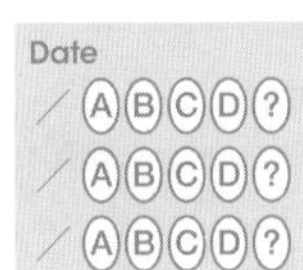

7. 1_149

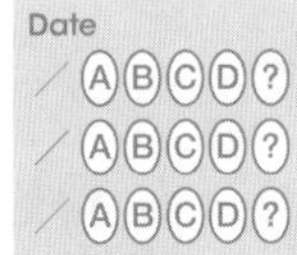

解説・正解

演説する・発表する

書き取れなかった英文は,「聞き覚え」するまで何度も聞き込んで,「音の記憶力」をつくりましょう。

イギリス

1. 1_143 One man is addressing a group.

2. 1_144 An audience is watching a presenter.

3. 1_145 He's speaking into a microphone.

4. 1_146 The man is speaking to an audience.

5. 1_147 A crowd is gathered around a speaker.

1. 1人の男性がグループに向けて話をしている。
2. 聴衆が発表者を見ている。
3. 彼はマイクに向かって話している。
4. 男性は観客に話しかけている。
5. 聴衆が発表者の周りに集まっている。

間違えた問題は,「聞き覚え」するまで何度も聞き込んで,「音の記憶力」をつくりましょう。

6. 1_148 オーストラリア

(A) A man is leaving the stage.

(B) The position of a microphone is being adjusted.

(C) A man is speaking into a microphone.

(D) A microphone is being set up on the stage.

(A) 男性が舞台から立ち去っているところだ。
(B) マイクの位置が調整されているところだ。
(C) 男性がマイクに向かって話している。
(D) マイクが舞台上に設置されているところだ。

speak into a microphone「マイクに向かって話す」という表現がポイントです。into は「突入（～の中に入っていく）」を表し，今回は「声がマイクの中に入っていく」イメージになります。ちなみに，(B) と (D) は「受動態＋進行形（be being p.p.）」で，「～されている途中」を表すのでアウトです。

□position 位置 □adjust …を調整する □speak into a microphone マイクに向かって話す
□set up …を設置する

7. 1_149 アメリカ

(A) A presentation is being recorded.

(B) One woman is raising her hand.

(C) People have gathered for a presentation.

(D) A presenter is pointing at a screen.

(A) プレゼンテーションが録音されているところだ。
(B) 1人の女性が手を挙げている。
(C) 人々がプレゼンテーションのために集まっている。
(D) 発表者がスクリーンを指さしている。

「プレゼンのために人々が集まっている」という様子を述べた，(C) People have gathered for a presentation. が正解です。for は「目的」を表し，gather for ～「～のために集まる」の形でよく使われます。

□presentation プレゼンテーション，発表 □record 動 …を記録する・録音する
□raise one's hand 手をあげる □gather 集まる □point at …を指さす

6(C) 7(C)

討論する・会議する・対話する

音声を聞いて空所を書き取ってください。

8. 1_150
People are _______ _______ _______.

9. 1_151
One man is _______ _______ a receptionist.

10. 1_152
They're _______ _______ _______ _______.

11. 1_153
A man is _______ _______ _______ _______.

12. 1_154
They're _______ _______ _______ _______.

(A) から (D) の 4 つの文を聞いて，写真を最も的確に描写しているものを選んでください。

13. 1_155

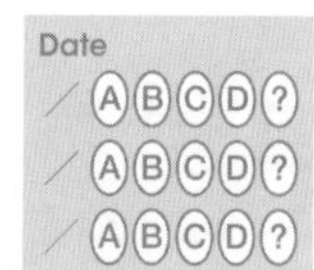

14. 1_156

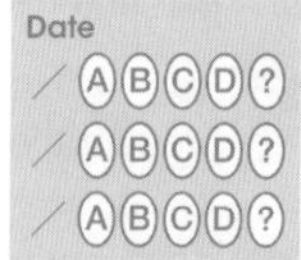

解説・正解

討論する・会議する・対話する

書き取れなかった英文は,「聞き覚え」するまで何度も聞き込んで,「音の記憶力」をつくりましょう。

カナダ

8. 1_150 People are having a discussion.

9. 1_151 One man is chatting with a receptionist.

10. 1_152 They're engaged in a discussion.

11. 1_153 A man is leading a group discussion.

12. 1_154 They're engaged in a conversation.

8. 人々が話し合いをしている。
9. 1人の男性が受付係と雑談している。
10. 彼らは議論に参加している。
11. 男性がグループ討論を進行している。
12. 彼らは会話をしている。

間違えた問題は,「聞き覚え」するまで何度も聞き込んで,「音の記憶力」をつくりましょう。

13. 1_155 カナダ

(A) They're searching for a place to sit.

(B) They're having a discussion around a table.

(C) A woman is pointing at a chart on a board.

(D) A woman is distributing some handouts.

(A) 彼らは座る場所を探している。
(B) 彼らはテーブルを囲んで議論している。
(C) 女性がボードの図表を指さしている。
(D) 女性がプリントを配布している。

have a discussion「議論する・話し合う」という表現と,前置詞 around がポイントです。around は「円(round)に沿って,ぐるっと周りを回る」イメージで,around a table で「テーブルの周りをぐるっと囲んでいる」状態を表します。今回の写真にピッタリですね。

□search for …を探す □have a discussion 議論する,話し合う □point at …を指さす □chart 図表
□distribute …を配布する・分配する □handout プリント,配布資料

14. 1_156 アメリカ

(A) Some people are passing out papers to the crowd.

(B) A man is leading a group discussion.

(C) Some people are taking notes on sheets of paper.

(D) One man is picking up his notes off the table.

(A) 何人かの人々が群衆に書類を配っている。
(B) 1人の男性がグループディスカッションを仕切っている。
(C) 何人かの人々が紙にメモをとっている。
(D) 1人の男性がテーブルからメモを持ち上げている。

take notes「メモをとる」という熟語で,後ろに on sheets of paper が続いています。paper「紙」は「不可算名詞」なので paper 自体を複数形にはせず,a sheet of ~「~の1枚」を使って数えているわけです(paper を「可算名詞」扱いにすると,「レポート・論文・資料・新聞」といった意味になります)。

□pass out A to B AをBに配る □lead …を先導する・仕切る □take notes メモをとる
□pick up A off B AをBから拾い上げる・取り上げる

13(B) 14(C)

電話する・インタビューする

音声を聞いて空所を書き取ってください。

15. 1_157
A woman is _______ _______ _______ _______.

16. 1_158
He's _______ _______ _______ _______.

17. 1_159
A man is _______ _______ on the street.

18. 1_160
A journalist is _______ _______ _______.

19. 1_161
An interview is _______ _______ _______.

(A) から (D) の 4 つの文を聞いて，写真を最も的確に描写しているものを選んでください。

20. 1_162

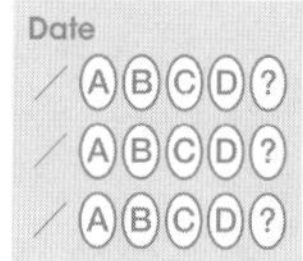

21. 1_163

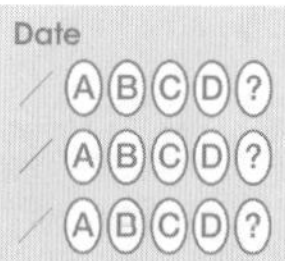

解説・正解

電話する・インタビューする

書き取れなかった英文は,「聞き覚え」するまで何度も聞き込んで,「音の記憶力」をつくりましょう。

アメリカ

15. 1_157 A woman is talking on the telephone.

16. 1_158 He's making a phone call.

17. 1_159 A man is being interviewed on the street.

18. 1_160 A journalist is conducting an interview.

19. 1_161 An interview is taking place outdoors.

15. 女性が電話で話をしている。
16. 彼は電話をかけている。
17. 男性が路上でインタビューを受けている。
18. ジャーナリストがインタビューを行っている。
19. インタビューが屋外で行われている。

間違えた問題は,「聞き覚え」するまで何度も聞き込んで,「音の記憶力」をつくりましょう。

20. 1_162 オーストラリア

(A) A woman is editing a film.

(B) All of the men are holding microphones.

(C) An interview is taking place outdoors.

(D) A man is walking up a staircase.

(A) 女性が映画を編集している。
(B) すべての男性がマイクを持っている。
(C) インタビューが屋外で行われている。
(D) 男性が階段を上っている。

take place「行われる」という熟語がポイントです。この熟語はどのPartでも頻出で,「セミナー・イベントが行われる」といった英文でよく出てきます(be held「行われる」への言い換えも頻出です)。

□edit …を編集する □film 映画 □microphone マイク □take place 行われる,起こる
□walk up (階段など)を歩いて上る □staircase (手すりの付いた)階段

21. 1_163 イギリス

(A) He's looking in a telephone directory.

(B) He's standing in front of a computer.

(C) He's wearing a headset.

(D) He's talking on the phone.

(A) 彼は電話帳を見ている。
(B) 彼はコンピューターの前に立っている。
(C) 彼はヘッドセットを装着している。
(D) 彼は電話で話している。

talk on the phone「電話で話す」という表現です。on は本来「接触」を表し,そこから「心の接触」→「依存(～に頼って)」の意味が生まれました。よって,on the phone で「電話という手段を頼りにして」→「電話で」となります。もしくは,「意識が電話に接触している」イメージから考えてもいいでしょう。

□telephone directory 電話帳 □in front of …の前に □wear …を身に着けている
□headset ヘッドセット(マイク付きヘッドホン) □on the phone 電話で

20(C) 21(D)

切る・削る・整える

音声を聞いて空所を書き取ってください。

22. 1_164
One man is _______ _______ _______ _______.

23. 1_165
A worker is _______ _______ _______ _______.

24. 1_166
A man is _______ _______ _______.

25. 1_167
He's _______ _______ _______.

26. 1_168
Tools _______ _______ _______ _______ in a shed.

(A) から (D) の４つの文を聞いて，写真を最も的確に描写しているものを選んでください。

27. 1_169

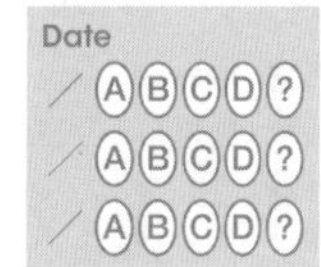

28. 1_170

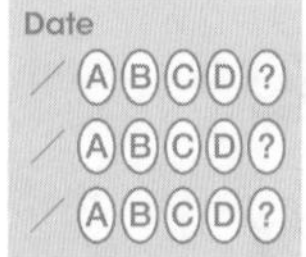

解説・正解

切る・削る・整える

書き取れなかった英文は,「聞き覚え」するまで何度も聞き込んで,「音の記憶力」をつくりましょう。

オーストラリア

22. 1_164 One man is having his hair cut.
23. 1_165 A worker is cutting down the trees.
24. 1_166 A man is mowing the lawn.
25. 1_167 He's trimming some bushes.
26. 1_168 Tools have been stored neatly in a shed.

22. 1人の男が散髪してもらっている。
23. 作業員が木を切り倒している。
24. 男が芝を刈っている。
25. 彼は茂みを刈り込んでいる。
26. 工具が小屋に整然と収納されている。

間違えた問題は,「聞き覚え」するまで何度も聞き込んで,「音の記憶力」をつくりましょう。

27. 1_169 カナダ

(A) He's planting some flowers in a garden.
(B) Sprinklers are spraying water on a lawn.
(C) He's mowing the grass with a lawn mower.
(D) A gardener is trimming some bushes.

(A) 彼は庭に花を植えている。
(B) スプリンクラーが芝生に水を散布している。
(C) 彼は芝刈り機で芝生を刈っている。
(D) 植木屋が茂みを刈り込んでいる。

mow「刈る」· lawn mower「芝刈り機」という語句がポイントです（mowerは「刈る（mow）もの（er)」→「刈り取り機」ということ)。TOEICにはやたらと「草を刈る・芝刈り機」の話が出てきて，Part 1はもちろん，Part 4やPart 7で「芝刈り機」の広告が出ることもあります。

□plant …を植える □sprinkler スプリンクラー，散水装置 □spray …を散布する・吹きかける
□mow（草など）を刈る □lawn mower 芝刈り機 □gardener 庭師，植木屋 □trim …を刈り込む
□bush 茂み，低木

28. 1_170 アメリカ

(A) He's trimming some plants.
(B) He's cleaning some gardening tools.
(C) He's planting some flowers.
(D) He's relaxing in a garden.

(A) 彼は植物を刈り込んでいる。
(B) 彼は園芸用具をきれいにしている。
(C) 彼は花を植えている。
(D) 彼は庭でくつろいでいる。

trim「刈り込む・整える」という単語がポイントです。「ペットの毛をきれいに整える仕事をする人」を「トリマー」と言いますね。また，写真を加工するときに「トリミング機能（写真の不要な部分を切り取って整える機能)」を使ったことがある人も多いでしょう。

□trim …を刈り込む・手入れする □plant 名 植物，工場 動 …を植える □gardening tool 園芸用具
□relax くつろぐ，リラックスする

27(C) 28(A)

その他の状況①

音声を聞いて空所を書き取ってください。

29. 1_171
The _______ are _______ _______ _______.

30. 1_172
The man is _______ _______ _______.

31. 1_173
Students are _______ _______ musical instruments.

32. 1_174
People _______ _______ _______ a street vendor's stand.

33. 1_175
She's _______ _______ _______ _______ _______ a bucket.

(A) から (D) の 4 つの文を聞いて，写真を最も的確に描写しているものを選んでください。

34. 1_176

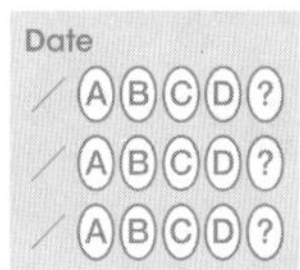

35. 1_177

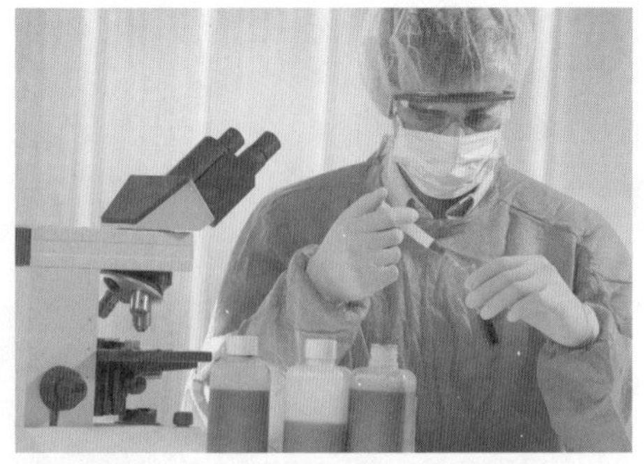

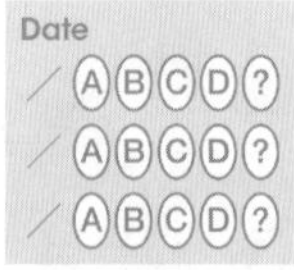

解説・正解

その他の状況①

書き取れなかった英文は,「聞き覚え」するまで何度も聞き込んで,「音の記憶力」をつくりましょう。

アメリカ

29. 1_171 The stands are filled with spectators.
30. 1_172 The man is wearing safety gear.
31. 1_173 Students are surrounded by musical instruments.
32. 1_174 People have gathered around a street vendor's stand.
33. 1_175 She's bending over to pick up a bucket.

29. スタンドは観客でいっぱいである。
30. 男性は安全用具（防護服）を身につけている。
31. 学生たちが楽器に囲まれている。
32. 人々が路上の屋台に集まっている。
33. 彼女は身をかがめてバケツを持ち上げている。

間違えた問題は,「聞き覚え」するまで何度も聞き込んで,「音の記憶力」をつくりましょう。

34. 1_176 オーストラリア

(A) A woman is bending down.
(B) A woman is sweeping the street.
(C) A woman is opening up her bag.
(D) A woman is kneeling in a garden.

(A) 女性がかがんでいる。
(B) 女性が通りを掃いている。
(C) 女性がかばんを開いている。
(D) 女性が庭で膝をついている。

bend down「腰を曲げる・かがむ」という熟語がポイントです。bend は bind「縛る」と語源が同じで,「紐で縛ると曲がる」→「曲げる・腰を曲げる・かがむ」となりました。down で「下へ」というニュアンスを強めています。

□bend down 腰を曲げる,かがむ □sweep …を掃く・掃除をする □kneel 膝をつく,ひざまずく

35. 1_177 イギリス

(A) He's adjusting a microscope.
(B) He's wearing protective eyewear.
(C) He's prescribing some medicine.
(D) He's washing some dirty glasses.

(A) 彼は顕微鏡を調節している。
(B) 彼は保護眼鏡をかけている。
(C) 彼は薬を処方している。
(D) 彼は汚れたグラスを洗っている。

wear は「身に着けている」という状態を表します。今回は進行形 be wearing となっており,文法書では「一時的状態を強調する」と書いてありますが,TOEIC の世界ではここまで細かい区別は不要で,"wear ≒ be wearing" と考えて OK です。

□adjust …を調整する・調節する □microscope 顕微鏡 □protective eyewear 保護眼鏡
□prescribe（薬,療法など）を処方する・指示する □medicine 薬

34(A) 35(B)

その他の状況②

音声を聞いて空所を書き取ってください。

36. 1_178
Some people _______ _______ _______ at a counter.

37. 1_179
A clerk is _______ _______ _______ in a shop.

38. 1_180
A woman _______ _______ _______ _______.

39. 1_181
Some people _______ _______ _______ _______.

40. 1_182
They _______ _______ _______ a roof.

(A) から (D) の４つの文を聞いて，写真を最も的確に描写しているものを選んでください。

41. 1_183

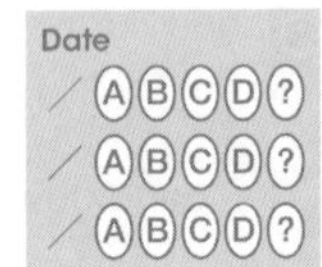

42. 1_184

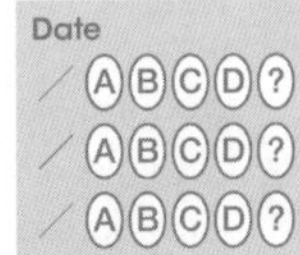

解説・正解

その他の状況②

書き取れなかった英文は，「聞き覚え」するまで何度も聞き込んで，「音の記憶力」をつくりましょう。

イギリス

36. 1_178 Some people are being helped at a counter.

37. 1_179 A clerk is assisting a customer in a shop.

38. 1_180 A woman has her glasses on.

39. 1_181 Some people have opened their umbrellas.

40. 1_182 They have climbed onto a roof.

36. 何人かの人々がカウンターで応対を受けている。
37. 店で店員が客に対応している。
38. 女性が眼鏡をかけている。
39. 数人の人々が傘を広げている。
40. 彼らは屋根の上にいる。

間違えた問題は，「聞き覚え」するまで何度も聞き込んで，「音の記憶力」をつくりましょう。

41. 1_183 オーストラリア

(A) A man is standing behind a sofa.

(B) A man has his glasses on.

(C) A man is taking notes on a notepad.

(D) A man is adjusting his chair.

(A) 男性がソファの後ろに立っている。
(B) 男性が眼鏡をかけている。
(C) 男性がメモ帳にメモをとっている。
(D) 男性がいすを調節している。

have X on「Xを身に着けている」という表現がポイントです。この on は副詞ですが，前置詞 on と同様に「接触」を表し，「Xを体に接触させている」→「身に着けている」となります。has his glasses on「眼鏡をかけている」のように，目的語に「服以外」もとれる点にも注意しましょう（wear も同様です）。

□behind …の後ろに □have X on Xを身に着けている □take notes メモをとる，ノートをとる
□notepad メモ帳

42. 1_184 イギリス

(A) A musical performance has begun on the street.

(B) Musicians are walking off the stage.

(C) Different musical instruments are being played.

(D) People are packing up their equipment.

(A) 通りで音楽の演奏が始まっている。
(B) 音楽家たちがステージから立ち去っている。
(C) 異なる種類の楽器が演奏されている。
(D) 人々は自分たちの器具を片付けている。

「現在完了形（has begun）」の用法がポイントです。現在完了は「過去～現在まで」を表すので，(A) A musical performance has begun on the street. は「音楽の演奏が（過去に）始まって，今も続いている」ことを表します。よって，写真の様子とバッチリ合います。

□walk off the stage ステージから立ち去る □musical instrument 楽器
□pack up（道具類など）を片付ける・まとめる □equipment 器具，装備

41(B) 42(A)

その他の状況③

音声を聞いて空所を書き取ってください。

43. 1_185
A woman is _______ _______ _______ _______ plants.

44. 1_186
Employees are _______ _______ _______.

45. 1_187
A man is _______ _______ _______.

46. 1_188
He's _______ _______ _______ _______.

47. 1_189
A man is _______ a table.

(A) から (D) の４つの文を聞いて，写真を最も的確に描写しているものを選んでください。

48. 1_190

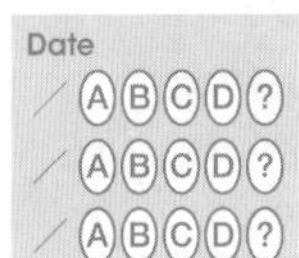

49. 1_191

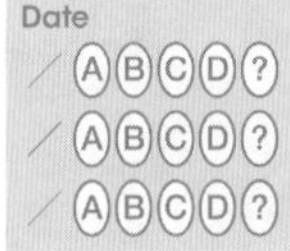

解説・正解

その他の状況③

書き取れなかった英文は,「聞き覚え」するまで何度も聞き込んで,「音の記憶力」をつくりましょう。

カナダ

43. 1_185 A woman is taking care of some plants.
44. 1_186 Employees are sorting through documents.
45. 1_187 A man is rowing a boat.
46. 1_188 He's fishing from a boat.
47. 1_189 A man is wiping a table.

43. 女性が植物の世話をしている。
44. 従業員たちが書類を分類している。
45. 男性がボートを漕いでいる。
46. 彼はボートで釣りをしている。
47. 男性がテーブルを拭いている。

間違えた問題は,「聞き覚え」するまで何度も聞き込んで,「音の記憶力」をつくりましょう。

48. 1_190 カナダ

(A) A man is getting into a boat.
(B) A man is rowing a boat on a lake.
(C) A boat is tied up to a dock.
(D) People are swimming toward the shore.

(A) 男性がボートに乗り込んでいる。
(B) 男性が湖でボートを漕いでいる。
(C) ボートが埠頭につながれている。
(D) 人々が岸に向かって泳いでいる。

row は名詞「列」が有名ですが,「船・ボートを漕ぐ」という動詞もあります。今回は row a boat「ボートを漕ぐ」となっており,Part 1 ではこういった「水辺関係」の写真がよく出るので,しっかり押さえておきましょう。

□get into …に乗り込む □row 動(船)を漕ぐ □be tied up to …につながれている □dock 埠頭 □shore(海・湖・川の)岸,海岸

49. 1_191 アメリカ

(A) He's putting away a chair.
(B) He's wiping a table with a cloth.
(C) He's folding up a tablecloth.
(D) He's polishing glasses.

(A) 彼はいすを片付けている。
(B) 彼は布でテーブルを拭いている。
(C) 彼はテーブルクロスを畳んでいる。
(D) 彼はグラスを磨いている。

wipe「拭く」という単語がポイントです。車の「ワイパー(wiper)」とは「汚れを拭き取る」ものですね。また,掃除用品の「クイックルワイパー」も wipe「拭く」が基になっています。

□put away …を片付ける・しまう □wipe …を拭く □cloth 布 □fold up …を折りたたむ □tablecloth テーブルクロス □polish …を磨く

48(B) 49(B)

その他の状況④

音声を聞いて空所を書き取ってください。

50. 1_192
A man is _______ _______ _______ his car.

51. 1_193
She's _______ _______ _______.

52. 1_194
She is _______ the street.

53. 1_195
A woman is _______ _______ _______.

54. 1_196
He is _______ _______ _______.

(A) から (D) の４つの文を聞いて，写真を最も的確に描写しているものを選んでください。

55. 1_197

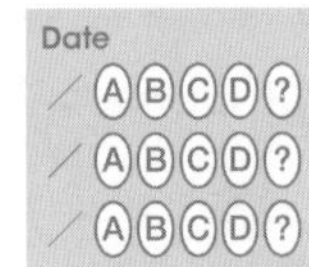

56. 1_198

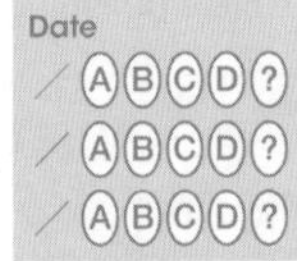

解説・正解

その他の状況④

書き取れなかった英文は，「聞き覚え」するまで何度も聞き込んで，「音の記憶力」をつくりましょう。

アメリカ

50. 1_192 A man is putting gas in his car.

51. 1_193 She's cleaning a countertop.

52. 1_194 She is sweeping the street.

53. 1_195 A woman is packing a suitcase.

54. 1_196 He is watering some plants.

50. 男性が車にガソリンを入れている。
51. 彼女は調理台を掃除している。
52. 彼女は通りを掃いている。
53. 女性がスーツケースに荷物を詰めている。
54. 彼は植物に水をやっている。

間違えた問題は，「聞き覚え」するまで何度も聞き込んで，「音の記憶力」をつくりましょう。

55. 1_197 カナダ

(A) He's opening a car door.

(B) He's putting gas in his car.

(C) He's filling the barrel with water.

(D) He's installing a car part.

(A) 彼は車のドアを開けている。
(B) 彼は車にガソリンを入れている。
(C) 彼はたるに水を入れている。
(D) 彼は車の部品を取り付けている。

put A in B「AをBに入れる」という熟語がポイントです。「AをBの中に（in）置く（put）」→「AをBに入れる」となりました。今回は put gas in his car「車にガソリンを入れる」です。

□put A in B AをBに入れる □gas (=gasoline) ガソリン □fill A with B AをBで満たす
□barrel たる □install …を取り付ける □car part 車の部品

56. 1_198 イギリス

(A) A man is wiping the inside of an oven.

(B) A man is slicing a cake into pieces.

(C) A man is eating dessert.

(D) A man is taking loaves of bread out of an oven.

(A) 男性がオーブンの内側を拭いている。
(B) 男性がケーキを切り分けている。
(C) 男性がデザートを食べている。
(D) 男性がオーブンから何斤かのパンを取り出している。

take A out of B「AをBから取り出す」の形で，A には loaves of bread「数斤のパン」，B には oven「オーブン」がきています。bread も paper 同様「不可算名詞」で，数えるときは a loaf of ～「一個の～」をよく使います。また，oven は「オーブン」ではなく「アヴン」と発音されるので気をつけてください。（今回は an oven がくっついて，「アナヴン」といった感じ）。

□wipe …を拭く □slice X into pieces Xを切り分ける □dessert デザート
□take A out of B AをBから取り出す □a loaf of bread 一個のパン

55(B) 56(D)

1.

1_199

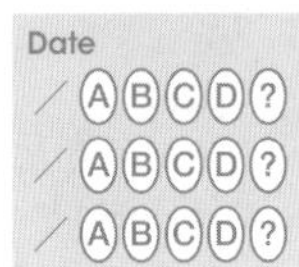

2.

1_200

3.

1_201

解説・正解

間違えた問題は，「聞き覚え」するまで何度も聞き込んで，「音の記憶力」をつくりましょう。

1. 1_199 オーストラリア

(A) A man is bending over a bucket.
(B) A man is finishing his meal.
(C) A man is rowing a boat.
(D) A man is fishing from a boat.

(A) 男性がバケツの上に身をかがめている。
(B) 男性が食事を終えるところである。
(C) 男性がボートを漕いでいる。
(D) 男性がボートで釣りをしている。

fish は名詞「魚」は誰もが知っていますが，今回は動詞「魚をとる・釣りをする」で使われています。この用法を知らなくても，本番では is fishing と「現在進行形」になっているので，動詞で「釣りをする」といった意味があると推測できれば OK です。

□bend over …の上に覆いかぶさる・身をかがめる □finish one's meal 食事を済ませる
□row 動（船）を漕ぐ □fish 動 釣りをする

2. 1_200 カナダ

(A) Some tables are being set up outdoors.
(B) Some people are gathered around a table.
(C) Banners have been hung from an entrance.
(D) A railing surrounds the balcony of a café.

(A) いくつかのテーブルが屋外に設置されているところだ。
(B) 数人がテーブルの周りに集まっている。
(C) 横断幕が入り口に掛かっている。
(D) 手すりがカフェのバルコニーを囲んでいる。

受動態で，are gathered「集められている」→「集まっている」となっています。また，後ろの around a table は「テーブルの周りをぐるっと囲む」イメージで，まさに写真の状態にピッタリです。

□set up …を設置する・組み立てる □outdoors 屋外で □gather …を集める □banner 横断幕
□be hung from …に掛かっている，…から吊るされている □entrance 入り口 □railing 手すり
□surround …を囲む

3. 1_201 アメリカ

(A) A woman is setting some flowerpots by a door.
(B) A woman is watering some plants.
(C) A woman is relaxing by a lake.
(D) A woman is picking up leaves.

(A) 女性がいくつかの植木鉢をドアのそばに置いている。
(B) 女性が植物に水をやっている。
(C) 女性が湖の近くでくつろいでいる。
(D) 女性が葉を拾っている。

water は動詞「水をやる」で，water some plants「植物に水をやる」となります。ちなみに water は Part 1 の重要単語で，単に「水」だけでなく，「水辺（海・川・湖など）」を表すこともできます（英字新聞でも，enter Japanese territorial waters「日本の領海に入る」と使われています）。

□flowerpot（草花の）植木鉢 □by a door ドアのそば □water 動 …に水をやる
□relax くつろぐ，リラックスする □pick up …を拾い上げる

1(D) 2(B) 3(B)

4.

1_202

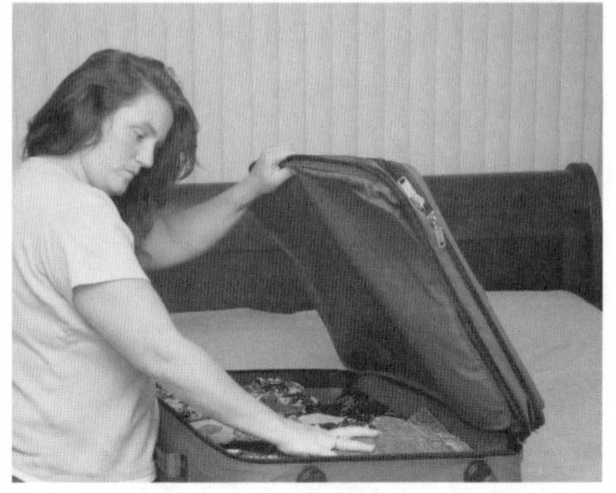

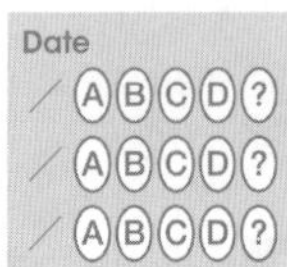

5.

1_203

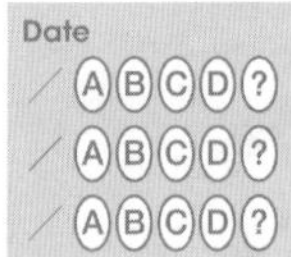

6.

1_204

解説・正解

間違えた問題は，「聞き覚え」するまで何度も聞き込んで，「音の記憶力」をつくりましょう。

4. 1_202 カナダ

(A) A woman is making a bed.
(B) A woman is packing some clothes in a suitcase.
(C) A woman is leaning over some baskets.
(D) A woman is unpacking a box.

(A) 女性がベッドを整えている。
(B) 女性が何着かの衣類をスーツケースに詰めている。
(C) 女性がかごの上にかがんでいる。
(D) 女性が箱から中身を取り出している。

動詞の pack「詰める」がポイントです（今回は pack A in B「AをBに詰める」の形になっています）。最近は「荷造り」を「パッキング（packing）」と言うことが増えてきたので，馴染みがあるかもしれません。ちなみに，pack の反対が unpack「中身を取り出す」で，(D) に使われています。

□make a bed ベッドを整える　□pack A in B AをBに詰める　□suitcase スーツケース
□lean over …にかがむ・身を乗り出す　□unpack（包み・荷・箱など）をあけて中身を取り出す

5. 1_203 アメリカ

(A) Passengers are waiting at a bus stop.
(B) Customers are looking at merchandise.
(C) Guests have been shown to their seats.
(D) People are being helped at a counter.

(A) 乗客がバスの停留所で待っている。
(B) 客が商品を見ている。
(C) 客が席を案内されている。
(D) 人々がカウンターで応対を受けているところだ。

(D) People are being helped at a counter は，直訳「カウンターで（手続きなどを）助けられている」→「応対を受けている」となります。ちなみに，お店では店員が "Are you being helped?" とよく言いますが，「あなたは応対を受けていますか？・ご用件は伺っておりますでしょうか？」ということです。

□passenger 乗客　□merchandise 商品

6. 1_204 イギリス

(A) They're both combing their hair.
(B) Some chairs have been arranged in a circle.
(C) A sink has been filled with water.
(D) One man is having his hair trimmed.

(A) 彼らは２人とも髪をとかしている。
(B) いくつかのいすが円形に配置されている。
(C) 台所の流しが水でいっぱいである。
(D) １人の男性が髪を整えてもらっている。

(D) は have OC の形です。今回は C に過去分詞 trimmed がきて，have his hair trimmed「彼の髪が整えられる」→「髪を整えてもらう」となっています（trim「刈り取る・整える」は79ページに出てきましたね）。

□comb 動 …をくしでとかす　□arrange …を配置する・並べる　□in a circle 円形に，輪になって
□be filled with …でいっぱいだ　□trim …を刈り取る・手入れする

4(B)　5(D)　6(D)

台所・食堂

音声を聞いて空所を書き取ってください。

1. 1_205
The chairs are ________.

2. 1_206
Baskets have ________ ________ ________ ________ ________ ________.

3. 1_207
A table has ________ ________ ________ ________ ________.

4. 1_208
________ ________ ________ ________ the table.

5. 1_209
A ________ has ________ ________ ________.

(A) から (D) の 4 つの文を聞いて，写真を最も的確に描写しているものを選んでください。

6. 1_210

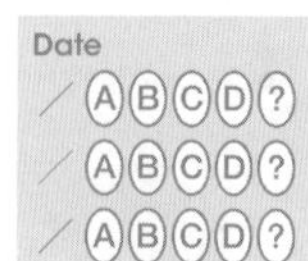

7. 1_211

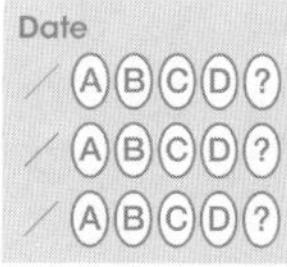

解説・正解

台所・食堂

書き取れなかった英文は,「聞き覚え」するまで何度も聞き込んで,「音の記憶力」をつくりましょう。

アメリカ

1. 1_205 The chairs are unoccupied.

2. 1_206 Baskets have been filled with loaves of bread.

3. 1_207 A table has been set for a meal.

4. 1_208 A floral arrangement decorates the table.

5. 1_209 A tablecloth has been folded up.

1. 席は空いている。
2. バスケットにパンがいっぱいに入っている。
3. テーブルが食事のために用意されている。
4. 花がテーブルを飾っている。
5. テーブルクロスが折り畳まれている。

間違えた問題は,「聞き覚え」するまで何度も聞き込んで,「音の記憶力」をつくりましょう。

6. 1_210 オーストラリア

(A) Food is being served.

(B) Chairs are occupied by diners.

(C) There are cups of water on the table.

(D) A floral arrangement decorates each table.

(A) 食べ物が出されているところだ。
(B) 席は客で埋まっている。
(C) 水の入ったコップがテーブルに置かれている。
(D) 花がそれぞれのテーブルを飾っている。

floral arrangement は「生け花・フラワーアレンジメント」です。flower arrangement「生け花」という言い方が有名ですが,今回は flower の代わりに形容詞 floral「花の」が使われています。floral は,日本語でも「フローラルな香り」と言ったり,花屋の名前に「フローラル」と使われたりしています。

□serve（飲食物）を出す □occupy（場所・時間）を占める □diner 飲食店の客
□floral arrangement 生け花,フラワーアレンジメント □decorate …を飾る・装飾する

7. 1_211 アメリカ

(A) Some plants are arranged beside the wall.

(B) The seats are currently unoccupied.

(C) The dining area is closed for the day.

(D) The chairs are leaning against the tables.

(A) いくつかの植物が壁のそばに配置されている。
(B) 座席には現在誰も座っていない。
(C) 食事エリアはこの日は閉鎖されている。
(D) いすはテーブルに立てかけられている。

be unoccupied「空いている」という表現がポイントです。occupy は「占める」で,be occupied は「(席が人に) 占められている」→「席が埋まっている」となります。unoccupied はその逆で,be unoccupied「席が埋まっていない・空いている」です。

□arrange …を並べる・配置する □beside …のそばに □unoccupied（座席などが）占有されていない
□dining area 食事エリア □lean against …にもたれる・寄り掛かる

6(D) 7(B)

照明・電気

音声を聞いて書き取ってください。

8. 1_212
Some _______ _______ _______ _______ _______.

9. 1_213
The room is _______ _______.

10. 1_214
Light is _______ _______ _______ _______.

11. 1_215
There is a _______ _______ _______ _______ _______.

12. 1_216
A lamp _______ _______ _______ _______ _______.

(A) から (D) の４つの文を聞いて，写真を最も的確に描写しているものを選んでください。

13. 1_217

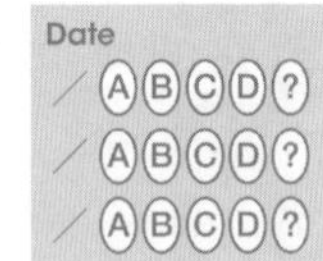

14. 1_218

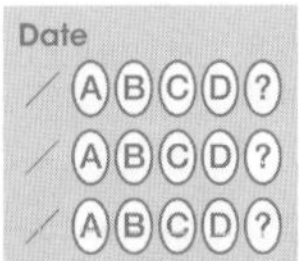

解説・正解

照明・電気

書き取れなかった英文は，「聞き覚え」するまで何度も聞き込んで，「音の記憶力」をつくりましょう。

イギリス

8. 1_212 Some lights have been turned on.

9. 1_213 The room is brightly lit.

10. 1_214 Light is coming from the window.

11. 1_215 There is a light fixture on the ceiling.

12. 1_216 A lamp is suspended from the ceiling.

8. いくつかの照明が点灯している。
9. 部屋は明るく照らされている。
10. 光が窓から入ってきている。
11. 天井には照明がある。
12. ランプが天井から吊るされている。

間違えた問題は，「聞き覚え」するまで何度も聞き込んで，「音の記憶力」をつくりましょう。

13. 1_217 オーストラリア

(A) Some stools are arranged around a bed.
(B) The bed has not been made.
(C) Some papers have been left on a bed.
(D) Lamps in the room have been turned on.

(A) いくつかのスツールがベッドの周りに並べられている。
(B) ベッドは整えられていない。
(C) 何枚かの書類がベッドの上に置かれたままになっている。
(D) 部屋のランプがついている。

turn on は，「スイッチをオン（on）にする」→「（明かり・テレビなどを）つける」という熟語です。今回はそれが「受動態＋完了形（have been p.p.）」になっており，「明かりがつけられた」→「明かりがついている」という状態を表しています。

□stool（ひじ掛け・背のない）腰掛け □arrange …を配置する・並べる □make the bed ベッドを整える □A is left on B AはBの上に置かれたままである □turn on（明かり・テレビなど）をつける

14. 1_218 イギリス

(A) The room is brightly lit.
(B) A customer is being served some food.
(C) A woman is drawing some flowers.
(D) A server is clearing dishes from a table.

(A) 部屋は明るく照らされている。
(B) 客が食べ物を提供されている。
(C) 女性は花を描いている。
(D) 接客係がテーブルから皿を片付けている。

light は「明るくする・照らす」という動詞の用法があり，light – lit – lit と変化します。よって，受動態 is lit は「照らされている」で，今回はその間に brightly「明るく」が入った形です。is brightly lit「明るく照らされている」となります。

□brightly 明るく □lit 点灯している，照らされている cf. light …を明るくする，…に明かりをつける □draw …を描く □clear 動 …をきれいにする・片付ける □dish 皿

13(D) 14(A)

部屋の構造・家具の配置

音声を聞いて空所を書き取ってください。

15. 1_219
Chairs have _______ _______ _______ _______ _______ a piano.

16. 1_220
Chairs are _______ _______ _______ _______ _______ the stage.

17. 1_221
The table has _______ _______ _______.

18. 1_222
A piece of furniture has _______ _______ _______ _______ _______.

19. 1_223
The _______ is _______ _______ _______ _______.

(A) から (D) の 4 つの文を聞いて，写真を最も的確に描写しているものを選んでください。

20. 1_224

21. 1_225

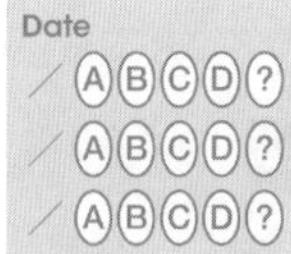

解説・正解

部屋の構造・家具の配置

書き取れなかった英文は,「聞き覚え」するまで何度も聞き込んで,「音の記憶力」をつくりましょう。

オーストラリア

15. 1_219 Chairs have been arranged in front of a piano.

16. 1_220 Chairs are positioned on opposite sides of the stage.

17. 1_221 The table has a square base.

18. 1_222 A piece of furniture has been placed in a corner.

19. 1_223 The floor is covered by a rug.

15. いすがピアノの前に並べられている。
16. いすがステージの両端に置かれている。
17. テーブルの底部は四角形である。
18. 1点の家具が隅に置かれている。
19. 床にはじゅうたんが敷かれている。

間違えた問題は,「聞き覚え」するまで何度も聞き込んで,「音の記憶力」をつくりましょう。

20. 1_224 カナダ

(A) Books are in piles on the floor.
(B) A window has been left open.
(C) The bookshelves are empty.
(D) A lamp has been placed on a table.

(A) 床に本が積んである。
(B) 窓が開けっ放しになっている。
(C) 本棚は空である。
(D) ランプがテーブルの上に置いてある。

place には動詞「置く」という意味があり,今回はそれが「受動態+完了形(have been p.p.)」になっています。「受動態+進行形(be being p.p.)」だと「置かれている途中」を表し,不正解になるので,違いをしっかり押さえておきましょう。

□in piles 積み重なって □leave OC OをCの状態のままにする □empty 空の □place 動 …を置く

21. 1_225 アメリカ

(A) A newspaper has been left on a table.
(B) A sofa and a chair are positioned next to a table.
(C) There are plants beside the lamp.
(D) Cushions have been positioned on the floor.

(A) テーブルの上に新聞が置いたままになっている。
(B) ソファといすがテーブルの隣に配置されている。
(C) ランプのそばに植物がある。
(D) クッションが床の上に置かれている。

position は名詞「位置・場所」が有名ですが,動詞「(位置・場所に)置く」という意味もあります。今回は受動態で,are positioned「置かれている・ある」です。

□position …を(適当な場所に)置く □next to …の隣に □plant 植物 □beside …のそばに
□cushion クッション

20(D) 21(B)

本棚・棚

音声を聞いて空所を書き取ってください。

22. 1_226
________ ________ ________ ________ on a shelf.

23. 1_227
Books ________ ________ ________ ________ size.

24. 1_228
A ________ has ________ ________ ________.

25. 1_229
Store ________ ________ ________ ________ merchandise.

26. 1_230
Shelves ________ ________ ________ ________ ________ with books.

(A) から (D) の４つの文を聞いて，写真を最も的確に描写しているものを選んでください。

27. 1_231

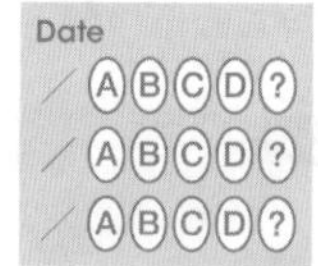

28. 1_232

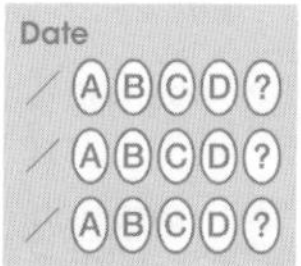

解説・正解

本棚・棚

書き取れなかった英文は,「聞き覚え」するまで何度も聞き込んで,「音の記憶力」をつくりましょう。

アメリカ

22. 1_226 A clock is sitting on a shelf.

23. 1_227 Books have been sorted by size.

24. 1_228 A drawer has been left open.

25. 1_229 Store shelves are lined with merchandise.

26. 1_230 Shelves of a bookcase are lined with books.

22. 時計が棚の上に置かれている。
23. 本がサイズで分類されている。
24. 引き出しが開いたままになっている。
25. 店の棚に商品が並んでいる。
26. 書棚に本が並んでいる。

間違えた問題は,「聞き覚え」するまで何度も聞き込んで,「音の記憶力」をつくりましょう。

27. 1_231 オーストラリア

(A) A clock is sitting on a shelf.

(B) The shelves are full of folders and files.

(C) A woman is operating a printer.

(D) A woman is holding a cup of coffee.

(A) 時計が棚の上に置かれている。
(B) 棚はフォルダーやファイルでいっぱいである。
(C) 女性がプリンターを操作している。
(D) 女性がコーヒーのカップを手に持っている。

be full of ～「～でいっぱいで」という熟語がポイントです。be filled with ～「～でいっぱいで」もほぼ同じ意味で,ともに Part 5 で問われることもあります。

□sit（ある場所に）位置する □be full of …でいっぱいで

28. 1_232 イギリス

(A) Some books have been piled on the floor.

(B) The aisles are lined with bookshelves.

(C) A librarian is returning books to the shelves.

(D) The library bookcases are being repaired.

(A) 何冊かの本が床に積み重ねられている。
(B) 通路には本棚が並んでいる。
(C) 図書館員が棚に本を戻している。
(D) 図書館の本棚は修理されているところだ。

aisle「通路」は TOEIC 重要単語です。日本の空港でも「アイルシート（Aisle Seat）」と言えば「通路側の席」と通じるので,機会があれば試してみてください。また,line には動詞「並べる」という意味があり,be lined with ～で「～が並べられている」→「～が並んでいる」となります。

□pile …を積み重ねる □aisle 通路 □A is lined with B AにBが並んでいる □librarian 図書館員,司書 □bookcase 書棚,本箱 □repair …を修理する

27(B) 28(B)

物の陳列や展示

音声を聞いて空所を書き取ってください。

29. 1_233
Display shelves ________ ________ ________ ________.

30. 1_234
An assortment of ________ ________ ________ ________ near a window.

31. 1_235
________ ________ ________ ________ are being ________.

32. 1_236
Some clothes have ________ ________ ________ ________.

33. 1_237
Some ________ ________ ________ ________ ________ ________ ________ ________.

(A) から (D) の 4 つの文を聞いて，写真を最も的確に描写しているものを選んでください。

34. 1_238

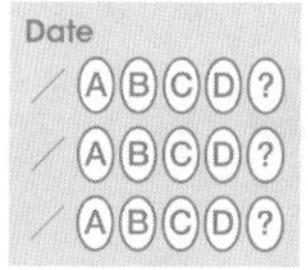

35. 1_239

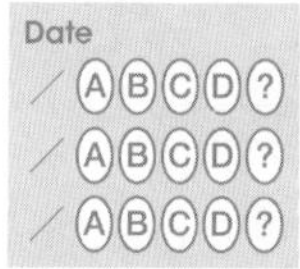

解説・正解

物の陳列や展示

書き取れなかった英文は，「聞き覚え」するまで何度も聞き込んで，「音の記憶力」をつくりましょう。

カナダ

29. 1_233 Display shelves are stocked with products.
30. 1_234 An assortment of pots are on display near a window.
31. 1_235 Vases of different sizes are being displayed.
32. 1_236 Some clothes have been hung from hooks.
33. 1_237 Some crates are stacked on top of one another.

29. 陳列棚に商品が置かれている。
30. 各種のなべが窓のそばに陳列されている。
31. さまざまな大きさの花瓶が陳列されている（ところだ）。
32. 何着かの衣料品がフックに吊るされている。
33. いくつかの木箱が積み重ねられている。

間違えた問題は，「聞き覚え」するまで何度も聞き込んで，「音の記憶力」をつくりましょう。

34. 1_238 カナダ

(A) Bags are on display in a shop window.
(B) Merchandise has been left on the ground.
(C) Display shelves are stocked with merchandise.
(D) Goods are being pushed up a ramp.

(A) ショーウィンドウにかばんが陳列されている。
(B) 商品が地面に置いてある。
(C) 陳列棚に商品がそろっている。
(D) 品物がスロープの上に押し上げられているところだ。

display shelf「陳列棚」，be stocked with ～「～がそろっている」，そしてまとめ単語の merchandise「商品」がポイントです。stock は元々「在庫」という意味で（日本語でも「ストックがある」と言いますね），be stocked with ～で「～の在庫がある・～がそろっている」となります。

□on display 陳列されて　□shop window ショーウィンドウ　□merchandise 商品
□display shelf 陳列棚　□A is stocked with B AにBがそろっている　□goods 商品，品物
□ramp スロープ，傾斜路

35. 1_239 アメリカ

(A) Some clothes have been hung on hangers.
(B) Some sweaters are being put in a drawer.
(C) Some customers are buying pairs of pants.
(D) Some shirts have been placed in a bag.

(A) 何着かの衣料品がハンガーに掛けられている。
(B) 何着かのセーターが引き出しにしまわれているところだ。
(C) 何人かの客がズボンを購入している。
(D) 何枚かのシャツがかばんに入っている。

hang は「掛ける・吊るす」という意味で，hang – hung – hung と変化します。よって，受動態 be hung で「掛けられる・吊るされる」となります。hang は (A) の文末にある hanger「ハンガー（服を掛けるもの）」と関連させると覚えやすいでしょう。

□be hung 吊るされる　□hanger ハンガー　□drawer 引き出し　□place …を置く・配置する

34(C)　35(A)

紙・書類・絵

音声を聞いて空所を書き取ってください。

36. 1_240
Stickers have _______ _______ _______ _______ _______.

37. 1_241
_______ are _______ _______ a _______ _______.

38. 1_242
Some notices _______ _______ _______ on a wall.

39. 1_243
Documents have _______ _______ _______ _______ _______ a counter.

40. 1_244
A _______ _______ _______ _______ _______ on a wall.

(A) から (D) の 4 つの文を聞いて，写真を最も的確に描写しているものを選んでください。

41. 1_245

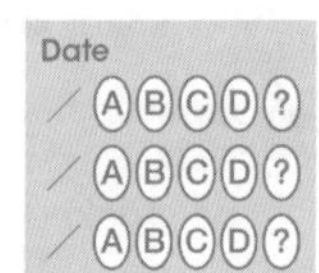

42. 1_246

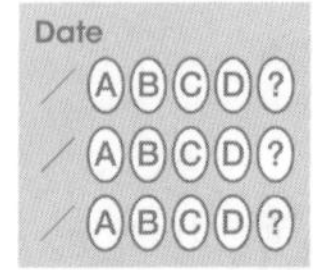

解説・正解

紙・書類・絵

書き取れなかった英文は，「聞き覚え」するまで何度も聞き込んで，「音の記憶力」をつくりましょう。

イギリス

36. 1_240 Stickers have been affixed to some binders.
37. 1_241 Pictures are hanging near a bulletin board.
38. 1_242 Some notices have been posted on a wall.
39. 1_243 Documents have been organized in piles on a counter.
40. 1_244 A framed picture has been hung on a wall.

36. ステッカーがバインダーに貼ってある。
37. 掲示板のそばに写真が掛かっている。
38. 何枚かのお知らせが壁に貼ってある。
39. 書類がカウンターの上に積んで整理してある。
40. 額入りの写真が壁に掛かっている。

間違えた問題は，「聞き覚え」するまで何度も聞き込んで，「音の記憶力」をつくりましょう。

41. 1_245 アメリカ

(A) One woman is taking a picture of the museum.
(B) A portrait is being drawn inside the museum.
(C) Many people are waiting to enter the museum.
(D) A series of framed pictures have been hung on the wall.

(A) 1人の女性が美術館の写真を撮っている。
(B) 美術館の中で肖像画が描かれているところだ。
(C) たくさんの人々が美術館に入るために待っている。
(D) 一連の額入りの絵画が壁に掛けられている。

be hung on the wall「壁に掛かっている」という表現がポイントです。on は本来「接触」を表すので，「上」でなくても，今回のように「壁に接触している」場合には on が使われます。また，frame は動詞「フレーム・枠に入れる」という意味があり，framed で「枠・額に入れられた」となります。

□take a picture of …の写真を撮る □portrait 肖像画 □a series of 一連の…
□framed 額に入れられた，額入りの □be hung on …に掛けられている

42. 1_246 オーストラリア

(A) Some papers are stacked on a chair.
(B) Some papers are lying on a counter.
(C) Some notices are posted on a board.
(D) A phone is on top of some books.

(A) いすの上に書類が積み重ねられている。
(B) 何枚かの書類がカウンターの上に置いてある。
(C) 何枚かのお知らせが掲示板に貼られている。
(D) 何冊かの本の上に電話が置かれている。

lie は「横たわる」と覚えている人が多いのですが，「いる・ある・横になる」と押さえておきましょう。lie – lay – lain – lying と変化し，今回は are lying「ある」という現在進行形になっています。ちなみに，今回の paper は「書類」を表しているので，papers と複数形になっています。

□be stacked on …の上に重ねられている □lie いる，ある，横になる □notice 通知，知らせ
□post …を掲示する・貼る □board 掲示板 □on top of …の上に

41(D) 42(B)

1.

1_247

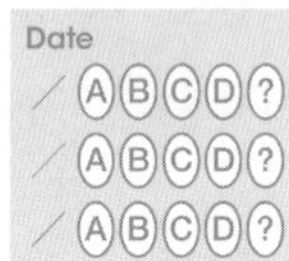

2.

1_248

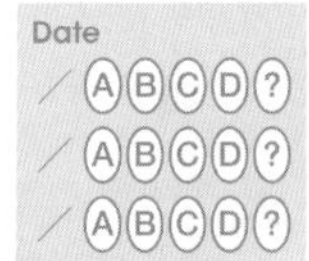

3.

1_249

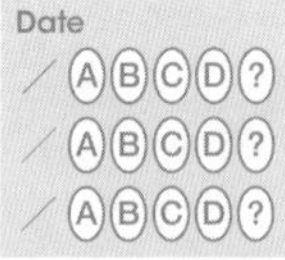

解説・正解

間違えた問題は，「聞き覚え」するまで何度も聞き込んで，「音の記憶力」をつくりましょう。

1. 1_247 オーストラリア

(A) The walls in the room are decorated with flowers.
(B) A drink has been spilled on a carpet.
(C) A sofa and chairs are arranged around a table.
(D) A lamp has been placed next to a television.

(A) 部屋の壁は花で飾られている。
(B) 飲み物がカーペットにこぼれている。
(C) ソファといすがテーブルの周りに配置されている。
(D) ランプがテレビの横に置かれている。

arrange の意味がポイントです。CM などで「毛先をアレンジ」と言うので「変化を加える」イメージがあるかもしれませんが，それは全部忘れてください。arrange は本来「きちんと並べる」です。今回の be arranged も「（ソファ・いすが）きちんと並べられている・配置されている」ということですね。

□be decorated with …で飾られる □spill …をこぼす □arrange …をきちんと並べる・配置する
□next to …の横

2. 1_248 カナダ

(A) The table has been set for a meal.
(B) Columns are supporting a roof.
(C) Food has been placed on some plates.
(D) Chairs have been stacked in the corner of a room.

(A) テーブルは食事のためにセットされている。
(B) 柱が屋根を支えている。
(C) 食べものがいくつかの皿に載せられている。
(D) いすが部屋の隅に積み重ねられている。

be set for ～ は「～のために（for）セットされている（be set）」→「～の準備ができている」という熟語です。ちなみに，(B) の column「柱」も Part 1 頻出です。新聞・雑誌の「コラム」が思い浮かぶと思いますが，これは新聞の中で「柱のように細長い部分に書かれた記事」ということです。

□be set for …のために準備される □meal 食事 □column 柱 □plate 皿
□be stacked [piled] 積み重ねられている

3. 1_249 オーストラリア

(A) Some candles have been lit by a waiter.
(B) Balls are rolling down a ramp.
(C) Chairs are lined up along a wall.
(D) Lights are suspended over a table.

(A) 給仕係によっていくつかのろうそくに火がつけられている。
(B) ボールがスロープを転がり落ちている。
(C) いすが壁に沿って一列に並べてある。
(D) 電灯がテーブルの上に吊るされている。

suspend「吊るす」という単語がポイントです。ズボンの「サスペンダー（suspender）」とは「（ズボンを）吊るすもの」ですね。Part 1 では，やたらと「何かが吊るされている」写真が出るので，必ず押さえておきましょう。ちなみに，suspend には「ぶら下げて決定しない」→「保留する」という意味もあります。

□candle ろうそく □be lit 火がつけられる，点灯される □roll down …を転がり落ちる
□ramp スロープ，傾斜路 □line up …を一列に並べる □suspend …を吊るす・吊り下げる

1(C) 2(A) 3(D)

4.

1_250

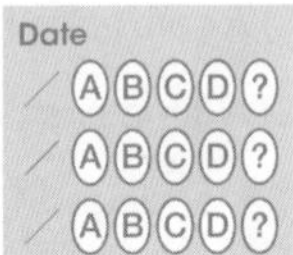

5.

1_251

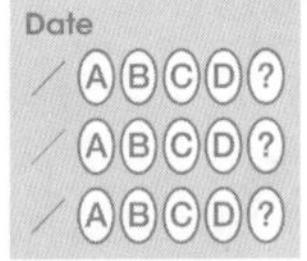

6.

1_252

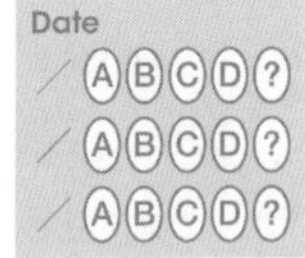

解説・正解

間違えた問題は，「聞き覚え」するまで何度も聞き込んで，「音の記憶力」をつくりましょう。

4. 1_250 イギリス

(A) A woman is tying her hair back.
(B) A woman is wearing a wristwatch.
(C) Labels have been affixed to some boxes.
(D) Boxes are being unpacked one by one.

(A) 女性が髪を後ろに束ねているところだ。
(B) 女性が腕時計をしている。
(C) いくつかの箱にラベルが貼り付けてある。
(D) 1つずつ箱の中身が取り出されているところだ。

be affixed to ～「～に貼り付けられる」という表現です。affix は「～に向かって（af）固定する（fix）」→「貼り付ける」で，affix A to B「AをBに貼り付ける」の形でよく使われます。今回はその受動態で，A is affixed to B「AがBに貼り付けられる」となります。

□tie …を結ぶ □wear a wristwatch 腕時計をしている □affix A to B AをBに貼り付ける
□unpack（包み・荷）を解いて中身を出す □one by one 1つずつ

5. 1_251 カナダ

(A) A forklift is moving a pallet.
(B) Some cartons have fallen onto the floor.
(C) Boxes have been stacked on shelves in a warehouse.
(D) Some luggage is being lifted onto a conveyor.

(A) フォークリフトがパレットを運んでいる。
(B) 箱がいくつか床の上に落ちている。
(C) 倉庫の棚に箱が積み重なっている。
(D) 荷物がコンベヤーの上に載せられているところだ。

be stacked「積み重ねられている」がポイントです。Part 1 では「物（帽子・いす・箱・皿など）が積み重なっている」写真は頻出で，be stacked (up)・be piled (up)「積み重なって」という表現がよく使われます。また，warehouse も重要単語で，「商品（ware）を収納しておく場所（house）」→「倉庫」となりました。

□forklift フォークリフト（荷物の積み込みなどに使われる機械） □pallet パレット（倉庫などの荷運び台）
□carton ボール箱 □be stacked on …の上に積み重ねられている □warehouse 倉庫
□lift …を持ち上げる

6. 1_252 アメリカ

(A) Chairs have been set up to face a window.
(B) Some items are being displayed at an outdoor market.
(C) An assortment of musical instruments are hanging in a store.
(D) Baskets have been stacked by a door.

(A) いすが窓の方を向くように設置してある。
(B) いくつかの品物が屋外マーケットで陳列されている（ところだ）。
(C) 各種の楽器が店の中に吊るしてある。
(D) かごがドアのそばに積んである。

an assortment of ～ は「各種取り合わせの～」という表現で，最近は詰め合わせのお菓子に assorted と書いてあることも増えてきました。まとめ単語の musical instrument「楽器」もポイントで，ここでは吊るされたさまざまな楽器を総称して表しています。

□be set up 設置される，用意される □face 動 …の方を向く □display …を陳列する・展示する
□outdoor 屋外の □an assortment of 各種取り合わせの… □musical instrument 楽器
□hang 掛かる・吊るされる □stack …を積み上げる □by a door ドアのそばに

4(C) 5(C) 6(C)

船・橋

音声を聞いて空所を書き取ってください。

1. 1_253
A bridge _______ a river.

2. 1_254
Boats are _______ _______ the water.

3. 1_255
Several boats are _______ _______ the cliffs.

4. 1_256
Some yachts _______ _______ _______ a harbor.

5. 1_257
A railing _______ _______ _______ _______ a ship.

(A) から (D) の４つの文を聞いて，写真を最も的確に描写しているものを選んでください。

6. 1_258

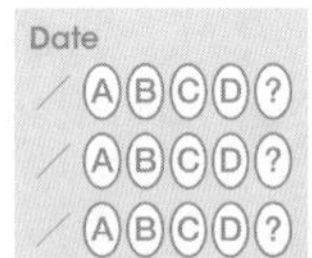

7. 1_259

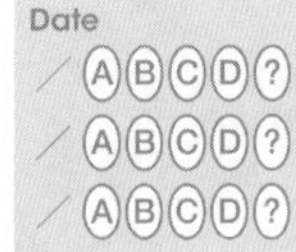

解説・正解

船・橋

書き取れなかった英文は,「聞き覚え」するまで何度も聞き込んで,「音の記憶力」をつくりましょう。

アメリカ

1. 1_253 A bridge spans a river.

2. 1_254 Boats are floating on the water.

3. 1_255 Several boats are passing between the cliffs.

4. 1_256 Some yachts are docked at a harbor.

5. 1_257 A railing surrounds the deck of a ship.

1. 川に橋が架かっている。
2. 水上にボートが浮かんでいる。
3. 何艘かのボートが崖の間を進んでいる。
4. 何艘かのヨットが港に停泊している。
   *docked = tied up
5. 手すりが船のデッキを囲っている。

間違えた問題は,「聞き覚え」するまで何度も聞き込んで,「音の記憶力」をつくりましょう。

6. 1_258 オーストラリア

(A) Passengers are standing on the deck of a ship.
(B) Some boats are passing under a bridge.
(C) The sail on a boat is being raised.
(D) Vehicles are crossing a bridge.

(A) 乗客が船のデッキの上に立っている。
(B) 何艘かのボートが橋の下を通過している。
(C) ボートの帆があげられているところだ。
(D) 乗り物が橋を渡っている。

pass は「渡す」以外にも「通過する」という意味があり, **pass under a bridge**「橋の下を通過する」となります。**(D) Vehicles are crossing a bridge.** が少しまぎらわしいですが, **cross a bridge** は「橋を渡る」という表現なのでアウトです。

□**passenger** 乗客 □**deck** 船のデッキ, 甲板 □**sail** 帆 □**raise** …を上げる・揚げる
□**vehicle** 乗り物 □**cross** …を渡る

7. 1_259 イギリス

(A) Boats are moving across the water.
(B) Boats are sailing near the shore.
(C) Boats are tied up at a dock.
(D) Boats are full of passengers.

(A) ボートが水上を横切っている。
(B) ボートが岸辺近くを帆走している。
(C) ボートが埠頭につながれている。
(D) ボートが乗客でいっぱいである。

tie は「結ぶ・つなぐ」で, **be tied up at** ～ で「～につながれている」となります。また, **dock**「埠頭・埠頭に着ける」も Part 1 頻出単語です。「合体する」という意味で「ドッキング (**docking**)」は日本語でも使われており,「船を埠頭にドッキングさせる(くっつける)」と考えれば覚えやすいでしょう。

□**sail** 動 帆走する □**be tied up at** …につながれる □**dock** 埠頭 □**be full of** …でいっぱいである

6(B) 7(C)

工事現場

音声を聞いて空所を書き取ってください。

8. 1_260
The building is ________ ________.

9. 1_261
Some ________ ________ ________ on the ground.

10. 1_262
Some ________ ________ ________ ________ ________ ________.

11. 1_263
________ of the building is ________ ________.

12. 1_264
Workers are ________ ________ ________.

(A) から (D) の 4 つの文を聞いて，写真を最も的確に描写しているものを選んでください。

13. 1_265

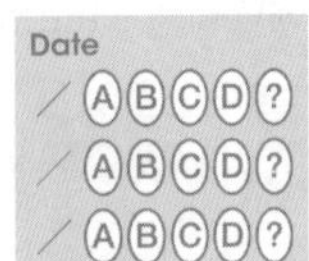

14. 1_266

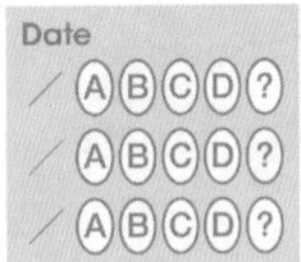

解説・正解

工事現場

書き取れなかった英文は，「聞き覚え」するまで何度も聞き込んで，「音の記憶力」をつくりましょう。

アメリカ

8. 1_260 The building is under construction.
9. 1_261 Some equipment is scattered on the ground.
10. 1_262 Some building materials are arranged in piles.
11. 1_263 Construction of the building is in progress.
12. 1_264 Workers are operating heavy machinery.

8. ビルは建設中である。
9. いくつかの機器が地面のあちこちに置かれている。
10. いくつかの建材が積んで置いてある。
11. ビルの工事が進行中である。
12. 作業員が重機を操縦している。

間違えた問題は，「聞き覚え」するまで何度も聞き込んで，「音の記憶力」をつくりましょう。

13. 1_265 カナダ

(A) Some ladders are being carried by workers.
(B) A wooden beam is suspended from a crane.
(C) Paint is being applied to a wall.
(D) Construction of the building is in progress.

(A) いくつかのはしごが作業員たちによって運ばれている。
(B) 木材がクレーンで吊るされている。
(C) ペンキが壁に塗られているところだ。
(D) ビルの工事が進行中である。

in progress「進行中で」という熟語がポイントです。in には「包囲」→「包囲状態（～の状態で）」の意味があり，in progress で「進行している状態で」→「進行中で」となりました。ちなみに，この in は in trouble「困って」，in a hurry「急いで」，in stock「在庫がある状態で」などにも使われています。

□ladder はしご □wooden 木の，木製の □beam 角材，横げた，梁 □suspend …を吊るす
□crane クレーン □apply A to B AをBに塗る □in progress 進行中で

14. 1_266 アメリカ

(A) A worksite is deserted.
(B) Trees have been planted all around the perimeter.
(C) Several trucks are parked next to a building.
(D) There is heavy machinery in the construction site.

(A) 工事現場に人がいない。
(B) 木々が周囲に植えられている。
(C) 何台かのトラックがビルの隣に駐車されている。
(D) 工事現場には重機がある。

具体的な機械名をそのまま言うのではなく，まとめ単語の heavy machinery「重機」で表しています。また，construction site「工事現場」という表現も重要で，Part 5 でも問われます。"名詞+名詞" の形で，名詞が2つ並んでいる点に注意しましょう。

□worksite 工事現場，作業場 □deserted 人のいなくなった □plant 動（木）を植える
□perimeter 周囲，周辺 □all around いたるところで，ぐるりと（回って） □several いくつかの
□next to …の隣に □heavy machinery 重機 □construction site 工事現場，建設現場

13(D) 14(D)

歩道（散歩道）・フェンス・欄干

音声を聞いて空所を書き取ってください。

15. 1_267
A ________ ________ ________ ________ a park.

16. 1_268
There is a ________ ________ ________ the steps.

17. 1_269
A ________ ________ a garden.

18. 1_270
Machines are ________ ________ in the ________.

19. 1_271
There is ________ ________ ________ ________ ________ ________.

(A) から (D) の 4 つの文を聞いて，写真を最も的確に描写しているものを選んでください。

20. 1_272

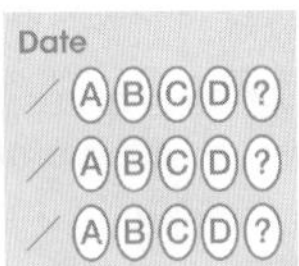

21. 1_273

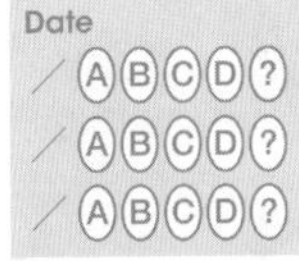

解説・正解

歩道（散歩道）・フェンス・欄干

書き取れなかった英文は，「聞き覚え」するまで何度も聞き込んで，「音の記憶力」をつくりましょう。

オーストラリア

15. 1_267 A bicycle trail runs through a park.
16. 1_268 There is a handrail running up the steps.
17. 1_269 A fence surrounds a garden.
18. 1_270 Machines are making tracks in the sand.
19. 1_271 There is a grassy area beside the path.

15. 自転車のわだちが公園を突っ切っている。
16. 階段に沿って手すりが続いている。
17. フェンスが庭を囲んでいる。
18. 機械が砂の上にわだちを残している。
19. 小道のそばに草地がある。

間違えた問題は，「聞き覚え」するまで何度も聞き込んで，「音の記憶力」をつくりましょう。

20. 1_272 オーストラリア

(A) A table and chairs have been set up outdoors.
(B) Potted plants on a stairway are being watered.
(C) Railings run along both sides of a staircase.
(D) The house is surrounded by a low wall.

(A) テーブルといすが屋外に設置されている。
(B) 階段にある鉢植えに水があげられているところだ。
(C) 階段の両側に手すりがある。
(D) 家は低い塀に囲まれている。

run は本来「絶え間なく流れる」ようなイメージで，今回は「（道路・手すりなどが）通っている・続いている」という意味で使われています。railing は「手すり」，staircase は「階段」で，Railings run along both sides of a staircase.「階段の両側に（沿って）手すりが続いている（ある）」となります。

□set up …を設置する・用意する □outdoors 屋外で □potted plant 鉢植え
□stairway 階段 (=steps) □water …に水をあげる □railing 手すり，レール □staircase 階段
□be surrounded by …に囲まれる

21. 1_273 イギリス

(A) The path leads through an archway.
(B) There is a grassy area beside a path.
(C) One man is watering a lawn.
(D) People are lying on the grass.

(A) 小道はアーチのある入り口の中へ続いている。
(B) 小道のそばに草地がある。
(C) 1人の男性が芝生に水をやっている。
(D) 人々が芝の上で横になっている。

前置詞 beside「そばに」がポイントです。「横（side）にある（be）」→「そばに」で，今回は a grassy area beside a path「小道のそばに草地」となっています。ちなみに，besides には前置詞「～に加えて」と副詞「その上」の2つの用法があるので，この違いにも気をつけましょう。

□path 小道 □lead through …の中に続いている □archway アーチのある入り口，アーチ付きの通路
□grassy 草に覆われた □beside …のそばに □water 動 …に水をやる □lawn 芝生 □grass 草

20(C) 21(B)

風景・公園・建物

音声を聞いて空所を書き取ってください。

22. 1_274
Some trees are _______ _______ on a road.

23. 1_275
The _______ _______ _______ on the _______ of the water.

24. 1_276
There are trees _______ _______ _______ _______.

25. 1_277
A _______ _______ _______ _______ into the air.

26. 1_278
A tall building _______ _______ _______ _______ _______.

(A) から (D) の 4 つの文を聞いて，写真を最も的確に描写しているものを選んでください。

27. 1_279

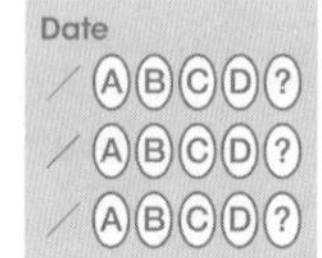

28. 1_280

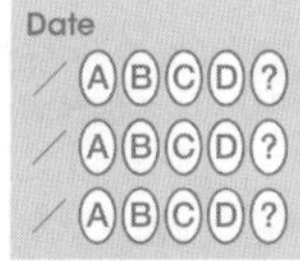

解説・正解

風景・公園・建物

書き取れなかった英文は,「聞き覚え」するまで何度も聞き込んで,「音の記憶力」をつくりましょう。

カナダ

22. 1_274 Some trees are casting shadows on a road.
23. 1_275 The scenery is reflected on the surface of the water.
24. 1_276 There are trees on the opposite shore.
25. 1_277 A fountain is spraying water into the air.
26. 1_278 A tall building overlooks a body of water.

22. 何本かの木が道路に影を落としている。
23. 風景は水面に映っている。
24. 対岸には木々がある。
25. 噴水が空中に水しぶきを上げている。
26. 高い建物から水面が見渡せる。

間違えた問題は,「聞き覚え」するまで何度も聞き込んで,「音の記憶力」をつくりましょう。

27. 1_279 カナダ

(A) The trail goes through the woods.
(B) The scenery is reflected on the surface of the water.
(C) A highway runs between some buildings.
(D) There are ducks floating on the lake.

(A) 遊歩道は森の中を通っている。
(B) 風景は水面に映っている。
(C) 幹線道路がビルの間を通っている。
(D) 湖にカモが浮かんでいる。

reflect は「反射する・映す」で, **be reflected on** ～「～に反射している・映っている」となります。こういった「影が映っている」写真は Part 1 頻出で,名詞形 **reflection**「映った像・影」もよく使われます。

□**trail** 遊歩道,踏み分け道 □**scenery** 風景,景色 □**reflect** …を映す,反射する □**surface** 表面
□**run between** …の間を通る □**float** 浮かぶ

28. 1_280 アメリカ

(A) A walkway leads to a fountain.
(B) A fountain is spraying water into the air.
(C) Water is flowing downstream.
(D) A group of people are watching a fountain.

(A) 歩道が噴水へ続いている。
(B) 噴水が空中に水しぶきを上げている。
(C) 水が下流へ流れている。
(D) 人々が集まって噴水を見ている。

fountain「噴水」と **spray**「しぶきを飛ばす」がポイントです。**fountain** はホテルやお店の名前に「ファウンテン」と使われますし,「ドバイファウンテン」というドバイでの「噴水ショー」も有名です。また, **spray** は「スプレー」に限らず,今回のような「水しぶき」にも使える点に注意しましょう。

□**walkway** 歩道 (=pathway) □**lead to** …へと続く □**fountain** 噴水
□**spray** …を噴霧する,…にしぶきを飛ばす □**into the air** 空中に □**flow** 流れる
□**downstream** 流れを下って

27(B) 28(B)

交通手段

音声を聞いて空所を書き取ってください。

29. 1_281
A bicycle ________ ________ ________ ________ a post.

30. 1_282
The car's trunk ________ ________ ________ ________.

31. 1_283
A ________ ________ ________ the back of a truck.

32. 1_284
One of the ________ ________ ________ ________.

33. 1_285
A bus ________ ________ ________ ________ a truck.

(A) から (D) の 4 つの文を聞いて，写真を最も的確に描写しているものを選んでください。

34. 1_286

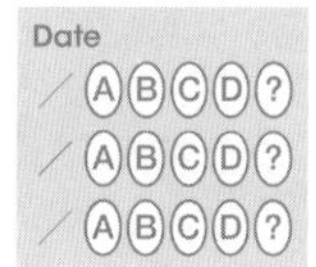

35. 1_287

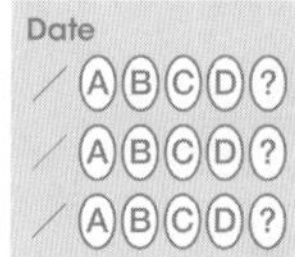

解説・正解

交通手段

書き取れなかった英文は,「聞き覚え」するまで何度も聞き込んで,「音の記憶力」をつくりましょう。

イギリス

29. 1_281 A bicycle has been secured to a post.
30. 1_282 The car's trunk has been left open.
31. 1_283 A ramp leads into the back of a truck.
32. 1_284 One of the airplanes has taken off.
33. 1_285 A bus is moving parallel to a truck.

29. 自転車が柱に固定されている。
30. 車のトランクが開いたままになっている。
31. 乗降板がトラックの後部につながっている。
32. 飛行機が一機離陸したところだ。
33. バスがトラックと平行に走っている。

間違えた問題は,「聞き覚え」するまで何度も聞き込んで,「音の記憶力」をつくりましょう。

34. 1_286 オーストラリア

(A) A train is stopped at the platform.
(B) A conductor is inspecting passengers' tickets.
(C) People are boarding a train.
(D) A train is approaching the station.

(A) 電車がプラットホームに停まっている。
(B) 車掌が乗客の切符を検札している。
(C) 人々が電車に乗り込んでいる。
(D) 電車が駅に近づいている。

「電車が停まっている」という状況を述べた,(A) A train is stopped at the platform. が正解です。platform は「駅のプラットホーム(乗降する場所)」のことで,日本語では略して「ホーム」と言うことが多いですが,英語では form と略すことはできません。

□platform (駅の)プラットホーム,乗降する場所 □conductor (バス・電車の)車掌
□inspect …を点検する・調べる □board 動 …に乗車する・搭乗する □approach …に近づく

35. 1_287 イギリス

(A) The cars are being towed.
(B) The road is being paved.
(C) A motorcycle is moving parallel to a car.
(D) Vehicles are parked near some trees.

(A) 車は牽引されているところだ。
(B) 道は舗装されているところだ。
(C) オートバイが車と並んで走っている。
(D) 乗り物が木々の近くに駐車してある。

motorcycle は,「エンジン・モーター(motor)で動く自転車(cycle)」→「オートバイ」です。また,parallel to ~「~と並行に・並んで」という表現も大事で,日本語でも「パラレルワールド(1つの世界と並行して存在する別の世界)」などと言いますね。

□tow …を牽引する・レッカー移動する □pave …を舗装する □motorcycle オートバイ
□parallel to …と並行に・並んで

34(A) 35(C)

その他の屋外の物

音声を聞いて空所を書き取ってください。

36. 1_288
Cables have been _______ _______ _______ _______.

37. 1_289
A vehicle _______ _______ _______ _______ two buildings.

38. 1_290
A _______ is _______ _______ a tree.

39. 1_291
_______ is _______ _______ _______ an airplane.

40. 1_292
Boxes _______ _______ _______ _______ _______.

(A) から (D) の 4 つの文を聞いて，写真を最も的確に描写しているものを選んでください。

41. 1_293

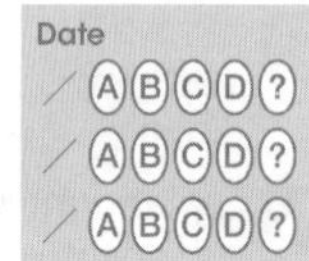

42. 1_294

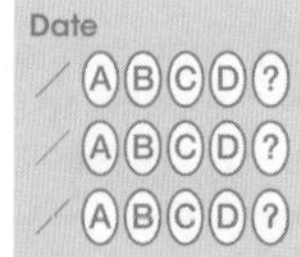

解説・正解

その他の屋外の物

書き取れなかった英文は，「聞き覚え」するまで何度も聞き込んで，「音の記憶力」をつくりましょう。

アメリカ

36. 1_288 Cables have been laid in a trench.

37. 1_289 A vehicle has been parked between two buildings.

38. 1_290 A ladder is leaning against a tree.

39. 1_291 Baggage is being loaded onto an airplane.

40. 1_292 Boxes are stacked against a wall.

36. 溝のなかにケーブルが敷かれている。
37. 1台の車が2つのビルの間に停められている。
38. はしごが木に立てかけられている。
39. 手荷物が飛行機に積まれているところだ。
40. 箱が壁側に積んで置いてある。

間違えた問題は，「聞き覚え」するまで何度も聞き込んで，「音の記憶力」をつくりましょう。

41. 1_293 カナダ

(A) A worker is sawing some wood.

(B) The windows of the building are broken.

(C) A window is being closed.

(D) A ladder is leaning against a building.

(A) 作業員が木材をのこぎりで切っている。
(B) 建物の窓は割れている。
(C) 窓が閉められているところだ。
(D) はしごが建物に立てかけられている。

ladder「はしご」とlean against ～「～に寄りかかる・立てかけられている」がポイントです。ladderは47ページ，lean against ～は53ページに出てきたように，どちらもPart 1で非常によく狙われます。

□saw 動 …をのこぎりで切る □broken 壊れた，砕けた □ladder はしご
□lean against …に立てかけられる

42. 1_294 アメリカ

(A) A truck has entered a garage.

(B) Cargo is being unloaded from a truck.

(C) Boxes are stacked in a vehicle.

(D) Tools are being loaded onto a truck.

(A) トラックが車庫に入った。
(B) 積み荷がトラックから降ろされているところだ。
(C) 箱が乗り物に積んである。
(D) 工具がトラックに積み込まれているところだ。

be stacked「積み重ねられている」という表現と，まとめ単語のvehicle「乗り物」がポイントです。普段は写真を見て予想する必要はありませんが，この「何かが積み重なっている」写真のときだけは，"be stacked (up) · be piled (up)" という表現を予想してもいいでしょう（本当によく出てくるので）。

□garage 車庫 □cargo 積み荷 □unload …（から荷）を降ろす □be stacked 積み重ねられている
□tool 道具，工具 □load A onto B AをBに積み込む

41(D) 42(C)

1.

1_295

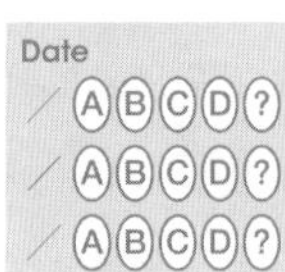

2.

1_296

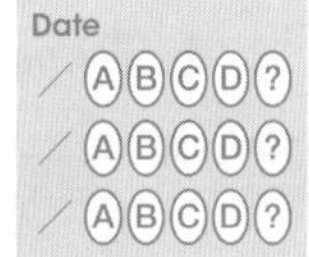

3.

1_297

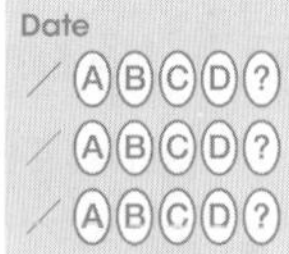

解説・正解

間違えた問題は，「聞き覚え」するまで何度も聞き込んで，「音の記憶力」をつくりましょう。

1. 1_295 カナダ

(A) Vehicles are parked near the bank.
(B) They're having a boat race on a river.
(C) Rain clouds have gathered overhead.
(D) A bridge spans a body of water.

(A) 乗り物が土手の近くに駐車してある。
(B) 彼らは川でボートレースをしている。
(C) 雨雲が頭上に集まっている。
(D) 橋が水上に架かっている。

span は名詞「範囲・期間」が有名ですが，「(川などに) 架かる」という動詞も重要です。また，**body** は「塊」を表し，**a body of water** で「水域・水が集まっている場所」となります。写真のような漠然と「水が集まった場所」に使われる頻出表現ですので，必ずチェックしておいてください。

□**vehicle** 乗り物 □**bank** 土手，堤防 □**rain cloud** 雨雲 □**overhead** 頭上に，空高く
□**span** (川など) に架かる □**body of water** 水域 (海や湖など)

2. 1_296 アメリカ

(A) One of the airplanes has taken off.
(B) One of the airplanes is preparing to land.
(C) The airplanes are flying side by side.
(D) The airplanes are lined up in a row.

(A) 飛行機が一機離陸している。
(B) 飛行機が一機着陸の準備をしている。
(C) 飛行機は並んで飛んでいる。
(D) 飛行機は一列に並んでいる。

take off「離陸する」という熟語がポイントです。**off** は「分離 (～から離れて)」を表し，**take off** で「飛行機が地面から離れる」イメージになります。また，日本語でそのまま「テイクオフ」と使われることもあります。

□**take off** 離陸する □**prepare to *do*** …する準備をする □**land** 動 着陸する □**side by side** 並んで
□**be lined up** 並んでいる □**in a row** 列をつくって

3. 1_297 イギリス

(A) A fence around a building is being torn down.
(B) A low wall is being constructed around a house.
(C) A door has been left open.
(D) Railings run along both sides of some steps.

(A) 建物の周りのフェンスが取り壊されている。
(B) 家の周りに低い塀が建設されているところだ。
(C) ドアが開いたままになっている。
(D) 階段の両側に手すりが続いている。

この **run** も「(道路・手すりなどが) 続いている」という意味で，**run along** ～「～に沿って続いている」となります。また，**step** は元々「歩み」で (日本語でも「ステップ」と言いますね)，そこから「(歩いてのぼる) 階段」の意味が生まれました。ちなみに，階段には「段が複数ある」ので，複数形 **steps** で使われます。

□**be torn down** 取り壊される (**tear down**「…を取り壊す」の受け身) □**leave** …の状態のままにする
□**railing** 手すり □**run along** …に沿って続く □**steps** pl. 階段

1(D) 2(A) 3(D)

4.

1_298

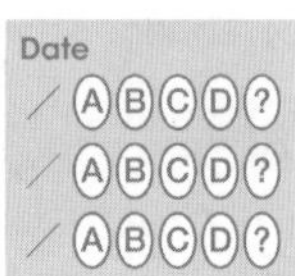

5.

1_299

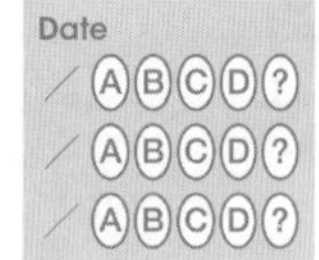

6.

1_300

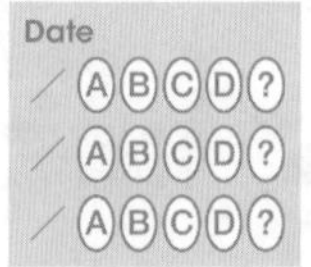

解説・正解

間違えた問題は，「聞き覚え」するまで何度も聞き込んで，「音の記憶力」をつくりましょう。

4. 1_298 カナダ

(A) Workers are climbing up to a roof.
(B) Some heavy machinery is being operated.
(C) Construction materials are being loaded into a vehicle.
(D) A work crew is cleaning up a job site.

(A) 作業員たちが屋根に登っている。
(B) 重機が使われているところだ。
(C) 建材が乗り物に積み込まれているところだ。
(D) 作業員が工事現場を掃除している。

heavy machinery「重機」でまとめて表すパターンです。今回は「受動態＋進行形（be being p.p.)」の形になっていますが，写真も「今まさに重機が使われている最中」ですね。また，being は「ビーィン」と軽く発音されるので，この発音に慣れておきましょう。

□climb 登る □roof 屋根 □heavy machinery 重機 □load A into B AをBに積み込む
□work crew 作業員 □clean up 掃除する □job site 作業場，工事現場

5. 1_299 アメリカ

(A) Vehicles are passing between the buildings.
(B) People are gathered in a downtown area.
(C) The buildings are overlooking the water.
(D) All of the buildings are the same height.

(A) 乗り物が建物の間を通過している。
(B) 人々が繁華街に集まっている。
(C) 建物からは水辺が見渡せる。
(D) 建物はすべて同じ高さである。

overlook は「上から（over）見る（look)」→「見下ろす・見渡す」という意味です。今回のように主語に「建物」がくると，「建物が～を見下ろす・見渡す」→「建物から～が見下ろせる・見渡せる」となります。この「建物が主語にくる形」は Part 1 頻出です。

□gather …を集める □downtown 商業地区の，繁華街の □overlook …を上から見下ろす・見渡す
□water 水辺 □height 高さ

6. 1_300 オーストラリア

(A) Some potted plants are being watered.
(B) People are standing in line beside the railing.
(C) Flowerpots have been lined up along the sidewalk.
(D) People are planting a garden with flowers.

(A) いくつかの鉢植えに水がまかれているところだ。
(B) 人々は手すりの横で列に並んでいる。
(C) 植木鉢が歩道に沿って並んでいる。
(D) 人々が庭に花を植えている。

be lined up「並べられている」と sidewalk「歩道」がポイントです。TOEIC にはいろんな Part で「歩道」に関する話が出てくるので，sidewalk・walkway・footpath「歩道」と，セットで押さえておくといいでしょう。

□potted plant 鉢植え □water 動 …に水をやる □stand in line 列に並ぶ □beside …の横で
□railing 手すり □flowerpot 植木鉢 □be lined up 並べられている □along …に沿って
□sidewalk 歩道 □plant a garden with …を庭に植える

4(B) 5(C) 6(C)

1.

1_301

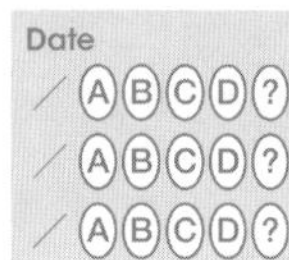

2.

1_302

3.

1_303

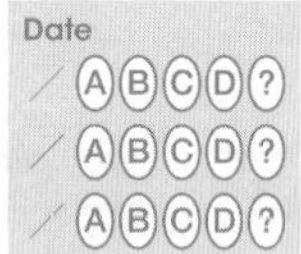

解説・正解

間違えた問題は，「聞き覚え」するまで何度も聞き込んで，「音の記憶力」をつくりましょう。

1. 1_301 イギリス

(A) A man is hammering a nail.
(B) A man is assembling a workbench.
(C) A man is putting on safety gear.
(D) A man is operating a power tool.

(A) 男性が釘を打っている。
(B) 男性が作業台を組み立てている。
(C) 男性が防護服を身に着けているところだ。
(D) 男性が電動工具を操作している。

まとめ単語の power tool「電動工具」がポイントです。他の選択肢にも重要語句がたくさん使われており，特に (B) の assemble「組み立てる・集まる」はどの Part でも出てきます。「中心に集まる」イメージで，人が集まれば「集まる」，物が集まれば「組み立てる」ということです。

□hammer 動 …を金づちで打つ □nail 釘 □assemble …を組み立てる □workbench 作業台
□put on …を着る・身に着ける cf. put on は「動作」を表す。「状態」を表す場合は wear を使う。
□safety gear 安全装備，防護服 □operate …を操作する □power tool 電動工具

2. 1_302 アメリカ

(A) Boxes have been unloaded from a van.
(B) A truck is being filled with packages.
(C) A man is waiting to get in a vehicle.
(D) Supplies are being stacked in a warehouse.

(A) 箱がワゴン車から降ろしてある。
(B) トラックに荷物が詰め込まれているところだ。
(C) 男性が乗り物に乗り込もうと待っている。
(D) 在庫品が倉庫に積み重ねられているところだ。

be filled with ～ は「～でいっぱいで」という熟語で，今回は be being filled with ～「～でいっぱいになる途中だ・～が詰め込まれているところだ」となります。ちなみに，(A) Boxes have been unloaded from a van. は「完了形」になっているので，すでに「箱が降ろされた」状態でなければいけません。

□unload（荷）を降ろす，…の荷を降ろす □van ワゴン車，ワンボックスカー
□be being filled with …が詰め込まれているところである □package 包み，小荷物
□get in（車など）に乗り込む □supplies 在庫品，供給品 □be stacked 積み重ねられている
□warehouse 倉庫

3. 1_303 イギリス

(A) People are standing behind a statue.
(B) People are strolling along a boardwalk.
(C) Some buildings are overlooking a pond.
(D) A statue is situated on a pedestal.

(A) 人々が像の後ろに立っている。
(B) 人々が海岸沿いの遊歩道を散歩している。
(C) いくつかの建物からは池が見渡せる。
(D) 像が台座の上に置かれている。

be situated「位置している・ある」と pedestal「台・台座」がポイントです。pedestal は少し難しい単語ですが，"ped" は「足」を表します（足に塗る「ペディキュア（pedicure）」や足で踏む「ペダル（pedal）」などに使われています）。よって，pedestal は「足で踏む台」→「台・台座」と考えれば OK です。

□behind …の後ろに □statue 像，彫像 □stroll 散歩する，ぶらぶら歩く
□boardwalk（海岸沿いの）板張りの遊歩道 □overlook …を上から見おろす・見渡す □pond 池
□be situated 位置している □pedestal（胸像などの）台・台座

1(D) 2(B) 3(D)

4.

1_304

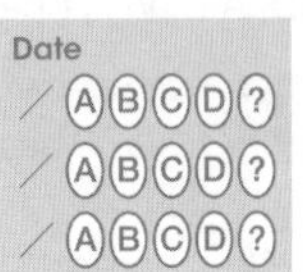
Date
/ A B C D ?
/ A B C D ?
/ A B C D ?

5.

1_305

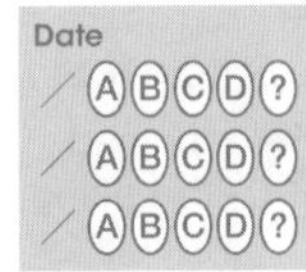
Date
/ A B C D ?
/ A B C D ?
/ A B C D ?

6.

1_306

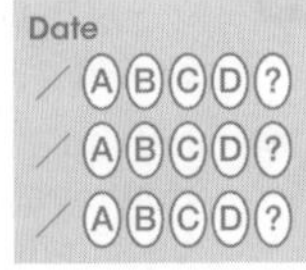
Date
/ A B C D ?
/ A B C D ?
/ A B C D ?

解説・正解

間違えた問題は,「聞き覚え」するまで何度も聞き込んで,「音の記憶力」をつくりましょう。

4. 1_304 カナダ

(A) A drawer has been left open.
(B) Plates have been stacked on a counter.
(C) Several pots have been set on a stove.
(D) Food is being prepared in a kitchen.

(A) 引き出しが開いたままである。
(B) お皿がカウンターに積み上げてある。
(C) 鍋がいくつかコンロの上に置いてある。
(D) 食事がキッチンで用意されているところだ。

(A) は元々 leave OC「OをCのままにする」の形で, leave a drawer open「引き出しを開けたままにする」ということです(今回はそれが「受動態＋完了形」になっています)。ちなみに, draw は本来「引く」で, drawer は「引くもの」→「引き出し」となりました。

□drawer 引き出し □plate 皿 □be stacked 積み重ねられている □pot 鍋, 壺
□stove コンロ, レンジ □prepare …を準備する・用意する

5. 1_305 アメリカ

(A) They're helping each other move a bag.
(B) They're walking through a doorway.
(C) Handrails run up a staircase.
(D) Pictures have been hung on a wall.

(A) 彼らは助け合ってバッグを移動している。
(B) 彼らは出入り口を通り抜けている。
(C) 手すりが階段に沿って上に続いている。
(D) 絵が壁に掛かっている。

今回の run も「(道路・手すりなどが) 通っている・続いている」という意味で, run up a staircase「階段に沿って上に続いている」となっています。また, handrail は「手 (hand) で掴むレール状 (rail) の柵・縁」→「手すり」です。

□help X *do* Xが…するのを助ける □walk through …を通って行く □doorway 門戸, 出入り口, 玄関
□handrail 手すり □run up a staircase 階段に沿って上に続く □hang (絵・帽子など) を掛ける

6. 1_306 オーストラリア

(A) Some furniture is being arranged in a room.
(B) Some shelves are lined with books.
(C) Seats are occupied by a group of people.
(D) A bright light is shining through a window from outside.

(A) 家具が部屋に配置されているところだ。
(B) 棚に本が並んでいる。
(C) 席が人々のグループで占められている。
(D) 明るい光が窓の外から差し込んでいる。

be lined with ～「～が並んでいる」という表現を使って,「棚に本が並んでいる」状態を描写しています。(A) Some furniture is being arranged in a room. はひっかけで, これは「受動態＋進行形」で「～されている途中」を表します。being は「ビーィン」のように発音され, これを been と勘違いする人が多いので, 何度も聞き込んでおきましょう。

□arrange …を配置する・並べる □shelves (shelf の複数形) 棚
□be lined with …が並んでいる □occupy (席) を占める, (部屋・トイレなど) を使用する

4(A) 5(C) 6(B)

7.

1_307

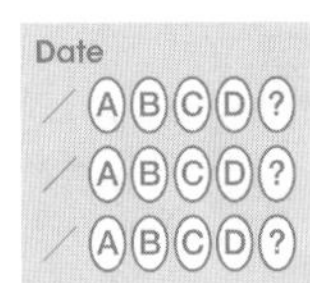

8.

1_308

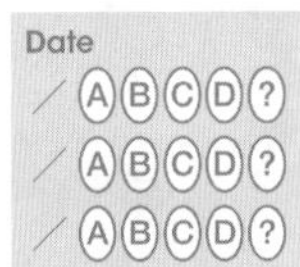

9.

1_309

解説・正解

間違えた問題は，「聞き覚え」するまで何度も聞き込んで，「音の記憶力」をつくりましょう。

7. 1_307 アメリカ

(A) They're looking at a computer screen.
(B) They're decorating an office.
(C) A man is leading a training session.
(D) A woman is opening a file.

(A) 彼らはコンピューターの画面を見ている。
(B) 彼らはオフィスを装飾している。
(C) 男性が講習会を進めている。
(D) 女性がファイルを開いている。

look at ～「～を見る」の at は「対象の一点」を表しています（27 ページに出てきた stare at ～「～をじっと見つめる」と同じです）。他に「見る」関係として，gaze at ～「～をじっと見つめる」，glimpse at ～・glance at ～「～をちらっと見る」もセットで押さえておきましょう。

□decorate …を飾る・装飾する □lead …を進める □training session 研修，講習会

8. 1_308 カナダ

(A) A man's washing dishes in a sink.
(B) A man's tasting the soup.
(C) A man's putting food on plates.
(D) A man's stirring something in a pan.

(A) 男性が流し台で皿を洗っている。
(B) 男性がスープを味見している。
(C) 男性が皿に食べ物を盛りつけている。
(D) 男性がフライパンの中身をかき混ぜている。

stir「かき混ぜる」と pan「フライパン」という単語がポイントです。stir は storm「嵐」と語源が同じなので，「嵐のようにかき乱す」→「かき回す・かき混ぜる」と考えれば OK です。また，pan は frying pan「フライパン」のことです（fry は「油でいためる」という意味）。

□wash dishes 皿を洗う □sink 名 流し台，シンク □taste …を味見する □stir …をかき混ぜる
□pan フライパン

9. 1_309 オーストラリア

(A) An assortment of items are displayed on stands.
(B) A variety of hats are being hung on hooks.
(C) Display shelves are being stocked in a store.
(D) Some merchandise has been piled on the ground.

(A) 各種の商品がラックに陳列されている。
(B) さまざまな帽子がフックに掛けられているところだ。
(C) 陳列棚が店に置かれているところだ。
(D) 商品が地面に山積みになっている。

まとめ単語の item「商品」を使って，写真のさまざまなものを an assortment of items「各種の商品」と表しています（an assortment of ～ は「各種取り合わせの～」という表現）。また，display は動詞「展示する・陳列する」で，be displayed on stands「ラックに陳列されている」です。

□an assortment of 各種取り合わせの… □item 商品，品物 □display …を展示する・陳列する
□stand ラック，台 □be hung on …に掛けられている・吊るされている □display shelf 陳列棚
□stock 動（商品）を店に置く □merchandise 商品 □pile …を山積みにする

7(A) 8(D) 9(A)

10.

1_310

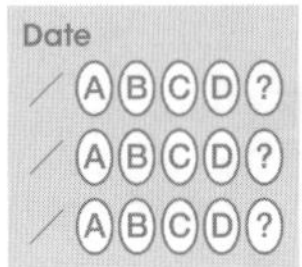

11.

1_311

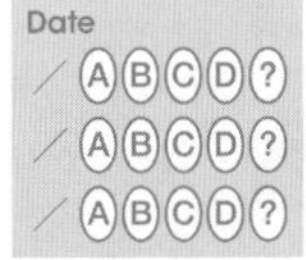

12.

1_312

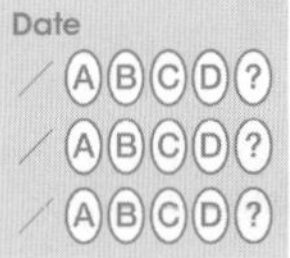

解説・正解

間違えた問題は，「聞き覚え」するまで何度も聞き込んで，「音の記憶力」をつくりましょう。

10. 1_310 イギリス

(A) People are waiting to cross the street.

(B) Traffic is moving through the intersection.

(C) Customers are lined up at a vendor's stall.

(D) Pedestrians are walking down the street in groups.

(A) 人々が道を渡ろうと待っている。
(B) 乗り物が交差点を通過している。
(C) 客が売店で一列に並んでいる。
(D) 歩行者たちがグループになって通りを歩いている。

動詞の cross は「クロスするように移動する」→「横切る・渡る」です（109 ページにも出てきました）。ちなみに，(D) の pedestrian「歩行者」も重要単語ですが，"ped" は「足」を表すんでしたね。よって，「足を使って歩く人」→「歩行者」となります。

□cross 動 …を渡る・横切る □traffic（人や車の）往来 □intersection 交差点
□be lined up 一列に並んでいる □vendor 売主 □stall 売店 □pedestrian 歩行者
□down the street 通りを進んで □in groups グループで

11. 1_311 アメリカ

(A) He's reaching for a slice of cake.

(B) He's removing some baked goods from an oven.

(C) Some loaves of bread are on display for sale.

(D) Food has been cooked on a grill.

(A) 彼はひと切れのケーキを取ろうと手を伸ばしている。
(B) 彼はオーブンからパンを取り出している。
(C) 何個かのパンが販売用に陳列されている。
(D) 食べものが焼き網で調理された。

remove A from B「AをBから取り出す」の形で，A に some baked goods，B に an oven がきています。baked goods は「焼かれた（baked）商品（goods）」→「焼き菓子」で，パンやクッキーなどを表します。今回は「取り出している」と即断はできませんが，他の選択肢が明らかに違うので (B) が正解です。

□reach for（手を伸ばして）…を取ろうとする □a slice of …の一切れ
□remove A from B AをBから取り出す □baked goods パン，焼き菓子
□loaves loaf（パンの一塊）の複数形 □on display 陳列されて □for sale 売るための

12. 1_312 カナダ

(A) Chairs have been arranged near an entrance.

(B) A server is clearing dishes from a table.

(C) Water is being poured into a glass.

(D) Tables have been set for a meal.

(A) 入り口のそばにいすが並べてある。
(B) 接客係がテーブルにあるお皿を片付けている。
(C) グラスに水が注がれているところだ。
(D) 食事のためにテーブルが用意してある。

「水をグラスに注いでいる」様子を「受動態＋進行形（be being p.p.）」で表した，(C) Water is being poured into a glass. が正解です。少し不自然に感じるかもしれませんが，こういった「物」を主語にして受動態で表すパターンは Part 1 頻出なので，慣れておきましょう。

□arrange …を配置する □server 接客係，給仕する人 □clear …を片付ける
□be set for …のために準備される

10(A) 11(B) 12(C)

13.

1_313

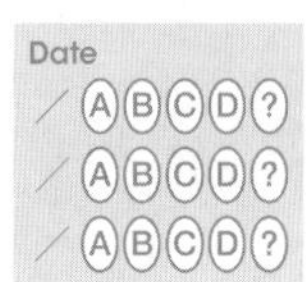

14.

1_314

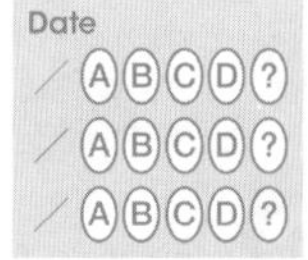

15.

1_315

解説・正解

間違えた問題は，「聞き覚え」するまで何度も聞き込んで，「音の記憶力」をつくりましょう。

13. 1_313 オーストラリア

(A) A sales assistant is greeting customers.

(B) Some customers are waiting to pay for their purchases.

(C) An assortment of items sit on racks.

(D) A shopper has put items into a cart.

(A) 店員が客に挨拶している。
(B) 何人かの客が買うものの代金を払うために待っている。
(C) 各種の商品がラックに並んでいる。
(D) 買い物客はカートに商品を入れた。

写真に写っているさまざまな商品を，an assortment of items「各種の商品」とまとめて表しています。また，sit には「座る」以外に「（物が）存在する」という意味もあり，今回は sit on racks「（商品が）ラックに並んでいる」となります。

□sales assistant 店員　□greet …に挨拶をする　□an assortment of 各種取り合わせの…
□sit（ある場所に）位置する　□rack ラック

14. 1_314 イギリス

(A) Books are being returned to the shelves.

(B) Some reading materials have been placed on a table.

(C) Some furniture is being arranged in the room.

(D) They are turning away from each other.

(A) 本が書棚に戻されているところだ。
(B) いくつかの読み物がテーブルの上に置かれている。
(C) 部屋に家具が配置されているところである。
(D) 彼らは互いに顔を背けている。

まとめ単語の reading material「読み物」がポイントです。book などと具体的に言わず，reading material で総称的に表しているわけです。また，今回のような「～が置かれている」という描写は Part 1 の定番です。

□reading material 読み物　□arrange …を配置する　□turn away from each other 互いに顔を背ける

15. 1_315 オーストラリア

(A) Trees have been planted along the sidewalk.

(B) Construction materials have been stacked next to a house.

(C) Some buildings are casting shadows on the road.

(D) Some vehicles are moving down the street.

(A) 木々が歩道に沿って植えられている。
(B) 建材が家の隣に積み重ねられている。
(C) いくつかの建物が通りに影を落としている。
(D) 何台かの乗り物が通りを走っている。

cast shadows on ～「～に影を落とす」という表現がポイントです。cast は「投げる」で，「～の上（on）に影（shadows）を投げる（cast）」→「～に影を投じる・～に影を落とす」となりました。

□plant …を植える　□sidewalk 歩道　□construction material 建材
□cast shadows on …に影を投じる・落とす

13(C)　14(B)　15(C)

16.

1_316

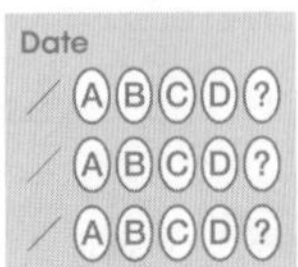

17.

1_317

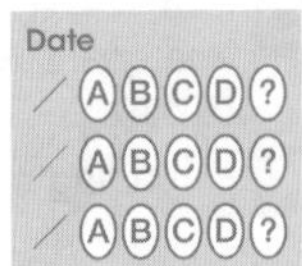

18.

1_318

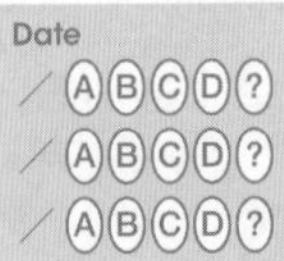

解説・正解

間違えた問題は，「聞き覚え」するまで何度も聞き込んで，「音の記憶力」をつくりましょう。

16. 1_316 アメリカ

(A) He's plugging in an electrical cable.

(B) He's using a power tool.

(C) He's unloading a machine from a truck.

(D) He's putting away some equipment.

(A) 彼は電源ケーブルをコンセントにつないでいる。
(B) 彼は電動工具を使っている。
(C) 彼はトラックから機械を降ろしている。
(D) 彼は器具を片付けている。

まとめ単語の **power tool**「電動工具」を使って表すパターンです。他の選択肢も重要語句ばかりで，**put away** は「離れたところに（**away**）置く（**put**）」→「片付ける」となりました。**throw away**「捨てる」との違いもよく狙われますが，これは「離れたところに（**away**）投げる（**throw**）」ということです。

□**plug in** コンセントにつなぐ　□**electrical cable** 電源ケーブル　□**power tool** 電動工具
□**unload**（荷）を降ろす　□**put away** …を片付ける・しまう

17. 1_317 カナダ

(A) Leaves are being swept off the road.

(B) Cars line both sides of a street.

(C) Some people are coming out of a building.

(D) Passengers are stepping into a vehicle.

(A) 道路で落ち葉が掃かれているところだ。
(B) 車が通りの両側に並んでいる。
(C) 何人かの人々が建物から出てきている。
(D) 乗客たちが乗り物に乗り込んでいる。

動詞の **line** がポイントです。**line** は名詞「列」が有名ですが，「～に沿って並ぶ・並べる」という動詞もあります（99・127ページに **be lined with** ～「～が並んでいる」という熟語も出てきましたね）。よって，**line both sides of a street** で「通りの両側に並んでいる」となります。

□**sweep** …を掃く・掃いてのける　□**line** …に沿って並ぶ　□**passenger** 乗客　□**step into** …に乗り込む

18. 1_318 イギリス

(A) Construction vehicles are parked by a fence.

(B) Construction materials are being loaded onto a truck.

(C) Some materials have been laid next to a vehicle.

(D) A vehicle is turning at a traffic signal.

(A) 建設車両がフェンスの近くに駐車されている。
(B) 建材がトラックに積み込まれているところだ。
(C) いくつかの資材が乗り物の横に置かれている。
(D) 乗り物が信号のところで道を曲がっている。

まとめ単語の **material**「物・材料」・**vehicle**「乗り物」，そして他動詞の **lay**「置く」がポイントです。**lay** は **lay – laid – laid** と変化し，今回は **have been laid**「置かれている」という「受動態＋完了形（**have been p.p.**）」になっています。

□**construction vehicle** 建設車両　□**be loaded onto** …に積み込まれる
□**be laid next to** …の横に置かれている　□**turn** 曲がる　□**traffic signal** 交通信号

16(B)　17(B)　18(C)

極めろ！ Part 2
応答問題

Part 2 の解答戦略と勉強法

Unit 1　誤答と正答のパターンを知る
Unit 2　When 疑問文
Unit 3　Where 疑問文
Unit 4　What 疑問文
Unit 5　Who(se) 疑問文
Unit 6　How 疑問文
Unit 7　Why 疑問文
Unit 8　Which 疑問文
Unit 9　Do 疑問文
Unit 10　be 動詞疑問文
Unit 11　Have・Will・Can・Should を使った疑問文
Unit 12　勧誘・依頼・提案
Unit 13　付加疑問文
Unit 14　選択疑問文
Unit 15　平叙文
Unit 16　まとめ問題

アイコン一覧

2_001 MP3音声ファイル

解説

語句

解答

動 動詞

名 名詞

形 形容詞

副 副詞

pl. 複数形

cf. 参照

Part 2 の解答戦略と勉強法

1. Part 2 の流れ

(1) Directions（約 27 秒）の後，すぐに "No. 7" と放送され問題が始まります。

(2) 第 7 問から第 31 問の 25 問です。

(3) 設問と選択肢は印刷されていません。

(4) 音声だけが放送されます。

(5) 問題英文に対して，(A)(B)(C)3 つの選択肢が音声で流されます。

7. Mark your answer on your answer sheet.
8. Mark your answer on your answer sheet.
9. Mark your answer on your answer sheet.
10. Mark your answer on your answer sheet.
11. Mark your answer on your answer sheet.
12. Mark your answer on your answer sheet.

放送される「問い」と「返答」

A: How do I turn on this alarm?
B: ______________________.

(A) You shouldn't be alarmed.
(B) Just push in the button.
(C) It went off during the night.

(6) 問題英文に対して最も適切な応答をしている選択肢を選びます。

(7) 選択肢を聞き終えてから 5 秒以内に答えを選びます。

2. 解答戦略

(1)「出だし」に注意する

Part 2 では「出だし（最初の疑問詞）」を聞き取ることが重要ですが，"No. 7" の後にいきなり問題が流れる点に注意しましょう。Part 1 では "No. 1. Look at the picture marked No. 1 in your test book." と流れてから問題が始まりますが，Part 2 ではこのような「前フリ」がないので，一番大事な「出だし」を逃しやすいんです。このことは従来の対策本ではまったく注目されていませんが，意識しておかないとかなり焦ります。あらかじめ心の準備をしておきましょう。

(2) 応答文に「似た音」が出てきたら不正解を疑う

たとえば crowded に対して cloudy が出てきたら，かなりの確率でその選択肢は不正解です。「似た音」を使ったひっかけ問題は本当によく使われるので，このテクニックはぜひ活用してください。

(3) 応答文に「似た意味の語」「連想される語」が出てきたら不正解を疑う

たとえば report に対して submit など，連想しやすい語句が応答文に出てきたらそれはひっかけの可能性があります。何となく似た意味の単語が出てきたからといって選ばず，きちんと文全体を聞き取り，自然な応答かどうか考えることが大切です。

(4)「否定疑問文」に注意する

Doesn't he ～? のような「否定疑問文」はほぼ確実に出ますが，普通の疑問文と同様に返答を考えればOKです。つまり，「notを無視する」ようにしてください。従来，否定疑問文の返答はYesを「いいえ」と訳し，Noを「はい」と訳すと教わることが多かったのですが，「notを無視する」という考え方ですべて解決します。たとえば，Doesn't he ～? という文であれば，Does~~n't~~ he ～? と頭の中で変換すればいいわけです。

(5)「そらし」のパターンに注意する

Is he ～? のような疑問文には「Yes/Noで答える」という思い込みがあるかもしれませんが，TOEICでは素直にYes/Noと答えずに「まだ決まっていません」のように言うことが多いです。こういった返答を「そらす」パターンは超頻出ですので，何度も聞き込んで「TOEICに出てくる人たちのノリ」を頭に染み込ませてください。

(6) ミスを引きずらない

仮に正解がわからなくても，迷ってはいけません。特にPart 2はテンポよくどんどん問題が進んでいくので，次の問題を聞き逃してしまうことがよくあるんです。1つ迷うとそのまま立て続けに3問間違えてしまうなんてこともあるので，すぐに気持ちを切り替えて次の問題に集中しましょう。

3. Part 2の勉強法

(1) 会話の決まり文句を押さえる

Part 2ではWould you mind -ing?「～してくれませんか？」，Why don't you ～?「～してはどうですか？」，What do you do?「お仕事は何ですか？」などの決まり文句がよく使われます。ただ，これらの決まり文句を丸暗記する必要はなく，きちんと考えれば理解できます。

たとえば，What do you do?「お仕事は何ですか？」という表現を考えてみましょう。What do you do? の最初のdoは「現在形」です（もし過去形ならWhat did you do? ですね）。「現在形」は「過去・現在・未来すべてに当てはまること」に使います。ですから，What do you do? は「あなたは（昨日も今日も明日も）何をしますか？」→「お仕事は何ですか？」となるんです。

こういうふうにきちんと理解することで，単に暗記するよりも，はるかに記憶に残りやすくなります。その上で，問題を解いて何度もシャドーイングし，完璧にマスターしていきましょう。

(2) 文法をしっかり確認する

会話の決まり文句を押さえるには「文法力」が大切でしたが，実際にPart 2の問題を解くときにも非常に役立ちます。たとえば、Part 2で「出だしが大事」なのは間違いないのですが，「フーズ」と聞こえた場合，必ずしもWhoseとは限りません。Who'sの可能性があるからです。WhoseとWho'sの区別は，その直後にくる品詞で決まります。簡単な例だと，"フーズ he?" ならWho's（＝Who is），"フーズ car is that?" ならWhoseです。こういった判別にも「文法力」が必要なわけです。

その他にも，「否定疑問文」「付加疑問文」「間接疑問文」など，文法力が必要な問題がたくさん出ます。Part 2は短いやりとりだからといって，文法を軽視することがないようにしましょう。

1. 誤答パターンを知る

2_001 アメリカ－アメリカ

Part 2では,「似た音」(lunch と launch),「派生語」(meet と meeting),「同じ単語の繰り返し」(traffic と traffic),「意味の連想」(sample と demonstration),「疑問詞」(who に対して人で答える) などを利用したひっかけがよく出ます。このような「誤答パターン」をあらかじめ押さえておくことで, Part 2の正答率は格段に上がります。

(1) Will Mr. Jameson fill in for Janet while she is away?

(A) Yes, it has to be filled.

(B) It hasn't been decided yet.

(C) She's going to Hawaii.

Janet さんの不在中は Jameson さんが代理をつとめるのですか。

(A) はい, それをいっぱいにしなければなりません。

(B) まだ決まっていません。

(C) 彼女はハワイに行く予定です。

(A) は fill という同じ単語を使ったひっかけです。質問文では fill in for ～「～の代理を務める」という熟語ですが, 返答では「いっぱいにする」という意味で, 自然な応答にはなりません。また, (C) は「意味の連想」を利用した誤答です。she is away「席を外す・不在」から連想される going to Hawaii がひっかけになっています。ちなみに, 正解の (B) It hasn't been decided yet.「まだ決まっていない」は, 典型的な「そらし」の返答パターンです。

(2) Does the report show sales tax?

(A) Yes, fax the document.

(B) Yes, on the left page.

(C) No, he is responsible for sales.

報告書には売上税が載っていますか。

(A) はい, 書類をファクスしてください。

(B) はい, 左ページにあります。

(C) いいえ, 彼は販売担当です。

(A) は「似た音」(tax と fax),「意味の連想」(report と document) を使った誤答です。また, (C) は質問文の sales をそのまま使ったひっかけになっています。正解は (B) です。

(3) What's the matter with the new monitor?

(A) We'll be there, too.

(B) I've met her before.

(C) It keeps turning off.

新しいモニターは何か調子が悪いのですか。

(A) 私たちも到着します。

(B) 以前, 彼女に会ったことがあります。

(C) ずっと消えたままなんです。

(B) は「似た音」のひっかけです。met her はくっついて「メッター」のように聞こえ, それが質問文の matter の発音に似ていることを利用しています。質問文は What's the matter with ～?「～の何が問題?」という表現で, それに対して問題点を述べた (C) It keeps turning off.「ずっと消えたまま」が正解です。

(4) When can we discuss the marketing plan?

(A) Let me check my schedule.
(B) No, not the advertising budget.
(C) Last Friday, in the morning.

マーケティング計画について，いつ話し合えますか。

(A) スケジュールを確認させてください。
(B) いいえ，広告予算ではありません。
(C) 先週の金曜日の午前中です。

(B) は質問文の marketing から連想する advertising を使ったひっかけです。また，(C) は疑問詞 When に対し「時を表す語句」を使っているので正解だと思ってしまいがちですが，「(これから) いつできる？」に対して「過去」のことを答えているので，不正解となります。正解の (A) Let me check my schedule.「スケジュールを確認させて」は，定番の「そらし」パターンです。

(5) Who is in charge of the building project?

(A) No, Mr. Tanaka was overcharged.
(B) We need a new projector.
(C) You need to ask the department manager.

建設プロジェクトの責任者は誰ですか。

(A) いいえ，Tanaka さんは過剰請求されました。
(B) 私たちは新しいプロジェクターが必要です。
(C) あなたは部署の責任者に聞かなくてはなりません。

(A) は「疑問詞」と「似た音」を利用したひっかけです。Who に対して Mr. Tanaka と答え，さらに質問文の charge と発音が重なる overcharged を使っています（ただ，意味がまったく通らないので不正解です）。また，(B) は project と発音が似た projector を利用したひっかけです。ちなみに，Who is in charge of ～ の Who is は「Whose との混同」を狙った質問文になっています。今回は後ろに in charge of ～ がきているので，Who is だと判断できます（be in charge of ～「～を担当して」の形です）。

2.「そらし」の返答パターン 2_002 アメリカ-アメリカ

When ～? に対しては「時」，Where ～? に対しては「場所」，Why ～? に対しては「理由」，Did you ～? に対しては Yes/No で答えるのが基本です。しかし，Part 2 ではこのような予想される返答以外に，「調べてみます」「確認してみます」「○○（人）が知っています」「質問に対して質問で聞き返す」といった間接的応答や，「わかりません」「はっきりしません」「○○（人）に聞いてください」といった回避的応答が正解になることがよくあります。本当によく出るので，代表的な間接的応答・回避的応答のパターンに慣れておきましょう。

(1) 間接的応答

A: Where's the file?
B: Angie knows.

A: ファイルはどこにありますか。
B: Angie が知っています。

A: Where's the report?	A: レポートはどこにありますか。
B: Charles is responsible for that.	B: Charles が担当者です。
A: Where have you put today's packages?	A: 本日分の小包をどこに置きましたか。
B: They won't arrive until six.	B: 6 時まで届きません。
A: Whose bag is this?	A: これは誰のバッグですか。
B: Isn't there a name on it?	B: そこに名前が書いてありませんか。
A: Why don't we start the presentation?	A: プレゼンテーションを始めてはどうですか。
B: We'd better wait for John.	B: John を待った方がいいでしょう。
A: How much is this suit?	A: このスーツはいくらですか。
B: Let me check the price.	B: 値段を確認させてください。

(2) 回避的応答

①質問に対して答えられない

A: When is the job fair going to be held?	A: 就職フェアはいつ開催されるのですか。
B: I don't think it's been decided.	B: まだ決まっていないと思います。
A: Which list shows the expenses for last quarter?	A: どのリストがこの前の四半期の支出を示しているのですか。
B: We don't have that list yet.	B: まだそのリストは手元にありません。
A: What city will be hosting the next convention?	A: 次の会議はどの都市で開催されるのですか。
B: That hasn't been announced yet.	B: まだ発表されていません。
A: Are you going to hire Janine or interview more applicants?	A: Janine を採用するつもりですか，それとも別の応募者に面接をしますか。
B: I haven't decided yet.	B: まだ決めていません。

②応答者は知らない

A: Mr. Okada just started working here, didn't he?	A: Okada さんはここで働き始めたばかりでしたよね。
B: I'm not really sure.	B: 私はよく知りません。

A: Why were these documents printed in blue ink?
B: I have no idea.

A: この書類はなぜ青いインクで印刷されたのですか。
B: わかりません。

3. 代動詞・助動詞・代不定詞の応答文 2_003 アメリカ-アメリカ

Part 2では，質問に対して「代動詞」や「助動詞」，「代不定詞」を使って答えることがよくあります。これは質問の動詞や内容が繰り返されることを避けるためのものです。具体的な例を見てみましょう。

(1) 代動詞で答える場合

A: Who fixed the new copy machine?
B: Ms. Simpson did.

A: 誰が新しいコピー機を修理したのですか。
B: Simpsonさんです。

A: Excuse me, is this seat taken?
B: Sorry, it is.

A: すみません。この席は先約がありますか。
B: 恐れ入りますが，ございます。

最初の対話では，質問文の動詞fixed以下の部分を繰り返さずに，代動詞didを使って答えています。2つ目の対話でも同じように，takenを省略してbe動詞のisだけで答えています。このような代動詞を使って答えるパターンでは「時制」もポイントになるので，質問文と時制が合っているかにも注意してください。

(2) 助動詞で答える場合

A: How often do you attend employee workshops?
B: As often as I can.

A: 従業員向けの研修にどれくらいの頻度で参加しますか。
B: できるだけ頻繁に。

A: Why don't you go see your doctor later today?
B: You're right. I probably should.

A: 今日は後で医者に診てもらってはどうですか。
B: そうですね。多分そうしたほうがいいでしょうね。

動詞以下の内容は，繰り返さずに助動詞だけで答えることができます。このような例には，**Unfortunately I can't.**「残念ですが，できません」，**Thanks, I will.**「ありがとう，そうします」，**I probably should.**「多分そうしたほうがいいでしょう」，**I didn't know I had to.**「そうすべきだとは知りませんでした」などがあります。

(3) 代不定詞で答える場合

A: Would you please review this proposal?
B: I'd be happy to.

A: この提案を再検討していただけますか。
B: 喜んでそういたします。

A: Would you like to lead the accounting department?
B: I'd be honored to.

A: 経理部を取り仕切っていただけますか。
B: そうできれば光栄です。

A: You want me to modify the report, don't you?
B: If you think we need to.

A: 報告書を私に修正してもらいたいのですね。
B: その必要があるとお考えであれば。

質問の動詞以下の部分が繰り返されるのを避け，to 以降を省略しています。たとえば，1つ目の B: I'd be happy to. は，I'd be happy to {review this proposal}.「喜んでこの提案を再検討します」ということです。

4.「否定疑問文」に対する返答 2_004 アメリカ－アメリカ

「否定疑問文」に対する返答には多くの受験者が苦労していますが，「not を無視する」と考えれば解決します。質問の not は気にせず，肯定で答えるなら Yes，否定で答えるなら No を使えばいいわけです。日本語訳から考えると混乱してしまうので，「not を無視する」という考え方を徹底しておきましょう。

(1) Don't you have to apply for the workshop today?
(A) Yes, I have to work tomorrow.
(B) The application form.
(C) No, I can do it later.

今日，あなたは研修に申し込む必要はないのですか。
(A) いいえ，明日は勤務しなければなりません。
(B) 申込用紙です。
(C) はい，後でもできます。

質問文は Don't you ～? という「否定疑問文」になっているので，頭の中で Do~~n't~~ you ～? に変換して考えます。つまり，「今日申し込む」ことに関して，肯定なら Yes，否定なら No で答えることになります。No「今日申し込む必要はない」と答えて，I can do it later.「後でもできる」と述べた (C) が正解です。

(2) <u>Haven't</u> you completed the proposal?

(A) Yes, this morning.
(B) No, can I have it now?
(C) Yes, we can't attend the party.

提案書は完成していないのですか。

(A) いいえ，今朝完成しました。
(B) はい，今，入手できますか。
(C) いいえ，私たちはパーティーに出席できません。

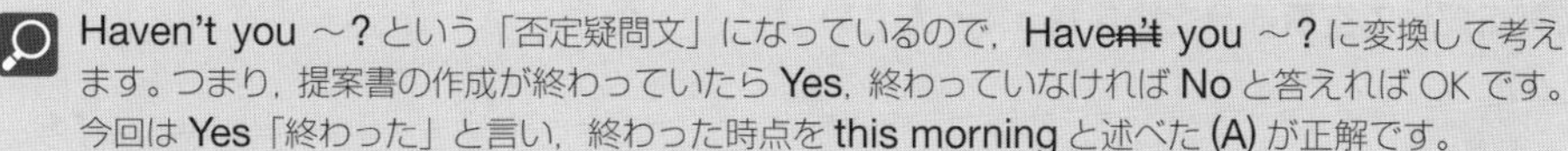

Haven't you ～? という「否定疑問文」になっているので，Have~~n't~~ you ～? に変換して考えます。つまり，提案書の作成が終わっていたら Yes，終わっていなければ No と答えれば OK です。今回は Yes「終わった」と言い，終わった時点を this morning と述べた (A) が正解です。

5.「付加疑問文」に対する返答　2_005　アメリカ–アメリカ

文末の "～, didn't you?" に当たる部分を「付加疑問」と言います。これは大学入試などでは軽視されがちですが，実際の会話では非常によく使われますし，Part 2 でも頻出です。TOEIC でのポイントは2つあります。

1つ目は，付加疑問は「～ですよね？」という「念押し」を表しますが，重要な情報を追加するものではないということです。文末に "didn't you?" とあっても，返答の Yes/No が変わることはありません。

2つ目は，付加疑問によって「SV（主語と動詞）の時制がわかる」ということです。たとえば，"didn't you?" とあれば，文の動詞は「過去形」だとわかりますね。send と sent のような聞き取りは難しいですが，このような文の動詞を聞き逃しても，付加疑問で「時制がわかる」ことがよくあります。

You missed the staff meeting, didn't you?

(A) Yes, tell me what it was about.
(B) No, he wasn't in his office.
(C) Did you check the meeting agenda?

スタッフミーティングを欠席しましたね。

(A) はい，何についての話だったのか教えてください。
(B) いいえ，彼はオフィスにいませんでした。
(C) 議題を確認しましたか。

"didn't you?" を使った「付加疑問文」になっていますが，この部分は無視して OK です。つまり，「スタッフミーティングを欠席した」という内容に肯定なら Yes，否定なら No で答えます。Yes で「ミーティングを欠席した」を表し，tell me what it was about「ミーティングの内容を教えて」と言っている (A) が正解です。

Part 2

Unit 2 ▶ When 疑問文 ▶チャレンジ

When ～? に対しては基本的に「時間」を答えますが,「そらし」の返答パターンもよく出ます。また,一見「時間」を答えていますが,「時制の異なる表現」を利用したひっかけが使われることもあります。そのため,あくまで「やりとりが自然かどうか」を考えることが重要です。

また,Where との混同を狙った問題も頻出です。文字にすると簡単そうに思えますが,直後の動詞が will だったり,短縮されたりすると聞き取りにくくなることがあるので,しっかり慣れておきましょう。

音声を聞いて空所部分を書き取ってください。

1. 2_006

A: When does the ________ department ________ ________?

B: The ________ ________ of ________ ________.

2. 2_007

A: When ________ the ________ ________ ________ ________?

B: ________ tomorrow ________ ________ ________.

3. 2_008

A: When ________ you ________ a ________ of the ________?

B: ________ ________ it's ________.

4. 2_009

A: When ________ ________ ________ the survey ________?

B: We should be ________ ________ the ________ ________.

5. 2_010

A: Do you ________ ________ the ________ ________ ________?

B: I ________ ________ ________.

解説・正解

書き取れなかった英文は，「聞き覚え」するまで何度も聞き込んで，「音の記憶力」をつくりましょう。

A:カナダ B:イギリス

具体的な時間・曜日

1. 2_006

A: When does the accounting department issue paychecks?
B: The last day of every month.

A: 経理部はいつ給料を支払うのですか。
B: 毎月，月末です。

issue は「ポンッと出てくる」イメージで，そこから「発行する・出す・払う」という意味があります。今回は issue paychecks「給料を払う」です。

□accounting department 経理部 □issue 動 …を支給する・発行する □paycheck 給料

2. 2_007

A: When will the painting work be done?
B: By tomorrow at the latest.

A: 塗装作業はいつ終わりますか。
B: 遅くとも明日までには終わるでしょう。

When will は直後の will が軽く「ゥル」と発音され，ここで混乱してしまう人が多いです。非常によく出るパターンなので，何度も聞き込んでおいてください。ちなみに，返答の by は「～までには」という期限を表します。

□at the latest 遅くても

時点，時期

3. 2_008

A: When can you get a copy of the contract?
B: Right after it's signed.

A: いつ契約書の写しをもらえるんですか。
B: 署名後すぐにです。

When? に対して具体的な時間を答えず，Right after it's signed.「署名後すぐに」と答えをボカしています。ちなみに，right は強調で「すぐ」という意味です。

4. 2_009

A: When will we receive the survey results?
B: We should be hearing from the researchers soon.

A: アンケートの結果はいつもらえますか。
B: 間もなく調査員から伝えられるはずです。

When will ～? で，直後の will が「ゥル」と発音されるパターンです。また，返答の should は「～するはずだ」という推定を表し，「もうすぐ～から伝えられるはずだ」となります。

間接疑問文

5. 2_010

A: Do you know when the performance will start?
B: I have no idea.

A: 上演はいつ始まるか知っていますか。
B: わかりません。

Do you know when ～? のような「間接疑問文」は，「Wh- で始まる疑問文を丁寧にしたもの」です。よって，今回で言えば When ～? を丁寧にした文だと考えれば OK です。返答は I have no idea.「わかりません」という，典型的な「そらし」のパターンになっています。

□performance 上演

Part 2

6. 2_011

A: Can you ________ ________ ________ the ________ ________ ________ published?

B: ________ ________ ________ ________ the year.

7. 2_012

A: When is the ________ ________ ________?

B: ________ ________ ________ ________ ________ next month?

8. 2_013

A: When ________ ________ ________ the proposal?

B: ________ ________ ________ Monday?

9. 2_014

A: When ________ ________ big ________ ________ ________?

B: Someone ________ ________ here ________ ________.

10. 2_015

A: When ________ the ________ ________ ________ ________?

B: It's just ________ ________ ________.

解説・正解

6. 2_011

A: Can you tell me when the book will be published?

B: By the end of the year.

A: 本はいつ出版されるのか教えてくれませんか。

B: 年末までには。

Can you tell me when ～? という「間接疑問文」です。あくまで When ～? を丁寧にしただけなので，Yes/No ではなく，今回のように直接 When に対する返答（時間）をすることが圧倒的に多いです。

□publish …を出版する

問い返し，不確かな応答

7. 2_012

A: When is the ceremony being held?

B: Hasn't it been postponed until next month?

A: 式典はいつ開かれますか。

B: 来月まで延期されたのではありませんでしたか。

When is はくっついて「ウェニズ」のように発音されています。また，返答の Hasn't it been ～ も Hasn't と it がくっつき，it の t が飲みこまれて「ハズンティ ビン」のような発音になっています。

□postpone …を延期する

8. 2_013

A: When can we discuss the proposal?

B: How about next Monday?

A: いつ提案について打ち合わせできますか。

B: 来週の月曜日はどうですか。

When? に対して，How about ～?「～はどうですか？」という提案表現で返答しています。こういった「疑問文で答える」パターンもよくあります。

難易度が高い応答

9. 2_014

A: When was that big brown package delivered?

B: Someone brought it here last night.

A: その大きな茶色の小包はいつ配達されましたか。

B: 誰かが昨夜ここに持ってきてくれました。

日本語の「パッケージ」は荷物の「包装」を指しますが，英語の package には「荷物そのもの」という意味もあります（発音は「パキッヂ」のようになります）。また，今回のように時間を表す表現が最後に出てくることも多いので，注意してください（文末の last night が When に対応しています）。

□package 小包　□deliver …を配達する

10. 2_015

A: When will the itinerary be made available?

B: It's just been printed out.

A: 旅程表はいつ入手できるようになりますか。

B: ちょうど印刷されたところです。

「時制のズレ」に注意が必要です。質問文は「未来」，返答は「現在完了形」と時制がずれていますが，「いつ入手できる？」に対して「ちょうど印刷された」というやりとりは自然ですね。また，itinerary「旅程表」や available「入手できる」という語句も TOEIC 頻出です。

□itinerary 旅程表　□available 入手できる

Mark your answer on your answer sheet.

1. 2_016

Date
／ Ⓐ Ⓑ Ⓒ ?
／ Ⓐ Ⓑ Ⓒ ?
／ Ⓐ Ⓑ Ⓒ ?

2. 2_017

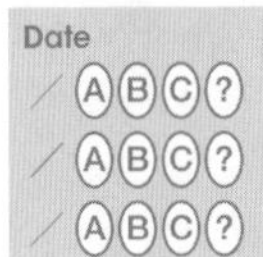

3. 2_018

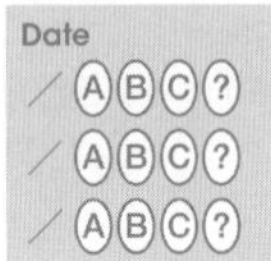

4. 2_019

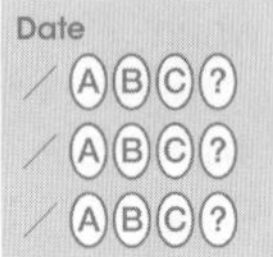

5. 2_020

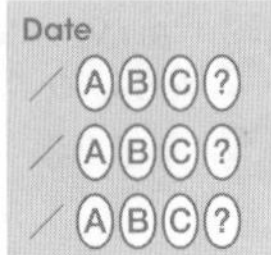

間違えた問題は，「聞き覚え」するまで何度も聞き込んで，「音の記憶力」をつくりましょう。

1. 2_016 オーストラリア→イギリス

When would you like me to review the market research data?

(A) Yes, that would be helpful.

(B) On your computer.

(C) By the end of the day.

市場調査のデータをいつ見直しましょうか。

(A) はい，それは大変助かります。
(B) あなたのコンピューターの上です。
(C) 今日中にお願いします。

質問文は would like 人 to ～「人に～してほしい」の形です。When would you like me to ～? で，直訳「いつあなたは私に～してほしい？」→「私はいつ～しましょうか？」となります。これとつながるのは，(C) By the end of the day. です（by は「期限」を表します）。

□would like X to *do* Xに…してもらいたい □review …を見直す □market research 市場調査 □helpful 役立つ □by …までには

2. 2_017 カナダ→イギリス

When do you intend to ship the merchandise?

(A) In three days.

(B) To the specified address.

(C) Free of charge.

商品をいつ出荷するつもりですか。

(A) 3 日後です。
(B) 指定された住所へです。
(C) 無料です。

返答の in がポイントです。この in は「経過（～後・～したら)」を表し，日常会話でも非常によく使われるので必ず押さえておきましょう。また，質問文の intend to ～「～するつもり」，ship「出荷する」，merchandise「商品」という語句もすべて TOEIC 頻出です。

□intend to *do* …するつもりである・予定である □ship 動 …を出荷する・配送する □merchandise 商品 □in …後に □specified address 指定された住所 cf. specify …を特定する・具体的に挙げる □free of charge 無料で

解説・正解

3. 2_018 アメリカ－オーストラリア

When should we deliver the presentation?
(A) Just give it to her.
(B) Send it by mail.
(C) How does Friday afternoon sound?

いつプレゼンテーションをするべきですか。
(A) 彼女にそれを渡していただくだけで構いません。
(B) 郵送してください。
(C) 金曜日の午後はいかがですか。

「疑問文で答える」パターンです。sound は第2文型（SVC）で「～のように聞こえる・思われる」の意味があり，How does Friday afternoon sound? で「金曜の午後はどう？」となります。この "How does ～ sound?"「～はどう？」は相手の都合や考えを聞く便利な表現です。

□deliver a presentation プレゼンテーションをする

4. 2_019 イギリス－アメリカ

When will we receive the customer feedback for our new energy drinks?
(A) Where should I submit my comments?
(B) In nearly all supermarkets nationwide.
(C) We should be hearing from retailers soon.

当社のエナジードリンクの新商品に対する，顧客からの反応をいつ受け取れますか。
(A) 私のコメントはどこに提出すればいいですか。
(B) 国内ほとんど全てのスーパーマーケットでです。
(C) 小売業者からすぐに知らせがあるでしょう。

When 直後の will が「ウル」と発音されます。また，返答にも注意が必要で，(C) We should be hearing from retailers soon. と最後に「時間」を表す語句がきています（この should は「～するはずだ」です）。ちなみに，(A) は feedback から連想する comments を利用したひっかけです。

□customer feedback 顧客からの反応，意見 □submit …を提出する (=hand in) □nearly ほぼ □nationwide 副 全国的に □hear from …から連絡をもらう □retailer 小売業者

5. 2_020 カナダ－アメリカ

When will we begin the company relocation project?
(A) Sometime during the spring.
(B) It's a different location.
(C) I don't think anyone will object.

会社の移転プロジェクトはいつ始まるのですか。
(A) 春のうちにです。
(B) それは別の場所です。
(C) 誰も反対しないと思います。

「ボカした」返答パターンです。When? に対して明確な時間は答えず，(A) Sometime during the spring.「春のうちに」と答えています。ちなみに，(B) は relocation と location の発音の混同を利用したひっかけ，(C) は project と object の発音の混同を利用したひっかけです。

□relocation 移転，配置転換 □location 場所，位置 □object (to/against) 動（…に）反対する

1(C) 2(A) 3(C) 4(C) 5(A)

Mark your answer on your answer sheet.

6. 2_021

Date
／ (A)(B)(C)(?)
／ (A)(B)(C)(?)
／ (A)(B)(C)(?)

7. 2_022

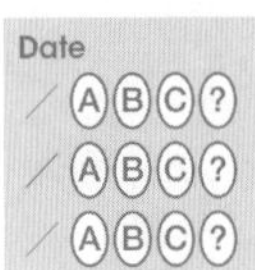

8. 2_023

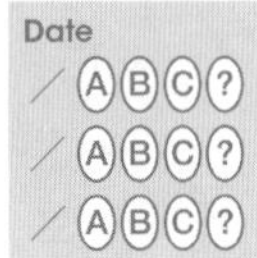

9. 2_024

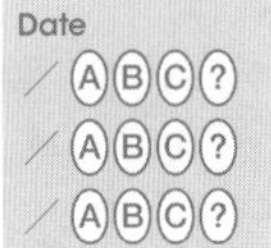

10. 2_025

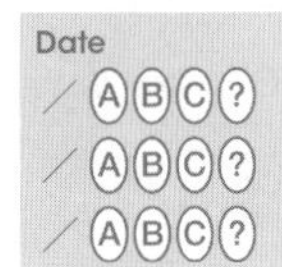

間違えた問題は，「聞き覚え」するまで何度も聞き込んで，「音の記憶力」をつくりましょう。

6. 2_021 イギリス－オーストラリア

When does the amusement park open today?

(A) Hasn't it been shut down?

(B) The parking lot is over there.

(C) It's open all summer.

今日，遊園地はいつオープンするのですか。

(A) 閉鎖されているのではないですか。

(B) 駐車場は向こうです。

(C) 夏の間はずっと開いています。

「いつオープンする？」に対して，「閉鎖されているのではないですか？」と聞き返す **(A) Hasn't it been shut down?** が正解です。**Hasn't it been** の聞き取りは苦労する人が多いので，何度も聞き込んでおきましょう。また，**(C)** は同じ **open** を使っていますが，「今日，いつオープンする？」に対して，「夏の間中開いている」は変ですね。

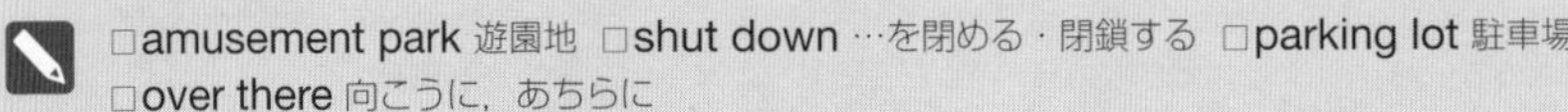

□amusement park 遊園地　□shut down …を閉める・閉鎖する　□parking lot 駐車場
□over there 向こうに，あちらに

7. 2_022 オーストラリア－アメリカ

When will IVY Corporation announce its annual profits?

(A) At their headquarters.

(B) Not for another few days.

(C) It doesn't really fit.

IVY 社は年間の利益をいつ発表しますか。

(A) 本社でです。

(B) あともう数日間はありません。

(C) それは本当に合っているわけではありません。

When? に対して具体的な「日付」を答えず，**(B) Not for another few days.**「あともう数日間はない」と少し漠然とした時間を答えています（"another 数量"「あともう 数量」という表現）。ちなみに，**(A)** は **Corporation** から連想される **headquarters** を使ったひっかけ，**(C)** は **profit** と **fit** の発音の混同を利用したひっかけです。

□announce …を発表する　□annual 年間の，毎年の　□profit 利益
□headquarters 本社　□not for another X days もうX日間は…ではない　□fit 合う，調和する

解説・正解

8. 2_023 アメリカ－イギリス

When is this lecture scheduled to finish?

(A) In the main auditorium.

(B) To discuss market trends.

(C) Let's check the schedule.

この講演はいつ終わる予定ですか。

(A) 大講堂でです。
(B) 市場動向について討論するためです。
(C) スケジュールを確認してみましょう。

「そらし」の返答パターンです。「いつ終わる予定？」に対して，**(C) Let's check the schedule.**「スケジュールを確認してみよう」とそらした答え方をしています。この「予定を確認する」というパターンはPart 2 頻出です。**(A)** は **Where**，**(B)** は **Why** との混同を狙ったひっかけになります。

□**lecture** 講演 □**be scheduled to *do*** …する予定である □**main auditorium** 大講堂
□**discuss** …について話し合う □**market trend** 市場動向 □**schedule** 名 スケジュール（表）

9. 2_024 アメリカ－カナダ

Do you know when the draft of the blueprints is due?

(A) Not until the start of next month.

(B) I left it on your desk.

(C) Yes, it's printed in blue.

設計図の草案はいつ締め切りか，知っていますか。

(A) 来月初めまで余裕があります。
(B) あなたの机の上にそれを置きました。
(C) はい，それは青色で印刷されています。

Do you know when ～? は「間接疑問文」で，**When ～?** を丁寧にした文です。「締め切りはいつ？」に対して **(A) Not until the start of next month.** と答えていますが，これは直訳「来月初めまで締め切りではない」→「来月初めが締め切りだ・来月初めまで余裕がある」ということです。この "**Not until** 時間" という表現はよく使われるので，必ず押さえておきましょう。

□**draft** 図面，草案，下書き □**blueprint** 設計図 □**due** 締め切りで □**not until** …までない
□**in blue** 青色で

10. 2_025 イギリス－カナダ

When will my bed be delivered?

(A) I'd appreciate that.

(B) How soon would you like it?

(C) It's not that bad.

私のベッドはいつ配送されますか。

(A) それは大変ありがたいです。
(B) いつごろがよろしいですか。
(C) それほど悪くはありません。

「いつ配送される？」に対し，**How soon would you like it?**「いつごろがよろしいですか？」と疑問文で答えるパターンです。**How soon** は，直訳「どれくらい（**How**）すぐに（**soon**）」→「あとどれくらい？」と尋ねる表現になります。ちなみに，**(C)** は **bed** と似た音の **bad** を使ったひっかけです。

□**deliver** …を配送する □**appreciate** …を感謝する □**how soon** いつまでに…，どのくらい早く…
□**not that bad** それほど悪くない cf. この場合の **that** は副詞。しばしば否定文・疑問文で「それほど…，そんなに…」を表す。

6(A) 7(B) 8(C) 9(A) 10(B)

Part 2 Unit 3 ▶ Where 疑問文 ▶チャレンジ

Where も When と同様，後ろの be 動詞が短縮されたりすると聞き取りが難しくなります。また，返答は素直に「場所」を答える他に，「出所」「方法」「担当者」などを教えるパターンがよく出ます。「わからない」「○○を確認して」といった「そらし」のパターンも頻出なので，TOEIC でよく出る流れを押さえておきましょう。

音声を聞いて空所部分を書き取ってください。

1. 2_026

A: Where can I ________ these documents ________?

B: ________ ________ ________ floor.

2. 2_027

A: Where ________ ________ ________ the files?

B: They're ________ your ________.

3. 2_028

A: Where is the best ________ ________ ________ for Chinese food?

B: Chang's Garden, ________ Columbia ________.

4. 2_029

A: Where ________ Ms. Novak ________ ________?

B: She ________ a ________ at the ________.

5. 2_030

A: Where ________ ________ ________ Jamie's contact number?

B: You ________ ________ the employee ________.

解説・正解

書き取れなかった英文は，「聞き覚え」するまで何度も聞き込んで，「音の記憶力」をつくりましょう。

A:カナダ B:アメリカ

場所，位置

1. 2_026

A: Where can I have these documents copied?

B: On the third floor.

A: これらの書類をどこでコピーしてもらえますか。
B: 3階です。

質問文はhave OCの形です。今回はCに過去分詞copiedがきて，have these documents copied「これらの文書がコピーされる（コピーしてもらう）」となっています。

□document 文書，書類

2. 2_027

A: Where did you leave the files?

B: They're on your desk.

A: ファイルをどこに置きましたか。
B: あなたのデスクの上にあります。

leaveは「出発する」が有名ですが，本来は「ほったらかす」という意味です（「場所をほったらかす」→「出発する」となっただけです）。よって，leave the filesで「ファイルをほったらかす・置く」を表します。

3. 2_028

A: Where is the best place to go for Chinese food?

B: Chang's Garden, on Columbia Street.

A: 中華料理で最高の店はどこですか。
B: Columbia通りにあるChang's Gardenです。

Where isは「ウェアズ」や「ウェアリズ」と聞こえることが多いです。ここで一瞬「？」となることがよくあるので，何度も聞き込んでおきましょう。また，後ろのtoは不定詞の「形容詞的用法」で，the best placeを修飾しています。

行き先

4. 2_029

A: Where was Ms. Novak this morning?

B: She met a client at the factory.

A: Novakさんは今朝どこにいましたか。
B: 工場で顧客と会っていました。

返答のShe met a client at the factory.では，最後に「場所」を表す表現がきています。こういったパターンは頻出なので，本番では最初の部分だけ聞いて不正解と判断しないように注意しましょう。

…に行ってみてください，…に尋ねてください

5. 2_030

A: Where can I find Jamie's contact number?

B: You should try the employee directory.

A: Jamieの連絡先はどこでわかりますか。
B: 従業員名簿を確認してみてください。

You should try the employee directory.のように，shouldは「～してみたら？・～した方がいいよ」という感じで，オススメ・提案するときによく使われます。また，directoryはdirect「導く」と関連があり，「検索するときに，目当ての人へ導くもの」→「名簿」となりました。

□contact number 連絡先（の番号） □employee directory 従業員名簿（リスト）

6. 2_031

A: Where ________ ________ ________ my old friend ________ ________?

B: ________ ________ ________ John.

7. 2_032

A: Where ________ ________ ________ our office computers?

B: From a ________ ________.

8. 2_033

A: Do you know ________ the ________ office ________?

B: I'm sorry, I ________ ________ ________ here.

9. 2_034

A: Where ________ we ________ these ________?

B: ________ ________ tables are ________?

10. 2_035

A: Where ________ ________ ________ desk?

B: Didn't ________ ________ ________ in?

解説・正解

6. 2_031

A: Where should I take my old friend for dinner?

B: You should ask John.

A: 古くからの友人を，夕食に連れていくにはどこへいけばいいですか。
B: John に聞くのがいいですよ。

「どこへ連れていくべき？」に対して，You should ask John. と答えています。「〇〇に尋ねて」というそらしの頻出パターンです。ちなみに，He is at the entrance of the building.「彼は建物の入り口にいます」といった，「場所」を利用したひっかけの選択肢が使われることもあります。

出所

7. 2_032

A: Where do we buy our office computers?

B: From a wholesale dealer.

A: オフィス用のコンピューターをどこで買いますか。
B: 卸売業者からです。

From ～「～から」を使って「出所・供給元」を表しています。ちなみに，wholesale「卸売りの」とは「(消費者ではなく) お店に売ること」です。whole「全体の」が含まれているので，「一気に売る」イメージで押さえておくといいでしょう。

□wholesale 卸売の □dealer 販売業者

間接疑問文

8. 2_033

A: Do you know where the administration office is?

B: I'm sorry, I just started working here.

A: 事務局がどこにあるのか知っていますか。
B: すみません，私はここで働き始めたばかりなんです。

Do you know where ～? は「間接疑問文」で，いきなり Where ～? と聞くのではなく，遠回しにして丁寧にした文です。返答は，「働き始めたばかり（だからわからない）」という「そらし」のパターンです。

□administration office 事務局，管理事務所

間接的応答，問い返し

9. 2_034

A: Where should we store these tables?

B: How many tables are there?

A: これらのテーブルをどこに保管したらよいですか。
B: テーブルは何台ありますか。

store は名詞「お店」が有名ですが，「保管する」という動詞も大切です。また，「どこに保管するべき？」に対して，How many tables are there? と疑問文で返答している点もチェックしておきましょう。

□store …を保管する

難易度が高い応答

10. 2_035

A: Where is the front desk?

B: Didn't you already check in?

A: 受付はどこですか。
B: もうチェックインしたのではなかったんですか。

今回は「否定疑問文」で答えるという少し難しいパターンですが，最近はこういったやりとりも増えてきました。高得点を目指すみなさんは，しっかり慣れておきましょう。

□front desk（ホテル・会社などの）フロント・受付

Part 2 Unit 3 ▶ Where 疑問文 ▶ 練習問題

Mark your answer on your answer sheet.

1. 2_036

Date
／ Ⓐ Ⓑ Ⓒ ?
／ Ⓐ Ⓑ Ⓒ ?
／ Ⓐ Ⓑ Ⓒ ?

2. 2_037

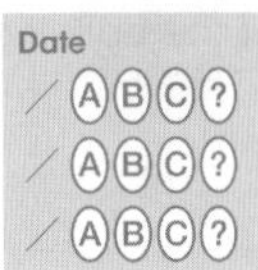

3. 2_038

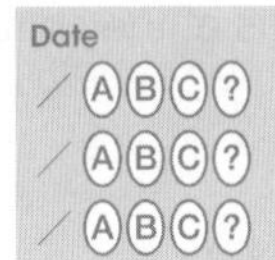

4. 2_039

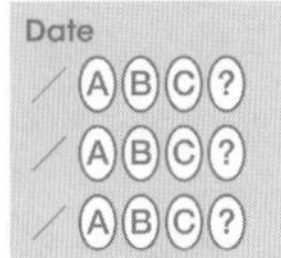

5. 2_040

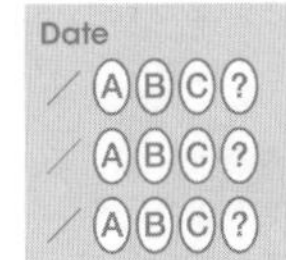

間違えた問題は，「聞き覚え」するまで何度も聞き込んで，「音の記憶力」をつくりましょう。

1. 2_036 オーストラリアーアメリカ

Where can I find the health clinic?

(A) Please wait in the waiting area.

(B) The doctor's fee is 20 dollars.

(C) It's just across the road.

診療所はどこにありますか。

(A) 待合室でお待ちください。

(B) 診察費は 20 ドルです。

(C) 通りのちょうど向かいです。

返答の across は「対極（～の向こう側に）」を表しています。本来「十字（cross）を切るように移動する」イメージで，across the road で「通りを横切って移動する」→「通りの向こう側に」となりました。ちなみに，(A) (B) はそれぞれ health clinic から連想する waiting area と doctor を利用した誤答です。

□health clinic 診療所　□waiting area 待合室　□doctor's fee 診察費

2. 2_037 アメリカーカナダ

Where can I find more details about this special offer?

(A) Yes, discounts are available.

(B) No, we can't accept it.

(C) Check the back of the coupon.

この特売についての詳細情報はどこで見つけることができますか。

(A) はい，割引が受けられます。

(B) いいえ，それはお受けできません。

(C) クーポンの裏側を見てください。

「そらし」の返答パターンです。「詳細情報はどこで見つけられる？」に対して，(C) Check the back of the coupon.「クーポンの裏側を確認して」とそらした答え方をしています。ちなみに，Where ～? に対して Yes/No で答えることはないので，(A) と (B) はすぐに消去できます。

□details 詳細　□special offer 特価での提供　□discount 割引　□available 利用可能な
□accept …を受け取る・認める

解説・正解

3. 2_038 アメリカ－オーストラリア

Where did you put that box of stationery?

(A) Just pencils and paper.

(B) It's next to the file cabinets.

(C) Do we get off at this station?

文具入れの箱をどこに置きましたか。

(A) 鉛筆と紙だけです。
(B) ファイルキャビネットの隣です。
(C) この駅で降りますか。

「どこに置いた？」に対して，next to ～「～の隣」を使って場所を答えた，(B) It's next to the file cabinets. が正解です。(A) は stationery「文房具」から連想する pencils と paper を使ったひっかけ，(C) は stationery と似た音の station を使ったひっかけです。

□stationery 文房具 □next to …の隣に □get off（電車・バスなどから）降りる

4. 2_039 イギリス－カナダ

Where did the president go?

(A) He has a dental appointment.

(B) The presentation went very well.

(C) The best time is early afternoon.

社長はどこへ行ったのですか。

(A) 歯医者の予約があるんです。
(B) プレゼンテーションはうまくいきました。
(C) 一番都合がよいのは昼過ぎです。

「社長はどこへ行った？」に対して (A) He has a dental appointment. と答え，「歯医者の予約がある」→「歯医者へ行った」と示唆しています。特に最近はこういった「間接的な返答」が非常によく使われるので，慣れておきましょう。ちなみに，(B) は president と似た音の presentation と，質問文 go の過去形 went を使ったひっかけです。

□dental 歯の，歯医者の □appointment 予約 □go well うまくいく

5. 2_040 オーストラリア－イギリス

Where do you think I can find these ingredients?

(A) She's over at the checkout.

(B) Try the organic foods market.

(C) No, you shouldn't have a problem.

これらの材料をどこで手に入れられると思いますか。

(A) 彼女は向こうのレジカウンターにいます。
(B) 有機食品の市場に行ってみてください。
(C) いいえ，問題は起きないはずです。

Where do you think ～?「～はどこだと思う？」という質問文です。返答は，(B) Try the organic foods market. で，「○○に行ってみて」という頻出パターンになります。(A) She's over at the checkout. も場所を答えていますが，She が誰を指しているか不明です。

□ingredient 材料，素材 □checkout（店の）レジ □organic オーガニックの，有機栽培の

1(C) 2(C) 3(B) 4(A) 5(B)

Mark your answer on your answer sheet.

6. 2_041

Date
／ⒶⒷⒸ?
／ⒶⒷⒸ?
／ⒶⒷⒸ?

7. 2_042

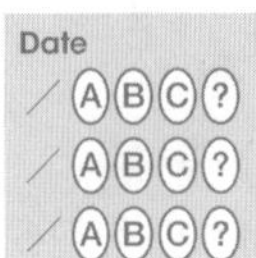

8. 2_043

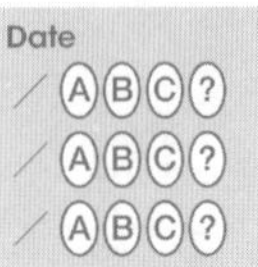

9. 2_044

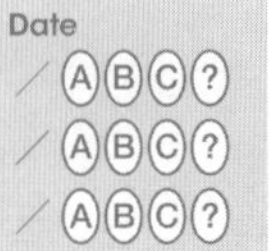

10. 2_045

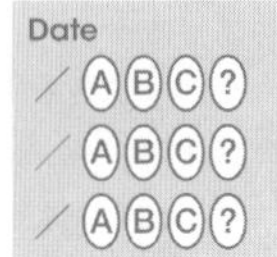

間違えた問題は，「聞き覚え」するまで何度も聞き込んで，「音の記憶力」をつくりましょう。

6. 2_041 オーストラリア－アメリカ

Where can I pick up a new name tag?

(A) Yes, the price is marked on the tag.

(B) You need to go to the personnel office.

(C) My name is on my business card.

新しい名札はどこでもらうことができますか。

(A) はい，価格は値札に記してあります。
(B) 人事課のオフィスへ行く必要があります。
(C) 私の名前は名刺に書いてあります。

pick up は本来「拾い（pick）上げる（up）」で，今回は「名札を拾い上げる」→「名札を受け取る・もらう」となります。「○○に行ってみて」と答える，(B) You need to go to the personnel office. が正解です。personnel「職員・人事課，人事の」は，personal「個人の」と違って「後ろにアクセントがくる」点にも注意しましょう。

□pick up …を受け取る　□name tag 名札　□be marked on …に記してある
□need to *do* …する必要がある　□personnel 人事課，人事の　□business card 名刺

7. 2_042 イギリス－オーストラリア

Where should we hold this year's staff party?

(A) Isn't our office big enough?

(B) It was quite a celebration.

(C) Feel free to bring a guest.

今年のスタッフパーティーはどこでやりましょうか。

(A) 私たちのオフィスは十分広いのではありませんか。
(B) 素晴らしい祝賀会でした。
(C) ご自由にゲストをお連れください。

「疑問文で答える」パターンです。「パーティーはどこでする？」に対して，(A) Isn't our office big enough?「私たちのオフィスは十分広くない？」と否定疑問文を使って答えています。ちなみに，(B) (C) はそれぞれ party から連想する celebration と guest を利用したひっかけです。

□hold a party パーティーを開く　□enough 十分
□quite a celebration 素晴らしい祝賀会 cf. quite a＋名詞　なかなかの…，素晴らしい…
□feel free to *do* 自由に…する

解説・正解

8. 2_043 カナダ－アメリカ

Do you know where Professor Potter's room is?

(A) Sorry, it's my first time here.

(B) No, I don't think he is.

(C) Sure, there's plenty of room.

Potter 教授の部屋はどこにあるか知っていますか。

(A) すみませんが，私はここに来るのは初めてなのです。

(B) いいえ，彼だとは思いません。

(C) もちろんです。スペースは十分あります。

Do you know where ～? は「間接疑問文」で，Where ～? を丁寧にした文です。今回は (A) Sorry, it's my first time here.「ここに来るのが初めて（なのでわからない）」という，「そらし」の返答パターンが正解になります。ちなみに，(C) は質問文と同じ room を使ったひっかけです。

□professor 教授

□plenty of room 十分なスペース **cf.** room は不可算名詞で使われると，「スペース，余地」などを表します。

9. 2_044 アメリカ－オーストラリア

Where are you thinking of going on vacation?

(A) For at least three weeks.

(B) Yes, I'm planning to do that.

(C) We haven't made up our minds.

休暇にはどこへ行こうとお考えですか。

(A) 少なくとも 3 週間です。

(B) はい，そうする予定です。

(C) まだ決めていません。

「まだ決めていない」という「そらし」の返答パターンです。make up one's mind は，直訳「自分の心（one's mind）を作り上げる（make up）」→「決心する」となりました。ちなみに，(B) は vacation から連想する planning を利用したひっかけです。

□on vacation 休暇で　□at least 少なくとも　□plan to *do* …するつもりだ

□make up one's mind 決める

10. 2_045 カナダ－イギリス

Can you tell me where the tourist information desk is?

(A) Take the elevator down two floors.

(B) Yes, an information pamphlet is available.

(C) They offer tours of local attractions.

観光案内の窓口がどこにあるのか教えてくれませんか。

(A) エレベーターで 2 つ下の階へ降りてください。

(B) はい，案内用の小冊子をご利用になれます。

(C) 彼らは地元の観光名所のツアーを提供しています。

Can you tell me where ～? は「間接疑問文」で，Where ～? を丁寧にした文です。今回は直接「場所」を答えるのではなく，「場所への行き方」を説明した (A) Take the elevator down two floors. が正解です。(B) は同じ information を使ったひっかけ，(C) は tourist から連想する tour を使ったひっかけです。

□tourist information desk 観光案内の窓口　□pamphlet 小冊子，パンフレット

□available 入手できる　□local attractions 地元の観光名所

Unit 4 ▶ What 疑問文 ▶チャレンジ

What 疑問文には，What が単独で使われる場合と，“What＋名詞”で使われる場合があります。返答のパターン自体は特に難しいものはありません。

音声を聞いて空所部分を書き取ってください。

1. 2_046

A: What ________ ________ ________ do you accept?

B: Cash ________ ________ ________.

2. 2_047

A: What do you ________ ________ ________ ________?

B: I have ________ ________ ________.

3. 2_048

A: What is ________ ________ ________?

B: ________ ________ ________ staff members.

4. 2_049

A: What ________ ________ ________ ________ these papers?

B: ________ ________ ________ ________ ________, please.

5. 2_050

A: What's ________ ________ ________ ________ lobby?

B: They're ________ ________ ________.

解説・正解

書き取れなかった英文は，「聞き覚え」するまで何度も聞き込んで，「音の記憶力」をつくりましょう。

A:オーストラリア B:イギリス

種類，特徴

1. 2_046

A: What forms of payment do you accept?

B: Cash and credit cards.

A: どのような支払い方法を受け付けていますか。

B: 現金とクレジットカードです。

"What＋名詞" のパターンです。今回は後ろに名詞１語ではなく，forms of payment「支払い方法」という名詞のカタマリがきている点に注意しましょう。

職業

2. 2_047

A: What do you do for a living?

B: I have my own business.

A: 職業は何ですか。

B: 自営業をしています。

What do you do? の最初の do は「現在形」で，「あなたは（昨日も今日も明日も）何をしますか？」→「お仕事は何ですか？」となるんでしたね（139 ページ参照）。今回は後ろに for a living「生活のために」をつけて，より意味を明確にしています。

テーマ

3. 2_048

A: What is today's seminar about?

B: How to manage staff members.

A: 今日のセミナーは何についてですか。

B: どのように従業員を管理すればいいかです。

What is ～ about?「～は何について？」という質問文です。それに対して「～についてです」と答えるのではなく，How to ～「～の方法・どのように～するか」という形で答えています。

意見

4. 2_049

A: What should I do with these papers?

B: Give them to my assistant, please.

A: これらの書類はどうすればいいですか。

B: 私のアシスタントに渡してください。

with は「関連（～に関して）」を表し，What should I do with these papers? で「この書類に関して何をすべき？」→「この書類をどうするべき？」となります。また，「命令文」で返答するパターンもPart 2 頻出です。

□What should I do with ...? …をどうすべきですか。

理由・目的

5. 2_050

A: What's going on in the lobby?

B: They're polishing the floor.

A: ロビーで何をしていますか。

B: 彼らは床を磨いています。

go on は「続く・起こる」という熟語で，What's going on?「何が起きているの？」という表現はよく使われます（on は本来「接触」で，「動作が接触している」→「進行中（～中で）」の意味があります）。さらに，「調子はどう？」という挨拶として使われることもあります。

□polish …を磨く

Part 2

6. 2_051

A: What ________ ________ ________ ________ in New York?

B: I have a ________ ________ ________.

7. 2_052

A: What's the ________ ________ ________ the shopping mall?

B: Go ________ ________ ________ ________ on 42nd Street.

8. 2_053

A: What ________ does ________ ________ ________ start?

B: It's ________ ________ ________ 3.

9. 2_054

A: Did you ________ ________ ________ ________ was about?

B: The ________ ________ ________.

10. 2_055

A: What ________ ________ are we ________?

B: I'm not ________ ________ ________ ________.

解説・正解

計画

6. 2_051

A: What will you be doing in New York?

B: I have a meeting with clients.

A: ニューヨークでは何をする予定ですか。
B: お客様と打ち合わせがあります。

質問文は「未来進行形（will be -ing）」になっています。文法書では軽視されがちですが，TOEIC では非常によく使われます。特に今回のような疑問文の形に馴染みがない人が多いので，慣れておきましょう。

□What will you do [be doing] in ...? あなたは…で何をする（している）予定ですか。

方法

7. 2_052

A: What's the quickest way to the shopping mall?

B: Go straight and turn right on 42nd Street.

A: ショッピングモールへいちばん早く行けるのはどのルートですか。
B: 直進して，42 番通りで右折してください。

返答の Go straight and turn right on ～「直進して～で右折して」は，道案内でもよく使われる表現です。動詞の原形から始まり「命令文」になっていますが，命令文は必ずしも「～しなさい」という強い語調とは限りません。今回のように日常会話で決まりきった表現で優しく使われるものもあるんです。

□What's the quickest way to ＋場所？（場所）への最も早い方法（行き方）は何ですか

時間

8. 2_053

A: What time does the conference call start?

B: It's been changed to 3.

A: 電話会議は何時に始まりますか。
B: 3 時に変更になりました。

What と time はくっついて「ワッタイム」のように発音されます。また，返答の It's been changed to 3. は「受動態＋完了形（have been p.p.）」です。

□conference call 電話会議

間接疑問文

9. 2_054

A: Did you hear what the announcement was about?

B: The new recycling policy.

A: 何のお知らせなのか聞きましたか。
B: 新しいリサイクルの方針でした。

Did you hear what ～? という「間接疑問文」です。What ～? を丁寧にした文なので，Yes/No ではなく，直接「何についてのお知らせだった？」に対する答え（The new recycling policy.）を述べています。

間接的な応答・問い返し

10. 2_055

A: What accounting program are we using?

B: I'm not sure what it's called.

A: 私たちが使っている会計プログラムは何ですか。
B: 何という名前なのかわかりません。

「わからない」という典型的な「そらし」の返答パターンです。I don't know. だと少し投げやりな印象を与えるので，代わりに I'm not sure. や I have no idea. がよく使われます。

Part 2 Unit 4 ▶ What 疑問文 ▶ 練習問題

Mark your answer on your answer sheet.

1. 2_056

Date
/ Ⓐ Ⓑ Ⓒ ?
/ Ⓐ Ⓑ Ⓒ ?
/ Ⓐ Ⓑ Ⓒ ?

2. 2_057

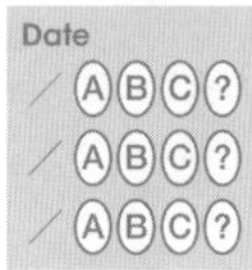

3. 2_058

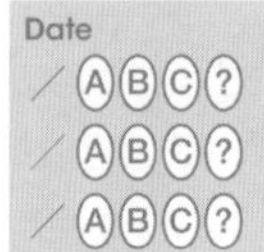

4. 2_059

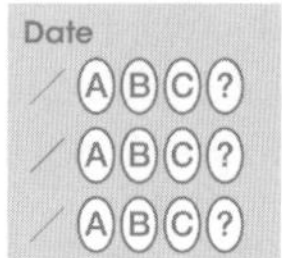

5. 2_060

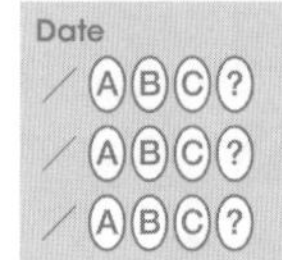

間違えた問題は，「聞き覚え」するまで何度も聞き込んで，「音の記憶力」をつくりましょう。

1. 2_056 オーストラリア－アメリカ

What's the quickest way to reach Langley Stadium?

(A) Three tickets, please.

(B) Highway 74 goes right there.

(C) No, the other way.

Langley スタジアムに行くのに一番速い方法は何ですか。

(A) チケットを３枚お願いします。
(B) 74 号道路をまっすぐです。
(C) いいえ，違う道です。

「Langley スタジアムへの最短ルート」が聞かれています。**(B) Highway 74 goes right there.** が正解で，直訳「74号道路はまっすぐそこに行く」→「74号道路をまっすぐ行けばそこに着く」ということです。ちなみに，**(A)** は **stadium** から連想する **tickets** を使ったひっかけ，**(C)** は同じ単語の **way** を使ったひっかけです。

□**reach** …に到着する

2. 2_057 アメリカ－オーストラリア

What's the problem with this photocopier?

(A) Two cups of coffee, please.

(B) We made ten copies.

(C) It keeps jamming.

このコピー機はどこがおかしいのですか。

(A) コーヒーを２杯，お願いします。
(B) 10 部コピーしました。
(C) 紙詰まりが続いています。

コピー機の問題点を述べた，**(C) It keeps jamming.**「紙詰まりが続いている」が正解です。**jam** は「ぐちゃっと混ざって動かなくなる」イメージで，TOEIC では「紙詰まり・交通渋滞」の意味がよく狙われます。ちなみに，**(A)** は **photocopier** と **coffee** の音の混同を利用したひっかけ，**(B)** は似た音の **copies** を使ったひっかけです。

□**photocopier** コピー機　□**make copies** コピーする　□**keep -ing** …し続ける
□**jam**（機械などが）物が詰まって動かなくなる・からむ

解説・正解

3. 2_058 イギリス－カナダ

What would you like for an appetizer?

(A) No, I wasn't impressed.

(B) It's an excellent choice.

(C) Just a fresh salad.

前菜には何を召し上がりますか。

(A) いいえ，私は感動しませんでした。
(B) とても素晴らしい選択です。
(C) フレッシュサラダだけでいいです。

What would you like for ～?「～には何を召し上がりますか？」という表現です。appetizer「前菜」も重要単語で，日本のレストランのメニューにも「アピタイザー（アペタイザー）」とよく書いてあります。appetite が「食欲」という意味で，appetizer は「食欲（appetite）を促進するもの」→「前菜」ということです。

□What would you like for ...? …には何を召し上がりますか。 □appetizer 前菜
□impressed 感動して

4. 2_059 アメリカ－カナダ

Did you see what was written on that sign?

(A) It said the bridge is closed.

(B) No, they didn't mention it.

(C) I haven't seen him.

その標識に何が書いてあるか見えましたか。

(A) 橋が閉鎖されていると書いてありました。
(B) いいえ，彼らはそのことには触れませんでした。
(C) 私は彼には会っていません。

Did you see what ～? という「間接疑問文」です。What ～? を丁寧にした文なので，直接「標識に書いてあるもの」を説明した，(A) It said the bridge is closed. が正解です（It は質問文の that sign を指しています）。(B) (C) は，それぞれ they と him が何を指しているか不明です。

□sign 標識 □closed 閉鎖されて，閉店して □mention …に言及する

5. 2_060 イギリス－オーストラリア

What are we supposed to wear to the reception?

(A) There's not enough food.

(B) At the restaurant across the street.

(C) I heard that dress is casual.

レセプションには何を着ていくことになっていますか。

(A) 十分な食料がありません。
(B) 通りの向こうにあるレストランでです。
(C) 服装はカジュアルだと聞きました。

suppose は「思う」で，be supposed to ～ で「～すると思われている」→「～することになっている」となります。正解は (C) I heard that dress is casual.「服装はカジュアルだと聞いた」で，dress は「ドレス」の意味もありますが，「服装」という意味でよく使われます。

□be supposed to *do* …することになっている □reception レセプション，歓迎会，祝賀会
□across the street 通りの向こうに □casual カジュアルな

1(B) 2(C) 3(C) 4(A) 5(C)

Mark your answer on your answer sheet.

6. 2_061

Date

7. 2_062

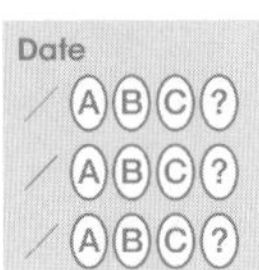

8. 2_063

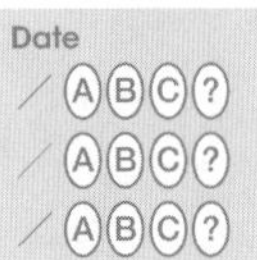

9. 2_064

10. 2_065

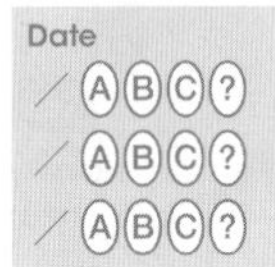

間違えた問題は,「聞き覚え」するまで何度も聞き込んで,「音の記憶力」をつくりましょう。

6. 2_061 カナダ–オーストラリア

What time does the store close?

(A) At 8 P.M.

(B) It's close to here.

(C) The sale is until Friday.

店は何時に閉まりますか。

(A) 夜8時です。
(B) ここの近くです。
(C) セールは金曜日までです。

What time ～? で「閉店時間」が聞かれているので,**(A) At 8 P.M.** を選べば OK です。**(B)** は,動詞 **close**「閉まる」と似た音の形容詞 **close**「近い」を使ったひっかけです(形容詞 **close** は「クロウス」と発音されます)。また,**(C)** は **store** から連想する **sale** を使ったひっかけです。

7. 2_062 アメリカ–カナダ

What's the matter with this printer?

(A) It's downstairs on the left.

(B) It doesn't matter to me.

(C) It might be out of paper.

このプリンターはどこがおかしいのですか。

(A) 階段を下りて左側です。
(B) 私は気にしません。
(C) 用紙切れかもしれません。

What's the matter with ～? は,直訳「～に関して(**with**)問題(**the matter**)は何?」→「～の問題は?・～はどこがおかしい?」という表現です(166ページ,問2の **What's the problem with ～?** と同じ感覚)。また,正解の **out of paper**「用紙切れで」という熟語もポイントです。**out of** は元々「中から外へ」で,「外へ出尽くす」→「切らして」を表します。

□**What's the matter with ...?** …は何か問題がありますか。 □**downstairs** 階段を下りて
□**on the left** 左側に □**matter** 動 重要である □**might**(ひょっとすると)…かもしれない
□**out of paper** 用紙切れで

解説・正解

8. 2_063 オーストラリア－イギリス

What did Bill talk about during his presentation?

(A) Sorry, I won't be attending.

(B) His department's monthly sales figures.

(C) Sure, I'll see you there.

Bill はプレゼンで，何について話しましたか。

(A) すみません，出席しません。
(B) 彼の部署の月間売上高です。
(C) いいですよ，そこで会いましょう。

「Bill は何について話した？」に対し，「～について話した」といった文ではなく，(B) His department's monthly sales figures. と「話の内容」だけを答えています。(A) は一見「出席していない」というそらしのパターンに思えますが，「未来進行形」を使っているので，質問文の「過去形」と時制が合いません。

□attend 出席する □monthly 月ごとの，毎月の □sales figures 売上高

9. 2_064 オーストラリア－カナダ

What design software do you use?

(A) At least 2 hours a day.

(B) I use Sparklab, version 8.

(C) It hasn't been designed yet.

デザイン用のソフトは何を使っていますか。

(A) 少なくとも 1 日 2 時間です。
(B) 私は Sparklab のバージョン 8 を使っています。
(C) まだデザインされていません。

"What + 名詞" の形で「使っているソフト」が聞かれているので，ソフト名を答えた (B) I use Sparklab, version 8. が正解です。いきなり Sparklab という固有名詞が出てきますが，後ろの version 8 がヒントになります。ちなみに，(C) は質問文と同じ design を使ったひっかけです。

□at least 少なくとも □yet まだ

10. 2_065 カナダ－イギリス

What's the password for the network?

(A) I'll tell you in a minute.

(B) In my top desk drawer.

(C) It's a security measure.

ネットワークのパスワードは何ですか。

(A) すぐにお知らせします。
(B) 机の一番上の引き出しの中です。
(C) 安全上の対策です。

「パスワードは何？」に対して，(A) I'll tell you in a minute.「すぐに知らせる」とそらした答え方をしています。この in は「経過（～後・～したら）」を表し，in a minute で「一瞬（a minute）したら（in）」→「すぐに」となりました。in a moment や in no time「すぐに」もよく使われます。

□in a minute すぐに □drawer 引き出し □measure 対策

Part 2

6(A) 7(C) 8(B) 9(B) 10(A)

Unit 5 ▶ Who(se) 疑問文 ▶チャレンジ

Who(se) 疑問文への応答は，人名以外にも，職務名・部署名・会社名などを答えることがよくあります。もちろん，具体的には答えず「わからない」「調べてみる」といった「そらし」のパターンも頻出です。

また，「Who's と Whose の聞き分け」には注意が必要です。従来，Who's in charge of ~ という問題では「出だしの Who を聞き取ることが重要」と説明されましたが，多くの学習者は Who's を Whose と勘違いしてしまうんです。どちらも「フーズ」と発音されてまぎらわしいですが，「直後の品詞」から判別することができます。非常によく出るパターンですので，しっかり対策しておきましょう。

音声を聞いて空所部分を書き取ってください。

1. 2_066

A: Who ________ ________ ________ ________?

B: Scott ________ ________ yesterday.

2. 2_067

A: Who's ________ ________ ________ you on Friday?

B: David ________ ________ ________.

3. 2_068

A: Who ________ ________ ________ ________ ________ ________?

B: ________ in ________.

4. 2_069

A: Who ________ ________ ________ ________ the highway ________?

B: Turner ________.

5. 2_070

A: ________ ________ ________ ________ Mr. Parker at the station?

B: I ________ ________ ________.

解説・正解

書き取れなかった英文は，「聞き覚え」するまで何度も聞き込んで，「音の記憶力」をつくりましょう。

A:イギリス B:カナダ

人名

1. 2_066

A: Who reorganized the supply room?

B: Scott rearranged it yesterday.

A: 備品室を整理し直したのは誰ですか。
B: Scott が昨日，改めて整理しました。

reorganize は「再び（re）整理する（organize）」で，これが返答では rearrange に言い換えられています。arrange は本来「きちんと並べる」で，「再び（re）きちんと並べる（arrange）」→「再び整理する」となりました。

2. 2_067

A: Who's filling in for you on Friday?

B: David said he would.

A: 金曜日にあなたの代役を務めるのは誰ですか。
B: David が代わってくれると言っていました。

fill in for ～ は，「～の代わりに（for）役職などを埋める（fill in）」→「～の代わりを務める」という熟語です。今回はそれが「現在進行形」になり，「予定」を表しています。

□fill in for …の代わりを務める

職務，身分

3. 2_068

A: Who estimated the cost of the supplies?

B: Someone in accounting.

A: 誰が備品費の見積もりを出したのですか。
B: 経理部の人です。

supplies「備品」は surprise「驚かす」との混同に注意しましょう。また，具体的な人名ではなく，Someone in accounting.「経理部の人」と少し返答を「ボカす」パターンになっています。

□estimate 動 …を見積もる □supplies pl. 備品 □accounting 経理

会社，部署

4. 2_069

A: Who won the bid for the highway contract?

B: Turner Construction.

A: 幹線道路建設の契約はどこが落札しましたか。
B: Turner 建設です。

won は win「勝つ・獲得する」の過去形で，「ワン」と発音されます。win は「勝つ」の意味が有名ですが，"win≒get" と押さえておきましょう。そうすると，win the bid「落札する」の意味もすぐ理解できますね。

□win …を獲得する □bid 入札 □contract 契約

1人称の応答

5. 2_070

A: Who's going to meet Mr. Parker at the station?

B: I can do that.

A: 誰が駅で Parker 氏を出迎えますか。
B: 私が行けますが。

「フーズ」の後に going to ～ と続いているので，Who's だと判断できます（be going to ～「～する予定」の形です）。また，今回のように「私がやります」と自ら申し出るパターンは頻出です。

6. 2_071

A: ________ ________ ________ ________ the audio equipment?

B: ________ ________ ________.

7. 2_072

A: Who ________ ________ ________ the Freeton ________?

B: It ________ ________ ________ ________.

8. 2_073

A: Do you ________ ________ in charge of operations?

B: I ________ ________ ________.

9. 2_074

A: ________ ________ ________ this?

B: ________ ________ a name ________ ________?

10. 2_075

A: Who ________ ________ ________ ________ summer?

B: I ________ ________ ________ ________ one.

解説・正解

6. 2_071

A: Who's responsible for maintaining the audio equipment?
B: That's my job.

A: 誰が音響設備の管理の責任者ですか。
B: それは私の仕事です。

「フーズ」の後に responsible for ～ と続いているので，Who's だと判断できます（be responsible for ～「～の責任がある」の形）。この「Who's と Whose の聞き分け」がポイントになる問題は非常によく出ます。

□maintain …を維持する・管理する　□equipment 設備，機器

間接的な応答

7. 2_072

A: Who was assigned to the Freeton account?
B: It hasn't been announced yet.

A: Freeton 社の担当には誰が任命されましたか。
B: まだ発表されていません。

assign は，「この仕事は誰に任せるのか印（sign）をつける」→「割り当てる・任命する」です（最近では「アサインする」と使う人もいます）。また，返答は「まだ発表されていない」という「そらし」のパターンです。

□assign（人）を割り当てる　□account 顧客

間接疑問文

8. 2_073

A: Do you know who's in charge of operations?
B: I have no idea.

A: 誰が業務担当者になるのか知っていますか。
B: いいえ，全くわかりません。

Do you know who's ～? という「間接疑問文」です。who's 以下は in charge of ～「～を担当して」という熟語で，この形は Part 2 で非常によく使われます。

□in charge of …を担当して　□operation 活動，業務

問い返し，その他

9. 2_074

A: Whose bag is this?
B: Isn't there a name on it?

A: これは誰のバッグですか。
B: 名前がそこに書いてありませんか。

「フーズ」の直後に bag という「名詞」がきているので，これは Who's ではなく "Whose" だと判断できます。また，「否定疑問文」で答えている点にも注意しましょう。

難易度が高い応答

10. 2_075

A: Who organized the picnic last summer?
B: I don't think there was one.

A: 去年の夏の野外パーティーは誰が準備しましたか。
B: イベントはなかったと思います。

「picnic は誰が準備した？」に対し，「picnic はなかったと思う」という考えを伝えています（返答の one は picnic を指しています）。I think ～/ I don't think ～/ It looks like ～ のように，自分の考えを述べる返答が正解になることもあるわけです。

□organize …を準備する・計画する　□picnic 野外パーティー，（野外で食事をする）遠足

Part 2 Unit 5 ▶ Who(se) 疑問文 ▶ 練習問題

Mark your answer on your answer sheet.

1. 2_076 **2.** 2_077 **3.** 2_078 **4.** 2_079 **5.** 2_080

Date
／ Ⓐ Ⓑ Ⓒ ?
／ Ⓐ Ⓑ Ⓒ ?
／ Ⓐ Ⓑ Ⓒ ?

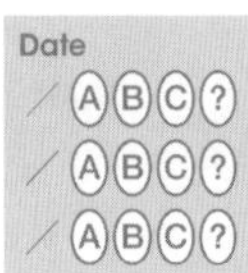

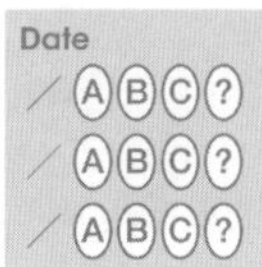

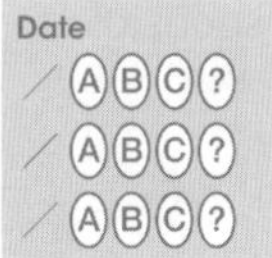

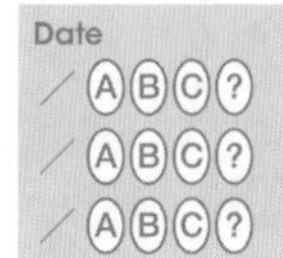

間違えた問題は，「聞き覚え」するまで何度も聞き込んで，「音の記憶力」をつくりましょう。

1. 2_076 カナダ−イギリス

Who booked the fundraiser venue?

(A) For about three hours.

(B) Yes, it's located downtown.

(C) It must have been Ms. Ellis.

資金集めイベントの会場は，誰が予約しましたか。

(A) 大体３時間です。

(B) はい，それは繁華街に位置しています。

(C) Ellis さんだったに違いありません。

質問文の book は動詞「予約する」です（日本語でも「ダブルブッキング（二重に予約すること）」と言いますね)。「誰が予約した？」に対して，(C) It must have been Ms. Ellis.「Ellis だったに違いない」と答えています（must have p.p.「〜したに違いない」の形）。

□book 動 …を予約する □fundraiser 資金集めのための催し □venue 場所，会場
□be located（建物などが）位置している □downtown 副 繁華街に
□must have＋過去分詞 …したに違いない

2. 2_077 オーストラリア−アメリカ

Who should I contact to file a complaint?

(A) She's already here.

(B) Customer service.

(C) His plane arrives tonight.

苦情を訴えるには誰に連絡をすればいいですか。

(A) 彼女はもうここにいます。

(B) 顧客サービス部です。

(C) 彼の飛行機は今夜到着します。

「誰に連絡すべき？」に対して，具体的な部署名を答えた (B) Customer service. が正解です。質問文の to は不定詞の「副詞的用法（〜のために)」で，to file a complaint「苦情を訴えるために」となっています。ちなみに，(C) は complaint と plane の音の混同を利用したひっかけです。

□contact …に連絡する □file a complaint 苦情を訴える □customer service 顧客サービス部
□plane 飛行機

解説・正解

3. 2_078 アメリカ−カナダ

Who compiled the survey results?

(A) Here's a pile.

(B) That's the marketing team's job.

(C) From various sources.

調査結果を誰が取りまとめましたか。

(A) ここに積んであります。

(B) それはマーケティングチームの仕事です。

(C) いろいろな情報源からです。

compile は「まとめる・編集する」で，質問文は「誰が取りまとめた？」となります。それに対して，部署名を答えた (B) That's the marketing team's job. が正解です。ちなみに，(A) は compile と同じ音の pile を使ったひっかけになっています。

□compile（資料など）をまとめる・編集する □survey（世論）調査 □result 結果 □pile 積み重ね
□various いろいろな □source 情報源，出所

4. 2_079 イギリス−オーストラリア

Who's leading the brainstorming session tomorrow?

(A) In the meeting room.

(B) I'd be happy to do it.

(C) He is in the lead.

明日のブレーンストーミング会議は誰が仕切るのですか。

(A) ミーティングルームでです。

(B) 私がいたします。

(C) 彼がトップを走っています。

Who's leading ～?「～を誰が仕切る予定？」という質問文です（現在進行形で「予定」を表しています）。正解は (B) I'd be happy to do it.「喜んで私がやります」で，自ら名乗り出る頻出パターンになります。ちなみに，(A) は session から連想する meeting room を使ったひっかけ，(C) は同じ単語の lead を使ったひっかけです。

□lead …を率いる・主導する □brainstorming ブレーンストーミング □session 会合，集まり
□in the lead トップに立って

5. 2_080 カナダ−アメリカ

Who organized the charity event last year?

(A) I don't remember there being one.

(B) No, it hasn't been revised yet.

(C) At the community center.

昨年，チャリティイベントを準備したのは誰ですか。

(A) そのような行事があった記憶がありませんが。

(B) いいえ，それはまだ見直されていません。

(C) コミュニティセンターでです。

「イベントを準備したのは誰？」に対し，(A) I don't remember there being one.「イベントがあったことを覚えていない」とそらした答え方をしています（one は昨年の charity event を指しています）。最近は，こういった「覚えていない」「そもそもなかった」と答えるパターンが頻出です。

□organize …を準備する・計画する □remember -ing …したことを覚えている
□revise …を見直す・修正する

1(C) 2(B) 3(B) 4(B) 5(A)

Mark your answer on your answer sheet.

6. 2_081

Date
/ Ⓐ Ⓑ Ⓒ ?
/ Ⓐ Ⓑ Ⓒ ?
/ Ⓐ Ⓑ Ⓒ ?

7. 2_082

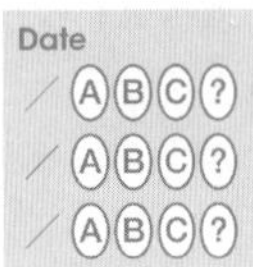

8. 2_083

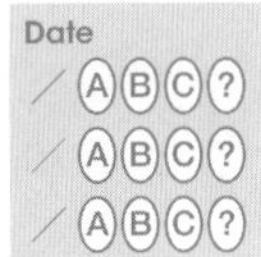

9. 2_084

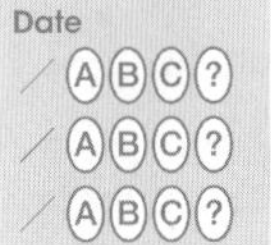

10. 2_085

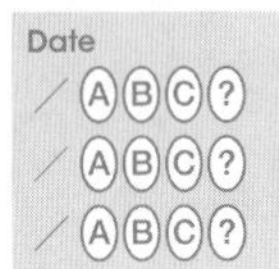

間違えた問題は，「聞き覚え」するまで何度も聞き込んで，「音の記憶力」をつくりましょう。

6. 2_081 アメリカ－オーストラリア

Do you know who Roger's replacement will be?

(A) We already have the replacement parts.

(B) It still has to be decided.

(C) A business trip to London.

Roger の後任者は誰になるか知っていますか。

(A) 代わりの部品はすでにあります。

(B) それはまだこれから決められなければなりません。

(C) ロンドンへの出張です。

Do you know who ～? は「間接疑問文」で，Who ～? を丁寧にした文です。「Roger の後任者は誰？」ということで，これに対し「これから決めなければいけない」とそらして答えた，(B) It still has to be decided. が正解です。(A) は質問文と同じ replacement を使ったひっかけです。

□replacement 後継者，代替品 □decide …を決める □business trip to …への出張

7. 2_082 カナダ－アメリカ

Who delivered this package?

(A) Sure, no problem.

(B) Same guy as always.

(C) I don't have time.

この小包は誰が届けて来ましたか。

(A) もちろん，問題ありません。

(B) いつもの人です。

(C) 私は時間がありません。

返答を「ボカす」パターンです。「誰が配達した？」に対して，具体的な人名ではなく，(B) Same guy as always.「いつもの人」と答えています。ちなみに，Who ～? に対して Yes/No で答えられないのと同様に，(A) Sure と答えることもできません。

□deliver …を配達する □package 小包 □no problem 問題ない
□same X as always いつもと同じ X

解説・正解

8. 2_083 オーストラリア−イギリス

Who does this wallet belong to?

(A) It won't take much longer.

(B) Isn't there an ID in it?

(C) I prefer the leather one.

この財布は誰のですか。

(A) ずっと時間がかかることはないでしょう。
(B) 中に身分証明書はありませんか。
(C) 革製の方がいいです。

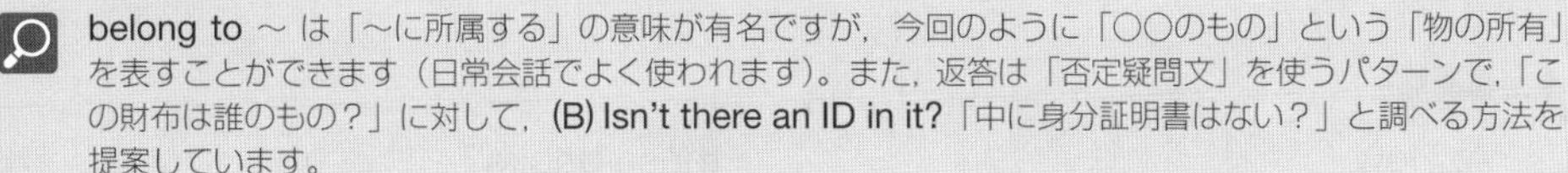

belong to ～ は「～に所属する」の意味が有名ですが，今回のように「〇〇のもの」という「物の所有」を表すことができます（日常会話でよく使われます）。また，返答は「否定疑問文」を使うパターンで，「この財布は誰のもの？」に対して，(B) Isn't there an ID in it?「中に身分証明書はない？」と調べる方法を提案しています。

□wallet 財布 □belong to X Xのものである，Xに属している
□take much longer ずっと時間がかかる □ID 身分証明書 □prefer …の方を好む □leather 革

9. 2_084 イギリス−オーストラリア

Who has Mr. Yu's e-mail address?

(A) Address the envelope.

(B) This coming Friday.

(C) Check his business card.

YuさんのEメールアドレスは誰が知っていますか。

(A) 封筒に宛名を書いてください。
(B) 今度の金曜日です。
(C) 彼の名刺を見てください。

「そらし」の返答パターンです。「～は誰が知っている？」に対し，(C) Check his business card.「彼の名刺を確認して」と答えています。この「〇〇を確認して」というパターンは頻出ですので，しっかり押さえておきましょう。ちなみに，(A) は同じ単語の address を使ったひっかけです。

□address …に宛名を書く □envelope 封筒 □business card 名刺

10. 2_085 イギリス−カナダ

Do you know who the new Chief Executive Officer is?

(A) No one has been appointed yet.

(B) The offices are being renovated.

(C) The executive meeting room.

今度の最高経営責任者は誰なのか知っていますか。

(A) まだ誰も任命されていません。
(B) オフィスを修繕しているところです。
(C) 幹部用の会議室です。

Do you know who ～? は「間接疑問文」で，「新しいCEOは誰？」と聞いています。それに対して，(A) No one has been appointed yet.「まだ誰も任命されていない」と答える「そらし」のパターンです。ちなみに，(B) は officer に似た音の office を使ったひっかけ，(C) は同じ単語の executive を使ったひっかけです。

□Chief Executive Officer 最高経営責任者（=CEO） □appoint …を任命する
□renovate …を修繕する □executive 幹部

6(B) 7(B) 8(B) 9(C) 10(A)

Unit 6 ▶ How 疑問文 ▶チャレンジ

How は音自体はラクに聞き取れるのですが,「文の意味を把握する」のに苦労する人が多いです。How 疑問文は大きく分けて２種類あり，１つは How many など「２語（How＋形容詞／副詞）でカタマリを作る」パターンです。この場合 How は「程度」を表し，How long · How often · How soon などがよく使われます。もう１つは「単独で How が使われる」パターンです。「どのように・どんな状態で」という意味で,「方法・状態・意見」などを尋ねる表現になります。

音声を聞いて空所部分を書き取ってください。

1. 2_086

A: How ________ ________ ________ these books?

B: Use the ________ kiosk ________ ________.

2. 2_087

A: How ________ ________ ________ ________ ________ to Connie?

B: ________ tell her ________ ________.

3. 2_088

A: How ________ ________ ________ if ________ ________ changes?

B: ________ ________ ________ e-mail alert.

4. 2_089

A: How ________ ________ ________ the new office?

B: It's ________ ________ ________ than the ________ ________.

5. 2_090

A: How ________ ________ ________ ________ ________ ________ this company?

B: ________ ________ ________ ________ this summer.

解説・正解

書き取れなかった英文は，「聞き覚え」するまで何度も聞き込んで，「音の記憶力」をつくりましょう。

A:アメリカ B:オーストラリア

方法，状態，意見

1. 2_086

A: How do I renew these books?

B: Use the self-service kiosk over there.

A: これらの本の貸出期間はどうすれば延長できますか。
B: あちらのセルフ・サービスの情報端末を使ってください。

How を単独で使い，「貸出期間の延長方法」を聞いています。renew は TOEIC 重要単語で，「再び（re）新しくする（new）」→「更新する・継続して借りる」となりました。

□renew …を継続して借りる，…の期間を延長する □kiosk（公共施設などに設置してある）情報端末

2. 2_087

A: How should I break the news to Connie?

B: I'd tell her in person.

A: どうやって Connie にこの話を伝えればよいのだろう。
B: 私なら彼女に直接話します。

break は「悪い情報を言わないようにする空気を打ち壊し，情報を漏らす」イメージです。break the news で「（悪い）情報を知らせる」です。また，in person の in は「形式」を表し，直訳「人（person）という形式で（in）」→「自分で」となりました。

□break the news to …に（悪い）情報を伝える □in person 自分で，直接

3. 2_088

A: How will we know if the price changes?

B: You'll receive an e-mail alert.

A: 値段が変わるかどうか，どうやってわかりますか。
B: E メールで通知が来ます。

if は「名詞節（～かどうか）」を作り，know if sv「sv かどうか知る」という形になっています。How の直後に will が続くと，軽く「ウィ」のように発音され聞き取りにくいので，慣れておきましょう。

4. 2_089

A: How do you like the new office?

B: It's much more comfortable than the previous one.

A: 新しいオフィスはいかがですか。
B: 以前の所よりもずっと快適です。

How do you like ～?「～はどうですか？」は「感想・意見」を尋ねる表現で，日常会話でもよく使われます。また，Part 2 では「one を使って答える」パターンも頻出です（今回は one が office を指しています）。

□much（比較級を強調して）はるかに・ずっと □comfortable 快適な □previous 以前の

程度

5. 2_090

A: How long have you been working for this company?

B: It'll be ten years this summer.

A: この会社で働いてどれくらいになりますか。
B: 今年の夏で 10 年になります。

How long ～? で「期間」を尋ねています。また，「現在完了進行形（have been -ing）」で「継続」を表している点にも注意しましょう。

6. 2_091

A: How ________ ________ will we ________ ________ ________?

B: ________ ________ fifty people.

7. 2_092

A: ________ ________ ________ ________ ________ to repair the heater?

B: ________ 150 euros.

8. 2_093

A: Do you ________ ________ ________ ________ ________ the equipment?

B: Yes, it's ________ ________.

9. 2_094

A: How ________ new employees are ________ ________ ________ ________?

B: ________ ________ ________ ________ today.

10. 2_095

A: How ________ ________ ________ ________ be?

B: ________ ________ ________ the e-mail ________ ________.

解説・正解

6. 2_091

A: How many tables will we need to reserve?

B: Enough for fifty people.

A: テーブルは何卓予約する必要がありますか。
B: 50 人が座れるだけの数です。

How many ～? で「数」を尋ねています。reserve は本来「取っておく」で，今回は「席を取っておく」→「予約する」となります（サッカーで「リザーブの選手（補欠）」と言えば，「ここぞの場面に取っておく」選手のことです）。

□reserve …を予約する

7. 2_092

A: How much will it cost to repair the heater?

B: About 150 euros.

A: ストーブを修理するのにいくらかかりますか。
B: およそ 150 ユーロです。

How much ～? は「価格・量」を尋ねる表現です。元々は It will cost お金 to ～「～するのにお金がかかる」の形で，今回は「お金」の部分を How much にして先頭に出し，疑問文にしたものです。

□repair …を修理する

間接疑問文

8. 2_093

A: Do you know how to set up the equipment?

B: Yes, it's very simple.

A: 装置の組み立て方を知っていますか。
B: はい，とても簡単です。

間接疑問文で how to ～「～する方法」を聞いています。set up ～「～を組み立てる・準備する」も重要熟語で，日本語でも「パソコンのセットアップ（使える状態に準備すること）」と言いますね。

□how to *do* …するやり方 □set up …を組み立てる・設置する □equipment 装置，機器

間接的応答，不確かな応答

9. 2_094

A: How many new employees are going to be hired?

B: We'll find out later today.

A: 新入社員は何人採用されますか。
B: 今日中にわかるでしょう。

How many ～? で「数」を尋ねています。それに対して，「後でわかる」と答える典型的な「そらし」の返答パターンです。

□employee 従業員，社員 □hire …を雇う

10. 2_095

A: How long will the workshop be?

B: It was in the e-mail we got.

A: 研修の時間はどのくらいですか。
B: 受信した E メールに書いてありましたよ。

「時制のズレ」に注意が必要です。質問文では will，返答では「過去形」が使われていますが，「研修はどのくらいかかる？」→「E メールに書いてあった」という流れは自然ですね。

Mark your answer on your answer sheet.

1. 2_096

Date
／ Ⓐ Ⓑ Ⓒ ?
／ Ⓐ Ⓑ Ⓒ ?
／ Ⓐ Ⓑ Ⓒ ?

2. 2_097

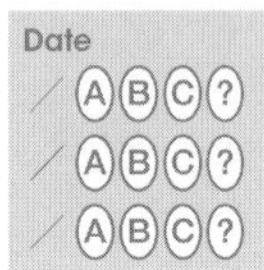

3. 2_098

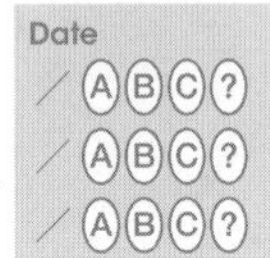

4. 2_099

5. 2_100

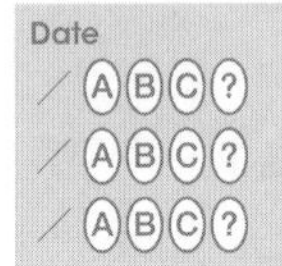

間違えた問題は，「聞き覚え」するまで何度も聞き込んで，「音の記憶力」をつくりましょう。

1. 2_096 オーストラリア-イギリス

How long will it take to get to the airport by taxi?

(A) At least forty five minutes.

(B) Outside the hotel.

(C) About twenty dollars.

タクシーで空港へ行くとどれくらいの時間がかかるでしょうか。

(A) 少なくとも 45 分です。
(B) ホテルの外です。
(C) 約 20 ドルです。

How long ～? で「時間」を尋ねています。元々は It will take 時間 to ～「～するのに 時間 がかかる」の形で，「時間」の部分を How long にして先頭に出し，疑問文にしたものです。よって，(A) At least 45 minutes.「少なくとも 45 分間」が正解です。

□How long will it take to *do*? …するのにどれくらいの時間がかかりますか □get to …に着く
□at least 少なくとも，せめて □outside …の外で

2. 2_097 カナダ-イギリス

How often do you check the store inventory?

(A) At least once a week.

(B) We don't accept checks.

(C) In the storeroom.

店の在庫品をどれくらいの頻度で確認していますか。

(A) 少なくとも 1 週間に 1 度です。
(B) 小切手は受け付けておりません。
(C) 保管室でです。

How often ～? で「頻度」を尋ねています。直訳「どのくらい（How）しばしば（often）」→「何回・どういう頻度で」となりました。正解 (A) At least once a week. の a は，「～につき」という意味です。ちなみに，(B) は同じ check を使ったひっかけ，(C) は同じ store を使ったひっかけです。

□How often ...? どれくらいの頻度で… □inventory 在庫（リスト） □once a week 1 週間に 1 度
□check 名 小切手 □storeroom 保管室

解説・正解

3. 2_098 アメリカ－イギリス

How soon will the pizza get here?

(A) Yes, we're ready to order.

(B) In a few minutes.

(C) No, I already ate.

ピザはどれくらいでこちらに届きますか。

(A) はい，私たちは注文が決まりました。

(B) 数分後です。

(C) いいえ，私はもう食べました。

How soon ～? は，直訳「どれくらい（How）すぐに（soon）」→「あとどれくらい？」という表現です。返答は「経過の in（～後・～したら）」を使った (B) In a few minutes.「数分後」が適切です。この「How soon ～?」→「経過の in」というパターンは頻出なので，必ずチェックしておきましょう。

□How soon ...? あとどれぐらいで…　□get here ここに来る
□be ready to *do* …する準備ができている　□order 動 注文する　□in a few minutes 数分後に

4. 2_099 カナダ－アメリカ

How many office chairs and desks have been delivered?

(A) That was quick.

(B) Twenty of each.

(C) Over the telephone.

オフィス用の椅子とデスクは，何点配達されましたか。

(A) 速かったです。

(B) 20 点ずつです。

(C) 電話でです。

How many ～? で「数」を尋ねているので，(B) Twenty of each. が正解です。How many 直後に「名詞のカタマリ（office chairs and desks）」がきており，ここで混乱しないようにしましょう。ちなみに (A) は，How が単独で使われ「状態・方法」を尋ねていると勘違いした人をひっかける選択肢です。

□How many ...? いくつの…　□deliver …を配達する　□twenty of each それぞれ 20 ずつ
□over the telephone 電話で

5. 2_100 イギリス－オーストラリア

How was the baseball game on Tuesday?

(A) It starts at 7 o'clock.

(B) I was too tired to go.

(C) He's doing well, thanks.

火曜日の野球の試合はどうでしたか。

(A) 7 時に始まります。

(B) あまりに疲れていて，行けませんでした。

(C) 彼はよくやっています。ありがとう。

How を単独で使い，「（野球の試合の）感想」を尋ねています。それに対して，「行けなかった（からわからない）」とそらして答えた，(B) I was too tired to go. が正解です（too ～ to …「～すぎて…できない」の形）。(A) (C) も少しまぎらわしいですが，ともに「現在」を表しているのでアウトです。

□too ~ to *do* ～すぎて…できない　□X is doing well Xはよくやっている

Part 2

1(A) 2(A) 3(B) 4(B) 5(B)

Mark your answer on your answer sheet.

6. 2_101

Date
／ Ⓐ Ⓑ Ⓒ ?
／ Ⓐ Ⓑ Ⓒ ?
／ Ⓐ Ⓑ Ⓒ ?

7. 2_102

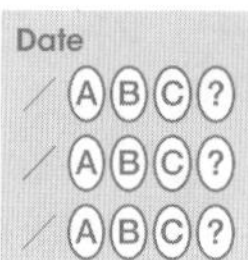

8. 2_103

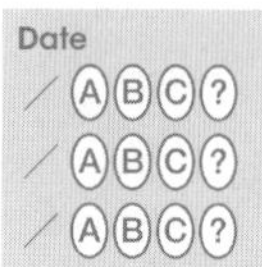

9. 2_104

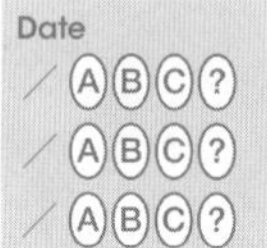

10. 2_105

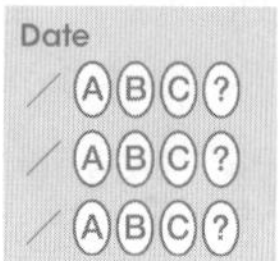

間違えた問題は，「聞き覚え」するまで何度も聞き込んで，「音の記憶力」をつくりましょう。

6. 2_101 カナダ→イギリス

How far is it to the post office?

(A) It needs three stamps.

(B) A package to Canada.

(C) Approximately two kilometers.

郵便局までどれくらいの距離がありますか。

(A) それには切手が 3 枚必要です。
(B) カナダ宛ての小包です。
(C) およそ 2 キロメートルです。

How far ～? は「どのくらい（How）遠く（far）」→「どのくらいの距離？」という表現です。**(C) Approximately 2 kilometers.** が正解で，approximately「約」は about と同じと考えれば OK です。ちなみに，(A) は post office「郵便局」から連想する stamps「切手」を利用したひっかけになっています。

□How far is it to ...? …まではどれくらいですか　□package 小包　□approximately 約，およそ

7. 2_102 カナダ→アメリカ

How did you find out about our dry cleaning service?

(A) A colleague told me about it.

(B) It's next to the reception area.

(C) I'll try it later.

弊社のドライクリーニングサービスをどのようにして知りましたか。

(A) 同僚が私に教えてくれました。
(B) 受付の隣です。
(C) 後で試してみます。

How を単独で使い，「(dry cleaning service を知った）方法」を聞いています。よって，「同僚が教えてくれた」と経緯を説明した，**(A) A colleague told me about it.** が正解です。(C) は dry と似た音の try を使ったひっかけです。

□find out about …について知る　□colleague 同僚　□next to …の隣に　□reception 受付

解説・正解

8. 2_103 オーストラリア-イギリス

How do I back up my computer files?

(A) Put it in the file cabinet.

(B) I'll show you in a minute.

(C) In case you lose data.

コンピューターのファイルをどうやってバックアップすればいいですか。

(A) ファイルキャビネットに入れてください。

(B) すぐに教えます。

(C) あなたがデータを消失した場合に備えてです。

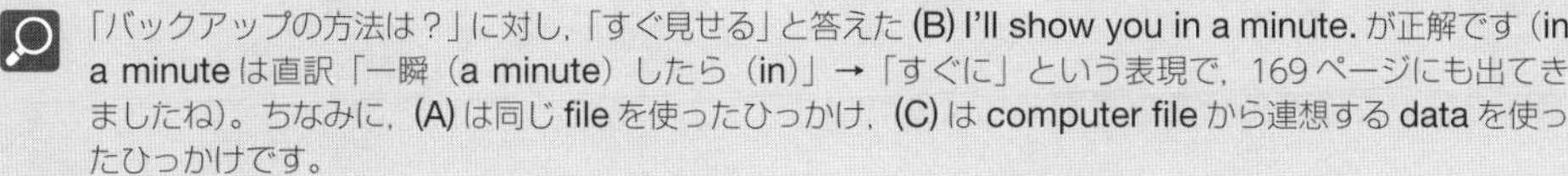

「バックアップの方法は？」に対し，「すぐ見せる」と答えた (B) I'll show you in a minute. が正解です（in a minute は直訳「一瞬（a minute）したら（in）」→「すぐに」という表現で，169ページにも出てきましたね）。ちなみに，(A) は同じ file を使ったひっかけ，(C) は computer file から連想する data を使ったひっかけです。

□back up …のバックアップを取る □in a minute すぐに □in case …の場合に備えて

9. 2_104 カナダ-アメリカ

Can you show me how to fill out the reimbursement form?

(A) I'm afraid I'm not sure, either.

(B) It came from the personnel office.

(C) I have the same form.

払い戻し申請用紙の記入方法を私に教えてくれますか。

(A) あいにく，私もわかりません。

(B) それは人事部から来ました。

(C) 同じ用紙を持っています。

Can you show me how to ～? という「間接疑問文」で，「記入方法」を尋ねています。返答は「そらし」のパターンで，(A) I'm afraid I'm not sure, either.「あいにく私もわからない」が正解です。肯定文に同意するときは too や also を使いますが，否定文の後では either を使います。

□show X how to *do* …の方法をXに教える □fill out（書類）に記入する
□reimbursement 払い戻し □I'm afraid 残念ながら…だと思う □personnel office 人事部

10. 2_105 イギリス-アメリカ

How are the preparations for the reception coming along?

(A) Yes, I received them yesterday.

(B) Three of us are going.

(C) I'll give you an update later.

歓迎会の準備ははかどっていますか。

(A) はい，昨日それらを受け取りました。

(B) 私たち３人が行きます。

(C) 後で状況を報告します。

come along は「進行する・はかどる」という熟語で，「準備は進んでいる？」という意味になります。それに対して，(C) I'll give you an update later.「後で最新情報を知らせる」と答える「そらし」のパターンです。この「後で○○する」という流れは Part 3 でもよく出てきます。

□come along（うまく）進行する，はかどる □give X an update Xに最新情報を知らせる

6(C) 7(A) 8(B) 9(A) 10(C)

Part 2 Unit 7 ▶ Why 疑問文 ▶チャレンジ

Why で聞かれたら，Because や To ～ で答えると教わったかもしれませんが，TOEIC では「普通の文」で答えることが圧倒的に多いです。

ただし，これはあくまで傾向であって，絶対に Because や To ～ で答えないということではありません。従来の TOEIC 対策本では「Why で聞かれたときは Because の選択肢は間違い」と書かれているものもありましたが，すでに何年も前から「Why で聞かれて Because が正解」というパターンの問題も頻繁に出ています。「Because は不正解」という考えは完全に捨てて，あくまで「文の意味」を優先するようにしましょう。

音声を聞いて空所部分を書き取ってください。

1. 2_106

A: Why ________ the train ________ ________?

B: There's ________ ________ ________ ________.

2. 2_107

A: Why ________ the proposal ________ ________?

B: Some ________ ________ ________ ________.

3. 2_108

A: Why did the company ________ ________ ________ ________ ________?

B: It's ________ ________ ________ ________ ________.

4. 2_109

A: Why are you ________ ________ ________?

B: I ________ ________ ________ ________ ________.

5. 2_110

A: Why ________ the fax machine ________ ________?

B: It ________ ________ ________ ________.

解説・正解

書き取れなかった英文は，「聞き覚え」するまで何度も聞き込んで，「音の記憶力」をつくりましょう。

A:アメリカ B:カナダ

事件・事故・問題発生

1. 2_106

A: Why has the train been delayed?

B: There's been a mechanical problem.

A: なぜ列車は遅れたのですか。
B: 機械の故障があったためです。

delay は「遅らせる」で，be delayed「遅らせられた」→「遅れた」となります。また，「電車が機械の故障（mechanical problem）で遅れる」というパターンは，Part 3・4 でも頻出です。

□be delayed 遅れている　□mechanical 機械の

2. 2_107

A: Why isn't the proposal ready yet?

B: Some more information is needed.

A: なぜ提案の準備がまだできていないのですか。
B: もっと多くの情報が必要です。

Why の後に isn't ～? と「否定疑問」の形が続くと，混乱する人が多いようです。今回の文を何度も聞き込んで，しっかり慣れておきましょう。

□proposal 提案　□information 情報

目的の説明

3. 2_108

A: Why did the company order so much office furniture?

B: It's for the new branch office.

A: 会社はなぜ，そんなにたくさんのオフィス用家具を注文したのですか。
B: 新しい支社用です。

furniture は「家具ひとまとめ」を表すので 1 つ 1 つを数えません。そのため，many ではなく much が使われています。また，branch は元々「枝」で，そこから「枝分かれした店」→「支店」となりました。

□furniture 家具　□branch office 支店，支社

4. 2_109

A: Why are you proofing the article?

B: I have to check for errors.

A: なぜ記事を校正しているのですか。
B: ミスをチェックしなければならないのです。

proof は名詞「証拠」が有名ですが，「検査する・校正する」という動詞もあります。TOEIC では「本・書評」の話題が頻出なので，proofread「校正する」と合わせてチェックしておきましょう。

□proof …を校正する　□article 記事　□check for …をチェックする

情報提供，特徴

5. 2_110

A: Why is the fax machine turned off?

B: It needs to be repaired.

A: ファクスはなぜ電源がついていないのですか。
B: 修理する必要があるのです。

Why is は，くっついて「ワイズ」のように発音されます。また，turn off は「スイッチをオフ（off）にする」→「電源を切る」という熟語です。

□turn off（電源など）を切る・止める　□repair …を修理する

Part 2

6. 2_111

A: Why ________ ________ ________ ________ ________?

B: It's a ________ ________ ________.

7. 2_112

A: Why ________ ________ ________ ________?

B: Because it's ________ ________.

8. 2_113

A: ________ ________ ________ ________ Bianca hasn't ________ yet?

B: No, ________ ________ ________ ________ ________.

9. 2_114

A: Why ________ these documents ________ in blue ink?

B: I ________ ________ ________.

10. 2_115

A: Why are ________ ________ in the real ________ market?

B: We're trying to ________ ________ ________.

解説・正解

6. 2_111

A: Why are the supply cabinets locked?

B: It's a new security measure.

A: 備品用キャビネットはなぜロックされているのですか。
B: 新しい安全対策です。

measure は「測る・測定」の意味は簡単ですが，「対策・手段」という意味もあります。「キチッと測って対策する」と押さえておくといいでしょう。今回は security measure「安全対策」となっています。

□security measure 安全対策 cf. measure 対策，措置

7. 2_112

A: Why is the library closed?

B: Because it's being renovated.

A: なぜ図書館は閉まっているのですか。
B: 改装中だからです。

Why ～? に対して「普通の文」で答えることが多いですが，今回のように Because ～ で答える文が正解になることもあります。また，「改修中だから閉まっている」というパターンは Part 3・4 でも頻出です。

□renovate …を改装する

間接疑問文

8. 2_113

A: Do you know why Bianca hasn't arrived yet?

B: No, I'll give her a call.

A: Bianca がどうしてまだ来ていないのかわかりますか。
B: いいえ，彼女に電話してみます。

give 人 a call は，直訳「人に電話（a call）を与える」→「人に電話する」という表現です。give her a call は，一気に「ギヴァコーゥ」のように発音されます。

□give X a call Xに電話をかける

間接的応答，回避的応答

9. 2_114

A: Why were these documents printed in blue ink?

B: I have no idea.

A: どうしてこれらの書類は青インクで印刷されたのですか。
B: 全くわかりません。

in ink は「インク（ink）という形式で（in）」→「インクで」という熟語です。また，返答は「わからない」という典型的な「そらし」のパターンで，I'm not sure. や I have no idea. は本当によく使われます。

10. 2_115

A: Why are prices rising in the real estate market?

B: We're trying to figure that out.

A: 不動産市場ではなぜ値上がりが続いているのですか。
B: それを明らかにしようとしているところです。

real estate は「リアルに目の前に存在する（real）財産（estate）」→「不動産」です。また，figure out「理解する・解決する」という熟語も頻出で，今回は間に代名詞 that が入っています。

□real estate 不動産 □figure out …を理解する・解決する

Mark your answer on your answer sheet.

1. 2_116

Date
/ Ⓐ Ⓑ Ⓒ ?
/ Ⓐ Ⓑ Ⓒ ?
/ Ⓐ Ⓑ Ⓒ ?

2. 2_117

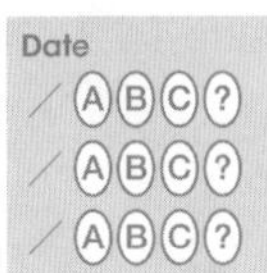

3. 2_118

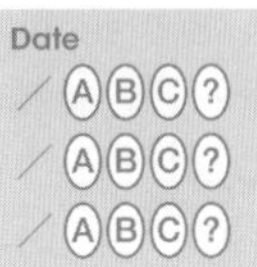

4. 2_119

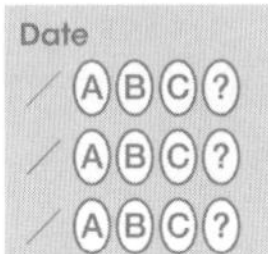

5. 2_120

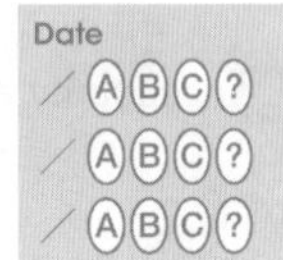

間違えた問題は，「聞き覚え」するまで何度も聞き込んで，「音の記憶力」をつくりましょう。

1. 2_116 オーストラリア→イギリス

Why are we getting new uniforms?

(A) They're changing the company logo.

(B) You can use my spare one.

(C) From the personnel office.

なぜ制服が新しくなるのですか。

(A) 会社のロゴを変更するのです。

(B) 私の予備を使っていいですよ。

(C) 人事部からです。

質問文は現在進行形で「予定」を表し，「新制服になる理由」を尋ねています。Because などを使わず「普通の文」で答えた，**(A) They're changing the company logo.** が正解です。ちなみに，**(B)** の **spare** は形容詞「予備の」で，日本語でも「スペアキー（予備の鍵）」と使われています。

□**company logo** 会社のロゴ □**spare** 予備の □**personnel office** 人事部

2. 2_117 オーストラリア→アメリカ

Why hasn't this broken printer been dealt with?

(A) I printed the handouts.

(B) We're waiting for replacement parts.

(C) Sure, if it's not broken.

なぜこの壊れたプリンターに対応していないのですか。

(A) 配布資料を印刷しました。

(B) 代わりの部品が届くのを待っているんです。

(C) もちろんです。もしそれが壊れていなければ。

質問文は「受動態＋完了形（have been p.p.）」で，「なぜ壊れたプリンターに対応していない？」となります。「代わりの部品を待っている」と今の状態を答えた，**(B) We're waiting for replacement parts.** が正解です。**(A)** は **printer** と似た音の **printed** を使ったひっかけ，**(C)** は同じ **broken** を使ったひっかけです。

□**broken** 壊れた □**deal with** …に対応する，…を処理する・扱う □**handout** 配布資料
□**replacement parts** 代わりの部品，交換部品

解説・正解

3. 2_118 アメリカ→カナダ

Why are the laboratory windows open?

(A) I didn't realize they were.

(B) Yes, I'm wearing protective gear.

(C) We should have opened them.

どうして研究室の窓が開いているのですか。

(A) 開いていることに気づきませんでした。
(B) はい，私は防護服を身に着けています。
(C) 私たちが開けるべきだったのに。

「そらし」の返答パターンです。正解の(A)はI didn't realize they were {open}. ということで，「なぜ窓が開いている？」→「窓が開いていると気づかなかった」という流れになります（theyはthe laboratory windowsを指しています）。

□laboratory 研究室 (=lab) □realize …に気づく，…がわかる □protective gear 安全服，防護服
□should have 過去分詞 …すべきだったのに（しなかった）

4. 2_119 アメリカ→カナダ

Why did we get a new projector?

(A) The old one stopped working.

(B) Patricia is the project manager.

(C) This is the cable for it.

新しいプロジェクターを買ったのはなぜですか。

(A) 古いのが動かなくなったのです。
(B) Patriciaはプロジェクトマネジャーです。
(C) これは，そのケーブルです。

正解は(A) The old one stopped working. で，このoneはa projectorを指しています。また，workは本来「がんばる」で，今回は「機械ががんばる」→「機能する・動作する」を表しています。ちなみに，(B)はprojectorと似た音のprojectを使ったひっかけ，(C)はprojectorから連想するcableを使ったひっかけです。

□work 機能する，動作する

5. 2_120 イギリス→オーストラリア

Why did they postpone the teleconference?

(A) Mr. Nakatomi wasn't available.

(B) It was a business seminar.

(C) I heard that, too.

彼らが遠隔会議を延期したのはなぜですか。

(A) Nakatomiさんの都合がつかなかったんです。
(B) ビジネスセミナーでした。
(C) 私もそう聞きました。

延期の理由を答えている，(A) Mr. Nakatomi wasn't available. が正解です。availableは「スタンバイOK」のイメージで，「NakatomiさんがスタンバイOK」→「都合がつく」という意味になります。また，「店で商品がスタンバイOK」→「手に入る」，「Wi-FiなどがスタンバイOK」→「利用できる」の意味もよく使われます。

□postpone …を延期する □teleconference 遠隔会議
□available（人に時間があって）会うことができる，面会や仕事に応じられる

 1(A) 2(B) 3(A) 4(A) 5(A)

Mark your answer on your answer sheet.

6. 2_121

Date
／ Ⓐ Ⓑ Ⓒ ?
／ Ⓐ Ⓑ Ⓒ ?
／ Ⓐ Ⓑ Ⓒ ?

7. 2_122

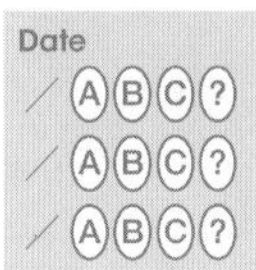

8. 2_123

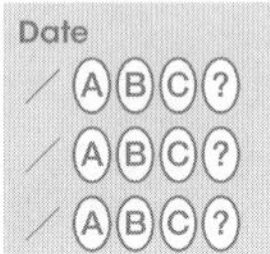

9. 2_124

10. 2_125

間違えた問題は，「聞き覚え」するまで何度も聞き込んで，「音の記憶力」をつくりましょう。

6. 2_121 カナダ−イギリス

Why did you count the participants?

(A) Yes, you can count on me.

(B) But few people took part.

(C) I had to take attendance.

なぜあなたは参加者を数えていたのですか。

(A) はい，私に任せてください。
(B) でも，参加した人はほとんどいません。
(C) 出席を取らなければならなかったのです。

「なぜ参加者を数えていた？」に対し，「出席を取らなければいけなかった」と答える (C) I had to take attendance. が正解です。(A) は同じ count を使ったひっかけで，count on ～「～に頼る」という熟語になっています。(B) は participants から連想する took part を使ったひっかけです。

□count …を数える □participant 参加者 □count on …を頼りにする・あてにする
□few ほとんどない □take part (in)（…に）参加する □had to *do* …しなければならなかった
□take attendance 出席を取る

7. 2_122 アメリカ−オーストラリア

Why are you stacking these files by the door?

(A) No, from our headquarters.

(B) In the file cabinet.

(C) We're throwing them away.

これらのファイルを，なぜドアのそばに積み重ねているのですか。

(A) いいえ，私たちの本社からです。
(B) ファイルキャビネットの中です。
(C) これから捨てるんです。

by は「～によって」の意味が有名ですが，本来は「近接（～の近くに)」を表します。よって，stack these files by the door で「ドアの近くにファイルを積み重ねる」です。正解は (C) We're throwing them away. で，throw away は直訳「遠くに（away）投げる（throw)」→「捨てる」となります。

□stack 動 …を積み重ねる □by the door ドアのそばに □headquarters 本社
□throw X away Xを捨てる

解説・正解

8. 2_123 イギリス－カナダ

Why was the chairperson's press conference postponed?

(A) Several reporters were present.

(B) There was a scheduling conflict.

(C) Of course, he'll attend.

会長の記者会見はなぜ延期されたのですか。

(A) 何人かの記者が出席していました。

(B) スケジュール上，都合が悪かったのです。

(C) もちろん彼は出席するでしょう。

scheduling conflict「スケジュールの重複」という表現がポイントです。conflict は「衝突・板挟み」で，scheduling conflict で「スケジュールが衝突すること・重複すること」を表します。ちなみに，(A) (C) はそれぞれ，press conference から連想する reporters と attend を使ったひっかけです。

□chairperson 会長，議長 □press conference 記者会見 □postpone …を延期する
□several 数名の，いくつかの □present 形 出席して
□scheduling conflict スケジュールがぶつかること □attend 参加する

9. 2_124 イギリス－カナダ

Do you know why our pay stubs aren't ready?

(A) The payroll printer is broken.

(B) They accept credit cards.

(C) On the twenty-eighth of the month.

どうして給与明細書が準備されていないのか知っていますか。

(A) 給与明細の印刷機が壊れているんです。

(B) 彼らはクレジットカードを扱っています。

(C) 今月 28 日です。

stub には「(小切手帳などの) 控え」という意味があり，pay stub で「給与明細」となります。「なぜ給与明細が準備されていない？」に対し，「印刷機が壊れている」と答えた，(A) The payroll printer is broken. が正解です。payroll は「給与支払い名簿」という意味で，roll は「(ロール状にくるくる巻いた) 名簿」を表します。

□pay stub 給与明細 cf. stub (小切手帳などの) 控え；(入場券などの) 半券
□payroll 給与 (支払い名簿)，人件費

10. 2_125 オーストラリア－アメリカ

Why can't we view the second floor of the building?

(A) It's undergoing a major renovation.

(B) We have a nice selection upstairs.

(C) I can't see it from here.

なぜビルの 2 階を見学できないのですか。

(A) 大掛かりな改修中です。

(B) 私たちは上の階に特選品をそろえています。

(C) ここからはそれが見えません。

undergo a renovation「改修する」という表現がポイントです。undergo は「人・出来事の影響下で (under) 物事を進める (go)」→「経験する・受ける」となりました。また，renovation「改修」は「ビルのリノベーション」と日本語でも使われています。ちなみに，(B) は second floor から連想する upstairs を使ったひっかけです。

□view …を見る □undergo renovation 改修される □selection 選り抜きの品，選択
□upstairs 上の階に，2 階へ

6(C) 7(C) 8(B) 9(A) 10(A)

Unit 8 ▶ Which 疑問文 ▶チャレンジ

Part 2 では最初の疑問詞を聞き取ることが大切ですが，Which 疑問文は "Which ＋ 名詞 " の形が非常によく使われます。そのため，Which の後ろの名詞（句）も聞き逃さないようにしましょう。また，返答では one を使うパターンが多いです。

音声を聞いて空所部分を書き取ってください。

1. 2_126

A: Which ________ ________ ________ ________ is the convention hall ________ ________?

B: The ________ ________ ________ Paisley Park.

2. 2_127

A: Which ________ ________ ________ ________ was the most interesting?

B: The ________ ________ ________.

3. 2_128

A: Which ________ ________ ________ ________ ________?

B: The ________ ________.

4. 2_129

A: Which ________ ________ ________ ________ ________, the shuttle bus or a taxi?

B: They're ________ ________ ________.

5. 2_130

A: Which ________ ________ ________ ________ in?

B: The ________ ________ ________ you.

解説・正解

書き取れなかった英文は,「聞き覚え」するまで何度も聞き込んで,「音の記憶力」をつくりましょう。

A:オーストラリア B:アメリカ

Which +名詞 ...? (どの…)

1. 2_126

A: Which side of the road is the convention hall located on?

B: The same side as Paisley Park.

A: 会議場は道路のどちら側にありますか。
B: Paisley 公園と同じ方です。

"Which + 名詞" の形で, Which の後ろに side of the road という名詞句がきています。また, locate は本来「(建物を) 置く」で, 受動態 be located で「置かれている」→「位置している」となります。

□convention 会議, 集会 □be located 位置している

2. 2_127

A: Which part of the seminar was the most interesting?

B: The keynote speaker's presentation.

A: セミナーのどの部分が最も興味深かったですか。
B: 基調講演者の発表です。

keynote は元々「主音」という音楽用語ですが, 実際には main theme「メインテーマ」の意味でよく使われます。keynote speaker「基調講演者」とは, その会のメインテーマについて演説する人のことです。

□keynote speaker 基調講演者

Which of ...? (…のうちのどれ)

3. 2_128

A: Which of these do you want?

B: The red one.

A: これとこれのどちらが欲しいのですか。
B: 赤いほうです。

Which of 名詞「名詞のうちどっち」という形です。また, 返答は The red one. と one を使って答えるパターンです。

Which ..., A or B? (A と B のうちどちら)

4. 2_129

A: Which is better for getting downtown, the shuttle bus or a taxi?

B: They're about the same.

A: 繁華街へ行くには, シャトルバスとタクシーのどちらが良いですか。
B: どちらもほぼ同じです。

downtown は「下町」と勘違いしている人が多いのですが, 実際は「町の中心・繁華街へ」という意味です。また, downtown は「副詞」として使われているので, (×) get to downtown にはなりません。

□get downtown 繁華街へ行く

代名詞を使った応答

5. 2_130

A: Which building is the cafeteria in?

B: The one right behind you.

A: どのビルに食堂がありますか。
B: ちょうどあなたの真後ろにあるビルです。

返答の one は building を指しています。また, behind は「背後 (～の後ろに)」を表し, 今回は right behind ～「ちょうど～の真後ろに」となっています (right は「強調」です)。

□cafeteria 食堂 □right behind ちょうど…の真後ろに

Part 2

6. 2_131

A: Have you decided ________ ________ ________ ________?

B: I like ________ ________ ________.

7. 2_132

A: Which ________ ________ ________ ________ for the last ________?

B: We don't have ________ ________ ________.

8. 2_133

A: Which ________ ________ ________ ________ ________ our living room?

B: ________ ________ the light green ________?

9. 2_134

A: Have you ________ ________ ________ is going to be ________?

B: I think ________ ________ Ms. Jameson.

10. 2_135

A: Which ________ ________ ________ ________ ________, the drama or the news?

B: ________, I'm ________ ________.

解説・正解

which ... to *do*（どの…を～するか）

6. 2_131

A: Have you decided which jacket to buy?

B: I like this gray one.

A: どちらのジャケットを買うのか決めましたか。
B: この灰色のものにします。

decide の目的語が which [名詞] to ～「どの[名詞]を～すべきか」の形になっています。decide which jacket to buy「どのジャケットを買うべきか決める」です。

間接的応答，問い返し

7. 2_132

A: Which list shows the expenses for the last quarter?

B: We don't have that list yet.

A: どのリストがこの前の四半期の経費を表していますか。
B: そのリストはまだできていません。

「どのリストが～を表している？」に対し，「リストはできていない」とそらした返答をしています。expense「経費・出費」は重要単語で，形容詞の expensive は「出費がかさむ」→「高価な」ということです。

□expense 経費，費用　□quarter 四半期

8. 2_133

A: Which curtains should we get for our living room?

B: How about the light green ones?

A: リビングルームにはどのカーテンを買いましょうか。
B: ライトグリーンのはどうですか。

「どのカーテンを買うべき？」に対し，How about ～?「～はどうですか？」と提案しています。curtain は「カーテン」ではなく「カートゥン」のように発音されるので，気をつけてください。

難易度の高い Which 疑問文の応答文

9. 2_134

A: Have you heard which applicant is going to be hired?

B: I think it'll be Ms. Jameson.

A: どの応募者が採用されるか聞きましたか。
B: Jameson さんだと思います。

applicant は「仕事に応募した（apply）人」→「応募者・候補者」です。今回は「どの応募者が採用されるか聞いた？」に対し，I think ～. と自分の考えを述べています。

□applicant 応募者，候補者　□hire …を雇う

10. 2_135

A: Which would you like to watch, the drama or the news?

B: Neither, I'm too tired.

A: ドラマとニュースのどちらが見たいですか。
B: 両方とも見たくありません。くたくたに疲れているのです。

「ドラマとニュースのどちらが見たい？」に対し，Neither「どちらも見たくない」と答えています（neither は両者を否定するときに使う）。こういった「どっちでも OK」「どっちも NG」というそらしのパターンは頻出です。

Mark your answer on your answer sheet.

1. 2_136

2. 2_137

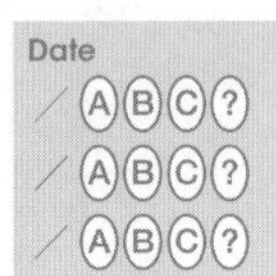

3. 2_138

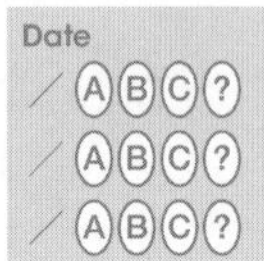

4. 2_139

5. 2_140

間違えた問題は，「聞き覚え」するまで何度も聞き込んで，「音の記憶力」をつくりましょう。

1. 2_136 オーストラリア－イギリス

Which pants do you think suit me best?

(A) The gray ones look good.

(B) It's better than the rest.

(C) That's exactly what I thought.

どのズボンが私に一番似合うと思いますか。

(A) 灰色のものが似合っています。

(B) それは残りのよりいいです。

(C) それはまさに私が考えていたことです。

suit は "物 suit 人"「物 が 人 に似合う」の形で使われ，質問文は「どのズボンが私に一番似合うと思う？」となります。それに対して「灰色のズボンが似合う」と答える (A) The gray ones look good. が正解です（ones は pants を指しています）。ちなみに，(B) (C) はそれぞれ It · That が指すものが不明です。

□pants ズボン　□suit X best Xに一番似合う　□X look good Xは良く見える
□the rest 残りのもの　□exactly まさに

2. 2_137 イギリス－カナダ

Which button do I press to open this door?

(A) That wasn't necessary.

(B) Try that one.

(C) I'm not impressed.

このドアを開けるにはどのボタンを押すのですか。

(A) それは必要ありませんでした。

(B) それを押してみてください。

(C) 私は感動していません。

「どのボタンを押す？」に対して，(B) Try that one.「あのボタンを押してみて」と少しボカして答えるパターンです。(A) は「(これから) どのボタンを押す？」に対して「過去形」で答えているので，時制が合いません。また，(C) は press と同じ音を含む impress を利用したひっかけです。

□press …を押す　□necessary 必要な　□try …を試してみる　□impressed 感銘を受けた

解説・正解

3. 2_138 アメリカ－オーストラリア

Which would you rather have, ice cream or cheesecake?

(A) I enjoyed it, thanks.

(B) In the refrigerator.

(C) Neither, thank you.

どちらかといえば，アイスクリームとチーズケーキでは，どちらがいいですか。

(A) それを楽しみました。ありがとう。

(B) 冷蔵庫の中です。

(C) どちらも結構です。ありがとう。

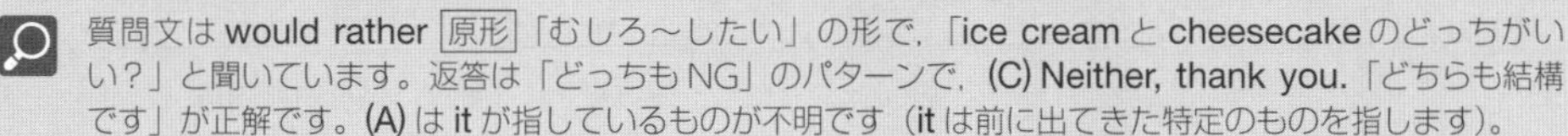

質問文は would rather 原形「むしろ～したい」の形で，「ice cream と cheesecake のどっちがいい？」と聞いています。返答は「どっちも NG」のパターンで，(C) Neither, thank you.「どちらも結構です」が正解です。(A) は it が指しているものが不明です（it は前に出てきた特定のものを指します）。

□would rather *do* むしろ…したい　□refrigerator 冷蔵庫　□neither どちらも…ない

4. 2_139 イギリス－オーストラリア

Which coffee shop is your favorite?

(A) How about six o'clock?

(B) Yes, I'd like an espresso.

(C) The one near Central Park.

どのコーヒーショップがお気に入りですか。

(A) 6時ではいかがですか。

(B) はい，エスプレッソを頂きたいのですが。

(C) セントラルパークの近くにある店です。

正解は (C) The one near Central Park. で，one は coffee shop を指しています。Which ～? に対して「one を使って答える」パターンは，本当によく出てきますね。ちなみに，(B) は coffee から連想する espresso を使ったひっかけです。

□favorite 名（一番の）お気に入り　□How about ...? …はいかがですか。
□I'd like ... …を頂きたいのですが　□near …の近くにある

5. 2_140 アメリカ－オーストラリア

Which restaurant should we go to for breakfast?

(A) Breakfast is at 8 A.M.

(B) Either one is fine.

(C) A table for two, please.

朝食にはどちらのレストランへ行きましょうか。

(A) 朝食は午前8時です。

(B) どちらでも構いません。

(C) 2人分の席をお願いします。

「そらし」の返答パターンです。「どちらのレストランへ行く？」に対して，(B) Either one is fine.「どちらでも構いません」と答えています。Either を使って「どっちでも OK」，Neither を使って「どっちも NG」と答えるパターンは Part 2 で本当によく出ますね。

□either one is fine どちらでも構いません

1(A)　2(B)　3(C)　4(C)　5(B)

Mark your answer on your answer sheet.

6. 2_141 **7.** 2_142 **8.** 2_143 **9.** 2_144 **10.** 2_145

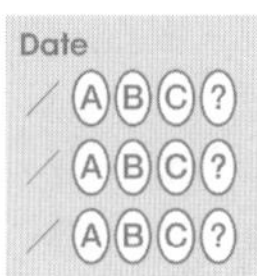
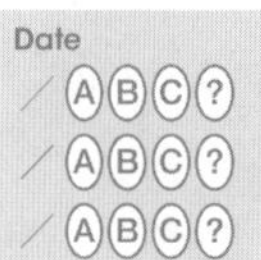
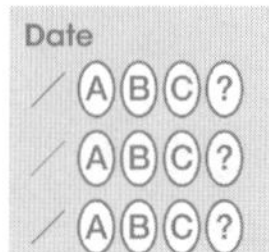
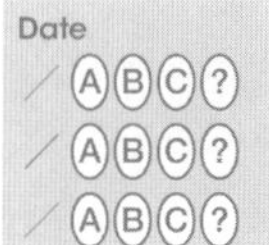

間違えた問題は,「聞き覚え」するまで何度も聞き込んで,「音の記憶力」をつくりましょう。

6. 2_141 アメリカ→カナダ

Which part of the staff orientation was the least interesting?

(A) The health and safety talk.

(B) She's quite a boring person.

(C) We had a staff meeting.

従業員向けのオリエンテーションは,どのパートが最も面白くなかったですか。

(A) 健康と安全についての話です。
(B) 彼女はとても退屈な人間です。
(C) 私たちはスタッフミーティングをしました。

Which 直後に part of the staff orientation と名詞句が続いています。「～のどのパートが最も面白くなかった?」という質問なので,特定のパートを直接答えた (A) The health and safety talk. が正解です。ちなみに,(B) は least interesting から連想する boring を使ったひっかけ,(C) は同じ staff を使ったひっかけです。

□the least interesting 最も面白くない □quite a boring person とても退屈な人間
cf.「quite a＋形容詞＋名詞」で,「とても…なもの」を表す。

7. 2_142 カナダ→アメリカ

Which is the fastest way to get to the stadium?

(A) My car is being repaired.

(B) From here, the metro is.

(C) I have been there before.

スタジアムに行くのに最も速いルートはどちらですか。

(A) 私の車は修理中です。
(B) ここからだったら地下鉄です。
(C) 以前そこに行ったことがあります。

正解の (B) は,From here, the metro is {the fastest way to get to the stadium}.「ここから,地下鉄がスタジアムに行くのに最も速いルート」ということです。同じ部分を繰り返すと冗長なので,今回のように be 動詞以降を省略することはよくあります。

□the fastest way to *do* …するのに一番速い道(方法) □get to X Xにたどり着く
□repair …を修理する □metro 地下鉄

解説・正解

8. 2_143 イギリス－オーストラリア

Which firm does Martin work for?

(A) He has today off.

(B) The Kline Corporation.

(C) He'll be working until four.

Martin が働いているのはどの会社ですか。

(A) 彼は今日休みを取っています。
(B) Kline 社です。
(C) 彼は4時まで働いているでしょう。

work for ～「～で働いている」という表現で，「働いている会社」を尋ねています。具体的な会社名を答えた，(B) The Kline Corporation. が正解です。corporation は「法人・会社」という意味で，日本でも会社名に「〇〇コーポレーション」とよく使われています。

 □firm 会社 □work for …で働いている

9. 2_144 オーストラリア－カナダ

Can you tell me which way to go for the Egyptian exhibit?

(A) It's on display now.

(B) It closes at six P.M.

(C) Turn right and go straight.

エジプト展へはどう行けばよいのか教えてくれますか。

(A) 今，展示中です。
(B) それは午後6時に閉まります。
(C) 右へ曲がってまっすぐ行ってください。

Can you tell me which ～? は「間接疑問文」で，Which ～? を丁寧にした文です。which way to go for ～ は「～にはどの道を行けばいいか」という意味なので，道順を示している (C) Turn right and go straight. が正解です。ちなみに，(A) は exhibit から連想する display を使ったひっかけです。

 □Egyptian エジプトの □exhibit 名 展覧会 □on display 展示中で［の］ □turn right 右へ曲がる

10. 2_145 カナダ－イギリス

Which of these salad dressings would you prefer?

(A) Yes, certainly.

(B) A mixture of vegetables.

(C) Italian, please.

これらのサラダドレッシングのうち，どちらがよろしいですか

(A) はい，確かに。
(B) 野菜サラダです。
(C) イタリアンをお願いします。

"Which of 名詞" 「名詞 のうちどっち」の形です。「これらのサラダドレッシングのうちどれが好き？」と聞かれているので，(C) Italian, please. を選びます。(B) A mixture of vegetables. は「野菜を混ぜたもの・サラダ」のことなので，「ドレッシング」に関する返答にはなりません。

□prefer …の方を好む □certainly 確かに □a mixture of …を混ぜたもの

 6(A) 7(B) 8(B) 9(C) 10(C)

Part 2

Unit 9 ▶ Do 疑問文 ▶チャレンジ

Do 疑問文には Yes/No で答えるのが基本で，学校でもそう習います。しかし実際の会話では，いちいち Yes/No を使わずにメインの内容を伝えることがよくあり，TOEIC でもそのパターンは頻出です。この Yes/No を飛ばして本題を答えるパターンを「Yes・No 飛ばし」と呼ぶことにします。

また，Don't you ～? や Didn't he ～? といった「否定疑問文」も頻出です。否定疑問文は「not を無視」して考えれば OK で，Don't you ～? であれば瞬時に Do you ～? と頭の中で変換してください。

音声を聞いて空所部分を書き取ってください。

1. 2_146

A: ________ you ________ ________ ________ at the restaurant?

B: No, the servers there ________ ________ ________.

2. 2_147

A: Do you ________ ________ ________ for this Saturday's football game?

B: ________ ________ ________?

3. 2_148

A: ________ ________ ________ your new apartment?

B: It's ________ ________ ________ ________ the old one.

4. 2_149

A: Does the train that goes to Berkeley ________ ________ ________ ________?

B: No, it ________ ________ ________ ________.

5. 2_150

A: Didn't Jim ________ ________ ________ ________ ________ ________ for our Web site?

B: Yes, he is ________ ________.

解説・正解

書き取れなかった英文は,「聞き覚え」するまで何度も聞き込んで,「音の記憶力」をつくりましょう。

A:イギリス B:オーストラリア

意見

1. 2_146

A: Didn't you like the service at the restaurant?

B: No, the servers there weren't very polite.

A: レストランのサービスは気に入らなかったのですか。
B: はい,接客係があまり礼儀正しくなかったのです。

Didn't you ～? という「否定疑問文」なので,頭の中で Did you ～? と変換します。すると,返答の No は「サービスを気に入っていない」とわかり,その後の the servers there weren't very polite につながります。

□polite 礼儀正しい,丁寧な

2. 2_147

A: Do you want my ticket for this Saturday's football game?

B: Can't you go?

A: 今週の土曜日にあるフットボールの試合の私のチケットは要りませんか。
B: 行けないのですか。

「試合のチケット欲しい?」に対し,Yes/No ではなく,Can't you go?「行けないの?」とその理由を尋ねています。この「チケットが余っている」場面は,Part 3 でも頻出です。

3. 2_148

A: Don't you like your new apartment?

B: It's a lot better than the old one.

A: 新しいアパートは気に入っていないのですか。
B: 以前のアパートよりずっといいです。

返答 It's a lot better than the old one. の a lot は比較級を「強調」しています(much などと同じ役割です)。また,one は apartment を指し,the old one は「以前のアパート」のことです。

事実確認

4. 2_149

A: Does the train that goes to Berkeley leave from this platform?

B: No, it departs from over there.

A: Berkeley 行きの列車はこのホームから出ますか。
B: いいえ,向こうのホームです。

leave from ～ が,返答では depart from ～「～から出発する」に言い換えられています。depart の名詞形は departure「出発」で,TOEIC では「出発時間(departure time)の変更」がよく起こります。

5. 2_150

A: Didn't Jim come up with a great idea for our Web site?

B: Yes, he is always creative.

A: Jim は,当社のウェブサイトについていいアイデアを思い付かなかったのですか。
B: いいえ,彼はいつもクリエイティブですから。

Didn't Jim ～? という「否定疑問文」なので,頭の中で Did Jim ～? と変換します。すると,返答の Yes は「アイデアを思い付いた」だとわかり,その後の he is always creative にうまくつながります。

□come up with …を思い付く・考え出す

6. 2_151

A: Did you ________ ________ the computers in the meeting room ________?

B: I ________ ________ earlier this morning.

7. 2_152

A: Do you ________ ________ ________ the air conditioner?

B: Yes, I'm ________ ________ ________ ________ ________.

8. 2_153

A: Do I have to ________ ________ ________ ________ of the workshop?

B: ________ ________ ________ two days ________ ________.

9. 2_154

A: ________ ________ ________ the shoes in the store?

B: ________ was ________ ________.

10. 2_155

A: Don't you ________ ________ ________ ________ today?

B: I ________ ________ ________ it.

解説・正解

難易度の高い応答文：応答文が質問文の言い換え表現など

6. 2_151

A: Did you make sure the computers in the meeting room work?

B: I checked them earlier this morning.

A: ミーティングルームのコンピューターが動作するのを確かめましたか。
B: 今朝早くに確認しました。

make sure sv「svかどうかを確かめる」の形で，make sure the computers in the meeting room work「ミーティングルームのコンピューターが動作するかを確かめる」となります（workは「機能する・動作する」という動詞）。返答では，これがchecked themに言い換えられています。

□make sure …かどうかを確かめる　□work 機能する，動作する

7. 2_152

A: Do you need help with the air conditioner?

B: Yes, I'm having trouble turning it on.

A: エアコンに関して，助けは必要ですか。
B: はい，どうにも動かないんです。

返答はhave trouble -ing「～するのに苦労する」の形で，have trouble turning it on「電源を入れるのに苦労する」→「電源が入らない・動かない」ということです（turn onは「電源を入れる」という熟語）。

□have trouble -ing …するのに苦労する　□turn on（電源など）を入れる

8. 2_153

A: Do I have to participate in every day of the workshop?

B: Only the first two days are mandatory.

A: 研修に毎日参加しなければなりませんか。
B: 初めの2日間だけは必須です。

participate in ～「～に参加する」，mandatory「義務の」という語句がポイントです。mandatoryは少し難しいですが，TOEICでは「○○への参加が義務」という流れでよく使われます。

□participate in …に参加する　□mandatory 義務の

難易度の高い応答文：否定的に答える応答文

9. 2_154

A: Didn't you like the shoes in the store?

B: Everything was so expensive.

A: その店の靴は気に入らなかったのですか。
B: 高いのばかりでした。

「Yes・No飛ばし」のパターンです。「靴は気に入らなかったの？」に対し，Everything was so expensive.「すべて高すぎた（ので気に入らなかった）」と間接的にNoと言っています。

10. 2_155

A: Don't you have a doctor's appointment today?

B: I had to cancel it.

A: 今日は医者の予約があったのではないですか。
B: キャンセルしなければなりませんでした。

「Yes・No飛ばし」のパターンです。「病院の予約はないの？」に対し，I had to cancel it.「キャンセルしなければならなかった」と答え，実質的にNoと伝えています。

□appointment 予約

Part 2

Mark your answer on your answer sheet.

1. 2_156

2. 2_157

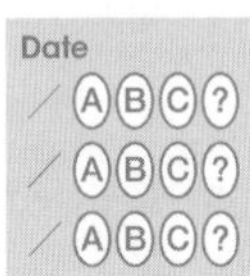

3. 2_158

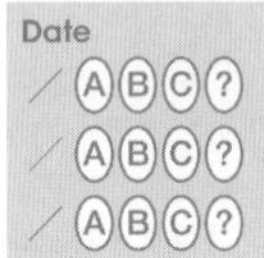

4. 2_159

5. 2_160

間違えた問題は，「聞き覚え」するまで何度も聞き込んで，「音の記憶力」をつくりましょう。

1. 2_156 イギリス－カナダ

Do you have time to give the investors a factory tour?

(A) It's a bad time to invest.

(B) What did you see there?

(C) Sure, I'm free all afternoon.

投資家の皆さんに工場を案内する時間がありますか。

(A) 投資するには悪い時期です。

(B) そこで何を見ましたか。

(C) いいですよ，私は午後ずっと空いています。

give 人 a tour は，直訳「人にツアー・案内（a tour）を与える」→「人に案内する」という表現です。「案内する時間はある？」に対して，「もちろん」と答えた (C) Sure, I'm free all afternoon. が正解です。ちなみに，(A) は investor に似た invest を使ったひっかけ，(B) は tour から連想する see を使ったひっかけです。

□give X a tour Xに案内する　□investor 投資家　□invest（…を）投資する　□free 空いている，ひまな

2. 2_157 オーストラリア－アメリカ

Did Maria contribute to the advertising campaign?

(A) No, I haven't seen the advertisements.

(B) Yes, she did some promotional work.

(C) It's on most television networks.

Maria は広告キャンペーンに貢献しましたか。

(A) いいえ，私はその広告を見ていません。

(B) はい，彼女はいくつか販売促進の仕事をしてくれました。

(C) それは，たいていのテレビネットワークで放送されています。

「広告キャンペーンに貢献した？」に対し，(B) Yes と肯定した後で，she did some promotional work「販売促進の仕事をした」と詳しくその内容を述べています。(A) は advertising に似た advertisements を使ったひっかけ，(C) は advertising campaign から連想する television を使ったひっかけです。

□contribute to …に貢献する　□advertising campaign 広告キャンペーン　□advertisement 広告　□promotional 販売促進の

解説・正解

3. 2_158 オーストラリアーイギリス

Don't you want to volunteer to help organize the charity fundraiser?

(A) Sorry, I don't have any time.

(B) I'd appreciate the help.

(C) Yes, it was a success.

資金集めのチャリティ活動を準備する手伝いのボランティアをしてみませんか。

(A) すみません。私には時間がありません。
(B) お力添えに感謝いたします。
(C) はい。それは成功しました。

質問文は want to ～「～したい」の後ろに，volunteer to ～「進んで～する・～のボランティアをする」の形がきています。さらに，その後ろは help 原形「～するのを手伝う」の形で，want to volunteer to help organize ～「～を準備するのを手伝うボランティアをしたい」となります。

□volunteer 動（…の）ボランティアをする，（…しようと）進んで申し出る □help *do* …するのを手伝う
□organize …を準備する □charity fundraiser 資金集めのチャリティイベント
□appreciate …を感謝する □success 成功

4. 2_159 アメリカーカナダ

Did you show the blueprints to Mr. Kang?

(A) You should print them in a different color.

(B) Yes, and he seemed very impressed.

(C) I really like the new design.

Kang さんに設計図を見せましたか。

(A) 違う色で印刷すべきです。
(B) はい，非常にいい印象を与えられたようです。
(C) 私は新しいデザインが本当に気に入りました。

「Mr. Kang に設計図を見せた？」に対し，(B) Yes と肯定した後で，he seemed very impressed「彼は非常に感動しているようだった」と Mr. Kang の感想を伝えています。impress は「心の中に（in）良い印象を押しつける（press）」→「感動させる」で，今回はその過去分詞形 impressed「感動させられて」→「感動して」です。

□blueprint 設計図 □seem …のように見える □impressed 感動して

5. 2_160 カナダーオーストラリア

Do you want to grab a bite to eat after the seminar?

(A) He's so picky about food.

(B) I already have plans, sorry.

(C) Yes, I stopped at a café.

セミナーの後，軽く食事をしませんか。

(A) 彼は食に関する好みがとてもうるさいです。
(B) すでに予定があるんです。すみません。
(C) はい，私はカフェに立ち寄りました。

grab は元々「つかむ」で，「食べ物をつかむ」→「すばやく食べる」の意味が生まれました。また，bite は「ひとかじり・一口分の食物」の意味があり，grab a bite to eat で「軽食を取る」を表します。正解は，「予定がある（ので行けない）」と断る (B) I already have plans, sorry. です。

□grab a bite to eat 軽く食事をする □picky 好みがうるさい □stop at …に立ち寄る (=stop by)

1(C) 2(B) 3(A) 4(B) 5(B)

Mark your answer on your answer sheet.

6. 2_161

Date
／ Ⓐ Ⓑ Ⓒ ?
／ Ⓐ Ⓑ Ⓒ ?
／ Ⓐ Ⓑ Ⓒ ?

7. 2_162

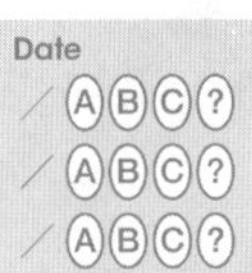

8. 2_163

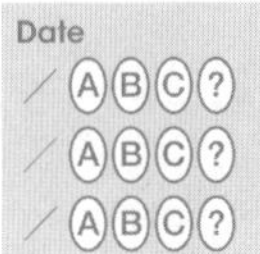

9. 2_164

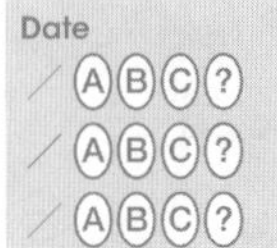

10. 2_165

間違えた問題は，「聞き覚え」するまで何度も聞き込んで，「音の記憶力」をつくりましょう。

6. 2_161 アメリカ－オーストラリア

Don't you have a one-on-one class with your fitness instructor?

(A) It's a classic.

(B) Yes, you do.

(C) I had to cancel it.

フィットネスの講師からマンツーマンのレッスンを受けるんじゃありませんでしたっけ。

(A) それは古典作品です。

(B) いいえ，あなたは受けます。

(C) キャンセルしなければならなくなったんです。

「Yes · No 飛ばし」のパターンです。「レッスンを受けていなかった？」に対し，**(C) I had to cancel it.**「キャンセルしなければならなかった」と答えています（**it** は **class** のことです）。**(A)** は **class** に似た **classic** を使ったひっかけで，**(B)** は **you**（質問者）のことを答えているのでアウトです。

□one-on-one マンツーマンの □instructor 講師 □classic 古典作品，一流の作品
□cancel …をキャンセルする

7. 2_162 カナダ－アメリカ

Didn't you sign up for the business management lecture series?

(A) Yes, a new manager.

(B) No, I haven't heard about it.

(C) She hasn't enrolled yet.

ビジネス向けの経営管理講座シリーズに登録しませんでしたか。

(A) いいえ，新しい部長です。

(B) はい，それについては聞いていません。

(C) 彼女はまだ登録していません。

Didn't you ～? という「否定疑問文」なので，頭の中で **Did you ～?** と変換します。すると，**(B)** の **No** は「登録しなかった」とわかり，後ろの **I haven't heard about it.** にもうまくつながります。ちなみに，**sign up for ～** は，直訳「～を求めて（**for**）署名する（**sign up**）」→「～に申し込む」という熟語です。

□sign up for …に登録する □enroll 登録する

解説・正解

8. 2_163 オーストラリア－アメリカ

Does your apartment complex charge any parking fees?

(A) It's free for residents.

(B) It's directly across from the park.

(C) I'm not in charge here.

あなたの団地では駐車料金がかかりますか。

(A) 入居者は無料です。

(B) 公園の真向かいです。

(C) 私はここの担当ではありません。

動詞の charge「請求する」を使って「駐車料金」について聞かれているので，(A) It's free for residents.「入居者は無料」が正解です。free は本来「ない」で，「束縛がない」→「自由な」，「お金がかからない」→「無料の」となりました。ちなみに，(C) は同じ charge を利用したひっかけです（in charge「担当して」）。

□apartment complex 団地 □charge（支払い）を請求する □parking fee 駐車料金
□resident 住民 □directly across from …の真向かいに □in charge 担当して，管理して

9. 2_164 カナダ－イギリス

Doesn't the international health clinic close at six today?

(A) No, only on Fridays.

(B) I'd like six of them.

(C) Yes, it's quite close.

外国人向け診療所は今日 6 時に閉まらないですか。

(A) はい，金曜日だけです。

(B) それを 6 個ください。

(C) いいえ。それは非常に近いです。

Doesn't ～? という「否定疑問文」なので，頭の中で Does ～? に変換して考えます。すると，(A) No は「今日6時に閉まらない」とわかり，後ろの only on Fridays「金曜日だけ」につながります。ちなみに，(B) は同じ six を使ったひっかけ，(C) は同じ close を使ったひっかけです（この close は形容詞「近い」）。

□international health clinic 外国人向け診療所 □quite close 非常に近い

10. 2_165 イギリス－カナダ

Did we raise enough money to repair the roof?

(A) Because of the bad weather.

(B) We need to lower our prices.

(C) Ms. Forbes seems to think so.

屋根の修理代として十分なお金を工面できましたか。

(A) 悪天候だからです。

(B) 当社の値段を下げる必要があります。

(C) Forbes さんは工面できたと考えているようです。

raise には「（お金を）集める」という意味があり raise enough money to repair the roof「屋根を修理するのに十分なお金を集める」となります。「十分なお金を集めた？」に対し，「○○はそう考えているようだ」と他人の意見を伝える，(C) Ms. Forbes seems to think so. が正解です。

□raise（お金）を集める・工面する □repair …を修繕する □because of …が原因で
□need to *do* …する必要がある □lower 動 …を下げる □seem to *do* …するように思える

6(C) 7(B) 8(A) 9(A) 10(C)

Part 2 Unit 10 ▶ be 動詞疑問文 ▶チャレンジ

be 動詞を使った疑問文では「時制」がポイントになることが多く，特に「現在進行形」で「予定」を表す用法には注意が必要です。現在進行形は本来「～している途中」という意味で，そこから「すでに何かしら手をつけている途中」→「～する予定」となりました。文法書では小さく，マイナーな感じで書かれているのですが，日常会話でも TOEIC でも非常によく使われます。

音声を聞いて空所部分を書き取ってください。

1. 2_166

A: ________ ________ ________ to Martha's retirement party next week?

B: Yes, ________ ________ ________, too?

2. 2_167

A: ________ ________ ________ ________ ________ new desks?

B: ________, ________ ________.

3. 2_168

A: ________ ________ ________ the luncheon?

B: ________ ________ ________ ________ it together.

4. 2_169

A: Is Mr. Silver ________ ________ ________ now?

B: Yes, he ________ ________ last month.

5. 2_170

A: ________ this ________ ________ addresses ________?

B: Mr. Johnson ________ ________.

解説・正解

書き取れなかった英文は，「聞き覚え」するまで何度も聞き込んで，「音の記憶力」をつくりましょう。

A:イギリス B:オーストラリア

未来（be -ing）

1. 2_166

A: Are you going to Martha's retirement party next week?
B: Yes, are you going, too?

A: 来週，Martha さんの退職パーティーに行きますか。
B: はい，あなたも行きますか。

質問文・返答ともに，「現在進行形」で「予定」を表しています。返答は，Yes, are you going {to Martha's retirement party next week}, too? ということです。

□retirement 退職，定年

2. 2_167

A: Aren't we going to get new desks?
B: Yeah, next week.

A: 私たちは新しい机を買う予定ではありませんか。
B: いいえ，来週に買いますよ。

「現在進行形」で「予定」を表し，今回はそれが Aren't we ～? と「否定疑問文」になっています。返答の Yeah は「新しい机を買うつもり」ということで，next week が購入時期を表しているわけです。

現在進行（be ＋ -ing）

3. 2_168

A: Are you organizing the luncheon?
B: Several employees are doing it together.

A: 昼食会の準備をしていますか。
B: 数人の従業員が一緒にやっています。

今回は「現在進行形」で「今～している途中」を表しています。また，返答は「Yes · No 飛ばし」のパターンで，直接 Yes/No と答えてはいませんが，実質的に Yes と伝えています。

□organize …を準備する・計画する　□luncheon 昼食（会）

4. 2_169

A: Is Mr. Silver running the shop now?
B: Yes, he took over last month.

A: Silver さんが現在その店を経営しているのですか。
B: はい，彼は先月店を引き継ぎました。

run は「絶え間なく流れる」イメージで，「お店を絶え間なく流れるように動かす」→「経営する」の意味があります。また，take over は直訳「向こうからやって来た（over）仕事を取る（take）」→「引き継ぐ」です。

□run a shop 店を経営する　□take over …を引き継ぐ・買収する

現在の状態（be ＋ 形容詞／名詞）

5. 2_170

A: Isn't this list of addresses outdated?
B: Mr. Johnson would know.

A: この住所録は古くありませんか。
B: それは多分 Johnson さんに聞けばわかります。

outdated は「日付・時代（date）の外（out）」→「時代遅れの・旧式の」です。また，返答は「○○が知っている」という典型的な「そらし」のパターンです。

□outdated 時代遅れの，旧式の

6. 2_171

A: ________ ________ ________ ________ ________ to call customer service?

B: OK, ________ ________ ________ tomorrow.

7. 2_172

A: ________ ________ ________ ________ ________ near your house?

B: ________ ________ ________.

8. 2_173

A: ________ ________ ________ ________ for this printer?

B: No, the ________ ________ ________.

9. 2_174

A: ________ ________ ________ ________ ________ the day off?

B: I'll ________ ________ ________ instead.

10. 2_175

A: ________ ________ an office design company ________ ________?

B: There was, but ________ ________ ________ ________ ________.

解説・正解

6. 2_171

A: Isn't it a little late to call customer service?

B: OK, I'll call them tomorrow.

A: サービスセンターに電話するには，少し遅くはありませんか。
B: わかりました。明日電話します。

Isn't it a はくっついて，「イズンティッタ」や「イズニッタ」のように発音されることがあります。また，call は「コーゥ」のように聞こえることが多いです。

…はありますか (Is[Are] there ...?)

7. 2_172

A: Is there a subway stop near your house?

B: There are two.

A: 自宅の近くに地下鉄の駅はありますか。
B: 2つあります。

There is [are] ～「～がある」が疑問文になった形です。返答は，There are two {subway stops near my house}.「自宅の近くに2つ地下鉄の駅がある」ということです。

8. 2_173

A: Isn't there a manual for this printer?

B: No, the instructions are online.

A: このプリンターのマニュアルはありませんか。
B: はい，説明書はオンラインなんです。

Isn't there ～? という「否定疑問文」なので，頭の中で Is there ～? に変換して考えます。すると，No は「マニュアルはない」とわかり，後ろの the instructions are online とうまくつながります。

□manual マニュアル，手引き　□instruction 説明，指示

過去

9. 2_174

A: Weren't you going to take the day off?

B: I'll take Friday off instead.

A: 1日休みを取る予定ではなかったのですか。
B: 代わりに金曜日に取ります。

take ～ off「～を休む・休暇をとる」という熟語です。off は「分離」を表し，「日付を仕事から分離させる」→「休む」となりました。日本語でも，「オフをとる」とそのまま使われています。

10. 2_175

A: Wasn't there an office design company around here?

B: There was, but it went out of business.

A: オフィスデザインの会社がこの辺りにありませんでしたか。
B: 以前はありましたが，廃業しました。

返答では，go out of business「廃業する」という熟語が使われています。直訳「事業・営業（business）の状態から外に出る（go out of）」→「営業できなくなる・倒産する」となりました。

□go out of business 廃業する

Mark your answer on your answer sheet.

1. 2_176 2. 2_177 3. 2_178 4. 2_179 5. 2_180

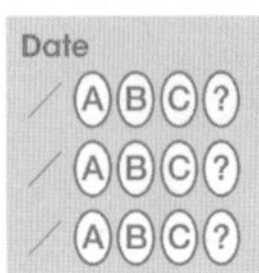
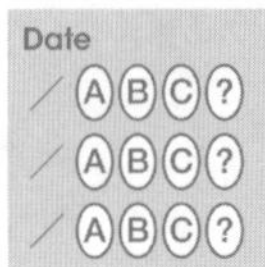
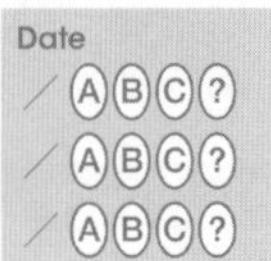
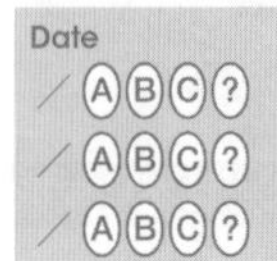

間違えた問題は，「聞き覚え」するまで何度も聞き込んで，「音の記憶力」をつくりましょう。

1. 2_176 アメリカ―カナダ

Wasn't there an office supply store on this floor?

(A) No, on my desk.

(B) There used to be one.

(C) I bought some stationery.

このフロアに事務用品店はありませんでしたか。

(A) はい，私の机の上です。

(B) 以前はあったんですが。

(C) 文房具をいくつか買いました。

(B) There used to be one. の one は an office supply store を指し，「以前は事務用品店があった（けど今はない）」という意味になります。全体は There is ～「～がある」で，used to 原形「以前は～だった（けど今はそうではない）」の形が使われています。

□office supply store 事務用品店 □stationery 文房具（類）

2. 2_177 カナダ―アメリカ

Are you reviewing the merger proposal?

(A) Well, what did they suggest?

(B) I already looked over these designs.

(C) Mark and I are doing it together.

合併の提案について検討していますか。

(A) ええと，彼らは何を提案しましたか。

(B) もうこれらのデザインにざっと目を通しました。

(C) Mark と私で一緒にやっています。

「Yes · No 飛ばし」のパターンです。「合併の提案を検討している？」に対して (C) Mark and I are doing it together. と答え，実質的に Yes と伝えています。(A) は proposal から連想する suggest を使ったひっかけ，(B) は reviewing から連想する look over を使ったひっかけです。

□review …を検討する □merger 合併 □proposal 提案 □suggest …を提案する
□look over …にざっと目を通す

解説・正解

3. 2_178 オーストラリア→イギリス

Weren't you able to use the Internet at your hotel?

(A) Only in the reception area.

(B) A single room, thanks.

(C) Through their Web site.

あなたのホテルではインターネットは使えませんでしたか。

(A) 受付エリアでしか使えませんでした。
(B) シングルルームです。ありがとう。
(C) ウェブサイトを経由してです。

「ホテルでインターネットは使えなかった？」に対し，Yes/No ではなく (A) Only in the reception area.「受付エリアでだけ（使えた）」と答えています。(B) は hotel から連想する room を使ったひっかけ，(C) は the Internet から連想する Web site を使ったひっかけです。

□be able to *do* …することができる □reception area 受付エリア □through …を通じて

4. 2_179 カナダ→イギリス

Is Ms. Walters retiring from the firm?

(A) No, she's transferring to another branch.

(B) Take a short nap if you're tired.

(C) For more than twenty-five years.

Walters さんは退職するのですか。

(A) いいえ，彼女は別の支社へ異動します。
(B) もし疲れているなら，少し昼寝をしなさい。
(C) 25 年間以上です。

「現在進行形」で「予定」を表し，「Walters さんは退職する予定？」となります。それに対して「別の支社へ異動する」と答えた，(A) No, she's transferring to another branch. が正解です。ちなみに，(B) は retiring と音が似た tired を使ったひっかけです。

□retire from …を退職する □firm 会社 □transfer to …へ異動する □branch 支店，支社
□take a nap 昼寝をする

5. 2_180 オーストラリア→アメリカ

Is Mike Corman the new payroll manager?

(A) The wages for each employee.

(B) Actually, he's just a consultant.

(C) Yes, I start on Monday.

Mike Corman さんは今度の給与担当部長ですか。

(A) 各従業員への給与です。
(B) 実を言うと，彼は単なるコンサルタントです。
(C) はい，私は月曜日から始めます。

「Yes · No 飛ばし」のパターンです。「～は新しい給与担当部長？」に対し，(B) Actually, he's just a consultant.「実は単なるコンサルタント」と答え，実質的に No と伝えています。ちなみに，actually は「（予想と違って）実は」という感じでよく使われ，後ろに大事な情報がくることが多いです。

□payroll 給与の総額，従業員数 □wage 給料 □consultant コンサルタント

1(B) 2(C) 3(A) 4(A) 5(B)

Mark your answer on your answer sheet.

6. 2_181

Date
／ Ⓐ Ⓑ Ⓒ ?
／ Ⓐ Ⓑ Ⓒ ?
／ Ⓐ Ⓑ Ⓒ ?

7. 2_182

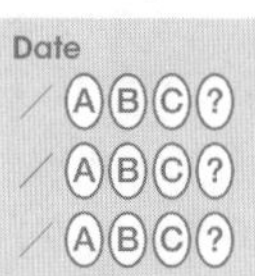

8. 2_183

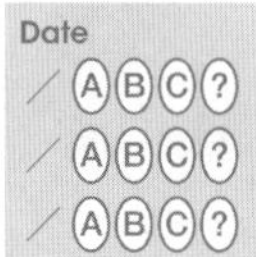

9. 2_184

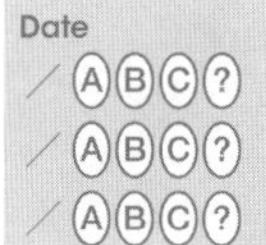

10. 2_185

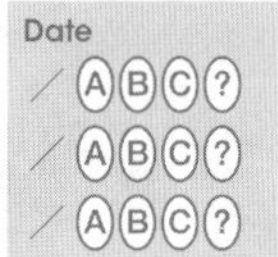

間違えた問題は，「聞き覚え」するまで何度も聞き込んで，「音の記憶力」をつくりましょう。

6. 2_181 アメリカ－オーストラリア

Aren't the walls supposed to be painted today?

(A) No, everything is behind schedule.

(B) At art school.

(C) From the paint store.

今日，壁を塗装する予定になっていませんか。

(A) はい，全てが予定より遅れています。
(B) 美術学校でです。
(C) 塗料店からです。

be supposed to ～「～する予定」という表現で，「今日壁は塗装される予定？」と尋ねています。No と答えた後，everything is behind schedule「すべて予定より遅れている」と理由を説明した (A) が正解です。behind は本来「背後」を表し，「時間的な背後」→「遅れて」という意味があります。

□be supposed to *do* …することになっている □behind schedule 予定より遅れて

7. 2_182 イギリス－カナダ

Is Mr. Simpson likely to join us after work?

(A) I doubt it.

(B) Yes, I joined it already.

(C) I'd like four, please.

Simpson さんは仕事の後，私たちに合流しそうですか。

(A) それはなさそうです。
(B) はい，私はもう参加しました。
(C) 4 つお願いします。

「Yes・No 飛ばし」のパターンです。「Simpson さんは合流しそう？」に対し，Yes/No ではなく (A) I doubt it. と答え，実質的に No と伝えています。I doubt it. は，直訳「私はそれを疑っている」→「Simpson さんが合流する可能性は低いと思っている」ということです。

□be likely to *do* …しそうである，…らしい □join …に加わる □after work 仕事の後で
□doubt …を疑わしいと思う

解説・正解

8. 2_183 オーストラリア−アメリカ

Are you going to the soccer game later?

(A) I've definitely seen it.

(B) No, I already have tickets.

(C) Actually, I'm going to the hospital.

後でサッカーの試合に行くつもりですか。

(A) 確かにそれを見ました。
(B) いいえ，もうチケットを持っています。
(C) 実は，私は病院に行く予定なのです。

「現在進行形」で「予定」を表し，「サッカーの試合に行く予定？」となります。それに対して，(C) Actually, I'm going to the hospital. と答え，実質的に No と伝えています。(A) は「すでに見た」という意味なので，問われている「予定」とは時制が合いません。また，(B) は soccer game から連想する tickets を使ったひっかけです。

□definitely 絶対に，確かに

9. 2_184 イギリス−オーストラリア

Is there a merchandise store in this section of the stadium?

(A) It's about fifty meters that way.

(B) The game will start in a few minutes.

(C) Can I move to another section?

スタジアムのこのセクションに，雑貨店はありますか。

(A) あちらへ大体 50 メートル行ったところにあります。
(B) 試合はあと数分で始まります。
(C) 私は別のセクションに移ることができますか。

「雑貨店はある？」に対して，Yes/No を使わず，(A) It's about fifty meters that way.「あちらへ大体 50 メートル行ったところ」と場所（距離）を答えています。Yes を省略して，詳細事項を説明しているわけです。ちなみに，(B) は stadium から連想する game を使ったひっかけ，(C) は同じ section を使ったひっかけです。

□merchandise store 雑貨店，商店 □section 区画 □that way あちらへ

10. 2_185 カナダ−アメリカ

Isn't this catalog rather out of date?

(A) On the 10th of May.

(B) That's a good choice.

(C) Yes, it's last year's.

このカタログはかなり古くはありませんか。

(A) 5 月 10 日です。
(B) よい選択です。
(C) いいえ，それは去年のです。

Isn't ～? という「否定疑問文」なので，頭の中で Is ～? と変換して考えます。すると，(C) Yes は「カタログは古い」とわかり，後ろの it's last year's ともうまくつながります。ちなみに，out of date は「日付・時代（date）の外（out of）」→「時代遅れの・古い」という表現です（211 ページの outdated と同じイメージ）。

□rather かなり，むしろ □out of date 時代遅れの，古い

Part 2

6(A) 7(A) 8(C) 9(A) 10(C)

「現在完了形（have p.p.)」は「継続／完了・結果／経験」という用法がありますが，この分類にこだわらず，「過去～現在にまたいでいる時制」だと理解することが一番大切です。「過去から現在までの矢印」というイメージで押さえておきましょう。

また，will / would, can / could, shall / should などの助動詞を使った疑問文もよく出ます。これらは，聞き取り自体よりも「文の意味がとれるか」がポイントになることが多いです。

音声を聞いて空所部分を書き取ってください。

1. 2_186

A: Have ________ ________ the ________ ________ ________ director, Tyrone?

B: ________ ________ ________ ________ him yesterday.

2. 2_187

A: ________ we ________ ________ ________ the ________ ________ yet?

B: The customer is ________ ________ ________ next month.

3. 2_188

A: ________ ________ ________ ________ to Chelsea's farewell party tonight?

B: ________ ________ ________ ________ start?

4. 2_189

A: ________ ________ prefer to ________ ________?

B: I ________ ________ ________.

5. 2_190

A: ________ ________ be able to ________ ________ ________ ________ this Friday?

B: I ________ ________ ________ that day.

解説・正解

書き取れなかった英文は，「聞き覚え」するまで何度も聞き込んで，「音の記憶力」をつくりましょう。

A:イギリス B:カナダ

現在完了の疑問文

1. 2_186

A: Have you met the new human resources director, Tyrone?

B: I introduced myself to him yesterday.

A: Tyrone さん，今度の人事部長に会いましたか。

B: 昨日，自己紹介しました。

「現在完了形」の疑問文に対して，「過去形」で返答しています。現在完了は「過去〜現在まで」を表し，「（過去〜現在の間で）新しい人事部長に会った？」→「昨日自己紹介した」という流れになります。

□human resources pl. 人事部　□introduce oneself to …に自己紹介する

2. 2_187

A: Haven't we been paid for the landscaping work yet?

B: The customer is supposed to pay next month.

A: 造園作業の料金はまだ入金されていないのですか。

B: お客様は来月支払ってくれることになっています。

「支払いはまだ？」に対して「来月支払うことになっている」と答え，実質的に No と伝えています。ちなみに，landscaping「造園」に関する話題は Part 7 でも頻出です。

□landscaping 造園　□be supposed to *do* …することになっている

Will・Would を使った疑問文

3. 2_188

A: Will you be coming to Chelsea's farewell party tonight?

B: What time does it start?

A: 今夜は Chelsea さんの送別会に来るつもりですか。

B: 何時に始まりますか。

「未来進行形（will be -ing）」を使って，「予定」を尋ねています。「送別会に来るつもり？」に対して，「何時に始まる？」と疑問文で返答している点にも注意しましょう。

□farewell party 送別会

4. 2_189

A: Wouldn't you prefer to keep working?

B: I need a break.

A: 作業を続けたくはありませんか。

B: 休憩が必要です。

Wouldn't you は，くっついて「ウドゥンチュ」のように発音されます。後ろは prefer to 〜「〜するのを好む・〜する方がいい」の形で，さらに直後に keep -ing「〜し続ける」がきています。

□prefer to *do* …するのを好む　□keep -ing …し続ける

5. 2_190

A: Would anyone be able to work an extra shift this Friday?

B: I can stay late that day.

A: 今週の金曜日，誰か追加シフトで働ける人はいませんか。

B: その日なら遅くまで残ることができます。

助動詞 will の過去形 would には「仮定法」のニュアンスが加わり，Would anyone be able to 〜? で，「仮に誰か〜できますか？（もしいたら教えてください）」といった丁寧な依頼になります。

□extra 追加の

Part 2

6. 2_191

A: ________ ________ ________ ________ the pamphlet tomorrow?

B: Yes, ________ ________.

7. 2_192

A: ________ ________ ________ the log-in ________ one more time?

B: ________, ________ ________ happy to.

8. 2_193

A: ________ ________ ________ this ________ by express mail?

B: You'll ________ ________ ________ ________ this form.

9. 2_194

A: ________ ________ ________ working on the ________?

B: That ________ be really ________.

10. 2_195

A: ________ ________ ________ the manager to tell him that we'll ________ ________?

B: No, we ________ ________ ________ ________ time.

解説・正解

can・could を使った疑問文

6. 2_191

A: Could I pick up the pamphlet tomorrow?

B: Yes, of course.

A: パンフレットを明日受け取りに行ってもよろしいですか。

B: はい，もちろんです。

Could I ～?「私は～してもよろしいですか？」と許可を求める表現です。また，pick up は本来「拾い（pick）上げる（up）」で，今回は「パンフレットを拾い上げる」→「受け取る」を表しています。

7. 2_192

A: Could you explain the log-in procedure one more time?

B: Sure, I'd be happy to.

A: ログインの手順について，もう一度説明していただけませんか。

B: もちろん，喜んでいたします。

Could you ～?「～していただけませんか？」という依頼表現です。返答 I'd be happy to の to は「代不定詞」で，I'd be happy to {explain the log-in procedure one more time}. ということです。

□procedure 手順

8. 2_193

A: Can you send this document by express mail?

B: You'll have to fill out this form.

A: この書類を速達で送ってくれませんか。

B: この用紙に記入していただく必要があります。

Can you ～?「～してくれませんか？」という依頼表現です。Could の方が「もしよろしければ～」という仮定のニュアンスが加わって，丁寧な表現になります。

□express mail 速達便　□fill out …に記入する

shall・should を使った疑問文

9. 2_194

A: Shall I keep working on the agenda?

B: That would be really helpful.

A: 私がその課題に引き続き取り組みましょうか。

B: それは大変助かります。

Shall I ～?「私が～しましょうか？」と申し出る表現です。work on ～ は，直訳「～に関して（on）がんばる（work）」→「～に取り組む」となりました。

□work on …に取り組む　□agenda 課題，議題

10. 2_195

A: Shouldn't we call the manager to tell him that we'll be late?

B: No, we still have plenty of time.

A: 私たちが遅れそうだと部長に電話で伝えなくてもいいですか。

B: はい，まだ時間はたっぷりあります。

Shouldn't we ～? は「否定疑問文」なので，頭の中で Should we ～? に変換して考えます。返答の No は「電話する必要はない」ということで，後ろの we still have plenty of time がその理由になっています。

□plenty of たくさんの…

Mark your answer on your answer sheet.

1. 2_196

Date
／ Ⓐ Ⓑ Ⓒ ?
／ Ⓐ Ⓑ Ⓒ ?
／ Ⓐ Ⓑ Ⓒ ?

2. 2_197

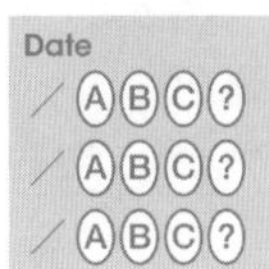

3. 2_198

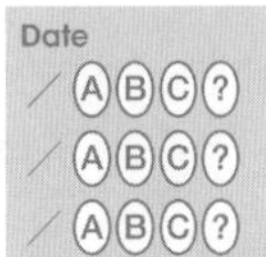

4. 2_199

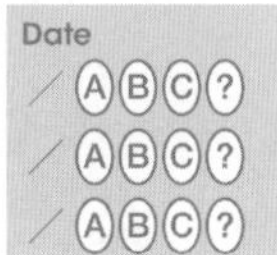

5. 2_200

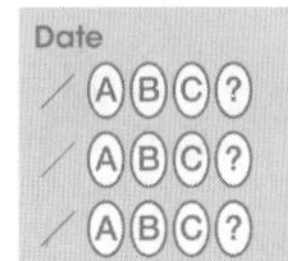

間違えた問題は，「聞き覚え」するまで何度も聞き込んで，「音の記憶力」をつくりましょう。

1. 2_196 カナダ−イギリス

Can you get here a bit earlier on Friday?

(A) Because my train was delayed.

(B) I didn't hear about that.

(C) I'll need to check the bus times.

金曜日は少し早めにこちらに来ることができますか。

(A) 電車が遅れたからです。
(B) そのことは聞きませんでした。
(C) バスの時刻表を確認する必要があります。

「金曜日は少し早めに来られる？」に対して，**(C) I'll need to check the bus times.**「バスの時刻表を確認する必要がある」とそらして答えています。「〇〇を確認する」という典型的な「そらし」の返答パターンです。ちなみに，**(B)** は **here** と似た音の **hear** を使ったひっかけです。

□**get here** ここに来る　□**a bit earlier** 少し早めに　□**be delayed** 遅れる

2. 2_197 アメリカ−オーストラリア

Shouldn't this report be submitted tomorrow?

(A) It's been reported already.

(B) No, I haven't.

(C) Yes, is it done yet?

この報告書は明日提出しなくてもいいんですか。

(A) すでに報告されました。
(B) はい，私はしていません。
(C) いいえ，もう終わりましたか。

Shouldn't 〜? という「否定疑問文」なので，**Should 〜?** に変換して考えます。すると，返答の **(C) Yes** は「提出すべき」とわかり，後ろの **is it done yet?**「もう終わった？」につながります。**(B)** は，「明日」のことを聞かれているのに「現在完了」を使っているのでアウトです（意味も通りません）。

□**submit** …を提出する (=**hand in**)　□**be done**（仕事が）終わっている
□**yet**（疑問文で）もう・すでに

解説・正解

3. 2_198 アメリカ-イギリス

Have the visitors from New York already left?

(A) They're back at the hotel.

(B) That parking space is for visitors.

(C) No, it's on the right.

ニューヨークからのお客様はすでに出発しましたか。

(A) 彼らはホテルに戻っています。
(B) その駐車場は訪問客用のものです。
(C) いいえ，それは右側にあります。

現在完了形で「出発した？」と聞かれています。それに対し，Yes/No を答える代わりに「現在地」を答えた，(A) They're back at the hotel.「ホテルに戻っている」が正解です。(B) は質問文と同じ単語 visitors を利用したひっかけ，(C) は leave の過去分詞 left から連想する名詞 right を利用したひっかけです。

□back at the hotel ホテルに戻って　□on the right 右側にある

4. 2_199 アメリカ-カナダ

Won't you be joining us for lunch?

(A) Yes, I enjoyed the food.

(B) At Gina's Café.

(C) I'm afraid I'm busy.

私たちと一緒にランチに行きませんか。

(A) はい，私は食事を楽しみました。
(B) Gina コーヒー店です。
(C) あいにくですが，私は忙しいです。

Won't you ～? は「～しない？・～しませんか？」という勧誘を表します。それに対して「忙しい（から行けない）」と誘いを断る，(C) I'm afraid I'm busy. が正解です。(A) (B) はそれぞれ，lunch から連想する food と café を使ったひっかけになっています。

□I'm afraid (that 節) あいにくだが…だ

5. 2_200 オーストラリア-イギリス

Wouldn't a navy blue carpet look better than this brown one?

(A) They sell carpets and tiles.

(B) In the parking lot.

(C) I completely agree.

ネイビーブルーのカーペットの方が，この茶色のものよりいいのではないですか。

(A) カーペットとタイルを販売しています。
(B) 駐車場でです。
(C) 全く同感です。

質問文は第2文型（SVC）の形で，look better than ～「～より良く見える」となっています。「茶色よりネイビーブルーの方がいいのでは？」という考えに対して，「同意」を示す (C) I completely agree. が正解です。

□parking lot 駐車場　□completely 完全に

1(C) 2(C) 3(A) 4(C) 5(C)

Mark your answer on your answer sheet.

6. 2_201

7. 2_202

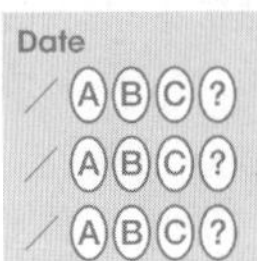

8. 2_203

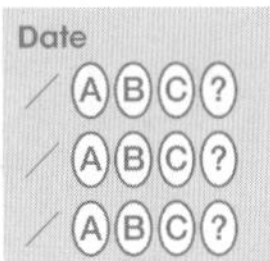

9. 2_204

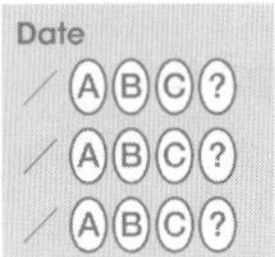

10. 2_205

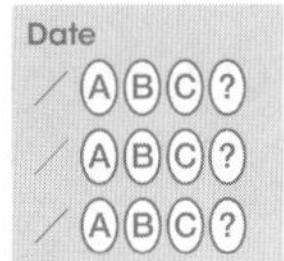

間違えた問題は，「聞き覚え」するまで何度も聞き込んで，「音の記憶力」をつくりましょう。

6. 2_201 イギリス－カナダ

Haven't you reserved a table for dinner on Thursday?

(A) The other restaurant.

(B) Actually, I just did.

(C) The service was disappointing.

木曜日のディナー席を予約していないのですか。

(A) 別のレストランです。
(B) 実は，たった今予約したところです。
(C) サービスはがっかりでした。

現在完了形で「(過去～現在の間で) ディナー席を予約していない？」と聞かれています。それに対して，過去形で「ちょうど予約したところ」と答える (B) Actually, I just did. が正解です。did は reserved a table for dinner on Thursday「木曜日のディナー席を予約した」を表しています。

□reserve a table 席を予約する □actually 実は □disappointing 形 失望させる

7. 2_202 アメリカ－オーストラリア

Will you be attending the conference on online marketing campaign strategies?

(A) No, they won't have time to attend.

(B) Last year it was a big success.

(C) I thought registration had already finished.

あなたは，インターネットを利用したマーケティング戦略についての会議に出席する予定ですか。

(A) いいえ，彼らには出席する時間がありません。
(B) 昨年，それは大きな成功を収めました。
(C) 登録はもう締め切られたと思っていました。

「～に出席する予定？」に対して，Yes/No ではなく，(C) I thought registration had already finished.「登録はすでに終わったと思っていた」と答え，実質的に No と伝えています。(A) は they が誰かが不明ですし，(B) は「予定」を聞かれているのに「過去形」で答えているのでアウトです。

□attend …に出席する □registration 登録

解説・正解

8. 2_203 カナダ−アメリカ

Can't we hold the meeting a little later on Monday?

(A) The latest news was more positive.

(B) Every week at the same time.

(C) Let me confirm the other attendees' availability.

月曜日は少し遅い時間に会議を開けませんか。

(A) 最新ニュースはもっと明るいものでした。

(B) 毎週，同じ時間で。

(C) 他の出席者の都合を確認させてください。

「会議を開けない？」に対し，(C) Let me confirm the other attendees' availability.「他の出席者の都合を確認させて」とそらして答えています。availability は，「スタンバイ OK」を表す available の名詞形で，今回は「出席者がスタンバイ OK かどうか」→「出席者の都合」となります。

□hold a meeting 会議を開く □a little later 少し遅い時間に □confirm …を確認する
□attendee 出席者 □availability 都合

9. 2_204 イギリス−オーストラリア

Shall I print out a copy of my presentation?

(A) Some of your ideas are highly original.

(B) Could I have it in electronic format instead?

(C) Many of us attended the presentation.

私のプレゼン資料を一部プリントアウトしましょうか。

(A) あなたのアイデアのいくつかは，とても独創的です。

(B) それよりも電子フォーマットでいただけますでしょうか。

(C) 私たちの多くはプレゼンに出席しました。

Shall I ～? を使って「資料を印刷しましょうか？」と申し出ています。それに対して「(印刷ではなく)電子データで受け取りたい」と答える，(B) Could I have it in electronic format instead? が正解です（Could I ～?「私は～できますか？」という表現）。

□highly 大いに，非常に □original 独創的な，目新しい □electronic 電子の

10. 2_205 オーストラリア−アメリカ

Could you take this package to the post office?

(A) I'll take it at lunchtime.

(B) Envelopes and stamps.

(C) Next to a doctor's office.

この小包を郵便局に持っていってくださいますか。

(A) 昼休みに持っていきます。

(B) 封筒と切手です。

(C) 診療所の隣です。

Could you ～?「～していただけませんか？」という依頼表現です。「小包を郵便局に持っていく」という依頼を承諾した，(A) I'll take it at lunchtime. が正解となります。ちなみに，(B) は post office から連想する envelopes「封筒」と stamps「切手」を使ったひっかけ，(C) は同じ office を使ったひっかけです。

6(B) 7(C) 8(C) 9(B) 10(A)

Part 2 Unit 12 ▶ 勧誘・依頼・提案 ▶チャレンジ

「勧誘・依頼・提案」を表す表現は決まり文句として教わることが多いですが，直訳から考えれば理解できるものもたくさんあります。また，Part 2だけでなく，Part 3・4でも解答のキーになる重要表現ばかりです。

音声を聞いて空所部分を書き取ってください。

1. 2_206

A: ________ ________ ________ ________ ________ a comment card about our service?

B: ________ ________ ________ ________ ________.

2. 2_207

A: ________ ________ ________ ________ ________ at the new restaurant.

B: ________ ________ ________ ________.

3. 2_208

A: ________ ________ ________ our brochures on ________ ________ paper?

B: ________ ________ ________ our company's image.

4. 2_209

A: ________ ________ ________ opening the window?

B: ________ ________ ________.

5. 2_210

A: ________ ________ ________ ________ ________ this shelf?

B: ________ ________ ________ ________ allowed to do that.

解説・正解

書き取れなかった英文は，「聞き覚え」するまで何度も聞き込んで，「音の記憶力」をつくりましょう。

A:オーストラリア B:アメリカ

同意・受諾の応答

1. 2_206

A: Could you please fill out a comment card about our service?
B: That shouldn't be a problem.

A: わたくしどものサービスについて，コメントカードにご記入をお願いできますか。
B: 構いません。

Could you ～?「～していただけませんか？」という依頼に対し，That shouldn't be a problem. と答えています。should は「推量（～のはずだ）」で，「それは問題でないはずだ」→「問題ない・OK」という承諾を表します。

□fill out …に記入する

2. 2_207

A: Let's all go for dinner at the new restaurant.
B: That would be lovely.

A: 皆で新しいレストランへ夕食に行きましょう。
B: それは素敵でしょうね。

Let's ～「～しよう」という提案表現です。That would be lovely.「それは素敵でしょうね」と答え，その提案に同意を示しています。

3. 2_208

A: What about printing our brochures on higher quality paper?
B: That should improve our company's image.

A: 当社のパンフレットを今よりも上質な紙で印刷してはいかがでしょう。
B: それは会社のイメージアップになるはずです。

What about -ing?「～するのはどう？」という提案表現です。How about -ing「～するのはどう？」と同じと考えれば OK です。

□brochure パンフレット，小冊子 □improve …を良くする・改善する

4. 2_209

A: Would you mind opening the window?
B: Not at all.

A: 窓を開けていただけますか。
B: いいですよ。

Would you mind -ing?「～していただけませんでしょうか？」という表現です。mind は「嫌がる」で，直訳「～するのは嫌ですか？」→「嫌じゃなければ，～してくれませんか？」となりました。また，返答の Not at all. は，「いいえ，嫌じゃないです」→「OK です」と承諾を表します。

□mind -ing …するのを嫌だと思う

拒絶・否定・辞退の応答

5. 2_210

A: Can you help me move this shelf?
B: I'm afraid we're not allowed to do that.

A: この棚を移動するのを手伝ってくれますか。
B: 移動してはいけないと思いますが。

質問文は Can you ～?「～してくれない？」の後ろに，help 人 原形「人が～するのを手伝う」の形がきています。返答の I'm afraid「あいにく・申し訳ありませんが」は後ろに「マイナス情報」がくることを予告する表現で，依頼や提案を断るときによく使われます。

□help X *do* Xが…するのを手伝う □be allowed to *do* …しても構わない

Part 2

6. 2_211

A: ________ ________ ________ ________ ________ the annual charity event on Monday?

B: ________, ________ ________ that day.

7. 2_212

A: ________ ________ ________ ________ ________ restocking the ________ shelves?

B: I think ________ ________ ________ ________ ________.

8. 2_213

A: ________ ________ ________ ________ until two ________ ________ the presentation?

B: ________ ________ ________ now.

9. 2_214

A: ________ ________ ________ ________ the light bulb in the bathroom?

B: ________ ________ ________ a few minutes ago.

10. 2_215

A: ________ ________ ________ ________ ________ a membership for the High Flyers Lounge?

B: ________ ________ ________ ________ about it?

解説・正解

6. 2_211

A: Why don't you come to the annual charity event on Monday?
B: Sorry, I'm busy that day.

A: 月曜日に毎年恒例のチャリティイベントに来ませんか。
B: すみません。その日は忙しいのです。

Why don't you ～? は，直訳「なぜあなたは～しないの？」→「～したらどう？」という提案表現です。また，今回のように「忙しい」と言って依頼・提案を断るパターンはよく出ます。

□annual 毎年恒例の □charity 慈善行為，チャリティ

7. 2_212

A: Would you like some help restocking the storeroom shelves?
B: I think I can manage by myself.

A: 収納室の棚に品物を補充するのをお手伝いしましょうか。
B: 私１人でできると思います。

Would you like ～? は「あなたは～が欲しいですか？（欲しいのであれば，私が～しましょうか？）」という表現です。また，by oneself は直訳「自分のそばに（自分だけ）」→「１人で」という熟語です。

□restock …に品物を補充する □storeroom 収納室，保管室 □manage 対処する，処理する
□by oneself １人で

その他の応答

8. 2_213

A: Why don't we wait until two to start the presentation?
B: We'd better start now.

A: プレゼンテーションを始めるのは，２時まで待ちませんか。
B: 今，始めた方がいいでしょう。

Why don't we ～? は，直訳「なぜ私たちは～しないの？」→「～したらどう？」という提案表現です。返答では had better 原形「～した方がいい」が使われています。

9. 2_214

A: Can you please change the light bulb in the bathroom?
B: I did it a few minutes ago.

A: トイレの電球を交換してくれますか。
B: 数分前に交換しました。

「そらし」の返答パターンです。Can you ～? で「電球の交換」を依頼していますが，「数分前に交換した」と答えています。この「すでに○○した」という返答はよく使われます。

□light bulb 電球

10. 2_215

A: Would you like to buy a membership for the High Flyers Lounge?
B: Can you explain more about it?

A: High Flyers ラウンジの会員権を購入しませんか。
B: もう少し詳しく聞かせてもらえますか。

Would you like to ～? は，直訳「あなたは～したいですか？」→「したいなら，～しませんか？・～はいかがですか？」となりました。それに対して，Can you ～? という依頼表現で返答しています。

Mark your answer on your answer sheet.

1. 2_216　**2.** 2_217　**3.** 2_218　**4.** 2_219　**5.** 2_220

Date
／ Ⓐ Ⓑ Ⓒ ?
／ Ⓐ Ⓑ Ⓒ ?
／ Ⓐ Ⓑ Ⓒ ?

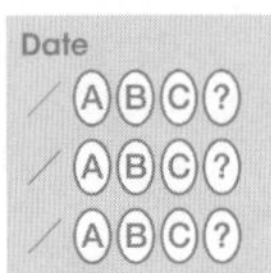

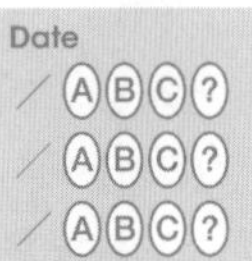

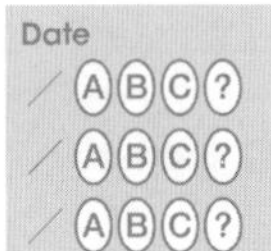

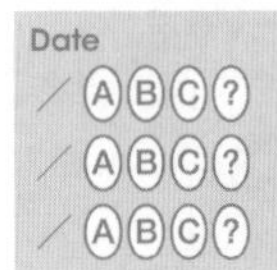

間違えた問題は,「聞き覚え」するまで何度も聞き込んで,「音の記憶力」をつくりましょう。

1. 2_216 オーストラリア−イギリス

May I use your cell phone?

(A) Sure, no problem.

(B) It sells many items.

(C) I appreciate it.

あなたの携帯電話を使ってもいいですか。

(A) もちろん，かまいません。
(B) 多くの商品を売っています。
(C) 感謝します。

May I ～?「～してもいいですか？」という許可を求める表現で，「携帯を使ってもいい？」と言っています。それに対して，「もちろん OK」と答える (A) Sure, no problem. が正解です。ちなみに，(B) は cell と同じ音の sell を使ったひっかけです。

□no problem 問題ない　□item 品目，商品　□appreciate …を感謝する

2. 2_217 イギリス−アメリカ

Why don't we begin the brainstorming session?

(A) It'll be done soon.

(B) No, it's in here.

(C) Let's wait for Dimitri.

ブレーンストーミングの会議を始めませんか。

(A) じきに終わるでしょう。
(B) いいえ，ここにあります。
(C) Dimitri さんを待ちましょう。

Why don't we ～?「～したらどう？」という提案に対し，(C) Let's wait for Dimitri.「Dimitri さんを待とう」と答えています。Let's ～「～しよう」も提案表現で，「提案（会議を始めよう）」に対して，「別の提案（Dimitri さんを待とう）」で返答しているわけです。

□brainstorming session ブレーンストーミングセッション（グループで意見を出し合う会議）

解説・正解

3. 2_218 カナダ－オーストラリア

Would you like me to give Mr. Reeves a message?

(A) Yes, I'd appreciate that.

(B) No, send it to me by e-mail.

(C) Yes, I'll let him know.

私から Reeves さんに伝言を伝えましょうか。

(A) はい，そうしていただけるとありがたいです。

(B) いいえ，E メールで私にそれを送ってください。

(C) はい，私が彼に知らせます。

Would you like me to ～? は，直訳「あなたは私に～してほしい？」→「(してほしいのであれば) 私が～しましょうか？」となりました。この申し出を感謝して受け入れる，(A) Yes, I'd appreciate that. が正解です。(B) は「伝言を私に送って」となりおかしいですし，(C) は Yes（お願いします）と I'll ～（私が自分で～）がつながりません。

□Would you like me to *do*? …しましょうか。□give X a message Xにメッセージを送る・伝言する □let X know Xに知らせる

4. 2_219 カナダ－イギリス

Could you hand out employee manuals at the staff orientation tomorrow?

(A) I'm afraid I won't be there.

(B) I think somebody else did that.

(C) Thanks, but I have one already.

従業員マニュアルを明日の社員オリエンテーションで配布していただけますか。

(A) あいにく私は参加しません。

(B) 誰か別の人がそうしたと思います。

(C) ありがとう，でもそれはすでに持っています。

Could you ～? を使って，「社員オリエンテーションで～を配って」と頼んでいます。それに対して，(A) I'm afraid I won't be there.「オリエンテーション会場には行かない（から配布できない）」と依頼を断るパターンです。明日のことを尋ねているので，(B) は過去形（did）が合いません。

□hand out …を配布する □employee manual 従業員マニュアル

5. 2_220 アメリカ－カナダ

Can you help me clear snow from the parking lot?

(A) It couldn't be helped.

(B) I'd prefer to drive instead.

(C) Isn't that the attendant's job?

駐車場の雪かきを手伝ってくれませんか。

(A) 仕方がなかったのです。

(B) それより車で行く方がいいです。

(C) それは案内係の仕事ではないんですか。

Can you ～? の後ろは，help 人 原形「人が～するのを手伝う」の形です。「駐車場の雪かきを手伝って」という依頼に対し，(C) Isn't that the attendant's job?「それは案内係の仕事では？」と答える「そらし」の返答パターンになります。ちなみに (A) の help は「避ける」という意味で，It couldn't be helped. は直訳「それは避けられることができなかった」→「仕方なかった」となります。

□clear …を取り除く □prefer to *do* …する方を好む □instead 代わりに □attendant 案内係

Part 2

1(A) 2(C) 3(A) 4(A) 5(C)

Mark your answer on your answer sheet.

6. 2_221 **7.** 2_222 **8.** 2_223 **9.** 2_224 **10.** 2_225

Date
／ⒶⒷⒸ?
／ⒶⒷⒸ?
／ⒶⒷⒸ?

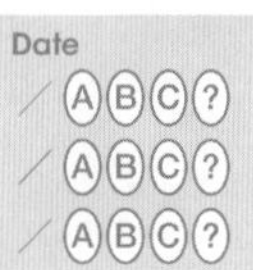

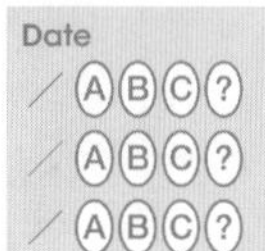

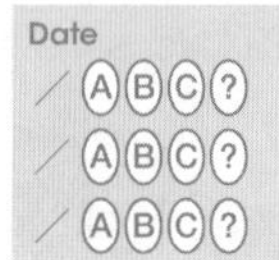

間違えた問題は，「聞き覚え」するまで何度も聞き込んで，「音の記憶力」をつくりましょう。

6. 2_221 オーストラリア－イギリス

Why don't we proofread the journal article tomorrow morning?

(A) A call from the editor.

(B) She's never read it before.

(C) Actually, today's easier for me.

雑誌の記事を明日の朝校正しませんか。

(A) 編集者からの電話です。

(B) 彼女は以前にそれを読んだことはありません。

(C) 実は，私には今日の方がいいです。

Why don't we ～? を使って，「明日の朝校正するのはどう？」と提案しています。それに対して「今日の方がいい」と希望を述べた，(C) Actually, today's easier for me. が正解です。ちなみに，(A) は proofread と journal から連想する editor を使ったひっかけ，(B) は proofread と read の混同を狙ったひっかけです。

□proofread …を校正する □article（定期刊行物の）記事

7. 2_222 カナダ－アメリカ

Please keep your receipt in case you need to return something.

(A) At the customer service desk.

(B) Thanks for letting me know.

(C) It was damaged during shipping.

返品しなければならなくなった場合に備えて，領収書を取っておいてください。

(A) 顧客サービスデスクでです。

(B) 知らせてくれてありがとう。

(C) それは配送中に破損しました。

質問文は，Please keep your receipt in case sv「sv する場合に備えて，領収書を取っておいて」となっています（in case は「従属接続詞」です）。それに対して，「知らせてくれてありがとう」と感謝を伝える，(B) Thanks for letting me know. が正解です。

□receipt 領収書 □in case …の場合に備えて □let X know Xに知らせる □damage …を破損する □shipping 配送，輸送

解説・正解

8. 2_223 オーストラリアーアメリカ

Let's have Raoul check this brochure layout before we start printing.

(A) Twelve more pages.

(B) Usually in color.

(C) There's not enough time.

印刷を始める前に，Raoul さんにこの小冊子のレイアウトを確認してもらいましょう。

(A) あと 12 ページです。
(B) 普通はカラーです。
(C) そんな余裕はありません。

Let's ～「～しよう」の後ろは have OC「OにCさせる（してもらう）」の形で，「Raoul さんにレイアウトを確認してもらおう」という提案になります。それに対して，(C) There's not enough time.「十分な時間がない」と答え，間接的に No と伝えるパターンです。

□have X *do* Xに…させる □brochure 小冊子 □layout レイアウト

9. 2_224 アメリカーオーストラリア

Could I speak to technical support?

(A) You'll be speaking to a large crowd.

(B) Yes, your support is much appreciated.

(C) What product are you calling about?

技術サポートの方とお話しできますでしょうか。

(A) あなたは大勢の観衆に向かって話しているでしょう。
(B) はい，あなたのサポートは大変ありがたいです。
(C) どの製品についてのお電話でしょうか。

Could I ～?「私は～できる？・～してもいい？」という許可を求める表現です。「技術サポートと話せる？」に対し，(C) What product are you calling about?「どの製品について電話している？」と疑問文で答えるパターンになります。ちなみに，(A) は同じ speak to を使ったひっかけ，(B) は同じ support を使ったひっかけです。

□crowd 観衆，群衆 □appreciate …をありがたく思う

10. 2_225 イギリスーカナダ

How about sending an e-mail about the revised schedule?

(A) Always on time.

(B) Laurie, can you do it?

(C) As an attachment.

修正した日程について E メールを送ったらどうでしょうか。

(A) いつも時間通りです。
(B) Laurie さん，送ってくれませんか。
(C) 添付ファイルで。

How about -ing?「～するのはどう？」という提案表現です。「～を送ったらどう？」に対し，「そうしましょう」ではなく，他の人に依頼する (B) Laurie, can you do it? が正解です。ちなみに，(A) は schedule から連想する on time を利用したひっかけです。

□revise …を修正する □on time 時間通りに □attachment 添付ファイル

6(C) 7(B) 8(C) 9(C) 10(B)

Part 2 Unit 13 ▶付加疑問文 ▶チャレンジ

付加疑問文は「念押し・確認（～ですよね？）」を表しますが，重要な情報を追加するものではありませんし，返答の Yes / No が変わることもありません。

文法書では軽視されている付加疑問ですが，実は「主語を聞き逃したとき」や「時制を確認したい」ときに役立ちます。たとえば，文末に ～, won't she? とあれば，主語の名前が聞き取れずパニックになっても，主語は「女性１人」で，動詞は will ～ だとわかりますね。このように付加疑問からリカバリーができるわけです。

音声を聞いて空所部分を書き取ってください。

1. 2_226

A: ________ ________ ________ Europe ________, ________ ________?

B: Yes, ________ ________ ________.

2. 2_227

A: You can ________ ________ ________ ________, can't you?

B: Yes, but it will ________ ________ ________ ________.

3. 2_228

A: You have to ________ ________ transportation costs ________, ________ ________?

B: That's ________ ________ ________ ________.

4. 2_229

A: Highway 246 is ________ ________ ________ ________ tomorrow, isn't it?

B: ________ ________ ________ ________ on the news.

5. 2_230

A: You were ________ ________ ________ ________ ________ last year, weren't you?

B: No, I was ________ ________ ________.

解説・正解

書き取れなかった英文は，「聞き覚え」するまで何度も聞き込んで，「音の記憶力」をつくりましょう。

A:アメリカ B:カナダ

Yes の後に関連情報を付け加える

1. 2_226

A: You've been to Europe before, haven't you?

B: Yes, two years ago.

A: 以前ヨーロッパへ行ったことがありますよね。

B: はい，２年前です。

You'<u>ve</u> been to ～ の ve はほぼ聞こえないことが多いですが，～, haven't you? からも「現在完了」だとわかります。have been to ～「～へ行ったことがある」という表現です。

2. 2_227

A: You can fix the broken computer, can't you?

B: Yes, but it will take quite a while.

A: あなたは壊れたコンピューターを修理できますよね。

B: はい，でもかなり時間がかかります。

返答の Yes は「修理できる」ことを表し，その後で「時間がかかる」と情報を付け加えています。ちなみに，a while は「少しの時間」を表し，今回は quite a while「かなり長い時間」となっています。

Yes とは言わずに肯定する

3. 2_228

A: You have to pay for transportation costs yourself, don't you?

B: That's the company's official policy.

A: 交通費は自分で支払わなければなりませんよね。

B: それが会社の規定です。

「Yes · No 飛ばし」のパターンです。「交通費は自分で支払わなければならないよね？」に対し，That's the company's official policy.「それが会社の規定」と答え，間接的に Yes と伝えています。

□oneself（主語を強調して）自分で，自ら □transportation cost 交通費

4. 2_229

A: Highway 246 is supposed to be repaved tomorrow, isn't it?

B: That's what I heard on the news.

A: 明日，246 号線が再舗装される予定ですよね。

B: ニュースではそう言っていました。

返答 That's what I heard on the news. は，直訳「それは私がニュースで聞いたことだ」→「私はニュースでそう聞いた」となります。what は「関係代名詞」で名詞節を作り，heard の目的語が欠けた形です。

□be supposed to *do* …することになっている □repave …を再び舗装する

No の後に反対意見・新しい事実・対照的な情報を付け加える

5. 2_230

A: You were in charge of safety inspections last year, weren't you?

B: No, I was in another department.

A: あなたは，昨年の安全検査の責任者でしたよね。

B: いいえ，私は別の部署にいました。

「安全検査の責任者だったよね？」に対し，No と答えた後で，I was in another department「別の部署にいた」と情報を付け加えています。

□in charge of …を担当して □safety inspection 安全検査

6. 2_231

A: The construction project ________ ________ ________, ________ ________?

B: No, ________ ________.

7. 2_232

A: You've ________ ________ ________, haven't you?

B: I'm ________ ________ it.

8. 2_233

A: The building is ________-________, ________ ________ ________?

B: It's ________ ________.

9. 2_234

A: You ________ this ________ Friday ________, ________?

B: I ________ ________ ________ ________ ________.

10. 2_235

A: The ________ art ________ has a lot ________ ________ ________, doesn't it?

B: I ________ ________ ________ yet.

解説・正解

6. 2_231

A: The construction project has already started, hasn't it?

B: No, not yet.

A: 建設プロジェクトはすでに始まっていますよね。
B: いいえ，まだです。

付加疑問の **hasn't it?** は，くっついて「ハズンティッ」や「ハズニッ」と発音されます（**hasn't** や **it** の **t** は飲み込まれることが多いです）。また，**not yet** は「まだ（始まっていない）」を表します。

□construction 建設

No とは言わずに否定する

7. 2_232

A: You've signed the contract, haven't you?

B: I'm still reviewing it.

A: 契約書に署名をしたのですよね。
B: まだ検討しているところです。

「Yes・No 飛ばし」のパターンです。「契約書に署名したよね？」に対し，**I'm still reviewing it.**「まだ検討しているところ」と答え，間接的に **No** と伝えています。

□contract 契約（書） □review …を検討する

ひねった応答

8. 2_233

A: The building is well-designed, don't you think?

B: It's absolutely gorgeous.

A: ビルはデザインがいいと思いませんか。
B: 本当にすばらしいです。

今回は文末に **～, don't you think?**「～と思わない？」がきています。返答は **It's absolutely gorgeous.**「本当にすばらしい」で，間接的に「そう思う」と伝えています。

□well-designed うまく設計された □absolutely 本当に □gorgeous すばらしい

9. 2_234

A: You have this coming Friday off, right?

B: I have Thursday and Friday off.

A: 次の金曜日，あなたは休みでしたよね。
B: 木曜日と金曜日に休みをとっています。

have ～ off「～を休む・休暇をとる」という熟語です（213ページに出てきた **take ～ off** と同じ意味）。また，文末の **～, right?** は「～ですよね？」という念押し・確認を表します。

□have X off Xに休みをとる

10. 2_235

A: The metropolitan art museum has a lot of beautiful paintings, doesn't it?

B: I haven't been there yet.

A: 首都美術館には美しい絵画がたくさんありますよね。
B: そこにはまだ行ったことがありません。

「そらし」の返答パターンです。「首都美術館には美しい絵画がたくさんあるよね？」に対し，**I haven't been there yet.**「行ったことがない（からわからない）」とそらして答えています。

Part 2

Mark your answer on your answer sheet.

1. 2_236

2. 2_237

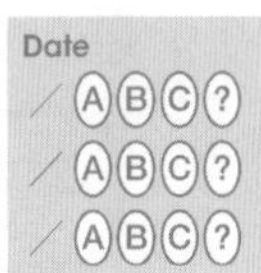

3. 2_238

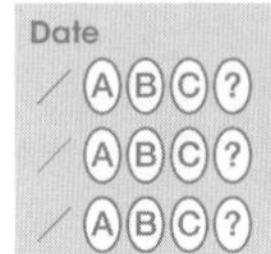

4. 2_239

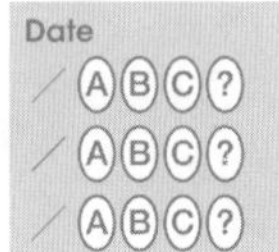

5. 2_240

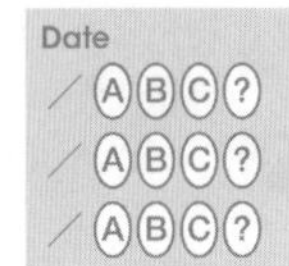

間違えた問題は，「聞き覚え」するまで何度も聞き込んで，「音の記憶力」をつくりましょう。

1. 2_236 オーストラリア－イギリス

The fitness center is open now, isn't it?

(A) Registration for fitness classes.

(B) I made sure to shut them.

(C) No, it's closed till May 4th.

フィットネスセンターは今，営業していますよね。

(A) フィットネスのクラスへの登録です。

(B) 私はちゃんとそれらを閉めました。

(C) いいえ，5月4日まで休業です。

付加疑問（～, isn't it?）は返答の Yes/No には影響しません。よって，(C) No は「営業していない」を表し，it's closed till May 4th とその休業時期を述べる流れになります。ちなみに，(A) は同じ fitness を利用したひっかけ，(B) は open から連想する shut を利用したひっかけです。

□registration 登録 □make sure to *do* 確実に…する

2. 2_237 オーストラリア－アメリカ

This is the list of ingredients for the recipe, isn't it?

(A) Yes, that's it.

(B) Six ingredients.

(C) On the next page.

これはそのレシピの材料リストですよね。

(A) はい，その通りです。

(B) 材料が6つです。

(C) 次のページです。

ingredient「材料」は「イングリーディァント」と少し発音が難しいので，ここで混乱しないことが大切です。返答の (A) that's it は「その通り」という意味で，Yes の強調として使われます。ちなみに，That's it. には「これで終わり」と話を締めくくる役割もあり，Part 3・4 でも頻出です。

□ingredient（料理などの）材料

解説・正解

3. 2_238 カナダ－イギリス

You left early yesterday, didn't you?

(A) No, not without you.

(B) Sooner or later.

(C) Just a bit.

昨日は早く退社したんですよね。

(A) いいえ，あなたなしだということではありません。

(B) 遅かれ早かれ。

(C) 少しだけ。

「昨日は早く退社したよね？」に対し，(C) Just a bit.「少しだけ」と答えています（just は「～だけ」，a bit は「少し」です）。これは just a bit early のことで，「昨日は少しだけ早く退社した」ということです。ちなみに，(B) は early から連想する sooner を使ったひっかけです。

□sooner or later 遅かれ早かれ，いずれ □just a bit 少しだけ

4. 2_239 アメリカ－カナダ

You work on Penny Lane, don't you?

(A) I don't have exact change.

(B) Yes, but we need more.

(C) No, that's where I live.

あなたは Penny 通りで働いていますよね。

(A) 代金ぴったりの小銭がありません。

(B) はい，でも私たちはもっと必要です。

(C) いいえ，そこに私は住んでいます。

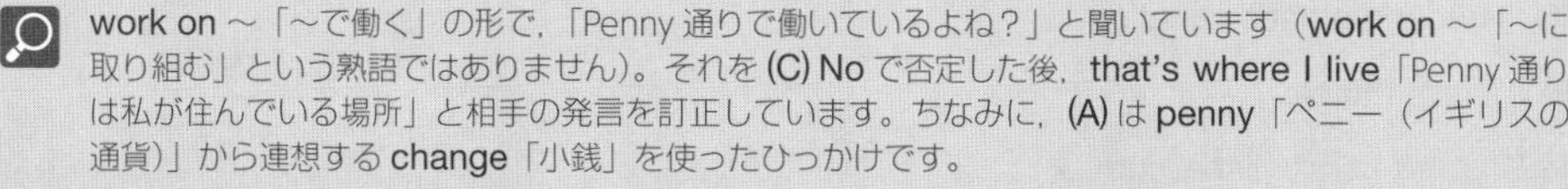
work on ～「～で働く」の形で，「Penny 通りで働いているよね？」と聞いています（work on ～「～に取り組む」という熟語ではありません）。それを (C) No で否定した後，that's where I live「Penny 通りは私が住んでいる場所」と相手の発言を訂正しています。ちなみに，(A) は penny「ペニー（イギリスの通貨）」から連想する change「小銭」を使ったひっかけです。

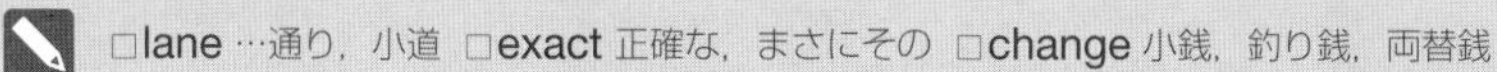
□lane …通り，小道 □exact 正確な，まさにその □change 小銭，釣り銭，両替銭

5. 2_240 イギリス－オーストラリア

You've submitted a job application, haven't you?

(A) He already admitted that.

(B) No, for the sales department.

(C) I'm still working on it.

求人の応募書類を提出したのですよね。

(A) 彼はそのことをすでに認めました。

(B) いいえ，営業部用です。

(C) 私はまだそれを作成しているところです。

「求人の応募書類を出したよね？」に対して，(C) I'm still working on it.「まだ作成中」と答え，間接的に No と伝えています（work on ～ は「～に取り組む」で，it は job application を受けています）。ちなみに，(A) は submitted と似た音の admitted を使ったひっかけです。

□submit …を提出する □application 申込書 □admit …を認める □work on …に取り組む

1(C) 2(A) 3(C) 4(C) 5(C)

Mark your answer on your answer sheet.

6. 2_241 **7.** 2_242 **8.** 2_243 **9.** 2_244 **10.** 2_245

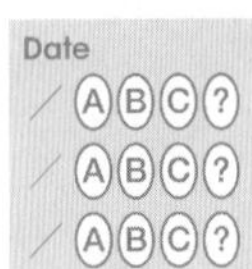
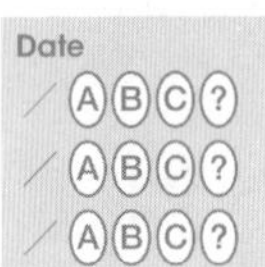
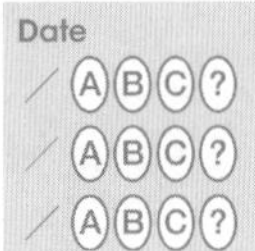
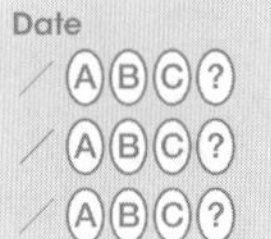
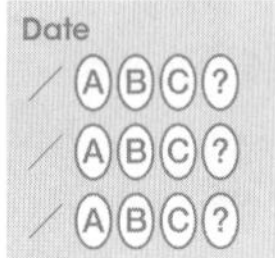

間違えた問題は，「聞き覚え」するまで何度も聞き込んで，「音の記憶力」をつくりましょう。

6. 2_241 アメリカ－オーストラリア

You'll be returning from your trip on Sunday, right?

(A) I returned it last week.

(B) I had a fantastic vacation.

(C) That's the plan.

あなたは日曜日に旅行から帰ってくるのですよね。

(A) 先週それを返却しました。

(B) 素晴らしい休暇を過ごしました。

(C) その予定です。

未来進行形（will be -ing）を使って，「日曜日に旅行から帰ってくるよね？」と聞いています。返答の(C) That's the plan. は，直訳「それが予定」→「その予定・そのつもり」という意味です。ちなみに，(A)は同じ return を使ったひっかけ，(B) は trip から連想する vacation を使ったひっかけです。

□return from …から戻る

7. 2_242 イギリス－カナダ

Thomas didn't stop by the coffee shop, did he?

(A) Maybe we need additional copies.

(B) Yes, and he got you a drink.

(C) It's right beside our office.

Thomas はコーヒーショップには立ち寄りませんでしたよね。

(A) 多分，私たちは追加のコピーが必要です。

(B) いいえ，立ち寄ってあなたの飲み物を買ってくれました。

(C) 私たちのオフィスのすぐそばです。

質問文が didn't ～ と「否定文」になっていますが，返答を考えるときは「否定疑問文」と同じように「not を無視」すれば OK です。すると，(B) Yes は「コーヒー店に立ち寄った」とわかり，その後の and he got you a drink「彼はあなたに飲み物を買った」にもつながります。

□stop by …に立ち寄る (=drop by) □additional 追加の □get X a drink Xのために飲み物を買う □right beside …のすぐそば

解説・正解

8. 2_243 カナダ→アメリカ

You haven't seen my keys, have you?

(A) It was locked.

(B) You had them in your hand.

(C) I've seen that show.

私の鍵を見ていませんよね。

(A) 鍵がかかっていました。
(B) あなたが手に持っていましたけど。
(C) 私はそのショーを見ました。

「私の鍵を見ていない？」に対して，鍵について知っている情報を伝えた (B) You had them in your hand. が正解です。(A) は key から連想する lock を使ったひっかけ，(C) は同じ seen を使ったひっかけになっています。

□lock …に鍵をかける

9. 2_244 イギリス→オーストラリア

The express train to Edinburgh stops at this platform, doesn't it?

(A) Some of them do.

(B) The training session starts at one.

(C) No, he's already gone home.

エディンバラ行きの特急はこのホームに停まりますよね。

(A) そのうち何便かは停まります。
(B) 研修会は 1 時に始まります。
(C) いいえ，彼はもう帰宅しました。

返答 (A) Some of them do. の them は the express train「特急列車」，do は stop at this platform「このホームに停まる」を表し，「何便かの特急はこのホームに停まる」ということです。ちなみに，(B) は train と似た音の training を使ったひっかけです。

10. 2_245 カナダ→イギリス

You haven't talked to Mr. Holmes yet, have you?

(A) The new manager.

(B) At home.

(C) We met on Tuesday.

Holmes さんとはまだ話していませんよね。

(A) 新しいマネジャーです。
(B) 家でです。
(C) 火曜日に会いました。

「現在完了形」を使って，「～とはまだ話していないよね？」と聞いています。それに対して，「過去形」を使って (C) We met on Tuesday. と答え，「火曜日に会った」＝「もう話した」と間接的に Yes と伝えています。ちなみに，(B) は Holmes と似た音の home を使ったひっかけです。

6(C) 7(B) 8(B) 9(A) 10(C)

Unit 14 ▶ 選択疑問文 ▶チャレンジ

選択疑問文は "A or B" のように「2つの選択肢を示す疑問文」です。2択のうち1つを選んでいる返答はもちろん正解になりますが，どちらでもない第3の選択肢を答えたり，「どっちでもOK」「どっちもNG」のように答えるパターンも非常によく出ます。

音声を聞いて空所部分を書き取ってください。

1. 2_246

A: Shall we ________ ________ Paris, or ________ the ________?

B: ________ ________ ________ is much faster.

2. 2_247

A: Would you like some ________ ________ ________ ________ ________ table?

B: We'd like to ________ ________.

3. 2_248

A: Do you want to ________ ________ ________ or ________ ________?

B: Let's ________.

4. 2_249

A: Have you ________ ________ ________ ________, or should I do it?

B: I ________ ________ ________ ________ at lunch.

5. 2_250

A: Would you like to ________ ________, or ________ ________ ________ the next bus?

B: Let's ________ ________ ________ ________ one.

解説・正解

書き取れなかった英文は,「聞き覚え」するまで何度も聞き込んで,「音の記憶力」をつくりましょう。

A:カナダ B:イギリス

A・Bのうちの1つを言い換えた応答

1. 2_246

A: Shall we drive to Paris, or take the metro?

B: Going by car is much faster.

A: パリまで車で行きましょうか,それとも地下鉄に乗りましょうか。

B: 車で行った方がずっと早いです。

Shall we ~?「~しましょうか?」という表現で,「車 or 地下鉄」と尋ねています。返答では,drive to ~「~へ車で行く」をGoing by car「車で行く」に言い換えています。

□drive to …へ車で行く □metro 地下鉄 □much(比較級を強調して)はるかに・ずっと

2. 2_247

A: Would you like some patio seats or an indoor table?

B: We'd like to sit outside.

A: 中庭の席がよろしいですか,それとも屋内のテーブルがいいですか。

B: 屋外に座りたいです。

patioは「テラス・中庭」という意味で,日本のお店やホテルでも「パティオ」と表記されています。このsome patio seats「中庭の席」を,返答ではsit outside「外に座る」と表しています。

□Would you like ...? …はいかがですか □patio 中庭,パティオ

3. 2_248

A: Do you want to take a break or keep going?

B: Let's continue.

A: 休憩をとりたいですか,それとも続けましょうか。

B: 続けましょう。

breakは元々「壊す」で,そこから「作業の流れを壊す」→「中断・休憩」の意味があります。take a breakで「休憩をとる」です。返答では,keep going「続ける」をcontinueに言い換えています。

□take a break 休憩をとる

4. 2_249

A: Have you sent the brochures out, or should I do it?

B: I took care of it at lunch.

A: パンフレットを送りましたか,それとも私が送りましょうか。

B: 昼食のときに私が送りました。

質問文の前半は,send ~ out「~を送る」の間にbrochure「パンフレット」が入った形です。また,返答で使われているtake care of ~は「~を世話する」の意味が有名ですが,TOEICでは「仕事を世話する」→「仕事を処理する・引き受ける」といった意味でよく使われます。

□send X out Xを送る □brochure パンフレット,小冊子 □take care of …を処理する

AやBを直接述べる応答

5. 2_250

A: Would you like to leave now, or should we take the next bus?

B: Let's try to catch this one.

A: 今出発したいですか,それとも次のバスに乗った方がいいでしょうか。

B: これに乗りましょう。

返答のthis oneは「今来ているバス」のことです。catchは元々「つかむ」で,catch this oneで「このバスをつかまえる」→「このバスに乗る」となりました。

Part 2

6. 2_251

A: Are we meeting ________ ________ ________ or ________?

B: ________ ________ ________.

7. 2_252

A: Are you ________ ________ ________ ________ or ________ ________ ________ the ________?

B: I'm ________ ________ ________ ________ ________.

8. 2_253

A: Should I ________ ________ or ________ ________ ________ ________?

B: ________ ________ ________ ________ more convenient.

9. 2_254

A: ________ ________ ________ my office phone number or cell phone number?

B: Can ________ ________ ________?

10. 2_255

A: Shall ________ ________ the ________ or the ________ ________?

B: ________ ________ Grace ________ ________ anything.

解説・正解

6. 2_251

A: Are we meeting at their office or ours?

B: At our office.

A: 彼らの事務所で会いますか，それとも私たちのところにしますか。
B: われわれの事務所です。

質問文の **at their** は「アッゼァ」，返答の **At our** は「アタァ」という感じで発音されます。また，質問文の **ours** は「所有代名詞」で，**our office** を表しています。

7. 2_252

A: Are you waiting in the lobby or in front of the building?

B: I'm parked by the front entrance.

A: ロビーでお待ちでしょうか，それとも建物の前でしょうか。
B: 正面玄関に駐車しています。

返答の **I'm parked** は，**My car is parked**「私の車は駐車している」ということです（この **I** を主語にした文は特別珍しいものではありません）。また，後ろの **by** は「近接（～の近くに）」を表しています。

その他の応答

8. 2_253

A: Should I pay cash or with a credit card?

B: Whichever you think is more convenient.

A: 現金でお支払いしましょうか，それともクレジットカードにしましょうか。
B: どちらでもご都合がいいと思う方で。

「現金 **or** クレジットカード」の2択に対して，**Whichever you think is more convenient.**「どちらでも都合がいいと思う方で」と答えています。「どっちでもOK」と答える頻出パターンです。

□convenient 都合のよい

9. 2_254

A: Do you want my office phone number or cell phone number?

B: Can I have both?

A: 私のオフィスの電話番号を教えましょうか。それとも携帯電話の番号がいいですか。
B: どちらも頂けますか。

「オフィスの電話番号 **or** 携帯電話の番号」の2択に対して，どちらかではなく，**Can I have both?**「どちらも頂けますか？」と答えています。2択のうち「両方」を希望するパターンです。

10. 2_255

A: Shall I load the suitcases or the boxes first?

B: Check with Grace before doing anything.

A: 先にスーツケースを積み込みましょうか，それとも箱にしましょうか。
B: 先にGraceさんに確認してください。

Shall I ～?「～しましょうか？」という表現で，「スーツケース **or** 箱」を積み込むことを申し出ています。それに対して「(やる前に) Graceさんに確認して」と答える，典型的な「そらし」の返答パターンです。

□load …を積み込む・載せる

Mark your answer on your answer sheet.

1. 2_256　　2. 2_257　　3. 2_258　　4. 2_259　　5. 2_260

Date ／ⒶⒷⒸ? ／ⒶⒷⒸ? ／ⒶⒷⒸ?

Date ／ⒶⒷⒸ? ／ⒶⒷⒸ? ／ⒶⒷⒸ?

Date ／ⒶⒷⒸ? ／ⒶⒷⒸ? ／ⒶⒷⒸ?

Date ／ⒶⒷⒸ? ／ⒶⒷⒸ? ／ⒶⒷⒸ?

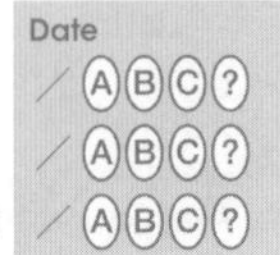

間違えた問題は，「聞き覚え」するまで何度も聞き込んで，「音の記憶力」をつくりましょう。

1. 2_256 アメリカ－オーストラリア

Did you fix the photocopier, or should we call a technician?

(A) We need to call someone.

(B) You faxed it.

(C) It's a technical issue.

コピー機を修理しましたか，それとも技術者に来てもらったほうがいいでしょうか。

(A) 誰かに来てもらう必要があります。
(B) あなたがそれをファックスで送りました。
(C) それは技術的な問題です。

「コピー機を修理した？ or 技術者を呼ぶべき？」に対し，「誰かを呼ぶ必要がある」と答えた (A) We need to call someone. が正解です。photocopier は「写真（photo）式の複写機（copier）」→「コピー機」，technician は「テクニック（technique）を持つ専門家（ian）」→「技術者」となりました。

□fix（機械）を修理する □photocopier コピー機 □technician 技術者，技師
□technical 技術上の，専門的な □issue 問題

2. 2_257 アメリカ－カナダ

Should we stay one more night or fly back today?

(A) Two days in a row.

(B) How may I assist you?

(C) I'd like to stay another night.

もう一泊しましょうか，それとも今日飛行機で戻ったほうがいいでしょうか。

(A) 2日続けてです。
(B) どうやってあなたをお手伝いしましょうか。
(C) もう一晩滞在したいと思います。

「もう一晩滞在？ or 今日戻る？」と尋ねています。質問文の stay one more night「もう一晩滞在する」を言い換えた，(C) I'd like to stay another night.「もう一晩滞在したい」が正解です。ちなみに，(A) は one more night から連想する two days を使ったひっかけです。

□fly back 飛行機で戻る □in a row 連続して，一列に並んで □assist（人）を手伝う

解説・正解

3. 2_258 イギリス−オーストラリア

Would you like to call Ms. Kato now or e-mail her later?

(A) Do you know her phone number?

(B) Oh, is that right?

(C) In her e-mail inbox.

今 Kato さんに電話をしますか，それとも後で彼女にメールをしますか。

(A) 彼女の電話番号はわかりますか。

(B) えっ，そうなんですか。

(C) 彼女のメールの受信箱にです。

「電話 or メール」の2択に対して，「電話したい」と直接答えず，(A) Do you know her phone number?「電話番号を知っている？」と聞き返すパターンです。ちなみに，(C) は e-mail という同じ単語を使ったひっかけになっています。

□inbox（メールの）受信箱

4. 2_259 オーストラリア−イギリス

Are you recycling these bottles or throwing them away?

(A) I go cycling almost every weekend.

(B) They get picked up on Wednesdays.

(C) We're throwing a party for them on Saturday.

これらのビンをリサイクルしていますか，それとも捨ててしまっていますか。

(A) 週末はたいていサイクリングに行っています。

(B) 水曜日に回収しています。

(C) 私たちは土曜日に彼らのためにパーティーを開く予定です。

「ビンを再利用する？ or 捨てる？」と聞かれています。それに対して，(B) They get picked up on Wednesdays.「水曜日に回収される」と答え，「回収日」を伝えています。この pick up は「ビンを拾い上げる」→「回収する」という意味で，それが受動態（get p.p.）になった形です（be 動詞の代わりに get を使うと「動作」を明示します）。

□recycle …を再利用する □throw away …を捨てる・廃棄する □go cycling サイクリングに行く
□get＋過去分詞 …される（受け身のように使われる）□pick up …を回収する
□throw a party パーティーを開く

5. 2_260 イギリス−カナダ

Will the sale include winter jackets or just fall clothing?

(A) It's been very cold lately.

(B) Please make sure it's switched on.

(C) Everything in the store is included.

特売には冬物のジャケットも対象ですか，それとも秋物だけですか。

(A) 最近はとても寒いです。

(B) 電源が入っているか確かめてください。

(C) お店の商品は全て含まれています。

「特売は冬のジャケットを含んでいる？ or 秋の服だけ？」に対して，「すべて含まれている」と答えた (C) Everything in the store is included. が正解です。2択のうちどちらかを選ぶのではなく，「全部」と答えるパターンになります。ちなみに，(A) は winter から連想する cold を使ったひっかけです。

□clothing 衣類 □lately 最近 □make sure that 節 …を確かめる □switch on …の電源を入れる

1(A) 2(C) 3(A) 4(B) 5(C)

Mark your answer on your answer sheet.

6. 2_261 **7.** 2_262 **8.** 2_263 **9.** 2_264 **10.** 2_265

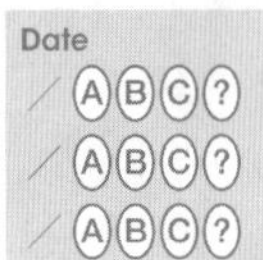

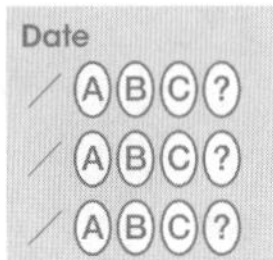

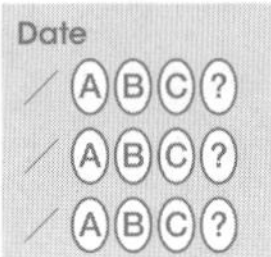

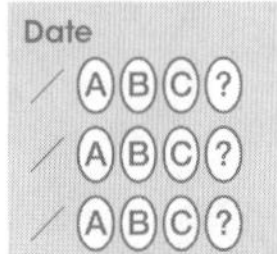

間違えた問題は，「聞き覚え」するまで何度も聞き込んで，「音の記憶力」をつくりましょう。

6. 2_261 カナダ－アメリカ

Should I get a sandwich or a cheeseburger?

(A) Which was it?

(B) It always arrives on time.

(C) The sandwiches here are fantastic.

サンドイッチにしましょうか，それともチーズバーガーにしますか。

(A) それはどれでしたか。

(B) いつも時間通りに届きます。

(C) ここはサンドイッチがとてもおいしいんです。

「サンドイッチ or チーズバーガー」の2択に対して，**(C) The sandwiches here are fantastic.**「ここのサンドイッチはとてもおいしい」と言い，「サンドイッチにしてほしい」と間接的に伝えています。**(A) Which was it?** は過去形（was）を使っているので，時制が合いません。

□on time 時間通りに

7. 2_262 アメリカ－カナダ

Do you want to ship this package by standard or express delivery?

(A) It's a beautiful yacht.

(B) Which is cheaper?

(C) It's a bit too heavy.

この小包は普通郵便で送りたいですか，それとも速達便にしますか。

(A) それは立派なヨットです。

(B) どちらが安いですか。

(C) それはいくらか重すぎます。

小包を送る方法について「普通郵便 or 速達便」と聞かれています。それに対して，**(B) Which is cheaper?**「どちらが安い？」と疑問文で答えるパターンです。by standard が何かわからなくても，「小包の発送方法」に関する質問だとわかれば正解は選べます。ちなみに，**(A)** は ship「送る」を「船」と勘違いして yacht を連想した人をひっかける選択肢です。

□ship …を送る □package 小包 □express delivery 速達便

解説・正解

8. 2_263 オーストラリア－アメリカ

Should we advertise on television or the Internet?

(A) Either would be effective.

(B) The show was televised live.

(C) Let's order it online.

テレビで宣伝する方がいいでしょうか，それともネットでしょうか。

(A) どちらも効果があるでしょう。

(B) その番組はテレビで生放送されました。

(C) ネットで注文しましょう。

「そらし」の返答パターンです。「テレビ or インターネット」という2択に対し，(A) Either would be effective.「どちらも効果がある」と答えています。(B) は television と似た音の televised を使ったひっかけ，(C) は Internet から連想する online を使ったひっかけです。

□advertise 宣伝する □effective 効果的な，有効な □televise …をテレビ放送する
□live（テレビ・ラジオで）生で，実況で

9. 2_264 カナダ－イギリス

Shall I file these documents or leave them on your desk?

(A) On the hard disk.

(B) Please leave them out for now.

(C) Before the end of the day.

書類をファイルしましょうか，それとも机の上に置いておきますか。

(A) ハードディスクに。

(B) 今はそのまま出しておいてください。

(C) 今日中です。

「書類をファイルする？ or 机に置いておく？」に対して，「今はそのまま出しておいて」と答える (B) Please leave them out for now. が正解です。leave は本来「ほったらかす」で（155ページ参照），leave ～ out で「～を外に出したままにしておく」となります。また，後ろの for now は「今のところ・ひとまず」という表現です。

□leave X out Xを外に出したままにしておく □for now 今のところ，ひとまず

10. 2_265 イギリス－オーストラリア

Can we ask questions now, or should we wait until after the presentation?

(A) Yes, in the waiting room.

(B) A lot of useful information.

(C) Please hold questions until the end.

今質問してもかまいませんか，それとも発表の後まで待ったほうがいいでしょうか。

(A) はい，待合室でです。

(B) 役に立つ情報がたくさんです。

(C) 終わるまで質問は待っていてください。

「今質問？ or 発表の後まで待つ？」に対して，(C) Please hold questions until the end.「終わるまで質問は待って」と答えています。hold は本来「保つ」で，hold questions で「質問を持ったままにする」→「質問するのを待つ・質問を控える」となりました。

□until after …の後まで

6(C) 7(B) 8(A) 9(B) 10(C)

Unit 15 ▶ 平叙文 ▶チャレンジ

疑問文と比べ,「平叙文」に対する返答は予想しにくいことが多いです。相手に尋ねるわけではないので,さまざまな返答が可能だからです。最初の文で話し手が言いたいことをしっかり理解し,自然なやりとりになる選択肢を選ぶ必要があります。

音声を聞いて空所部分を書き取ってください。

1. 2_266

A: I just found out that ________ ________ ________ ________ ________ today.

B: ________ ________ ________ ________?

2. 2_267

A: The forklift ________ ________ ________ ________ tomorrow.

B: Is there ________ ________ ________?

3. 2_268

A: The presentation last night was very ________.

B: ________ ________ ________.

4. 2_269

A: Concert tickets are much more ________ ________ ________ ________.

B: How ________ ________ ________ pay?

5. 2_270

A: We are ________ ________ ________ ________ for the printer.

B: Would ________ ________ ________ ________ order some?

解説・正解

書き取れなかった英文は，「聞き覚え」するまで何度も聞き込んで，「音の記憶力」をつくりましょう。

A:オーストラリア B:イギリス

情報提供・消息の伝達

1. 2_266

A: I just found out that we have a staff meeting today.
B: What is it about?

A: 今日，スタッフミーティングがあることをたった今知りました。
B: 議題は何ですか。

返答 What is it about? は「それは何について？・どんな内容？」という表現で，ミーティングの内容を尋ねています。日常会話でも多用される表現なので，何度も聞き込んでおきましょう。

□find out that 節 …だとわかる

2. 2_267

A: The forklift won't be fixed until tomorrow.
B: Is there another one available?

A: フォークリフトは明日まで直らないでしょう。
B: 他に使えるものが 1 台ありますか。

返答の one は forklift「フォークリフト」を指し，another one available で「利用できる他のフォークリフト」となります。この available は「フォークリフトがスタンバイ OK」→「利用できる」です。

□fix …を修理する □available 利用できる

驚き・感心・称賛

3. 2_268

A: The presentation last night was very informative.
B: It certainly was.

A: 昨夜のプレゼンテーションはとても有益でした。
B: 確かにそうでした。

informative は「役立つ内容を知らせる（inform）ような」→「有益な」となりました。返答は，It certainly was {very informative}.「確かにとても有益だった」ということです。

□informative 有益な □certainly 確かに

4. 2_269

A: Concert tickets are much more affordable than I expected.
B: How much did you pay?

A: コンサートのチケットは思ったよりもかなりお手頃でした。
B: いくら払いましたか。

affordable は afford「～する余裕がある」に「可能・受動」を表す "-able" がついた形で，「余裕で購入されることができる」→「手頃な」となりました。また，much は比較級を強調しています。

□affordable 手頃な，高くない (=reasonable) □much（比較級を強調して）はるかに・ずっと

問題発生

5. 2_270

A: We are running out of toner for the printer.
B: Would you like me to order some?

A: プリンターのトナーが切れそうです。
B: 私がいくつか注文しましょうか。

run out of ～「～を切らす」という熟語で，「トナーが切れそう」と報告しています。それに対して，Would you like me to ～?「私が～しましょうか？」という表現で「注文する」ことを申し出ています。

□run out of …がなくなる

6. 2_271

A: ________ ________ the information in this document is ________.

B: I hope ________ ________ ________ to ________ it.

7. 2_272

A: ________ ________ ________ ________ ________ a longer vacation.

B: How ________ ________ ________ ________ gone for?

8. 2_273

A: I'd like to know ________ ________ ________ ________ ________ Web page.

B: ________ ________ ________.

9. 2_274

A: I thought ________ ________ ________ ________ ________ ________.

B: Yeah, it ________ ________ ________ ________.

10. 2_275

A: I ________ who ________ ________ ________ here.

B: It ________ ________ ________ Daisuke.

解説・正解

6. 2_271

A: Some of the information in this document is incorrect.

B: I hope there's still time to revise it.

A: この文書にはいくつか誤っている情報があります。
B: 修正する時間がまだあればいいのですが。

「文書に誤った情報がある」というトラブルに対し，I hope ～「～だといいなあ」の形で希望を述べています。I hope は後ろに「プラス情報」がくることを予告する表現です（I'm afraid ～ と逆のイメージ）。

□incorrect 誤った　□revise …を修正する

意見・考え

7. 2_272

A: I wish I could take a longer vacation.

B: How long will you be gone for?

A: もっと長い休暇を取れたらいいのですが。
B: どのくらい不在にする予定ですか。

I wish I could ～「～できたらいいなあ」という仮定法の表現で，「(ありえないことを）望む」場合に使います。ちなみに「(ありえることを）望む」場合には，wish ではなく want や hope を使います。

□I wish I could …できればいいのだが

8. 2_273

A: I'd like to know what you think about this Web page.

B: It's well organized.

A: このウェブページについてあなたがどう思うか知りたいのですが。
B: うまくまとまっています。

I'd like to know what you think about ～. は「間接疑問文」で，直接「～についてどう思う？」と聞くのではなく，「どう思うか知りたいのですが」と間接的に尋ねています。

□organized 整理された，まとまった

疑問・気がかり

9. 2_274

A: I thought our order would have arrived already.

B: Yeah, it never takes this long.

A: 注文品はもう届いているはずだと思ったのですが。
B: ええ，こんなに長くかかることはありません。

文の述部が「過去形（thought)」なので，「未来完了形（will have p.p.)」の will を過去形に合わせて would にした形です。返答ではこれに Yeah と同意し，it never takes this long「こんなに長く（時間が）かかることはない」と言っています（this は副詞「こんなに」です)。

□this 副 こんなに

10. 2_275

A: I wonder who stacked these boxes here.

B: It might have been Daisuke.

A: 誰がここに箱を積んだんだろう。
B: Daisuke さんかもしれません。

I wonder who ～. は，直訳「誰が～したか不思議に思う」→「誰が～したのだろう」となります。間接疑問文で「箱を積んだ人」について尋ねているわけです。それに対して，might have p.p.「～だったかもしれない」の形を使って，It might have been Daisuke.「Daisuke さんだった（Daisuke さんが積んだ）かもしれない」と答えています。

□wonder …を不思議に思う　□stack …を積む　□might have 過去分詞 …だったかもしれない

Part 2 Unit 15 ▶ 平叙文 ▶ 練習問題

Mark your answer on your answer sheet.

1. 2_276

Date
/ Ⓐ Ⓑ Ⓒ ?
/ Ⓐ Ⓑ Ⓒ ?
/ Ⓐ Ⓑ Ⓒ ?

2. 2_277

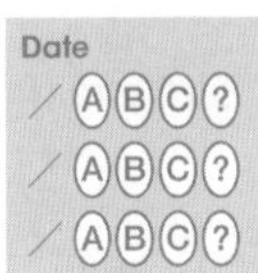

3. 2_278

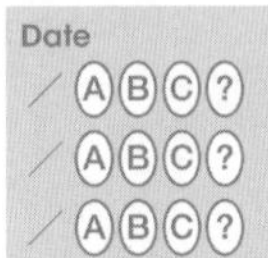

4. 2_279

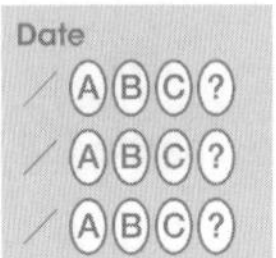

5. 2_280

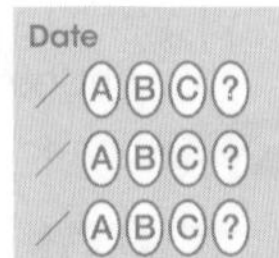

間違えた問題は，「聞き覚え」するまで何度も聞き込んで，「音の記憶力」をつくりましょう。

1. 2_276 アメリカ→オーストラリア

The marketing seminar yesterday wasn't very interesting.

(A) What would you change?

(B) An intensive review.

(C) At the next stop.

昨日のマーケティングセミナーはたいして興味深いものではありませんでした。

(A) あなたなら何を変えますか。
(B) 集中点検です。
(C) 次の停留所です。

「昨日のセミナーはあまり興味深いものでなかった」という感想に対し，(A) What would you change?「あなたなら何を変えますか？」と質問する文が正解です。平叙文に「疑問文で答える」こともあるわけです。ちなみに，(B) は seminar から連想する review を使ったひっかけです。

□intensive 集中的な，徹底的な □review 点検

2. 2_277 イギリス→カナダ

The supermarket is so busy this evening.

(A) Meat and produce.

(B) They're having a sale today.

(C) Seven o'clock in the evening.

今晩はスーパーがとても混んでいます。

(A) 肉と青果です。
(B) 今日はセールをしています。
(C) 夜７時です。

「スーパーがとても混んでいる」に対し，「混んでいる理由」を述べた (B) They're having a sale today.「今日はセールの最中」が正解です。(A) Meat and produce.「肉と青果」は，supermarket からの連想を利用したひっかけになっています（この produce は名詞「農産物」という意味で，Part 1 の「まとめ単語」としても重要です）。

□busy 混んでいる □produce（野菜や果物などの）農産物

解説・正解

3. 2_278 カナダ―アメリカ

The heating in my apartment has stopped working.

(A) He works at a bank.

(B) Didn't you just get it fixed?

(C) Is it on the fourth floor?

私のアパートの暖房が動かなくなってしまいました。

(A) 彼は銀行で働いています。
(B) 直してもらったばかりではなかったんですか。
(C) それは4階ですか。

「アパートの暖房が止まった」に対し，(B) Didn't you just get it fixed?「直していなかったの？」と驚きを伝えています。get X p.p.「Xが～される」の形で，get it fixed「それ（暖房）が修理される」→「暖房を修理してもらう」となります。

□heating 暖房（設備） □work 機能する，作動する □fix …を修理する

4. 2_279 オーストラリア―イギリス

I'm sure we can find a similar apartment for much less.

(A) Marlene is my neighbor.

(B) We just left.

(C) You're probably right.

同じようなアパートでずっと安い所は確実に見つかります。

(A) Marlene は私の近所の人です。
(B) 私たちは出かけたばかりです。
(C) おそらくあなたの言う通りでしょう。

文末の for much less は「(そのアパートより) はるかに安い値段で」ということです（less には代名詞「より少ない値段」という意味があり，それを much が強調しています）。この考えに同意を示した，(C) You're probably right.「おそらくあなたの言う通り」が正解です。

5. 2_280 オーストラリア―アメリカ

Our new coffee table was scratched during delivery.

(A) We should have moved it ourselves.

(B) They deliver excellent results.

(C) I'm waiting for them to arrive.

新しいコーヒーテーブルは配達中に傷がつきました。

(A) 自分たちで運べばよかったですね。
(B) 彼らは素晴らしい実績を挙げます。
(C) 届くのを待っています。

「配達中に傷がついた」に対して，「自分たちで運ぶべきだった」という後悔を述べた，(A) We should have moved it ourselves. が正解です（should have p.p.「～すべきだったのに」の形)。ちなみに，文末の ourselves は再帰代名詞で，「私たち自身で」と強調しています。

□scratch …に傷をつける，…をひっかく □delivery 配達 □should have 過去分詞 …すべきだったのに
□deliver results 結果をもたらす，実績を挙げる

1(A) 2(B) 3(B) 4(C) 5(A)

Mark your answer on your answer sheet.

6. 2_281 **7.** 2_282 **8.** 2_283 **9.** 2_284 **10.** 2_285

Date
／ⒶⒷⒸ?
／ⒶⒷⒸ?
／ⒶⒷⒸ?

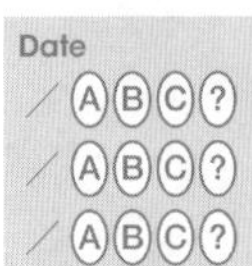

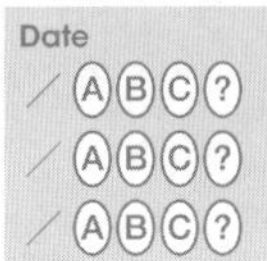

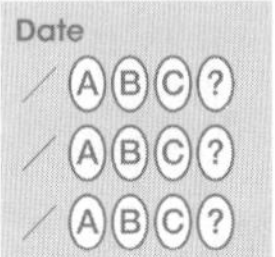

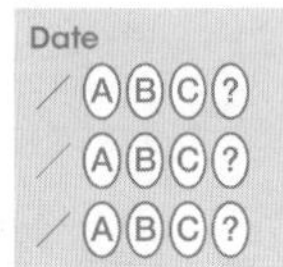

間違えた問題は，「聞き覚え」するまで何度も聞き込んで，「音の記憶力」をつくりましょう。

6. 2_281 アメリカ→カナダ

I heard a rumor that we're all getting bonuses.

(A) Are they going to announce it to everyone?

(B) It's not as hard as it seems.

(C) Around the same time every year.

私たちは全員，ボーナスがもらえるという噂を聞きました。

(A) そのことはみんなに発表されるのでしょうか。
(B) 見かけほど難しくありません。
(C) 毎年だいたい同じ時期です。

that は「同格」で，I heard a rumor that ～「～という噂を聞いた」となっています。それに対して，あくまで噂なので「発表があるの？」と質問した，(A) Are they going to announce it to everyone? が正解です。ちなみに，(B) は heard と似た音の hard を使ったひっかけです。

□rumor 噂 □announce …を発表する

7. 2_282 カナダ→アメリカ

That was the worst play I've seen in months.

(A) Next to the box office.

(B) Please call the reception desk.

(C) I'm surprised critics gave it good reviews.

あれはこの数か月間に見た中で，最悪の芝居でした。

(A) チケット売り場の隣です。
(B) 受付に電話してください。
(C) 評論家の評価が良かったのが不思議です。

「この数か月で見た最悪の芝居だった」という感想に対して，(C) I'm surprised critics gave it good reviews.「評論家の評価が良かったのが不思議だ」と驚きを述べています。give ～ a good review「～に良い評価を与える」という表現で，今回は～に it（=play「芝居」）が入った形です。

□next to …の隣に □box office（劇場や映画館の）チケット売り場 □reception desk 受付，フロント
□critic 批評家，評論家

解説・正解

8. 2_283 イギリス－オーストラリア

I'm leaving to pick up Mr. Igarashi at the airport.

(A) Business class or coach?

(B) Shall I go with you?

(C) In the mall.

Igarashi さんを空港で出迎えに行ってきます。

(A) ビジネスクラスですか，エコノミーですか。

(B) 一緒に行きましょうか。

(C) ショッピングモールでです。

pick up は「車で人を拾い上げる」→「車で迎えに行く」という意味で，「Igarashi さんを空港で出迎える」となります。それに対して，「同行しようか？」と申し出る (B) Shall I go with you? が正解です。ちなみに，(A) は airport から連想する business class を使ったひっかけです。

□pick up 車で迎えに行く　□coach（飛行機・列車の）エコノミークラス

9. 2_284 オーストラリア－アメリカ

I forgot how often the company newsletter comes out.

(A) Twice a month.

(B) Fifty percent off.

(C) Thank you.

どのくらいの頻度で社内報が発行されているのか忘れました。

(A) 月に２回です。

(B) 50%引きです。

(C) ありがとう。

I forgot how often ～.「～の頻度を忘れた」と言っているので，頻度を伝える (A) Twice a month.「月に２回」が正解です（この a は「～につき」です）。ちなみに，come out は「外に（out）出てくる（come）」→「発行される・出版される」という熟語で，TOEIC によく出てきます。

□company newsletter 社内報　□come out 発行される，出版される

10. 2_285 カナダ－イギリス

I wonder how many people will come to the workshop.

(A) Why do you need to know?

(B) To improve participants' sales techniques.

(C) Many people were there.

ワークショップに何人来るんだろう。

(A) なぜそれを知る必要があるのですか。

(B) 参加者の営業テクニックを向上させるためです。

(C) 多くの人がそこにいました。

I wonder how many people ～. で「ワークショップに来る人数」を知りたがっています。それに対して「○○人」と答えるのではなく，(A) Why do you need to know?「なぜ知る必要があるの？」と聞き返すパターンです。ちなみに，(B) は workshop から連想する participant を使ったひっかけ，(C) は同じ many people という語句を使ったひっかけです。

□improve …を向上させる・上達させる　□participant 参加者

6(A)　7(C)　8(B)　9(A)　10(A)

Part 2 Unit 16 ▶ まとめ問題

Mark your answer on your answer sheet.

1. 2_286

Date
／ Ⓐ Ⓑ Ⓒ ?
／ Ⓐ Ⓑ Ⓒ ?
／ Ⓐ Ⓑ Ⓒ ?

2. 2_287

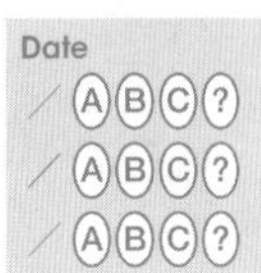

3. 2_288

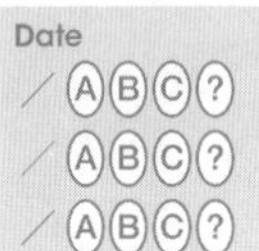

4. 2_289

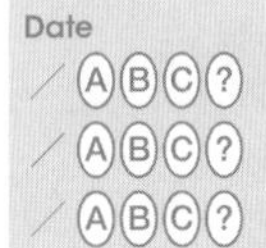

5. 2_290

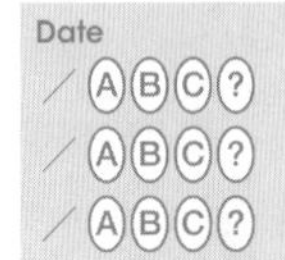

間違えた問題は，「聞き覚え」するまで何度も聞き込んで，「音の記憶力」をつくりましょう。

1. 2_286 アメリカ－オーストラリア

When will the mailing list become available?

(A) Yes, I want one.

(B) Not the address list.

(C) Sometime this week.

メーリングリストはいつできますか。

(A) はい，1つお願いします。

(B) 住所録ではありません。

(C) 今週中には。

When will の聞き取りがポイントです（will は軽く「ゥル」と発音されます）。「～はいつ手に入る？」に対し，**(C) Sometime this week.**「今週のいつか・今週中には」と少し漠然とした時間を答えるパターンです。また，**available** は「メーリングリストがスタンバイ OK」→「手に入る」を表しています。

□**mailing list** メーリングリスト　□**available** 手に入る，入手できる

2. 2_287 イギリス－カナダ

Would you like to join us for lunch?

(A) A bunch of us saw the presentation.

(B) Let me check my calendar.

(C) The office is around the corner.

ランチをご一緒しませんか。

(A) 私たちのうちの大勢がプレゼンテーションを見ました。

(B) 予定を確認してみます。

(C) オフィスはその角の辺りです。

「そらし」の返答パターンです。Would you like to ～?「～しませんか？」という提案に対して，**(B) Let me check my calendar.**「予定を確認させて」とそらした答え方をしています。この **calendar** は「予定（表）」で，実際の英会話でもよく使われます。

□**join** …に加わる　□**a bunch of** たくさんの…

解説・正解

3. 2_288 アメリカ−カナダ

How long are you going to be away from your office?

(A) About four hours ago.

(B) Only for one or two hours.

(C) Yes, it's a few minutes away.

あなたはどれぐらいの間，出かけている予定ですか。

(A) 大体4時間前です。

(B) 1，2時間だけです。

(C) はい，数分行ったところです。

How long 〜? で「期間」を尋ねているので，(B) Only for one or two hours. が正解です（for が「期間」を表しています）。(A) は ago「今から〜前に」で過去の特定地点を表しているので，How long 〜? に対する返答にはなりません（When に対する返答なら正解です）。また，(C) は How long 〜? に対して Yes と答えている時点でアウトです。

□be away from …から離れて □a few minutes away 数分の距離で

4. 2_289 オーストラリア−イギリス

Pardon me, which way is it to the meeting room?

(A) Down this hall on your right.

(B) Yes, they went to the meeting.

(C) He wasn't able to attend.

すみませんが，会議室へはどうやって行けますか。

(A) この廊下を行った先の右側です。

(B) はい，彼らはミーティングに行きました。

(C) 彼は出席できませんでした。

which way is it to 〜? の way は「方向」で，「〜はどの方向にある？・どうやって行けばいい？」となります。「会議室への行き方」を尋ねているので，(A) Down this hall on your right.「この廊下を行った先の右側」が正解です（down は「今いる場所から離れて」という意味）。

□down the hall 廊下を行ったところに □on one's right …の右側に □attend 出席する

5. 2_290 カナダ−イギリス

Where can I store my carry-on bag?

(A) Before the plane takes off.

(B) Items may shift during the flight.

(C) How big is it?

機内持ち込み手荷物はどこにしまったらいいでしょうか。

(A) 飛行機が離陸する前です。

(B) 品物は飛行中に動いてしまうかもしれません。

(C) どのくらいの大きさですか。

質問文の store は動詞「保管する・しまう」で，「〜をどこにしまえばいい？」と尋ねています。それに対して「場所」を答えるのではなく，(C) How big is it?「どのくらいの大きさ？」と疑問文で聞き返すパターンです。ちなみに，(A) は carry-on bag から連想する plane と take off，(B) は flight を使ったひっかけです。

□store …を保管する・しまう □carry-on bag 機内持ち込み用の手荷物 □item 品物
□shift 動く，位置を変える

1(C) 2(B) 3(B) 4(A) 5(C)

Mark your answer on your answer sheet.

6. 2_291　**7.** 2_292　**8.** 2_293　**9.** 2_294　**10.** 2_295

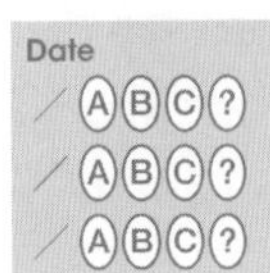

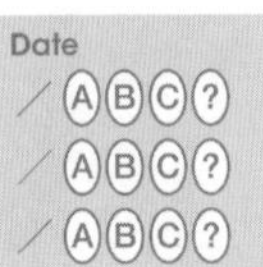

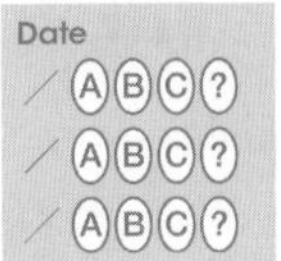

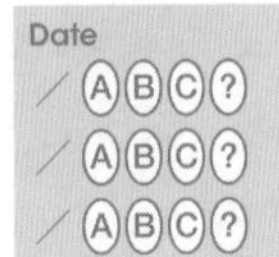

間違えた問題は，「聞き覚え」するまで何度も聞き込んで，「音の記憶力」をつくりましょう。

6. 2_291 オーストラリアーアメリカ

When does your flight to Rome leave?

(A) Not until late this evening.

(B) It took place last month in Italy.

(C) From the international terminal.

ローマ行きの便はいつ出発しますか。

(A) 今晩遅くなってからです。

(B) それはイタリアで先月行われました。

(C) 国際線ターミナルからです。

When ～? に対して，(A) Not until late this evening.「今晩遅くなってから」と漠然とした時間を答えるパターンです。"Not until 時間" は，直訳「時間 まで～しない」→「時間 になったらする」を表します。ちなみに，(B) は「未来」のことを尋ねているのに「過去形」で答えているのでアウトです。

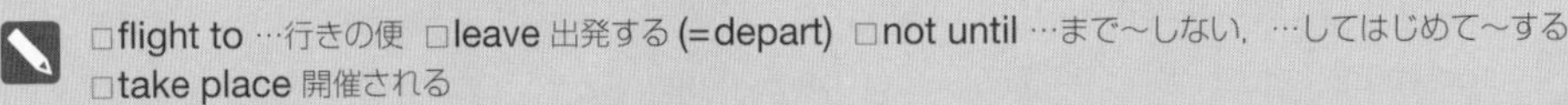

□flight to …行きの便　□leave 出発する (=depart)　□not until …まで～しない，…してはじめて～する
□take place 開催される

7. 2_292 カナダーアメリカ

Why did you have to call maintenance?

(A) They hardly ever pick up.

(B) No, I won't be able to.

(C) I couldn't unlock the door.

なぜメンテナンスに電話しなければならなかったのですか。

(A) 彼らはめったに電話に出ません。

(B) いいえ，私はできません。

(C) ドアの鍵を開けられなかったのです。

Why ～? で「電話した理由」を聞かれているので，その理由を述べた (C) I couldn't unlock the door.「ドアの鍵を開けられなかったから」が正解です。ちなみに，(A) の pick up には「電話（受話器）を拾い上げる」→「電話に出る」という意味があり，call からの連想を利用したひっかけになっています。

□maintenance メンテナンス　□hardly ever めったに…しない　□pick up 電話に出る
□unlock …の鍵を開ける

解説・正解

8. 2_293 イギリス－オーストラリア

What floor is your office on?

(A) With a vacuum cleaner.

(B) We moved here last year.

(C) The one below yours.

あなたの事務所は何階ですか。

(A) 電気掃除機を使って。

(B) 去年ここに引っ越してきました。

(C) あなたの階の１つ下です。

What floor ～? で「あなたの事務所は何階？」と尋ねています。それに対して，具体的に「○階」と答えるのではなく，(C) The one below yours.「あなたの階の１つ下」と答えています（one は floor を指しています）。この「one を使った返答」は Part 2 頻出です。

□floor 階　□vacuum cleaner 電気掃除機

9. 2_294 イギリス－カナダ

How did you hear about this restaurant?

(A) Yes, they are eating now.

(B) I know the kitchen manager.

(C) About three weeks ago.

このレストランのことをどうやって知りましたか。

(A) はい，彼らは食事中です。

(B) 調理場のマネジャーと知り合いです。

(C) 約３週間前です。

How を単独で使い，「～についてどうやって聞いた？」と言っています。「レストランを知った方法」を尋ねているので，「知り合いがいたから」と答えた (B) I know the kitchen manager. が正解です。ちなみに，(A) は restaurant から連想する eat を使ったひっかけです。

10. 2_295 アメリカ－オーストラリア

You ordered more folders, didn't you?

(A) Yes, we were running out of stock.

(B) Let me repeat your order.

(C) No, don't fold it any more.

書類フォルダーを追加注文しましたよね。

(A) はい，もう在庫が尽きかけていました。

(B) ご注文を繰り返させていただきます。

(C) いいえ，これ以上は折り重ねないでください。

「付加疑問（～, didn't you?）」は返答の Yes/No に影響しません。よって，返答の (A) Yes は「注文した」を表し，その後の we were running out of stock「在庫が切れかけていた」が注文した理由になっています。ちなみに，(B) は同じ単語の order を使ったひっかけ，(C) は folders と似た音の fold を使ったひっかけです。

□folder フォルダー，書類ばさみ　□run out of stock 在庫が尽きる　□fold …を折り重ねる

Part 2

6(A) 7(C) 8(C) 9(B) 10(A)

Mark your answer on your answer sheet.

11. 2_296

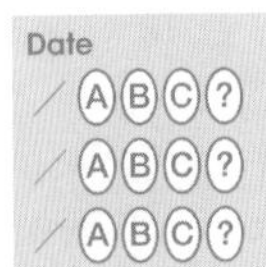

12. 2_297

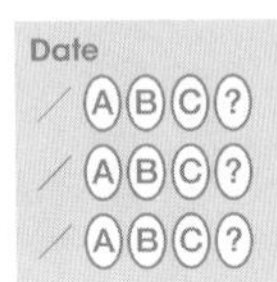

13. 2_298

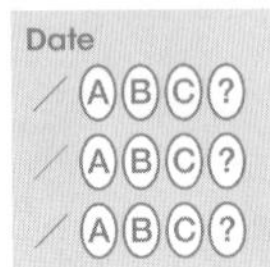

14. 2_299

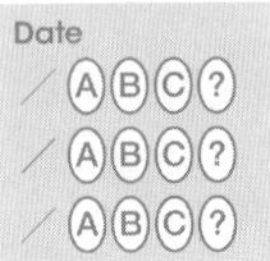

15. 2_300

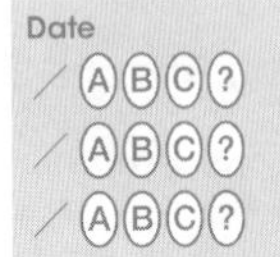

間違えた問題は，「聞き覚え」するまで何度も聞き込んで，「音の記憶力」をつくりましょう。

11. 2_296 イギリス－アメリカ

The advertising team came up with a good promotional campaign, didn't they?

(A) No, he's not that interested in the election.

(B) Yes, she went up there last week.

(C) The public really seemed to like it.

広告チームは有効な販売促進キャンペーンを思いつきましたよね。

(A) いいえ，彼は選挙にそんなに関心がありません。

(B) はい，彼女はそこに先週行きました。

(C) 大衆受けが良かったようです。

「有効な販売促進キャンペーンを思いついたよね？」に対して，同意を示した (C) The public really seemed to like it. が正解です。seem to ～「～に見える・～のようだ」の形で，直訳「大衆は本当にそれ（販売促進キャンペーン）を好んだようだ」→「大衆受けが本当に良かったようだ」となります。

□come up with …を思い付く □promotional 販売促進用の □campaign キャンペーン □that 副 それほど，そんなに □be interested in …に興味がある □election 選挙 □go up 上って行く □the public 大衆

12. 2_297 カナダ－アメリカ

Where do you keep the cups?

(A) It's fifty cents a cup.

(B) On the bottom shelf of the cabinet.

(C) Those are my brand new coffee mugs.

カップをどこに置いていますか。

(A) 1杯50セントです。

(B) 棚の一番下の段です。

(C) それらは私の，買ったばかりのコーヒー用マグカップです。

Where ～?「どこ？」と尋ねているので，「場所」を答えた (B) On the bottom shelf of the cabinet.「棚の一番下の段」が正解です。TOEIC には，shelf「棚」や cabinet「キャビネット・戸棚」がやたらと出てきます。ちなみに，(C) は cup から連想する coffee mugs を使ったひっかけです。

□bottom 底 □shelf 棚 □cabinet キャビネット，戸棚 □brand new 新品の，買ったばかりの

解説・正解

13. 2_298 カナダ−オーストラリア

Would you like to go to the park or the museum?

(A) I won't be working this afternoon.

(B) She seems very amusing.

(C) It's such nice weather.

公園に行きたいですか，それとも博物館がいいですか。

(A) 私は今日の午後は働きません。

(B) 彼女は非常に面白い人みたいです。

(C) 本当に良い天気ですからね。

Would you like to ～?「～しませんか？」の形で，「公園 or 博物館」に行くことを提案しています。それに対して (C) It's such nice weather.「本当に良い天気だ」と言い，「屋内より屋外の方がいい」→「（博物館より）公園に行きたい」と示唆していると考えられます。かなり答え方をひねってあるので，消去法で選ぶのもアリです。

□museum 博物館 □amusing 面白い，楽しい

14. 2_299 オーストラリア−アメリカ

Whose papers are these?

(A) Just a few minutes ago.

(B) Someone who was talking to Angie.

(C) Everything seems to be in order.

これは誰の書類ですか。

(A) ほんの数分前です。

(B) Angie と話をしていた人のです。

(C) すべて整理されているようです。

「フーズ」の後に「名詞（papers）」が続いているので，Who's ではなく "Whose" だと判断します。「誰の書類？」に対して，具体的な名前ではなく，(B) Someone who was talking to Angie.「Angie と話していた人」と少しボカして答えるパターンです。

□papers pl. 書類，文書 □in order 整っていて，使われる状態で

15. 2_300 アメリカ−カナダ

Aren't you coming to Ms. Dorn's farewell party?

(A) I completely forgot about it.

(B) She told me she was leaving.

(C) It's not that far away.

Dorn さんの送別会に行かないのですか。

(A) すっかり忘れていました。

(B) 彼女は私に出発するところだと言いました。

(C) あまり遠くありません。

「否定疑問文」で，かつ現在進行形で「予定」を表しています。「送別会に行かない予定？」に対し，Yes/No ではなく，(A) I completely forgot about it.「すっかり忘れていた」と答える「そらし」の返答パターンです。ちなみに，(B) は farewell から連想する leaving を使ったひっかけ，(C) は farewell と似た音の far away を使ったひっかけです。

□farewell 別れの，送別の □completely 完全に □that 副 それほど，そんなに

11(C) 12(B) 13(C) 14(B) 15(A)

Mark your answer on your answer sheet.

16. 2_301

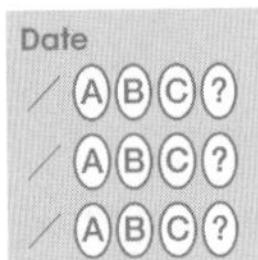

17. 2_302

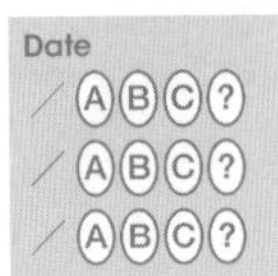

18. 2_303

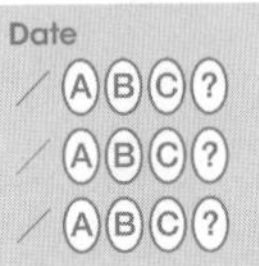

19. 2_304

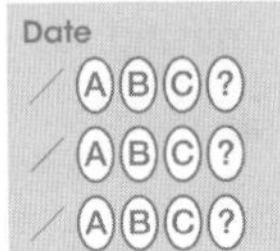

20. 2_305

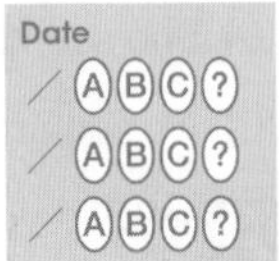

間違えた問題は，「聞き覚え」するまで何度も聞き込んで，「音の記憶力」をつくりましょう。

16. 2_301 アメリカ−イギリス

The contractor for the construction work is still short of workers.

(A) Yes, I thought he was much taller.

(B) We'll have to sort them in the warehouse.

(C) Is that going to be a problem?

建設工事を行う業者では作業員がまだ不足しています。

(A) はい，彼はずっと背が高いと思いました。

(B) 私たちは倉庫でそれらを整理する必要があります。

(C) それは問題になりそうでしょうか。

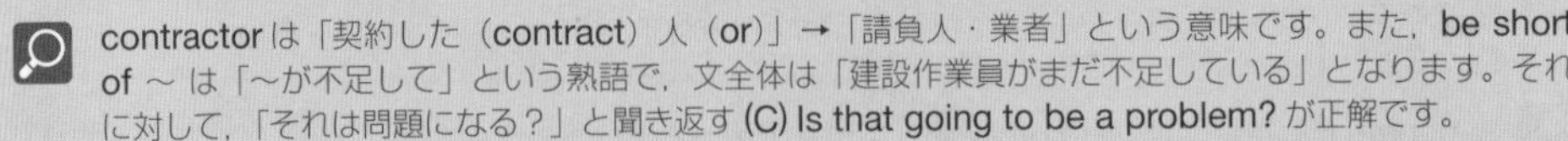

contractor は「契約した（contract）人（or）」→「請負人・業者」という意味です。また，be short of ～ は「～が不足して」という熟語で，文全体は「建設作業員がまだ不足している」となります。それに対して，「それは問題になる？」と聞き返す (C) Is that going to be a problem? が正解です。

□contractor 建築の請負人・業者 □construction work 建設作業 □be short of …が不足している □sort …を整理する □warehouse 倉庫

17. 2_302 カナダ−イギリス

Are you going to talk to Khalid in person, or by phone?

(A) He's an awfully nice person.

(B) He'll be here at eleven-thirty.

(C) Here is the completed form.

Khalid に直接話す予定ですか，それとも電話にしますか。

(A) 彼はとても良い人です。

(B) 彼は 11 時半にここに来ます。

(C) こちらが記入済み用紙です。

「直接話す or 電話」と尋ねています。それに対して，(B) He'll be here at eleven-thirty. と答え，「彼は 11 時半にここに来る」→「(その時に) 直接話す」と伝えています。ちなみに，in person の in は「形式」を表し，「人・自分（person）という形式で（in）」→「自分が・直接」となりました。

□in person（代理ではなく）自分が，直接 □awfully 非常に，ひどく

解説・正解

18. 2_303 イギリス－オーストラリア

Do you know what the distribution plan is for our new product?

(A) They're going to discuss it today.

(B) Actually, the company's sales are down.

(C) Overall, productivity is up.

私たちの新製品の配送計画はどのようなものか知っていますか。

(A) 今日，そのことについての話し合いがある予定です。

(B) 実は，会社の売り上げは落ちています。

(C) 全体的に見て，生産性は上がっています。

Do you know what ～? は「間接疑問文」で，What ～? を丁寧にした文です。「新製品の配送計画」に関して尋ねていますが，その内容を述べるのではなく，(A) They're going to discuss it today.「今日それについて話し合う予定」と答える「そらし」の返答パターンです（it は distribution plan を指しています）。

□distribution 配送，分配，配布 □down 落ちている，下がっている □overall 全般的に
□productivity 生産性，生産力

19. 2_304 イギリス－カナダ

Who's helping Keith with the invitations?

(A) Yes, we'll invite everyone.

(B) To more than forty guests.

(C) Joanne is helping him.

案内状の仕事では誰が Keith を手伝っているのですか。

(A) はい，私たちはみんなを招待します。

(B) 40 人以上のゲスト宛です。

(C) Joanne が彼を手伝っています。

「フーズ」の後に helping ～ と続いているので，Whose ではなく "Who's" だと判断します（Who is helping ～ という「現在進行形」の形）。後ろは help 人 with ～「人の～を手伝う」の形で「Keith を手伝っている人」を聞いているので，(C) Joanne is helping him. が正解です。

□help X with Xの…を手伝う □invitation 案内状

20. 2_305 オーストラリア－カナダ

When do you expect to have the survey summary written?

(A) It should be finished by Friday.

(B) No, I don't expect any calls today.

(C) It has been rather hot lately.

その調査の概要はいつ書いてもらえそうですか。

(A) 金曜日までには終わるはずです。

(B) いいえ，今日は私に電話はかかって来ないと思います。

(C) 最近はかなり暑くなっています。

expect to ～「～するつもり・～するのを待つ」の後ろは have X p.p.「Xが～される」の形で，have the survey summary written「調査の要約が書かれる」となっています。「調査の要約を書いてもらう時期」を聞いているので，「金曜日までには終わるはず」と答えた (A) It should be finished by Friday. が正解です。

□expect to *do* …することを待つ □have X written Xを書いてもらう □summary 要約 □lately 最近

16(C) 17(B) 18(A) 19(C) 20(A)

Mark your answer on your answer sheet.

21. 2_306

Date
／ Ⓐ Ⓑ Ⓒ ⓟ
／ Ⓐ Ⓑ Ⓒ ⓟ
／ Ⓐ Ⓑ Ⓒ ⓟ

22. 2_307

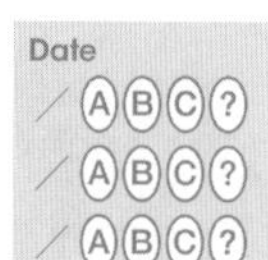

23. 2_308

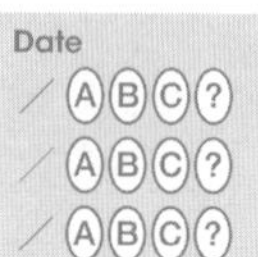

24. 2_309

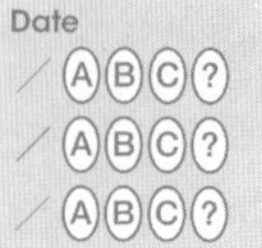

25. 2_310

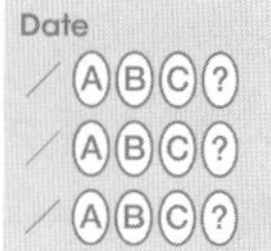

間違えた問題は，「聞き覚え」するまで何度も聞き込んで，「音の記憶力」をつくりましょう。

21. 2_306 アメリカ－オーストラリア

Who's going to meet the clients at the airport?

(A) When their flight arrives.

(B) The supervisor.

(C) It's going fine.

誰が空港でお客様を出迎えるのですか。

(A) 飛行機が着いたときです。

(B) 上司です。

(C) 順調に進んでいます。

「フーズ」の後に going to ～ と続いているので，"Who's" だと判断します（is going to ～「～する予定」の形）。Who ～?「誰？」に対する返答として適切なのは，**(B) The supervisor.**「上司」です。supervisor は「上から（super）見る（vise＝vision）人（or）」→「上司」となりました。

□client 顧客　□flight フライト，飛行機の便　□supervisor 上司

22. 2_307 オーストラリア－イギリス

Where did you find the paper for the printer?

(A) Some magazines and newspapers.

(B) In the storage room.

(C) There are several options.

プリンター用紙はどこにありましたか。

(A) 雑誌が数冊と新聞が数部です。

(B) 保管室です。

(C) いくつかの選択肢があります。

Where ～?「どこ？」と尋ねているので，「場所」を答えた **(B) In the storage room.**「保管室」が正解です。storage は「保管する（store）こと（age）」→「保管・保管所」で，スマホなどでも「ストレージ（データの保管場所）」と使われています。

□storage room 保管室　□option 選択肢

解説・正解

23. 2_308 カナダ—アメリカ

You've visited this place before, haven't you?

(A) Yes, a few months ago.

(B) The cabinet is locked.

(C) Sure, by three o'clock.

この場所を以前訪れたことがありますよね。

(A) はい，数か月前です。
(B) 戸棚には鍵がかかっています。
(C) もちろん，3時までには。

「付加疑問（〜, haven't you?）」は返答のYes/Noに影響しません。よって，(A) Yesは「訪れたことがある」を表し，その後のa few months ago「数か月前に」でその時期を付け加えています。ちなみに，You've visited 〜 のveは聞き取りにくいですが，文末の 〜, haven't you? から「現在完了」と判断することができます。

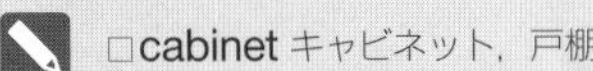

□cabinet キャビネット，戸棚

24. 2_309 カナダ—イギリス

Can you fill out this survey before lunch?

(A) How about that new Mexican place?

(B) I think it's already full.

(C) Sorry, but I'm really busy.

このアンケートに昼食前に記入してくれませんか。

(A) あの新しいメキシコ料理店はどうですか。
(B) もう人でいっぱいだと思います。
(C) すみませんが，私はかなり忙しいです。

Can you 〜?「〜してくれない？」という依頼表現で，「アンケートへの記入」をお願いしています。その依頼を「忙しい」と言って断る(C) Sorry, but I'm really busy.が正解です。提案・依頼を「忙しい」と言って断るパターンはPart 2だけでなく，Part 3でもよく出てきます。

□fill out …に記入する　□survey 調査，アンケート

25. 2_310 オーストラリア—アメリカ

How should I distribute the participant surveys?

(A) More than forty people.

(B) Did you get their e-mail addresses?

(C) Once or twice a month.

どうやって参加者アンケートを配ればいいでしょうか。

(A) 40人以上です。
(B) 彼らのメールアドレスを聞きましたか。
(C) 月に1，2回です。

Howを単独で使って，「アンケートを配る方法」を尋ねています。それに対して，直接「配る方法」を答えるのではなく，(B) Did you get their e-mail addresses?「彼らのメールアドレスを聞いた？」と疑問文で答えるパターンです。「アドレスを持っていれば，メールで配ればいい」と示唆しています。

□distribute …を配る・配布する　□participant 参加者

Part 2

21(B) 22(B) 23(A) 24(C) 25(B)

Mark your answer on your answer sheet.

26. 2_311

Date

27. 2_312

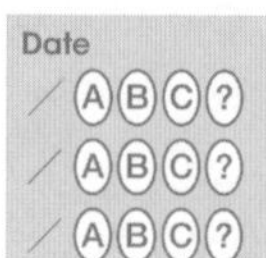

28. 2_313

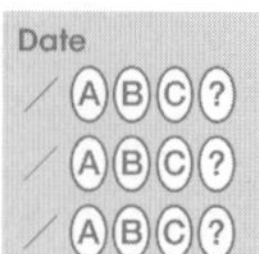

29. 2_314

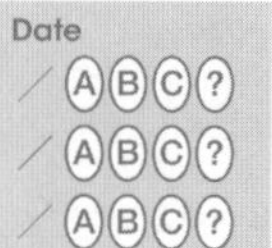

30. 2_315

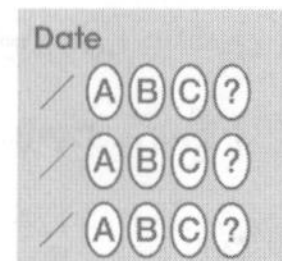

間違えた問題は，「聞き覚え」するまで何度も聞き込んで，「音の記憶力」をつくりましょう。

26. 2_311 アメリカ−カナダ

Have they already started the factory construction?

(A) Yes, just last week.

(B) It looks handmade.

(C) Her instructions were very clear.

彼らはもう工場の建設を始めたのですか。

(A) はい，先週始めたばかりです。

(B) それは手作りのようです。

(C) 彼女の指示はかなり明確でした。

「工場の建設を始めた？」に対し，**(A) Yes**「始めた」と答え，**just last week** とその時期を付け加えています。こういった「情報追加」のパターンは Part 2 頻出で，**Yes/No** と言った後に，「詳細事項・理由」などを述べることはよくあります。ちなみに，**(C)** は **construction** と似た音の **instructions** を使ったひっかけです。

 □construction 建設　□handmade 手作りの，お手製の　□instructions 指示，指図

27. 2_312 オーストラリア−イギリス

What did the manager say about the final report?

(A) Yes, it seemed repaired.

(B) He's not too pleased with it.

(C) Five or six pages.

部長は最終報告書について何と言っていましたか。

(A) はい，それは修理されたようです。

(B) あまり満足していらっしゃいません。

(C) 5，6ページです。

「部長は～について何と言っていた？」に対し，**(B) He's not too pleased with it.**「あまり満足していない」と，部長の反応を伝えています。**please** は「喜ばせる」で，**be pleased with** ～ で「～に関して（**with**）喜ばせられる（**be pleased**）」→「～に喜ぶ」となりました。

□repair …を修理する　□be pleased with …に喜ぶ

解説・正解

28. 2_313 イギリス―オーストラリア

How about getting a new projector for our department?

(A) The project team meets every Tuesday.

(B) What's wrong with the one we have?

(C) Could you please turn down the lights?

私たちの部署用に新しいプロジェクターを買ったらどうでしょうか。

(A) プロジェクトチームは毎週火曜日に集まっています。

(B) 今あるものは何が問題なのですか。

(C) 明かりを薄暗くしてくださいませんか。

How about ～?「～するのはどう?」という提案表現を使って，「新しいプロジェクターを買う」ことを提案しています。それに対して，「今のプロジェクターは故障したの?」と質問する (B) What's wrong with the one we have? が正解です。one は projector を指し，the one we have で「今私たちが持っているプロジェクター」を表します。

□What's wrong with ...? …はどうかしたのですか。…のどこが悪いのですか。
□turn down（明かり）を薄暗くする，（テレビなど）の音を小さくする，（ガスなど）の火を弱くする

29. 2_314 イギリス―カナダ

When will the conference be held?

(A) Hasn't it been canceled?

(B) It was confirmed yesterday.

(C) Yes, we went there last year.

会議はいつ開かれますか。

(A) 中止になったのではないですか。

(B) それは昨日確認されました。

(C) はい，私たちは昨年そこに行きました。

When will ～? で「会議の開催時期」を尋ねています。それに対して，(A) Hasn't it been canceled?「会議はキャンセルされなかった?（されたのでは?）」と疑問文で聞き返すパターンです。ちなみに，(B) と (C) は時期を表す語句がありますが，共に「過去形」なので時制が合いません。

□be held 開かれる □cancel …をキャンセルする □confirm …を確認する・確かめる

30. 2_315 アメリカ―オーストラリア

Why can't we view the second floor of the building?

(A) It's being renovated.

(B) There's a nice selection upstairs.

(C) The view was spectacular.

なぜビルの２階が見られないのですか。

(A) 改修中です。

(B) 上の階に特選品をそろえています。

(C) すばらしい眺めでした。

Why ～? で「ビルの２階が見えない理由」を尋ねているので，(A) It's being renovated.「改修中だから」が正解です。この「改修のため～できない」という流れは，いろんな Part でよく出てきます。ちなみに，(B) は second floor から連想する upstairs を使ったひっかけ，(C) は同じ単語の view を使ったひっかけです。

□view …を見る □renovate …を改修する □selection 選り抜きの品，選択
□upstairs 上の階に，２階へ □spectacular 目を見張らせるような，壮観な

26(A) 27(B) 28(B) 29(A) 30(A)

Mark your answer on your answer sheet.

31. 2_316　**32.** 2_317　**33.** 2_318　**34.** 2_319　**35.** 2_320

Date
／ⒶⒷⒸ?
／ⒶⒷⒸ?
／ⒶⒷⒸ?

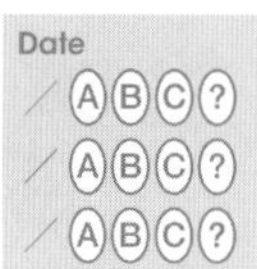

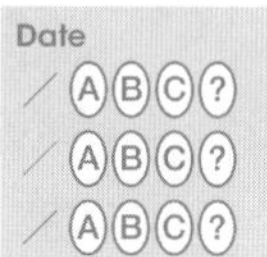

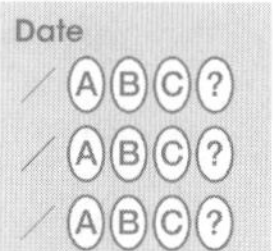

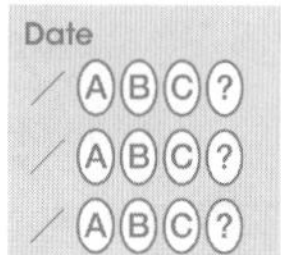

間違えた問題は，「聞き覚え」するまで何度も聞き込んで，「音の記憶力」をつくりましょう。

31. 2_316 アメリカ－カナダ

Will you buy the concert tickets, or should I?
(A) I'll get them this afternoon.
(B) I'll be back in an hour.
(C) The music is incredible.

コンサートのチケットを買っておいてくれますか，それとも私が買いましょうか。
(A) 今日の午後私が買ってきます。
(B) 1 時間で戻ります。
(C) 音楽がとてもすばらしいです。

Will you ～? は「～してくれる？」という依頼表現で，「チケットを買ってくれる？ or 私が買う？」という選択疑問文になっています。それに対して「私が買う」と答えた，**(A) I'll get them this afternoon.** が正解です。ちなみに，(C) は concert から連想する music を使ったひっかけです。

□incredible とてもすばらしい，驚くべき

32. 2_317 カナダ－イギリス

Is Mr. Taylor out of his meeting yet?
(A) It's just outside.
(B) He already has one.
(C) No, but it's almost over.

Taylor さんはもう会議を終えていますか。
(A) それはすぐ外にあります。
(B) 彼はすでにそれを持っています。
(C) いいえ，でももう少しで終わります。

out of a meeting は「会議（meeting）の外に出て（out of）」→「会議を終えて」という表現で，「もう会議を終えた？」と聞いています。それに対して「ほぼ終わり」と答えた，**(C) No, but it's almost over.** が正解です。almost は「あとちょっとで」というニュアンスで，almost over で「あとちょっとで終わる」となります。

□be out of a meeting 会議を終えて，会議から出てきて　□yet（疑問文で）もう，すでに
□be over 終わっている　□almost ほとんど

解説・正解

33. 2_318 カナダ－アメリカ

Where did Mr. Jenkinson find the document?

(A) Anywhere is fine with me.

(B) Do you mean the sales report?

(C) I will find it for you.

Jenkinson さんは書類をどこで見つけましたか。

(A) 私はどこでもいいです。
(B) 売上報告書のことですか。
(C) 私がそれを捜しておきます。

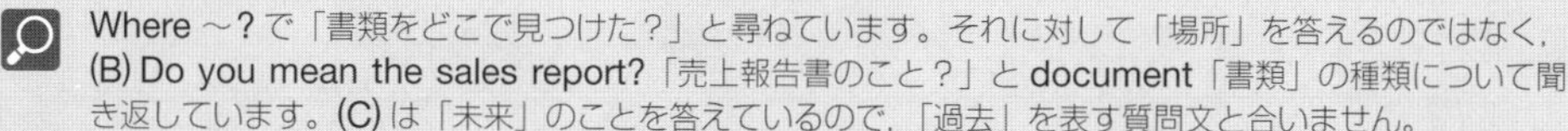

Where ～? で「書類をどこで見つけた？」と尋ねています。それに対して「場所」を答えるのではなく，(B) Do you mean the sales report?「売上報告書のこと？」と document「書類」の種類について聞き返しています。(C) は「未来」のことを答えているので，「過去」を表す質問文と合いません。

□document 書類，文書 □anywhere is fine どこでも構わない □mean …のことを指す

34. 2_319 イギリス－オーストラリア

Why haven't the paychecks been given out yet?

(A) Yes, he checked it out yesterday.

(B) I'll ask the payroll manager.

(C) By transferring it into your account.

なぜ給料がまだ支払われていないのですか。

(A) はい，彼は昨日それを確認しました。
(B) 給与担当部長に聞いてみます。
(C) あなたの口座にそれを送金することによってです。

「そらし」の返答パターンです。「なぜ給料が支払われていない？」に対し，(B) I'll ask the payroll manager.「給与担当部長に聞いてみる」とそらした答え方をしています。ちなみに，(A) は paychecks と似た音の checked を使ったひっかけ，(C) は paychecks から連想する account を使ったひっかけです。

□paycheck 給料の小切手 □give out …を支給する・配布する □check out …を確認する
□payroll 給与（総額），従業員名簿 □transfer（金銭）を送金する □account 口座

35. 2_320 オーストラリア－アメリカ

Did you call John for an appointment yesterday?

(A) No, I called him yesterday morning.

(B) No, he hasn't contacted me yet.

(C) Yes, but he has a prior engagement.

昨日，あなたは John さんと会う約束をするため，電話をしましたか。

(A) いいえ，昨日の朝，私は彼に電話しました。
(B) いいえ，彼はまだ私に連絡していません。
(C) はい，ですが彼には先約があります。

質問文は，call 人 for an appointment「予約のために 人 に電話する」の形です。「電話した？」に対し，(C) Yes「電話した」と答え，but he has a prior engagement「だけど彼には先約がある」と説明しています。engagement は「従事させる・時間をとる（engage）もの（ment）」→「用事・約束」で，TOEIC では prior engagement「先約」の形でよく使われます。

□contact …に連絡する □prior 以前の □engagement 用事，約束

31(A) 32(C) 33(B) 34(B) 35(C)

Mark your answer on your answer sheet.

36. 2_321 **37.** 2_322 **38.** 2_323 **39.** 2_324 **40.** 2_325

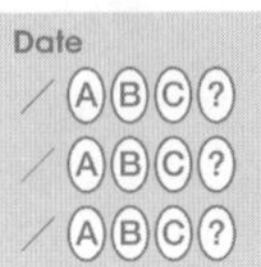

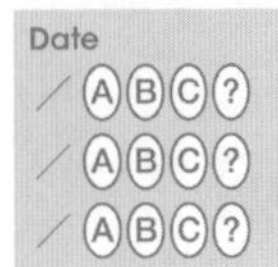

間違えた問題は，「聞き覚え」するまで何度も聞き込んで，「音の記憶力」をつくりましょう。

36. 2_321 アメリカ−オーストラリア

I think we should arrive at the theater early.

(A) Sure, the ticket will be delivered.

(B) It's my favorite.

(C) What time should we leave here, then?

劇場には早めに着くべきだと思います。

(A) もちろん，チケットは届けられるでしょう。

(B) 私の好みです。

(C) それでは，何時にここを出ればいいでしょうか。

「劇場には早めに着くべき」という考えに対し，「じゃあ，何時に出る？」と質問する (C) What time should we leave here, then? が正解です。平叙文に対して「疑問文で答える」パターンになります。ちなみに，(A) は theater から連想する ticket を使ったひっかけです。

□arrive at …に着く □deliver …を届ける・配達する

37. 2_322 オーストラリア−イギリス

Who will be introducing the presenters at tonight's seminar?

(A) It was a great presentation.

(B) Yes, for most of the evening.

(C) Mr. Hill is taking care of that.

今夜のセミナーで発表者を紹介するのは誰ですか。

(A) それは実に素晴らしいプレゼンテーションでした。

(B) はい，夜のほとんどの時間です。

(C) Hill さんが担当してくれます。

Who will ～ は will が軽く「ゥル」と発音されるので，ここで混乱しないことが大切です。「誰が紹介する？」に対し，「Hill さんが担当する」と答えた (C) Mr. Hill is taking care of that. が正解です（この take care of ～ は「(仕事を）処理する・引き受ける」の意味で，243 ページにも出てきました）。

□introduce …を紹介する □presenter 発表者 □take care of …を処理する・引き受ける・担当する

解説・正解

38. 2_323 アメリカ－カナダ

If you need more paper for the printer, ask the secretary.

(A) Just push the green button.

(B) That's the right one.

(C) Thanks, I will.

プリンター用紙がもっと必要でしたら，秘書に言ってください。

(A) 緑色のボタンを押すだけでいいんです。
(B) まさしくそれがぴったりです。
(C) ありがとう。そうします。

"If sv, 命令文"「もしsvなら，～しなさい」の形で，「秘書に聞いて」と指示をしています。正解は(C) Thanks, I will. で，これは I will {ask the secretary}.「秘書に聞いてみます」ということです。

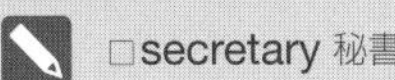

□secretary 秘書

39. 2_324 イギリス－カナダ

Don't you want to go to the concert tonight?

(A) The orchestra was impressive.

(B) I went to last night's show.

(C) I want to know what's going on.

今夜のコンサートに行きたくないんですか。

(A) オーケストラには感動しました。
(B) 昨夜の演奏に行きました。
(C) 現在の状況を知りたいと思います。

「そらし」の返答パターンです。「今夜のコンサートに行きたくない？」に対し，(B) I went to last night's show.「昨夜の演奏に行った」とそらした答え方をしています。ちなみに，(A) は concert から連想する orchestra を使ったひっかけ，(C) は同じ語句の want to を使ったひっかけです。

□orchestra オーケストラ □impressive 強い印象を与える，感動的な □what's going on 現在の状況

40. 2_325 カナダ－イギリス

Is the paint on the wall still wet?

(A) Yes, it can wait.

(B) Some of the paintings are very old.

(C) Yes, but it should be dry soon.

壁のペンキはまだ乾いていませんか。

(A) はい，それは急ぎではありません。
(B) その絵画のうちのいくつかはとても古いものです。
(C) はい，でもすぐに乾くはずです。

「ペンキは乾いていない？」に対し，「乾いていないけど，すぐに乾くはず」と答えた(C) Yes, but it should be dry soon. が正解です（should は「推定（～はずだ）」を表しています）。ちなみに，(A) は wet と似た音の wait を使ったひっかけ，(B) は paint に関連する paintings を使ったひっかけです。

□wet 濡れている □painting 絵画 □dry 乾いている

36(C) 37(C) 38(C) 39(B) 40(C)

Mark your answer on your answer sheet.

41. 2_326 **42.** 2_327 **43.** 2_328 **44.** 2_329 **45.** 2_330

Date
／ⒶⒷⒸ?
／ⒶⒷⒸ?
／ⒶⒷⒸ?

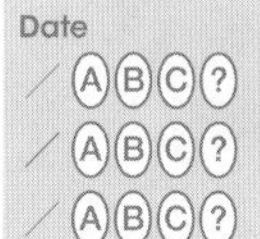

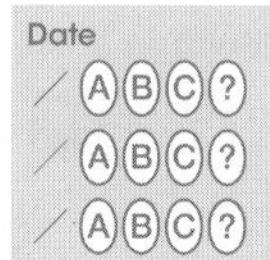

間違えた問題は，「聞き覚え」するまで何度も聞き込んで，「音の記憶力」をつくりましょう。

41. 2_326 アメリカ－オーストラリア

When do you want to reschedule the deadline for?

(A) Monday morning will be fine.

(B) The schedule is on my desk.

(C) That should be enough time.

締切をいつに変更したいですか。

(A) 月曜日の朝がいいです。
(B) スケジュールは私の机の上にあります。
(C) これで時間は十分なはずです。

質問文は reschedule A for B「AをBに（予定）変更する」の形で，「締切をいつに変更したい？」と尋ねています。それに対して「月曜日の朝がいい」と答えた，**(A) Monday morning will be fine.** が正解です。この fine は「都合がいい」という意味で，“日時 is fine.” の形でよく使われます。

□reschedule A for B AをBに予定変更する □deadline 締切

42. 2_327 イギリス－オーストラリア

Shall I tell Mr. Wada that you called?

(A) What's his telephone number?

(B) Yes, half an hour ago.

(C) I'd appreciate that.

電話をいただいたことを Wada さんにお伝えしましょうか。

(A) 彼の電話番号は何番ですか。
(B) はい，30 分前です。
(C) ありがとうございます。

Shall I ～?「～しましょうか？」という表現で，「～を Wada さんに伝える」ことを申し出ています。返答の **(C) I'd appreciate that.** は，直訳「（そうしていただけると）それに感謝します」→「そうしていただけると幸いです」という表現です。感謝の言葉を使って丁寧に依頼しているわけです。

□appreciate …をありがたく思う

解説・正解

43. 2_328 カナダ−アメリカ

Would you be interested in participating in a focus group?

(A) I'm sorry but we don't give refunds.

(B) That depends on when it is.

(C) We should focus on improving our sales.

フォーカスグループへの参加に関心はありますか。

(A) 申し訳ありませんが，ご返金はいたしません。

(B) 日時によります。

(C) 売上を伸ばすことに集中すべきです。

Would you be interested in ～?「～に興味はありますか？・(興味があれば）～しませんか？」と丁寧に提案・勧誘する表現です。それに対して Yes/No ではなく，(B) That depends on when it is.「日時による」と答えています。depend on ～ は「～に頼る」の意味が有名ですが，今回のように「～次第・～に左右される」という意味も大切です。

□participate in …に参加する □focus group フォーカスグループ（新製品などに対して市場調査等を目的として集団で討議してもらう消費者などの少人数グループ）□give refunds 返金する □depend on …次第，…に左右される □focus on …に集中する □improve …を改善する

44. 2_329 イギリス−カナダ

How many days off do you get at your job?

(A) Just two this month.

(B) No, I was turned down.

(C) I'm going to Hawaii.

あなたの仕事は何日ぐらい休みがありますか。

(A) 今月はたった2日です。

(B) いいえ，私は断られました。

(C) ハワイに行くつもりです。

How many ～? の直後に，day off「休日」という名詞のカタマリがきている点に注意しましょう。「休みの日数」を聞かれているので，「今月はたった2日」と答えた (A) Just two this month. が正解です。ちなみに，(C) は days off から連想する go to Hawaii を使ったひっかけです。

□day off 休日，非番 □turn down …を断る

45. 2_330 オーストラリア−アメリカ

Did they say why the train is late?

(A) Well, it is rush hour.

(B) The training will start at 9:00 sharp.

(C) Yes, you can transfer to another line.

彼らは列車が遅れている理由を言いましたか。

(A) それはですね，ラッシュアワーですから。

(B) 研修は9時きっかりに始まります。

(C) はい，あなたは別の路線に乗り換えられます。

Did they say why ～? は「間接疑問文」で，Why ～? を丁寧にした文と考えれば OK です。「列車が遅れている理由」を尋ねているので，それに直接答えた (A) Well, it is rush hour.「ラッシュアワーだから」が正解となります。ちなみに，(B) は train と似た音の training を使ったひっかけ，(C) は train から連想する transfer や line を使ったひっかけです。

□sharp ぴったり，きっかり □transfer 乗り換える □line（列車などの）路線

41(A) 42(C) 43(B) 44(A) 45(A)

Mark your answer on your answer sheet.

46. 2_331 **47.** 2_332 **48.** 2_333 **49.** 2_334 **50.** 2_335

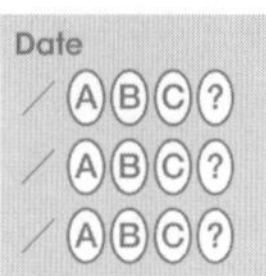
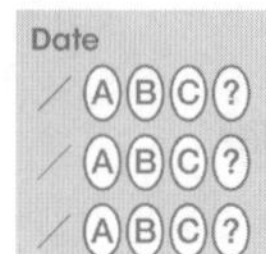
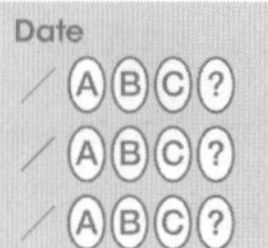
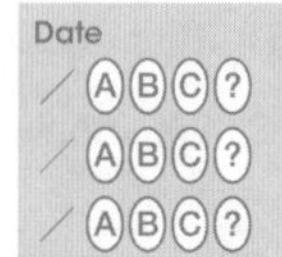

間違えた問題は，「聞き覚え」するまで何度も聞き込んで，「音の記憶力」をつくりましょう。

46. 2_331 オーストラリア－イギリス

There's a lot to learn for this job.

(A) How often do you run?

(B) The class is very interesting.

(C) Yes, but I have confidence in you.

この仕事には覚えなければいけないことがたくさんあります。

(A) どれぐらいの頻度で走っていますか。
(B) その授業はとても面白いです。
(C) そうですね，でもあなたを頼りにしていますよ。

「覚えるべきことがたくさんある」に対し，(C) Yes で同意しながらも，but I have confidence in you「あなたを頼りにしている」と言っています。have confidence in ～ は，直訳「～の中に（in）信頼（confidence）を持つ（have）」→「～を信頼する・頼りにする」となりました。

□have confidence in …を信頼している

47. 2_332 アメリカ－カナダ

Should we double-check the calculations before we submit the report?

(A) Uh, that's probably a good idea.

(B) Please deposit the check immediately.

(C) The deadline isn't until Thursday.

報告書を提出する前に，もう一度計算を確認したほうがいいでしょうか。

(A) そうですね，それはいい考えかもしれません。
(B) 小切手を早急に預金してください。
(C) 締め切りは木曜日ではありません。

Should we ～?「私たちは～すべき？」という表現で，「提出する前に計算を再確認すべき？」と言っています（double-check は「ダブルチェックする・再確認する」という動詞です）。その提案に同意した，(A) Uh, that's probably a good idea.「多分それはいい考えだ」が正解です。

□double-check（念のため）…を再確認する □calculation 計算 □submit …を提供する
□deposit …を預金する □check 小切手 □immediately すぐに □deadline 締切

解説・正解

48. 2_333 カナダ−イギリス

Haven't you talked to the manager about taking next Friday off?

(A) Turn it off, please.

(B) No, not yet.

(C) It's on the label.

今度の金曜日に休みをとることを，部長に話していないのですか。

(A) それを消してください。お願いします。

(B) はい，まだです。

(C) それはラベルに書いてあります。

Haven't you ～? という「否定疑問文」なので，頭の中で Have you ～? に変換して考えます。すると，(B) No は「部長に話していない」とわかり，その後の not yet「まだ」ともうまくつながります。Haven't you はくっついて「ハヴンチュ」と発音されるので，慣れておきましょう。

□take X off Xに休みをとる □turn off（水・ガスなど）を止める，（テレビ・明かりなど）を消す □label ラベル，荷札

49. 2_334 イギリス−オーストラリア

Could you give me a hand with moving these boxes?

(A) They're all stacked against the wall.

(B) Yes, I have to hand it to you.

(C) Sure, but can you give me five minutes first?

箱を動かすのを手伝っていただけますか。

(A) それは全部壁際に積み上げてあります。

(B) はい，私はあなたにそれを渡す必要があります。

(C) もちろんです，でもあと5分待ってくれますか。

"give 人 a hand" は give 人 物「人 に 物 を与える」の形で，直訳「人 に人手・助け（hand）を与える」→「人 を手伝う」となりました（後ろの with は「関連（～に関して）」を表しています）。「箱を動かすのを手伝って」という依頼を承諾しつつも「5分待って」と答えた，(C) Sure, but can you give me five minutes first? が正解です（give me five minutes は，直訳「私に5分与えて」→「5分待って」ということです）。

□give X a hand Xを手伝う □stack …を積み上げる □hand …を渡す

50. 2_335 アメリカ−オーストラリア

The shopping mall is reopening next month, isn't it?

(A) Yes, that's what I heard.

(B) A fair was held there last month.

(C) Yes, the sale started on Monday.

ショッピングモールは来月再オープンするんですよね。

(A) はい，そう聞いています。

(B) フェアは先月そこで開催されました。

(C) はい，セールは月曜日に始まりました。

「付加疑問文（～, isn't it?）」を使って，「～は来月再オープンするよね？」と確認しています。「そう聞いている」と肯定した，(A) Yes, that's what I heard. が正解です。that's what I heard は，直訳「それは私が聞いていることだ」→「私はそう聞いている」となります（235ページにも出てきました）。

46(C) 47(A) 48(B) 49(C) 50(A)

極めろ！ Part 3
会話問題

Part 3 の解答戦略と勉強法

Unit 1　場面に慣れる①――ビジネス

Unit 2　場面に慣れる②――日常生活

Unit 3　設問パターンに慣れる①

Unit 4　設問パターンに慣れる②

Unit 5　設問パターンに慣れる③

Unit 6　新形式パターンに慣れる

※「まとめ問題」は Unit ごと

アイコン一覧

3_001 MP3音声ファイル

 解説

 語句

 解答

動 動詞

名 名詞

形 形容詞

副 副詞

pl. 複数形

cf. 参照

Part 3 の解答戦略と勉強法

1. Part 3 の流れ

(1) Directions（約 30 秒）が流れます。

(2) "Questions 32 through 34 refer to the following conversation." と問題タイトルが流れ，会話が始まります。

(3) 第 32 問から第 70 問までの 39 問（3 問× 13 セット）です。

(4) 設問・選択肢・図表が問題用紙に印刷されています。

(5) 1 題につき 3 問の設問があり，1 つの設問に 4 つの選択肢（(A)・(B)・(C)・(D)）があります。

(6) 2 人あるいは 3 人の会話（会話は 2 人の ABAB, ABA の形を取るものが多い）を聞いて設問に合う選択肢を選びます。

(7) 新形式「図表」に関する設問

①「図表」の掲載位置は，3 つの設問の上方です（右図参照)。
②「図表」が問題用紙に印刷されている問題が 2~3 セットあります。
③「図表」は価格リスト・スケジュール・クーポン・地図・マニュアル・チケットなどがあります。
④ "Look at the graphic." から始まる設問が「図表問題」です。

(8) 新形式 3 人の会話

3 人による会話が 1~2 問出ます。"refer to the following conversation with three speakers" で始まる設問が「3 人の会話」の問題です。

(9) 新形式「発言意図」問題

あらかじめ，会話中の表現が設問内に印刷されています。ただし，1 or 2 or 3 番目なのかは決まっていません。Part 3 の 39 問中 2~3 設問だけです。

58. Why does the man say, "It's a different story"?

←設問に会話中の表現が印刷されている！

(10) 新形式 やりとりの回数が多い会話

"ABAB" のようにやり取りが 4 回のパターンが多いですが，2 人または 3 人の会話で，セリフのやり取りの回数が「5~9 回」の会話もあります。Part 3 の 13 セット中 5 セットくらいがこのパターンです。

(11) 会話音声終了後，3 つの設問の各音声が約 5 秒流れ，その後解答時間は 1 問あたり 8 秒あります。ただ，設問は最初から問題冊子に書いてあるので，このアナウンスに合わせて解答する必要はありません。13 秒おきに流れるので「メトロノーム」的に利用すれば OK です。次の英文まであとどれくらい時間があるのかの目安になります。

新形式 図表に関する設問の解答時間は少し長めで，約 5 秒（設問読み上げ）＋ 12 秒（解答時間)。

問題用紙に印刷されている図表と設問の例

Tour	Start time	Price
The Bay Boat Tour	8:00 A.M.	$65
Hiking the Trails	9:00 A.M.	$40
Polmouth Eco Tour	1:00 P.M.	$79
The Big Bonus Bus Trip	2:00 P.M.	$22

65. How long will the woman stay in the area?
(A) Half a day
(B) One day
(C) Two days
(D) One week

66. Look at the graphic. What tour is the woman most likely interested in?
(A) The Bay Boat Tour
(B) Hiking the Trails
(C) Polmouth Eco Tour
(D) The Big Bonus Bus Trip

67. What does the man advise?
(A) Arriving early
(B) Calling the tour guide personally
(C) Buying a package of tours
(D) Paying in advance

放送される会話と設問の例

Questions 65 through 67 refer to the following conversation and information.

M: Welcome to Polmouth Bay tourist information office. How can I help?
W: Could you tell me what day tours are available? I'm only here today and tomorrow, so I'd like to see as much as I can.
M: Certainly. Here's a list of the popular day tours around the bay area.
W: Hmm, I'd prefer a morning start, and I don't really want to spend more than $50. How about this one?
M: That's a good choice. I recommend you book and pay for it now. That way you'll get a 5% discount, and you can use a credit card. The other option is to buy a ticket from the guide in cash at the start of the tour.

Number 65. How long will the woman stay in the area? ― 13秒（設問5秒＋インターバル8秒）

Number 66. Look at the graphic.
What tour is the woman most likely interested in? ― 17秒　⇒図表に関する設問の場合
（設問5秒＋インターバル12秒）
＊通常の設問の場合は13秒
（設問5秒＋インターバル8秒）

Number 67. What does the man advise? ― 13秒（設問5秒＋インターバル8秒）
⇒この13秒で次の設問を読む

2. Part 3 の解答戦略

(1)「先読み」の考え方

「先読み」とは，本文が流れる前に 3 つの設問に目を通すことです。設問を先に読んでおくことで，英語を聞く前にどんな状況かわかることもありますし，何より「聞くべきポイント」に集中できるようになります。Part 3 の Directions は約 30 秒あるので，最初の設問 3 問を先読みするには十分な時間でしょう。

ただし，「先読みのやりすぎ」に注意してください。Directions が流れている間に，できるだけたくさん先読みする人は実際の会場でもけっこういますが，結局忘れてしまいます。そのため，僕は「今から解く目の前の 1 セット（3 問）に集中して先読みする」ことをオススメしています。残った時間は，目を閉じて休憩したり（5 秒目を閉じるだけで全然違いますよ），（後ろの受験生のジャマにならないように）伸びをしたりして，Part 1・2 の疲労を回復した方がいいと思います。

(2)「選択肢」の先読み

「設問」は必ず先読みするべきですが，選択肢を先読みするかは「個人の好み」です。選択肢すべてを読んでも結局は忘れてしまいますし，選択肢 4 つのうち 3 つは「ウソ」ですから，余分な情報をムリして頭に入れる必要はないでしょう。そこで，僕は「選択肢を 1～2 個だけ目を通す」という方法をオススメします。選択肢を「読む」というより「サッと目を通す」感覚で OK です。この方法だと時間もそれほどかからず，ウソの情報が頭に焼き付くこともありません。その一方で，選択肢を軽く見ることで，設問の意図がグッとわかりやすくなります。

(3)「先読み」で意識すること

TOEIC では「固有名詞（人名・地名・会社名）」がよく出てきます。先読みでは，「固有名詞」を必ず「しっかり読む」ようにしてください。そのとき，固有名詞の発音を頭の中で流せればベストです。というのは，特に TOEIC では日本人には馴染みのない名前が出てくることが多く，リスニング中に突然出てくるとパニックになってしまうからです。それを先読みで頭に入れておけば，パニックを防ぐことができ，「単なる名前だ」と軽く聞き流すことができます。

(4) 2 セット目以降の先読みの「流れ」と「時間」

問題番号 32～34 の会話音声が終わると，「設問読み上げ約 5 秒＋次の設問までのインターバル 8 秒（図表問題は 12 秒）」が 3 回繰り返されます。つまり，39 秒（図表問題がある場合は 43 秒）の間に，解答と次のセット（問題番号 35～37）の先読みをする必要があるわけです。目安としては，3 問目のアナウンス直前までの 26 秒（13 秒 × 2）で 3 問すべて解答し，3 問目のアナウンスから次の問題が始まる 13 秒で，次の設問 3 問を先読みするという流れがいいと思います。慣れるまではこのスピードが大変と感じる人が多いと思いますので，本書でしっかり練習していきましょう。

(5)「図表問題」「3 人の会話」「発言意図の問題」

「図表問題」は，価格リスト・スケジュール・クーポン・地図・マニュアル・チケットなどがよく出てきます。後半にある問題なので集中力が落ちていることが多いですが，図表の先読みは絶対にするようにしましょう。また，図表に載っている中で「選択肢に書かれていない情報」がリスニング本文で流れることが多く，先読みの段階でどの情報に集中すればいいのかを予想することもできるんです（詳しくは，問題を解きながら具体的に解説していきます）。

「3 人の会話」は短いやり取りが 4 回以上続く場合が多く，会話の流れを押さえることがより重要になります。ただし，2 人の会話と基本的な解き方はまったく変わりません。意識しすぎて必要以上に力むと，聞けるものも聞けなくなってしまいますので，普段と同じ姿勢で取り組めば OK です。
「発言意図の問題」は，設問にあらかじめその発言の表現が印刷されているので，先読みの段階でしっかり読んでおきましょう。また，「表現そのもの」の理解を問う問題ではないため，「話の流れ」をしっかり押さえることが大切です。話の流れから，明らかに違う選択肢を消していくことで簡単に正解が出ることもよくあるので，あまり気にしすぎず，音声そのものに集中してください。

(6) 会話の音声が流れているときの「目」の動き

試験場の雰囲気では，問題文を聞きながら解いている人が多いようです（明らかにページをめくる音が早いので）。ただ，個人的には「音声に集中する」方がいいと思います。マークシートを塗っている間に，答えの根拠を聞き逃してしまうことがあるからです。それよりは，音声にしっかり集中して，ちゃんと聞き終えてから解いた方がいいと思います。聞きながら解く人は「聞いたことを忘れてしまう」という不安があるのでしょうが，これは次に説明する「当事者意識」と「イメージング」でかなり解決します。「忘れるリスク」と「聞き逃すリスク」を考え，何度か試してみて自分なりのスタイルを決めておきましょう。

(7) 会話の音声が流れているときに「意識」すること

忘れないためのコツは「当事者意識」を持つことです。つまり，「自分が会話の場にいる」もしくは「自分が話しかけられている」という意識を持ってください。たとえば「ミーティング」の話の場合は，そのミーティングに「自分が出席する」と思って聞いてみるといいでしょう。また，「金曜の夕方」と言われたら「出たくないなあ」のように，自分なりの感想を持つようにすると，はるかに記憶に残ります。
もう 1 つのコツは「イメージング」です。英語が流れてきたら，それを頭の中で「絵」にして浮かべるということです。単に「文字」で聞くよりも，「絵」にして頭に焼きつければ鮮明に記憶に残ります。たとえば，テーブルの上に資料が置かれている様子や，たくさん人が集まって満席な状況を思い浮かべれば，単に音として記憶するよりも頭に残るはずです。
また，「会話の流れ」を意識することも大切です。たとえば，先読みした設問で What does the woman suggest? のような文があった場合，「女性の発言に注意して聞く」というアドバイスが多いのですが，その姿勢はあまりよくないと思います。というのは，「女性に集中」と思うと，逆に「男性の発言は流してもいい」と気を抜いてしまうからです。相手（男性）の発言も真剣に聞いておかないと「会話の流れ」を見失って，ミスにつながる可能性があります。そのため，あくまで先読みで得た情報を意識しながらも，「全文きちんと聞く」姿勢で臨んでください。

(8) ミスは引きずらない

これはどのパートでも言えることですが，特にリスニングでは気持ちの割り切りが大切です。1 つ迷って次のセットの先読みがまったくできないと，会話の流れがつかめず，3 問全滅してしまうこともよくあります。そのため，悩んだ問題は適当にマークして，すぐに次のセットに移って先読みを徹底しましょう（あらかじめ，「悩んだら後に出てきた選択肢を選ぶ」のように決めておいてもいいでしょう）。

会社，事務，取引，契約などビジネスに関する会話は頻出です。ここではビジネスに関する主な語句や表現を学び，これらが会話でどのように使われ，どのような問題が出題されるかを見てみましょう。単に会話を聞き取って問題を解くことに満足するだけでなく，スクリプトを暗唱できるくらいまで復習してください。TOEIC で出るパターンはかなり決まっているので，定番のパターンを押さえることでかなり有利になります。

1 事務機器

会社でコンピューター，ファックス，コピー機などの事務機器が故障して助けを求める場面や，プリンターのインクやコピー機の用紙がなくなった場面，使い方について質疑応答する場面がよく出題されます。

短い会話を聞いて，各設問に答えてください。

＊各音声には，問題に入る前に先読みするためのポーズ（無音）があります。
（以降すべての音声同様）

3_001

1. What does the woman suggest?

(A) Notifying a colleague
(B) Using different equipment
(C) Changing a setting
(D) Making extra copies

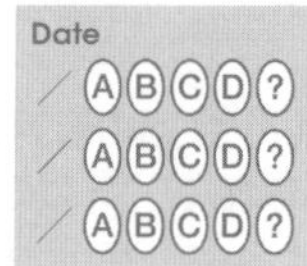

3_002

2. What is the man's problem?

(A) He can't access his computer.
(B) His new computer hasn't arrived.
(C) He can't remember his password.
(D) He lost some important data.

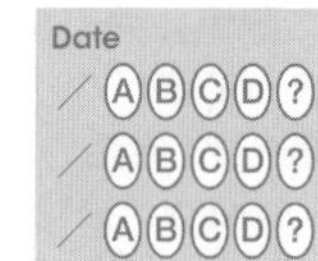

1. 女性は何を提案していますか。
(A) 同僚に知らせる。
(B) 違う設備を使う。
(C) 設定を変更する。
(D) 余分にコピーをとる。

□notify …に知らせる
□colleague 同僚
□extra 余分の

2. 男性の問題は何ですか。
(A) コンピューターにアクセスできない。
(B) 新しいコンピューターが届いていない。
(C) パスワードを思い出せない。
(D) 重要なデータをなくした。

解説・正解

1. 3_001 M:カナダ W:アメリカ

M: ① Oh, no! The photocopier isn't working properly. ② The images are all blurry and there's a streak along the edge of the paper.

W: ③ You should tell Rachel, the administrative assistant, about the problem.

男性：①困りました。コピー機が正常に作動しません。②画像は全てぼやけて，紙の縁に沿って線が入っています。

女性：③管理補佐のRachelさんに，問題について伝えるべきです。

女性は，③で You should tell Rachel, the administrative assistant と提案しています（should は「提案」するときによく使われます）。よって，この内容を言い換えた (A) Notifying a colleague が正解です。今回のように「同僚に伝える・同僚が助けてくれる」パターンは頻出で，トラブルの際には機械に詳しい同僚がよく現れます。ちなみに，本問のような「事務機器の故障の解決策を問う」設問には次のようなものがあります。What does the man offer to do?「男性は何をすると申し出ていますか」，What will happen tomorrow afternoon?「明日の午後何が起こりますか」。

①□photocopier コピー機 □work properly 正常に作動する ②□blurry 汚れた，ぼやけた
□streak 筋，線 □along the edge of …の縁に沿って
③□administrative assistant 管理補佐，事務補佐

2. 3_002 M:オーストラリア W:イギリス

M: ① Have you had any problems using your computer this morning? ② I can't log on to mine.

W: ③ Our passwords expired last night. ④ You have to go to the technical services office to have a new one set up.

男性：①今朝，コンピューターを使ったとき何か問題はありましたか。②私のはログインができません。

女性：③私たちのパスワードは昨夜失効しました。④技術サービス部に行って，新しいパスワードを設定してもらわないといけません。

②の can't log on to mine「自分のコンピューターにログインできない」を，正解では can't access his computer「コンピューターにアクセスできない」に言い換えています。ちなみに，本問のような「トラブルの具体的内容を問う」設問には，次のような設問があります。What problem are the speakers discussing?「話し手はどんな問題について話していますか」，What is the problem with the machine?「機械の問題は何ですか」。

②□log on to …にログインする ③□expire 失効する，期限が切れる
④□technical service 技術サービス □set up …を設定する

1(A) 2(A)

2 会社の業務

会社の業務に関連する会話は，書類の作成と発送，業務の期限，注文，プロジェクトの種類やスケジュール，業務プロセス上の問題点など，非常に多岐にわたります。ただ，特別変わったシチュエーションが出ることはなく，普通に対策をすればそれほど難しくはありません。

短い会話を聞いて，各設問に答えてください。

3_003

1. What does Jeff offer to do?

(A) Review the final report
(B) Request an extension
(C) Help finish some work
(D) Submit a document

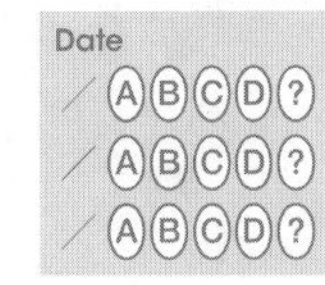

3_004

2. What are the speakers discussing?

(A) A company event
(B) A business relocation
(C) A store's grand opening
(D) A proposed budget

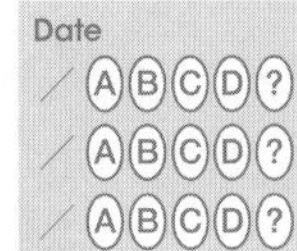

1. Jeff は何をすると申し出ていますか。
(A) 最終報告書に目を通す。
(B) 期限の延長を依頼する。
(C) 仕事が終わるように手伝う。
(D) 書類を提出する。
□extension 延長
□help *do* …するのを手伝う

2. 2人は何について話していますか。
(A) 会社のイベント
(B) 事業所の移転
(C) 店のグランドオープン
(D) 予算案

□relocation 移転

解説・正解

1. 3_003 M:カナダ W:イギリス

M: ① If you need more time to finish up the report, I can ask the manager to give you another day. ② The meeting is not until Tuesday.

W: ③ Thanks, Jeff, but that won't be necessary. ④ I'm sure I can have it ready to submit on Monday.

男性：①報告書を仕上げるのにもう少し時間が必要でしたら，部長にもう1日欲しいと頼むことができます。②会議があるのは火曜日ですし。

女性：③ありがとう，Jeff さん。でもその必要はありません。④月曜日には必ず提出できる状態にできますから。

①に I can ask the manager to give you another day. とあり，これが Jeff の提案内容だと判断します。give you another day は，直訳「あなたにもう1日を与える」→「もう1日期限を延ばす」ということなので，この内容を表した (B) Request an extension「期限の延長を依頼する」を選べばOKです。ちなみに，若い女性は「付け毛」を「エクステ」と言いますが，これは extension「拡張・延長」からきています。

①□finish up …を終える
②□The meeting is not until Tuesday. 会議は火曜日までない。→ 会議があるのは火曜日である。
④□have X ready X を用意する □submit …を提出する

2. 3_004 M:オーストラリア W:アメリカ

M: ① Margaret, your proposal for the store's renovation project looks great.

W: ② Thank you. What did you think about the budget? ③ Do you think we need to increase the estimates for the overhead?

M: ④ No, they're fine. But I think the estimates for the repapering expenses seemed low.

男性：① Margaret さん，提案してくれた店舗の補修計画は素晴らしいですね。

女性：②ありがとうございます。予算についてはどうですか。③諸経費の概算金額をもっと高くした方がいいと思いますか。

男性：④いや，あれで大丈夫です。ただ壁紙の張り替え費用は低いと思いますが。

①の your proposal for the store's renovation project と②の What did you think about the budget? から，「提案した補修計画の予算」に関して話しているとわかります。よって，この内容を表した (D) A proposed budget「予算案」が正解です。その後もずっと，「見積もり（the estimate）」について話していますね。

①□proposal 提案 ②□budget 予算 ③□estimate 見積もり □overhead 諸経費
④□repapering 壁紙の張り替え □expenses 費用

1(B) 2(D)

❸ 社員・人事

会社で同僚や社員について話す場面，求職者が面接を受ける場面，求職者の前の職場の同僚や上司に求職者について尋ねる場面，社員に昇進や昇給を提案する場面などがよく出ます。その他にも，人事異動や社員教育に関する会話が出題されます。

短い会話を聞いて，各設問に答えてください。

3_005

1. What are the speakers talking about?

(A) Meeting a project deadline
(B) Organizing a company event
(C) Hiring new employees
(D) Training staff members

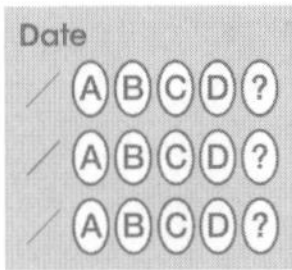

3_006

2. What are the speakers discussing?

(A) A vacation plan
(B) A coworker's new job
(C) A branch closure
(D) A product promotion

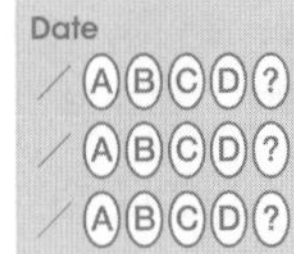

1. 2人は何について話していますか。
(A) プロジェクトの締め切りを守ること。
(B) 会社のイベントを企画すること。
(C) 新入社員を雇うこと。
(D) 社員を研修すること。

□meet a deadline 期限に間に合わせる
□organize …を計画する・準備する

2. 2人は何について話していますか。
(A) 休暇の計画
(B) 同僚の新しい役職
(C) 支店の閉鎖
(D) 製品の販売促進

□product promotion 製品の販売促進

解説・正解

1. 3_005 M:オーストラリア W:イギリス

M: ① We've received over 20 résumés for the two research assistant positions.

W: ② I know, I've already scheduled ten of them to come in for an interview.

M: ③ Good. I hope we can have the position filled within the next two to three weeks.

男性：①採用枠が2名の研究助手の求人に，20通以上の履歴書が届いています。

女性：②そうですね。そのうち10名とは，面接に来てもらう日程を決めています。

男性：③わかりました。2，3週間以内に欠員を補充できるといいですね。

résumés「履歴書」，come in for an interview「面接を受けに来る」，have the position filled「欠員を補充する」などのキーワードから，「人材採用」に関する話だとわかります。よって，(C) Hiring new employees が正解です。どれも重要語句ですので，必ずチェックしておいてください。

①□résumé 履歴書 □research assistant 研究助手
②□schedule X to *do* Xが…するように予定を組む □come in for an interview 面接を受けに来る
③□have the position filled（採用して）空きを埋める

2. 3_006 W:イギリス M:カナダ

W: ① Have you heard? Ms. Page has been promoted. ② She's taking the marketing manager's position at the new Sydney branch.

M: ③ No, I hadn't heard that. ④ She must be very happy. ⑤ Do you know when she starts?

女性：①聞きましたか。Pageさんが昇進しました。②シドニーの新支局でマーケティング部長に就任するそうです。

男性：③いや，聞いていませんでした。④彼女はすごく喜んでいるでしょうね。⑤いつ就任するか知っていますか。

①に Ms. Page has been promoted「Pageさんは昇進した」とあり，②では「シドニーの新支局でマーケティング部長になる予定」と言っています。よって，この内容を表した (B) A coworker's new job が正解です。promote に反応して，(D) A product promotion を選ばないように注意しましょう。この promotion は「商品の販売促進」という意味で，本文の promote「昇進させる」とは違った意味で使われています。TOEIC では，こういった同じ単語（発音やつづりが似た単語）を使ったひっかけはよく出てきます。

①□be promoted 昇進する ②□branch 支店，支局

1(C) 2(B)

4 発表・会議・行事

会社生活に関連する会話で，プレゼンテーションや会議資料の準備，ワークショップ・会議・セミナーの申込み，会社の創立記念や新製品発売記念イベントなどに関する話がよく出てきます。
このような会話のとき設問でよく狙われるのが，話し手の「出席の可否」と「スケジュール」です。話し手が出席できない場合はその「理由」をしっかり聞き取り，会議やイベントが「いつ・どこで」行われるのかも聞き逃さないようにしましょう。「当事者意識（自分が実際に出席する意識）」を持てば，記憶に残りやすくなりますよ。

短い会話を聞いて，各設問に答えてください。

3_007

1. What does the man want the woman to do?
(A) Schedule a presentation for tomorrow
(B) Suggest a venue for a meeting
(C) Review the material for a presentation
(D) Send some materials to the clients

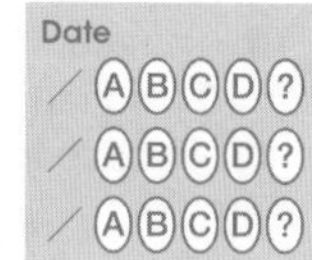

3_008

2. What is the man's problem?
(A) He forgot to make a call.
(B) He has a conflict in his schedule.
(C) He arrived late to a meeting.
(D) He is unable to attend a party.

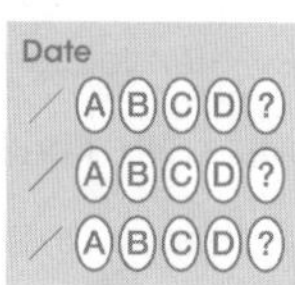

1. 男性は女性に何をしてほしいと思っていますか。
(A) プレゼンテーションを明日行うように手配する。
(B) 会議の会場を提案する。
(C) プレゼンテーションの資料に目を通す。
(D) 顧客に資料を送る。
□venue 会場

2. 男性の問題は何ですか。
(A) 電話をするのを忘れた。
(B) スケジュールの調整がつかない。
(C) 会議に遅れて到着した。
(D) パーティーに出席できない。
 □conflict 衝突，板挟み

解説・正解

1. 3_007 W:アメリカ M:オーストラリア

W: ① So, are you ready for next week's presentation to the clients?

M: ② I think so. But I need someone to look at the materials I've prepared. ③ If you have time, would you be willing to do it and give me some feedback? ④ I'd appreciate your suggestions for the presentation.

女性：①来週，お客様に対して行うプレゼンテーションの準備はできていますか。

男性：②できていると思います。ただ，準備した資料を誰かに見てもらわないといけません。③もし時間があったら，資料に目を通して，感想を言ってくれませんか。④プレゼンテーションについて提案をしてもらえると助かります。

男性は，③で would you be willing to do it and give me some feedback? と頼んでいます（would you be willing to ～?「～していただけるでしょうか？」という依頼表現）。do it は②の look at the materials のことで，「資料に目を通して感想をくれない？」と女性にお願いしているわけです。よって，look at を Review で表現した (C) Review the material for a presentation が正解となります。今回のような「依頼表現」は解答のキーになることが多いです。

②□need someone to look at …を見てくれる人が必要である □material 資料
③□be willing to *do* …する意思がある □feedback 意見，感想
④□I'd appreciate your suggestions 提案をしてくれると嬉しい

2. 3_008 W:アメリカ M:アメリカ

W: ① We have a staff meeting scheduled for eleven o'clock on Thursday.

M: ② Oh, I wish I had known that earlier. ③ I have a conference call with an important buyer, and I don't think I will be finished by eleven. ④ Would you please fill me in after the meeting?

女性：①木曜日の 11 時にスタッフミーティングがあります。

男性：②ああ，もっと早く教えてほしかったです。③大切なバイヤーとの電話会議があって，11 時までには終わらなそうなんです。④会議の後で詳細を教えてもらえないでしょうか。

ミーティングの予定を伝えた女性に対し，男性は③で I have a conference call ～, and I don't think I will be finished by eleven. と言っています。「11 時に始まるミーティングに出席できない」ということなので，この内容を表した (B) He has a conflict in his schedule. が正解です。conflict は「衝突・板挟み」で，have a conflict in one's schedule は「自分のスケジュールにおいて衝突を持っている」→「スケジュールが重複している，スケジュールの調整がつかない」となります。TOEIC では「スケジュール」の話は頻出なので，きちんと押さえておきましょう。

①□staff meeting スタッフミーティング ③□conference call 電話会議 □buyer バイヤー，買付け人
④□fill X in Xに詳細を教える

Part 3

1(C) 2(B)

3_009

A 事務機器や会社の業務に関連する会話を聞いて，1 から 3 の設問に答えてください。

1. Where most likely are the speakers?

(A) In a computer shop
(B) In a café
(C) In a copy center
(D) In an office

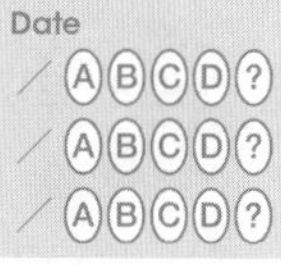

2. What does the woman want to do?

(A) Call a technician
(B) Print some documents
(C) Buy a new printer cable
(D) Install computer software

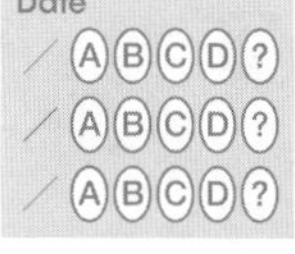

3. What does the man suggest?

(A) Postponing a meeting
(B) Purchasing a new printer
(C) Using a different computer
(D) Making extra copies for a meeting

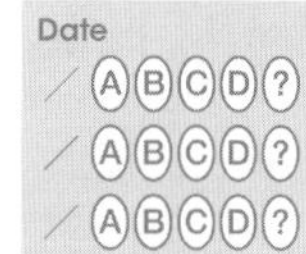

3_010 W:イギリス M:カナダ

B もう一度会話を聞いて，空所部分を書き取ってください。

Questions 1-3 refer to the following conversation.

W: ① **1** ____
before our meeting, but
2 ____
for some reason.

M: ② Did you make sure that your computer is connected to the printer?

W: ③ It is. Paul looked at it, but said that he has no idea what could be wrong.
④ I don't have time to wait for a technician. What should I do?

M: ⑤ Well, e-mail the documents to me and then
3 ____.
⑥ We don't have any paper left though, so you'll have to bring some yourself.

解説・正解

A

1. 2人はどこにいると考えられますか。
(A) コンピューターショップ
(B) カフェ
(C) コピーセンター
(D) オフィス

「文書をプリントしたいけど，プリンターが使えない」というやり取りです。⑤の you can print them from the computer in my office などからも，2人は「会社・オフィス」にいると考えられます。本文に computer や printer があるからといって，(A) In a computer shop や (C) In a copy center を選ばないように気をつけましょう。

2. 女性は何をしたいと思っていますか。
(A) 技術者に電話する。
(B) 書類を印刷する。
(C) 新しいプリンターケーブルを買う。
(D) コンピューターのソフトウェアをインストールする。

女性は，①で I need to print out some documents と言っています。女性は「文書を印刷したい」と思っているとわかるので，(B) Print some documents を選べば OK です。設問の want to ～ が，本文では need to ～「～する必要がある」で表されています。

3. 男性は何を提案していますか。
(A) 会議を延期すること。
(B) 新しいプリンターを購入すること。
(C) 違うコンピューターを使うこと。
(D) 会議のために余分にコピーをとること。

⑤の you can print them from the computer in my office で，男性は「別の（男性のオフィスにある）コンピューターを使う」ことを提案しています。よって，(C) Using a different computer が正解です。ちなみに，⑤は "命令文 and then ～"「～しなさい，そうすれば…」の形になっています。TOEIC では「命令文」の箇所は設問でよく狙われるので，注目するようにしましょう。

B

問題 1 から 3 は次の会話に関するものです。

女性： ①会議の前に文書をいくつかプリントする必要があるんですが，コンピューターに「何らかの理由でプリンターと通信できません」と表示されます。
男性： ②プリンターがコンピューターに接続されているかを確認しましたか。
女性： ③接続されています。Paul さんが見てくれたんですが，何が問題なのかわからないと言っていました。④技術者が来るまで待っている時間がありません。どうしたらいいでしょうか。
男性： ⑤そうですね，その文書を私に E メールで送ってくれれば，私のオフィスにあるコンピューターから印刷できます。⑥ただ用紙がないので，持ってきてください。

① **1 I need to print out some documents**

① **2 my computer says that it can't communicate with the printer**

⑤ **3 you can print them from the computer in my office**

①□communicate with the printer プリンターと接続している □for some reason 何らかの理由で
②□make sure that 節 …を確認する □be connected to …に接続されている
④□technician 技術者 3.(A) □postpone …を延期する (D) □make a copy コピーをとる
□extra 余分の

1(D) 2(B) 3(C)

3_011

A 事務機器や会社の業務に関連する会話を聞いて，４から６の設問に答えてください。

4. What are the speakers discussing?

(A) A budget increase
(B) A new payment procedure
(C) A performance review
(D) A price estimate for supplies

5. What is the woman's problem?

(A) She has run out of office supplies.
(B) The budget is not complete.
(C) She received an incorrect order.
(D) She cannot send an estimate to the man.

6. What will the man most likely do next?

(A) Order new office supplies
(B) Make an appointment with the woman
(C) Send the woman an e-mail
(D) Contact the purchasing department

3_012 W:アメリカ M:カナダ

B もう一度会話を聞いて，空所部分を書き取ってください。

Questions 4-6 refer to the following conversation.

W: ① Hi, Henry, it's Gloria from the financial department. ② I'm calling to find out whether the **1** ______________________________ have been completed.

M: ③ I sent an estimate for the cost of the printers by e-mail this morning but I'm waiting for a call from the purchasing department about the cost of the copiers. ④ They said they would let me know the estimate early tomorrow.

W: ⑤ **2** ______________________________ ______________________________.

⑥ **3** ______________________________?

解説・正解

A

4. 2人は何について話していますか。
(A) 予算の増加
(B) 新しい支払い手続き
(C) 勤務評価
(D) 備品の費用見積もり

②で the estimates for the office supplies「事務機器の見積もり」と言っています。その後も「見積もりが必要」などと話が続いていくので，(D) A price estimate for supplies を選べば OK です。

5. 女性の問題は何ですか。
(A) 事務用品が切れてしまった。
(B) 予算ができていない。
(C) 受けた注文が間違っていた。
(D) 男性に見積もりを送ることができない。

女性は，⑤で I need to get all the figures together so that I can present the budget to my boss by the end of today. と言っています（so that は「目的（～するために）」を表しています）。「予算を提示するために数字をまとめる必要がある」→「まだ予算は完成していない」と考えられるので，(B) The budget is not complete. が正解です。ちなみに，直前で Oh, no. と言っているので，その後で問題を述べると予測できますね。

6. 男性は次に何をすると考えられますか。
(A) 新しい事務用品を注文する。
(B) 女性と会う日程を決める。
(C) 女性に E メールを送る。
(D) 購買部に連絡を取る。

女性が男性に対して，⑥で Could you make a call to the purchasing department now ～? と言っています。「購買部に電話して」と男性に頼んでいるので，この内容を表した (D) Contact the purchasing department が正解です。「男性が次にすること」だからといって男性の発言だけに集中すると，こういった問題が解けなくなってしまうわけです。

B

問題 4 から 6 は次の会話に関するものです。

女性：①こんにちは，Henry さん。財務部の Gloria です。②事務機器の見積もりが仕上がっているかどうか知りたくて電話をしているのですが。

男性：③プリンターにかかる費用の見積もりは今朝 E メールで送ったのですが，コピー機の費用については購買部からの電話を待っています。④明日早くに見積もりを出してくれると言っていました。

女性：⑤それは困ります。今日中に上司に予算を提示できるように，全ての数字をまとめる必要があるのです。⑥今すぐ購買部に電話して，見積総額を出してもらっていただけませんか。

② **1** **estimates for the office supplies**

⑤ **2** **Oh, no. I need to get all the figures together so that I can present the budget to my boss by the end of today**

⑥ **3** **Could you make a call to the purchasing department now to get the total estimates**

---

①□financial department 財務部 ②□find out whether …かどうか知る □estimate 見積もり
□office supplies 事務機器 ③□purchasing department 購買部 □copier コピー機
⑤□get all the figures together 全ての数字をまとめる □present the budget to …に予算を提示する
⑥□make a call to …に電話をする □get the total estimates 見積総額を出してもらう
4.(B) □procedure 手続き (C) □performance review 勤務評価
5.(A) □run out of …が切れる・不足する

4(D) 5(B) 6(D)

3_013

A 社員・人事に関連する会話を聞いて，7から9の設問に答えてください。

7. Where does the conversation probably take place?

(A) At an accounting seminar
(B) At a job interview
(C) At a board meeting
(D) At a staff orientation

8. What previous work does the woman mention?

(A) Managing a pharmaceutical firm
(B) Allocating annual budgets
(C) Preparing business proposals
(D) Handling overseas transactions

9. What most likely will be discussed next?

(A) The woman's public speaking ability
(B) The company's annual revenue
(C) The woman's time-management skills
(D) The deadline for an upcoming project

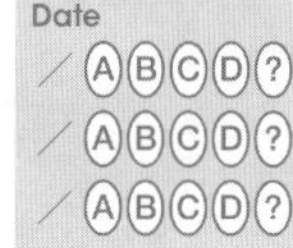

3_014 (M:オーストラリア W:アメリカ)

B もう一度会話を聞いて，空所部分を書き取ってください。

Questions 7-9 refer to the following conversation.

M: ① Thanks for coming in today.
② **1** ______________________________ in our international accounts department?

W: ③ Yes, of course. ④ I worked in the finance department of a large pharmaceutical firm for almost 7 years. ⑤ My main duty was **2** ______________________________.
⑥ I was also involved in preparing and delivering annual presentations of our profits and revenue.

M: ⑦ Good, you sound like just the kind of person we had in mind. ⑧ Now can you please describe a specific time during your career where you were able to **3** ______________________________?

解説・正解

A

7. この会話はどこで行われていると考えられますか。
(A) 会計セミナー
(B) 就職の面接
(C) 取締役会
(D) 社員のオリエンテーション

②の Can you start by describing any experience you have that may be relevant to the position we are hoping to fill で，「採用予定のポストと関連する経歴」を尋ねています。よって，「就職の面接」だと考えられるので，(B) At a job interview を選べば OK です。ちなみに，interview は「（記者による）インタビュー」よりも，「面接（する）」の意味で圧倒的によく出てきます。

8. 女性は以前の仕事は何だと言っていますか。
(A) 製薬会社の経営
(B) 年間予算の配分
(C) ビジネスの提案の準備
(D) 海外取引の処理

女性は以前の主な業務について，⑤で to oversee any business transactions ~ with its foreign clients「海外顧客との商取引を管理すること」と述べています。よって，これを表した (D) Handling overseas transactions が正解です。oversee「管理する」が handle「処理する」に，transactions ~ with its foreign clients が overseas transactions に言い換えられています。

9. 次に話し合われるのは何だと考えられますか。
(A) 女性のスピーチの能力
(B) 会社の年間収入
(C) 女性の時間管理の能力
(D) 今度のプロジェクトの期限

最後に，⑧で「複数の業務を同時にこなしつつ期限を守った（deal with multiple tasks simultaneously and successfully meet all of your deadlines）経験」について尋ねています。よって，この内容をまとめて表した (C) The woman's time-management skills「女性の時間管理の能力」が正解です。

B

問題 7 から 9 は次の会話に関するものです。

男性： ①今日はお越しいただきありがとうございます。②まず，国際会計部で募集しているポストと関連性がある職務経験をお持ちでしたら，教えてください。

女性： ③はい，わかりました。④私は大手製薬会社の財務部で 7 年近く働いていました。⑤主に会社が海外の顧客と商取引を行う際の管理業務をしていました。⑥また，会社の利益と収入に関する年次報告を用意し，そのプレゼンテーションも行っていました。

男性： ⑦いいですね，あなたは当社が求めていた人材のようです。⑧では次に，これまで働いてきた中で，複数の業務を同時にこなし，なおかつ全て期限に間に合わせることができた経験があれば，具体的に教えていただけますか。

② **1** **Can you start by describing any experience you have that may be relevant to the position we are hoping to fill**

⑤ **2** **to oversee any business transactions the company had with its foreign clients**

⑧ **3** **deal with multiple tasks simultaneously and successfully meet all of your deadlines**

---

②□describe …を説明する □be relevant to …に関連性のある □fill the position そのポストに人を雇う
④□pharmaceutical firm 製薬会社 ⑤□main duty 主な業務 □oversee …を管理する・監督する
□business transaction 商取引 ⑥□be involved in …に関わる
□deliver a presentation プレゼンテーションを行う □profit and revenue 利益と収入
⑦□have X in mind Xのことを考えている ⑧□specific 具体的な
□deal with multiple tasks simultaneously 複数の業務を同時に処理する cf. simultaneously 同時に
□meet a deadline 期限に間に合う 8.(B) □allocate …を配分する (D) □handle …を処理する

7(B) 8(D) 9(C)

3_015

A 発表・会議・行事に関連する会話を聞いて，10 から 12 の設問に答えてください。

10. Why is the woman worried?

(A) A coworker is absent.
(B) Some clients arrived early.
(C) A presentation was canceled.
(D) Some copies were not made.

11. What does the man offer to do?

(A) Photocopy handouts
(B) Fix a computer
(C) Deliver a speech
(D) Design materials

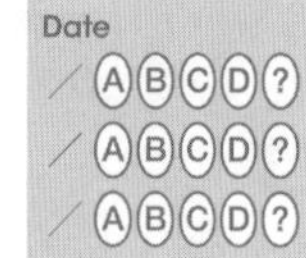

12. When is the presentation supposed to start?

(A) At 12 P.M.
(B) At 1 P.M.
(C) At 2 P.M.
(D) At 3 P.M.

3_016 W:イギリス M:オーストラリア

B もう一度会話を聞いて，空所部分を書き取ってください。

Questions 10-12 refer to the following conversation.

W: ① Three of our clients will be stopping by soon for a presentation, ② but I **1** ______________________________.

M: ③ Don't worry. Just give me the materials. ④ I'll **2** ______________________________ ⑤ and give them to you before the presentation.

W: ⑥ Thanks. **3** ______________________________, so just give them to me before then. ⑦ Also, if you aren't too busy, I'd appreciate some help. ⑧ There are so many documents to be handed out and I could really use an extra pair of hands.

M: ⑨ Actually, my one o'clock meeting was cancelled today, ⑩ so I have plenty of time to help out. ⑪ Just give me a few minutes and then I'll join you in the conference room.

解説・正解

A

10. 女性はなぜ心配しているのですか。
(A) 同僚が欠席している。
(B) 何名かの顧客が早く到着した。
(C) プレゼンテーションがキャンセルされた。
(D) 用意されていないコピーが何枚かある。

②に I didn't have time to copy some materials for them とあります。「顧客に渡すコピーができていない」とわかるので，これを受動態で表した (D) Some copies were not made. を選べば OK です。

11. 男性は何をすると申し出ていますか。
(A) 配布物をコピーする。
(B) コンピューターを修理する。
(C) スピーチをする。
(D) 資料をデザインする。

男性は，④で I'll go upstairs and make copies of them と言っています。them は「顧客に渡す資料（materials）」のことなので，これを handouts「配布物」に言い換えた (A) Photocopy handouts が正解です。photocopy は，「写真のように（photo）コピーをする（copy）」→「（コピー機で）コピーする」という意味です。

12. プレゼンテーションは何時に開始することになっていますか。
(A) 正午
(B) 午後１時
(C) 午後２時
(D) 午後３時

⑥の We're scheduled to start at two から，(C) At 2 P.M. を選べば OK です。設問の be supposed to ～「～する予定」が，本文では be scheduled to ～「～する予定」で表されています。こういった問題は特に先読みが重要で，「プレゼンの始まり」を意識しておかないと，顧客の人数（three）や中止になった男性の会議の始まり（one o'clock）などと混同してしまう可能性があります。

B

問題 10 から 12 は次の会話に関するものです。

女性：①もうすぐ３人のお客様がプレゼンテーションを聞きに来ることになっています。②でも，時間がなくて，彼らに渡す資料のコピーがいくつか用意できていません。

男性：③大丈夫です。資料を私に渡してください。④上に行ってコピーをとって，⑤プレゼンテーションの前に渡します。

女性：⑥ありがとうございます。２時に始める予定なので，その前に渡してもらえますか。⑦それから，もし手がすいていたら，手伝ってほしいことがあります。⑧配布する資料がたくさんあるので，手を貸してもらえると本当に助かります。

男性：⑨実は，今日は１時の会議が中止になったんです。⑩ですから手伝う時間はたくさんあります。⑪あと少ししたら，私も会議室に行きますね。

② **1** **didn't have time to copy some materials for them**

④ **2** **go upstairs and make copies of them**

⑥ **3** **We're scheduled to start at two**

①□stop by …に立ち寄る ②□material 資料 ④□go upstairs 上の階に行く
⑥□be scheduled to *do* …をする予定である
⑦□I'd appreciate some help. 手伝ってもらえると嬉しい。
⑧□documents to be handed out 配布する書類 cf. hand X out Xを配る
□could use an extra pair of hands 手を貸してほしい ⑩□help out 助ける 10.(A) □coworker 同僚
11.(A) □photocopy …をコピーする □handout 配布資料

10(D) 11(A) 12(C)

Part 3

実際の TOEIC 形式の問題を解き，これまでの学習内容を復習しましょう。

3_017

1. Who most likely is the woman?

(A) A technician
(B) A plumber
(C) A designer
(D) A salesperson

2. When did the man first notice the problem?

(A) Last week
(B) Yesterday morning
(C) Last night
(D) Today

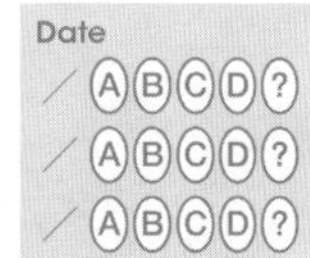

3. According to the woman, what can the man do after 10 o'clock?

(A) Cancel his order
(B) Check on a delivery
(C) Access his e-mail account
(D) Choose a new computer password

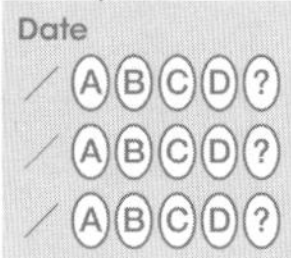

3_017 M:カナダ W:イギリス

Questions 1-3 refer to the following conversation.

M: ① Hello, **1** **2** I haven't been able to open my e-mail since this morning. ② **1** Can you help me out?

W: ③ That's probably because the server has been temporarily down while **1** we're backing up the system. ④ We sent out an e-mail about it last week.

M: ⑤ Really? My computer was being fixed last week ⑥ and I just got it back last night, so I wasn't able to check my e-mail. ⑦ How long will the server be down for?

W: ⑧ **1** **3** We should have the server back online by 10 A.M. ⑨ **3** Try logging in again after that.

解説・正解

1. 女性の職業は何だと考えられますか。
(A) 技術者
(B) 配管工
(C) デザイナー
(D) 販売員

男性は，女性に「Eメールが開けないので手を貸して」と言っています。それに対して，女性は③で we're backing up the system，⑧で We should have the server back online と述べています。「メールについて問い合わせる相手」であり，「システムのバックアップ・サーバーの正常化」を行う職業として適切なのは，(A) A technician「技術者」です。

2. 男性が初めて問題に気づいたのはいつですか。
(A) 先週
(B) 昨日の朝
(C) 昨晩
(D) 今日

男性は，①で I haven't been able to open my e-mail since this morning. と言っています。問題に初めて気づいたのは「今朝」だとわかるので，(D) Today を選べばOKです。ちなみに，⑤の My computer was being fixed last week. や⑥の I just got it back last night, so I wasn't able to check my e-mail. もヒントになります。

3. 女性によると，10 時以降に男性は何をすることができますか。
(A) 注文をキャンセルする。
(B) 配送を確認する。
(C) Eメールのアカウントにアクセスする。
(D) コンピューターの新しいパスワードを選択する。

⑧の We should have the server back online by 10 A.M. と⑨の Try logging in again after that. から，「10時までにサーバーが正常になるので，それ以降はログインできる（メールが開ける）」とわかります。よって，log in を access に言い換えた (C) Access his e-mail account が正解です。

問題 1 から 3 は次の会話に関するものです。

男性：①こんにちは。今朝からEメールが開けなくなったのです。②どうすればいいでしょうか。

女性：③システムのバックアップを行っている間は一時的にサーバーがダウンしているせいだと思います。④この作業については先週Eメールを送ってありますよ。

男性：⑤本当ですか。先週はコンピューターの修理をしてもらっていたのです。⑥昨夜戻ってきたばかりなので，Eメールを確認できませんでした。⑦サーバーはどのくらいの時間ダウンしていますか。

女性：⑧午前 10 時にはサーバーをネットワークにつなげると思います。⑨それ以降にもう一度ログインしてみてください。

②□help out 助ける，手を貸す ③□temporarily 一時的に，仮に
□down 形（コンピューターが）動いていない □back up …のバックアップをとる
⑨□log in ログインする（↔ log out） 3.(C) □access …にアクセスする

Part 3

1(A) 2(D) 3(C)

3_018

4. What are the speakers mainly discussing?

(A) Design changes
(B) A postponed seminar
(C) Work schedules
(D) An employee meeting

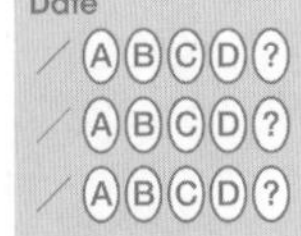

5. What type of work do the speakers do?

(A) Product design
(B) Publishing
(C) Staff recruitment
(D) Construction

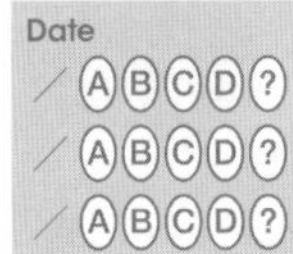

6. What does the man offer to do for the woman?

(A) Introduce her to the director
(B) Collaborate with her on a project
(C) Give her information for a presentation
(D) Walk her to a meeting room

3_018 M:オーストラリア W:アメリカ

Questions 4-6 refer to the following conversation.

M: ① Do you want to attend **4** **5** the designer meeting tomorrow? ② The home appliance design division will be going over the **5** design and color changes being made to next year's microwaves and toaster ovens. ③ Since you're new, it might help you to get an idea of **4** what we do here, and you can also meet some other staff members.

W: ④ That sounds good. I'm looking forward to meeting **4** the other people working here. ⑤ Where are they having the meeting?

M: ⑥ This one is going to be in Conference Room 4C, which is next to the director's office upstairs. ⑦ I'll be meeting some clients before the meeting, so I won't be able to take you there tomorrow. ⑧ **6** Why don't I show you where it is now so you can go tomorrow on your own.

解説・正解

4. 2人は主に何について話していますか。
(A) デザインの変更
(B) 延期されたセミナー
(C) 勤務予定
(D) 従業員の会議

①に the designer meeting tomorrow とあり，その後は「ミーティングのテーマや場所」について話しています。また，③の what we do here や some other staff members，④の the other people working here などから，このミーティングは「従業員」が参加するものだとわかります。よって，(D) An employee meeting が正解です。(A) Design changes も②に出てきますが，話の「主な内容」とは言えません。

5. 2人はどんな仕事をしていますか。
(A) 製品デザイン
(B) 出版
(C) 人材採用
(D) 建設

2人は designer meeting について話しており，②でミーティングのテーマは「来年発売される製品のデザインや色の変更（design and color changes being made to next year's ～）」と言っています。これらに関係する仕事として適切なのは，(A) Product design です。

6. 男性は女性に何をすると申し出ていますか。
(A) 部長に紹介する。
(B) プロジェクトに協力する。
(C) プレゼンテーションの情報を教える。
(D) 会議室に案内する。

会議室の場所を説明した後，⑧で Why don't I show you where it is「それ（会議室）の場所を私が教えますよ」と言っています。よって，(D) Walk her to a meeting room が正解です。Why don't I ～? は，直訳「なぜ私が～しないことがあろうか？」→「～するのはどう？・～しよう」という申し出・提案表現になります。設問の offer to ～「～を申し出る」に，この表現が対応しているわけです。

問題4から6は次の会話に関するものです。

男性：①明日のデザイナー会議に参加したいですか。②来年の電子レンジとオーブントースターのデザインと色の変更について，家電デザイン部が検討する予定なんです。③あなたは新人ですから，参加すればうちの会社が何をしているかわかるでしょうし，他の社員に会うこともできますよ。

女性：④それはいいですね。ここで勤務している他の社員の方々にもぜひお会いしたいです。⑤会議はどこで行われますか。

男性：⑥上の階の部長室の隣にある，4C会議室で行われる予定です。⑦明日は会議の前にお客様との会合がありますから，あなたを案内することができないんです。⑧ですから明日は1人でも行けるように，今から会議室の場所を私が教えますよ。

②□home appliance 家電 □division 部，課 □go over …を検討する・よく調べる（= review）
□microwave 電子レンジ ④□look forward to -ing …するのを楽しみにする
⑧□show …を教える □on one's own 一人で，独力で 6.(A) □introduce A to B AをBに紹介する
(B) □collaborate with A on B BのことでAと協力する

4(D) 5(A) 6(D)

3_019

7. Who is Helen Bartlett?

(A) A personal assistant
(B) A financial consultant
(C) A sales representative
(D) An accounting director

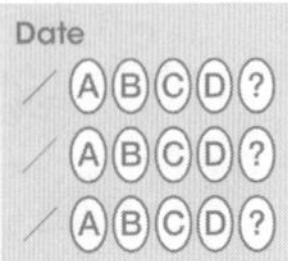

8. Why is the man surprised?

(A) A document was misplaced.
(B) A budget has been rejected.
(C) An appointment was canceled.
(D) A contract has been signed.

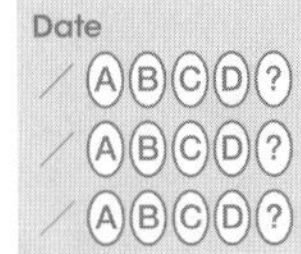

9. What is the receptionist asked to do?

(A) Contact a job applicant
(B) Compile sales figures
(C) Introduce an employee
(D) Arrange a meeting time

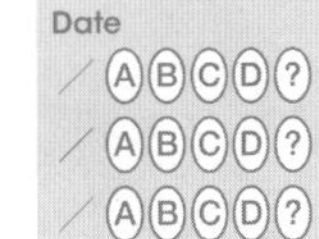

3_019 W:イギリス M:オーストラリア

Questions 7-9 refer to the following conversation.

W: ① Mr. Levinstein? 9 It's Sally from the reception desk. ② Helen Bartlett called while you were out. ③ 8 She said that she's unable to make it to her appointment with you today.

M: ④ Right, 7 she's the director from the accounting department. ⑤ She was supposed to stop by so we could discuss next year's budget. ⑥ 8 I'm surprised she can't make it.

W: ⑦ Shall I ask her to send someone else in her place or would you rather see her later in the week?

M: ⑧ I'd rather speak to her personally. ⑨ 9 Can you call her back and reschedule for a time tomorrow she's available to meet?

解説・正解

7. Helen Bartlettとは誰ですか。
(A) 個人専属の助手
(B) 財政コンサルタント
(C) 営業担当者
(D) 経理部部長

②で女性が「Helen Bartlettから電話があった」と伝えると，④で男性は**she's the director from the accounting department**と言っています。**she**はHelen Bartlettのことなので，**(D) An accounting director**を選べばOKです。先読みで，固有名詞のHelen Bartlettをチェックしておくことが重要になります。

8. 男性はなぜ驚いているのですか。
(A) 書類を置き忘れてしまったから。
(B) 予算案が却下されたから。
(C) 会う約束がキャンセルされたから。
(D) 契約書に署名がされていたから。

⑥で**I'm surprised she can't make it.**と言っています。**make it**には「間に合う・都合がつく」などの意味があり，③の**she's unable to make it to her appointment with you**からも，「Helenさんが約束を守れない（会合に来られない）」ことを表しているとわかります。よって，**(C) An appointment was canceled.**が正解です。

9. 受付係は何をするように頼まれていますか。
(A) 求人の応募者に連絡する。
(B) 売上高をまとめる。
(C) 従業員を紹介する。
(D) 会合の時間を設定する。

①の**It's Sally from the reception desk.**から，「受付係」は女性だとわかります。⑨で，男性は女性に**Can you ～ and reschedule for a time tomorrow she's available to meet?**「彼女に会えるよう予定を変更して」と頼んでいます。よって，この内容を表した**(D) Arrange a meeting time**が正解です。

問題7から9は次の会話に関するものです。

女性：① Levinsteinさんですか。受付担当のSallyです。②外出されている間に，Helen Bartlettさんから電話がありました。③本日，あなたとの会合に来られなくなったと言っていました。

男性：④わかりました。その方は経理部の部長です。⑤来年の予算について話し合うために，来てもらうことになっていました。⑥来られないと聞いて，驚きました。

女性：⑦代わりの人をよこすように，お願いしましょうか。それとも今週また別の日にお会いになりますか。

男性：⑧ Bartlettさんと直接話したいのです。⑨折り返し電話をかけて，明日，都合のいい時間に予定を変更してもらえますか。

①□**reception desk** 受付カウンター ③□**make it to one's appointment** 会う約束を守る，間に合う
⑤□**be supposed to *do*** …することになっている □**stop by** 立ち寄る □**so (that)** …できるように
□**budget** 予算 ⑦□**in one's place** …の代わりに □**would rather *do*** むしろ…したい
⑧□**personally** 自分で，直接 ⑨□**reschedule for**＋日時 …に予定を変更する □**available** 都合のいい
8.(A) □**misplace** …の置き場所を誤る (B) □**reject** …を拒否する 9.(B) □**compile** （資料など）をまとめる
(D) □**arrange** …を調整する・取り決める・設定する

7(D) 8(C) 9(D)

3_020

10. What does the woman say about Angelina Diaz?

(A) She does not possess the necessary qualifications.
(B) She does not have enough experience in business.
(C) She has applied for multiple positions.
(D) She recently graduated from university.

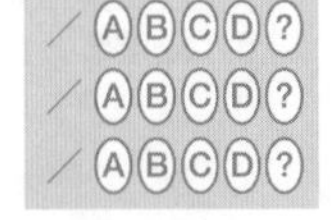

11. According to the woman, what will happen at the Seattle branch next month?

(A) They will begin renovations.
(B) They will move to a larger building.
(C) They will hire new employees.
(D) They will cease all operations.

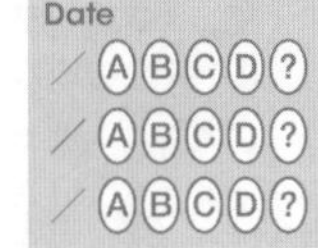

12. What will the man probably do next?

(A) Call a colleague
(B) Arrange an interview
(C) Review an application form
(D) Contact an applicant

Date

3_020 W:アメリカ M:カナダ

Questions 10-12 refer to the following conversation.

W: ① Hello, William. I wanted to ask your opinion of Angelina Diaz, the woman we interviewed earlier. ② She has a lot of positive attributes, but I'm concerned that [10] _she fails to meet the criteria for this vacancy_. ③ While she does possess a degree in business, she failed to complete her master's degree, ④ and that's a stipulated requirement for this position.

M: ⑤ Well, one option we should consider is offering her the human resources manager position in Seattle. ⑥ She certainly isn't underqualified for that. ⑦ And they need the position filled as soon as possible.

W: ⑧ She would be perfect for that role. ⑨ But do you think she'd be willing to relocate at such short notice? ⑩ The Seattle branch needs that position filled immediately, ⑪ because they have recently moved to a bigger building ⑫ and [11] _are planning to recruit almost 50 new staff members next month_.

M: ⑬ That's right. [12] _I'll pass on this information to her right away_ and find out if she's interested. ⑭ If she is, I'll talk to Mr. Wilson in Seattle ⑮ and recommend that he schedule an interview with Ms. Diaz.

解説・正解

10. 女性は Angelina Diaz について何と言っていますか。
(A) 必要な資格を持っていない。
(B) 十分なビジネス経験がない。
(C) 複数の求人に応募している。
(D) 大学を卒業したばかりである。

②の she fails to meet the criteria for this vacancy から，Angelina Diaz は「空きポストの必要条件を満たしていない」とわかります（その後も，「必要条件の修士を取得していない」と続けていますね）。よって，これを言い換えた (A) She does not possess the necessary qualifications. が正解です。

11. 女性によると，来月シアトル支局で何が起こりますか。
(A) 改修を始める。
(B) より大きなビルに移る。
(C) 新入社員を雇う。
(D) 全ての事業を停止する。

⑫の are planning to recruit almost 50 new staff members next month から，来月シアトル支局で「新たに50人近く雇用する予定」とわかります。よって，(C) They will hire new employees. が正解です。(B) の「大きな建物に引っ越す」は，⑪の they have recently moved to a bigger building から，「過去」のことだと判断できます。

12. 男性は次に何をすると考えられますか。
(A) 同僚に電話する。
(B) 面接を設定する。
(C) 応募用紙に目を通す。
(D) 応募者に連絡する。

男性は，⑬で I'll pass on this information to her right away「この情報をすぐに彼女に伝える」と言っています（pass on ～ to 人「～を人に伝える」という表現）。この her は応募者の Angelina Diaz を指しているので，(D) Contact an applicant「応募者に連絡する」を選べば OK です。

問題10から12は次の会話に関するものです。

女性：①こんにちは，William さん。Angelina Diaz さんについて，ご意見をお聞かせください。先日面接した女性のことです。②長所はたくさんありますが，このポストに求められる基準を満たしていないのです。③確かに彼女は経営学の学位を持っていますが，修士を取得できませんでした。④修士はこのポストに求められる必要条件なんです。

男性：⑤そうですか。考えられる1つの選択肢として，シアトルの人事部長の仕事を彼女に提示してもいいかもしれません。⑥その仕事なら，資格が不十分ということはないでしょう。⑦それにシアトルは，できるだけ早く欠員補充をしなければなりませんし。

女性：⑧それなら彼女にぴったりですね。⑨でも，彼女はこんなにも急な異動に同意してくれるでしょうか。⑩シアトル支社は，すぐにそのポストの欠員を埋めたいんです。⑪最近大きなビルに移転して，⑫来月にはさらに50人近くも採用する予定がありますので。

男性：⑬その通りですね。今すぐこのことを彼女に知らせて，興味があるか聞いてみます。⑭興味があるようだったら，シアトルの Wilson さんに話して，⑮ Diaz さんの面接日程を決めるように言っておきます。

②□attribute 特性 □be concerned that 節 …ではないかと心配している □fail to *do* …しそこなう
□meet the criteria for …に必要な条件を満たす □vacancy 欠員 ③□possess …を持つ・備えている
④□stipulate …を規定する □requirement 必要条件 ⑥□underqualified 資格が不十分な
⑦□need the position filled 欠員を埋める必要がある cf. need＋目的語＋p.p. …される必要がある
⑨□be willing to *do* …する意志がある □relocate 異動する，転勤する
□at such short notice そんなに突然 ⑬□pass on A to B AをBに伝える
10.(A) □qualification 資格 (C) □multiple 複数の 11.(D) □cease …をやめる
□operation 営業，経営 12.(C) □application form 応募用紙 (D) □applicant 応募者

10(A) 11(C) 12(D)

3_021

13. What are the speakers discussing?

(A) A company picnic
(B) A business contract
(C) A marketing class
(D) An accounting seminar

14. What does the man want to know?

(A) A lecturer's name
(B) The cost of registration
(C) A client's phone number
(D) The length of a workshop

15. What does the woman suggest the man do?

(A) Fill out a form
(B) Pay in advance
(C) Look at a brochure
(D) Write down some information

3_021 (M:オーストラリア W:イギリス)

Questions 13-15 refer to the following conversation.

M: ① Hello, I heard about the **13** accounting seminar that's being offered next weekend and I'd like some more information. ② Could you give me a syllabus that lists what the seminar will be covering?

W: ③ Sure, please take one of these brochures. ④ All of the topics are explained, and you can also see the exact times the seminar will be held.

M: ⑤ Thank you. I've been planning on registering for a workshop to brush up on my accounting skills. ⑥ One more thing, **14** how much will it cost?

W: ⑦ **15** If you turn to the last page of the brochure, you can see information about the prices. ⑧ Please note that the fee is due at the time of registration.

解説・正解

13. 2人は何について話していますか。
(A) 会社のピクニック（親睦会）
(B) 事業契約
(C) マーケティングのクラス
(D) 会計セミナー

①で男性がaccounting seminarについて情報を求め，女性が説明しています。その後も話題は同じなので，(D) An accounting seminarが正解です。今回のような「セミナー・ワークショップ」の話はTOEIC頻出で，Part 7にもよく出てきます。

14. 男性は何を知りたいと思っていますか。
(A) 講師の名前
(B) 受講料
(C) 顧客の電話番号
(D) ワークショップの長さ

男性は，⑥でhow much will it cost?と「セミナーの受講料」について尋ねています。よって，これを言い換えた(B) The cost of registration「受講料」が正解です。

15. 女性は男性に何をするように提案していますか。
(A) 用紙に記入する。
(B) 事前に支払う。
(C) パンフレットを見る。
(D) 情報を書き留める。

⑦にIf you turn to the last page of the brochure, you can see ～ とあります。女性は「パンフレットを見る」ことを提案しているので，(C) Look at a brochureを選べばOKです。If you ～, you can …「～すれば…できる」という形で，これも一種の「提案表現」になります。設問のsuggestに対応しているわけです。

問題13から15は次の会話に関するものです。

男性：①こんにちは，来週末に会計セミナーが開催されると聞いたのですが，もう少し詳しい情報を知りたいと思います。②セミナーが扱う内容が載ったシラバスをもらえますか。

女性：③もちろんです，こちらのパンフレットをお持ちください。④扱うトピックの説明が全て載っておりますし，セミナーの開講時間もご覧いただけます。

男性：⑤ありがとうございます。会計スキルが向上できるワークショップに申し込もうと考えているのです。⑥もう1つ聞きたいのですが，受講料はいくらですか。

女性：⑦パンフレットの最後のページをご覧になると，料金についての情報がありますよ。⑧受講料は申し込みの際にお支払いいただきますので，ご注意ください。

②□syllabus 授業計画表，シラバス □list 動 …を表に載せる・リストに入れる
⑤□register for …に登録する □brush up on …に磨きをかける ⑦□turn to （ページ）を見る
⑧□note that 節 …であることに注意する・心に留める □fee 授業料
□be due＋時間 …に支払わなければならない □at the time of registration 申し込みの際に
15.(A) □fill out …に記入する (B) □in advance 前もって

13(D) 14(B) 15(C)

3_022

16. Where do the speakers most likely work?

(A) At an electronics store
(B) At an advertising firm
(C) At an electronics manufacturer
(D) At a movie theater

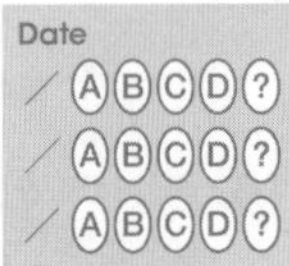

17. What does the woman say Rita requested?

(A) Help with designing a product
(B) A set of new computers
(C) Feedback on her presentation
(D) A larger project budget

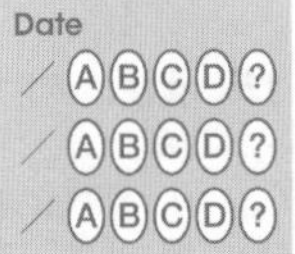

18. What will the man do next?

(A) Talk to a coworker
(B) Submit some designs
(C) Train a new employee
(D) Go to a seminar

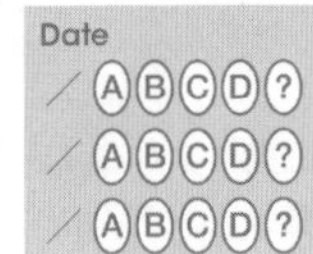

3_022 W:イギリス M:カナダ

Questions 16-18 refer to the following conversation.

W: ① Edgar, do you have time to 16 17 collaborate with Rita on the speakers for the new home theater set? ② 17 She's been working on them for a week and said she'd like some assistance.

M: ③ I can do that. I've helped her 16 design speakers before and we've developed several other products together.

W: ④ Right, that's why 17 Rita actually requested to work with you. ⑤ She said you're knowledgeable about electronic engineering and that you could give her some good ideas.

M: ⑥ All right. 18 I'll give her a call and see if we can start working on it today.

解説・正解

16. 2人はどこで働いていると考えられますか。
(A) 電子機器の店
(B) 広告会社
(C) 電子機器のメーカー
(D) 映画館

①の collaborate with Rita on the speakers for the new home theater set「新しいホームシアターセットのスピーカーの仕事を一緒にする」，③の design speakers「スピーカーを設計する」，we've developed several other products「いくつか他の製品を開発した」などと関連のある仕事を考え，(C) At an electronics manufacturer を選びます。

17. 女性は Rita さんが何を要求したと言っていますか。
(A) 製品デザインの手伝い
(B) 新しいコンピューター一式
(C) プレゼンテーションの感想
(D) プロジェクト予算の増額

①の collaborate with Rita on the speakers for the new home theater set，②の ～ and said she'd like some assistance から，Rita が「ホームシアターセットのスピーカーの仕事に関する手助け」を必要としているとわかります。よって，(A) Help with designing a product を選べば OK です。product「製品」という単語で，the speakers for ～ をまとめて表しています。

18. 男性は次に何をしますか。
(A) 同僚と話す。
(B) デザインを提出する。
(C) 新入社員を訓練する。
(D) セミナーに行く。

男性は，⑥で I'll give her a call「彼女に電話する」と言っています（give [人] a call は，直訳「[人] に電話を与える」→「[人] に電話する」という表現）。この her は Rita を指し，③の「前に製品の設計開発を一緒にしたことがある」などから，この2人は「同僚」だと考えられます。よって，(A) Talk to a coworker「同僚と話す」が正解です。

問題 16 から 18 は次の会話に関するものです。

女性： ① Edgar さん，新しいホームシアターセットのスピーカーの仕事を，Rita さんといっしょにする時間はありますか。②始めてから一週間経ったのですが，手伝ってほしいと言っているんです。

男性： ③手伝えますよ。以前，スピーカーのデザインで彼女の手伝いをしたことがありますし，別の製品をいくつか一緒に開発したこともあります。

女性： ④ええ，だから Rita さんはあなたと一緒に作業したいと言ったんです。⑤あなたには電子工学の知識があるから，いいアイデアを出してくれるだろうって。

男性： ⑥わかりました。彼女に電話して，今日からいっしょに作業を始められるか聞いてみます。

①□collaborate with A on B BのことでAと共同して働く・協力する ②□assistance 助力，手伝い
④□request to *do* 動 …させてほしいと頼む・依頼する ⑤□knowledgeable 知識のある，精通している
□electronic engineering 電子工学 ⑥□give X a call Xに電話をする
□see if 節 …であるかどうか確かめる 16.(A) □electronics 電子機器

Part 3

16(C) 17(A) 18(A)

3_023

19. What did the woman do last week?

(A) Start a sales campaign
(B) Conduct a training session
(C) Review rival products
(D) Answer a customer survey

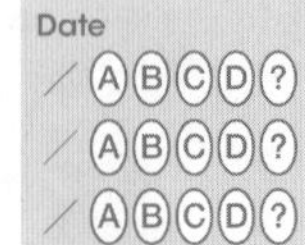

20. What department does the woman work in?

(A) Human resources
(B) Maintenance
(C) Accounting
(D) Sales

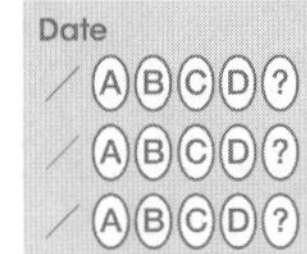

21. What does the woman plan to do tomorrow morning?

(A) Train a new employee
(B) Prepare a presentation
(C) Send out a survey
(D) Share her ideas

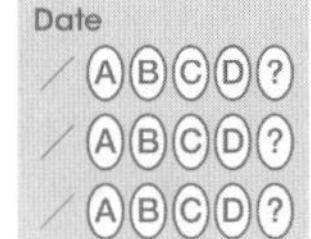

3_023 M:オーストラリア W:アメリカ

Questions 19-21 refer to the following conversation.

M: ① Hi, Jennifer. 19 How did your research go last week? ② 19 You were studying our competitor's products, weren't you?

W: ③ Yes, it was very informative. ④ 19 I reviewed several products, and studied their appeal to buyers. ⑤ Now, I have some strategies in mind for 20 our sales department to use.

M: ⑥ That's good. I think the marketing department will be interested in your sales research project.

W: ⑦ Yes. I talked about that with the manager already. ⑧ I'm going to put my information together today, ⑨ and then 21 have a meeting with all of 20 our sales team members as well as the marketing department tomorrow morning.

解説・正解

19. 女性は先週何をしましたか。
(A) 販売キャンペーンを始める。
(B) 講習会を行う。
(C) 競合製品を調査する。
(D) 顧客アンケートに答える。

①に How did your research go last week? とあり，その後に「女性が先週したこと」が続きます。②の You were studying our competitor's products や④の I reviewed several products から，「ライバル社の製品を検討した」とわかるので，(C) Review rival products が正解です。本文の competitor「競合企業」が rival に言い換えられています。

20. 女性は何の部署で働いていますか。
(A) 人事
(B) 施設管理
(C) 会計
(D) 営業

⑤の our sales department や⑨の our sales team members から，女性は「営業部」だとわかります。よって，正解は (D) Sales です。今回のように「職業」が問われたときは，"our" がポイントになることがよくあります。ちなみに，今回は⑥の in your sales research project や話の流れもヒントになりますね。

21. 女性は明日の朝，何をする予定ですか。
(A) 新入社員を訓練する。
(B) プレゼンテーションの準備をする。
(C) アンケート調査を発送する。
(D) アイデアを話す。

⑨で have a meeting ~ tomorrow morning と言っています。「ミーティングでアイデアを共有する」と考えられるので，(D) Share her ideas を選べば OK です。ちなみに，先読みで tomorrow morning ばかり意識すると，今回はその前に解答根拠が出てきて聞き逃してしまいます。先読みは重要ですが，あくまで「全文しっかり聞く」姿勢を大事にしましょう（詳しくは 282 ページ）。

問題 19 から 21 は次の会話に関するものです。

男性： ① Jennifer さん。先週の調査はどうでしたか。②ライバル企業の製品について調べていましたよね。
女性： ③はい，とても有益でした。④製品をいくつか調べ，それがどのように消費者の興味をそそるかを調査しました。⑤それで，うちの営業部が使える戦略を思い付きました。
男性： ⑥それはいいですね。マーケティング部も，Jennifer さんの売上調査プロジェクトに興味を持つと思います。
女性： ⑦はい，部長には既に話してあります。⑧今日は調べた情報をまとめるつもりです。⑨それから明日の朝，マーケティング部と，うちの営業チーム全員で会議をする予定です。

②□competitor 競争相手，ライバル企業　③□informative 有益な
④□review …を精密に調べる・吟味する（= go over）□appeal to …に対する魅力　□buyer 消費者
⑧□put X together Xをまとめる　19.(B) □conduct …を実施する・行う
21.(C) □send out …を発送する　(D) □share …を共有する・伝える

Part 3

19(C)　20(D)　21(D)

TOEIC ではビジネスに関連する会話の他にも，ショッピング，旅行，約束など基本的な「日常生活」に関連する会話もよく出ます。海外旅行した際にもとても役立ちますので，しっかり学習していきましょう。

1 旅行・交通

旅行会社を通じた航空券の予約，空港で荷物を預けて搭乗券を受け取る会話，荷物が見つからなかったり，接続便に乗りそこなったりして助けを求める会話，ホテルのフロントでの会話がよく出題されます。

短い会話を聞いて，各設問に答えてください。

3_024

1. Where does the woman most likely work?

(A) At an airport
(B) At a hotel
(C) At a restaurant
(D) At a real estate agency

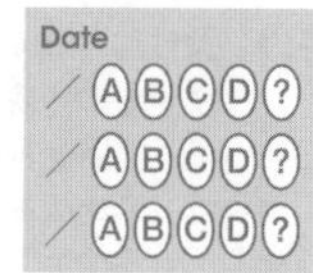

3_025

2. What does the woman want to do?

(A) Make a flight reservation
(B) Confirm her reservation
(C) Change her travel destination
(D) Request a seat upgrade

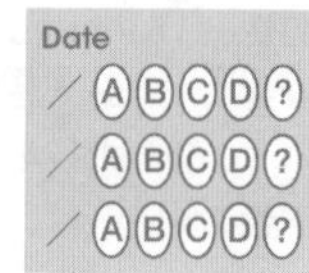

1. 女性はどこで働いていると考えられますか。
(A) 空港
(B) ホテル
(C) レストラン
(D) 不動産屋

□real estate agency 不動産業者

2. 女性は何をしたいと思っていますか。
(A) 飛行機の予約
(B) 予約の確認
(C) 旅行先の変更
(D) 座席のアップグレードの依頼

□make a reservation 予約する
□confirm …を確認する

解説・正解

1. 3_024 M:カナダ W:アメリカ

M: ① Do you have a room with twin beds available on Friday, June 3rd?

W: ② I'm sorry, but we are all booked up that day. If you want, I can call you if there is a cancellation.

M: ③ Thanks. I'll give you my name and phone number.

男性：①6月3日金曜日に空いているツインベッドの部屋はありますか。

女性：②申し訳ありませんが，その日は予約でいっぱいです。もしよろしければ，キャンセルがあった際にお電話を差し上げますが。

男性：③ありがとうございます。名前と電話番号をお伝えします。

男性の「ツインベッドの部屋はある？」という質問に対して，女性は②で we are all booked up「予約がいっぱい」と予約状況を答えています（この book は動詞「予約する」です。「ダブルブッキング（booking）」とは，「二重に予約する」ことですね）。よって，女性は「ホテルのフロント係」だと考えられるので，(B) At a hotel を選べば OK です。

①□available 空いている ②□be all booked up 予約でいっぱいである □cancellation キャンセル

2. 3_025 M:オーストラリア W:イギリス

M: ① Good afternoon. Welcome to Yellow Travel Services. How can I help you today?

W: ② Hi, I have to be in Philadelphia tomorrow morning ③ and I was wondering what the earliest flight you can book me on is.

M: ④ Let me check. I can book you a seat in prestige class on a flight leaving tonight or ⑤ economy class on a flight leaving at 8 o'clock tomorrow morning.

男性：①いらっしゃいませ。Yellow Travel Services です。本日はどういったご用件でしょうか。

女性：②こんにちは。明日の朝までにフィラデルフィアに行かないといけないのですが，③予約できるフライトで一番早いのはどれでしょうか。

男性：④ただ今お調べいたします。今夜発のプレステージクラスのお席か，⑤明日朝８時発のエコノミークラスの席をお取りできます。

女性は，③で I was wondering what the earliest flight you can book me on is.「予約できる一番早い飛行機の便はどれ？」と尋ねています。女性は「飛行機の予約をしたい」と思っているとわかるので，(A) Make a flight reservation を選べば OK です。本文の book「予約する」が，選択肢では make a reservation「予約する」に言い換えられています。TOEIC にはあらゆる「予約」のシーンが出てくるので，どちらも必ず押さえておきましょう。

③□book X on the earliest flight Xのために一番早いフライトを予約する
④□prestige class (= business class) プレステージクラス（＝ビジネスクラス）

1(B) 2(A)

2 ショッピング・購入

顧客と店員が製品について話す会話が最もよく出題されます（「在庫ある？」「色は？」「サイズは？」などと聞くことが多いです）。また，店員が製品の特徴を説明し顧客が買うか買わないかを決める会話，購入した製品に問題があって顧客が店員に訴える会話，払い戻し・交換を要求する会話，注文品が届かなかったり誤配送になったりして電話で確認する会話などもよく出ます。TOEIC では，「ミス」や「トラブル」が非常によく起こるわけです（ただ，ほとんどは穏便に解決します）。

短い会話を聞いて，各設問に答えてください。

3_026

1. What is the purpose of the call?

(A) To request an extended warranty
(B) To inquire about a refund
(C) To reschedule some repairs
(D) To discuss defective merchandise

3_027

2. What does the woman ask for?

(A) Merchandise in other colors
(B) Additional boxes for shipping
(C) Items in different sizes
(D) A discount on silk blouses

1. 電話の目的は何ですか。
(A) 延長保証を依頼すること。
(B) 返金について尋ねること。
(C) 修理の予定を変更すること。
(D) 欠陥商品について話すこと。

□extended warranty 延長保証
□inquire about …について尋ねる
□refund 返金 □defective 欠陥のある
□merchandise 商品

2. 女性は何を求めていますか。
(A) 違う色の商品
(B) 発送用の追加の箱
(C) 違うサイズの商品
(D) 絹のブラウスの割引

□item 商品
□discount on …の割引

解説・正解

1. 3_026 M:カナダ W:イギリス

M: ① Hi, I'm calling to see if you can help me. ② I bought a microwave from your store a year ago and it doesn't work anymore.

W: ③ Well, all our products come with a two-year warranty. ④ Since you've only had it for a year, your microwave is still covered. ⑤ Please bring it back to the store and we'll try to fix it.

男性：①こんにちは，困ったことがあってお電話しています。②１年前にそちらのお店で電子レンジを買ったのですが，もう動かなくなってしまったのです。

女性：③そうですか，当店の製品には全て２年の保証が付いています。④購入されてからまだ１年ですので，お客様の電子レンジは保証が適用されます。⑤お店にお持ちいただければ，修理いたしますよ。

②に，I bought a microwave from your store a year ago and it doesn't work anymore. とあります。この work は「(機械が) 機能する・作動する」という意味で，「電子レンジが作動しない（壊れた)」ことを表しています。よって，電話をしたのは「壊れた電子レンジについて話すため」だと考えられるので，(D) To discuss defective merchandise「欠陥商品について話すこと」を選べば OK です（本文の a microwave を，選択肢では，まとめ単語 merchandise「商品」で表しています）。

①□see if …かどうかを確かめる ②□microwave 電子レンジ
③□come with a two-year warranty ２年間の保証が付いている
④□cover …を（保険等の）対象とする cf. be covered by warranty 保証が適用される
⑤□bring A back to B AをBに戻す

2. 3_027 M:オーストラリア W:アメリカ

M: ① Here are some blouses you might be interested in. ② Not only are they made of high quality silk, but they're stain-resistant.

W: ③ They look very nice. But I was hoping to find something in navy or brown. ④ Do you have anything in those colors?

M: ⑤ Absolutely, we just received a new shipment from the warehouse this morning. ⑥ I'll be back in a moment with some more for you to try on.

男性：①こちらのブラウスでしたら，お気に召していただけるかもしれません。②高品質の絹でできているうえに，汚れがつきにくい商品です。

女性：③とても素敵ですね。でも，紺色か茶色の服を探しているのです。④そういう色のは何かありませんか。

男性：⑤もちろんございます。今朝，倉庫から新しく商品が届いたばかりなんです。⑥ご試着になれるものをいくつか，すぐにご用意してきます。

③の I was hoping to find something in navy or brown. と④の Do you have anything in those colors? から，女性は「navy や brown のブラウスを探している」とわかります。これを言い換えた，(A) Merchandise in other colors「違う色の商品」が正解です。買い物の話では，具体的な商品を merchandise「商品」と１単語でまとめて表すことがよくあるんです（上の問題もそうですね)。これと似た感覚で，goods・product・item「商品」などもよく使われます。

②□stain-resistant 染みが付きにくい cf. resistant 抵抗力のある ⑤□shipment 発送，発送品
□warehouse 倉庫 ⑥□in a moment すぐに □try on（洋服など）を試着する

1(D) 2(A)

❸ 外食・約束・宴会

レストランのメニューに関する問い合わせや，予約・注文の場面がよく出てきます。また，「今度あの店行こうよ」などと食事の約束をする会話も頻出です。使われる表現やパターンがかなり決まっているので，きちんと対策をすれば得点源になりますよ。

短い会話を聞いて，各設問に答えてください。

3_028

1. What does the man ask the woman to do?

(A) Recommend some food
(B) Order some groceries
(C) Get him a menu
(D) Sample some dishes

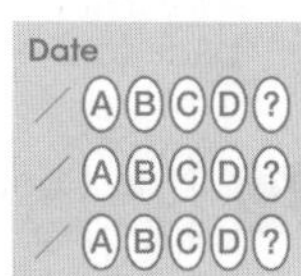

3_029

2. What did the woman like about the business?

(A) The food
(B) The prices
(C) The service
(D) The atmosphere

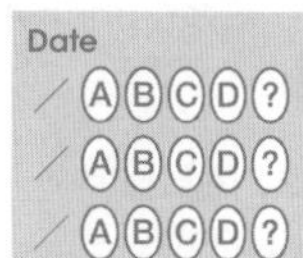

1. 男性は女性に何をするように頼んでいますか。
(A) 料理を薦める。
(B) 食品や雑貨を注文する。
(C) メニューを取ってくる。
(D) 料理を試食する。

□groceries 食品雑貨類
□get A B AにBを持ってくる
□sample 動 …を試食（試飲）する

2. 女性はその店の何が気に入ったのですか。
(A) 料理
(B) 値段
(C) サービス
(D) 雰囲気

解説・正解

1. 3_028 W:アメリカ M:カナダ

W: ① Are you ready to order, or do you need a few more minutes, sir?

M: ② This is my first time here, so what would you recommend for a light lunch?

W: ③ Well, we have a rich mushroom soup today, and the vegetable lasagna is very good, too.

女性：①ご注文はお決まりですか。それとも，もう少しお考えになりますか。

男性：②ここに来るのは初めてなのですが，軽い昼食には何がお薦めですか。

女性：③そうですね，本日は風味豊かなマッシュルームスープをご用意しております。野菜のラザニアも，とてもおいしいですよ。

男性は，②で what would you recommend for a light lunch? と「お勧めのメニュー」を尋ねています。よって，(A) Recommend some food が正解です。What do[would] you recommend? は「お勧め」を聞くときの定番表現なので，しっかりチェックしておきましょう。ちなみに，①の Are you ready to order? は「ご注文はお決まりですか？」という意味で，これを聞いた瞬間に「レストランでの会話」だと反応できることも大事です。

①□be ready to order 注文の準備ができている
②□recommend X for a light lunch 軽い昼食にXを薦める ③□lasagna ラザニア

2. 3_029 M:カナダ W:イギリス

M: ① Have you ever eaten at Le Chat? ② According to this magazine, it's supposed to have the best French cuisine in the city.

W: ③ Well, I don't quite agree with that. ④ I had dinner there with my boyfriend last week. ⑤ The food was okay at best, and I expected the service to be much better. ⑥ Although the atmosphere was nice, it couldn't really make up for the high prices and unexceptional food.

男性：① Le Chat で食事したことはありますか。②この雑誌によれば，街で一番のフランス料理らしいですよ。

女性：③ええと，それにはあまり同意できません。④先週，ボーイフレンドとその店でディナーを食べました。⑤料理はそこそこと言える程度で，サービスももっといいかと思っていました。⑥雰囲気は良かったですが，値段の高さと料理の平凡さの埋め合わせにはなっていませんでした。

女性は food，service，price については否定的ですが，⑥で the atmosphere was nice と言っています。よって，正解は (D) The atmosphere です。⑤の The food was okay at best は，「料理はせいぜい（at best）OK なレベル」→「そこそこ」ということで，「料理が良かった」という意味ではありません。また，⑤後半の I expected the service to be much better も，「サービスは（実際に体験したものより）もっと良いと思っていた」＝「それほど良くなかった」という意味です。

②□French cuisine フランス料理 ⑤□at best せいぜい，よくても ⑥□atmosphere 雰囲気
□make up for …を埋め合わせる □unexceptional 普通の，平凡な

Part 3

1(A) 2(D)

4 余暇・文化生活

映画や公演，スポーツ観戦など，「余暇の活動」に関する会話です。公演などの「感想」を語る会話が最もよく出題され，その他には「今度見に行こう」「チケット余ってるけど，いる？」のような話がよく出ます。

短い会話を聞いて，各設問に答えてください。

3_030

1. How did the man find out about the event?

(A) By seeing an advertisement
(B) By receiving a brochure
(C) By reading an article
(D) By visiting a Web site

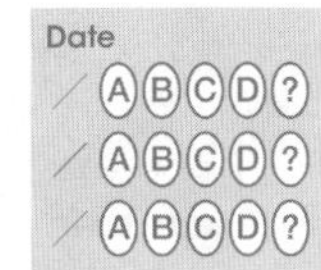

3_031

2. Why are the speakers surprised?

(A) The record sales were poor.
(B) The review was positive.
(C) The performance was disappointing.
(D) The crowd was small.

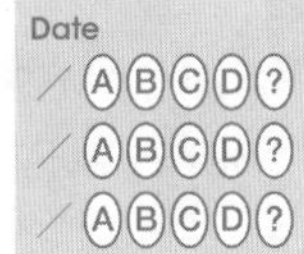

1. 男性はイベントについてどうやって知りましたか。
(A) 広告を見た。
(B) パンフレットをもらった。
(C) 記事を読んだ。
(D) ウェブサイトを見た。

2. 2人はなぜ驚いているのですか。
(A) 曲の売り上げが思わしくなかったから。
(B) 批評が好意的だったから。
(C) 公演が期待はずれだったから。
(D) 観客が少なかったから。

□positive 肯定的な
□disappointing 期待はずれの

解説・正解

1. 3_030 M:オーストラリア W:アメリカ

M: ① I've been looking forward to this musical. ② I've wanted to see it ever since I read a review about it in a magazine last week.

W: ③ I guess the publicity from that magazine has paid off. ④ Look at the big crowd. ⑤ I don't think we'll be able to find a parking space.

男性： ①このミュージカルを楽しみにしていたよ。②先週，雑誌に載っていた批評を読んで以来，ずっと見てみたくてね。

女性： ③雑誌の宣伝効果があったみたいだね。④この大混雑を見てよ。⑤駐車できる場所が見つからないんじゃないかな。

②に，I've wanted to see it ever since I read a review about it in a magazine とあります。ミュージカルを知ったきっかけは「雑誌の批評を読んだ」ことだとわかるので，(C) By reading an article を選べば OK です。本文の review「批評」が，選択肢では article「記事」に言い換えられています。

②□review 評論，批評，レビュー ③□publicity 広報，宣伝 □pay off 利益をもたらす，うまくいく
④□big crowd 大観衆 ⑤□parking space 駐車スペース

2. 3_031 W:イギリス M:オーストラリア

W: ① I really can't believe that there weren't more people here this evening. ② This band has sold hundreds of thousands of records, ③ and their latest album is their best yet.

M: ④ I am shocked too. ⑤ But their live performances always get such negative reviews in music magazines. ⑥ The reviewers usually say that the band members don't put in much effort on stage.

W: ⑦ Really? Well, I don't care what the reviews say. ⑧ I've been to a lot of concerts that were poorly reviewed, ⑨ and I've thoroughly enjoyed them all.

女性： ①今夜はこんなに人が少ないなんて，本当に信じられない。②このバンドは数十万枚もの曲を売ってきたし，③最新アルバムは今までで最高傑作なんだよ。

男性： ④僕もびっくりしているよ。⑤でも音楽雑誌では，彼らの生演奏についていつも否定的な批評が書かれているからね。⑥バンドメンバーはステージでの演奏にあまり力を入れていないと，評論家たちがよく書いているよ。

女性： ⑦本当？　まあ，批評に何が書かれていようと気にしないけどね。⑧評判が悪いコンサートには何度も行ったことがあるけれど，⑨それでも楽しめないものなんてなかったわ。

女性は，①で I really can't believe that there weren't more people「こんなに人が少ないなんて信じられない」と言っています（there weren't more people は，「（いるはずの）もっと多くの人がいなかった」→「こんなに人が少なかった」ということ）。それに対して，男性も④で I am shocked too. と女性の話に同調しており，2人が驚いたのは「観客が少なかったから」だとわかります。よって，(D) The crowd was small. が正解です。

②□record（録音された）音楽，曲 ③□their latest album 彼らの最新アルバム
□yet（最上級を示す語の後で）これまでに，今までに ⑤□live performance 実演
□negative reviews 否定的な批評 ⑥□reviewer 評論家 □put in effort on …に努力を注ぐ
⑦□care …を心配する・気にする ⑧□be poorly reviewed 評判が悪い ⑨□thoroughly すっかり，完全に

 1(C) 2(D)

3_032

A 旅行・交通に関連する会話を聞いて，１から３の設問に答えてください。

1. Where most likely does the conversation take place?

(A) At a train station
(B) At a travel agency
(C) At a bus station
(D) At an airport

Date
／ Ⓐ Ⓑ Ⓒ Ⓓ ?
／ Ⓐ Ⓑ Ⓒ Ⓓ ?
／ Ⓐ Ⓑ Ⓒ Ⓓ ?

2. What is the woman's concern?

(A) Her suitcase has been damaged.
(B) She is unable to find her baggage.
(C) Her transportation was delayed.
(D) She has misplaced her ticket.

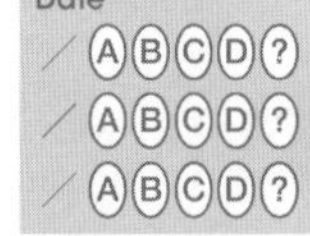

3. Where does the man suggest that the woman go?

(A) To a security area
(B) To a customer service desk
(C) To a tourist information center
(D) To the 3rd floor

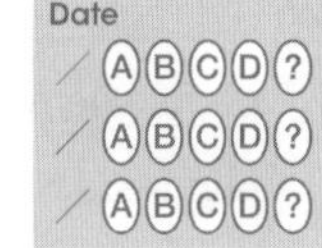

3_033 W:アメリカ M:カナダ

B もう一度会話を聞いて，空所部分を書き取ってください。

Questions 1-3 refer to the following conversation.

W: ① I'm sorry to bother you, but can you assist me, please? ② I was on Emirates **1** ____________________ from Dubai and it appears that something has happened to my luggage. ③ **2** ____.

M: ④ If you had a connecting flight then it may have been left at your transfer location. ⑤ But don't worry, most bags are traced within a matter of a few hours. ⑥ **3** ____, ⑦ where a representative will take your details and file a report.

W: ⑧ Thanks for your help. Would it be quickest to just use the stairs over there?

M: ⑨ Yes. At the top of the stairs, turn left and walk past the tourist information center. ⑩ You'll find the traveler services desk near the security area.

解説・正解

A

1. この会話はどこで行われていると考えられますか。
(A) 電車の駅
(B) 旅行代理店
(C) バス停
(D) 空港

Emirates Flight 253「Emirates 航空 253 便」や，baggage claim area「手荷物受取所」，connecting flight「接続便」などから，「空港」での会話だとわかります。よって，正解は (D) At an airport です。

2. 女性は何を心配していますか。
(A) スーツケースが損傷した。
(B) 手荷物を見つけられない。
(C) 交通機関が遅れた。
(D) チケットを置き忘れた。

女性は，③で I've been waiting at the baggage claim area for over an hour and there is no sign of it. と言っています。「手荷物受取所で1時間以上待っても荷物が出てこない」→「荷物が見つからない」ということなので，(B) She is unable to find her baggage. を選べば OK です。

3. 男性は女性にどこへ行くように提案していますか。
(A) セキュリティーエリア
(B) 顧客サービスデスク
(C) 観光案内所
(D) 3階

男性は，⑥で If you go up to the 2nd floor you'll find the customer service desk と，「お客様サービスデスク」に行くよう勧めています。よって，(B) To a customer service desk が正解です。⑩の You'll find the traveler services desk もヒントになっていますね。⑨の the tourist information center や⑩の the security area など，関係ない情報に惑わされないように注意しましょう。

B

問題1から3は次の会話に関するものです。

女性：①お手数をおかけしますが，困っているんです。②ドバイ発の Emirates 航空 253 便に乗っていたのですが，手荷物に問題が起こったみたいです。③もう1時間以上も手荷物受取所で待っているのですが，全然出てこないのです。

男性：④もし飛行機を乗り継がれたのでしたら，その経由地に残されているかもしれません。⑤ですがご心配なく。数時間もすれば，大抵の荷物が追跡できます。⑥2階に行けばお客様サービスデスクがあります。⑦係の者がお客様から詳細を聞いて報告書を提出しますよ。

女性：⑧ありがとうございます。あちらの階段を使えば一番早く行けますか。

男性：⑨はい，上がりきったら左に曲がってください。観光案内所を通りすぎると，⑩セキュリティーエリアの近くに旅行者サービスデスクがあります。

② **1** **Flight 253**

③ **2** **I've been waiting at the baggage claim area for over an hour and there is no sign of it**

⑥ **3** **If you go up to the 2nd floor you'll find the customer service desk**

---

①□bother …に迷惑をかける □assist …を手伝う ②□it appears that 節 …だと思われる
□happen to …に起こる・生じる □luggage 手荷物 ③□baggage claim area 手荷物受取所
④□connecting flight 乗り継ぎ便 □transfer location 経由地 ⑤□be traced 追跡される
□within a matter of a few hours 数時間足らずで ⑦□representative 代理人
□take one's details …の詳しい情報を聞く □file a report 報告書を提出する
⑧□stairs 階段 ⑩□security area 警備区域，セキュリティーエリア 2.(D) □misplace …を置き忘れる

1(D) 2(B) 3(B)

3_034

A ショッピング・購入に関連する会話を聞いて，4から6の設問に答えてください。

4. Who most likely is the woman?

(A) A computer programmer
(B) A musician
(C) A salesperson
(D) A bookstore clerk

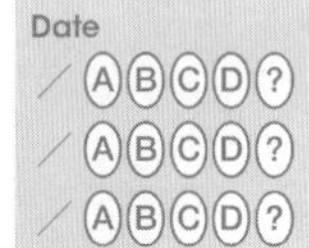

5. What is the man looking for?

(A) A keyboard
(B) A computer
(C) A software program
(D) A set of speakers

6. What does the woman say about the Model 808?

(A) It comes with a free case.
(B) It has very large speakers.
(C) It has a large screen.
(D) It produces quality sound.

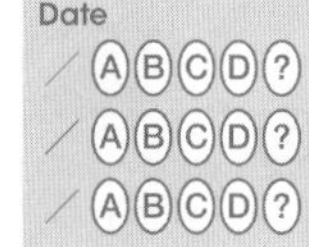

3_035 M:カナダ W:アメリカ

B もう一度会話を聞いて，空所部分を書き取ってください。

Questions 4-6 refer to the following conversation.

M: ① Hello there. **1** ____________________.
W: ② All right. **2** ____________________?
M: ③ I'm a musician, so I'd like something that has a good sound system for when I do sound editing. ④ I would also prefer a durable and lightweight one so that I can carry it around easily.
W: ⑤ Your best option would be the Model 808 Mini Laptop from Warped Electronics then. ⑥ **3** ____________________ that produces crystal-clear sound. ⑦ And it can also be hooked up to larger speakers. ⑧ Besides, its price has been marked down for a special summer promotion.

解説・正解

A

4. 女性の職業は何だと考えられますか。
(A) コンピュータープログラマー
(B) ミュージシャン
(C) 販売員
(D) 書店員

ノートパソコンを買おうとする男性に対して，女性は製品を勧めて特徴を説明しています。よって，女性は「販売員」だと考えられるので，**(C) A salesperson** を選べばOKです。**(B) A musician** は男性の仕事ですし，**(D) A bookstore clerk** は，**clerk**「店員」はOKですが，**bookstore**「書店」が明らかに合いませんね。

5. 男性は何を探していますか。
(A) キーボード
(B) コンピューター
(C) ソフトウェアプログラム
(D) スピーカー一組

①の **I would like to check out some laptops.** から，男性が求めているのは「ノートパソコン」だとわかります。よって，正解は **(B) A computer** です。後に出てくる **sound system**, **audio system**, **speakers** などは男性が求める「パソコンの仕様」に関するものなので，混同しないように注意しましょう。

6. 女性は Model 808 について何と言っていますか。
(A) 無料のケースが付いてくる。
(B) とても大きいスピーカーが付いている。
(C) 画面が大きい。
(D) 高音質である。

女性は，⑥で **It comes with a special audio system that produces crystal-clear sound.** と言っています。「とても澄んだ音が出る」ということで，これを言い換えた **(D) It produces quality sound.** が正解です。③の **I'd like something that has a good sound system** もヒントになっています。

B

問題４から６は次の会話に関するものです。

男性：①こんにちは。ノートパソコンを探しているのですが。
女性：②かしこまりました。特にお探しの仕様などはありますか。
男性：③私はミュージシャンなので，音声編集をするためには，よい音響システムが付いているものがいいですね。④また，楽に持ち運びできるように，丈夫で軽いものがいいです。
女性：⑤そうなると，Warped Electronics の Model 808 Mini Laptop が一番お薦めかと思います。⑥特別な音響システムを搭載していますので，澄み切った音が出ますよ。⑦また，さらに大きなスピーカーと接続することも可能です。⑧その上，夏の特別キャンペーン中で値下げされています。

① **1** **I would like to check out some laptops**

② **2** **Are you looking for something with any particular features**

⑥ **3** **It comes with a special audio system**

①□check out some laptops ノートパソコンを探す ②□particular features 特定の仕様
③□sound editing 音声編集 ④□durable 丈夫な □lightweight 軽量の
□carry X around Xを持ち歩く ⑤□option 選択肢 ⑥□come with …を搭載している
□produce crystal-clear sound 澄み切った音を生み出す ⑦□be hooked up to …につながれる
⑧□besides 副 おまけに，さらに，その上 cf. 前 …に加えて □mark down …を値下げする
6.(D) □quality（形容詞的に）良質の

 4(C) 5(B) 6(D)

3_036

A 外食・約束・宴会に関連する会話を聞いて，7から9の設問に答えてください。

7. What is the conversation about?

(A) A plan for lunch
(B) A trip to Vietnam
(C) Favorite recipes
(D) A client meeting

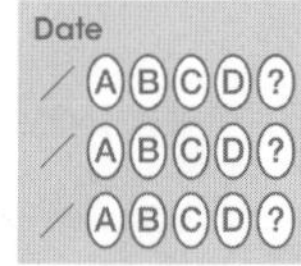

8. What does the man need to do?

(A) Learn to speak Vietnamese
(B) Make reservations at a restaurant
(C) Leave before lunch is over
(D) Get directions to a meeting

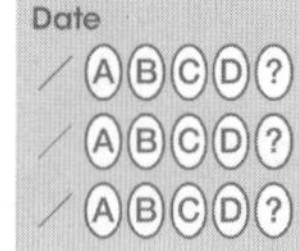

9. When will the speakers meet each other?

(A) At 11:45
(B) At 12:00
(C) At 12:45
(D) At 1:30

3_037 (M:オーストラリア W:アメリカ)

B もう一度会話を聞いて，空所部分を書き取ってください。

Questions 7-9 refer to the following conversation.

M: ① Hey, Marlene. I was wondering if you had any ideas about **1** ____________ ____________ today.

W: ② I was just thinking about that. ③ What do you think about checking out that new Vietnamese restaurant on Main Street? ④ Does that sound good?

M: ⑤ It does, and I think our other coworkers will really like it. ⑥ Unfortunately, though, I can't stay long because I have a meeting with my client at one thirty. ⑦ **2** ____________ since the restaurant is quite far from my client's building. ⑧ But the rest of you can stay and enjoy your lunch. ⑨ **3** ____________ ____________?

解説・正解

A

7. 何についての会話ですか。
(A) 昼食の予定
(B) ベトナム旅行
(C) 最もお気に入りのレシピ
(D) 顧客とのミーティング

①の I was wondering if you had any ideas about where we can have lunch today. で，男性が「ランチをどこで食べる？」と聞いています。それに対して女性は，③で What do you think about ~ Vietnamese restaurant ~? と「ベトナム料理店」を提案しています。2人は「ランチの計画」について話しているので，(A) A plan for lunch が正解です。

8. 男性は何をする必要がありますか。
(A) ベトナム語を話せるようになる。
(B) レストランの予約をする。
(C) 昼休みが終わる前に出る。
(D) 会議への行き方を知る。

⑦の I'll probably have to leave at around twelve forty-five と⑧の the rest of you can stay and enjoy your lunch から，「男性は12時45分に出て，他の人はレストランに残る」とわかります。よって，(C) Leave before lunch is over「昼休みが終わる前に出る」を選べばOKです。

9. 2人はいつ会いますか。
(A) 11時45分
(B) 12時
(C) 12時45分
(D) 1時30分

⑨の How about meeting at twelve for lunch? で「12時に会おう」と提案しているので，(B) At 12:00 が正解です。「ミーティングの時間（1:30）」や「レストランを出る時間（12:45）」などと混同しやすいので，先読みで「会う時間」をしっかり意識しておきましょう。

B

問題7から9は次の会話に関するものです。

男性：①Marlene。今日ランチを食べる所について，いいアイデアはないかな。
女性：②私もそれを考えていたの。③メインストリートに新しくできた，ベトナム料理店を試してみない？④それでどうかしら。
男性：⑤いいね。他のみんなも，いいって言うと思うよ。⑥でも残念ながら，僕は1時30分からお客様との会合があるから，長くはいられないんだ。⑦レストランはお客様のいる建物からかなり遠くて，12時45分頃には出る必要があるから。⑧でも，君たちは残って食事を楽しんでね。⑨ランチの待ち合わせは12時でどうかな。

① **1** **where we can have lunch**

⑦ **2** **I'll probably have to leave at around twelve forty-five**

⑨ **3** **How about meeting at twelve for lunch**

①□I was wondering if 節 …していただけますか　③□Vietnamese ベトナムの
⑧□the rest of …の残り・その他の人々　8.(A) □learn to *do* …できるようになる
(C) □be over 終わる（= finish, end）(D) □get directions to …への行き方を知る

7(A)　8(C)　9(B)

3_038

A 余暇・文化生活に関連する会話を聞いて，10 から 12 の設問に答えてください。

10. What are the speakers mainly discussing?

(A) A book
(B) A movie
(C) A TV show
(D) A live performance

Date
／ Ⓐ Ⓑ Ⓒ Ⓓ ?
／ Ⓐ Ⓑ Ⓒ Ⓓ ?
／ Ⓐ Ⓑ Ⓒ Ⓓ ?

11. What does the man say about the plot?

(A) It was based on real events.
(B) It was overly complex.
(C) It was unrealistic.
(D) It was predictable.

Date
／ Ⓐ Ⓑ Ⓒ Ⓓ ?
／ Ⓐ Ⓑ Ⓒ Ⓓ ?
／ Ⓐ Ⓑ Ⓒ Ⓓ ?

12. What does the woman plan to do tomorrow?

(A) Attend an event
(B) Work extra hours
(C) Write a review
(D) Purchase tickets

Date
／ Ⓐ Ⓑ Ⓒ Ⓓ ?
／ Ⓐ Ⓑ Ⓒ Ⓓ ?
／ Ⓐ Ⓑ Ⓒ Ⓓ ?

3_039 (M:オーストラリア W:イギリス)

B もう一度会話を聞いて，空所部分を書き取ってください。

Questions 10-12 refer to the following conversation.

M: ① I saw the latest Jacob Cole thriller at the OCP Megaplex last night. ② Have you seen it?

W: ③ No, I love **1** ____, but I haven't had a chance to see that one yet. ④ I heard it has had pretty good reviews. How was it?

M: ⑤ Well, **2** ____; there is absolutely no way that people would ever behave that way in real life. ⑥ But I thought Jacob's portrayal of the main character was fantastic. ⑦ He can really act.

W: ⑧ I agree. I can't wait to see it, but **3** ____
____. ⑨ Then next week I'll be out of town at a convention. ⑩ I'm going to make sure I get tickets for it as soon as I get back.

解説・正解

A

10. 2人は主に何について話していますか。
(A) 本
(B) 映画
(C) テレビ番組
(D) 生演奏

男性が昨日見た映画のあらすじや主人公の演技などについて話し，女性も見たがっているという内容です。③の watching films on the big screen から「映画」の話だとハッキリわかるので，(B) A movie を選びます。

11. 男性はあらすじについて何と言っていますか。
(A) 実際の出来事に基づいていた。
(B) 複雑過ぎた。
(C) 非現実的だった。
(D) 先が予測できた。

plot については，⑤で the plot was a little ridiculous「少しばかげていた」と言い，there is absolutely no way that people would ever behave that way in real life. と続けています。「現実世界だったらあんな行動はしない」ということなので，これを表した (C) It was unrealistic.「非現実的だった」が正解です。

12. 女性は明日，何をする予定ですか。
(A) イベントに参加する。
(B) 残業をする。
(C) 批評を書く。
(D) チケットを買う。

女性は，⑧で I promised to put in some overtime at the office tomorrow.「明日は残業すると約束した」と言っています。よって，これを言い換えた (B) Work extra hours が正解です。直訳「余分な（extra）時間（hours）働く」→「残業する」となります。ちなみに，先読みで tomorrow だけに注目していると，該当箇所を聞き逃してしまうパターンですね。

B

問題 10 から 12 は次の会話に関するものです。

男性： ①昨日の夜，OCP Megaplex で Jacob Cole の新作のスリラーを観たよ。②君はもう観た？

女性： ③観てないわ。大きいスクリーンで映画を観るのは好きだけれど，まだその映画を観る機会がないの。④ずいぶん評判がいいと聞いたけど，どうだった？

男性： ⑤そうだな，話の筋は少しばかげていたよ。現実の世界では，人々はあのような行動は絶対に取らないからね。⑥でも，Jacob の主人公の演じ方は素晴らしかったよ。⑦彼は演技がうまいね。

女性： ⑧私もそう思う。観に行くのが待ち遠しいけど，明日は残業するって言ってしまったのよ。⑨それに，来週は会議で出張なの。⑩帰ってきたら，すぐにチケットを買うつもりよ。

③ **1** **watching films on the big screen**

⑤ **2** **the plot was a little ridiculous**

⑧ **3** **I promised to put in some overtime at the office tomorrow**

①□thriller（小説・映画などの）スリラー物
④□have pretty good reviews かなりの好評を得る cf. pretty 副 かなり
⑤□plot 筋，ストーリー展開 □ridiculous ばかげている
□there is absolutely no way that 節 絶対に…する訳がない
⑥□portrayal of the main character 主人公の表現 ⑦□act 動 演技をする
⑧□can't wait to *do* …が待ち遠しい
□put in some overtime at the office 残業をする cf. put in（仕事など）を行う
⑨□be out of town 町を離れる，出張で出かけている □convention 会議
⑩□make sure（that 節）確実に…するようにする 11.(B) □overly 過度に
(D) □predictable 予測できる，先が読める

10(B) 11(C) 12(B)

実際の TOEIC 形式の問題を解き，これまでの学習内容を復習しましょう。

3_040

1. According to the conversation, what is the problem with the new Indian restaurant?

(A) The service is slow.
(B) The menu is hard to read.
(C) The food is expensive.
(D) The food is too spicy.

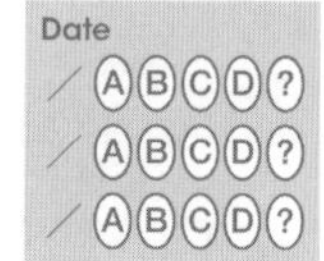

2. What solution to the problem does the man suggest?

(A) Finding another restaurant
(B) Choosing daily specials
(C) Bringing food from home
(D) Eating at lunch time

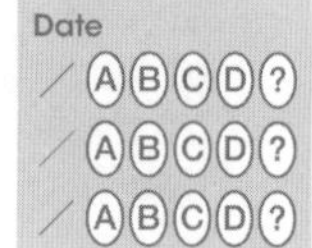

3. What will the woman do tomorrow?

(A) Have lunch with her coworkers
(B) Meet with a client
(C) Leave work early
(D) Cancel her meeting

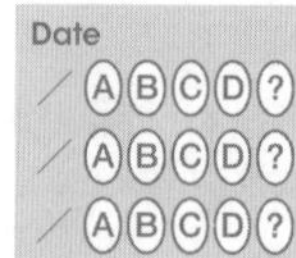

3_040 M:カナダ W:イギリス

Questions 1-3 refer to the following conversation.

M: ① Have you been to the new Indian restaurant on the second floor?

W: ② No. I've heard the food is good, but the **1** prices are rather high.

M: ③ Yes, **1** it is a bit pricey, but **2** it is much cheaper if you go at lunch time. ④ The lunch menu is about 30% cheaper than the dinner menu. ⑤ So we are thinking of inviting some colleagues from another department and having lunch there tomorrow. ⑥ Do you want to join us?

W: ⑦ Thanks, but I won't be in the office tomorrow. ⑧ **3** I'll be having lunch with one of our customers.

解説・正解

1. 会話によると，新しいインド料理店の問題は何ですか。
(A) サービスが遅い。
(B) メニューが読みづらい。
(C) 料理が高い。
(D) 料理に香辛料が効き過ぎている。

新しいインド料理レストランについて，②で **prices are rather high**，③で **it is a bit pricey** と言っています。「値段が高い」とわかるので，**(C) The food is expensive.** を選べば OK です。

2. 男性は問題に対してどのような解決方法を提案していますか。
(A) 別のレストランを探す。
(B) 本日のお薦めを選ぶ。
(C) 家から食べ物を持ってくる。
(D) 昼食時に食べる。

男性は，③後半で **it is much cheaper if you go at lunch time** と言っています。その後も「ランチメニューは 30%安い・明日ランチを食べようと思う」と続いているので，**(D) Eating at lunch time** を選べば OK です。

3. 女性は明日，何をしますか。
(A) 同僚と昼食を取る。
(B) 顧客に会う。
(C) 早く退社する。
(D) 会合をキャンセルする。

⑧の **I'll be having lunch with one of our customers.** から，女性は明日「お客様とランチを食べる予定」だとわかります。よって，これを言い換えた **(B) Meet with a client** が正解です。本文の **one of our customers** が，選択肢では **a client** に言い換えられています。

問題１から３は次の会話に関するものです。

男性：①２階に新しくできたインド料理店に行ったかい？

女性：②いいえ。料理はおいしいけれど値段が高めだと聞いたわ。

男性：③うん，確かに値段は少し高いけれど，ランチタイムに行けばかなり安いよ。④ランチメニューは，ディナーより 30%ほど安いんだ。⑤だから明日，別の部の同僚たちを誘って，そこでランチを食べようと思っているよ。⑥君も一緒に来ない？

女性：⑦ありがとう，でも明日はオフィスにいないの。⑧お客様の１人とランチを食べることになっているのよ。

③□a bit 少しだけ，いくらか，やや　□pricey 高価な　1.(D) □spicy 香辛料の効いた
2.(B) □daily special 日替わりの特別料理，本日のお薦め

3_041

4. What is the problem with the room service order?

(A) The steak is cooked incorrectly.
(B) It came with the wrong vegetables.
(C) The vegetables are not fresh.
(D) It was delivered to the wrong room.

5. What does the woman decide to do?

(A) Eat in the hotel restaurant
(B) Call room service
(C) Order a new meal
(D) Request a refund

Date
/ Ⓐ Ⓑ Ⓒ Ⓓ ?
/ Ⓐ Ⓑ Ⓒ Ⓓ ?
/ Ⓐ Ⓑ Ⓒ Ⓓ ?

6. What will the man check?

(A) Where to deliver an item
(B) Whether an item is available
(C) How long an order will take
(D) How much an order will cost

Date
/ Ⓐ Ⓑ Ⓒ Ⓓ ?
/ Ⓐ Ⓑ Ⓒ Ⓓ ?
/ Ⓐ Ⓑ Ⓒ Ⓓ ?

3_041 W:アメリカ M:オーストラリア

Questions 4-6 refer to the following conversation.

W: ① Good evening. I'm calling about the food I just had delivered to my room that I ordered from the hotel's room service menu. ② I ordered some vegetables to accompany my steak. ③ But **4** the kitchen must have made a mistake, because I received carrots and potatoes. ④ **4** I'd like a fresh meal with the onions and mushrooms I originally ordered.

M: ⑤ I'm terribly sorry, madam. ⑥ If you'd like to send the food back and order from the menu again, you can either call the room service number, ⑦ or I can take the order personally and pass it on to the kitchen. ⑧ Do you have a preference?

W: ⑨ **5** I'd prefer it if you took my order. ⑩ Then I'll know it won't get messed up again. ⑪ The steak is item number 52 on the menu. ⑫ Do you know if I can get that with brown butter?

M: ⑬ Actually, I think you might only have a choice between blue cheese and mushroom. ⑭ If you don't mind waiting, **6** I can check what they have in the kitchen and get back to you in a few minutes.

解説・正解

4. ルームサービスで注文した商品の問題は何ですか。
(A) ステーキの調理のしかたが違う。
(B) 違う野菜が付いてきた。
(C) 野菜が新鮮でない。
(D) 違う部屋に運ばれた。

③の I received carrots and potatoes. と④の I'd like a fresh meal with the onions and mushrooms I originally ordered. から，「タマネギとマッシュルームを添えた料理を注文したのに，ニンジンとジャガイモが付いてきた」＝「違う野菜が付いてきた」とわかります。よって，**(B) It came with the wrong vegetables.** が正解です。

5. 女性は何をすることに決めましたか。
(A) ホテルのレストランで食事をとる。
(B) ルームサービスに電話をする。
(C) 新しく食事を注文する。
(D) 返金を要求する。

男性の「新しく注文する場合は，ルームサービスに電話するか私に直接伝えて」に対して，女性は⑨で I'd prefer it if you took my order. と答えています。(I'd prefer it if ～「～していただきたいのですが」という表現)。「直接注文を受けてほしい」→「新しく注文する」とわかるので，**(C) Order a new meal** を選べば OK です。

6. 男性は何を確認しますか。
(A) 料理をどこに運ぶか。
(B) 料理が用意できるか。
(C) 注文にどのくらい時間がかかるか。
(D) 注文にいくらかかるか。

男性は⑭で I can check what they have in the kitchen と答えています。よって，この内容を表した **(B) Whether an item is available**「料理が用意できるか」が正解です。available は「スタンバイ OK」のイメージで，今回は「料理がスタンバイ OK」→「用意できる」となります。

問題４から６は次の会話に関するものです。

女性：①こんばんは。先ほど，ホテルのルームサービスで注文した料理が部屋に運ばれたのですが，そのことでお電話しています。②ステーキの付け合わせには野菜を頼んだのですが，③キッチンの人が間違えたようなのです。ニンジンとジャガイモが付いてきました。④最初に注文した通りの，タマネギとマッシュルームが添えられた料理を新しく持ってきてほしいのですが。

男性：⑤大変申し訳ございません。⑥いったん料理を戻して改めてメニューから注文することをご希望でしたら，ルームサービスの番号におかけになってもいいですし，⑦もしくは，私が直接ご注文をお受けし，キッチンに伝えることもできます。⑧どちらにいたしましょうか。

女性：⑨そちらで注文を受けていただきたいと思います。⑩そうすれば，また間違うこともないでしょうから。⑪メニューに載っているステーキの番号は 52 番です。⑫これに焦がしバターを付けられるかどうかおわかりですか。

男性：⑬こちらは，ブルーチーズとマッシュルームの２種類のみからお選びいただけるようです。⑭もしお待ちいただけるのであれば，キッチンでご用意できるものを確認して，数分後に折り返しお電話を差し上げることもできます。

①□have X delivered to Xを…に運んでもらう ②□accompany …に添える ④□meal 食事
□originally 元々，最初に ⑦□personally 自ら，直接 □pass A on to B AをBに伝える
⑧□preference 好み ⑩□get messed up 混乱する
⑬□have a choice between A and B AとBから選ぶことができる
⑭□mind -ing …するのを嫌がる・迷惑に思う □get back to …に後で返事をする

Part 3

4(B) 5(C) 6(B)

3_042

7. What was praised by Julia?

(A) A movie
(B) A play
(C) A lecture
(D) An opera

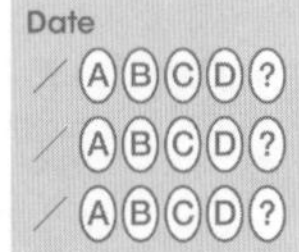

8. Why has Tiffany been leaving work late?

(A) She needs to earn extra money.
(B) She is behind with some work.
(C) She has been giving presentations.
(D) She has changed her shifts.

Date
／ Ⓐ Ⓑ Ⓒ Ⓓ ?
／ Ⓐ Ⓑ Ⓒ Ⓓ ?
／ Ⓐ Ⓑ Ⓒ Ⓓ ?

9. What will the women likely do together tomorrow?

(A) Submit some reports
(B) Purchase some tickets
(C) Collaborate on a proposal
(D) Attend a restaurant opening

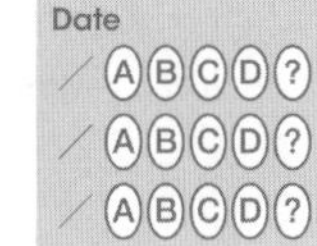

3_042 W1:アメリカ W2:イギリス

Questions 7-9 refer to the following conversation.

W1: ① Hey, Tiffany, I still can't believe that we are going to see **7** the opera at the Royal Albert Hall on Friday night! ② My friend, **7** Julia, has already seen it and she told me that the soprano has the most amazing voice.

W2: ③ It was such a stroke of luck that I won those tickets in the office raffle. ④ I could never have afforded seats so close to the stage. ⑤ By the way, what time will you leave work on Friday? ⑥ **8** I've been staying late this week because I'm still nowhere near finishing the project proposal, ⑦ **8** and the deadline is next Monday.

W1: ⑧ **9** Why don't I lend you a hand after I wrap up my reports around 2 P.M. tomorrow? ⑨ That way we'll be done in enough time to go for dinner first, ⑩ and still make it to the venue before it gets too crowded.

解説・正解

7. Julia は何を褒めましたか。
(A) 映画
(B) 演劇
(C) 講義
(D) オペラ

②に Julia, has already seen it and she told me that the soprano has the most amazing voice. とあり，この it は①の the opera を指しています。つまり，Julia は「オペラ（のソプラノの声）」を褒めているので，(D) An opera が正解です。

8. Tiffany はなぜ残業しているのですか。
(A) さらに稼ぐ必要がある。
(B) 仕事が遅れている。
(C) プレゼンテーションをしていた。
(D) シフトを変更した。

⑥と⑦に，I've been staying late this week because I'm still nowhere near finishing the project proposal, and the deadline is next Monday. とあります。残業の理由は「企画書が期限までに終わりそうにない」ことだとわかるので，これを言い換えた (B) She is behind with some work.「仕事が遅れている」が正解です。

9. 女性たちは明日，一緒に何をすると考えられますか。
(A) 報告書を提出する。
(B) チケットを買う。
(C) 共同で企画書を作成する。
(D) レストランのオープニングイベントに出席する。

女性は，⑧で Why don't I lend you a hand ～? と「企画書の作成を手伝う」ことを申し出ています。よって，(C) Collaborate on a proposal を選べば OK です。Why don't I ～? は申し出・提案表現で（302ページに出てきました），lend you a hand は直訳「あなたに人手（助け）を貸す」→「手伝う」となります（日本語でも「手を貸す」と言いますね）。

問題7から9は次の会話に関するものです。

女性1： ①ねえ Tiffany，金曜日の夜に Royal Albert Hall へオペラを見に行けるなんて，今でも信じられないわ！ ②友人の Julia がもう観に行ったのだけど，ソプラノは本当に素晴らしい声をしていたと言っていたわ。

女性2： ③会社の抽選会であのチケットが当たったのは，本当に思いがけない幸運だったわね。④あれほど舞台に近い席は，自分では買えないもの。⑤ところで，金曜日は何時に退社するつもり？ ⑥私はプロジェクトの企画書がまだ全然終わらなくて，今週はずっと残業しているの。⑦締め切りが来週の月曜日なのよ。

女性1： ⑧明日の午後2時ごろには私の報告書が仕上がるから，手伝うことができるわよ。⑨そうすれば企画書を仕上げてからでも，時間に余裕を持って先に夕食を食べられるし，⑩混雑する前に会場に着くことができるわ。

②□amazing 素晴らしい ③□a stroke of luck 思いがけない幸運 □raffle（しばしば慈善目的の）富くじ
④□afford …の費用を払う余裕がある ⑥□be nowhere near finishing 全く仕上がっていない
□proposal 提案，企画書 ⑧□lend X a hand Xに手を貸す □wrap up …を仕上げる
⑩□make it to …に間に合う □venue 会場

Part 3

7(D) 8(B) 9(C)

3_043

10. What is the conversation about?

(A) Planning a trip
(B) Finding directions
(C) Attending a concert
(D) Practicing an instrument

11. What problem occurred last month?

(A) Seating was unavailable.
(B) Tickets were sold out.
(C) The weather was bad.
(D) The performance ended early.

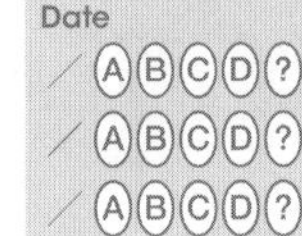

12. What does the man suggest?

(A) Arriving on time
(B) Bringing chairs
(C) Visiting a different park
(D) Taking a rest for a while

3_043 M:カナダ W:アメリカ

Questions 10-12 refer to the following conversation.

M: ① Have you seen the advertisements for the **10** jazz concert in Central Park this Saturday night? ② **10** I was wondering if you'd like to go with me.

W: ③ Well, I haven't made up my mind yet whether I'm going or not. ④ **11** I went to an outdoor show in the park a month ago but all of the seats were full. ⑤ I ended up going home early because my legs were tired from standing up for so long.

M: ⑥ I remember you telling me about that. ⑦ Well, I think you might be more comfortable if you had a chair to sit on. ⑧ **12** Why don't we bring a couple of folding chairs with us this Saturday? ⑨ I've seen lots of people take chairs to outdoor concerts, ⑩ and I don't think they are that expensive.

解説・正解

10. 何についての会話ですか。
(A) 旅行を計画すること。
(B) 行き方を調べること。
(C) コンサートに行くこと。
(D) 楽器の練習をすること。

①に jazz concert とあり，②で I was wondering if you'd like to go with me. と「ジャズコンサートに一緒に行く」ことを提案しています。その後も「コンサートに行く」話が続くので，(C) Attending a concert を選べば OK です。

11. 先月どんな問題が起きましたか。
(A) 座席が空いていなかった。
(B) チケットが売り切れた。
(C) 天気が悪かった。
(D) 公演が早く終わった。

④に I went to an outdoor show in the park a month ago but all of the seats were full. とあります。先月行った公演では「座席が空いていなかった」とわかるので，(A) Seating was unavailable. が正解です。unavailable は available の反対で，「座席がスタンバイ OK ではない」→「空いていない」となります。

12. 男性は何を提案していますか。
(A) 時間通りに着くこと。
(B) 椅子を持っていくこと。
(C) 違う公園に行くこと。
(D) 少しの間，休憩すること。

男性は，⑧で Why don't we bring a couple of folding chairs ～? と「折り畳み式の椅子を持って行く」ことを提案しています。よって，(B) Bringing chairs が正解です。Why don't we ～? は，直訳「なぜ私たちは～しないの？」→「～しよう」という提案表現で，これが設問の suggest に対応しているわけです。

問題 10 から 12 は次の会話に関するものです。

男性：①今週土曜日の夜の，セントラルパークのジャズコンサートの広告を見た？ ②一緒に行かない？

女性：③行くかどうか，まだ迷っているの。④先月，公園での野外公演に行ったんだけど，座席が空いていなかったの。⑤長時間立っていたから足が疲れてしまって，結局早く家に帰ったわ。

男性：⑥そう言っていたね。⑦椅子に座ることができれば，もっとゆったりできるよね。⑧今週の土曜日は，折り畳み式の椅子を2脚持っていこうよ。⑨野外コンサートに椅子を持ってきている人はたくさん見たことがあるし，⑩値段もそれほど高くはないと思うよ。

③□make up one's mind 決心する ④□outdoor show 野外公演 ⑤□end up -ing 結局…する ⑧□folding chair 折り畳み式の椅子 ⑩□that 副 それほど，そんなに 10.(D) □instrument 楽器 11.(A) □unavailable 空いていない 12.(A) □on time 時間通りに (D) □take a rest 休憩する □for a while 少しの間，しばらく

Part 3

10(C) 11(A) 12(B)

3_044

13. What does the man give the woman?

(A) A cost estimate
(B) A product catalog
(C) Product specifications
(D) Assembly instructions

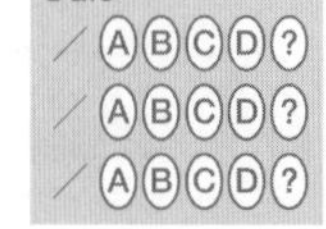

14. What does the woman like about the computer?

(A) The size
(B) The price
(C) The weight
(D) The graphics

Date
/ Ⓐ Ⓑ Ⓒ Ⓓ ?
/ Ⓐ Ⓑ Ⓒ Ⓓ ?
/ Ⓐ Ⓑ Ⓒ Ⓓ ?

15. What will the woman do on Friday?

(A) Purchase a desk
(B) Make a payment
(C) Return a product
(D) Schedule a delivery

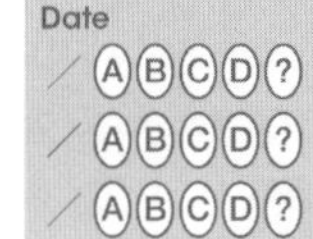

3_044 M:カナダ W:アメリカ

Questions 13-15 refer to the following conversation.

M: ① Well, Ms. Russell, we're just about done processing your order. ② **13** This is a copy of the specifications for your new computer. ③ It will be shipped from the manufacturer to our store sometime on Wednesday.

W: ④ Thank you. This is just the kind of computer I was looking for. ⑤ And **14** it's much less expensive than I had imagined. ⑥ I could probably use the money I saved to buy a new desk, too.

M: ⑦ I'm happy to hear that. ⑧ We'll give you a call when the computer arrives, and you can expect to **15** pick it up anytime on Thursday. ⑨ Also, you should know that **15** payment is required at that time. ⑩ We are open until 9 P.M.

W: ⑪ Okay. I'm going to be a little busy that day, so **15** I'll come back on Friday. ⑫ And I'd appreciate it if someone could help load the computer and monitor boxes into my car.

解説・正解

13. 男性は女性に何を渡しますか。
(A) 費用の見積もり
(B) 製品カタログ
(C) 製品の仕様書
(D) 組み立て方の説明書

男性は，②で This is a copy of the specifications for your new computer. と言って，「コンピューターの仕様書」を渡しています。よって，これを言い換えた (C) Product specifications が正解です。product「商品」というまとめ単語で表すパターンは，本当によく使われます。

14. 女性はコンピューターのどのような面が気に入っているのですか。
(A) サイズ
(B) 価格
(C) 重さ
(D) 画像

⑤の it's much less expensive than I had imagined から，女性は「価格」に満足しているとわかります。よって，正解は (B) The price です。

15. 女性は金曜日に何をしますか。
(A) 机を買う。
(B) 支払いをする。
(C) 製品を返品する。
(D) 配送予定日を決める。

⑧と⑨で，男性は「木曜日にコンピューターを受け取れる，その際に支払いが必要」と言い，それに対して，女性は⑪で I'll come back on Friday. と言っています。女性は「金曜日に取りに行く」→「金曜日に支払いもする」と考えられるので，(B) Make a payment を選べば OK です。

問題 13 から 15 は次の会話に関するものです。

男性：①さて，Russell さん，これでご注文の処理がほぼ完了いたしました。②こちらが新しいコンピューターの仕様の控えになります。③製造元から当店には，水曜日に送られてくる予定です。

女性：④ありがとうございました。まさに，こういうコンピューターを探していたんです。⑤それに，思っていたよりもずっと安かったです。⑥浮いたお金で，新しいデスクも買おうかしら。

男性：⑦それはよかったです。⑧コンピューターが届きましたらお電話を差し上げます。木曜日なら，いつでもお引き取りいただけると思います。⑨また，お支払いはお受け取りの際にお願いしますので，ご注意ください。⑩当店は午後９時まで営業しております。

女性：⑪わかりました。木曜日は少し忙しいので，金曜日に取りに来るつもりです。⑫コンピューターとモニターの箱を車に積み込むのを，誰かに手伝ってもらえたらありがたいんですが。

①□be about done -ing ほとんど…を完了している □process …を処理する
②□specifications **pl.** 明細書，仕様書 ③□manufacturer 製造業者 ⑧□pick X up Xを受け取る
⑫□I'd appreciate it if …ならありがたいのですが □load A into B AをBに載せる
13.(D) □assembly 組み立て 15.(D) □schedule …の予定を決める

13(C) 14(B) 15(B)

3_045

16. Where does the conversation most likely take place?

(A) At a government office
(B) At a bus terminal
(C) At an airport
(D) At a travel agency

17. Why is the man concerned about his trip?

(A) His luggage might get lost.
(B) His passport has expired.
(C) His plane leaves in 40 minutes.
(D) He doesn't have time to transfer his luggage.

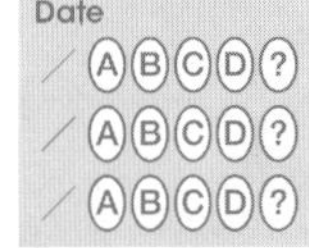

18. Where will the man have a meeting?

(A) In New York
(B) In Tokyo
(C) In London
(D) In Chicago

3_045 W:イギリス M:オーストラリア

Questions 16-18 refer to the following conversation.

W: ① Good evening. Can I see your passport and [16] boarding pass please?

M: ② Here you go. ③ Actually, I was wondering if you could please help me out. ④ [16] I'm flying to Tokyo via Chicago, but I just realized that [16] the stopover in Chicago is only about 40 minutes long and ⑤ I forgot to request them to send my luggage directly to Tokyo. ⑥ [17] I'm afraid I won't have enough time to transfer my luggage myself with such a short time frame in Chicago. ⑦ [18] I have an important meeting to attend in Tokyo, so ⑧ I must not miss [16] my connecting flight.

W: ⑨ That's not a problem. ⑩ I'll contact the ticket counter and tell them you'd like your luggage to be sent directly. ⑪ The luggage hasn't been loaded onto the plane yet so they can make the change easily.

解説・正解

16. この会話はどこで行われていると考えられますか。
(A) 官庁
(B) バスターミナル
(C) 空港
(D) 旅行代理店

①の Can I see your passport and boarding pass please? から，「空港」での会話だと判断できます。その他にも，I'm flying to ~，the stopover in Chicago，my connecting flight などたくさんヒントがあります。

17. 男性はなぜ旅行について心配しているのですか。
(A) 手荷物を紛失するかもしれないから。
(B) パスポートの期限が切れているから。
(C) 飛行機があと 40 分で離陸するから。
(D) 手荷物の積み替えの手続きをする時間がないから。

男性は，⑥で I'm afraid I won't have enough time to transfer my luggage myself with such a short time frame と言っています。「荷物を移す時間が足りない」ことを心配しているので，(D) He doesn't have time to transfer his luggage. を選べば OK です。

18. 男性はどこで会議をする予定ですか。
(A) ニューヨーク
(B) 東京
(C) ロンドン
(D) シカゴ

⑦に I have an important meeting to attend in Tokyo とあります。先読みで「ミーティングの場所」をきちんと意識しておくことが大切です。

問題 16 から 18 は次の会話に関するものです。

女性： ①こんばんは。パスポートと搭乗券を見せていただけますか。

男性： ②お願いします。③ところで，困ったことがあるのですが。④シカゴ経由で東京に行くのですが，シカゴでの乗り継ぎ時間が 40 分ほどしかないことがわかりました。⑤そして荷物を直接東京まで運ぶようお願いするのを忘れていました。⑥シカゴではあまり時間がないので，自分で荷物の積み替えの手続きをする時間がありません。⑦東京では重要な会議に出席しなくてはならないので，⑧乗り継ぎ便には絶対に乗り遅れないようにしたいのです。

女性： ⑨大丈夫です。⑩チケットカウンターに連絡して，荷物を直接運ぶように伝えておきます。⑪荷物は飛行機にまだ積み込まれていませんので，簡単に変更できますよ。

①□passport パスポート □boarding pass 搭乗券 ③□help X out X に手を貸す
④□stopover 途中降機，立ち寄り先 ⑤□request X to *do* X に…するように頼む □luggage 手荷物
⑥□transfer …を移す・積み換える □time frame 時間枠 ⑧ miss …を逃す
□connecting flight 乗り継ぎ便 ⑪□load A onto B A を B に積み込む
□make a change 変更を加える 17.(B) □expire 期限が切れる

16(C) 17(D) 18(B)

3_046

19. Who is the man talking to?

(A) A post office worker
(B) A telephone company employee
(C) A customer service representative
(D) A travel agent

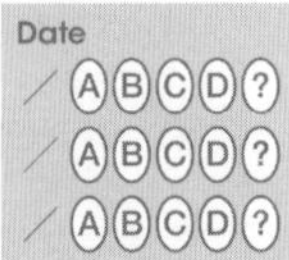

20. Why is the man calling?

(A) To ask for directions to a store
(B) To check on the status of an order
(C) To find out a store's working hours
(D) To request a change of address

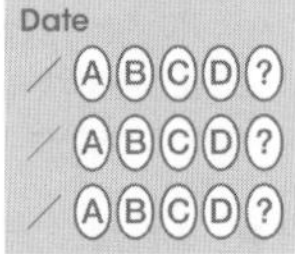

21. What does the woman say about the carpets?

(A) She is able to deliver them on Friday.
(B) They are not selling well.
(C) They can't be sent out until next week.
(D) They were shipped last Monday.

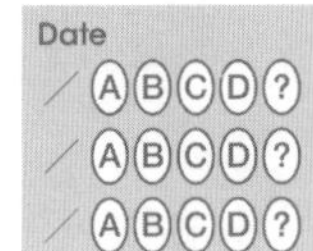

3_046 W:イギリス M:カナダ

Questions 19-21 refer to the following conversation.

W: ① Hi. This is All Home Furnishings **19** customer service. ② How can I help you?

M: ③ **20** I'm calling about some carpets I ordered from your Web site on Monday. ④ **20** I expected them to be here by Wednesday, but it's already Friday and they still haven't arrived.

W: ⑤ OK. First, can I have your name and the order number? ⑥ I will see what I can do, but ⑦ **21** as it is already 6 P.M., it is too late to send anything out today. ⑧ And **21** we won't be able to deliver anything until Monday since we are closed on weekends.

解説・正解

19. 男性は誰と話していますか。
(A) 郵便局員
(B) 電話会社の社員
(C) 顧客サービスの担当者
(D) 旅行代理店の社員

①で，女性が This is All Home Furnishings customer service. と名乗っています（This is ○○.「こちらは○○です」という電話で名乗るときの表現）。よって，男性は「顧客サービスの担当者」と話しているとわかるので，(C) A customer service representative が正解です。

20. 男性はなぜ電話をしていますか。
(A) 店までの行き方を尋ねるため。
(B) 注文品の状況を確認するため。
(C) 店の営業時間を調べるため。
(D) 住所変更を依頼するため。

③と④で，「注文したカーペットが水曜日までに届くと思っていたのに，金曜日になっても届かない」と言っています。つまり，「注文品の状況を確認する」ために電話をしたと考えられるので，(B) To check on the status of an order を選べば OK です。TOEIC では，こういった「配送トラブル」は非常によく起こります。

21. 女性はカーペットについて何と言っていますか。
(A) 金曜日には配送できる。
(B) 売れ行きがよくない。
(C) 来週まで発送できない。
(D) この前の月曜日に発送された。

⑦で「本日（金曜日）の発送はできない」と言い，さらに⑧で we won't be able to deliver anything until Monday「（週末は休業で）月曜日まで発送できない」と言っています。つまり，「来週まで発送できない」ということなので，(C) They can't be sent out until next week. が正解です。

問題 19 から 21 は次の会話に関するものです。

女性：①こんにちは。All Home Furnishings の顧客サービス係です。②ご用件をお願いします。

男性：③月曜日にそちらのウェブサイトで注文したカーペットについてお電話を差し上げています。④水曜日までに届くと思っていたのですが，もう金曜日だというのにまだ届いていないのです。

女性：⑤かしこまりました。まず，お客様のお名前と注文番号を教えていただけますか。⑥できる限りご対応いたしますが，⑦既に午後6時を回っているため，本日の発送はできません。⑧また，週末は休業日のため，月曜日まで発送することができません。

①□furnishings 家具類 ⑦□too ... to *do* …すぎて～できない □send X out Xを発送する
⑧□on weekends 週末に 20.(A) □ask for …を求める・依頼する (B) □check on …を確認する
□status 状態，現状

Part 3

19(C) 20(B) 21(C)

Part 3の問題では，設問を先読みして「何が問われているか？」をあらかじめ押さえておくことが重要です。ただ，先読みに使える時間は限られているので，設問を素早く読んで瞬時に意味を把握しなければなりません。これは上級者でもなかなか大変なのですが，よく出る設問のパターンに慣れておくことで，設問を読む時間を大幅に短縮することができます。そこで，このUnitではそういった「典型的な設問パターン」の対策をしていきましょう。

1 テーマ——何について話しているか

会話の「テーマ」を問う設問は，毎回必ず出題されます。このパターンの問題を解くコツは，全体の「会話の流れ」を押さえることです。あくまで「テーマ」を聞いているので，本文にあるからといって必ずしも正解になるとは限りません。きちんと「全体を通じて何を話しているか？」を考える必要があるわけです。

短い会話を聞いて，各設問に答えてください。

3_047

1. What are the speakers talking about?

(A) How to file some documents
(B) Where to store some files
(C) How to find the accounting department
(D) Where to place a file cabinet

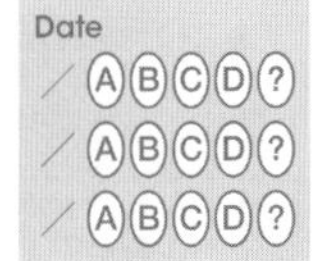

3_048

2. What are the speakers discussing?

(A) Planning a meeting
(B) Traveling to California
(C) Reserving a hotel room
(D) Ordering Indian food

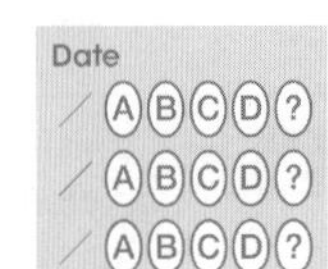

1. 2人は何について話していますか。
(A) 書類をどのようにファイルするか。
(B) ファイルをどこに保管するか。
(C) どうやって経理部の場所を知るか。
(D) 書類キャビネットをどこに置くか。

2. 2人は何について話していますか。
(A) 会議の計画
(B) カリフォルニアへの旅行
(C) ホテルの予約
(D) インド料理の注文

解説・正解

1. 3_047 W:イギリス M:オーストラリア

W: ① We need to store all of last year's accounting files somewhere else in order to keep them for future reference. ② But there are too many of them to fit in the cabinet. ③ Where can they go?

M: ④ Hmm, we have an empty room down the hall. ⑤ How about in there?

W: ⑥ That might work. ⑦ Let's check it out.

女性：①後で参照できるように，昨年の会計ファイルを，全てどこか別の場所に保管する必要があります。②ただ，量が多過ぎてキャビネットには収納できません。③どこにしまったらいいでしょうか。

男性：④そうですね，廊下の先に空き部屋があります。⑤そこはどうでしょうか。

女性：⑥いいかもしれませんね。⑦見に行ってみましょう。

去年の会計ファイルを保管する必要があるが，キャビネットには収納できず，③で Where can they go? と「ファイルの保管場所」について尋ねています。それに対して④で we have an empty room down the hall と答えており，「保管場所」に関する話が続いています。よって，この内容を表した (B) Where to store some files が正解です（store は動詞「保管する」)。

①□store 動 …を保管する □accounting file 会計ファイル □for future reference 後で参照するために
④□down the hall 廊下の先に ⑥□work（計画・方法などが）うまくいく

2. 3_048 M:カナダ W:アメリカ

M: ① You know the dinner meeting I'm having for the managers next week? ② I'd like to take them to a nice restaurant.

W: ③ That would be good. ④ What kind of food do you have in mind? ⑤ Italian or Indian food always works well.

M: ⑥ I want to take them to the new Italian restaurant downtown. ⑦ They have a buffet with traditional Italian dishes. ⑧ If you want to join us, I can add your name to the reservation list.

W: ⑨ I'd like to, but I'll be on vacation. ⑩ I'm going to Southern California next week.

男性：①来週，部長たちのためにディナー会議をするのは知っていますね。②いいレストランにお連れしたいと思っています。

女性：③それはいいですね。④どんな料理を考えているんですか。⑤イタリア料理かインド料理なら，外れなしですよ。

男性：⑥中心街の新しいイタリア料理店にお連れしたいと思います。⑦伝統的なイタリア料理のビュッフェがありますから。⑧あなたも参加を希望するなら，予約リストに名前を入れておきますよ。

女性：⑨行きたいのですが，ちょうど休暇中なんです。⑩来週は南カリフォルニアに行く予定です。

①に You know the dinner meeting I'm having for the managers next week? とあり，「来週のディナー会議」について言及しています。その後は，「会議で何を食べるか」に関する話が続いており，あくまで「会議」がメインテーマだとわかります（「会議の計画」の1つに，「食事」が含まれているわけです)。よって，(A) Planning a meeting が正解となります。ちなみに，テーマを問う問題の誤答の選択肢としては，全体に影響のない「詳細情報」や，会話から連想しやすい内容，最後のセリフに出てきた語句がよく使われます。この問題で言うと，(B) は女性の最後のセリフに出てきた California を利用，(C) は⑧の reservation から reserving への連想を利用，(D) は詳細情報の Indian food を利用した誤答パターンになっています。

⑤□work well うまく行く ⑧□add A to B AをBに足す

 1(B) 2(A)

❷ 会話の場所はどこか／話し手の職業は何か

会話をしている「場所」や話し手の「職業」を尋ねる問題が出ます。会話の中で直接言及する場合もありますが,「話の流れ」や「複数の箇所」から推測して答える問題が多いです。ここでも「全文をしっかり聞き取る」姿勢が大事になってきます。

短い会話を聞いて，各設問に答えてください。

3_049

1. Where most likely is the conversation taking place?

(A) At a motor show
(B) At a car dealership
(C) At an automobile factory
(D) At an auto repair shop

3_050

2. Who is the woman talking to?

(A) A caterer
(B) A food critic
(C) A graphic designer
(D) A construction worker

1. 会話はどこで行われている可能性が最も高いですか。
(A) 自動車展示会
(B) 車の販売代理店
(C) 自動車工場
(D) 自動車修理店

2. 女性は誰と話していますか。
(A) ケータリング業者
(B) 料理評論家
(C) グラフィックデザイナー
(D) 建設作業員

□critic 批評家，評論家

解説・正解

1. 3_049 W:アメリカ M:カナダ

W: ① Here are my keys. ② Can you tell me roughly when I should come back to pick up the car?

M: ③ We are going to replace some parts, change the oil, and perform a safety inspection. So ④ it won't be ready until 4 o'clock. ⑤ Why don't you come at 5?

W: ⑥ No problem. ⑦ I'll come back around 5 then.

女性：①これが私のキーです。②いつ車を引き取りに来たらいいか，大体の時間を教えてもらえませんか。

男性：③部品をいくつか交換して，オイルチェンジと安全点検を行いますので，④4時まではかかると思います。⑤5時に来ていただくのではどうでしょうか。

女性：⑥わかりました。⑦それでは5時ごろにまた来ます。

replace some parts「部品を交換する」，change the oil「オイルを交換する」，perform a safety inspection「安全点検をする」などが行われる場所を考え，(D) At an auto repair shop「自動車修理店」を選びます。今回は，すべての選択肢が「車」関係なので，より詳しい情報が必要になり，正解を選ぶのに苦労した人もいるでしょう。先読みをきちんとすることで，こういった問題も「単に車関係とわかるだけではダメで，より詳しい情報が必要」とあらかじめ準備できるわけです。

②□roughly おおよそ　③□replace …を交換する　□perform a safety inspection 安全点検をする

2. 3_050 M:オーストラリア W:アメリカ

M: ① I'm happy to hear that you are interested in our catering service, Ms. Browning. ② When will you send us your menu choices for the banquet marking your company's ten-year anniversary?

W: ③ Actually, we're still waiting on feedback from our employees before we make a final decision. ④ As we told you earlier, the anniversary banquet will be held on July 21, so ⑤ we'll give you a detailed food order by July 14.

M: ⑥ Great. That'll give us plenty of time to take care of the preparations. ⑦ Well, you know our e-mail address. ⑧ Send us your order as soon as it's finalized.

男性：① Browning さん，当社のケータリングサービスについてお問い合わせいただき，ありがとうございます。②御社の 10 周年記念晩餐会のためにお選びになったメニューは，いつお知らせいただけるでしょうか。

女性：③実はまだ，最終決定をする前に，従業員の意見を待っているところなのです。④以前お話ししたように，記念晩餐会は7月21日に開催される予定ですので，⑤7月14日までに注文の詳細をお知らせしますね。

男性：⑥かしこまりました。それなら準備に十分な時間が取れます。⑦私どものEメールアドレスはご存じですよね。⑧決まり次第，すぐにご注文をお送りください。

男性が①で our catering service と言っているので，(A) A caterer を選べば OK です。このように，「職業」が問われたときは "our" がポイントになることはよくあるんです。他にも，②の your menu choices for the banquet，⑥の take care of the preparations，⑧の Send us your order などもヒントになります。ちなみに，caterer「ケータリング業者」は TOEIC 頻出の職業で，「料理の配達・給仕のサービス」を提供する人のことです。Part 7 にもよく登場するので，しっかり押さえておきましょう。

②□banquet 晩餐会　□mark the ten-year anniversary 10周年記念を祝う
⑥□take care of …に対処する，…を行う　⑧□finalize …を終わらせる・決める

1(D) 2(A)

3 問題点は何か

話し手が困っている「問題点」や「心配事」を問うパターンです。会話の冒頭で述べられることもあれば，中ほどで触れられることもあります。また，直接 My problem is ～ のようにわかりやすく言うことは少ないですが，会話の中心テーマになることが多いので，きちんと会話の流れさえ押さえておけば心配することはありません。ただ，選択肢が「文」の形で示されることが多く，最初は時間内に正解を選ぶのが少し大変だと思います。こういった形に慣れて，意味を素早く把握できるようにしておきましょう。

短い会話を聞いて，各設問に答えてください。

3_051

1. What is the woman's problem?

(A) She will be late for lunch.
(B) She forgot to call her client.
(C) She has a scheduling conflict.
(D) She missed a workshop.

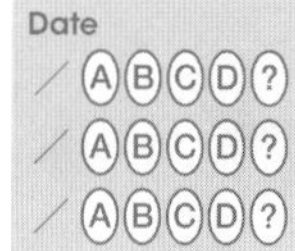

3_052

2. What is the problem with the compact sports car?

(A) It is too expensive.
(B) It is difficult to park.
(C) It is unavailable.
(D) It is the wrong color.

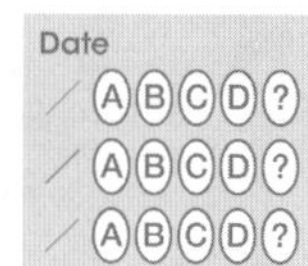

1. 女性の問題は何ですか。
(A) 昼食に遅れる。
(B) 顧客に電話をし忘れた。
(C) スケジュールの調整がつかない。
(D) 講習会に出席できなかった。

□forget to *do* …するのを忘れる
□have a scheduling conflict スケジュールの調整がつかない
□miss …に出席しそこなう

2. 小型スポーツカーの問題は何ですか。
(A) 高過ぎる。
(B) 駐車しづらい。
(C) 利用できない。
(D) 色が違う。

解説・正解

1. 3_051 W:アメリカ M:オーストラリア

W: ① Hi, Adam. Are you going to the marketing workshop this afternoon?

M: ② Sure. The personnel manager says it's mandatory for everyone in marketing.

W: ③ I'm afraid I'm going to be late for the session. ④ I'm taking a client out to lunch today, and there's no way I can reschedule that.

女性：①こんにちは，Adam さん。今日の午後のマーケティング講習会には行くんですか。

男性：②もちろんです。マーケティング部の社員は参加必須だと人事部長が言っていましたよ。

女性：③すみませんが，私は遅れて行きます。④今日はお客様を昼食にお連れすることになっていて，予定を変更するのは絶対に無理なんです。

④の I'm taking a client out to lunch today, and there's no way I can reschedule that. から，「(ワークショップの出席は必須だが) 顧客との昼食の予定は変更できない」とわかります。つまり，「(ワークショップと昼食の) スケジュールが重複している」ということなので，(C) She has a scheduling conflict. が正解です。他の選択肢も本文の語句を使っていてまぎらわしいですが，こういった問題が高得点を取る1つの指針となります。

②□personnel manager 人事部長 □mandatory 義務的な，必須の

2. 3_052 M:カナダ W:イギリス

M: ① Hello, my name is Karl Tanner. ② I'm calling about a rental car I saw in your brochure.

W: ③ Okay, sir. And which vehicle caught your attention?

M: ④ The compact sports car. ⑤ The daily rate was quite reasonable and I really like the style. ⑥ I'd like to rent one next weekend for Saturday and Sunday, if possible.

W: ⑦ Well, I'm afraid all of those vehicles are reserved until the beginning of next month. ⑧ But we have other similar models in the same price range. ⑨ Let me give you the address of our Web site so you can browse our inventory.

男性：①こんにちは。Karl Tanner と申します。②そちらのパンフレットに載っていたレンタカーの件でお電話しています。

女性：③かしこまりました。どの車にご興味がおありですか。

男性：④小型スポーツカーです。⑤1日当たりの料金はかなり手頃ですし，スタイルもすごく気に入っています。⑥できれば，その車を来週末の土曜日と日曜日に借りたいのですが。

女性：⑦そうですね，申し訳ないのですが，その車種の車はすべて来月初旬まで予約が入っています。⑧ですが，同じぐらいのご予算で似たモデルの車ならご用意できます。⑨当社のウェブサイトアドレスをお教えしますので，そちらでご利用になれる車のリストをご覧くださいますか。

男性の「compact sports car を借りたい」という要望に対し，女性は⑦で I'm afraid all of those vehicles are reserved until the beginning of next month. と答えています。「すべて予約が入っている」→「利用できない」とわかるので，(C) It is unavailable. を選べば OK です。unavailable は available の逆で，今回は「車がスタンバイ OK ではない」→「利用できない」となります。ちなみに，I'm afraid ～ は「マイナス情報」がくる目印なので，後ろで「問題点」が述べられることが多いです（上の問題でも使われていましたね)。

③□vehicle 車両，車 □catch one's attention 注意を引く ⑤□daily rate 1日当たりの料金 □reasonable 手頃な ⑧□price range 価格帯 ⑨□browse our inventory 在庫品を閲覧する

1(C) 2(C)

4 何を要求・依頼しているか

話し手が「要求・依頼しているもの」を尋ねる設問は，会話の中の「質問・依頼表現」がポイントになることが多いです。特に，Can you ～?・Could you ～? などの依頼表現がよく使われます。

短い会話を聞いて，各設問に答えてください。

3_053

1. What does the man request?

(A) Tips for taking better pictures
(B) Information about an assignment
(C) The woman's contact information
(D) An invitation to an event

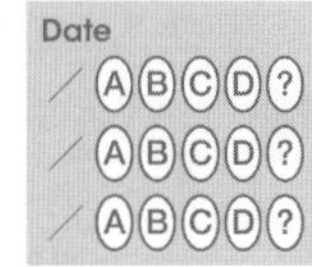

3_054

2. What is the woman requesting?

(A) The address of the building
(B) Directions to an accounting office
(C) Help with unlocking a door
(D) The security office's phone number

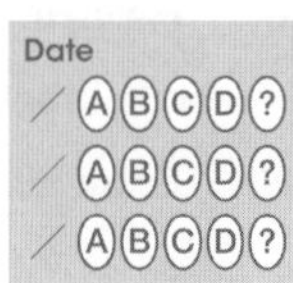

1. 男性は何を要求していますか。

(A) より良い写真を撮るための助言
(B) 仕事についての情報
(C) 女性の連絡先
(D) イベントの招待状

□tip 助言 □assignment 仕事，課題
□contact information 連絡先
□invitation 招待，招待状

2. 女性は何を要求していますか。

(A) 建物の住所
(B) 会計事務所への行き方
(C) 解錠の手助け
(D) 警備室の電話番号

□directions to …への行き方
□accounting office 会計事務所
□unlock …の錠を開ける
□security office 警備室

解説・正解

1. 3_053 W:イギリス M:オーストラリア

W: ① Hi, Kevin. ② I'm calling because we've finished reviewing the portfolio you sent us ③ and we think your photographs are incredible. ④ We'd like to hire you to take pictures at our company's anniversary celebration.

M: ⑤ That's wonderful news. ⑥ Could you tell me more about the event?

女性：①こんにちは，Kevin さん。②送ってくださった作品集にすべて目を通したのでお電話を差し上げました。③素晴らしいお写真ですね。④我が社の記念祝賀会の写真の撮影をお願いしたいのですが。

男性：⑤ありがとうございます。⑥そのイベントについて，もう少し詳しく教えていただけますか。

男性は，⑥で Could you tell me more about the event? と依頼しています。この event は「女性の会社の記念祝賀会」を指し，男性はそこで「写真を撮る」ことを依頼されています。つまり，男性（写真家）にとってこれは「仕事の依頼」なので，(B) Information about an assignment「仕事についての情報」が正解です。Could you ～?「～していただけますか？」という依頼表現がポイントになっています。

②□review the portfolio 作品集（ポートフォリオ）に目を通す ③□incredible 素晴らしい
④□hire X to *do* Xを雇って…させる □anniversary celebration 記念祝賀会

2. 3_054 M:カナダ W:アメリカ

M: ① Security office, may I help you?

W: ② Hi, this is Ellen McBride from Smithson Accounting. ③ I seem to have left my office keys at home. ④ Could you come up and open the door for me please?

M: ⑤ Of course. ⑥ What's your office number?

W: ⑦ It's number 2016 on the 20th floor, the third door on the right.

男性：①警備室です，どうなさいましたか。

女性：②こんにちは。私は Smithson Accounting の Ellen McBride です。③家にオフィスの鍵を忘れてしまったようなのです。④こちらにドアを開けに来ていただけませんか。

男性：⑤かしこまりました。⑥オフィスの番号を教えてもらえますか。

女性：⑦20 階の 2016 です。右側の 3 つ目のドアです。

女性は，④の Could you come up and open the door for me please? で「ドアを開けて」と頼んでいます。よって，これを言い換えた (C) Help with unlocking a door「開錠の手助け」が正解です。設問 1 と同じく，Could you ～? という「依頼表現」がポイントになっていますね。
ちなみに，他の選択肢はすべて，会話のシチュエーションから連想しやすい内容になっています。(A) は会話の中に number 2016 on the 20th floor と場所の説明があることを利用した誤答，(B) は会話の中の Accounting を利用した誤答，(D) は Security Office を利用した誤答です。設問が変わっても，こういった誤答のパターンは似ているわけです。

③□leave X at home Xを家に忘れる ⑦□third door on the right 右側の3つ目のドア

Part 3

1(B) 2(C)

3_055

A 会話を聞いて，テーマを尋ねる問題を含む 1 から 3 の設問に答えてください。

1. What are they discussing?

(A) Developing a proposal
(B) Expanding the office
(C) Meeting building codes
(D) Scheduling a meeting

2. Why are they meeting with the boss?

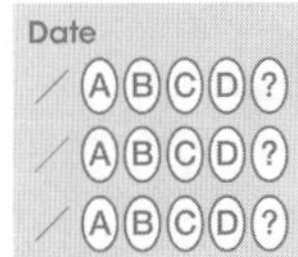

(A) To share their opinions
(B) To discuss building codes
(C) To schedule an inspection
(D) To close a deal

3. Why can't the man and woman meet tomorrow?

(A) The woman has a previous engagement.
(B) The man will be on vacation.
(C) The man has to inspect a building.
(D) They won't have the blueprints.

3_056 W:イギリス M:オーストラリア

B もう一度会話を聞いて，空所部分を書き取ってください。

Questions 1-3 refer to the following conversation.

W: ① The boss gave us the blueprints for the office expansion project last Friday,
② and we haven't even looked at them yet.
③ **1** ____,
④ so we need to get together soon.

M: ⑤ I know. **2** ____?

W: ⑥ **3** ____
and that could take all day. ⑦ How about Wednesday?

M: ⑧ Okay, but I suppose we should get together first thing in the morning.

解説・正解

A

1. 2人は何について話していますか。
(A) 企画書を作成すること。
(B) オフィスを拡張すること。
(C) 建築基準法を守ること。
(D) 会合の日時を決めること。

⑤の Why don't we meet tomorrow? などから，設計図を検討するために「お互いに会う日程」を決めているとわかります。よって，(D) Scheduling a meeting を選べばOKです。(B) は①に expansion project，(C) は⑥に building code などと関連する語句が出ていますが，これらは会話全体の「テーマ」ではありませんね。

2. 2人はどうして上司に会うのですか。
(A) 意見を伝えるため。
(B) 建築基準法について話すため。
(C) 点検の日程を決めるため。
(D) 契約を結ぶため。

③で He wants to meet with us on Thursday <u>to get our feedback</u> と言っています。「フィードバック（意見・感想）を聞きたい」ということなので，これを言い換えた (A) To share their opinions「意見を伝えるため」が正解です。

3. 男性と女性は，明日はなぜ会えないのですか。
(A) 女性に先約がある。
(B) 男性が休暇中である。
(C) 男性がビルの点検をする必要がある。
(D) 設計図が手に入らない。

女性は，⑥で I have to go meet ～「～会いに行かなければならない」と言っています（"go + 原形"「～しに行く」の形）。つまり，明日は「先約がある」ということなので，(A) The woman has a previous engagement. を選べばOKです。engagement は「約束・取り決め」で，previous engagement で「以前にした約束」→「先約」となります。Part 5 でも問われる重要表現です。

B

問題1から3は次の会話に関するものです。

女性：①先週の金曜日に，上司からオフィスの拡張計画の設計図を渡されたけれど，②まだ見てさえもいませんでしたね。③上司が，木曜日には私たちの感想を聞くために会いたいと言っています。④ですから，すぐに集まる（集まって相談する）必要があります。
男性：⑤そうですね。明日はどうでしょうか。
女性：⑥明日の朝は建築基準法の検査官に会わなければいけなくて，丸1日かかりそうなんです。⑦水曜はどうですか。
男性：⑧いいですよ，でも朝一番に集まった方がいいと思います。

③ **1** **He wants to meet with us on Thursday to get our feedback**

⑤ **2** **Why don't we meet tomorrow**

⑥ **3** **I have to go meet the building code inspector tomorrow morning**

①□blueprint 設計図 □expansion 拡張 ④□get together 集まる（= gather） ⑥□code 規約，規定 □inspector 検査官 □take all day 丸1日かかる ⑧□suppose …だと思う □first thing in the morning 朝一番に 1.(B) □expand …を広げる・拡張する
2.(C) □inspection 検査，点検 (D) □close a deal 取引をまとめる
3.(A) □previous engagement 先約 (C) □inspect …を検査する・点検する

Part 3

1(D) 2(A) 3(A)

3_057

A 会話を聞いて，場所・職業を尋ねる問題を含む４から６の設問に答えてください。

4. Where does the conversation probably take place?

(A) In a warehouse
(B) In a restaurant
(C) In a supermarket
(D) At a company picnic

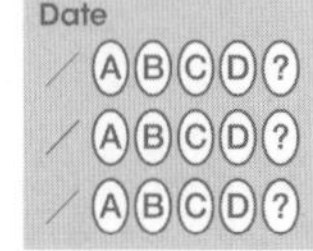

5. What problem does the man mention?

(A) A food order is wrong.
(B) A reservation has been cancelled.
(C) A product is sold out.
(D) A special deal is unavailable.

6. What does the man offer to do?

(A) Check a store inventory
(B) Speak to his supervisor
(C) Provide a gift voucher
(D) Reduce the cost of an item

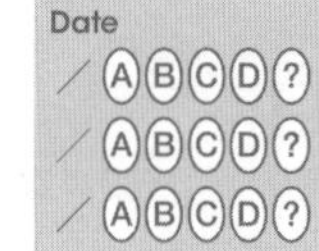

3_058 (W:アメリカ M:オーストラリア)

B もう一度会話を聞いて，空所部分を書き取ってください。

Questions 4-6 refer to the following conversation.

W: ① Hello. **1** ______________________________,
② I'd like to check that I can use this coupon that was printed in a magazine last month. ③ It says that if I buy one jar of Avolio spaghetti sauce, I get another one free.

M: ④ **2** ______________________________
______________________________.

W: ⑤ Well, that's a pity. ⑥ Oh, you're right. ⑦ I can see the expiration date in the small print at the bottom.

M: ⑧ Actually, hold on for just a minute. ⑨ Since we still have a surplus of that product in the stockroom, we might be able to accept your coupon.
⑩ **3** ______________________________
first, though.

解説・正解

A

4. この会話はどこで行われていると考えられますか。
(A) 倉庫
(B) レストラン
(C) スーパーマーケット
(D) 会社のピクニック

①に Before you scan my groceries, ③に I buy one jar of Avolio spaghetti sauce とあります。スパゲッティソースなどの食料品を買えるのは，(C) In a supermarket です。ちなみに，(A) In a warehouse「倉庫」は，⑨の stockroom「倉庫」からひっかける選択肢です。「倉庫に商品が余っている」ということで，会話が「倉庫で行われている」わけではありません。

5. 男性は何が問題だと言っていますか。
(A) 料理の注文を間違えている。
(B) 予約がキャンセルされた。
(C) 製品が売り切れである。
(D) 特典を受けられない。

④の Unfortunately, that coupon is no longer valid. We stopped offering that special deal on the 30th of April. から，「特典は終了した」とわかります。よって，(D) A special deal is unavailable. が正解です。ちなみに，今回のように Unfortunately「残念ながら」の後ろには重要情報がよくきます。感情がこもったときに使われ，解答のキーになることが多いわけです。

6. 男性は何をすると申し出ていますか。
(A) 店の在庫を調べる。
(B) 上司に話す。
(C) 商品券を渡す。
(D) 品物の値段を下げる。

⑩の I'll have to confirm that with the checkout supervisor で，「(クーポンが使えるか) レジの管理者に確認する」と言っています。よって，(B) Speak to his supervisor を選べば OK です。

B

問題 4 から 6 は次の会話に関するものです。

女性：①こんにちは。食料品のバーコードを読み取る前に，②先月雑誌に掲載されていたこのクーポンが使えるか確かめたいのです。③ Avolio のスパゲティソースを一瓶購入すると，もう一瓶無料になると書いてあるのですが。

男性：④申し訳ありませんが，このクーポンの有効期限は切れています。4月 30 日でこちらの特典は終了しております。

女性：⑤まあ，それは残念です。⑥本当だわ，あなたの言うとおりですね。⑦下に小さく有効期限が印刷されていましたね。

男性：⑧でも，少々お待ちください。⑨こちらの商品は倉庫で余っているので，クーポンをお使いいただけるかもしれません。⑩まずはレジの管理者に確認する必要があります。

① **1** **Before you scan my groceries**

④ **2** **Unfortunately, that coupon is no longer valid. We stopped offering that special deal on the 30th of April**

⑩ **3** **I'll have to confirm that with the checkout supervisor**

①□grocery 食料品 ③□jar 瓶 ④□no longer もはや…ない □valid 有効な □special deal 特別な取引
⑤□pity 残念なこと ⑦□expiration date 有効期限 ⑧□hold on 待つ
⑨□surplus 名 余り 形 余りの，過剰の □stockroom 倉庫 □accept …を受け入れる
⑩□checkout レジ □supervisor 上司，管理者 6.(A) □inventory 在庫
(C) □gift voucher 商品券

4(C) 5(D) 6(B)

3_059

A 会話を聞いて，問題点を尋ねる問題を含む７から９の設問に答えてください。

7. What does the woman ask the man about?

(A) His current assignment
(B) His vacation preparations
(C) The deadline of a project
(D) The price of airline tickets

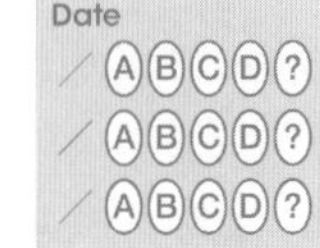

8. What is the man's problem?

(A) He couldn't reserve a room.
(B) He has to give a presentation.
(C) The flight has been fully booked.
(D) The accommodations are expensive.

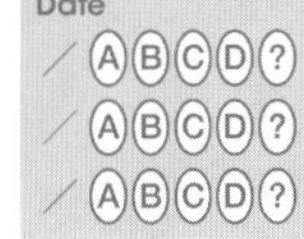

9. What does the woman suggest the man do?

(A) Check a Web site
(B) Request time off
(C) Print some documents
(D) Make a payment online

Date
／ Ⓐ Ⓑ Ⓒ Ⓓ ?
／ Ⓐ Ⓑ Ⓒ Ⓓ ?
／ Ⓐ Ⓑ Ⓒ Ⓓ ?

3_060 (W:イギリス M:カナダ)

B もう一度会話を聞いて，空所部分を書き取ってください。

Questions 7-9 refer to the following conversation.

W: ① I bet you're excited to take some time off from the office.
② **1** ____?

M: ③ Sort of. ④ I booked my flight to Hawaii over a week ago, and I got a great deal on the airfare. ⑤ However, I'm having a problem with the accommodations.
⑥ **2** ____.

W: ⑦ That's too bad.
⑧ But **3** ____
that gives discounts on global hotel chains. ⑨ I'll give you the address so you can check it out during your free time.

解説・正解

A

7. 女性は男性に何について尋ねていますか。
(A) 現在の業務
(B) 休暇の準備
(C) プロジェクトの期限
(D) 航空券の値段

女性は，②で Have you finished the preparations for your vacation? と「休暇の準備」について尋ねています。よって，(B) His vacation preparations が正解です。ちなみに，返答の Sort of.「まあね」も重要表現で，a sort of ～「一種の～」の形から a が欠けた形になります。「一種そうだね」→「まあね」ということです。

8. 男性の問題は何ですか。
(A) 部屋の予約ができなかった。
(B) プレゼンテーションをしなくてはいけない。
(C) 飛行機は満席になった。
(D) 宿泊費が高い。

⑤で I'm having a problem with the accommodations「宿泊施設に関して問題がある」と言った後に，⑥で I couldn't get a room there と具体的に説明しています。よって，この内容を表した (A) He couldn't reserve a room. が正解です。

9. 女性は男性に何をするように提案していますか。
(A) ウェブサイトをチェックする。
(B) 休暇を申請する。
(C) 書類をプリントする。
(D) オンラインで支払いをする。

⑧で I know of a good Web site と言い，さらに⑨で I'll give you the address so you can check it out と言っています。よって，正解は (A) Check a Web site です。

B

問題７から９は次の会話に関するものです。

女性：①しばらくオフィスから離れられるから，わくわくしているでしょうね。②休暇の準備はもう終わったの？

男性：③まあね。④１週間ちょっと前にハワイ行きの飛行機を予約したら，航空運賃がかなり割安だったんだ。⑤でも，宿泊する場所に問題があってね。⑥特別料金を提示していたリゾートが予約でいっぱいで，そこでは部屋が取れなかったんだ。

女性：⑦それは残念ですね。⑧でも，私，世界的なホテルチェーンが割引になるウェブサイトを知っているわ。⑨アドレスを教えるから，時間があるときに調べてみたらいいわよ。

② **1** **Have you finished the preparations for your vacation**

⑥ **2** **The resort that was offering special rates is completely full, so I couldn't get a room there**

⑧ **3** **I know of a good Web site**

①□I bet + (that) 節 きっと…だ □be excited to *do* …するからわくわくしている
□take some time off 休みを取る ③□Sort of. まあね。④□book one's flight 飛行機を予約する
□get a great deal on the airfare 航空券を割安で手に入れる ⑤□accommodation 宿泊施設
⑧□give discounts on …を割引する 7.(A) □assignment 課題，業務
8.(C) □be fully booked 満席で，予約でいっぱいで 9.(D) □make a payment 支払いをする

7(B) 8(A) 9(A)

3_061

A 会話を聞いて，要求・依頼を尋ねる問題を含む 10 から 12 の設問に答えてください。

10. Where most likely are the speakers?

(A) In a hotel lobby
(B) In a post office
(C) In a travel agency
(D) In an office supply store

11. What does the woman ask about?

(A) Package tours
(B) Delivery prices
(C) Customs forms
(D) Confirmation codes

12. What does the man offer to do?

(A) Make a photocopy
(B) Provide an example
(C) Fill out a document
(D) Contact an overseas office

3_062 (M:オーストラリア W:イギリス)

B もう一度会話を聞いて，空所部分を書き取ってください。

Questions 10-12 refer to the following conversation.

M: ① Excuse me, could I offer you my assistance?
W: ② Yes, I need to **1** ______________________.
③ Could you tell me **2** ______________________?
④ I've never had to make a customs declaration before.
M: ⑤ No problem. ⑥ Here's the document that is required. ⑦ If you'd like,
 ______________________
to give you an idea how to fill it out.

解説・正解

A

10. 2人はどこにいると考えられますか。
(A) ホテルのロビー
(B) 郵便局
(C) 旅行代理店
(D) 事務用品店

②のI need to send a package overseas「海外に小包を送る必要がある」から，2人は「郵便局」にいると考えられます。よって，正解は(B) In a post officeです。ちなみに，日本語の「パッケージ」は荷物の「包装」を指しますが，英語のpackageには「荷物そのもの」も表します。また，「パキッヂ」のように発音されるので注意してください。

11. 女性は何について尋ねていますか。
(A) パッケージ旅行
(B) 配送料
(C) 税関申告書
(D) 確認コード

女性は，③でCould you tell me which of these forms I need to complete?と依頼しています。④のI've never had to make a customs declaration before.からも「税関申告書の記入」について尋ねているとわかるので，(C) Customs formsを選べばOKです。Could you ～?という「依頼表現」がポイントになっていますね。

12. 男性は何をすると申し出ていますか。
(A) コピーをとる。
(B) 見本を提示する。
(C) 書類に記入する。
(D) 海外のオフィスに連絡する。

男性は，⑦でI could show you a completed one to give you an idea how to fill it out.と言っています。「参考用に記入済みの申告書を見せる」ということなので，これを言い換えた(B) Provide an exampleが正解です。I couldは「私は～できますよ・～しましょうか？」という「申し出」を表し，これが設問のoffer to doに対応しています。

B

問題10から12は次の会話に関するものです。

男性：①すみません，お手伝いいたしましょうか。
女性：②はい，小包を海外に送りたいんですが。③この用紙とこの用紙どちらに記入したらいいか教えてもらえませんか。④これまで税関申告書に記入したことがないものですから。
男性：⑤かしこまりました。⑥こちらが必要な書類です。⑦よろしければ，ご参考までに記入済みの申告書をお見せいたしますよ。

Part 3

② **1** **send a package overseas**

③ **2** **which of these forms I need to complete**

⑦ **3** **I could show you a completed one**

①□offer X assistance Xに支援を申し出る ②□package 小包 □overseas 海外に
③□complete …に記入する ④□make a customs declaration 税関申告書を作成する
⑥□required 必要な ⑦□fill X out（書式など）に記入する

10(B) 11(C) 12(B)

実際の TOEIC 形式の問題を解き，これまでの学習内容を復習しましょう。

3_063

1. What is the conversation mainly about?

(A) Buying computer software
(B) Attending a seminar
(C) Scheduling job interviews
(D) Arranging a business trip

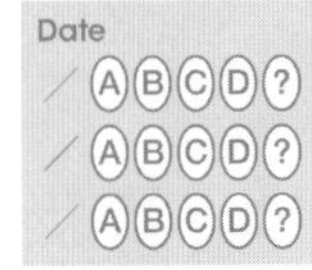

2. What will most likely happen on Wednesday?

(A) The man will visit Tokyo by plane.
(B) The woman will attend a conference.
(C) New products will be made available.
(D) Interviews will be conducted.

3. What is the man concerned about?

(A) The low number of applicants
(B) The company's products
(C) The limited time frame
(D) The location of a conference

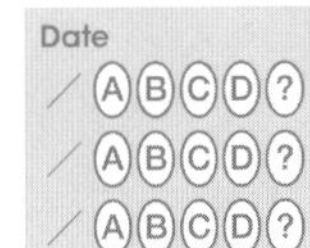

3_063 M:カナダ W:アメリカ

Questions 1-3 refer to the following conversation.

M: ① Ms. Lindsay, **1** we need to set up the interview schedule for the software engineer position.

W: ② Ah, right. I won't be here next week because I have to go to an international business seminar in Paris. ③ So let's just take care of all the interviews this week.

M: ④ Well, I'm flying to Tokyo on Saturday for a convention, so ⑤ **3** we will have to finish all the interviews before this weekend. ⑥ **2** Why don't we schedule all the interviews for this Wednesday?

W: ⑦ **2** Wednesday? Great, ⑧ that should work with my schedule perfectly.

解説・正解

1. 主に何についての会話ですか。
(A) コンピューターソフトウェアの購入
(B) セミナーへの参加
(C) 面接の日程調整
(D) 出張の手配

①で we need to set up the interview schedule「面接スケジュールを決める必要がある」と言い，その後も「面接をいつにする？」と話し合っています。よって，(C) Scheduling job interviews が正解です。

2. 水曜日には何が起こると考えられますか。
(A) 男性が飛行機で東京を訪問する。
(B) 女性が会議に出席する。
(C) 新製品が入手可能になる。
(D) 面接が行われる。

⑥で男性が Why don't we schedule all the interviews for this Wednesday?「水曜日にすべての面接をしよう」と提案し，女性も⑦で Wednesday? Great, ～ と同意しています。よって，「水曜日に面接が行われる」とわかるので，(D) Interviews will be conducted. が正解です。ちなみに，本文の内容を選択肢では「受動態」で表すパターンはよくあります。

3. 男性は何を心配していますか。
(A) 志望者の数の少なさ
(B) 会社の製品
(C) 限られた時間枠
(D) 会議の場所

男性は，⑤で we will have to finish all the interviews before this weekend「週末前にすべての面接を終わらせなければならない」と言っています。つまり，「時間的な制約」を心配しているので，(C) The limited time frame を選べば OK です。

問題 1 から 3 は次の会話に関するものです。

男性： ① Lindsay さん，ソフトウェアエンジニアの採用の，面接スケジュールを決める必要がありますね。
女性： ②ええ，そうですね。来週はパリで開催される国際ビジネスセミナーに出席することになっているので，ここにはいないのです。③だから，面接は今週中に全てやっておきましょう。
男性： ④そうですね，私も土曜日に会議のために東京に行くので，⑤今週末前に全ての面接を終わらせなくてはいけません。⑥面接は全部，今週の水曜日にしませんか。
女性： ⑦水曜日ですね。いいですよ，⑧私の予定にもちょうど合うはずです。

①□set up …を設定する □interview schedule 面接日程 □position 職，勤め口
③□take care of …を処理する・行う ④□convention 会議，大会 ⑧□work with …とうまくいく
1.(D) □arrange …を手配する 2.(D) □conduct …を実施する 3.(A) □applicant 応募者
(C) □limited 限られた □time frame 時間枠 (D) □location 場所，位置

Part 3

1(C) 2(D) 3(C)

3_064

4. What type of business does the man work for?

(A) An advertising firm
(B) A telephone company
(C) An automobile factory
(D) A computer manufacturer

5. What is the problem?

(A) The sales figures are poor.
(B) The project is over budget.
(C) The products are defective.
(D) The presentation is not ready.

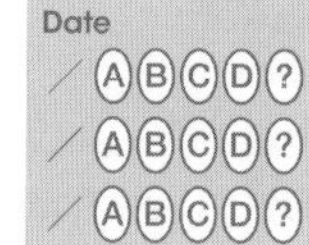

6. What will happen in March?

(A) Telephone numbers will be changed.
(B) New computers will be released.
(C) A conference will be held.
(D) A product will be redesigned.

3_064 W:イギリス M:オーストラリア

Questions 4-6 refer to the following conversation.

W: ① Alex, the stores are calling; ② they want to know [4] when the new laptop computers are going to be released. ③ Shouldn't they be in the stores around now? ④ It's almost the beginning of January.

M: ⑤ Actually, we are having a small problem. ⑥ [5] Our inspectors found defects in the screens. ⑦ I'm guessing [6] they will probably be out in stores by the first week of March.

W: ⑧ That's too bad. ⑨ February is a good season for releasing new laptops.

M: ⑩ Well, hopefully March won't be too late for selling our new releases, ⑪ but I do wish we had found those defects earlier on.

解説・正解

4. 男性はどんな会社で働いていますか。
(A) 広告会社
(B) 電話会社
(C) 自動車工場
(D) コンピューター製造会社

②の when the new laptop computers are going to be released「新製品のノートパソコンはいつ発売されるのか」という問い合わせを受けたり，検査員が画面に欠陥を発見したりする業種を考え，(D) A computer manufacturer を選びます。

5. 問題は何ですか。
(A) 売上高が低調である。
(B) プロジェクトが予算をオーバーしている。
(C) 製品に欠陥がある。
(D) プレゼンテーションの準備ができていない。

⑤の Actually, we are having a small problem. で「問題がある」と言った後に，⑥で Our inspectors found defects in the screens. と具体的に問題を述べています。よって，これを言い換えた (C) The products are defective. が正解です。ちなみに，今回のように actually で文が始まると「大事なことを告白する」ことが多いので，反応できるようにしておきましょう。

6. 3月に何が起こりますか。
(A) 電話番号が変更される。
(B) 新しいコンピューターが発売される。
(C) 会議が開催される。
(D) 製品のデザインが変更される。

⑦に they will probably be out in stores by the first week of March とあり，この they は the new laptop computers を指しています。よって，3月に「新しいコンピューターが発売される」とわかるので，(B) New computers will be released. を選べばOKです。先読みして March だけに注目していると，該当箇所を聞き逃してしまうパターンですね。

問題4から6は次の会話に関するものです。

女性：① Alex さん，販売店から電話が来ています。②新しいノートパソコンがいつ発売されるか知りたいそうです。③今ごろは店に並んでいるはずじゃなかったんですか。④もう1月の初旬ですよ。

男性：⑤実は，些細な問題がありまして。⑥うちの検査員が画面に欠陥を見つけたんです。⑦おそらく，3月の第1週には店頭に出せるはずです。

女性：⑧それはよくありませんね。⑨2月は，新しいノートパソコンを発売するのにいい時期なのに。

男性：⑩うまくいけば，新製品の発売が3月になっても遅過ぎたりはしません。⑪でも，本当にもっと早い段階で欠陥が見つかっていればよかったんですが。

②□laptop computer ノートパソコン（= notebook computer） □be released 発売される
⑥□inspector 検査員 □defect 欠陥 ⑦□be [get] out 外に出る，公になる
⑨□a good season [time] for -ing …するのにいい時期
⑪□I do wish we had found …を発見していたらよかったのに cf. do は強意を表す
□earlier on もっと早い段階で 4.(D) □manufacturer 製造会社 5.(A) □sales figures 売上高
(B) □be over budget 予算オーバーで 6.(C) □be held 開催される

Part 3

4(D) 5(C) 6(B)

3_065

7. What type of business is the woman calling?

(A) An office furniture store
(B) A construction firm
(C) A decorating company
(D) A real estate agency

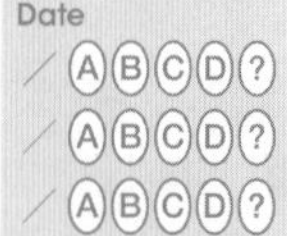

8. What problem does the woman mention?

(A) The invoice included a confusing charge.
(B) The service performed was unsatisfactory.
(C) An hourly service fee was miscalculated.
(D) A piece of equipment was damaged.

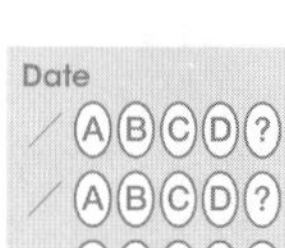

9. What does the man say about Mr. O'Neal?

(A) He should contact a different company.
(B) He received an estimate of costs.
(C) He will inspect a new office building.
(D) He failed to make a payment in time.

3_065 W:アメリカ M:アメリカ

Questions 7-9 refer to the following conversation.

W: ① Hello, this is Heather Cho from Riverfield Enterprises. ② My boss, Mr. O'Neal, recently arranged for your company to **7** remove the old wallpaper and paint the walls of the offices at our new headquarters in Oakland. ③ I'm calling because **8** we are quite puzzled about the invoice you sent and feel that we have been overcharged.

M: ④ Really? Let me find my copy of the bill. ⑤ Okay, what exactly do you think the problem is?

W: ⑥ Well, I understand the paint costs and the standard hourly fees, but ⑦ there is a $340 charge for equipment rental. ⑧ We did not request any special equipment.

M: ⑨ Well, as one of my colleagues explained to Mr. O'Neal, ⑩ our firm is not equipped to remove wallpaper in large commercial buildings in such a small time frame, ⑪ so we had no choice but to rent larger wallpaper steamers from another company. ⑫ **9** This fee was included in the estimate that was originally sent to your boss.

解説・正解

7. 女性はどのような業者に電話をしていますか。
(A) オフィス家具店
(B) 建設会社
(C) 内装会社
(D) 不動産業者

②に，remove the old wallpaper and paint the walls of the offices「オフィスの古い壁紙をはがして壁を塗装する」とあります。この作業をする業者として適切なのは，(C) A decorating company「内装会社」です。

8. 女性は何が問題だと言っていますか。
(A) 請求書に意味がわからない請求が入っていた。
(B) 受けたサービスが不十分であった。
(C) 1時間あたりのサービス料の計算が間違っていた。
(D) 備品の1つが壊れていた。

女性は，③で we are quite puzzled about the invoice ～ and feel that we have been overcharged と言っています。「過剰請求されているようで，請求書に戸惑っている」ということなので，(A) The invoice included a confusing charge. を選べば OK です。(C) も少しまぎらわしいですが，⑥に「1時間あたりの基本料金は問題ない」とありますね。

9. 男性は O'Neal さんについて何と言っていますか。
(A) 違う会社に連絡を取るべきだ。
(B) 費用の見積もりを受け取った。
(C) 新しいオフィスビルを検査するだろう。
(D) 期日までに支払いをしなかった。

⑫に This fee was included in the estimate that was originally sent to your boss とあり，この your boss は O'Neal のことです（②に My boss, Mr. O'Neal とあります）。よって，O'Neal は「見積もりを受け取った」とわかるので，(B) He received an estimate of costs. が正解です。

問題7から9は次の会話に関するものです。

女性：①こんにちは，Riverfield Enterprises の Heather Cho と申します。②少し前に，私の上司の O'Neal が，オークランドの新しい本社の，オフィスの古い壁紙をはがして壁を塗装する仕事を御社にお願いしました。③お送りいただいた請求書についてお電話しているのですが，実際の金額より多く請求されているようで，確認したいのですが。

男性：④承知しました。請求書のコピーを取って参ります。⑤お待たせしました。ご不明点は何でしょうか。

女性：⑥はい，塗装料と1時間あたりの基本料金は問題ありませんが，⑦機材のレンタルに340ドル請求されています。⑧特別な機材は何も頼んでいなかったのですが。

男性：⑨ああ，その件については，O'Neal 様に弊社の社員が説明いたしました。⑩当社には，大型商業ビルの壁紙をあれほどの短時間ではがすために必要な機材がありません。⑪そのため，他社から壁紙用の大型スチーマーを借りなければならなかったのです。⑫こちらの料金は，O'Neal 様に当初お送りした見積書にも記載されています。

Part 3

---

②□arrange for X to *do* Xが…するように手配する □remove …を取り除く □wallpaper 壁紙
□headquarters 本社，本部 ③□be puzzled about …について困惑している □invoice 請求書，送り状
□be overcharged 実際より高く請求される ④□bill 請求書
⑥□standard hourly fee 1時間あたりの基本料金 ⑦equipment rental 機材レンタル
⑩□be equipped to *do* …する機材を備えている □time frame 時間（の制約）
□commercial building 商業ビル ⑪□have no choice but to *do* …する他に選択の余地がない
⑫□originally 当初，初めに 8.(A) □confusing 困惑させるような
(B) □unsatisfactory 満足いかない，不十分な (C) □miscalculate …の計算間違いをする
9.(C) □inspect …を検査する (D) □in time 期限内に，間に合って

7(C) 8(A) 9(B)

3_066

10. What is the man's occupation?

(A) Restaurant owner
(B) Architect
(C) Interior designer
(D) Newspaper editor

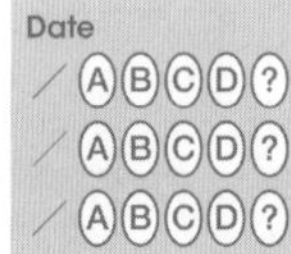

11. What are the speakers mainly discussing?

(A) A building renovation
(B) A lease agreement
(C) A business contract
(D) A promotional campaign

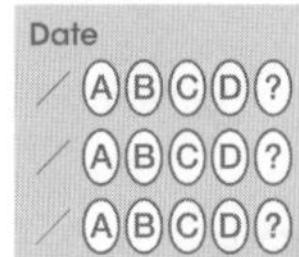

12. What does the man want the woman to give him?

(A) A Web site address
(B) A price estimate
(C) A business card
(D) A discount coupon

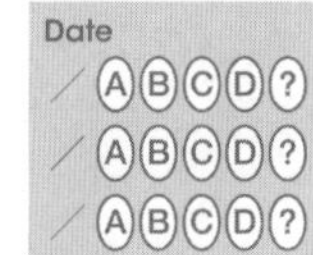

3_066 W:アメリカ M:オーストラリア

Questions 10-12 refer to the following conversation.

W: ① Congratulations, Brandon! ② I saw that **10** your restaurant received great reviews in the local newspaper. ③ You must be really excited.

M: ④ Yes, and ever since that review was written, our business has been growing. ⑤ It looks like I'm finally going to have enough money to pay for **11** the renovations I've always wanted.

W: ⑥ Well, one of my neighbors owns an architectural firm, ⑦ and I know that he does great work. ⑧ He charges quite a lot for his services, though, so you might want to find someone cheaper.

M: ⑨ I'd rather pay a little more for quality work instead of using a second-rate service to save money. ⑩ **12** I'd like to have his business card. ⑪ **12** Could you get one for me the next time you see him?

解説・正解

10. 男性の職業は何ですか。
(A) レストランのオーナー
(B) 建築家
(C) インテリアデザイナー
(D) 新聞の編集者

②で，女性が your restaurant received great reviews と言っています。よって，男性は「レストランのオーナー」だと考えられるので，(A) Restaurant owner を選べば OK です。こういった「相手の発言にヒントがある」パターンは頻出なので，男性の職業が問われているからといって，「男性の発言だけに注目する」ことがないようにしましょう。

11. 2人は主に何について話していますか。
(A) 建物の改修
(B) 賃借契約
(C) 業務契約
(D) 販売促進キャンペーン

⑤の the renovations I've always wanted から，男性は「レストランの改装をしたい」と思っているとわかります。その後も2人は「改装を頼む会社」の話を続けているので，(A) A building renovation を選べば OK です。

12. 男性は女性から何をもらいたいと思っていますか。
(A) ウェブサイトのアドレス
(B) 費用の見積もり
(C) 名刺
(D) 割引クーポン

⑩の I'd like to have his business card. と⑪の Could you get one for me ～? で，男性は「(建築会社を経営する人の) 名刺」をもらってくれるよう頼んでいます。よって，正解は (C) A business card です。I'd like to ～「～したい」と Could you ～?「～してくれますか？」という表現がポイントになっています。

問題 10 から 12 は次の会話に関するものです。

女性： ①おめでとう，Brandon！ ②地元の新聞で，あなたのレストランが素晴らしい評価を受けたことを知ったわよ。③本当によかったわよね。

男性： ④うん，批評が載ってからというもの，商売が繁盛しているよ。⑤このぶんだと，ずっとしたかった改修工事の費用を賄えるぐらいたまりそうだ。

女性： ⑥それなら，私の近所に建築会社を経営している人がいるわ。⑦彼は素晴らしい仕事をするわよ。⑧でも料金がかなり高いから，もう少し安いところを探した方がいいのかもしれないけれど。

男性： ⑨節約のために二流の会社を選ぶよりは，いい仕事をしてくれるところにお金を使いたいと思っているよ。⑩その人の名刺が欲しいんだけど。⑪今度会ったときに，もらっておいてくれるかい。

②□review 批評 ⑤□renovation 改修 ⑥□architectural firm 建築会社 ⑧□charge …を請求する □quite a lot かなり多く ⑨□I'd rather *do* むしろ…したいと思う □quality (形容詞的に) 質の高い・良質の □second-rate 二流の，劣った ⑪□the next time 次に…するとき 10. □occupation 職業 (D) □editor 編集者 11.(B) □lease 賃借

10(A) 11(A) 12(C)

3_067

13. What are the speakers discussing?

(A) Strategies for increasing sales
(B) An upcoming product launch
(C) A rise in customer complaints
(D) Comments about a new product

Date
/ Ⓐ Ⓑ Ⓒ Ⓓ ?
/ Ⓐ Ⓑ Ⓒ Ⓓ ?
/ Ⓐ Ⓑ Ⓒ Ⓓ ?

14. According to the woman, what feature of the product were testers worried about?

(A) Its flavor
(B) Its container
(C) Its ingredients
(D) Its side effects

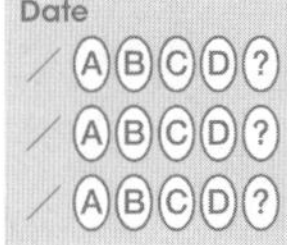

15. What does the man suggest?

(A) Arranging another test
(B) Conducting an online survey
(C) Redesigning an advertisement
(D) Contacting the product manager

Date
/ Ⓐ Ⓑ Ⓒ Ⓓ ?
/ Ⓐ Ⓑ Ⓒ Ⓓ ?
/ Ⓐ Ⓑ Ⓒ Ⓓ ?

3_067 M:カナダ W:アメリカ

Questions 13-15 refer to the following conversation.

M: ① Susan, what did the survey participants [13] have to say about our latest mouthwash? ② Was there a lot of positive [13] feedback about the new mint flavor during the survey?

W: ③ Most of the comments indicate that the taste is a big improvement over our other lines of mouthwash, ④ but quite a few people [14] complained about the container. ⑤ [14] They were worried that the glass bottle could break easily if stored on a bathroom shelf.

M: ⑥ Right, we were prepared for that possibility. ⑦ [15] Perhaps you should contact Helen in the marketing department. ⑧ She ordered some samples in plastic bottles. ⑨ I'm sure [15] she could call the product testers back for a follow-up survey.

W: ⑩ Alright, I'll get in touch with her. ⑪ With any luck, we'll be able to hear the comments about the plastic containers by the end of the week.

解説・正解

13. 2人は何について話していますか。

(A) 売り上げを伸ばすための戦略
(B) 間近に迫った新製品発売
(C) 顧客の苦情の増加
(D) 新製品についての意見

全体を通じて，2人は「新製品に関するアンケート調査の結果」について話しています（②の feedback about the new mint flavor など，いろんな箇所にヒントがあります）。よって，(D) Comments about a new product が正解です。具体的なものを product「商品」でまとめて表す頻出パターンですね。

14. 女性によると，試験の参加者は製品のどの点を懸念したのですか。

(A) 風味
(B) 容器
(C) 材料
(D) 副作用

④の quite a few people complained about the container から，「容器」に不満があるとわかります（その後も，⑤で「ガラス製で割れやすい」と具体的に問題点を述べています）。よって，正解は (B) Its container です。

15. 男性は何を提案していますか。

(A) もう一度試験を手配すること。
(B) オンライン調査を行うこと。
(C) 広告をデザインしなおすこと。
(D) 製品管理者に連絡を取ること。

⑦で Perhaps you should contact Helen と「Helen に連絡する」ことを勧め，その後に理由を説明しています。⑨の she could call the product testers back for a follow-up survey. から，「Helen が追跡調査をする」とわかります。つまり，男性は「製品をもう一度調査する」ことを勧めていると考えられるので，(A) Arranging another test を選べば OK です。

問題 13 から 15 は次の会話に関するものです。

男性：①Susan さん，最新の口内洗浄液について，調査の参加者は何と言っていましたか。②調査では，新しいミント風味について好意的な感想は多かったでしょうか。

女性：③味は別のシリーズのよりずいぶんよくなったという意見がほとんどです。④ただ，大勢の人が容器について不満を言っていました。⑤バスルームの棚にしまうとき，ガラスのボトルは壊れやすいことを心配していました。

男性：⑥そうですね。その可能性については，こちらでも対応しました。⑦マーケティング部の Helen さんに連絡をした方がいいかもしれません。⑧彼女はプラスチックボトルのサンプルを注文していましたので。⑨追跡調査のために，製品試験の参加者たちにまた呼びかけくれるはずです。

女性：⑩そうですね。彼女に連絡してみます。⑪うまくいけば，今週末までにプラスチック容器についてのコメントをもらえるでしょう。

①□participant 参加者 □latest 最新の □mouthwash 口内洗浄液 ②□positive 肯定的な □feedback 反応，感想 □mint flavor ミント味 ③□comment 意見，コメント □indicate that 節 …ということを示す □improvement 改善された点 □over …と比較して □other lines of …の別のシリーズ ④□complain about …について不満を言う □container 容器 ⑤□break easily 壊れやすい □if stored on …に保管する場合 cf. store 動 …を保管する □shelf 棚 ⑥□possibility 可能性 ⑨□follow-up 追跡の ⑩□get in touch with …と連絡を取る ⑪□with any luck 運がよければ 13.(B) □product launch 商品の発売 (C) □a rise in …の増加 15.(B) □conduct a survey 調査を行う

13(D) 14(B) 15(A)

3_068

16. Where does the conversation take place?

(A) At an airport
(B) At a train station
(C) At a bus terminal
(D) At a travel agency

17. What does the woman ask about?

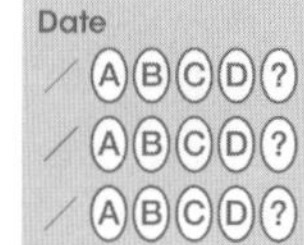

(A) An arrival time
(B) A departure gate
(C) A baggage policy
(D) A cancellation fee

18. What does the man suggest?

(A) Purchasing tickets online
(B) Using an express service
(C) Transferring at another station
(D) Making reservations in advance

3_068 W:アメリカ M:カナダ

Questions 16-18 refer to the following conversation.

W: ① Hello, **16** I'd like two tickets for the three o'clock bus to Portland, ② and **17** I was wondering what time it would arrive.

M: ③ Well, according to the schedule, it should arrive in Portland at 7:30. ④ But if you wanted to get there earlier, **18** you could take the express bus that departs at 3:30. ⑤ It costs a little bit more, but you would get to Portland around 6:30.

W: ⑥ No, that's alright. ⑦ I just wanted to make sure we'd get there by eight. ⑧ I'd just like two seats for three o'clock. Thanks.

解説・正解

16. この会話はどこで行われていますか。
(A) 空港
(B) 駅
(C) バスターミナル
(D) 旅行代理店

①の I'd like two tickets for the three o'clock bus to Portland から，「バスのチケットを購入する」場面だとわかります。よって，(C) At a bus terminal が正解です。

17. 女性は何について尋ねていますか。
(A) 到着時間
(B) 出発ゲート
(C) 手荷物規定
(D) キャンセル料

女性は，②で I was wondering what time it would arrive と「バスの到着時間」を尋ねています。よって，正解は (A) An arrival time です。I was wondering ～ は，直訳「(バスの到着時間を) 疑問に思っていた」→「バスの到着時間を教えてもらえるとありがたいのですが」という，丁寧な依頼表現になります。

18. 男性は何を提案していますか。
(A) オンラインでチケットを買うこと。
(B) 急行に乗ること。
(C) 別の駅で乗り換えること。
(D) 事前に予約をすること。

④の you could take the express bus で，男性は「高速バスに乗る」ことを提案しています。よって，(B) Using an express service が正解です。you could は「(よろしければ) ～できますよ・～したらどうですか」という「提案」を表し，これが設問の suggest に対応しているわけです。この could の用法はきちんと習うことが少ないのですが，実際には非常によく使われます。

問題 16 から 18 は次の会話に関するものです。

女性： ①こんにちは。3時発のバスの切符をポートランドまで2枚お願いします。②何時に到着しますか。

男性： ③予定では，ポートランドに7時 30 分に着くことになっています。④ですが，もっと早い時間に到着したい場合は，3時 30 分発の高速バスに乗ることもできますよ。⑤料金は少しかかりますが，ポートランドには6時 30 分ごろ到着します。

女性： ⑥いえ，大丈夫です。⑦8時までには着くかどうかを確認したかっただけです。⑧3時発のバスを2人分お願いします。

④□depart 出発する ⑤□get to …に到着する ⑦□make sure …を確認する 17.(C) □baggage 手荷物 (D) □cancellation キャンセル 18.(C) □transfer 乗り換える (D) □in advance 事前に，前もって

Part 3

16(C) 17(A) 18(B)

3_069

19. What does the man ask for?

(A) Directions to an office
(B) Building plans
(C) Information about builders
(D) An agenda for a meeting

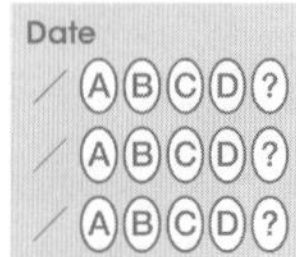

20. When will the man meet with the construction company?

(A) Tomorrow morning
(B) Tomorrow afternoon
(C) In two weeks
(D) Later today

Date
/ A B C D ?
/ A B C D ?
/ A B C D ?

21. What does the woman suggest that the man do?

(A) Talk to an engineer
(B) Plan a presentation
(C) Start a meeting later
(D) Use a previous draft

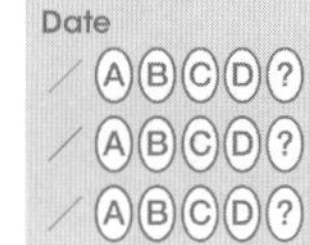

3_069 M:オーストラリア W:イギリス

Questions 19-21 refer to the following conversation.

M: ① Rachel, 19 have you finished the final blueprints for the Riley Building? ② 20 I'm meeting with the construction company tomorrow afternoon.

W: ③ Not yet. ④ I had to consult with our engineering department first so ⑤ it's taken longer than I thought. ⑥ 21 Can you show the builders the previous set of blueprints for now just to give them a general idea of what they need to do?

M: ⑦ Actually, that won't work. ⑧ They are refusing to start construction before seeing the official blueprints. ⑨ Are you sure you can't have them completed by today?

W: ⑩ Probably not. ⑪ If you come by tomorrow morning, though, they should be finished by then.

解説・正解

19. 男性は何を要求していますか。
(A) オフィスへの行き方の説明
(B) 建築設計図
(C) 建設会社の情報
(D) 会議の議題

男性は，①で have you finished the final blueprints for the Riley Building?「Riley Building の最終設計図はできた？」と尋ねています。よって，これを言い換えた (B) Building plans が正解です。

20. 男性はいつ建設会社の人に会いますか。
(A) 明日の朝
(B) 明日の午後
(C) 2週間後
(D) 今日，後ほど

②に I'm meeting with the construction company tomorrow afternoon. とあるので，(B) Tomorrow afternoon が正解です。ちなみに，②は「現在進行形」で「予定」を表しています。「すでに建設会社に会う準備をしている途中」→「建設会社に会う予定」ということで，この用法は日常会話でもよく使われます。

21. 女性は男性に何をするように勧めていますか。
(A) エンジニアに話す。
(B) プレゼンテーションを企画する。
(C) 後で会議を始める。
(D) 以前の設計図を使う。

女性は，⑥で Can you show the builders the previous set of blueprints ～? と言っています（show 人 物「人 に 物 を見せる」の形）。「以前の設計図を見せる」ことを提案しているので，これを言い換えた (D) Use a previous draft を選べば OK です。本文の blueprint が，選択肢では draft に言い換えられています。

問題 19 から 21 は次の会話に関するものです。

男性：① Rachel さん，Riley Building の最終設計図は完成しましたか。②明日の午後，建設会社の人と打ち合わせをすることになっているんですが。

女性：③いいえ，まだ完成していません。④まず技術部に相談する必要があったので，⑤思ったより時間がかかっています。⑥建設業者には，今のところは前の設計図を見せて，必要な作業の概略を伝えておいてもらえますでしょうか。

男性：⑦あいにく，それはだめなんです。⑧建設業者は，正式な設計図を見てからでないと作業に取りかからないと言っています。⑨本当に今日中に仕上げられないのですか。

女性：⑩おそらく無理だと思います。⑪ただ，明日の朝，ここに寄ってくれれば，それまでには完成しているはずです。

①□blueprint 設計図 ④□consult with …に相談する ⑥□show A B AにBを見せる
□builder 建設業者 □previous 以前の □for now 今のところ □general 全体的な
⑧□refuse to *do* …しようとしない □official 正式の ⑪□come by 立ち寄る □though でも，ただ
19.(D) □agenda 議題 21.(D) □draft 設計図

19(B) 20(B) 21(D)

❶ 話し手は何がしたいのかを尋ねる問題（want to do 問題）

話し手が I'd like to ～「～したい」のように直接述べる場合はわかりやすいですが，少し遠回しに言う場合もあります。設問で問われている本人の発言だけでなく，「相手の発言」や「話の流れ」などもヒントにして考えるようにしましょう。ちなみに，選択肢は動詞句で示されることが多いです。

短い会話を聞いて，各設問に答えてください。

3_070

1. What does the man want to do?

(A) Get a computer repaired
(B) Buy a new computer
(C) Exchange a faulty monitor
(D) Order replacement parts

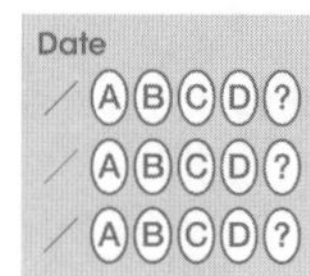

3_071

2. What does the woman want to do?

(A) Make travel arrangements
(B) Advertise in newspapers
(C) Merge with a competitor
(D) Promote a service

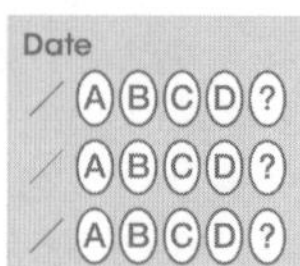

1. 男性は何をしたいと思っていますか。
(A) コンピューターを修理してもらう。
(B) 新しいコンピューターを買う。
(C) 欠陥のあるモニターを交換する。
(D) 交換部品を注文する。

□faulty 欠陥のある（= defective）
□replacement parts 交換部品

2. 女性は何をしたいと思っていますか。
(A) 旅行の手配をする。
(B) 新聞に広告を載せる。
(C) 競争相手と合併する。
(D) サービスの販売を促進する。

□travel arrangements 旅行の手配
□merge with …と合併する
□competitor 競争相手
□promote …の販売を促進する

解説・正解

1. 3_070 M:オーストラリア W:アメリカ

M: ① Hello, I purchased this computer at your store about six months ago. ② It worked fine for the most part, but ③ last week the monitor began to turn off by itself. ④ I don't know what's causing the problem, but ⑤ I'd like the computer fixed as soon as possible because I need it for work.

W: ⑥ Alright, sir. ⑦ Just fill out this form and we'll have one of our technicians take a look at it. ⑧ We'll contact you immediately when it's ready to be picked up.

男性：①こんにちは。6カ月ほど前に，こちらのお店でこのコンピューターを買いました。②ほとんど問題なく作動していたのですが，③先週モニターが勝手に消えるようになったのです。④何が問題なのかわからないのですが，⑤仕事で必要なので，できるだけ早く修理していただきたいです。

女性：⑥かしこまりました。⑦この用紙に記入していただければ，当店の技術者がお調べいたします。⑧お渡しする準備ができましたら，すぐにご連絡いたします。

男性は，⑤で I'd like the computer fixed「コンピューターを修理してほしい」と言っています（would like 物 p.p.「物 が～されてほしい」の形で，直訳「コンピューターが修理されてほしい」ということ）。よって，これを言い換えた (A) Get a computer repaired が正解です。get OC「OをCの状態にする」の形で，本文の fix が選択肢では repair に言い換えられています。

②□work fine うまく作動する □for the most part 大部分は ③□turn off by itself 勝手に消える
④□cause the problem 問題を引き起こす ⑤□I'd like X fixed Xを修理してもらいたい
⑦□fill out …に記入する □technician 技術者 □take a look at …を見る ⑧□immediately すぐに
□be ready to *do* …する準備ができている □pick up …を受け取る

2. 3_071 W:イギリス M:カナダ

W: ① I believe it would be a good idea to create televised advertisements for our travel agency. ② We've been in business for over three years now, but ③ we're still having difficulty competing with Tropical Tours.

M: ④ That's true. ⑤ I think most people use Tropical Tours ⑥ because they don't know about our company. ⑦ We should contact a marketing agency and ⑧ make a professional commercial with their help.

女性：①うちの旅行代理店のテレビコマーシャルを制作するというのは，いい案だと思います。②事業を展開してもう3年になりますが，③ Tropicalツアーズとの競争は，いまだに厳しい状況ですし。

男性：④そうですね。⑤ほとんどの人がTropical ツアーズを利用しているのは，⑥うちの会社のことを知らないからだと思います。⑦マーケティング代理店に連絡して，⑧協力を受けながら本格的なコマーシャルを作るべきですね。

①の it would be a good idea to create televised advertisements for our travel agency で，女性は「旅行会社のテレビコマーシャル制作」という案を高く評価しています。つまり，「旅行会社のサービスを CM で宣伝したい」ということなので，(D) Promote a service を選べば OK です。ちなみに，男性の「当社の存在が知られていないから，CM を作るべき」という発言もヒントになりますね。

①□televised advertisements テレビ広告 ②□in business 事業を行って
③□have difficulty -ing …するのに苦労する □compete with …と競う
⑦□marketing agency マーケティング代理店 ⑧□professional プロの，専門的な
□commercial コマーシャル

Part 3

1(A) 2(D)

❷ 何をするように提案しているか（suggest 問題）

「提案の内容」が問われるので，当然「提案表現」に注目することが大切です。たとえば，Why don't you ～?「～したらどう？」という表現や，提案を表す should などがよく狙われます。問題を解きながら，そういった表現に注目できるようにしていきましょう。

短い会話を聞いて，各設問に答えてください。

3_072

1. What does the man suggest?

(A) Requesting some time off
(B) Canceling an appointment
(C) Rescheduling a meeting time
(D) Taking an extended lunch break

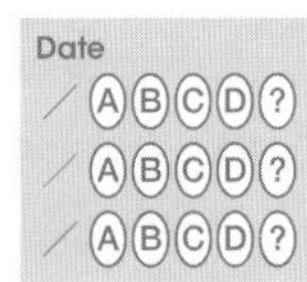

3_073

2. What does the man recommend the woman do?

(A) Gather feedback from interns
(B) Distribute materials to new staff
(C) Make a presentation more detailed
(D) Revise an orientation schedule

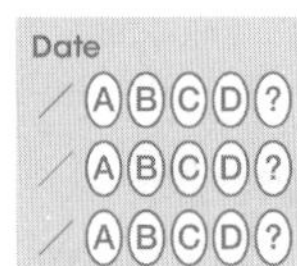

1. 男性は何を提案していますか。
(A) 休暇を申請すること。
(B) 予約をキャンセルすること。
(C) 会合の時間を変更すること。
(D) 昼食時間を延長すること。
□reschedule …の予定を変更する
□extended 延長された

2. 男性は女性に何をするように勧めていますか。
(A) インターンから意見を集める。
(B) 新入社員に資料を配る。
(C) プレゼンテーションをより詳しくする。
(D) 研修の日程を変更する。
□distribute A to B AをBに配る
□make X more detailed Xをより詳しくする

解説・正解

1. 3_072 M:カナダ W:イギリス

M: ① Weren't we supposed to get together with Phil this morning to review our sales presentation for the monthly meeting? ② I haven't seen him at his desk yet. ③ Maybe he's out sick today.

W: ④ I asked our manager and he told me that Phil has a doctor's appointment this morning, and he'll be back sometime after lunch.

M: ⑤ Alright. Well, in that case, we should just get together sometime this afternoon after he arrives.

男性：①今朝はPhilさんも一緒に集まって，月例会議のために実演販売の見直しをする予定じゃなかったんですか。②まだ席で見かけていないんですが。③もしかしたら，今日は病欠かもしれませんね。

女性：④部長に聞いたところ，今朝は診察の予約があって，昼食後に戻るらしいです。

男性：⑤わかりました。それでしたら，彼が戻ってから午後集まることにしましょう。

午前中の予定だったミーティングを，⑤でwe should just get together sometime this afternoon「今日の午後集まろう」と提案しています。つまり，「集まる時間の変更」を提案しているので，(C) Rescheduling a meeting timeを選べばOKです。⑤のshouldは「提案」を表し，ここがポイントになっています。shouldは「～すべき」という強いイメージがあるかもしれませんが，日常会話では，今回のように「～した方がいいよ・～しよう」といった軽い提案で使われることが多いです。

①□be supposed to *do* …することになっている □get together with …と会う・集合する
③□be out sick 病気で休む ④□have a doctor's appointment 医者の予約がある □be back 戻る
⑤□in that case その場合

2. 3_073 W:アメリカ M:アメリカ

W: ① I'm organizing the orientation seminar for new employees. ② Since you prepared the training materials last year, I'd be grateful if you could give me some advice.

M: ③ Well, some of the interns mentioned that the presentation I put together was too vague. ④ So I suggest revising the file by including more detailed information.

女性：①新入社員のための研修の準備をしているところです。②昨年の研修資料を準備したのはあなたなので，何かアドバイスをもらえたら助かるんですが。

男性：③そうですね，数人のインターンに，私がやったプレゼンテーションは漠然とし過ぎていたと言われました。④ですから，ファイルにもう少し詳しい情報を加えて修正したらいいと思います。

④のI suggest revising the file by including more detailed informationで，「詳細情報を加えて修正する」ことを提案しています。よって，これを言い換えた(C) Make a presentation more detailedが正解です。本文のsuggestが，設問のrecommendに対応しているわけです。ちなみに，(A)(D)はそれぞれ会話にあるinternsとreviseを利用した誤答，(B)はnew employeesから連想させる誤答になります。

①□organize …を準備する
②□I'd be grateful if you could *do* あなたが…してくださるならありがたいのですが
cf. grateful ありがたく思う ③□put together …を作り上げる □vague 漠然とした
④□revise …を見直す・修正する □include …を含める □detailed 詳細な

Part 3

1(C) 2(C)

❸ 何をしてくれると言っているか（offer to do 問題）

話し手が「相手にしてあげること」について問う問題は，話し手自身が "I'll ～" などと直接言うことが多いので，比較的わかりやすいと思います。ちなみに，会話の後半に該当箇所がくることが多いです。

短い会話を聞いて，各設問に答えてください。

3_074

1. What does the woman offer to do for the man?

(A) Reserve a seat
(B) Introduce him to an instructor
(C) Accompany him to a class
(D) Inquire about a seminar

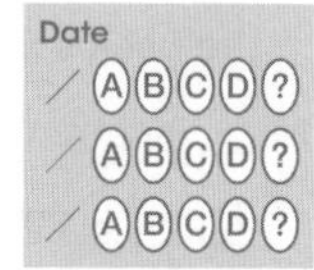

3_075

2. What does the man offer to do?

(A) Talk to the manager
(B) Bring a different menu
(C) Speed up an order
(D) Open the restaurant early

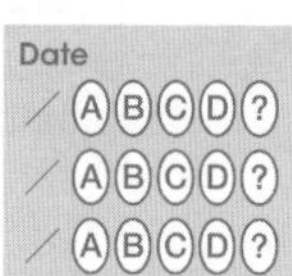

1. 女性は男性のために何をすると申し出ていますか。
(A) 席を予約する。
(B) 男性を講師に紹介する。
(C) クラスまで付き添って行く。
(D) セミナーについて尋ねる。

□accompany …に同行する・付き添う
□inquire about …について尋ねる

2. 男性は何をすると申し出ていますか。
(A) 店長に話す。
(B) 違うメニューを持ってくる。
(C) 注文のスピードを上げる。
(D) レストランを早く開ける。

□speed up …の速度を上げる

解説・正解

1. 3_074 M:オーストラリア W:イギリス

M: ① I'm thinking of attending the accounting seminar this weekend to brush up on my skills. ② Do you happen to know if seats are still available?

W: ③ Well, I'm not sure. ④ I wasn't planning on going myself, ⑤ but I'm good friends with the instructor. ⑥ I'll give him a call and see if any spaces are left.

男性：①スキルを磨くために，今週末の会計セミナーに参加しようと思ってるんだ。②まだ空席があるか知ってたりする？

女性：③わからないわ。④私は行くつもりがなかったから。⑤でも講師とは親しい仲なの。⑥彼に電話して，まだ空席があるか聞いてみるわね。

女性は，⑥で **I'll give him a call and see if any spaces are left.** と言っています。「(セミナーの)空席があるか電話で確認する」ということなので，(D) Inquire about a seminar「セミナーについて尋ねる」を選べば OK です。このように，話し手自身が **I'll** ～「～してみる」と言った箇所が正解になることが多いわけです。ただ，あくまで「話の流れ」を押さえるという大前提は忘れないでください。今回で言えば，⑥だけ聞き取っても「セミナーの空席」の話だとわからないと，正解は選べませんよね。

①□**accounting seminar** 会計セミナー □**brush up on one's skills** 技術を磨き直す
②□**happen to *do*** 偶然…する ⑤□**be good friends with** …と親しい仲である □**instructor** 講師
⑥□**give X a call** Xに電話をかける □**see if** …かどうか確かめる

2. 3_075 W:イギリス M:カナダ

W: ① Excuse me, we're ready to order. ② I'd like the breakfast special with an omelette and a coffee, ③ and my partner will have the same.

M: ④ Sorry, but we stopped serving breakfast ten minutes ago. ⑤ Right now our restaurant is operating on its lunch schedule. ⑥ But since you're only ten minutes late, let me ask the manager if that's possible.

女性：①すみません，注文をお願いします。②オムレツとコーヒーのモーニングセットをお願いしたいのですが。③連れの者も同じものをお願いします。

男性：④申し訳ございませんが，朝食の提供は 10 分前に終了いたしました。⑤ただ今のお時間は，ランチタイムのメニューを提供しております。⑥ですが，10 分過ぎただけですので，朝食をお出しできるか店長に聞いてまいります。

男性は，⑥で **let me ask the manager if that's possible**「朝食を出せるか店長に聞いてくる」と言っています。よって，これを言い換えた (A) Talk to the manager が正解です。**let me** ～「私に～させて・～してくる」という表現は「次の行動」を表し，設問で狙われることが非常に多いです。

①□**be ready to order** 注文が決まっている ②□**breakfast special** モーニングセット
□**omelette** オムレツ ④□**stop serving breakfast** 朝食の提供を終了する
⑤□**operate on its lunch schedule** ランチの時間のメニューを提供する

Part 3

1(D) 2(A)

4 次に何をするか（do next 問題）

会話の後で話し手が何をするかは，本人が I'll ～「～する」と言うパターンと，相手に「～して」と言われるパターンのどちらもよく出ます。会話の後半に出てくることが非常に多いので，後半に出てくる「未来」の表現が重要です。

短い会話を聞いて，各設問に答えてください。

3_076

1. What will the man do next?

(A) Offer someone a job
(B) Open a new restaurant
(C) Schedule an interview
(D) Sample some dishes

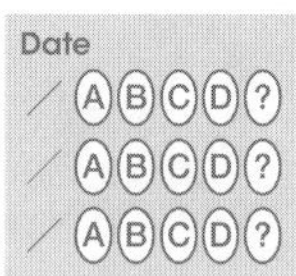

3_077

2. What will the man do tomorrow?

(A) Go to a different place
(B) Visit a Web site
(C) Host a party
(D) Make a phone call

1. 男性は次に何をしますか。
(A) ある人に仕事を提供する。
(B) 新しいレストランを開店する。
(C) 面接のスケジュールを決める。
(D) 料理を試食する。

□sample some dishes 料理を試食する
cf. sample 動 …を試食・試飲する

2. 男性は明日何をするつもりですか。
(A) 違う場所に行く。
(B) ウェブサイトを見る。
(C) パーティーを主催する。
(D) 電話をかける。

□host …を主催する

解説・正解

1. 3_076 M:カナダ W:アメリカ

M: ① What are your thoughts on Haruki's cooking style? ② Do you think it would be good for our restaurant?

W: ③ The entrées and desserts that he made were incredible, and ④ he does have a remarkable résumé. ⑤ Plus, we need to hire another chef as soon as possible.

M: ⑥ True. Everyone in the kitchen seemed to like him too. ⑦ I'll give Haruki a call and tell him he can start work here next week.

男性： ① Haruki さんの調理スタイルについて何か意見はありますか。②うちのレストランにふさわしいと思いますか。

女性： ③彼の作る主菜とデザートは素晴らしかったし，④経歴も申し分ないぐらい優れています。⑤それに，できるだけ早く料理人を１人雇わないといけませんからね。

男性： ⑥その通りです。それに，厨房のみんなも彼のことを気に入ったみたいです。⑦ Haruki さんに電話をして，来週からうちで働いてもらいたいと伝えます。

⑦に I'll give Haruki a call and tell him he can start work here next week. とあります。「Haruki に働いてもらう」とわかるので，(A) Offer someone a job を選べば OK です。これは，話し手自身が I'll ～ と次の行動を示すパターンになります。

③□entrée 主菜 □incredible 素晴らしい，信じられない ④□remarkable 優れた ⑤□chef 料理人

2. 3_077 M:オーストラリア W:アメリカ

M: ① Hello, my name is John Parker ② and I'd like to make a reservation for dinner on Thursday night. ③ There'll be ten of us and we'd like to have dinner at 7 P.M., if possible.

W: ④ I'm sorry, but no tables are available at 7. ⑤ The only large table we have that night is available at 8. ⑥ Otherwise you could also try calling back tomorrow to check if any cancellations have been made.

M: ⑦ Ah, that's too bad. ⑧ I was really looking forward to eating there since I read some great reviews of your restaurant online. ⑨ I guess I'll try again tomorrow. Thanks.

男性： ①こんにちは，John Parker と申します。②木曜日の夜にディナーの予約を取りたいのですが。③ 10 名で，できれば午後７時からお願いしたいと思っています。

女性： ④申し訳ございませんが，７時のお席は空いておりません。⑤その日の夜，大きなテーブルをご用意できるのは８時からになってしまいます。⑥もしくは，明日またおかけ直しいただき，キャンセルが出たか確認していただくこともできますが。

男性： ⑦ああ，残念ですね。⑧そちらのレストランについて，ネットでとてもいいレビューがあったので食事するのをとても楽しみにしていたのです。⑨また明日かけ直してみます。ありがとうございました。

⑥の you could also try calling back tomorrow to check if ～ で，女性は「明日再び電話する」ことを提案しています（you could で「提案」を表しています）。それに対して，男性は⑨で I guess I'll try again tomorrow. と言っています。つまり，男性は「明日電話する」と考えられるので，(D) Make a phone call を選べば OK です。最後の男性の発言を聞いただけでは，「何を try するか」がわかりませんね。あくまで「全文きちんと聞く」という大前提は忘れないでください。

⑥□otherwise そうでなければ □try -ing …してみる □make a cancellation キャンセルする
⑧□review レビュー，批評

1(A) 2(D)

3_078

A 会話を聞いて，話し手は何がしたいのかを尋ねる「want to do 問題」を含む1から3の設問に答えてください。

1. What does the man want to do?

(A) Purchase a camera
(B) Examine a contract
(C) Reschedule a delivery
(D) Exchange some merchandise

Date
／ Ⓐ Ⓑ Ⓒ Ⓓ ?
／ Ⓐ Ⓑ Ⓒ Ⓓ ?
／ Ⓐ Ⓑ Ⓒ Ⓓ ?

2. What is the problem?

(A) An item has sold out.
(B) A store is closing early.
(C) A sales receipt is missing.
(D) A discount is not available.

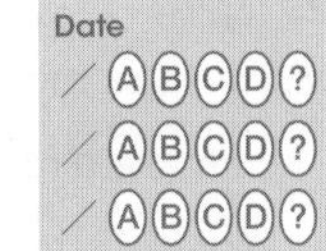

3. What will the man probably do next?

(A) Leave the store
(B) Make a phone call
(C) Speak to a manager
(D) Pay with a credit card

Date
／ Ⓐ Ⓑ Ⓒ Ⓓ ?
／ Ⓐ Ⓑ Ⓒ Ⓓ ?
／ Ⓐ Ⓑ Ⓒ Ⓓ ?

3_079 (M:オーストラリア W:イギリス)

B もう一度会話を聞いて，空所部分を書き取ってください。

Questions 1-3 refer to the following conversation.

M: ① Hi, **1** ______________________________
last week, and ② I was wondering if they are still being discounted.

W: ③ I'm sorry, but **2** ______________________________.
④ But we have another special offer this week on another brand. ⑤ Perhaps I could interest you in this Razor camera instead?

M: ⑥ Alright. Hmm... I see its features are comparable to the other one.
⑦ **3** ______________________________.
⑧ I want to talk it over with her for a few minutes.

W: ⑨ Sure, take your time. ⑩ After you're finished calling her, I'll be around to answer any other questions you might have.

解説・正解

A

1. 男性は何をしたいと思っていますか。
(A) カメラを買う。
(B) 契約を検討する。
(C) 配送予定を変更する。
(D) 商品を交換する。

①でI noticed a couple of Icon cameras in your store flyer, ②でI was wondering if they are still being discounted. と言っています。その後も「カメラの購入」を検討しているので，(A) Purchase a camera を選べば OK です。

2. 問題は何ですか。
(A) 品物が売り切れた。
(B) 店が早く閉まる。
(C) 領収書が見つからない。
(D) 割引してもらえない。

男性の「まだ割引している？」に対して，女性は③でI'm sorry, but that sale ended yesterday. と答えています。「セールは終わった」→「割引にならない」とわかるので，(D) A discount is not available. が正解です。「問題点」が問われているので，後ろに「マイナス情報」がくる I'm sorry ～ に注目できたかがポイントになります。

3. 男性は次に何をすると考えられますか。
(A) 店を出る。
(B) 電話をかける。
(C) 店長と話す。
(D) クレジットカードで支払う。

男性は，⑦で Just let me call my wife.「ちょっと妻に電話させて」と言っています。よって，これを言い換えた (B) Make a phone call「電話をかける」を選べば OK です。let me ～「私に～させて」という表現は，「次の行動」を表し，設問でよく狙われるのでしたね(379ページ)。

B

問題1から3は次の会話に関するものです。

男性：①こんにちは。先週お店の広告で Icon のカメラを見たのですが，②まだ割引されているかどうかお聞きしたいのですが。

女性：③申し訳ございません，セールは昨日で終了いたしました。④ですが，今週は別のブランドを特価で販売しております。⑤よろしければ，代わりにこちらの Razor のカメラなどいかがでしょうか。

男性：⑥わかりました。ううん。Icon のカメラと同等の機能が付いているみたいですね。⑦ちょっと妻に電話させてください。⑧少し彼女に相談してみます。

女性：⑨はい，ごゆっくりお考えください。⑩お電話が終わったら，この辺りにおりますので，ご質問にお答えいたします。

① **1** **I noticed a couple of Icon cameras in your store flyer**

③ **2** **that sale ended yesterday**

⑦ **3** **Just let me call my wife**

①□notice …に気づく □flyer チラシ，広告 ④□special offer 特価提供
⑤□interest X in Xに…への興味を持たせる ⑥feature 名 特徴 □be comparable to …と同等の
⑧□talk X over Xについて相談する ⑨□take one's time ゆっくりやる
1.(B) □examine …を検討する・吟味する (D) □merchandise 商品

1(A) 2(D) 3(B)

3_080

A 会話を聞いて，相手に何らかの行為をするよう提案するsuggest問題を含む４から６の設問に答えてください。

4. What problem are the speakers discussing?

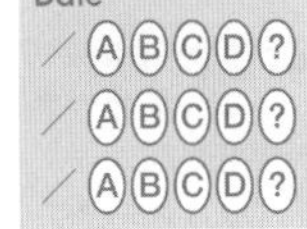

(A) A store has closed early.
(B) An order has been canceled.
(C) Some supplies were not delivered.
(D) Orders for supplies were not made.

5. What does the man suggest?

(A) Calling a technician
(B) Hiring a new worker
(C) Informing a colleague
(D) Inspecting a shipment

6. What does the woman have to do today?

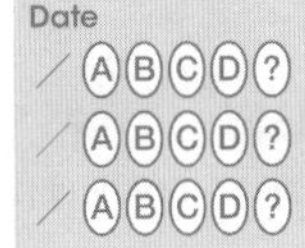

(A) Submit a report
(B) Attend a meeting
(C) E-mail a document
(D) Give a presentation

3_081 W:アメリカ M:カナダ

B もう一度会話を聞いて，空所部分を書き取ってください。

Questions 4-6 refer to the following conversation.

W: ① George, **1** ______________________________
this morning. ② We only received a few boxes of ball-point pens and mechanical pencils.

M: ③ **2** ______________________________
Mr. Elwood about the problem? ④ He is in charge of managing office supplies, including making orders, so ⑤ I'm sure he can help you figure out what the problem was.

W: ⑥ I'll do that.
⑦ **3** ______________________________,
so ⑧ hopefully I will find a way to get some paper.

解説・正解

A

4. 2人はどんな問題について話していますか。
(A) 店が早く閉まった。
(B) 注文がキャンセルされた。
(C) 消耗品が配送されていない。
(D) 消耗品の注文がされていない。

①で the printer paper wasn't delivered と言っているので，(C) Some supplies were not delivered. を選べばOKです（supplies「備品」が，本文の the printer paper を表しています）。ちなみに，リスニングでは supplies を surprise「驚かせる」と勘違いしてしまうことがあるので，「サプライズ」と聞こえたら supplies の可能性も考えるようにしましょう。

5. 男性は何を提案していますか。
(A) 専門家に電話をすること。
(B) 新しい従業員を雇うこと。
(C) 同僚に知らせること。
(D) 発送品を点検すること。

③の Why don't you talk to Mr. Elwood about the problem? で，「Elwoodさんに問題を話す」ことを提案しています。よって，これを言い換えた，(C) Informing a colleague「同僚に知らせる」が正解です。Why don't you ～? は非常によく狙われる提案表現です。

6. 女性は今日，何をする必要がありますか。
(A) 報告書を提出する。
(B) 会議に出席する。
(C) 書類をEメールで送る。
(D) プレゼンテーションをする。

⑦の I have to hand in a copy of my monthly sales report by this afternoon から，女性は「報告書のコピーを提出しなければならない」とわかります。よって，これを言い換えた (A) Submit a report が正解です（hand in ≒ submit「提出する」）。ちなみに，設問の have to が本文でもそのまま使われていますが，このパターンは TOEIC 頻出です。先読みで have to があれば強く意識しましょう。

B

問題4から6は次の会話に関するものです。

女性：①Georgeさん，今朝，印刷用紙が送られてきませんでした。②届いたのはボールペンとシャープペンシルの箱が少しだけなんです。

男性：③それはElwoodさんに話してみたらどうでしょうか。④発注など，事務用品の管理は彼の仕事なので，⑤原因の調査を手伝ってくれるはずです。

女性：⑥そうします。⑦今日，午後までに月間売上報告書のコピーを提出しなくてはいけないので，⑧何とか用紙を手に入れる方法があるといいんですが。

① **1** **the printer paper wasn't delivered**

③ **2** **Why don't you talk to**

⑦ **3** **I have to hand in a copy of my monthly sales report by this afternoon**

---

②□mechanical pencil シャープペンシル ④□be in charge of …を担当している
□office supplies 事務用品 ⑤□figure out …を解決する・理解する ⑦□hand in …を提出する
⑧□hopefully …だといいのだが 5.(C) □inform …に知らせる (D) □inspect …を点検する
□shipment 発送品，積み荷

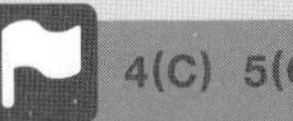

4(C) 5(C) 6(A)

3_082

A 会話を聞いて，話し手が相手にしてあげることについて尋ねる offer to do 問題を含む7から9の問題を解きなさい。

7. Why does the woman call the man?

(A) To invite him to an event
(B) To ask for some advice
(C) To confirm a reservation
(D) To inquire about a menu

8. What does the man offer to do?

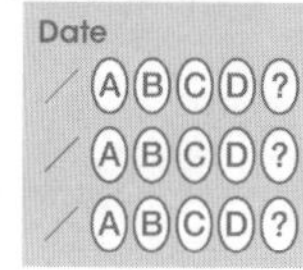

(A) Speak at a banquet
(B) Organize a conference
(C) Provide some feedback
(D) Contact a restaurant

9. What does the man recommend the woman do?

(A) Review seating arrangements
(B) Notify award winners in advance
(C) Submit orders for some material early
(D) Prepare signed certificates for employees

3_083 W:アメリカ M:オーストラリア

B もう一度会話を聞いて，空所部分を書き取ってください。

Questions 7-9 refer to the following conversation.

W: ① Hi, Brad. I called you because I was wondering if you can look over the preparations I've made for our company's awards banquet. ② I know you organized this event several times in the past,
③ so **1** ____.

M: ④ I wish I could help you right now, but ⑤ I'm on my way to a meeting. ⑥ If you send a list of the preparations you've made to my e-mail address, ⑦ I will review them and **2** ______________________________ later tonight.

W: ⑧ Thanks. Was there anything that caused problems in previous years that I should be aware of?

M: ⑨ Well, now that you mention it, a few years ago I was a little late placing orders for the plaques that were presented to the winners, and ⑩ they weren't ready in time. ⑪ So **3** ______________________________
to avoid repeating that mistake.

解説・正解

A

7. 女性はなぜ男性に電話をかけているのですか。
(A) イベントに男性を誘うため。
(B) アドバイスを求めるため。
(C) 予約を確認するため。
(D) メニューについて尋ねるため。

③の any advice you have would be appreciated は，直訳「(あなたがした) どんなアドバイスもありがたく思われるだろう」→「アドバイスがあったら助かる」という意味です。よって，女性は「アドバイスを求めている」とわかるので，(B) To ask for some advice が正解となります。

8. 男性は何をすると申し出ていますか。
(A) 晩餐会で話す。
(B) 会議を主催する。
(C) 意見を述べる。
(D) レストランに連絡する。

男性は，⑦で I will review them and reply with some suggestions「目を通して，提案を一緒に返信する」と言っています。つまり，「女性に意見を伝える」ということなので，(C) Provide some feedback を選べば OK です。これも，男性自身が I will ～ と言って「申し出」を表すパターンになります。

9. 男性は女性に何をするように勧めていますか。
(A) 座席の配置を見直す。
(B) 事前に受賞者に知らせる。
(C) 早めに品物の発注をする。
(D) 社員のために署名入りの証明書を用意する。

⑪に I suggest ordering them as soon as possible とあり，この them は plaques「記念の盾」を指しています。よって，「plaques をできるだけ早く注文する」という内容を表した，(C) Submit orders for some material early が正解です（plaques が some material に言い換えられています）。

B

問題７から９は次の会話に関するものです。

女性：①こんにちは，Brad さん。会社の授賞晩餐会のために私が準備したものを，見てもらえないかと思って電話しました。②以前，何回かこのイベントを主催したことがありますよね。③ですから，何かアドバイスをいただければ助かります。

男性：④今すぐできればいいのですが，⑤今から会議に行くんです。⑥準備が済んだもののリストをメールで送ってくれれば，⑦今夜目を通して，提案があれば一緒に返信します。

女性：⑧ありがとうございます。これまでに問題になったことで，何か気に留めておくべきことはありますか。

男性：⑨そう言われてみれば，数年前に，受賞者に贈呈する記念の盾の発注が少し遅れて，⑩授賞式に間に合わなかったことがありました。⑪ですから同じ間違いを繰り返さないために，できるだけ早く発注したほうがいいと思います。

Part 3

③ **1** **any advice you have would be appreciated**

⑦ **2** **reply with some suggestions**

⑪ **3** **I suggest ordering them as soon as possible**

---

①□look over …に目を通す □awards banquet 授賞晩餐会 ③□appreciate …をありがたく思う
⑧□be aware of …を気に留めておく ⑨□now that you mention it そう言われてみると
□place an order 発注する □plaque（記念の）盾 □be presented to …に贈呈される
□winner 受賞者 ⑪□suggest -ing …することを提案する □repeat …を繰り返す
9.(A) □seating arrangement 座席の配置 (B) □notify …に通知する □in advance 事前に
(D) □signed certificate 署名入りの証明書

7(B) 8(C) 9(C)

3_084

A 会話を聞いて，会話の後で話し手たちが何をするかについて尋ねる do next 問題を含む 10 から 12 の設問に答えてください。

10. Where most likely are the speakers?

(A) In a warehouse
(B) In an office supply store
(C) In a furniture store
(D) In a hardware store

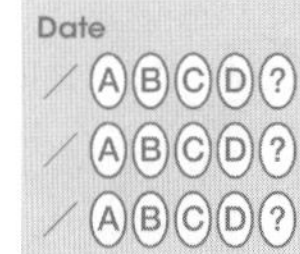

11. What does the man ask for?

(A) Products in a different style
(B) A copy of an inventory
(C) Items made from other materials
(D) A change to a delivery date

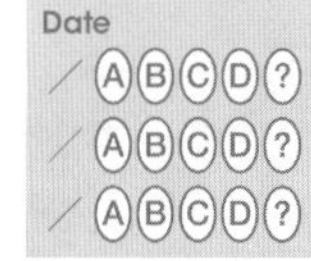

12. What is the woman going to do next?

(A) Show some items
(B) Cancel a delivery
(C) Check an order
(D) Call another store

3_085 W:イギリス M:カナダ

B もう一度会話を聞いて，空所部分を書き取ってください。

Questions 10-12 refer to the following conversation.

W: ① Here is **1** ____________________ that I'm sure will interest you. ② It is made of mahogany. ③ It is also extremely durable and has an attractive, contemporary style.

M: ④ It's certainly the kind of style I'm looking for. ⑤ But **2** ____________________.
⑥ Do you happen to stock anything made from those types of wood?

W: ⑦ Not at the moment, but ⑧ we just put in an order for several new dining tables and ⑨ they should be delivered on Monday morning. ⑩ If you can hold on for a second, **3** ____________________.

解説・正解

A

10. 2人はどこにいると考えられますか。
(A) 倉庫
(B) 事務用品店
(C) 家具店
(D) 金物店

①で，女性は Here is a dining table と「ダイニングテーブル」を見せ，その説明をしています。また，男性はテーブルを購入しようとしているので，「テーブルを売っている場所」を考え，(C) In a furniture store「家具店」を選べば OK です。

11. 男性は何を求めていますか。
(A) 違うスタイルの製品
(B) 在庫リストのコピー
(C) 別の素材で作られた商品
(D) 配送日の変更

女性は「マホガニー製」のテーブルを勧めていますが，男性は⑤の I was hoping to see some in oak or walnut で「オークかウォルナット製のテーブルが見たい」と言っています。つまり，「他の素材で作られたテーブルが欲しい」ということなので，(C) Items made from other materials を選べば OK です（テーブルを Items「商品」でまとめて表しています）。

12. 女性は次に何をするつもりですか。
(A) 品物を見せる。
(B) 配送をキャンセルする。
(C) 注文について調べる。
(D) 別の店に電話する。

⑩に I'll just go and find out some more details about those items とあり，those items は several new dining tables のことです。つまり，「新しく注文したテーブルについて調べる」ということなので，(C) Check an order が正解です。

B

問題 10 から 12 は次の会話に関するものです。

女性：①こちらのダイニングテーブルでしたらご要望に合っていると存じます。②マホガニー製です。③耐久性が非常に高く，魅力的な現代風のスタイルになっています。

男性：④まさにこうしたスタイルのものを探していたんです。⑤ただ，オークかウォルナット製のものがいいのですが。⑥そういう材質のテーブルはありませんか。

女性：⑦今は在庫がないのですが，⑧新しいダイニングテーブルをいくつか注文したばかりで，⑨月曜日の朝には届く予定なのです。⑩しばらくお待ちいただければ，商品の詳細を調べてまいります。

① **1** **a dining table**

⑤ **2** **I was hoping to see some in oak or walnut**

⑩ **3** **I'll just go and find out some more details about those items**

①□dining table ダイニングテーブル ②□be made of …製の □mahogany マホガニー
③□extremely 非常に □durable 耐久性のある □attractive 魅力的な □contemporary 現代の
⑤□oak オーク □walnut クルミ，ウォルナット ⑥happen to *do* もしかしたら…する
□stock 動 …を店に置いている ⑧put in an order 注文をする（= place an order）
⑩□hold on for a second ちょっと待つ □details 詳細情報 10.(A)□warehouse 倉庫
(D)□hardware store 金物店，ホームセンター 11.(B)□inventory 在庫リスト

正解：10(C) 11(C) 12(C)

実際の TOEIC 形式の問題を解き，これまでの学習内容を復習しましょう。

3_086

1. Why is the woman calling?

(A) To cancel a reservation
(B) To update a project status
(C) To request a seat upgrade
(D) To confirm travel arrangements

2. Who most likely is the man?

(A) A customer
(B) A travel agent
(C) A flight attendant
(D) A project manager

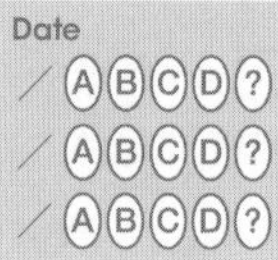

3. What does the man offer to do for the woman?

(A) Send her a revised itinerary
(B) Reduce the price of a flight
(C) Recommend popular destinations
(D) Include her name on a mailing list

Date
／ Ⓐ Ⓑ Ⓒ Ⓓ ?
／ Ⓐ Ⓑ Ⓒ Ⓓ ?
／ Ⓐ Ⓑ Ⓒ Ⓓ ?

3_086 W:イギリス M:オーストラリア

Questions 1-3 refer to the following conversation.

W: ① Hi, this is Gail Winters. ② I made reservations for two people to fly to Orlando next Friday, but ③ **1** I'm afraid I have to cancel them. ④ My vacation time has been rescheduled because of an urgent project. ⑤ Would I be able to **2** book another flight next month for the same price?

M: ⑥ I'm sorry, that sale was for this month only. ⑦ Next month's specials haven't been announced yet, but ⑧ **3** I could add your name to our mailing list so you can be among the first to hear about them.

W: ⑨ Well, I'd appreciate that, ⑩ but I was really looking forward to going to Orlando. ⑪ I guess I'll have to wait and see what's affordable.

解説・正解

1. 女性はなぜ電話しているのですか。
(A) 予約をキャンセルするため。
(B) プロジェクトの進捗状況の最新情報を伝えるため。
(C) 座席のアップグレードをお願いするため。
(D) 旅行の手配がされたことを確認するため。

女性は，③で I'm afraid I have to cancel them. と言っています。「フライトの予約をキャンセルする」ということなので，(A) To cancel a reservation を選べば OK です。I'm afraid ～ の後ろは「マイナス情報」がきて，設問でよく狙われます。「申し訳ありませんが」のように感情がこもった表現なので，後ろで大事なことを述べることが多いわけです。

2. 男性は誰だと考えられますか。
(A) 顧客
(B) 旅行代理店の社員
(C) 客室乗務員
(D) プロジェクトマネジャー

男性は「旅行券の予約・キャンセル・価格」などの問い合わせに応じているので，(B) A travel agent「旅行代理店の社員」だと考えられます。(C) A flight attendant「客室乗務員」は，本文の fly・flight を利用したひっかけです。

3. 男性は女性のために何をすると申し出ていますか。
(A) 改訂済みの旅程表を送る。
(B) フライトの料金を下げる。
(C) 人気の旅行先を薦める。
(D) 彼女の名前をメーリングリストに追加する。

⑧の I could add your name to our mailing list で，男性は「名前をメーリングリストに追加する」ことを申し出ています。よって，これを言い換えた (D) Include her name on a mailing list が正解です。⑧の I could は「(私は) ～できますよ・～しましょうか？」という「申し出」を表し，これが設問の offer to do に対応しているわけです。

問題1から3は次の会話に関するものです。

女性： ①こんにちは，Gail Winters と申します。②今度の金曜日のオーランド行き航空券を2人分予約したのですが，③あいにくキャンセルしなくてはならなくなりました。④緊急のプロジェクトがあって，休暇の日程が変更になったのです。⑤同じ価格で来月の航空券を予約できますか。

男性： ⑥申し訳ございませんが，そちらの割引は今月のみとなっておりまして，⑦来月の特価はまだ発表されていません。⑧お客様のお名前をメーリングリストに追加することができますので，いち早く情報をお知らせできます。

女性： ⑨そうですか，それは助かります。⑩でも，オーランドに行くのをとても楽しみにしていたのです。⑪手頃な値段の発表を，もう少し待ってみますね。

④□urgent 緊急の ⑤□book …を予約する □for the same price 同じ価格で
⑦□special 名 特別料金，特別のもの（人） ⑧□add A to B AをBに追加する
□mailing list 郵送先名簿，メーリングリスト
□be among the first to *do* …する最初の人の一人である ⑪□wait and see 様子を見る
□affordable 購入しやすい，手頃な 1.(B) □status 状況 (D) □travel arrangement 旅行の手配
3.(A) □itinerary 旅程表 (D) □include X on a list Xをリストに載せる

1(A) 2(B) 3(D)

3_087

4. What is the woman disappointed with?

(A) A job promotion
(B) A company policy
(C) An employment fair
(D) A manager's comments

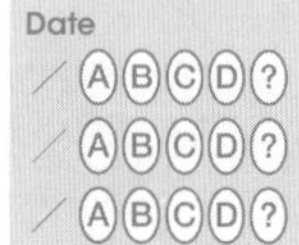

5. What does the man suggest?

(A) Visiting a different university
(B) Asking a supervisor for advice
(C) Contacting a recruiting agency
(D) Increasing wages to attract workers

6. What does the woman say she will do for tomorrow's meeting?

(A) Create an advertisement
(B) Review a budget
(C) Revise a presentation
(D) Conduct an interview

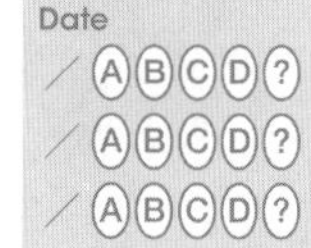

3_087 W:イギリス M:カナダ

Questions 4-6 refer to the following conversation.

W: ① We need to figure out a new way to attract college graduates. ② **4** Our booth at Bacero University's job fair didn't generate as much interest as we predicted.

M: ③ I'm sorry to hear that. ④ I know a lot of effort went into preparing for that employment expo. ⑤ **5** What about raising the starting salaries to lure potential employees?

W: ⑥ That's a pretty good idea. ⑦ Instead of allocating part of our budget for the advertisement of positions, ⑧ we could use the money to pay our workers more. ⑨ **6** I'll add that as a key point in the presentation I've prepared for tomorrow's meeting.

解説・正解

4. 女性は何に失望していますか。
(A) 職場での昇進
(B) 会社の方針
(C) 就職フェア
(D) 部長の意見

②の Our booth at Bacero University's job fair didn't generate as much interest as we predicted. から，「就職フェアで予想したほど関心が集められなかった」とわかります。よって，女性は job fair に失望したと考えられるので，これを言い換えた (C) An employment fair「就職フェア」を選べば OK です。

5. 男性は何を提案していますか。
(A) 違う大学を訪れること。
(B) 上司に意見を求めること。
(C) 人材あっせん会社に連絡をすること。
(D) 働き手を引きつけるために賃金を上げること。

⑤の What about raising the starting salaries to lure potential employees? で，男性は「初任給を上げる」ことを提案しています（What about -ing?「～するのはどう？」という提案表現）。よって，これを言い換えた (D) Increasing wages to attract workers が正解です。to lure potential employees → to attract workers のように，本文中の語が選択肢ではすべて言い換えられています。

6. 女性は明日の会議のために何をすると言っていますか。
(A) 広告を制作する。
(B) 予算を見直す。
(C) プレゼンテーションを修正する。
(D) 面接を行う。

女性は，⑨で I'll add that as a key point in the presentation ～. と言っています（that は「初任給を上げる・社員にもっと給料を払うアイデア」を指しています）。「初任給引き上げ案をプレゼンに追加する」→「プレゼンの内容を修正する」ということなので，(C) Revise a presentation を選べば OK です。

問題４から６は次の会話に関するものです。

女性：①大卒者に当社で働きたいと思わせる方法を新たに考える必要があります。②Bacero 大学で行われた就職フェアの当社のブースは，思ったほど注目されませんでした。

男性：③それは残念ですね。④あの就職フェアの準備には，ずいぶん手間がかかったようですよ。⑤入社する可能性のある学生たちを引きつけるために，初任給を上げたらどうでしょうか。

女性：⑥それはいいアイデアですね。⑦求人広告に予算の一部を使う代わりに，⑧社員の給料を上げるために使えるかもしれません。⑨明日の会議のプレゼンテーションに，このことを重要項目として追加しておきます。

①□figure out …を見つけ出す □attract（興味など）を引く □college graduate 大卒者
②□booth ブース □job fair 就職フェア □generate …をもたらす □predict 予想する
④□expo（cf. exposition の略）展覧会 ⑤□What about -ing? …はどうですか。
□raise the starting salaries 初任給を上げる □lure …を引きつける ⑦□allocate …を割り当てる
□budget 予算 ⑨□key point 重要事項 5.(C) □recruiting agency 人材あっせん会社
(D) □wage 賃金

4(C) 5(D) 6(C)

3_088

7. Where does the man work?

(A) At a sports stadium
(B) At an accounting firm
(C) At a beverage company
(D) At an advertising agency

Date
／ Ⓐ Ⓑ Ⓒ Ⓓ ?
／ Ⓐ Ⓑ Ⓒ Ⓓ ?
／ Ⓐ Ⓑ Ⓒ Ⓓ ?

8. What does the man say he wants to do?

(A) Revise a process
(B) Extend a deadline
(C) Create some models
(D) Purchase new equipment

9. What does the woman say she will do?

(A) Hire new workers
(B) Schedule a meeting
(C) Create some designs
(D) Cancel a business trip

Date
／ Ⓐ Ⓑ Ⓒ Ⓓ ?
／ Ⓐ Ⓑ Ⓒ Ⓓ ?
／ Ⓐ Ⓑ Ⓒ Ⓓ ?

3_088 M:カナダ W:アメリカ

Questions 7-9 refer to the following conversation.

M: ① Hi, Ms. Garfield. **7** It's Jimmy Vulmer, from Vulmer Advertising. ② I'm calling in regard to the new logo we are creating for your line of sports drinks. ③ We were expecting to receive some feedback about our initial designs a few days ago.

W: ④ Right. It's just that the company president has been out of the office on a business trip the past few days. ⑤ But we will probably be reviewing them soon.

M: ⑥ I see. But please understand that we need that feedback to continue our work. ⑦ **8** We need to start making digital models of the logo, but ⑧ it's a slow and time-consuming process. ⑨ If we don't hear from you soon it might be impossible to meet the deadline.

W: ⑩ Well, I know the president returned this morning. ⑪ **9** I'll arrange a time for him to get together with the other executives to review the designs today. ⑫ You can expect some feedback this afternoon.

解説・正解

7. 男性はどこで働いていますか。

(A) 競技場
(B) 会計事務所
(C) 飲料メーカー
(D) 広告代理店

①の It's Jimmy Vulmer, from Vulmer Advertising. から，(D) At an advertising agency「広告代理店」を選べば OK です。この "from 所属" という言い方はよく使われるので，瞬時に反応できるようにしておきましょう。

8. 男性は何をしたいと言っていますか。

(A) 手順を見直す。
(B) 期限を延長する。
(C) モデルを製作する。
(D) 新しい機器を購入する。

⑦の We need to start making digital models of the logo から，男性は「ロゴのデジタルモデルを作成する」とわかります。よって，この内容を表した (C) Create some models を選べば OK です。want to ～ が問われた問題では，今回のように need to ～ の箇所が対応することもあります（293 ページにも出てきました）。

9. 女性は何をすると言っていますか。

(A) 新しい従業員を雇う。
(B) 会議の予定を決める。
(C) デザインを作成する。
(D) 出張をキャンセルする。

女性は，⑪で I'll arrange a time for him to get together with the other executives to review the designs today. と言っています。「社長と役員がいっしょにデザインを検討する時間を設ける」ということなので，(B) Schedule a meeting「会議の予定を決める」を選べば OK です。

問題7から9は次の会話に関するものです。

男性： ①こんにちは，Garfield さん。Vulmer 広告社の Jimmy Vulmer と申します。②御社のスポーツドリンク製品のために私どもが制作している，新しいロゴのことでお電話しております。③数日前に，最初のデザインについての感想をいただくことになっていたと思いますが。

女性： ④はい，そうでした。実は，ここ数日は出張のために社長がオフィスにいなかったのです。⑤でも，すぐ拝見することができると思います。

男性： ⑥了解いたしました。ただ，作業を続けるためには，ご意見をいただく必要があることはご理解ください。⑦ロゴのデジタルモデルの作成を始めなくてはいけないのですが，⑧この工程には手間がかかり，時間を要します。⑨早くお返事をいただけないと，締め切りに間に合わなくなるかもしれません。

女性： ⑩ええ。社長は今朝戻ってまいりましたので，⑪他の幹部と，今日中にデザインを拝見できるように手配いたします。⑫今日の午後には感想をお伝えできるかと思います。

Part 3

②□in regard to …に関して □line 取り扱い商品，商品の種類 □sports drink スポーツドリンク
③□expect to *do* …するものと予期する □initial 初期段階の ④□be out of the office 会社にいない
□on a business trip 出張中で ⑧□slow 手間のかかる □time-consuming 時間がかかる
□process 工程 ⑨□meet a deadline 締め切りに間に合わせる ⑪□arrange …を手配する・取り決める
□get together 集まる □executive 幹部 8.(B) □extend …を延長する

7(D) 8(C) 9(B)

3_089

10. Why is the woman leaving work early?

(A) To attend an interview
(B) To meet an interior designer
(C) To mail some documents
(D) To view a property

Date
／ Ⓐ Ⓑ Ⓒ Ⓓ ?
／ Ⓐ Ⓑ Ⓒ Ⓓ ?
／ Ⓐ Ⓑ Ⓒ Ⓓ ?

11. What does the woman ask the man to do?

(A) Place an advertisement
(B) Conduct telephone interviews
(C) Schedule an office meeting
(D) Contact job applicants

Date
／ Ⓐ Ⓑ Ⓒ Ⓓ ?
／ Ⓐ Ⓑ Ⓒ Ⓓ ?
／ Ⓐ Ⓑ Ⓒ Ⓓ ?

12. What does the man ask for?

(A) A list of names
(B) A job description
(C) The location of some résumés
(D) A telephone number

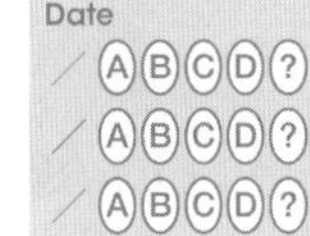

3_089 W:アメリカ M:オーストラリア

Questions 10-12 refer to the following conversation.

W: ① I'm afraid I'll need to go home a little earlier than usual. ② I'm having some renovations done to my new apartment and ③ **10** an interior designer is coming around to show me some samples for my living room.

M: ④ Sure, no problem. ⑤ Do you need me to take care of anything for you here at the office?

W: ⑥ **11** Would you have time to get in touch with the candidates for the receptionist position and set up some interviews for next week? ⑦ I already spoke to four of them. ⑧ You just need to call the rest. ⑨ All of the résumés are sitting on my desk.

M: ⑩ Yes, of course. ⑪ But **12** could you write down which people you've already spoken to? ⑫ That way, I won't get confused when I start making calls.

解説・正解

10. 女性はなぜ早く退社するのですか。
(A) 面接に参加するため。
(B) インテリアデザイナーに会うため。
(C) 書類を郵送するため。
(D) 不動産物件を見るため。

③の an interior designer is coming around to ～ から，女性が会社を早く出るのは「インテリアデザイナーに会うため」だとわかります。よって，(B) To meet an interior designer が正解です。ちなみに，③は現在進行形で「予定」を表しています。

11. 女性は男性に何をするように求めていますか。
(A) 広告を出す。
(B) 電話面接を行う。
(C) 社内会議の予定を決める。
(D) 求職者に連絡をする。

⑥の Would you have time to get in touch with the candidates ～? で，女性は「求人の応募者に連絡を取る」よう頼んでいます。よって，これを言い換えた (D) Contact job applicants が正解です。⑥の get in touch with ～ は重要熟語で，直訳「～と（with）接触する（touch）範囲に入る（get in）」→「～と連絡を取る」となります。

12. 男性は何を求めていますか。
(A) 名前のリスト
(B) 職務明細書
(C) 履歴書のありか
(D) 電話番号

男性は，⑪で could you write down which people you've already spoken to? と尋ねています。「すでに連絡した人を教えて」ということなので，(A) A list of names を選べば OK です。ちなみに，(C) The location of some résumés は，男性が尋ねたのではなく，女性が⑨で自分から説明しています。

問題 10 から 12 は次の会話に関するものです。

女性：①申し訳ないのですが，今日はいつもよりも早く帰宅しなければいけません。②新しい部屋に少し修繕を施すことになっていて，③インテリアデザイナーがリビング用のサンプルを見せに来ることになっているんです。

男性：④もちろん，大丈夫ですよ。⑤君の代わりにオフィスで何かしておくことはありますか。

女性：⑥受付係の求人に応募した人たちに連絡を取って，来週の面接をセッティングしておいてもらえないでしょうか。⑦すでに4人には話してあります。⑧残りの人たちに電話をしてもらえますか。⑨履歴書は全てデスクの上にあります。

男性：⑩はい，わかりました。⑪ただ，連絡済みの人の名前を書き出しておいてくれますか。⑫そうすれば，電話を始めるときに混乱しなくてすむので。

③□come around 立ち寄る ⑤□take care of …を引き受ける・処理する・担当する
⑥□get in touch with …と連絡を取る □a candidate for …の応募者 □receptionist 受付係
□set up an interview 面接を設定する ⑧□rest 残り ⑫□get confused 混乱する
10.(D) □property 所有地，土地（建物） 11.(D) □job applicant 求職者
12.(B) □job description 職務明細書

10(B) 11(D) 12(A)

3_090

13. What are the speakers discussing?

(A) A business contract
(B) A design document
(C) A budget report
(D) A hotel's exterior

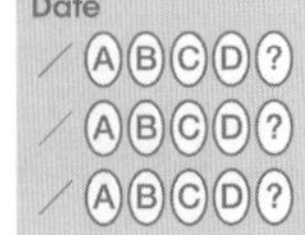

14. What did Mr. Reyes request?

(A) A project schedule
(B) A building's layout
(C) An extended deadline
(D) A larger payment

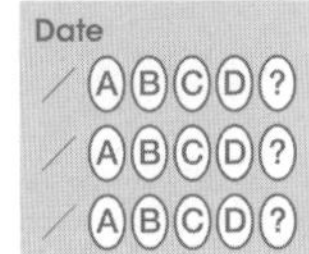

15. What will the speakers do next?

(A) Reject an offer
(B) Place an advertisement
(C) Begin construction
(D) Contact a business

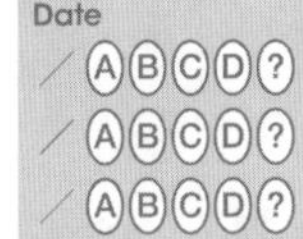

3_090 M:カナダ W:アメリカ

Questions 13-15 refer to the following conversation.

M: ① I just got off the phone with Ricardo Reyes from Reyes Interiors. ② He told me that 13 his company would be able to redesign our hotel lobby, but ③ 14 he wanted 20% more than we originally offered.

W: ④ Reyes Interiors is known for their high-quality work, ⑤ and they're still our first choice to handle the construction. ⑥ But is our budget big enough to cover this?

M: ⑦ I'm pretty sure it is. ⑧ Our initial offer was lower than what we can afford to pay, ⑨ and 14 we were expecting them to negotiate for a higher price.

W: ⑩ Alright. Then 15 let's call their office and start 13 finalizing the contract.

解説・正解

13. 2人は何について話していますか。
(A) 事業契約
(B) 設計の文書
(C) 予算報告書
(D) ホテルの外観

2人は，ロビーの改装を請け負うインテリア業者が出した見積額を検討し，最後に⑩で **finalizing the contract**「契約をまとめる」と言っています。つまり，「(インテリア業者との) 事業契約」に関して話しているとわかるので，**(A) A business contract** を選べばOKです。

14. Reyes氏は何を要求しましたか。
(A) プロジェクトの予定
(B) 建物の設計図
(C) 期限の延長
(D) 報酬の増額

③の**he wanted 20% more than we originally offered**から，Reyesさんは「報酬の増額」を要求したとわかります（⑨からも推測できます）。よって，**(D) A larger payment**が正解です。ちなみに，**originally**「最初に・元々」は「今は違う」という内容を示唆し，設問でよく狙われます（⑧の**initial**「最初の」も同じイメージです）。Part 7でも重宝するので，ぜひ押さえておきましょう。

15. 2人は次に何をするつもりですか。
(A) 申し出を断る。
(B) 広告を出す。
(C) 工事を始める。
(D) 会社に連絡する。

⑩で**let's call their office**と提案しています。「インテリア業者に電話する」ということなので，**(D) Contact a business**「会社に連絡する」が正解です（**business**は「仕事・事業」が有名ですが，「会社」という意味でもよく使われます）。提案表現の**Let's ～**「～しよう」に反応できるようにしておきましょう。

問題13から15は次の会話に関するものです。

男性：①Reyesインテリア社のRicardo Reyesさんの電話を今終えたところです。②彼の会社ではうちのホテルのロビーを改装することはできるけど，③最初にこちらが提案した額よりも20%高くしてほしいと言ってきました。

女性：④Reyesインテリア社は仕事の質が良いことで有名で，⑤一番施工をお願いしたい会社であることに変わりはありません。⑥ただ，その費用は予算で賄えますか。

男性：⑦十分賄えることはまちがいありません。⑧こちらが最初に提案した額は，支払える限度額よりも安く設定してあったんです。⑨彼らが値上げ交渉をしてくるんじゃないかと思っていましたので。

女性：⑩わかりました。それなら先方に電話をして，契約をまとめましょう。

①□get off the phone with …との電話を切る　③□originally 最初に，元々
④□be known for …で知られている　⑤□handle …を行う・担当する　⑥□cover …を賄う
⑧□initial 初めの　□offer 名 提示した額　□can afford to *do* …する余裕がある
⑨□expect X to *do* Xが…すると予想する　□negotiate for a higher price 金額が上がるように交渉する
⑩□finalize the contract 契約をまとめる　13.(D) □exterior 名 外観，外側 形 屋外の，外観上の
cf. interior 名 内部，室内，インテリア 形 内側の，屋内の　15.(D) □business 会社，企業

Part 3

13(A)　14(D)　15(D)

3_091

16. Where does the man work?

(A) At an accounting firm
(B) At a marketing agency
(C) At a television network
(D) At a publishing company

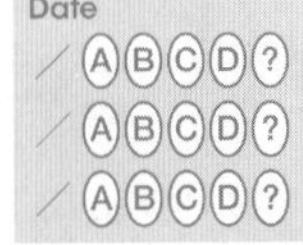

17. What does the man say about his current position?

(A) His commute is short.
(B) His work is rewarding.
(C) His staff is experienced.
(D) His deadlines are flexible.

18. What does the man offer to do for the woman?

(A) Check his schedule
(B) Meet with a client
(C) Speak to a store owner
(D) Visit the downtown area

3_091 W:イギリス M:カナダ

Questions 16-18 refer to the following conversation.

W: ① Hey, Carl. It's been ages since we last met. ② Congratulations on your promotion, by the way. ③ **16** How does it feel to be a partner at a successful marketing agency?

M: ④ I have a lot more responsibility than I used to, ⑤ but **17** seeing the advertising campaigns I created appear on television and in magazines has been really rewarding.

W: ⑥ I'm glad to hear you're enjoying it. ⑦ You know, a friend of mine is trying to promote her clothing store in the downtown area. ⑧ Do you think you'd have time in your schedule to meet with her next week?

M: ⑨ I'm not really sure. ⑩ My assistant keeps track of my meetings, so ⑪ **18** I'll check with her and find out if I'm free.

解説・正解

16. 男性はどこで働いていますか。
(A) 会計事務所
(B) マーケティング代理店
(C) テレビ局
(D) 出版社

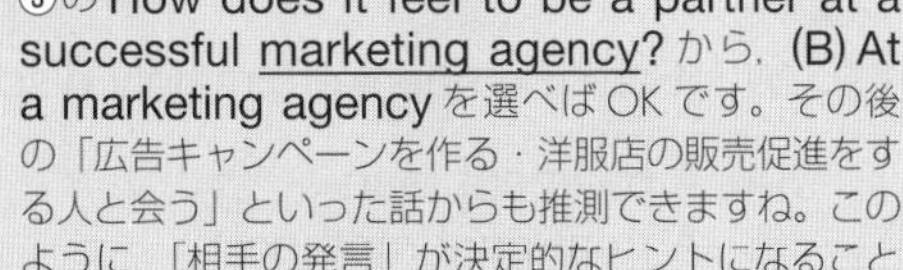
③の How does it feel to be a partner at a successful marketing agency? から，(B) At a marketing agency を選べば OK です。その後の「広告キャンペーンを作る・洋服店の販売促進をする人と会う」といった話からも推測できますね。このように，「相手の発言」が決定的なヒントになることはよくあります。

17. 男性は現在の仕事について何と言っていますか。
(A) 通勤距離が短い。
(B) やりがいがある。
(C) 社員は経験豊かである。
(D) 締め切りの融通がきく。

⑤の seeing ～ has been really rewarding で，男性は「自分が作った広告を見るとやりがいを感じる」と言っています。よって，(B) His work is rewarding. が正解です。動詞 reward は「報いる」で，形容詞 rewarding は「(自分がやったことが) 報いるような」→「やりがいのある」となります。

18. 男性は女性のために何をすると申し出ていますか。
(A) 予定を確認する。
(B) 顧客と会う。
(C) 店主に話す。
(D) 中心街に行く。

男性は，⑪で I'll check with her and find out if I'm free と言っています。「スケジュールを確認する」ということなので，(A) Check his schedule を選べば OK です。offer to do 問題では，後半の I'll ～ がポイントになることが多いんでしたね。

問題 16 から 18 は次の会話に関するものです。

女性：①ねえ，Carl。最後に会ってから，もう何年も経つわね。②ところで，昇進おめでとう。③繁盛しているマーケティング代理店の共同経営者になるって，どんな気分なの？

男性：④今までより，責任を感じるようになったよ。⑤でも，自分が作った広告キャンペーンをテレビや雑誌で目にすると，本当にやりがいを感じるんだ。

女性：⑥仕事を楽しんでいるみたいでよかったわ。⑦そう言えば，私の友だちの 1 人が，中心街に出している洋服店の販売促進をしようと考えているの。⑧来週，彼女に会える時間はないかしら。

男性：⑨ちょっとわからないな。⑩会合の予定はアシスタントが把握しているから，⑪彼女に確認して空いている時間があるか調べてみるよ。

---

①□It's been ages since …からずいぶん経つ ③□partner 共同経営者 □agency 代理店
④□responsibility 責任 ⑤□rewarding やりがいのある ⑦□promote …の販売を促進する
□downtown area 中心街，繁華街 ⑩□assistant 助手，アシスタント □keep track of …を把握する
⑪□check with …に確認する □find out 調べる 17.(A) □commute 名 通勤距離 動 通勤する
(D) □flexible 融通がきく

16(B) 17(B) 18(A)

3_092

19. What are the speakers mainly discussing?

(A) A payment plan
(B) A treatment method
(C) A billing error
(D) A dental appointment

Date
／ Ⓐ Ⓑ Ⓒ Ⓓ ?
／ Ⓐ Ⓑ Ⓒ Ⓓ ?
／ Ⓐ Ⓑ Ⓒ Ⓓ ?

20. What is the problem?

(A) The clinic needs to be cleaned.
(B) The man's medical file is missing.
(C) The woman called the wrong patient.
(D) The man will be out of town tomorrow.

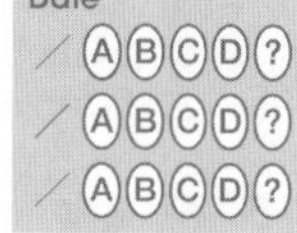

21. What most likely will the woman do next?

(A) Change a reservation
(B) E-mail a cost estimate
(C) Update some information
(D) Replace some equipment

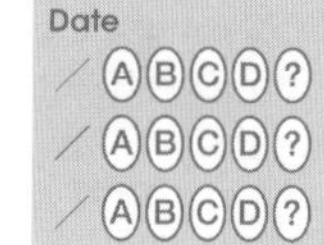

3_092 W:イギリス M:オーストラリア

Questions 19-21 refer to the following conversation.

W: ① Good morning, this is Michelle from the Northside Dental Clinic. ② I'm calling to remind you of 19 your dentist appointment tomorrow afternoon at one o'clock with Dr. Choi. ③ According to our records, you're scheduled for some minor surgery.

M: ④ Actually, I'm supposed to go there tomorrow, but ⑤ it's just for a regular cleaning and checkup. ⑥ If you look in my file, you'll see that I don't have any major problems right now. ⑦ And I thought I wasn't supposed to be there until two.

W: ⑧ I'm terribly sorry. ⑨ 20 It seems I have you confused with another patient. ⑩ 21 I'll make sure to look up your information on our computer system and replace it with the correct data.

解説・正解

19. 2人は主に何について話していますか。
(A) 支払の計画
(B) 治療法
(C) 請求書の間違い
(D) 歯医者の予約

②の your dentist appointment などから「歯医者の予約」に関する話だとわかるので，(D) A dental appointment を選べば OK です。日本語の「アポ（イントメント）」は「仕事の約束」の意味でよく使いますが，appointment は本来「人と会う約束」で，「医者と会う約束」→「病院の予約」の意味でよく使われます。

20. 問題は何ですか。
(A) 診療所を清掃する必要がある。
(B) 男性のカルテが見つからない。
(C) 女性は電話する患者を間違えた。
(D) 男性は明日，町にいない。

⑨で It seems I have you confused with another patient. と言っています。「別の患者と混同していた」→「間違って別の患者に電話した」と考えられるので，(C) The woman called the wrong patient. を選べば OK です。ちなみに，このように「病院から電話がくる」ことは現実にはあまりないかと思いますが，TOEIC の世界ではよく起こります。

21. 女性は次に何をすると考えられますか。
(A) 予約を変更する。
(B) 費用の見積もりをEメールで送る。
(C) 情報を更新する。
(D) 設備を交換する。

⑩の I'll make sure to ～ and replace it with the correct data「確実に～して，正確なデータに差し替える」から，(C) Update some information を選べば OK です。replace は「取って代わる」という訳語だけでは「新・旧」が一瞬で判断できないので，replace ≒ lose と考えましょう。replace it with the correct data だと，replace の直後の it（間違ったデータ）がなくなり，それの代わりに the correct data になるわけです。

Part 3

問題 19 から 21 は次の会話に関するものです。

女性：①おはようございます。Northside 歯科医院の Michelle です。②明日の午後 1 時，Choi 先生の担当で歯科診療の予約が入っておりますので，確認のためにお電話を差し上げました。③当院の記録によると，簡単な手術をする予定になっています。

男性：④確かに明日は伺う予定になっていますが，⑤通常のクリーニングと検診だけのはずです。⑥私のカルテを見ていただければ，今は特に問題がないことがわかると思いますが。⑦それに，時間は2時だと思っていました。

女性：⑧大変申し訳ございません。⑨別の患者さんと混同していたようです。⑩コンピューターシステムで情報をお調べして，正確なデータに直しておきます。

②□remind A of B AにBを思い出させる ③□minor 小さい，簡単な □surgery 手術
④□be supposed to *do* …する予定だ，…することになっている ⑤□regular 通常の □checkup 検診
⑨□have A confused with B AをBと混同する ⑩□look up …を調べる
□replace A with B AをBに置き換える 20.(D) □be out of town 町にいない

19(D) 20(C) 21(C)

「理由」や「原因」を問う問題はきちんと会話全体を理解し，一文で要約した選択肢を選ばなければなりません。また，設問や選択肢も読むのに時間がかかることが多く，他の設問に比べると難易度が高いと言えます。ただ，こういった問題で点が取れると高得点が見えてくるので，本書でしっかり対策をしていきましょう。

1 なぜ…するのか（why 問題）

「理由」を表す表現に注目することが大切で，たとえば because・since・for の後の内容，so の前の内容，「目的」を表す to 不定詞などがよく狙われます。
ちなみに，「電話をかける理由」としては「日程調整・予約確認・問題の報告・情報提供の依頼」などがよく出てきます。I'd like to ～「～したい」，I was wondering if ～「～していただけるといいのですが」，I'm calling to see if ～「～かどうか確認するために電話している」などの表現に注目しましょう。また，「急ぐ理由」としては「meeting・appointment・閉店時間が近い」などが頻出です。

短い会話を聞いて，各設問に答えてください。

3_093

1. Why does the man want to leave the office early?

(A) To move into a new property
(B) To sign a housing contract
(C) To pack his belongings
(D) To look at some apartments

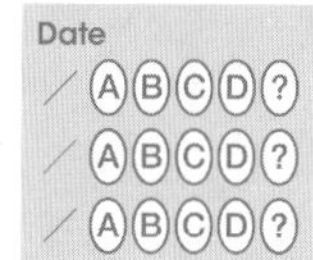

3_094

2. Why is the woman calling?

(A) To ask about a job opening
(B) To cancel a meeting
(C) To make an appointment
(D) To confirm a job offer

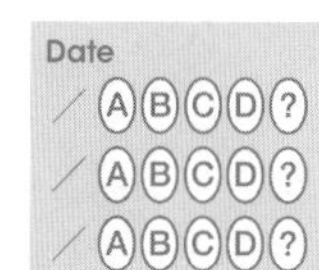

1. 男性はなぜ早く退社したいと思っているのですか。
(A) 新居に引っ越すため
(B) 住宅の契約書に署名するため。
(C) 所持品の荷造りをするため。
(D) 部屋を見て回るため。

□property 物件
□pack …を荷造りする
□belongings 所持品

2. 女性はなぜ電話しているのですか。
(A) 求人について尋ねるため。
(B) 会合をキャンセルするため。
(C) 予約をするため。
(D) 仕事の紹介の話を確定するため。

□job opening 職の空き，就職口

解説・正解

1. 3_093 M:オーストラリア W:アメリカ

M: ① I'm sorry, Heather, but can I leave work early today? ② I'm planning to move to a new apartment next month and ③ a real estate agent will be showing me a few vacant units.

W: ④ That won't be a problem. ⑤ Just try to work a couple of extra hours later in the week to make up for the lost time.

男性：①Heather さん，申し訳ないのですが，今日は早く退社してもいいですか。②来月新しい部屋に引っ越すことになっていて，③不動産業者が空き部屋をいくつか見せてくれる予定なんです。

女性：④問題ないですよ。⑤ただ，今週は残業を何時間かして，遅れを取り戻してください。

③の a real estate agent will be showing me a few vacant units から，男性が早く退社するのは「空き部屋（アパート）を見るため」だと考えられます。よって，(D) To look at some apartments が正解です。②の I'm planning to move to a new apartment next month から，(A) To move into a new property に飛びつかないように注意しましょう。これは next month のことなので，「(今日）早く退社する理由」ではありませんね。

①□leave work early 早く退社する ②□move to …に引っ越す ③□real estate agent 不動産業者 □vacant unit 空き部屋 ⑤□work a couple of extra hours 数時間の残業をする □make up for …を埋め合わせる

2. 3_094 W:イギリス M:カナダ

W: ① Hi, this is Sandra Tanner. ② I'm scheduled to meet with Mr. Ward this afternoon at two o'clock but ③ I'm afraid I have to cancel. ④ Something urgent came up unexpectedly. ⑤ Please give him my deepest apologies.

M: ⑥ Well, he'll be sorry to hear that. ⑦ Would you like to reschedule for sometime next week? ⑧ He has a few openings on Monday and Tuesday morning if you're available at that time.

女性：①こんにちは，Sandra Tanner です。②今日の午後2時に Ward さんとお会いする予定だったのですが，③あいにくキャンセルしなくてはいけなくなりました。④予想外の緊急事態が起きたもので。⑤Ward さんにたいへん申し訳ありませんとお伝えください。

男性：⑥そうですか，彼も残念に思うでしょう。⑦来週のどこかに予定を変更しますか。⑧そちらのご都合がよろしければ，Ward は月曜と火曜の朝空いていますよ。

女性は午後 Mr. Ward に会うことになっていましたが，③で I'm afraid I have to cancel.「あいにくキャンセルしなければならない」と言っています。よって，正解は (B) To cancel a meeting です。I'm afraid ～ の後ろは重要情報がきて，設問で狙われやすいんでしたね。

②□be scheduled to *do* …する予定だ ④□urgent 緊急の □unexpectedly 不意に ⑤□give X an apology Xに謝る ⑦□reschedule 予定を変更する ⑧□opening 空き

Part 3

1(D) 2(B)

2 なぜ…できないのか／なぜ遅れるのか

unable [not able]・unavailable・miss のような「～できない」という表現が含まれた設問に対しては，会話の中で I'd like to [I wish I could] ～, but … などの後で，その「理由」が述べられることがよくあります。
また，「遅刻・遅延・延期の理由」としては，traffic jam「交通渋滞」や delayed flight「遅延したフライト」，mechanical problems「（自動車などの）機械トラブル」，bad weather「悪天候」などが定番です。出題されるパターンは意外と限られていますので，本書でよく出るパターンをしっかり押さえておきましょう。

短い会話を聞いて，各設問に答えてください。

3_095

1. Why is the man unable to help the woman?
(A) He is finishing another assignment.
(B) He is having his car repaired.
(C) He is leaving work early.
(D) He has a restaurant reservation.

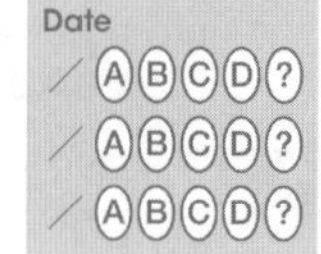

3_096

2. Why was Ms. Olson late?
(A) She had the wrong schedule.
(B) Her car needed repairs.
(C) She missed her bus.
(D) She was stuck in a traffic jam.

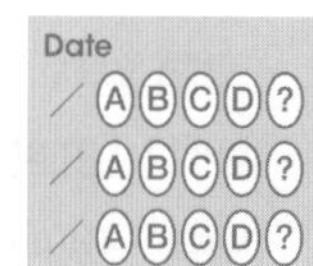

1. 男性はなぜ女性を手伝うことができないのですか。
(A) 別の仕事を仕上げているから。
(B) 車を修理に出しているから。
(C) 早く退社するから。
(D) レストランの予約があるから。
□assignment 業務，課題

2. Olson さんはなぜ遅れたのですか。
(A) スケジュールが間違っていた。
(B) 車を修理する必要があった。
(C) バスに乗り遅れた。
(D) 交通渋滞につかまった。

□be stuck in a traffic jam 交通渋滞につかまる

解説・正解

1. 3_095 W:アメリカ M:カナダ

W: ① Do you remember the menus for Quentin's Restaurant that you wanted me to update? ② I've come up with three different designs, but ③ I can't decide which one is best. ④ Could you look at them and give me your thoughts?

M: ⑤ Well, right now isn't a good time. ⑥ I need to complete a set of business cards for Rosdower Auto Repair by four o'clock. ⑦ How about showing them to me tomorrow morning?

女性：① Quentin's Restaurantのメニューを改訂するようにと私に言ったのを覚えていますか。②3種類のデザインを思いついたのですが，③どれが一番いいか決められません。④目を通して，コメントをつけてくれませんか。

男性：⑤えーと，今はちょっと都合が悪いんです。⑥Rosdower Auto Repairの名刺を4時までに仕上げないといけないので。⑦明日の朝，見せてもらえないでしょうか。

⑥のI need to complete a set of business cards for ～ で，「名刺を完成させる必要がある」と言っています。つまり，「別の業務の仕上げをしている」ということなので，(A) He is finishing another assignment. を選べばOKです。この「別の仕事で忙しい」というパターンはTOEIC頻出で，Part 2にもよく出てきます。

①□update …を改訂する・更新する ②□come up with …を思いつく

2. 3_096 M:オーストラリア W:イギリス

M: ① I'm at the table over here, Ms. Olson.

W: ② Hi, David. I'm so sorry for being late. ③ My car broke down on the way here and ④ I had to drop by an auto repair shop. ⑤ Did you find this restaurant easily?

M: ⑥ Yes, I've eaten here before. ⑦ They have great food. ⑧ But I'm not really hungry right now. ⑨ Do you think we could get coffee first and ⑩ talk about the schedule for next month's conference?

W: ⑪ Absolutely. ⑫ I really need some coffee, actually. ⑬ I worked late last night and didn't sleep well, so ⑭ I'm a bit tired.

男性：① Olsonさん，こちらのテーブルです。

女性：②こんにちはDavidさん，遅れてすみません。③こちらへ来る途中に車が壊れてしまって，④自動車修理店に寄らなくてはいけなかったんです。⑤このレストランはすぐにわかりましたか。

男性：⑥はい，以前ここで食べたことがありますから。⑦ここの料理はおいしいですよね。⑧でも今はあまりお腹がすいていないんです。⑨まずはコーヒーを頼んで，⑩来月の会議の日程の話をしても構いませんか。

女性：⑪もちろんです。⑫私もすごくコーヒーが飲みたいんです。⑬昨日は夜遅くまで働いていて，あまり寝ていないから，⑭少し疲れているんです。

②でI'm so sorry for being late. と遅れたことを謝り，その後で「遅れた理由」を説明しています。③と④のMy car broke down on the way here and I had to drop by an auto repair shop. から，遅れたのは「車が壊れて修理しなければならなかったから」だとわかります。よって，(B) Her car needed repairs. が正解です。

①□over here こちらに ③□break down 壊れる ④□drop by …に立ち寄る
□auto repair shop 自動車修理店

 1(A) 2(B)

❸ 事実の理解に関する問題

話し手がある対象についての「考え」や「事実」を話す箇所を聞いて，これを言い換えた選択肢を選ぶ問題です。設問は What does the man[woman] say about ～? の形で，少し漠然としていることが多いです。ただ，設問に「固有名詞」がくることも多く，先読みでしっかりチェックすることが大事になります。「対象が何なのか？」をきちんと意識しておきましょう。

短い会話を聞いて，各設問に答えてください。

3_097

1. What does the woman say about Advantech cameras?

(A) They cannot be repaired at the store.
(B) They have received poor reviews.
(C) They are covered by a warranty.
(D) They frequently malfunction.

3_098

2. What does Ms. Becker say about her job?

(A) It is challenging.
(B) She will be paid in cash.
(C) It requires traveling abroad.
(D) It is in a chemical company.

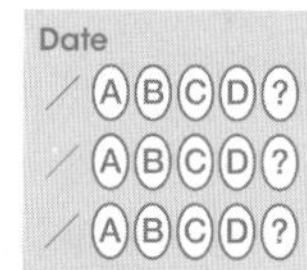

1. 女性は Advantech のカメラについて何と言っていますか。
(A) 店では修理できない。
(B) 評判が悪い。
(C) 保証が適用される。
(D) しばしば故障する。

□be covered by a warranty 保証が適用される
□malfunction 動（機械などが）うまく作動しない 名 不調，故障

2. Becker さんは仕事について何と言っていますか。
(A) やりがいがある。
(B) 給料が現金で支払われる。
(C) 海外出張がある。
(D) 化学薬品会社の仕事である。

□in cash 現金で
□challenging やりがいがある

解説・正解

1. 3_097 M:オーストラリア W:アメリカ

M: ① There's something wrong with my digital camera. ② Each time I take a picture using a flash, ③ I have to wait over ten minutes before I can use it again.

W: ④ Well, the technicians at our store's service center should be able to fix your camera. ⑤ But if it's an Advantech, we will have to send it to the manufacturer, ⑥ because none of the people at our store are familiar with their models.

男性：①私のデジタルカメラがどこかおかしいようです。②一度フラッシュを使って撮ると，③次にフラッシュを使えるまで10分以上も待たなくてはいけないのです。

女性：④そうですか，お客様のカメラは当店サービスセンターの専門家がたいてい修理できます。⑤ただ Advantech のカメラですと，メーカーに送ることになります。⑥というのは，当店にはそちらのモデルに詳しい者がおりませんので。

⑤で，if it's an Advantech, we will have to send it to the manufacturer「Advantech の場合，メーカーに送らなければならない」と言っています。また，⑥で none of the people at our store are familiar with their models「当店にはこのメーカーのモデルに詳しい者がいない」と続けており，「当店では修理できない」とわかります。よって，これを受動態で表した (A) They cannot be repaired at the store. が正解です。先読みで，Advantech という「固有名詞」を頭に入れておくことが重要になります。

②□each time …するたびに ⑤□manufacturer 製造業者 ⑥□be familiar with …に詳しい

2. 3_098 M:カナダ W:イギリス

M: ① We finally received the results of your physical test from the lab, Ms. Becker. ② They show that you are in perfect health.

W: ③ I'm glad to hear that, Dr. Vincent. ④ My employer asked me to get a health check because I go on so many business trips overseas. ⑤ Could you complete this form for me to show him, please?

M: ⑥ Sure. Just leave it with me ⑦ and I'll have Jenny give you a call to pick it up.

男性：① Becker さん，健康診断の結果がようやく研究所から届きました。②問題なく健康だという結果が出ています。

女性：③それは嬉しいです，Vincent 先生。④私はしょっちゅう海外出張に行くので，雇用主に健康診断を受けるようにと言われていたのです。⑤雇用主に見せられるように，この書類に記入してもらえませんか。

男性：⑥いいですよ。いったん預からせてください。⑦準備ができたら Jenny に，取りに来てくださいと電話させますよ。

①で男性が Ms. Becker と呼びかけているので，会話相手の女性が Ms. Becker だとわかります。Ms. Becker は④で I go on so many business trips overseas.「海外出張によく行く」と言っているので，これを言い換えた (C) It requires traveling abroad. を選べば OK です（overseas ≒ abroad「海外へ」の言い換えは頻出)。今回は「人名」がたくさん出てきてまぎらわしいですが，こういった問題が正解できると上級者の仲間入りと言えるでしょう。設問で問われている Ms. Becker だけは必ず意識しながら聞いてください。

②□in perfect health まったく健康で，健康そのもので ④□get a health check 健康診断を受ける
⑤□complete …に記入する ⑥□leave A with B BにAを預ける

1(A) 2(C)

❹ 詳細情報に関する問題

「時間・対象・場所・価格」など，具体的な内容を問う問題です。会話の中の短い語句が正解のカギとなることが多いので，設問を先読みして「問われている内容」を意識することがより重要になります。設問は，How，How＋数量／距離，Who (most likely) is＋人名?，What，When，What＋時間 のような疑問詞で問われることが多いです。
ただ，How will the man get to the hotel?「男性はどうやってホテルに行きますか？」という設問に対し，話し手が会話の中で，I will get to the hotel by ～「ホテルへは～で行きます」のようにそのまま答えることはほぼありません。基本的には「他の言い回しが使われる」ということを知っておいてください。

短い会話を聞いて，各設問に答えてください。

3_099

1. What does the man give the woman?

(A) A price estimate
(B) A set of keys
(C) An invoice for past repairs
(D) An employment contract

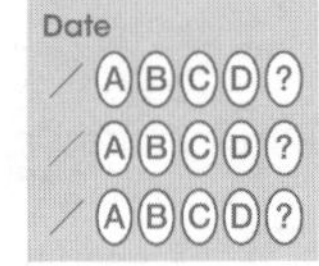

3_100

2. When was the original deadline?

(A) Last month
(B) Next week
(C) Next month
(D) Next year

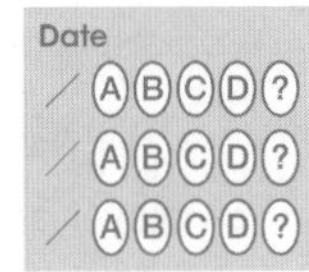

1. 男性は女性に何を渡しますか。
(A) 費用の見積もり
(B) 鍵束
(C) 過去の修理の請求書
(D) 雇用契約書

□invoice 送り状，請求書

2. 当初の期限はいつでしたか。
(A) 先月
(B) 来週
(C) 来月
(D) 来年

解説・正解

1. 3_099 M:オーストラリア W:イギリス

M: ① Hello, Ms. Young. ② Thanks for coming by on such short notice. ③ Here's a detailed cost estimate for the repairs to your car. ④ We need your signature as authorization before we can start working.

W: ⑤ No problem. ⑥ I can't wait to have my car back in working condition. ⑦ It's really been a hassle getting to work without it.

男性：①こんにちは，Young さん。②急にお呼びしたのに，お越しいただきありがとうございます。③こちらがお車の修理代の詳細見積もりになります。④修理作業を始める前に，承認の署名をしていただく必要があります。

女性：⑤わかりました。⑥早く車がきちんと動くようにならないと困るんです。⑦車がないと，仕事に行くのが本当に大変なんですよ。

③の Here's a detailed cost estimate for the repairs to your car. で，男性は「自動車の修理金額見積書」を渡しています。よって，(A) A price estimate が正解です。「物を渡す」ときには，Here is ○○./This is ○○.「こちらが○○です」や，Here you are./Here you go./Here it is.「はいどうぞ」などの表現がよく使われます。

②□on such short notice 急な依頼にもかかわらず ③□detailed cost estimate 詳細見積もり
④□signature 署名 □authorization 承認，許可 ⑥□can't wait to *do* 早く…したい
□have one's car back in working condition 車を動く状態に戻す
⑦□It's really been a hassle -ing …することは本当に面倒だ cf. hassle 面倒なこと

2. 3_100 W:アメリカ M:カナダ

W: ① Mr. Suzuki, I am wondering when the building renovations will be done. ② I heard that they were originally supposed to be completed by next month.

M: ③ Actually, the work is not going as planned, so ④ this project might not be finished until next year. ⑤ Since the shipment of some building materials for the offices has been delayed, ⑥ the renovations have gotten really behind schedule.

W: ⑦ Oh, that's too bad. ⑧ I was really looking forward to having a new office soon.

女性：① Suzuki さん，ビルの改修がいつ終わるのか知りたいのですが。②当初は来月までに完了する予定だと聞きました。

男性：③実は，作業が予定どおり進んでいないので，④このプロジェクトは来年までかかると思います。⑤オフィス用の建材の配送が遅れていて，⑥改修作業が予定よりずいぶん遅れているのです。

女性：⑦ええっ，それは残念です。⑧もうすぐオフィスが新しくなると楽しみにしていたので。

設問の original に注目します。②の they were originally supposed to be completed by next month. から，(C) Next month を選べば OK です。original は「最初の・元々の」という意味で，「今は違う」ことを示唆します。つまり，「変更」が起こる可能性が非常に高いので，「変更前」と「変更後」をきちんと整理する必要があるわけです。今回も，元々の期限は「来月」でしたが，④で「来年までかかるかも」と言っていますね。(D) Next year はこれを利用した誤答になります。

②□originally 当初は，もともとは □be supposed to *do* …する予定だ
□be completed 完了する ⑥□get behind schedule 予定より遅れる

 1(A) 2(C)

5 未来の情報に関する問題

特定の時間や場所で「今後何をするのか」を問う問題です。「未来の情報」が聞かれているので，当然「未来」を表す表現（be -ing，will，be going to ～，be expected to ～ など）に反応することが重要になります。また，設問を先読みし，設問の副詞句（in Houston，before her trip，next week など）や副詞節（when she receives the man's documents など）に注目することも大切です。本文で，そのまま，もしくは似た形が出てくることがよくあるからです。
ただ，「先読みした情報が聞こえたら真剣に聞こう」と思っていると，該当箇所がそれより前に出てきて聞き逃してしまうことがよくあります。先読みで得た情報を意識しながらも，「全文きちんと聞く」という大前提は忘れないでください。

短い会話を聞いて，各設問に答えてください。

3_101

1. What will happen at 1:30?
(A) The snack bar will close.
(B) A performance will begin.
(C) The theater will open.
(D) Some equipment will arrive.

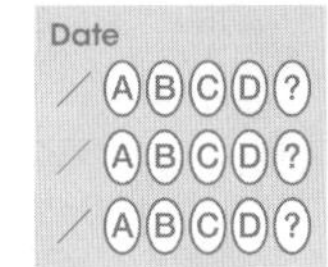

3_102

2. What will take place by next Thursday?
(A) Bills will be delivered.
(B) Computers will be repaired.
(C) A meeting will be held.
(D) A payment will be made.

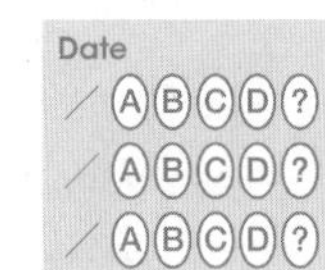

1. 1時半に何が起こりますか。
(A) 軽食堂が閉まる。
(B) 上演が始まる。
(C) 劇場が開場する。
(D) 備品が届く。

2. 来週の木曜日までに何が起こりますか。
(A) 請求書が配達される。
(B) コンピューターが修理される。
(C) 会議が行われる。
(D) 支払いがなされる。

□make a payment 支払いをする

解説・正解

1. 3_101 W:アメリカ M:オーストラリア

W: ① Sorry I'm a few minutes late. ② Is the performance about to begin?

M: ③ No, the theater manager just made an announcement. ④ It seems that some equipment malfunctioned during a rehearsal earlier. ⑤ So the play will start about thirty minutes late, around 1:30.

W: ⑥ If I had known it had been postponed, I wouldn't have skipped lunch. ⑦ Maybe there's enough time to get something from the snack bar before the show.

女性： ①少し遅れてごめんなさい。②上演が始まるところかしら？

男性： ③いや，今，劇場支配人からアナウンスがあったんだ。④前のリハーサルの間に，設備に不具合があったらしい。⑤だから，30分遅れの1時半ごろに上演することになったよ。

女性： ⑥開演が延びたことがわかっていたら，昼食を抜いたりしなかったのに。⑦ショーが始まる前に，軽食堂で何か食べる時間がありそうね。

⑤の the play will start about thirty minutes late, around 1:30 から，1時30分に「上演が始まる」とわかります。よって，(B) A performance will begin. が正解です。先読みで 1：30 だけに注目していると，該当箇所を聞き逃してしまいますね。こういったパターンは本当によくあるので，先読みできたからといって安心しないように気をつけましょう。

②□be about to *do* ちょうど…しようとしている ③□make an announcement アナウンスする
④□malfunction 正常に作動しない □rehearsal リハーサル ⑥□postpone …を延期する
□skip lunch 昼食を抜く

2. 3_102 W:イギリス M:オーストラリア

W: ① Someone told me that the accounting department is having some computer problems. ② Is that going to delay client billing?

M: ③ No, actually, it's all right. ④ I got a phone call from them this afternoon advising me that the invoices were mailed out the day before yesterday.

W: ⑤ I'm glad to hear that. ⑥ Last month we received a lot of complaints from clients who were charged for late payments ⑦ when in fact it was us who had sent the statements out too late.

M: ⑧ Don't worry. ⑨ Our clients should receive their bills by next Thursday, so everything should be fine.

女性： ①会計部のコンピューターに問題があると言われました。②お客様に送る請求にも遅れが出るでしょうか。

男性： ③いや，大丈夫です。④今日の午後，会計部から電話があって，請求書はおととい発送されたと言っていました。

女性： ⑤それはよかったです。⑥先月，支払いの延滞料金を請求されたと，お客様からたくさん苦情が入ったんです。⑦実際は，こちらが明細書を送るのが遅すぎたせいだったんですが。

男性： ⑧心配ありません。⑨来週の木曜までには請求書が届くはずなので，何も問題はないはずです。

⑨で，Our clients should receive their bills by next Thursday「来週の木曜までにお客様に請求書が届くはず」と言っています。よって，この内容を受動態で言い換えた (A) Bills will be delivered.「請求書が配送される」が正解です。これも，先読みで next Thursday だけに注目していると，該当箇所を聞き逃してしまいますね。ちなみに，bill は本来「紙切れ」で，そこから「ビラ（チラシ）」の意味が生まれました。TOEIC では，「お金を払ってくれという紙切れ」→「請求書」の意味でよく出てきます。

②□delay …を遅らせる □client billing 顧客に対する請求 ④□mail out …を発送する
⑥□complaint 苦情 □be charged for late payments 延滞料金が請求される ⑦□in fact 実際には
□it was us who …したのは私たちの方だった □statement 明細書 ⑨□bill 請求書

Part 3

1(B) 2(A)

3_103

A 会話を聞いて，why 問題を含む 1 から 3 の問題を解きなさい。

1. Who most likely are the speakers?

(A) Tour guides
(B) Pharmacists
(C) Travel agents
(D) Museum workers

2. Why is the man unable to help the woman?

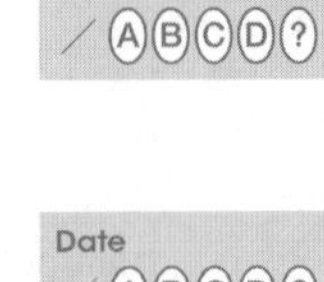

(A) He is unfamiliar with the area.
(B) He will be visiting another city.
(C) He does not work on weekends.
(D) He will be leading other groups.

3. What does the man suggest the woman do?

(A) Contact a client
(B) Use some equipment
(C) Speak in a loud voice
(D) Reschedule an appointment

3_104 (W:イギリス M:カナダ)

B もう一度会話を聞いて，空所部分を書き取りなさい。

Questions 1-3 refer to the following conversation.

W: ① Some people from Samson Pharmaceuticals requested
1 ______________________________
on Saturday and ② it turns out that their group will be twice as large as they expected. ③ Do you think you could help me out?

M: ④ I'd like to help, but ⑤ my schedule is full on Saturday.
⑥ **2** ______________________________
from nine in the morning until six in the evening. ⑦ Why don't you see if Tricia can help?

W: ⑧ I was going to ask her about it, but ⑨ I heard she requested the entire weekend off. ⑩ Apparently she'll be out of town until Sunday night.

M: ⑪ Hmm... Well, I know we have **3** ______________________________
in the supply cabinet. ⑫ I've taken one with me when I had to speak to large groups. ⑬ That way everyone was able to hear me, and I didn't have to shout.

解説・正解

A

1. 2人の職業は何だと考えられますか。
(A) 観光ガイド
(B) 薬剤師
(C) 旅行代理店社員
(D) 博物館職員

①の **a tour of the historic district** のリクエストを受けたことや，⑥の **I'll be escorting tour groups**「観光客のグループに付き添う」などの話から，2人は **(A) Tour guides**「観光ガイド」だと考えられます。「ツアーガイド」の話は Part 3・4 頻出で，**tour** は「トゥァ」や，場合によっては「トー」のように発音されるので，何度も聞き込んで慣れておきましょう。

2. 男性はなぜ女性を手伝うことができないのですか。
(A) この地域には詳しくないから。
(B) 別の街を訪れている予定だから。
(C) 週末は働かないから。
(D) 別のグループを引率しているから。

④に **I'd like to help, but ～** とあり，その後で「手伝えない理由」が説明されています。⑥の **I'll be escorting tour groups all day** から，男性は「1日中観光客の案内をしなければならない」とわかるので，**(D) He will be leading other groups.** を選べば OK です。本文の **escort**「付き添う」が，**lead**「引率する・案内する」に言い換えられています。

3. 男性は女性に何をするように提案していますか。
(A) 顧客に連絡する。
(B) 備品を使う。
(C) 大声で話す。
(D) 面会の予定を変更する。

⑪で **we have some portable microphones** と言い，自身の経験から「携帯用マイクを使う」ことを勧めています。よって，**(B) Use some equipment** が正解です。具体的な **some portable microphones** を，**equipment**「機器・設備」でまとめて表しているわけです。

B

問題1から3は次の会話に関するものです。

女性：① Samson Pharmaceuticals の方々から，土曜日に歴史的地区を見学したいという要望があって，②予定していた人数の2倍の人が参加することになりました。③手を貸していただけませんか。

男性：④そうできればいいのですが，⑤土曜日は予定がいっぱいなんです。⑥朝9時から夜の6時まで，一日中，観光客のグループに付き添うことになっていまして。⑦ Tricia さんに手伝ってもらえないか聞いてみたらどうでしょうか。

女性：⑧頼んでみようと思ったんですが，⑨彼女は週末中ずっと休暇願を出しているそうです。⑩どうやら日曜の夜まで留守にしているらしいんですよ。

男性：⑪そうですか。備品キャビネットに携帯用マイクがありますよ。⑫以前，大人数の前で話さなくてはいけないときに持っていったものです。⑬おかげで，声を張り上げなくても全員に話を聞いてもらうことができました。

① **1** **a tour of the historic district**

⑥ **2** **I'll be escorting tour groups all day**

⑪ **3** **some portable microphones**

---

①□pharmaceuticals 製薬会社 □tour 見学 □historic district 歴史的地区
②□it turns out that 節 …ということがわかる □twice as large as 2倍の大きさの
⑥□escort …に付き添う ⑨□entire weekend off 週末中の休暇 **cf.** entire 全体の
⑩□apparently どうやら…らしい □out of town 町を離れて，留守にして ⑪□portable 携帯用の
□microphone マイク □supply cabinet 備品キャビネット ⑬□shout 大声を出す
2.(A) □be unfamiliar with …をよく知らない 3.(B) □equipment 備品，設備

1(A) 2(D) 3(B)

Part 3

3_105

A 会話を聞いて，事実の理解を問う設問を含む４から６の問題を解きなさい。

4. What are the speakers discussing?

(A) Renovating a cafeteria
(B) Reserving a banquet hall
(C) Holding a company dinner
(D) Recommending a restaurant

5. What does the man say about the food?

(A) He orders it regularly.
(B) Ms. Manson will choose it.
(C) It will have a larger selection.
(D) It will be ordered over the phone.

6. What does the woman say she will do?

(A) E-mail a menu
(B) Send a message
(C) Change a location
(D) Distribute calendars

3_106 (M:カナダ W:アメリカ)

B もう一度会話を聞いて，空所部分を書き取りなさい。

Questions 4-6 refer to the following conversation.

M: ① I spoke to Ms. Manson on the phone a little while ago. ② She informed me that our company **1** ______________________________ on April 14. ③ So we're supposed to begin making arrangements right now.

W: ④ Alright. I remember the food was great at last year's banquet. ⑤ Will we be using the same catering company again?

M: ⑥ I'd like to, although the menu was a little limited. ⑦ We'll make sure **2** ______________________________.
⑧ And we'd better let all of our workers know about it so they can mark the date on their calendars.

W: ⑨ Alright, **3** ______________________________
______________________________.

解説・正解

A

4. 2人は何について話していますか。
(A) 社員食堂の改装
(B) 宴会場の予約
(C) 会社の晩餐会の開催
(D) レストランの推薦

②に our company is planning to hold its annual banquet「会社が年次食事会を開く予定だ」とあり，2人はその準備について相談しています。よって，(C) Holding a company dinner が正解です。TOEIC では，こういった「パーティー・宴会」がよく開かれています。

5. 男性は料理について何と言っていますか。
(A) 自分は定期的に注文している。
(B) Manson さんが選ぶだろう。
(C) 品ぞろえがより豊富になるだろう。
(D) 電話で注文されるだろう。

⑦の We'll make sure they provide a wider variety of food this time. で，今年は「より多様な料理を提供するよう求める」と言っています。よって，これを言い換えた (C) It will have a larger selection. が正解です。make sure ～「確実に～する」は強いメッセージを伝えるので，よく解答のキーになります。

6. 女性は何をすると言っていますか。
(A) メニューをEメールで送る。
(B) メッセージを送る。
(C) 場所を変える。
(D) カレンダーを配布する。

女性は，⑨で I'll send out an e-mail to everyone in the company with the date and location. と言っています。「(日時・場所に関して) メールする」ということなので，(B) Send a message を選べば OK です。e-mail があるからといって，(A) E-mail a menu に飛びつかないように注意しましょう。

B

問題4から6は次の会話に関するものです。

男性：①少し前に Manson さんと電話で話したんですが，②4月14日に，会社は年次食事会を開く予定だと教えてくれました。③ですから，今すぐ準備を始めないといけませんよね。
女性：④わかりました。昨年の食事会の料理はとてもおいしかったですよね。⑤また同じケータリング会社を使うつもりでしょうか。
男性：⑥メニューは少し限られていたけど，そうしたいと思っています。⑦今回は，もっと料理の種類を多くしてもらいます。⑧予定を入れておいてもらうために，社員全員に知らせた方がいいですね。
女性：⑨そうですね，会社の全員に日時と場所を書いたEメールを送ることにします。

② 1 is planning to hold its annual banquet

⑦ 2 they provide a wider variety of food this time

⑨ 3 I'll send out an e-mail to everyone in the company with the date and location

---

②□inform X that 節 Xに…だと知らせる □hold the annual banquet 年次食事会を開催する
③□make arrangements 準備する ⑤□catering company ケータリング会社 ⑥□limited 限られた
⑦□make sure (that 節) …か確かめる，必ず…する
□provide a wider variety of food さらに多くの種類の料理を提供する
⑧□mark …に印・記号などをつける 5.(A) □regularly 定期的に，頻繁に (D) □over the phone 電話で
6.(D) □distribute …を配布する

4(C) 5(C) 6(B)

3_107

A 会話を聞いて，詳細情報を尋ねる設問を含む７から９の問題を解きなさい。

7. In what area is Martha working now?

(A) Personnel
(B) Quality control
(C) Customer service
(D) Marketing

Date
／ Ⓐ Ⓑ Ⓒ Ⓓ ?
／ Ⓐ Ⓑ Ⓒ Ⓓ ?
／ Ⓐ Ⓑ Ⓒ Ⓓ ?

8. How long has Martha been working for the company?

(A) Five days
(B) Two months
(C) Five months
(D) One year

Date
／ Ⓐ Ⓑ Ⓒ Ⓓ ?
／ Ⓐ Ⓑ Ⓒ Ⓓ ?
／ Ⓐ Ⓑ Ⓒ Ⓓ ?

9. Why is the man meeting with Martha?

(A) To offer her a promotion
(B) To discuss new quality standards
(C) To talk to her about her tardiness
(D) To resolve conflicts with a coworker

Date
／ Ⓐ Ⓑ Ⓒ Ⓓ ?
／ Ⓐ Ⓑ Ⓒ Ⓓ ?
／ Ⓐ Ⓑ Ⓒ Ⓓ ?

3_108 (M:オーストラリア W:アメリカ)

B もう一度会話を聞いて，空所部分を書き取りなさい。

Questions 7-9 refer to the following conversation.

M: ① Good afternoon, Martha. Please take a seat. ② I have something I want to talk about with you.

W: ③ Oh, is everything all right? ④ I know that I'm new and still learning, but ⑤ I've really enjoyed **1** ________________________ so far.

M: ⑥ Oh, I know. ⑦ I have been very pleased with everything **2** ________________________
________________________.

⑧ Actually, I wanted to discuss with you **3** ________________________
________________________.

解説・正解

A

7. Marthaは現在どんな部門で働いていますか。
(A) 人事
(B) 品質管理
(C) カスタマーサービス
(D) マーケティング

⑤のI've really enjoyed working in the quality control departmentから，(B) Quality controlを選べばOKです。今回は，本文のquality controlがそのまま使われているので，比較的選びやすいでしょう。

8. Marthaはどのくらいの期間，会社で働いていますか。
(A) 5日
(B) 2カ月
(C) 5カ月
(D) 1年

How long ～?で「期間」が問われています。⑦のI have been very pleased with everything you've done in only five monthsからMarthaは「5カ月間勤務した」とわかるので，(C) Five monthsが正解です。このように，「相手の発言」がヒントになるのは頻出パターンでしたね。

9. 男性はなぜMarthaと会っていますか。
(A) 昇進を持ちかけるため。
(B) 新しい品質基準について話すため。
(C) 彼女の遅刻について話すため。
(D) 同僚との対立を解消するため。

男性は⑧のActually, I wanted to discuss with you an opportunity to take over the managerial position in your current department.で，「管理職を引き継ぐ」ことを提案しています。つまり，「昇進の提案」をしているので，(A) To offer her a promotionが正解です。今回のようにActuallyで文が始まると，「大事なことを告白する」ことが非常に多いです。リスニングでActuallyが出てきたら，そこで1問狙われると思ってください。

B

問題7から9は次の会話に関するものです。

男性：①こんにちは，Marthaさん。どうぞお掛けください。②お話ししたいことがあるんです。
女性：③はい，何かありましたか。④まだ新人なので学ぶべきこともありますが，⑤これまでとても楽しく品質管理部で働いていますが。
男性：⑥はい，わかっています。⑦たった5カ月の間に，あなたが成し遂げたことすべてにとても満足していますよ。⑧実は，現在あなたが所属している部で，管理職の仕事を引き継ぐチャンスについてあなたと話したかったのです。

⑤ **1 working in the quality control department**

⑦ **2 you've done in only five months**

⑧ **3 an opportunity to take over the managerial position in your current department**

①□take a seat 着席する ⑤□quality control department 品質管理部
⑦□be pleased with …に満足している ⑧□an opportunity to *do* …するチャンス
□take over …を引き受ける・引き継ぐ □managerial position 管理職
9.(A) □offer A B AにBを提案する (B) □quality standards 品質基準 (C) □tardiness 遅刻
(D) □resolve …を解決する □conflict 対立

 7(B) 8(C) 9(A)

3_109

A 会話を聞いて，未来情報を尋ねる設問を含む 10 から 12 の問題を解きなさい。

10. Where do the speakers work?

(A) At a restaurant
(B) At a newspaper
(C) At a parking garage
(D) At a printing company

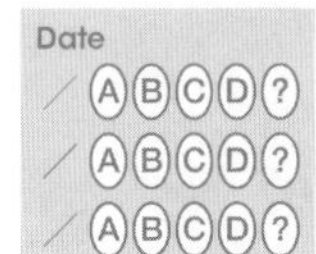

11. What does the man ask the woman to do?

(A) Move a display next to an entrance
(B) Hand out flyers to people passing by
(C) Place an order for some advertisements
(D) Explain company policies to a coworker

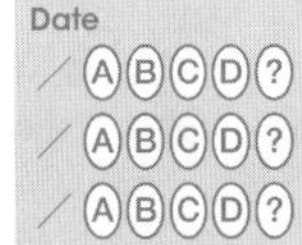

12. According to the woman, what will occur next Friday?

(A) Business will be slow.
(B) A special offer will begin.
(C) A new order will be printed.
(D) Some items will be delivered.

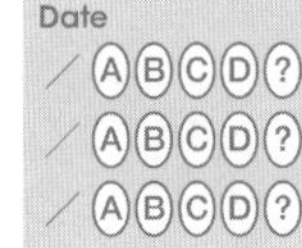

3_110 (W:イギリス M:カナダ)

B もう一度会話を聞いて，空所部分を書き取りなさい。

Questions 10-12 refer to the following conversation.

W: ① Mr. Chen, someone from the printing company stopped by to drop off the flyers that **1** ______________________ ordered. ② Should I put them in your office for now?

M: ③ Sure. And when we don't have many customers, **2** ____ on the street. ④ And be sure to mention the special offer that's printed on the flyer.

W: ⑤ Alright, but **3** ______________________________________. ⑥ So maybe we should wait until next week before passing them out.

解説・正解

A

10. 2人はどこで働いていますか。
(A) レストラン
(B) 新聞社
(C) 駐車場
(D) 印刷会社

①で女性が our restaurant と言っているので，(A) At a restaurant を選べば OK です。「職業・働いている場所」が問われたときは，今回のように our がヒントになることがよくあります。

11. 男性は女性に何をするように頼んでいますか。
(A) 入り口の隣に展示を移動する。
(B) 通りかかる人々にチラシを配る。
(C) 広告の発注をする。
(D) 同僚に会社の方針を説明する。

③に I'd like you to ~ and give them out to people walking by on the street とあり，この them は flyers「チラシ」のことです。つまり，男性は女性に「通りを歩く人にチラシを配って」と頼んでいるので，(B) Hand out flyers to people passing by が正解です。would like 人 to ~「人に~してほしい」が，設問の ask 人 to ~「人に~するよう頼む」に対応しています。

12. 女性によると，来週の金曜日には何がありますか。
(A) ビジネスが停滞する。
(B) 特価での販売が始まる。
(C) 新たに受注したものが印刷される。
(D) 商品が配送される。

⑤に I noticed that it doesn't start until next Friday. とあります。it は the special offer「特価での販売」のことで，直訳「来週の金曜日まで it（特価での販売）は始まらない」→「来週の金曜日に特価での販売が始まる」を表しています。よって，(B) A special offer will begin. が正解です。

B

問題 10 から 12 は次の会話に関するものです。

女性：①Chen さん，印刷会社の人が来て，うちのレストランが注文していたチラシを届けてくれました。②とりあえずオフィスに置いておきましょうか。

男性：③そうですね。あまりお客さんがいないときに入り口の外に立って，通りを歩く人々に渡してもらえますか。④それから，チラシに印刷されている特価での販売のことに必ず触れてください。

女性：⑤わかりました。でも，始まるのは来週の金曜日からですよね。⑥ですから，配り始めるのは来週になってからの方がいいのではないでしょうか。

① **1** **our restaurant**

③ **2** **I'd like you to stand outside our entrance and give them out to people walking by**

⑤ **3** **I noticed that it doesn't start until next Friday**

①□printing company 印刷会社 □stop by 立ち寄る □drop off …を置いていく・納入する
□flyer チラシ ③□give A out to B AをBに渡す □walk by 通りかかる
④□special offer 特価での販売 ⑤□notice that 節 …だと気づく ⑥□pass out …を配る
11.(B) □hand out …を配る（= distribute） □pass by 通りかかる (C) □place an order 発注する
12.(A) □business is slow ビジネスが停滞している，客足が遠のいている

Part 3

10(A) 11(B) 12(B)

Part 3 Unit 5 ▶ 設問パターンに慣れる③ ▶まとめ問題

実際の TOEIC 形式の問題を解き，これまでの学習内容を復習しましょう。

3_111

1. What does the man say about the bus?

(A) It is not the cheapest way home.
(B) It stops at the car service center.
(C) It takes an hour to reach the garage.
(D) It leaves from the train station.

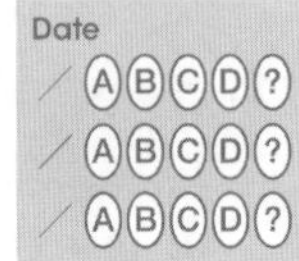

2. What does the woman say about her car?

(A) It is time for her to sell it.
(B) It needs to be examined.
(C) It is in a garage nearby.
(D) It just had a new radiator put in.

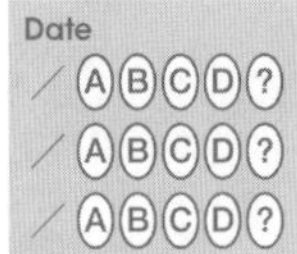

3. What does the man suggest doing?

(A) Catching a taxi
(B) Calling a friend
(C) Taking a bus
(D) Renting a car

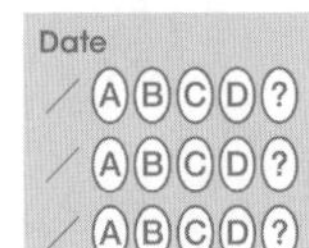

3_111 W:アメリカ M:オーストラリア

Questions 1-3 refer to the following conversation.

W: ① Are there any buses that stop near Fairy Meadow Car Service and go directly to our area?

M: ② No, there aren't. ③ **1** There is only one that comes from the central train station and goes up through the northern suburbs. Why?

W: ④ Well, my car has been overheating lately, so ⑤ **2** I'd like to have the radiator checked tomorrow morning. ⑥ But I'm worried that I won't have a way to get home after I drop the car off at the garage.

M: ⑦ Actually, **3** there's a taxi stand near the garage, ⑧ and it won't cost you much to get home from there. ⑨ I suggest you try doing that.

解説・正解

1. 男性はバスについて何と言っていますか。
(A) 家に帰る一番安い方法ではない。
(B) 車のサービスセンターに停車する。
(C) 自動車修理工場まで1時間かかる。
(D) 駅から発車する。

女性がバスについて尋ねると，男性は③で There is only one that comes from the central train station と答えています。「中央駅から発車するバスしかない」ということなので，(D) It leaves from the train station. が正解です。

2. 女性は自分の車について何と言っていますか。
(A) 売る時期が来た。
(B) 点検してもらう必要がある。
(C) 近くの自動車修理工場にある。
(D) 新しいラジエーターを取り付けたばかりである。

⑤に，I'd like to have the radiator checked「ラジエーターを点検してもらいたい」とあります。よって，これを言い換えた (B) It needs to be examined. を選べばOKです。仮に radiator が聞き取れなくても，「車を点検する必要がある」とわかれば，正解を選ぶことができます。

3. 男性は何をするように提案していますか。
(A) タクシーをつかまえること。
(B) 友人に電話すること。
(C) バスに乗ること。
(D) 車をレンタルすること。

⑦の Actually, there's a taxi stand near the garage で「タクシー乗り場がある」ことを伝え，⑨で I suggest you try doing that. と「タクシーに乗る」ことを提案しています。よって，(A) Catching a taxi が正解です。今回も，Actually の後ろに「重要情報」がきて，設問でズバリ狙われていますね。

問題1から3は次の会話に関するものです。

女性：①Fairy Meadow Car Service の近くで停車してから，私たちのところまで行く直行バスはありますか。

男性：②いや，ありません。③中央駅から発車して，北部郊外を走る路線があるだけです。どうしてですか。

女性：④最近，私の車がオーバーヒートすることが多いので，⑤明日の朝，ラジエーターを点検してもらいたいんです。⑥ただ，修理工場に車を預けた後，家に帰る方法がないのではと心配で。

男性：⑦そう言えば，修理工場の近くにタクシー乗り場がありますよ。⑧そこから家まで，そんなに高くかからないはずです。⑨使ってみたらいかがでしょうか。

③□suburb 郊外 ④□overheat オーバーヒートする ⑤□have X checked Xを点検してもらう
□radiator ラジエーター ⑥□a way to *do* …する方法 □drop X off Xを置いていく
□garage 自動車修理工場

1(D) 2(B) 3(A)

3_112

4. When is the man's workshop?

(A) At 2:00 P.M.
(B) At 2:30 P.M.
(C) At 3:00 P.M.
(D) At 3:30 P.M.

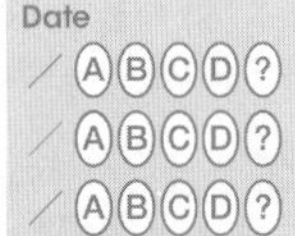

5. Why is the man still at his desk?

(A) His presentation is not finished.
(B) He doesn't have directions.
(C) His laptop has not arrived.
(D) He has not completed some repairs.

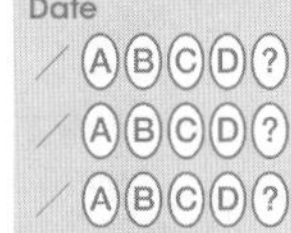

6. What does the woman offer to do?

(A) Conduct the workshop for the man
(B) Reschedule the business meeting
(C) Deliver the laptop to accounting
(D) Cancel the company training

3_112 W:アメリカ M:カナダ

Questions 4-6 refer to the following conversation.

W: ① Kyle, you're still at your desk. ② Didn't you say that you had to leave at 2 P.M. for a technology workshop today?

M: ③ Yes, **4** I'm conducting a workshop at 2:30. ④ I'm showing employees how to use the company's new software. ⑤ But **5** I have to fix this laptop first. ⑥ Then I have to deliver it to the accounting department.

W: ⑦ Well, **6** if you leave the laptop with me, I can drop it off in the accounting department this afternoon.

M: ⑧ That would save me some time. ⑨ But I think I can fix it soon and still make it to the workshop on time. ⑩ Thanks anyway.

解説・正解

4. 男性のワークショップはいつですか。
(A) 午後2時
(B) 午後2時半
(C) 午後3時
(D) 午後3時半

③のI'm conducting a workshop at 2:30. から，(B) At 2:30 P.M. を選びます。現在進行形で「予定」を表しており，「すでにワークショップを行う準備をしている途中」→「ワークショップを行う予定」ということです。

5. 男性はなぜまだ自分の席にいるのですか。
(A) プレゼンテーションが仕上がっていないから。
(B) 行き方の案内を持っていないから。
(C) ノートパソコンが届いていないから。
(D) 修理をまだ完了していないから。

男性は，⑤でI have to fix this laptop first. と言っています。つまり，「(ノートパソコンの）修理がまだ終わっていない」ということなので，(D) He has not completed some repairs. が正解です。ちなみに，(C) His laptop has not arrived. は，本文で目立つlaptopという単語を使ったひっかけになっています。

6. 女性は何をすると申し出ていますか。
(A) 男性のためにワークショップを行う。
(B) 仕事の会議の予定を変更する。
(C) 経理部にノートパソコンを届ける。
(D) 社内研修をキャンセルする。

女性は，⑦でif you leave the laptop with me, I can drop it off in the accounting department this afternoonと言っています。「ノートパソコンを経理部に届ける」ことを申し出ているので，(C) Deliver the laptop to accountingを選べばOKです。"If you ～, I can …"「～なら，私が…しますよ」の形で，「申し出」を表しています。

問題4から6は次の会話に関するものです。

女性：①Kyleさん，まだ席にいるんですか。②今日は技術関係のワークショップがあるので，午後2時にはここを出る予定だと言っていませんでしたか。
男性：③いいえ，言いました。2時半からワークショップをすることになっていますよ。④社員に会社の新しいソフトウェアの使い方を教える予定です。⑤ただ，その前にこのノートパソコンを直して，⑥経理部に届ける必要があるんです。
女性：⑦それなら，ノートパソコンを私に預けてくれれば，午後，経理部に届けられますよ。
男性：⑧それなら時間が節約できますね。⑨でもすぐ直せますし，まだワークショップには間に合うと思います。⑩とにかく，ありがとうございます。

①□at one's desk 机について，勤務中で ③□conduct …を行う・実施する
⑤□fix …を修理する（= repair）⑥□deliver A to B AをBに運ぶ □accounting department 経理部
⑦□drop off …を置いていく ⑨□make it to …に間に合う・着く □on time 時間通りに

4(B) 5(D) 6(C)

3_113

7. Why is the woman calling?

(A) To place an order
(B) To reschedule a delivery
(C) To correct a shipping mistake
(D) To register for an online service

Date
／ Ⓐ Ⓑ Ⓒ Ⓓ ?
／ Ⓐ Ⓑ Ⓒ Ⓓ ?
／ Ⓐ Ⓑ Ⓒ Ⓓ ?

8. What does the man say happened in May?

(A) An inventory was expanded.
(B) A warehouse was reorganized.
(C) Ink cartridges were out of stock.
(D) Some new workers were hired.

Date
／ Ⓐ Ⓑ Ⓒ Ⓓ ?
／ Ⓐ Ⓑ Ⓒ Ⓓ ?
／ Ⓐ Ⓑ Ⓒ Ⓓ ?

9. What does the man offer to do?

(A) Discount an item
(B) Arrange an interview
(C) Accept a payment
(D) Resend an order

Date
／ Ⓐ Ⓑ Ⓒ Ⓓ ?
／ Ⓐ Ⓑ Ⓒ Ⓓ ?
／ Ⓐ Ⓑ Ⓒ Ⓓ ?

3_113 W:アメリカ M:カナダ

Questions 7-9 refer to the following conversation.

W: ① Hi, my name is Rose Gardner, and **7** I'm calling to report a shipping error. ② A few days ago I placed an order for some ink cartridges from your online store. ③ But when I received them, I noticed that they were not the correct model. ④ The ones you sent me aren't compatible with the printers in our office.

M: ⑤ I apologize for the mix-up. ⑥ **8** Our company just hired some new warehouse workers in May, and ⑦ they are still learning the details of our inventory. ⑧ I can assure you this problem won't be repeated.

W: ⑨ Well, I understand that these things happen. ⑩ But what should I do with the cartridges I received?

M: ⑪ Don't worry about sending them back. ⑫ We're the ones who made the mistake, so you can just keep them. ⑬ And **9** we'll send you the cartridges you ordered immediately. ⑭ They should arrive in a couple of days.

解説・正解

7. 女性はなぜ電話をしていますか。
(A) 注文するため。
(B) 配送の予定を変更するため。
(C) 配送のミスを正すため。
(D) オンラインサービスに登録するため。

①の I'm calling to report a shipping error から，電話をかけたのは「配送ミスを伝えるため」だとわかります（to 不定詞が「目的」を表しています）。また，その後で「配送ミスを正している」ので，(C) To correct a shipping mistake を選べば OK です。

8. 男性は5月に何があったと言っていますか。
(A) 在庫が増やされた。
(B) 倉庫が改造された。
(C) インクカートリッジの在庫がなくなった。
(D) 新しい作業員が雇われた。

⑥の Our company just hired some new warehouse workers in May から，5月に「新しい作業員を雇った」とわかります。よって，これを受動態で表した (D) Some new workers were hired. が正解です。ちなみに，今回のように new が使われると「変化」を表し，よく設問で狙われます（Part 6・7でも同様です）。

9. 男性は何をすると申し出ていますか。
(A) 商品を値引きする。
(B) 面接を設定する。
(C) 支払われたお金を受け取る。
(D) 注文品を再送する。

男性は，⑬で we'll send you the cartridges you ordered immediately「ご注文いただいたカートリッジをすぐ送る」と言っています。つまり，「注文品を再送する」ということなので，(D) Resend an order が正解です。ちなみに，TOEIC では「配送ミス」が非常によく起こりますが，今回のように店側が丁寧に対応し，穏便に解決することがほとんどです。

問題7から9は次の会話に関するものです。

女性：①こんにちは，Rose Gardner と申します。配送ミスのご連絡をするためにお電話しています。②数日前に，そちらのオンラインストアでインクのカートリッジを注文したんです。③ところが届いたものは，注文した型ではありませんでした。④送られてきたものは，私どものオフィスのプリンターには対応していないのです。

男性：⑤ご迷惑をおかけしてしまい，申し訳ございません。⑥弊社の倉庫は5月に新しい作業員を雇ったばかりで，⑦在庫の詳細について覚えている最中なのです。⑧こうした問題が二度と起こらないように徹底いたします。

女性：⑨ええ，こうしたことが起こるのも理解はできます。⑩でも，送られてきたカートリッジはどうしたらいいでしょうか。

男性：⑪送り返していただかなくても結構です。⑫弊社の間違いですので，そのままお手元にお持ちください。⑬ご注文いただいたカートリッジは即刻お送りいたします。⑭2，3日後には届くかと思います。

---

①□shipping error 配送ミス ②□place an order 注文をする ③□notice that 節 …だと気づく
④□be compatible with …に対応する ⑤□apologize for …に対してわびる □mix-up 混乱
⑥□warehouse 倉庫 ⑦□inventory 総在庫 ⑧□assure X（that 節）Xに確かに…だと言う・保証する
□repeat …をくり返す ⑬□immediately すぐに，即刻 8.(A) □expand …を拡大する
(B) □reorganize …を改造する (C) □out of stock 在庫切れで

Part 3

7(C) 8(D) 9(D)

3_114

10. What does the woman want to do?

(A) Visit a museum
(B) Purchase some film
(C) Reserve a plane ticket
(D) Develop some pictures

Date
/ Ⓐ Ⓑ Ⓒ Ⓓ ?
/ Ⓐ Ⓑ Ⓒ Ⓓ ?
/ Ⓐ Ⓑ Ⓒ Ⓓ ?

11. What will happen tomorrow?

(A) The store will open early.
(B) The man will take the day off.
(C) The woman will go on a trip.
(D) The woman will buy a magazine.

12. According to the man, what will the woman be charged extra for?

(A) Shipping costs
(B) Additional copies
(C) A superior product
(D) An express service

Date
/ Ⓐ Ⓑ Ⓒ Ⓓ ?
/ Ⓐ Ⓑ Ⓒ Ⓓ ?
/ Ⓐ Ⓑ Ⓒ Ⓓ ?

3_114 W:イギリス M:オーストラリア

Questions 10-12 refer to the following conversation.

W: ① Hello, **10** I'd like to get a couple of rolls of film developed. ② I spent the day at the National Museum, and I took dozens of pictures.

M: ③ Sure. Just fill out this form, ④ and stop by anytime tomorrow to pick them up. ⑤ And be sure to check the appropriate box if you'd like duplicates made.

W: ⑥ Actually, I was hoping to get them sometime today. ⑦ Would that be possible? ⑧ **11** I have to be at the airport early tomorrow morning for my business trip.

M: ⑨ Well, **12** we do offer one-hour photo processing, but it will cost you a bit extra. ⑩ It's an additional 10 dollars. ⑪ If you plan on waiting here, you might want to know there is a newsstand across the street that has a large selection of magazines.

解説・正解

10. 女性は何をしたいと思っていますか。

(A) 博物館を訪れる。
(B) フィルムを買う。
(C) 航空券を予約する。
(D) 写真を現像する。

女性は，①で I'd like to get a couple of rolls of film developed「フィルムを何本か現像してもらいたい」と言っています。よって，(D) Develop some pictures「写真を現像する」が正解です。設問の want to ～ が，本文では would like to ～ で表されています。

11. 明日は何が起こる予定ですか。

(A) 店が早く開店する。
(B) 男性が休暇をとる。
(C) 女性が出張に行く。
(D) 女性が雑誌を買う。

⑧の I have to be at the airport early tomorrow morning for my business trip. から，女性は明日「出張で空港に行かなければならない」とわかります。よって，(C) The woman will go on a trip. を選べば OK です。今回は⑥の Actually, ～. で大事なことを告白した後の「理由」の箇所が狙われています。

12. 男性によると，女性は何に対して追加料金を課されるのですか。

(A) 送料
(B) 追加のコピー
(C) 優れた製品
(D) 急ぎのサービス

⑥・⑦の「今日中に現像できる？」に対して，⑨で we do offer one-hour photo processing, but it will cost you a bit extra と言っています。追加料金がかかるのは「1時間で現像するサービス」だとわかるので，これを言い換えた (D) An express service「急ぎのサービス」を選べば OK です。TOEIC では，「追加料金・追加サービス」の話が頻出で，extra ≒ additional の言い換えもよく狙われます（設問と⑨で extra，⑩で additional が使われています）。

問題 10 から 12 は次の会話に関するものです。

女性：①こんにちは。フィルムを何本か現像してもらいたいのですが。②一日国立博物館に行って，たくさん写真を撮ったのです。

男性：③かしこまりました。こちらの用紙に記入してください。④明日なら何時でも引き取りに来ていただけますよ。⑤焼き増しが必要な場合は，該当する欄に印を付けてください。

女性：⑥実は，今日中に引き取りたいと思っていたのですが。⑦可能でしょうか。⑧出張に行くので，明日の朝は早く空港に行かなくてはいけないのです。

男性：⑨そうですね，1時間で現像するサービスもありますが，少し高くなります。⑩追加で 10 ドルかかります。⑪この近くでお待ちになるなら，通りの向かい側に売店があります。さまざまな雑誌を取り揃えていますよ。

①□get a roll of film developed フィルムを現像してもらう cf. develop a picture 写真を現像する
②□dozens of 何十個もの…，多数の… ③□fill out 記入する ④□stop by 立ち寄る
⑤□appropriate 適切な，ふさわしい □duplicate 写し，複製 ⑨□photo processing 現像
⑩□additional 追加の ⑪□plan on -ing …する予定だ □newsstand 新聞・雑誌の売店
□a large selection of 幅広い種類の…

10(D) 11(C) 12(D)

3_115

13. Why is the woman calling the hotel?

(A) To cancel a reservation
(B) To check room availability
(C) To obtain driving directions
(D) To inquire about nightly rates

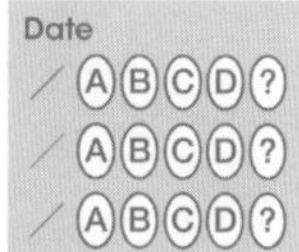

14. What has the woman heard about the hotel?

(A) It has received positive reviews.
(B) It is near a convention center.
(C) It will host a medical conference.
(D) It provides transportation from the airport.

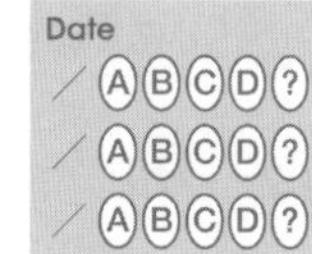

15. What does the man say about the hotel's other location?

(A) It is fully booked this weekend.
(B) It opened for business recently.
(C) It is east of the downtown area.
(D) It has a greater selection of services.

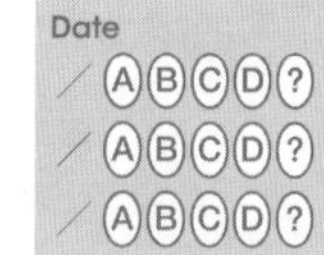

3_115 W:イギリス M:カナダ

Questions 13-15 refer to the following conversation.

W: ① Hi, 13 I'm calling to see if you have any rooms available for this weekend. ② I'm flying to San Diego for a medical conference, and ③ 14 I heard that your hotel is located across the street from the convention center.

M: ④ Actually, our hotel is about 10 miles from the San Diego Convention Center, in the eastern part of the city.

W: ⑤ Really? I was sure you were located somewhere else. ⑥ Has your location changed?

M: ⑦ No, we've always been here. ⑧ But our hotel has added another location in San Diego. ⑨ 15 It recently opened in the middle of the downtown area. ⑩ You must have heard about that location.

解説・正解

13. 女性はなぜホテルに電話しているのですか。
(A) 予約をキャンセルするため。
(B) 部屋の空きを確認するため。
(C) 車での道順を教えてもらうため。
(D) 1泊の料金を尋ねるため。

女性は，①で I'm calling to see if you have any rooms available for this weekend. と言っています。「空室があるかどうか知りたい」ということなので，(B) To check room availability が正解です。この I'm calling to see if ～「～かどうか確認するために電話している」という表現は頻出で，設問でもよく狙われるので，必ずチェックしておきましょう。

14. 女性はホテルについて何と聞きましたか。
(A) 評判がいい。
(B) コンベンションセンターに近い。
(C) 医学会議を主催する。
(D) 空港からの交通手段を提供している。

③に I heard that your hotel is located across the street from the convention center. とあります。「ホテルはコンベンションセンターの向かいにある」→「ホテルとコンベンションセンターは近い」と考えられるので，(B) It is near a convention center. を選べば OK です。

15. 男性はホテルの別の系列ホテルについて何と言っていますか。
(A) 今週末は予約がいっぱいである。
(B) 最近開業した。
(C) 繁華街の東にある。
(D) そちらのサービスのほうが選択肢が多い。

⑧で another location の話をし，その後の⑨で It recently opened in the middle of the downtown area.「繁華街の中心で最近オープンした」と言っています。よって，(B) It opened for business recently. を選べば OK です。設問の other location が，本文では another location で表されているわけです。

問題 13 から 15 は次の会話に関するものです。

女性：①こんにちは。今週末に空いている部屋があるか確認するためにお電話しました。②医学会議に出席するためにサンディエゴに行くのですが，③そちらのホテルはコンベンションセンターの向かいにあると聞きましたので。

男性：④いいえ，当ホテルはサンディエゴのコンベンションセンターから 10 マイル離れた，街の東部にありますが。

女性：⑤本当ですか。てっきり違う場所にあると思っていたのですが。⑥場所が変わったのですか。

男性：⑦いいえ，以前からこちらで営業しております。⑧ただ，私どもの系列のホテルがサンディエゴの別の場所にできました。⑨繁華街の中心にオープンしたばかりです。⑩お聞きになったのはそちらのホテルだと思います。

①□see if …かどうかを確かめる ③□be located 位置している，ある ⑤□somewhere else 違う場所に ⑥□location 所在地 13.(B) □availability 空き，予約状況 (C) □obtain …を得る (D) □nightly rate 1泊の料金 15.(A) □be fully booked 予約でいっぱいだ

13(B) 14(B) 15(B)

3_116

16. Where does the woman probably work?

(A) At a delivery company
(B) At a government bureau
(C) At a travel agency
(D) At an online bookstore

17. Why does the man contact the woman?

(A) To order a product from a catalog
(B) To complain about a lost package
(C) To inquire about delivery charges
(D) To change a shipping address

Date
／ Ⓐ Ⓑ Ⓒ Ⓓ ?
／ Ⓐ Ⓑ Ⓒ Ⓓ ?
／ Ⓐ Ⓑ Ⓒ Ⓓ ?

18. What will the woman do when she receives the man's package?

(A) Give it to a supervisor
(B) Send an updated bill
(C) Set up a new delivery date
(D) Restock the product

3_116 (M:オーストラリア W:アメリカ)

Questions 16-18 refer to the following conversation.

M: ① Hi, my name is Greg Morris. ② [16] I ordered a book from your Web site the other day, but ③ I won't be able to receive it because I'll be on vacation. ④ [17] I'd like it to be delivered to my work instead. ⑤ I can give you the address right now.

W: ⑥ Actually, Mr. Morris, I apologize, but the book was sent out this morning. ⑦ [18] It will be returned to our company if it can't be delivered, ⑧ [18] in which case we will call you back to schedule a new time for delivery.

M: ⑨ Does this mean I'll have to pay for shipping again?

W: ⑩ Yes, there will be additional charges for a new shipment to be made.

解説・正解

16. 女性はどこで働いていると考えられますか。
(A) 運送会社
(B) 政府機関
(C) 旅行代理店
(D) オンラインの書店

②の I ordered a book from your Web site から，女性は「オンライン書店」で働いていると考えられます。よって，正解は (D) At an online bookstore です。Web site と online の言い換えは頻出ですし，「相手の発言」がヒントになるというのも定番のパターンです。

17. 男性はなぜ女性に連絡しているのですか。
(A) カタログの製品を注文するため。
(B) 紛失された荷物について苦情を言うため。
(C) 配送料について尋ねるため。
(D) 配送先住所を変更するため。

④の I'd like it to be delivered to my work instead.「代わりに本を職場に送ってほしい」とあります。つまり，「配送先の変更」をお願いしているので，(D) To change a shipping address が正解です。instead は「代案」を表す表現で，今回のように解答のキーになることが非常に多いです。

18. 女性は男性の小包を受け取ったら何をしますか。
(A) 上司に渡す。
(B) 更新した請求書を送る。
(C) 新しい配送日を決める。
(D) 製品を補充する。

⑧に in which case we will call you back to schedule a new time for delivery とあります。「本が当社に戻ってきた場合（in which case），新しい配送時日を決めるために電話する」ということなので，下線部分を言い換えた，(C) Set up a new delivery date「新しい配送日を決める」が正解です。

問題 16 から 18 は次の会話に関するものです。

男性： ① Greg Morris と申します。②先日，そちらのウェブサイトで本を注文したのですが，③休暇で旅行に出てしまうので，受け取ることができません。④代わりに職場に送っていただきたいのですが。⑤今，住所をお伝えできます。

女性： ⑥申し訳ございません，Morris さん。本は今朝，発送いたしました。⑦受け取られなかった場合は当社に返送されますので，⑧そうしましたら配送日を変更するためにお電話を差し上げます。

男性： ⑨そうすると，また配送料を払わなくてはいけないのですか。

女性： ⑩はい，再発送のための追加料金が発生します。

Part 3

③□on vacation 休暇中で ⑥□send out …を発送する ⑨□shipping 輸送 ⑩□additional 追加の □charge 料金 16.(B) □bureau（官庁の）局・部 18.(C) □set up …を設定する (D) □restock …を再び仕入れる，…に補充する

16(D) 17(D) 18(C)

3_117

19. Who is the woman?

(A) A job applicant
(B) A course instructor
(C) A prospective student
(D) A physician's assistant

20. What does the woman say about nursing?

(A) The salaries are above average.
(B) Both of her parents worked in the field.
(C) She has experience from her previous jobs.
(D) She believes it offers higher job satisfaction.

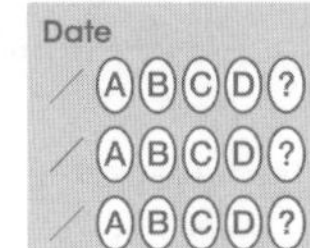

21. When does the man say he will probably contact the woman?

(A) This Thursday
(B) This Friday
(C) Next Thursday
(D) Next Friday

3_117 (M:オーストラリア W:イギリス)

Questions 19-21 refer to the following conversation.

M: ① On the second page of your application, you indicated that you have over five years of experience working as a legal assistant. ② So 19 could you explain why you want to enroll in the nursing program at this academy?

W: ③ Actually, although I drew a good salary at the law firm, I was unhappy with the work. ④ My mother was a social worker, and she got a lot of 20 personal satisfaction from helping others. ⑤ 20 I want to have that same feeling, so that's why I'm applying for the course here.

M: ⑥ Okay. Well, with your educational and professional background, I strongly believe you have what it takes to succeed here. ⑦ But we have a limited number of seats in this program, and ⑧ I have more interviews this Thursday and Friday. ⑨ 21 We will notify all accepted candidates by phone next Thursday after we make a final decision.

解説・正解

19. 女性はどんな人ですか。
(A) 就職志望者
(B) 講師
(C) 入学の見込みがある人
(D) 医師の助手

②の could you explain why you want to enroll in the nursing program at this academy? から，女性は「学校の看護プログラムに応募した」とわかります。よって，(C) A prospective student「入学の見込みがある人」が正解です。prospective「見込みのある・予想される」は TOEIC でとても大事な単語で，potential と同じ意味と考えれば OK です。

20. 看護の仕事について女性は何と言っていますか。
(A) 給料が平均より高い。
(B) 両親が２人ともその業界で働いていた。
(C) 以前やった仕事で経験している。
(D) こちらのほうがやりがいが大きいと思う。

⑤に I want to have that same feeling とあり，この that same feeling は④の personal satisfaction from helping others「他人を支援することで得られる個人的なやりがい」のことです。つまり，女性は「看護の仕事にはやりがいがある」と考えているとわかるので，(D) She believes it offers higher job satisfaction. を選べば OK です。

21. 男性は女性にいつ連絡するつもりだと言っていますか。
(A) 今週の木曜日
(B) 今週の金曜日
(C) 来週の木曜日
(D) 来週の金曜日

⑨に，We will notify all accepted candidates by phone next Thursday とあります。よって，男性が女性に連絡すると考えられるのは，(C) Next Thursday です。⑧に this Thursday and Friday が出てきますが，こういった設問に関係ない情報に惑わされないようにしましょう。

問題 19 から 21 は次の会話に関するものです。

男性：①応募書類の２枚目に，弁護士の助手として５年以上の経験があると書かれていますね。②それではなぜ，当校の看護プログラムに入学したいとお考えになったのですか。

女性：③実は，法律事務所では給料は良かったのですが，仕事に満足できなかったのです。④私の母はソーシャルワーカーとして働いていたのですが，誰かを支援する仕事に，個人的なやりがいを感じていました。⑤私も母と同じ気持ちで働きたいと思い，こちらのコースに応募しました。

男性：⑥わかりました。学歴と職歴から考えれば，あなたには当校でうまくやっていけるだけの能力が間違いなくあるでしょう。⑦ただ，入学者の人数には限りがありますし，⑧今週の木曜日と金曜日にも面接を行う予定です。⑨最終選考をした後で，来週の木曜日に，すべての合格者にお電話で連絡を差し上げます。

①□application 応募用紙 □indicate that 節 …であることを示している □legal assistant 弁護士の助手
②□enroll in …に入学する ③□draw a good salary いい給料をもらう
④□social worker ソーシャルワーカー（社会福祉活動に従事する専門職の総称）
□satisfaction 満足感，やりがい ⑥□what it takes to *do* …するのに必要な能力
⑨□accepted candidate 合格者 □make a final decision 最終決定をする
19.(C) □prospective 見込みのある，予想される 20.(D) □job satisfaction 仕事のやりがい，働きがい

Part 3

19(C) 20(D) 21(C)

3_118

22. What does the woman say about the shoes?

(A) They were delivered late.
(B) They are the wrong color.
(C) They are not the right size.
(D) They were damaged during delivery.

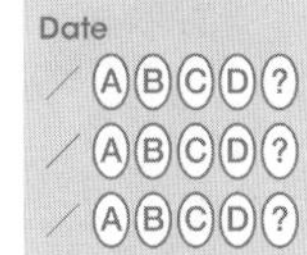

23. What does the man ask the woman to do?

(A) Check her order online
(B) Read out an invoice number
(C) Give a product description
(D) Tell him the manufacturer's name

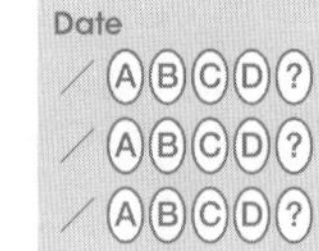

24. What does the man say about the Avalon Shoe Company?

(A) It only makes small shoes.
(B) It is the most popular brand.
(C) It is located in a foreign country.
(D) It has a wide selection of models.

3_118 W:アメリカ M:カナダ

Questions 22-24 refer to the following conversation.

W: ① Hi, my name is Shelly Goldblum. ② I'm calling because the pair of shoes I purchased from your Web site arrived this morning and 22 they are too small.

M: ③ Okay, I might be able to help you out. ④ But first 23 I'll need you to tell me your invoice number.

W: ⑤ All right. I have it right here. The number is 89114. ⑥ It was for a pair of black high heels made by Avalon.

M: ⑦ Well, I know that the 24 Avalon Shoe Company is based overseas in England, so ⑧ they use a different measurement scale than we do in this country. ⑨ Perhaps you should send the shoes back, and then place another order for a pair that is one size larger.

解説・正解

22. 女性は靴について何と言っていますか。
(A) 遅れて届いた。
(B) 色が違う。
(C) サイズが合わない。
(D) 配送時に傷がついた。

女性は②で they are too small と言っているので，(C) They are not the right size. を選べば OK です。他の選択肢はすべて，まったく言及されていません。

23. 男性は女性に何をするように頼んでいますか。
(A) オンラインで注文を確認する。
(B) 送り状番号を読み上げる。
(C) 製品の詳細を伝える。
(D) メーカーの名前を教える。

④の I'll need you to tell me your invoice number で，男性は女性に「送り状の番号を教えて」と頼んでいます（need 人 to ～「人に～してもらう必要がある」の形）。その後に，女性は The number is 89114. と番号を読み上げているので，(B) Read out an invoice number が正解です。

24. 男性は Avalon Shoe Company について何と言っていますか。
(A) 小さい靴しか製造しない。
(B) 一番人気のブランドである。
(C) 海外にある。
(D) 幅広いスタイルを扱っている。

⑦の Avalon Shoe Company is based overseas in England を言い換えた，(C) It is located in a foreign country. が正解です。be based「本社を置いている」が be located「位置している」に，overseas が in a foreign country に言い換えられています。

問題 22 から 24 は次の会話に関するものです。

女性：①こんにちは，Shelly Goldblum です。②今朝，そちらのウェブサイトで購入した靴が届いたのですが，サイズが小さすぎたので，お電話しました。

男性：③かしこまりました。弊社で解決できるかもしれません。④まず，送り状の番号を教えてください。

女性：⑤わかりました。手元にあります。番号は 89114 です。⑥ Avalon 社の黒いハイヒール 1 足です。

男性：⑦そうですか，Avalon Shoe Company はイングランドつまり外国に本社があるので，⑧私たちの国とは違う測定尺度を使っているのです。⑨靴をご返品になって，もうひとサイズ大きい靴を注文されることをお勧めします。

③□help X out Xを助ける ④□invoice 送り状 ⑥□a pair 一足
⑦□be based overseas 海外に本社を置いている ⑧□measurement scale 測定尺度
23.(B) □read out 読み上げる，声に出して読む (C) □give a description（詳しく）説明する
24.(C) □be located 位置している，ある (D) □have a wide selection of 幅広い…を扱っている

Part 3

22(C) 23(B) 24(C)

2016年から，新たに「意図を問う問題」「3人の会話」「図表問題」などが導入されました。難しいトリッキーな設問と思われがちですが，「きちんと英語が聞き取れたか？」という根本は変わりません。ただし，ちょっとしたコツを知っておけば有利になる場合もありますので，本書でそのコツと頻出パターンを押さえ，新形式の問題も攻略していきましょう。

1 表現の意図を問う問題（Meaning in Context＝MIC）

「話の流れに合う選択肢を選ぶ」問題なので，表現そのものを知らなくても，前後をきちんと聞いて「結局何が言いたいの？」「なぜこの発言をしたの？」と考えればOKです。また「設問には今から流れる英文の一部が書いてある」わけなので，「設問の先読み」はより重点的にしておきましょう（ある意味，ちょっとお得な問題と考えることもできますよね）。

会話を聞いて，各設問に答えてください。

3_119

1. Why does the man say, "I've been doing it for years"?

(A) To give a reason for quitting his job
(B) To indicate his skill level
(C) To reassure the woman about safety
(D) To show the woman how old he is

Date
／ Ⓐ Ⓑ Ⓒ Ⓓ ?
／ Ⓐ Ⓑ Ⓒ Ⓓ ?
／ Ⓐ Ⓑ Ⓒ Ⓓ ?

3_120

2. What does the man imply when he says, "I work on Saturdays"?

(A) He works too many hours.
(B) It is possible to accept a job request.
(C) He enjoys working in a quiet office.
(D) A suggested time is not convenient.

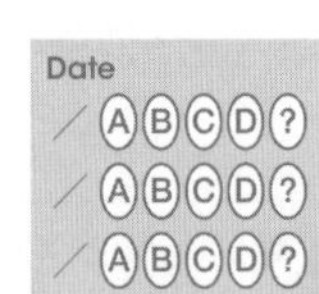

1. 男性はなぜ "I've been doing it for years" と言っていますか。
(A) 仕事を辞める理由を伝えるため
(B) 能力のレベルを示すため
(C) セキュリティについて女性を安心させるため
(D) 自分の年齢を女性に教えるため

□quit（仕事など）をやめる
□indicate …を示す
□reassure（人）を安心させる

2. 男性が "I work on Saturdays" と言う際，何を示唆していますか。
(A) 彼は長時間働きすぎる。
(B) 仕事の依頼を受けるのは可能である。
(C) 静かなオフィスで働くのは楽しい。
(D) 提案された時間は都合が悪い。

□suggest …を提案する
□convenient 都合が良い

解説・正解

1. 3_119 M:オーストラリア W:イギリス

M: ① Hi, Karen. You must be excited about moving out of your parents' house and into a place of your own. ② I guess you'll need to buy a lot of things like furniture and kitchen appliances, though.

W: ③ That's right. ④ I'm not looking forward to walking around lots of stores looking for everything. ⑤ I thought about ordering online, but I'm worried about the security of my personal details.

M: ⑥ But shopping online is so convenient. ⑦ Look, I've been doing it for years. ⑧ Nothing has ever happened. ⑨ As long as you're careful with passwords, you'll be OK.

男性：①こんにちは，Karen さん。親元を離れて自分自身の場所に引っ越すのを楽しみにしているのではないですか。②でも，家具やキッチン用品などたくさんの物を買う必要があるでしょうね。

女性：③そうなんです。④全部そろえるために店をたくさん回るのは憂鬱です。⑤オンラインでの注文も考えましたが，個人情報のセキュリティが心配です。

男性：⑥でもオンラインショッピングはとても便利です。⑦私は何年もしています。⑧これまで何も起きていません。⑨パスワードに気をつけてさえいれば，大丈夫ですよ。

女性の⑤ but I'm worried about the security of my personal details に対して，男性は I've been doing it for years. と言っています（この it は shopping online を指しています）。その後に⑧「何も起きていない」，⑨「パスワードに気をつければ大丈夫」と付け加えて，自分の経験を通して「オンラインショッピングは安全」と伝えているので，(C) To reassure the woman about safety が正解です。

②□appliances 家庭用の器具 ⑤□be worried about …を心配している ⑨□as long as …である限りは

2. 3_120 W:アメリカ M:オーストラリア

W: ① Hello, Mr. Ross. This is Focus Hair Salon. ② I'm calling about your Thursday morning appointment. ③ I'm afraid your regular stylist, Emma, will be absent that day. ④ Could we reschedule your appointment to Saturday?

M: ⑤ Hmm…I really need my hair cut before I make an important presentation. ⑥ Anyway, I work on Saturdays. ⑦ I don't mind having another stylist.

W: ⑧ In that case, we can fit you in on Thursday at 10 A.M. ⑨ Thank you for being flexible.

女性：①もしもし，Ross さんですか。Focus ヘアサロンです。②木曜の午前中の予約についてお電話しました。③申し訳ありませんが，いつもの美容師の Emma はその日お休みですので，④予約を土曜に変更させていただいてもよろしいでしょうか。

男性：⑤ええと，重要なプレゼンの前にどうしても髪を切る必要があるのです。⑥それにどのみち，土曜は仕事です。⑦他の方でも構いませんが。

女性：⑧それでは，木曜の午前 10 時に予約をお取りします。⑨柔軟にご対応いただき，ありがとうございます。

④の Could we reschedule your appointment to Saturday? に対して，男性は⑥で Anyway, I work on Saturdays. と返答しています（work on ～「～に取り組む」という頻出熟語ではなく，単に「土曜に働く」です）。「（提案された）土曜日は都合が悪い」と伝えているので，(D) A suggested time is not convenient. が正解です。ちなみに，anyway は「話を切り替える・本題に戻る」ときに使われ，後ろに大事な内容がよくきます。

③□I'm afraid（残念ながら）…ではないかと思う ④□reschedule …の予定を変更する
⑦□mind -ing …することを嫌がる ⑧□fit X in Xのために時間を取る ⑨□flexible 柔軟に対応できる

1(C) 2(D)

❷ セリフが短くやり取りが多い2〜3人の会話

基本的には2人の会話と同じ姿勢で臨めばOKですが，３人の会話では「人の名前に囚われすぎない」のがポイントです。設問に「名前」が書かれていることが多く，その名前を意識しすぎると「会話の流れ」を見失う可能性があるからです。「男女の判断」や，内容そのものを聞き取れていれば解ける設問も多いので，慣れないうちはまず本文の「内容」に集中してみましょう。

会話を聞いて，各設問に答えてください。

3_121

1. What does the man say about Emily?
(A) She is on vacation right now.
(B) She previously worked with him.
(C) She has too much work to do.
(D) She did not return his call.

1. 男性はEmilyについて何と言っていますか。
(A) 彼女は今休暇中である。
(B) 彼女は以前彼と一緒に働いていた。
(C) 彼女が抱えている仕事は多すぎる。
(D) 彼女は彼に折り返しの電話をかけなかった。

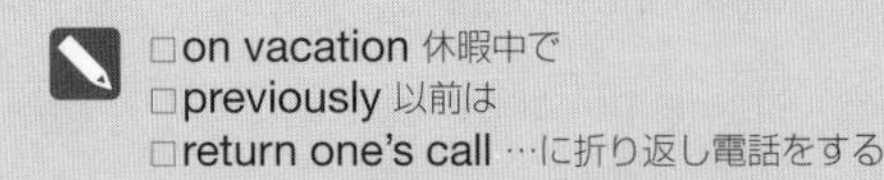
□on vacation 休暇中で
□previously 以前は
□return one's call …に折り返し電話をする

解説・正解

1. 3_121 M:カナダ W:アメリカ

M: ① Good morning, Julia. Do you have a moment? ② I'd like to ask you a favor.

W: ③ Sure, Steven. What's up?

M: ④ I kind of messed up my section's work schedule for this week. ⑤ I allowed two of my people to take a vacation, and now we're struggling to get all our work done.

W: ⑥ I see. And how can I help?

M: ⑦ I was wondering if you could spare a member of your staff to work with us for a couple of days. ⑧ Emily Robinson would be ideal, as she used to be on my team.

W: ⑨ Emily, huh? Well, I'll check how much work she has and get back to you later today.

男性：①おはようございます，Julia さん。ちょっといいですか。②頼みごとがあるのですが。

女性：③もちろんです，Steven さん。どうしたのですか。

男性：④うちの課の今週のスケジュールがめちゃくちゃになってしまったのです。⑤部下のうちの２人に休暇を取るのを認めたのですが，仕事を全て終わらせるのが大変な状態です。

女性：⑥なるほど。それで私は何をすればよろしいですか。

男性：⑦ Julia さんの部下の１人に，数日間私たちの仕事をしに来ていただけないでしょうか。⑧ Emily Robinson さんだとありがたいです。というのは，彼女は以前私のチームにいましたから。

女性：⑨ Emily さんですね。では，彼女がどれくらいの仕事を抱えているか確認して，今日この後にお返事します。

Emily について，⑧で she used to be on my team と言っています。「Emily は男性と一緒に働いていた」とわかるので，(B) She previously worked with him. を選べば OK です。本文の used to ～「かつて～だった」が，選択肢では previously「以前」で表されています。こういった「過去や現在を表す語句」はキーになりやすいです。

②□ask X a favor Xに頼みごとをする　③□What's up? どうしたの？　④□kind of 何だか…のようだ
□mess up …を失敗する・間違える　⑤□struggle to *do* …しようともがく
⑦□I was wondering if you could …していただけませんでしょうか（丁寧に頼むとき）
□spare …を分ける・与える　⑧□ideal 理想的な　⑨□get back to …に折り返し連絡する

Part 3

1(B)

3_122

2. Why does the woman say, "have you been to Vin Marché"?

(A) She needs advice.
(B) She is checking employee schedules.
(C) She wants to know the way.
(D) She'd like to invite the man to lunch.

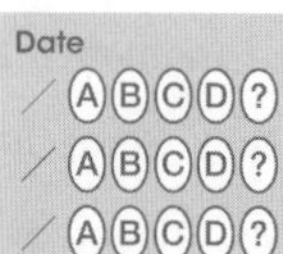

2. 女性はなぜ "have you been to Vin Marché" と言っているのですか。

(A) 彼女はアドバイスを必要としている。
(B) 彼女は従業員のスケジュールを確認している。
(C) 彼女は道順を知りたがっている。
(D) 彼女は男性を昼食に誘いたいと考えている。

解説・正解

2. 3_122 M:オーストラリア W:イギリス

M: ① How is your meeting with Kellner Plastics going, Daria?

W: ② We're making progress on the supply deal, but I think now is a good time to break for lunch.

M: ③ Are you going to take the clients out to a restaurant?

W: ④ Yes, but I'm not sure where to go. ⑤ Say, have you been to Vin Marché?

M: ⑥ Actually, I have. ⑦ My wife and I attended a family gathering there. ⑧ The food was pretty good.

W: ⑨ That's good to know, thanks. ⑩ I'll call now and book a table.

男性：①Kellner プラスチックとの会議はどうですか，Daria さん。

女性：②供給契約について話を進めていますが，今は昼食の休憩にちょうど良い時間かなと思います。

男性：③お客様をレストランに連れて行くのですか。

女性：④はい，でもどこにお連れすれば良いかわかりません。⑤Vin Marché に行ったことはありますか。

男性：⑥はい，あります。⑦あそこでは妻と家族の集まりに参加しました。⑧料理はとても良かったですよ。

女性：⑨それを聞けてよかったです，ありがとうございます。⑩さっそく電話して席を予約します。

女性は④で but I'm not sure where to go と言った後に，have you been to Vin Marché? と尋ねています。つまり，女性は「Vin Marché の感想を聞いて，客を連れて行くか考える参考にしたい」と思っているわけなので，(A) She needs advice. が正解です。実際に女性はそのアドバイスを参考にして，⑩で I'll call now and book a table. と言っています。

②□make progress 進行する □deal（商売上の）取引，契約 ③□take A out to B AをBに連れていく ⑤□say（間投詞的に用いて）ねぇ ⑦□gathering 集まり ⑧□pretty 副 かなり

Part 3

3_123

3. How will Greg help the couple?

(A) By driving them to the airport
(B) By cleaning their house
(C) By taking care of their pet
(D) By checking flight information

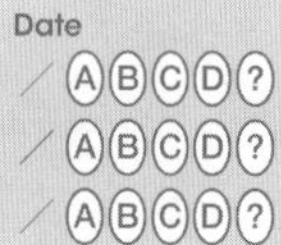

3. Greg はどんなやり方でカップルを手伝いますか。
(A) 彼らを空港まで車で送る
(B) 彼らの家を掃除する
(C) 彼らのペットの世話をする
(D) フライト情報を確認する

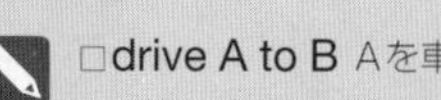
□drive A to B Aを車でBまで送る

解説・正解

3. 3_123 W:イギリス M1:オーストラリア M2:カナダ

W: ① Hello, Greg. Here's the key to our house. ② Thanks for agreeing to feed our dog while we're on vacation.

M1: ③ It's my pleasure. ④ Have a great two weeks.

M2: ⑤ By the way, what do you think is the best way to get to the airport?

M1: ⑥ I always get the express train. ⑦ It takes fifty minutes. ⑧ I think the first service is at 7 A.M. so that one arrives....

W: ⑨ Oh, that's too late. ⑩ We have an 8 A.M. flight. I guess we'll just take the car.

M2: ⑪ Parking charges will be high, but it looks like there's no other option.

女性： ①こんにちは，Greg さん。これが家の鍵です。②私たちの休暇の間，犬のえさやりを引き受けてくれてありがとうございます。

男性１： ③どういたしまして。④２週間，楽しんできてくださいね。

男性２： ⑤ところで，空港へ行く一番良い方法は何だと思いますか。

男性１： ⑥僕はいつも特急列車に乗ります。⑦ 50 分かかります。⑧始発は午前７時だと思うので，到着は…。

女性： ⑨あら，それは遅すぎます。⑩午前８時のフライトなんです。もう車にしてしまいましょうか。

男性２： ⑪駐車場の料金が高くつきますが，他に選択肢はないようですね。

Greg に対して，女性は②で Thanks for agreeing to feed our dog while we're on vacation. と言っています。Greg は「(これから) 犬のえさやりをする」とわかるので，(C) By taking care of their pet が正解です。本文の feed「えさをやる」が選択肢では take care of ～「～の世話をする」に，our dog が their pet に言い換えられています。

②□agree to *do* …することを承知する □feed …に食べ物を与える
③□It's my pleasure. どういたしまして。こちらこそ。

Part 3

3(C)

3_124

4. What is the man concerned about?

(A) The room may be too small.
(B) There may not be enough copies.
(C) The meeting may not end on time.
(D) The participants may not find the room.

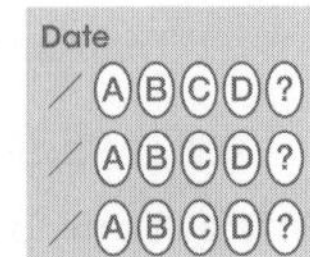

4. 男性は何を心配していますか。
(A) その部屋は小さすぎるかもしれない。
(B) 資料が足りないかもしれない。
(C) 会議は時間通りに終わらないかもしれない。
(D) 参加者は部屋を見つけられないかもしれない。

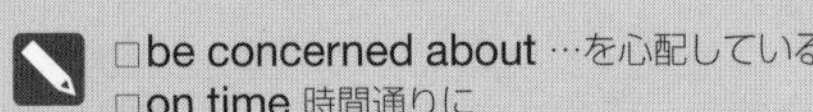
□be concerned about …を心配している
□on time 時間通りに
□participant 参加者

解説・正解

4. 3_124 W1:イギリス W2:アメリカ M:オーストラリア

W1: ① We have half an hour to get this room ready for our "Safety in the Workplace" training session.

W2: ② I'll move the tables nearer the walls to make a square. ③ We can use the space in the middle for demonstrations.

W1: ④ Good thinking. ⑤ Clive, can you take these copies and make information packs for each attendee?

M: ⑥ OK. Do you think we'll be able to finish by 3:30? ⑦ There's a lot of material to study.

W2: ⑧ It's fine if we overrun a little. ⑨ No one ever uses this room.

M: ⑩ I see. That's good to know.

女性1： ①「職場の安全」の研修のためにこの部屋の準備をする時間は30分あります。

女性2： ②テーブルを壁の近くへ移動させて正方形に並べれば，③真ん中のスペースをデモンストレーション用に使うことができます。

女性1： ④良い考えですね。⑤Cliveさん，この資料を持って行って参加者一人一人の資料集を作ってくれますか。

男性： ⑥わかりました。研修は3時30分までに終わるでしょうか。⑦使う資料はたくさんあります。

女性2： ⑧少し時間を過ぎてしまっても大丈夫です。⑨誰もこの部屋を使いませんから。

男性： ⑩わかりました。それを聞いて安心しました。

男性は⑥で Do you think we'll be able to finish by 3:30?，⑦で There's a lot of material to study. と言って「研修が3時30分までに終わらないかも」と心配しています。よって，正解は (C) The meeting may not end on time. です。本文の finish by 3:30 を，選択肢では end on time と表しています。on time は「予定の時間に接触して（on）」→「時間通りに」です。

①□workplace 仕事場 ②□move A nearer (to) B AをBのもっと近くに動かす □square 正方形
⑤□copy（コピーされた）資料 □attendee 出席者，参加者 ⑦□material 資料
⑧□overrun 制限時間・範囲を超える

Part 3

❸ 図表問題

図表問題はPart 3の最後に出てくるので集中力が落ちると思いますが，「図の先読み」が必須です。そして，図表問題の先読みではリスニングで集中すべきヒントが見つかることがよくあります。たとえば，図表に「会社名」と「階数」の2つの情報があり，選択肢には「英語の会社名」が並んでいる場合，「選択肢にないほうの情報（階数）がリスニング本文で流れる」と予想できるわけです。

会話を聞いて，schedule（スケジュール）に関する設問に答えてください。

3_125

ABR Women in Science Conference
Day 2 1:00 P.M. Choice of Talks

Speaker	Room
Rosalind Parker	104
Hannah Feruz	108
Mary Beaumont	201
Sonia Wright	205

1. Look at the graphic. Who is the man talking to?
(A) Rosalind Parker
(B) Hannah Feruz
(C) Mary Beaumont
(D) Sonia Wright

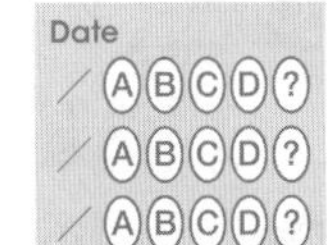

1. 表を見てください。男性が話しているのは誰ですか。
(A) Rosalind Parker
(B) Hannah Feruz
(C) Mary Beaumont
(D) Sonia Wright

解説・正解

1. 3_125 M:カナダ W:イギリス

M: ① There has been a slight change of plan for your talk this afternoon, but it's for a positive reason. ② More tickets have been sold for your event than we expected. ③ Therefore, we are going to move you into our biggest room, Room 201. ④ Ms. Beaumont will use the room you were first assigned, Room 108.

W: ⑤ I see. Well, that's certainly encouraging. ⑥ Could I have some assistance to move my equipment?

M: ⑦ Absolutely. I will arrange for one of the event staff to help you.

男性： ①午後のあなたの講演の予定に少し変更がありましたが，それはいい理由によるものです。②あなたのイベントのチケットが予想以上に売れました。③それで，あなたの講演を一番大きな 201 号室に変更します。④最初にあなたが使う予定だった 108 号室は Beaumont さんが使います。

女性： ⑤わかりました。それはとても励みになります。⑥機器を移動するためアシスタントを数名手配していただけますか。

男性： ⑦もちろんです。イベントスタッフを一人，手配して手伝わせます。

ABR Women in Science Conference
Day 2 1:00 P.M. Choice of Talks

Speaker	Room
Rosalind Parker	104
Hannah Feruz	108
Mary Beaumont	201
Sonia Wright	205

ABR「科学における女性たち」の会議
２日目 午後１時 講演プログラム

講演者	部屋
Rosalind Parker	104
Hannah Feruz	108
Mary Beaumont	201
Sonia Wright	205

④の Ms. Beaumont will use the room you were first assigned, Room 108. から，男性が話しかけている人は「最初は 108 号室を割り当てられた」とわかります。図表の Room 108 の横に Hannah Feruz と書かれているので，(B) が正解です。「Hannah Feruz は最初 108 号室を使う予定だったけど，201 号室に変更になった」という流れです（図表に変更が加わるパターンは頻出）。

①□slight 少しの □positive 良い ④□assign A B AにBを割り当てる ⑤□encouraging 励みになる ⑥□equipment 機器 ⑦□absolutely もちろん □arrange for …を手配する

1(B)

会話を聞いて，price list（価格表）に関する設問に答えてください。

3_126

Pizza Size (Diameter)	Price
18 cm	$15
22 cm	$19
28 cm	$25
35 cm	$32

2. Look at the graphic. How much will the woman spend on pizza?

(A) $15
(B) $19
(C) $25
(D) $32

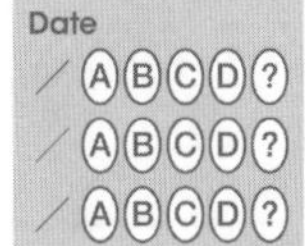

2. 表を見てください。女性はピザにいくら支払いますか。

(A) 15 ドル
(B) 19 ドル
(C) 25 ドル
(D) 32 ドル

解説・正解

2. 3_126 W:アメリカ M:カナダ

W: ① Hi. Can I ask you about the different pizza sizes on the menu? ② I feel quite hungry, but I'm not sure if a 35 centimeter pizza is suitable for one person.

M: ③ The largest size is good for two people to share. ④ If you are hungry, though, the smaller sizes are probably not going to satisfy you. ⑤ The second largest size is what I would recommend.

W: ⑥ Thank you. I'll have that. ⑦ Anyway, I'd like to leave some space for dessert.

女性：①すみません。メニューに載っているいろいろなピザのサイズについて聞いていいですか。②とてもお腹がすいているのですが，35センチのピザが1人分なのかどうか知りたいんですが。

男性：③一番大きなサイズは2人でシェアするのに良いサイズです。④でもお腹が空いているときは，小さめのサイズではたぶん足りないでしょう。⑤2番目に大きなサイズをお勧めします。

女性：⑥ありがとうございます。それにします。⑦デザートも食べられたほうがいいですから。

Pizza Size (Diameter)	Price
18 cm	$15
22 cm	$19
28 cm	$25
35 cm	$32

ピザのサイズ（直径）	価格
18 cm	15 ドル
22 cm	19 ドル
28 cm	25 ドル
35 cm	32 ドル

男性の⑤ The second largest size is what I would recommend. に対して，女性は⑥で I'll have that. と言っています。that は「（お勧めされた）2番目に大きなピザ」＝「28cm のピザ」なので，図表を見て (C) $25 を選べば OK です。③で The largest size が聞こえたからといって，(D) に飛びつかないように注意しましょう。

②□be suitable for …に適している，向いている ④□satisfy …を満たす・満足させる
図表□diameter 直径

Part 3

2(C)

会話を聞いて，map（地図）に関する設問に答えてください。

3_127

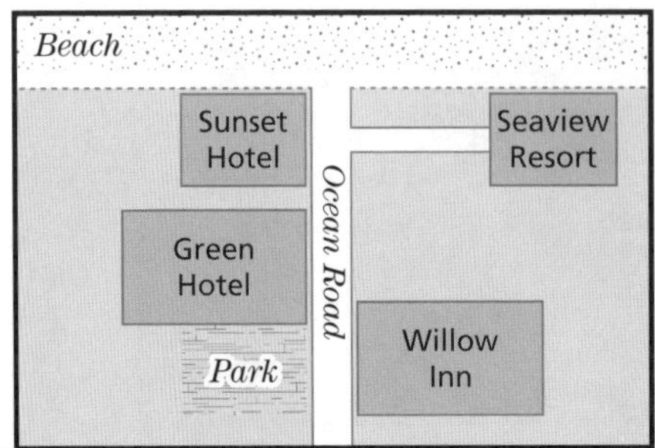

3. Look at the graphic. Which hotel does the man recommend?

(A) Sunset Hotel
(B) Green Hotel
(C) Seaview Resort
(D) Willow Inn

3. 図を見てください。男性はどのホテルを勧めていますか。
(A) Sunset ホテル
(B) Green ホテル
(C) Seaview リゾート
(D) Willow イン

解説・正解

3. 3_127 M:オーストラリア W:アメリカ

M: ① Welcome to Miranda Bay Tourist Information Bureau. ② How may I help you today?

W: ③ Hello. I'm in the area for two days and I'm looking for a business hotel. ④ You know, somewhere simple with office facilities and a quiet atmosphere. ⑤ What do you recommend?

M: ⑥ Well, you probably want to avoid any hotels next to the beach. ⑦ They are all resort hotels which cater to couples and families. ⑧ If you look at this map, on Ocean Road, opposite the Willow Inn is a small park. ⑨ The hotel next to the park is a business hotel. ⑩ They will likely have rooms available for tonight.

男性：①いらっしゃいませ。Miranda Bay 観光情報局です。②どのようなご用件ですか。

女性：③こんにちは。私はこの地域に2日間滞在するのですが，ビジネスホテルを探しています。④事務の設備があって静かな雰囲気のシンプルなところです。⑤どこがお勧めですか。

男性：⑥そうですね。ビーチに隣接したホテルは避けた方がよいでしょう。⑦どれもカップルやファミリーを対象にしたリゾートホテルです。⑧この地図をご覧いただきますと，Ocean ロードに面して，Willow インの向かい側に小さな公園があります。⑨この公園の隣のホテルがビジネスホテルです。⑩たぶん今夜は空き部屋があるでしょう。

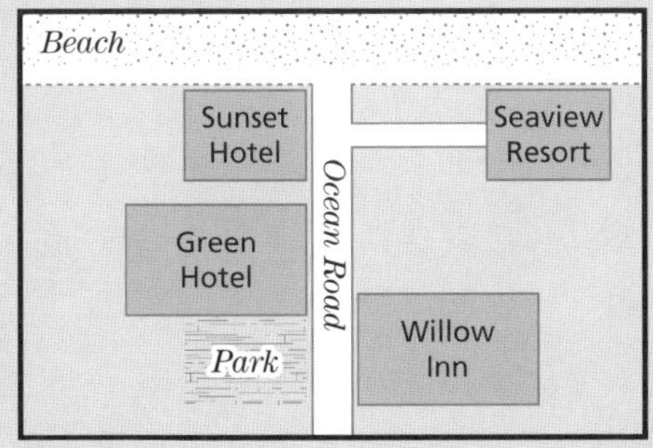

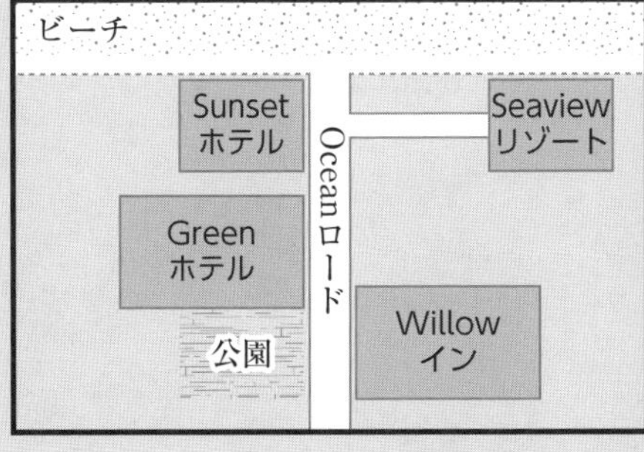

ビジネスホテルを探している女性に対して，男性は⑨で The hotel next to the park is a business hotel. と勧めています。地図を見て，Park の隣にある (B) Green Hotel を選べば OK です。地図問題では next to ～「～の隣に」や opposite「～の向かい側に・反対側に」といった位置表現がよくポイントになります。

①□bureau 局，事務局 ④□facilities pl. 設備 □atmosphere 雰囲気 ⑥□avoid …を避ける □next to …の隣に ⑦□cater to …の要求を満たす ⑧□opposite 前 …の向かい側に・反対の位置に ⑩□likely 副 おそらく □available（場所などが）利用できる 図表 □inn 宿屋，ホテル

3(B)

会話を聞いて，floor map（レイアウト）に関する設問に答えてください。

3_128

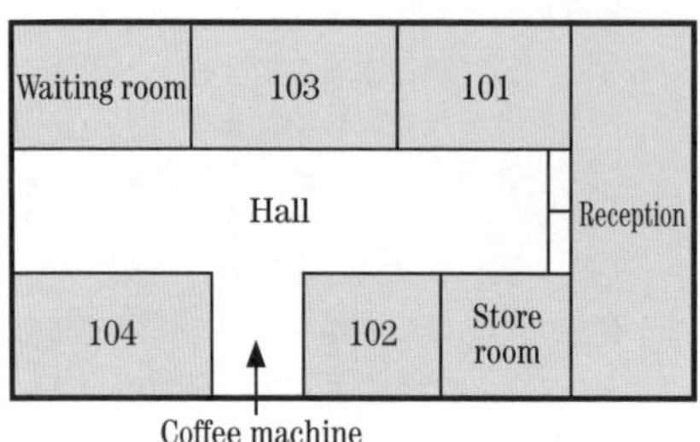

4. Look at the graphic. Which room is Ms. Hammond's office?

(A) 101
(B) 102
(C) 103
(D) 104

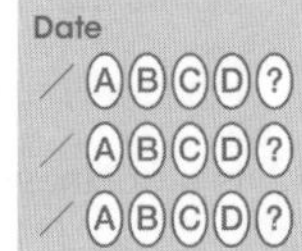

4. 図を見てください。Hammond さんのオフィスはどの部屋ですか。

(A) 101
(B) 102
(C) 103
(D) 104

解説・正解

4. 3_128 M:カナダ W:イギリス

M: ① Hello. My name is Derek Hunter. ② I have an appointment to see Petra Hammond at 10:30. ③ I realize I'm a little early, so I don't mind waiting here.

W: ④ Ah, yes, Mr. Hunter. ⑤ Ms. Hammond is on a call right now, but she won't be long. ⑥ Perhaps you'd be more comfortable in the waiting room. ⑦ Just go through the doors, past the coffee machine and it's on the right at the end of the hall. ⑧ Actually, Ms. Hammond's office is directly opposite the waiting room, so you'll see her when she comes out.

M: ⑨ Thank you. I'll do that.

男性：①こんにちは。Derek Hunter と申します。②10時30分に Petra Hammond さんと会う約束があります。③少し早いのは承知していますので，こちらで待ちますが，よろしいですか。

女性：④はい，Hunter 様。⑤ Hammond はただいま電話に出ておりますが，長くはかからないと思います。⑥待合室の方がおくつろぎいただけるかもしれません。⑦このドアを通ってまっすぐ進み，コーヒーマシンの先のホールの突き当たりの右手です。⑧ Hammond のオフィスは待合室の真向かいにありますので，出てきたらわかるはずです。

男性：⑨ありがとうございます。そうします。

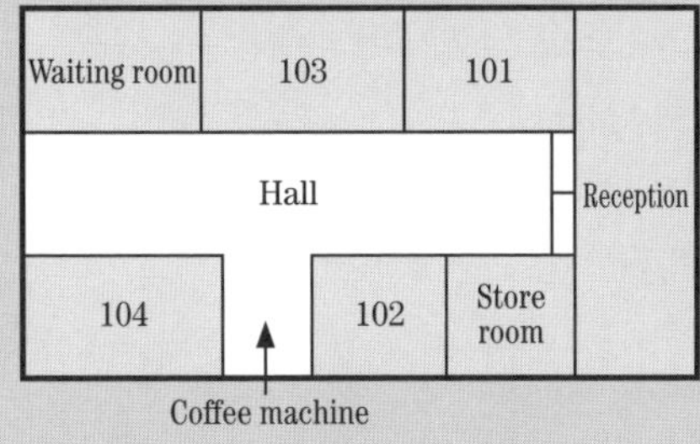

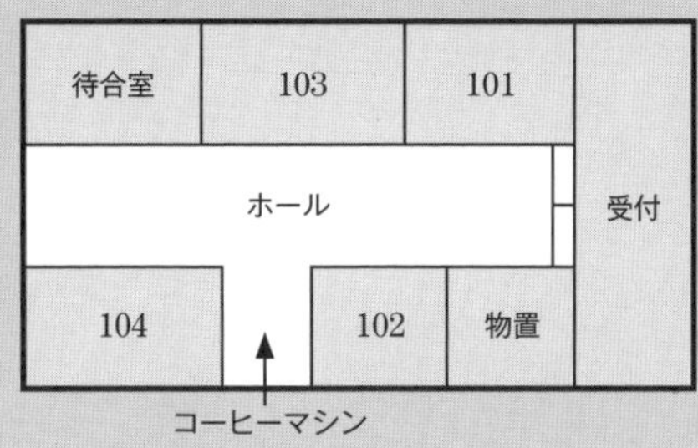

⑦で Just go through the doors, past the coffee machine and it's on the right at the end of the hall.，⑧で Actually, Ms. Hammond's office is directly opposite the waiting room と言っています。Hammond さんのオフィスは「コーヒーマシンを過ぎて突き当たりの右・待合室の真向かい」だとわかるので，(D) 104 を選べば OK です。Actually の後ろは重要情報がくるのでしたね。

②□have an appointment 約束がある ③□realize …を本当に理解する，…に気づく □mind -ing …するのを嫌がる ⑤□be on a call 電話中である ⑥□comfortable 快適な ⑦□go through …を通り抜ける □past …を過ぎて ⑧□opposite 前 …の反対の位置に

4(D)

会話を聞いて，order form（注文書）に関する設問に答えてください。

3_129

800 paper plates	$120
500 plastic drinking straws	$25
1000 clear plastic cups	$50
800 cutlery sets	$200
Total	$395

5. Look at the graphic. How much will be deducted from the total?
(A) $25
(B) $50
(C) $120
(D) $200

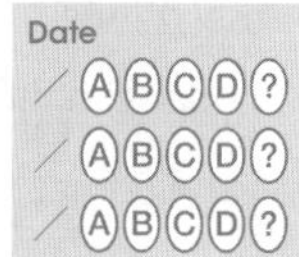

5. 図を見てください。合計からいくら差し引かれますか。
(A) 25 ドル
(B) 50 ドル
(C) 120 ドル
(D) 200 ドル

解説・正解

5. 3_129 W:イギリス M:オーストラリア

W: ① Hello. This is Brigit Crawford from Focus Media. ② We ordered some event supplies from you for our next launch party. ③ They're due to be delivered this Friday. ④ Would it be possible to change the order?

M: ⑤ Yes, alterations can be made as your order hasn't been packaged yet. ⑥ What would you like to change?

W: ⑦ We'd like to cancel the order of five hundred straws. ⑧ We've decided they're unnecessary, and we're trying to cut our company's use of plastic. ⑨ Please deduct that item from the total.

女性：①もしもし，Focus メディアの Brigit Crawford です。②次回の発表パーティー用のイベント用品を貴社へ発注しました。③今週金曜に配達される予定ですが，④その注文を変更することは可能ですか。

男性：⑤はい，お客様のご注文はまだ梱包されておりませんので，変更は可能です。⑥何の変更をご希望ですか。

女性：⑦ストロー500本の注文をキャンセルしたいんです。⑧必要ないことになりましたし，当社はプラスチックの利用を削減しようとしてもいます。⑨合計からその商品の分を差し引いていただけますか。

800 paper plates	$120
500 plastic drinking straws	$25
1000 clear plastic cups	$50
800 cutlery sets	$200
Total	$395

紙皿 800 枚	120 ドル
プラスチックストロー 500 本	25 ドル
透明プラスチックカップ 1000 個	50 ドル
カトラリーセット 800 セット	200 ドル
合計	395 ドル

⑦で We'd like to cancel the order of five hundred straws. と言った後に，⑨で Please deduct that item from the total. と続けています。「ストロー 500 本」を that item「その商品」で受けており，この料金が差し引かれるとわかります。よって，注文書を見て 500 plastic drinking straws に対応する (A) $25 を選べば OK です。

②□supply 供給品，備え ③□be due to *do* …するはずだ ⑤□alteration 変更
□package 動 …を包装する ⑧□unnecessary 不必要な ⑨□deduct（一部）を差し引く・控除する
図表 □cutlery 食卓用金物（ナイフ・フォーム・スプーンなど）

Part 3

5(A)

会話を聞いて，bar chart（棒グラフ）に関する設問に答えてください。

3_130

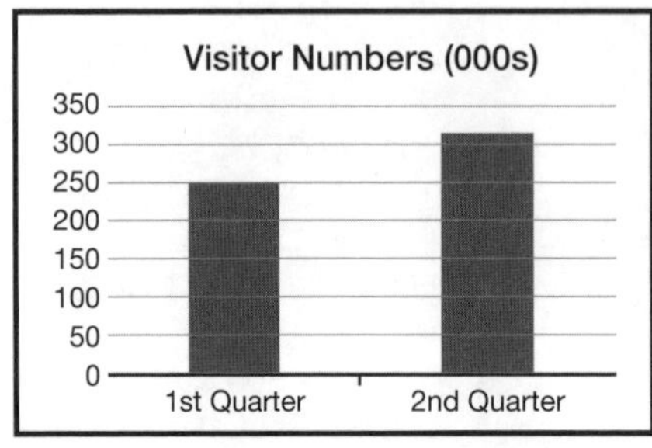

6. Look at the graphic. Which theme park does the bar chart represent?

(A) Mount Wild
(B) Pirate World
(C) Zone Land
(D) Water Heaven

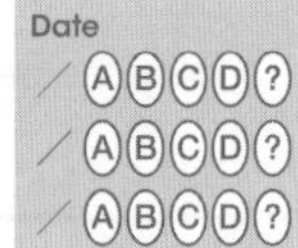

6. 図を見てください。この棒グラフはどのテーマパークを表していますか。
(A) Mount Wild
(B) Pirate World
(C) Zone Land
(D) Water Heaven

解説・正解

6. 3_130 W:アメリカ M:カナダ

W: ① I have the visitor numbers for our four theme parks in the west of the country. ② Second quarter figures are quite disappointing. ③ As you can see, Mount Wild has experienced a 20% drop in visitors compared to the first quarter.

M: ④ That's terrible. ⑤ According to these charts, only Water Heaven has seen a rise in visitors in the second quarter. ⑥ I see there's been a slight drop at Pirate World, and Zone Land's figures have pretty much stayed the same.

W: ⑦ We need to look at the reasons for Water Heaven's success, and try to replicate them, especially at Mount Wild.

女性：①これは国の西部にある４つのテーマパークの訪問者数です。②第２四半期の数字は期待を裏切るものでした。③ご覧の通り，Mount Wild は第１四半期と比較して来場者数が 20%減っています。

男性：④それはひどいですね。⑤これらのグラフによると，Water Heaven だけ第２四半期に来場者数の伸びを示しています。⑥ Pirate World でわずかな減少があり，Zone Land の数字はほとんど同じままです。

女性：⑦ Water Heaven の成功の理由を検討して，特に Mount Wild で同じことが起こるようやってみる必要があります。

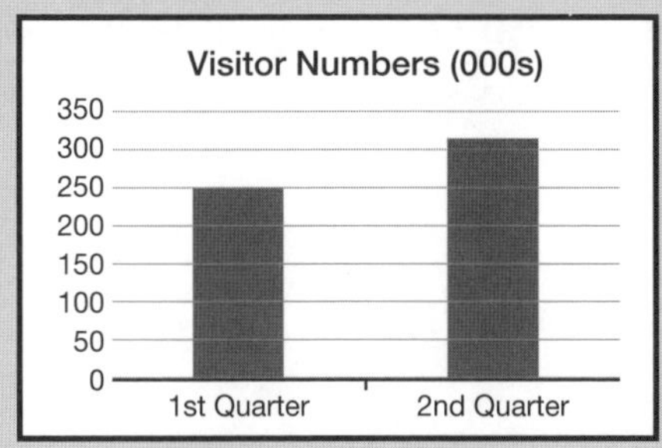

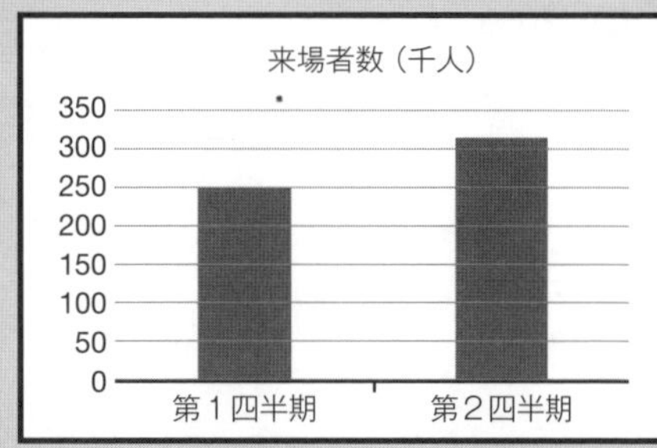

⑤に According to these charts, only Water Heaven has seen a rise in visitors in the second quarter. とあります。a rise in ～ は直訳「～における（in）上昇」→「～の上昇」で，全体は「Water Heaven だけが第２四半期に来場者数の伸びを見た」→「Water Heaven だけ来場者数が伸びた」という意味です。棒グラフの変化と一致するので，(D) Water Heaven が正解です。

①□visitor 訪問者 ②□quarter 四半期 □figure 数字 □disappointing 期待外れの
③□experience …を経験する □compared to …と比較すると ④□terrible ひどく悪い
⑤□according to …によれば □chart グラフ，図表 ⑥□slight わずかな
⑦□replicate（結果など）を再現する

6(D)

会話を聞いて，coupon（クーポン）に関する設問に答えてください。

3_131

7. Look at the graphic. How much of a discount does the man receive?

(A) 5%
(B) 10%
(C) 15%
(D) 20%

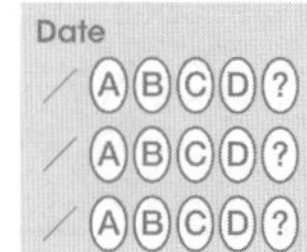

7. 図を見てください。男性はどのくらい割引を受けますか。

(A) 5%
(B) 10%
(C) 15%
(D) 20%

解説・正解

7. 3_131 M:オーストラリア W:アメリカ

M: ① Good afternoon. This is my first time in here. ② It's a great place — so much fresh produce. ③ I want to make some pasta sauce, so I'm really happy to find boxes of tomatoes on sale. ④ I have a discount coupon I'd like to use.

W: ⑤ Welcome to Barton Farmers' market, sir. ⑥ I'm glad you like our store. ⑦ So, two boxes, with your discount, that comes to $18.90.

M: ⑧ I thought I would get 15% off. ⑨ Ah, my mistake. ⑩ I see it's only 4:30 P.M. OK, here's twenty.

男性：①こんにちは。ここに来たのは初めてです。②素晴らしいところですね，生鮮食料品がたくさんあります。③パスタソースを作りたいので，箱入りトマトのセールをやっていてとても嬉しいです。④割引クーポンを使いたいんですが。

女性：⑤お客様，Barton ファーマーズマーケットへご来店ありがとうございます。⑥当店を気に入っていただけて嬉しいです。⑦2箱ですので，割引を適用して 18 ドル 90 セントです。

男性：⑧15%割引になると思っていましたが。⑨あ，私の間違いです。⑩まだ午後 4 時 30 分ですね。わかりました，はい，20 ドルでお願いします。

Barton Farmers' Market
Summer Discount Coupon

Spend over $50 and get a generous 5% off!

Other great offers:
☆ **20%** off freshly-baked bread in July
☆ **10%** off boxes of tomatoes
(**15%** off if bought after 5 P.M.)

Barton ファーマーズマーケット
** 夏季割引クーポン **

50 ドル以上のお買い上げで驚きの 5% オフ！

その他の特典：
☆ 7 月は焼きたてパンが 20% オフ
☆箱入りトマトが 10% オフ
（午後 5 時以降のご購入は 15% オフ）

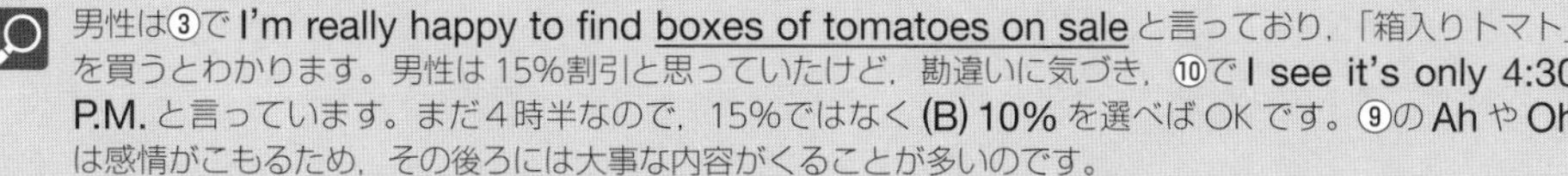

男性は③で I'm really happy to find boxes of tomatoes on sale と言っており，「箱入りトマト」を買うとわかります。男性は 15%割引と思っていたけど，勘違いに気づき，⑩で I see it's only 4:30 P.M. と言っています。まだ4時半なので，15%ではなく (B) 10% を選べば OK です。⑨の Ah や Oh は感情がこもるため，その後ろには大事な内容がくることが多いのです。

②□produce 野菜・果物などの農産物 ③□on sale 売りに出されて，特売中で
⑦□come to 合計…になる 図表 □generous 気前のよい，寛大な □freshly-baked 焼き立ての

会話を聞いて，Illustrated manual（図解マニュアル）に関する設問に答えてください。

3_132

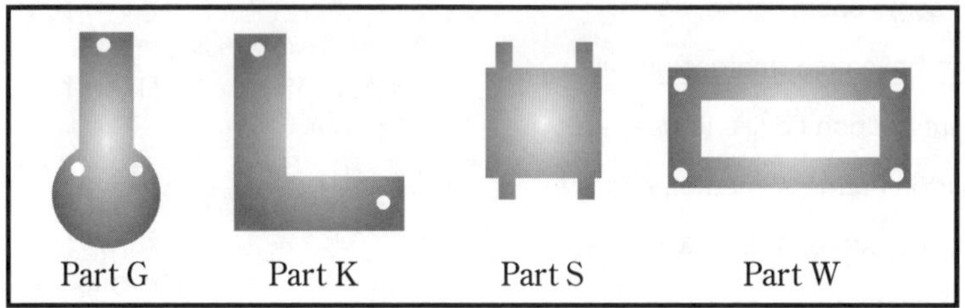

8. Look at the graphic. Which part does the man need?

(A) Part G
(B) Part K
(C) Part S
(D) Part W

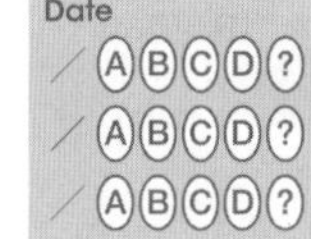

8. 図を見てください。男性にはどの部品が必要ですか。

(A) 部品 G
(B) 部品 K
(C) 部品 S
(D) 部品 W

解説・正解

8. 3_132 M:オーストラリア W:イギリス

M: ① The assembly of these desks is a little more complicated than I had expected. ② Now, the next stage is to attach the rectangular back panel. ③ Which part do I need, Laurie?

W: ④ Let me see. First you need to screw on the four L-shaped brackets with two holes. ⑤ Here's one.

M: ⑥ Thanks. I hope we can get these desks finished before this afternoon's meeting.

男性： ①これらの机の組み立て方は予想していたよりも少し複雑ですね。②さて，次の段階は長方形のバックパネルの取り付けです。③どの部品が必要ですか，Laurie さん。

女性： ④ええと。まず穴が２つあるＬ字型のブラケットを４つ取り付ける必要があります。⑤ひとつお願いします。

男性： ⑥ありがとうございます。午後の会議の前に机が完成すればいいのですが。

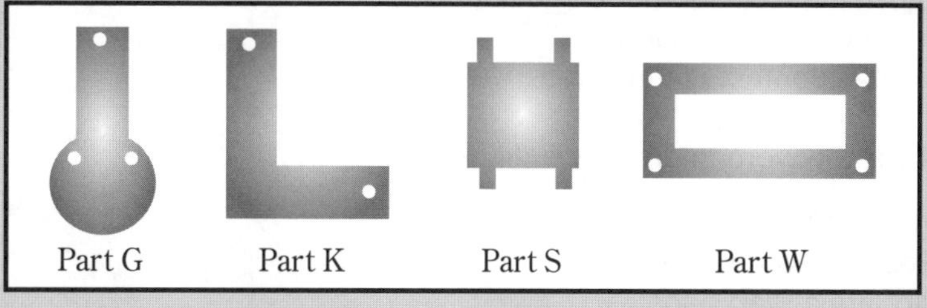

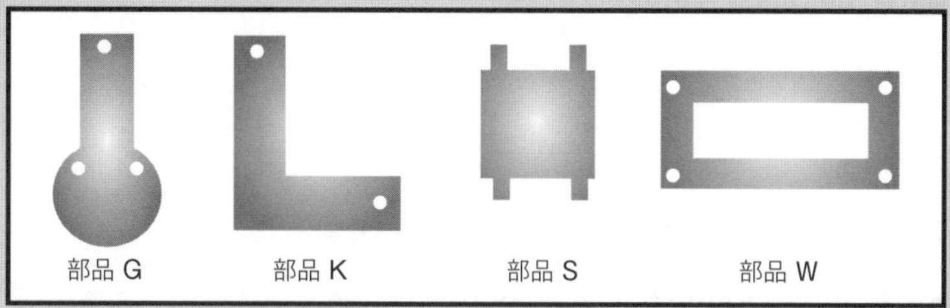

女性は男性に対して，④で First you need to screw on the four L-shaped brackets with two holes. と言っています。「穴が２つあるＬ字型」の部品は (B) Part K です。shape には動詞「形作る」があり，L-shaped で「Ｌに形作られた」→「Ｌ字型の」となりました。brackets「取付用金具」は難単語ですが，L-shaped や with two holes をヒントにしたいところです。

①□assembly 部品の組み立て作業 □complicated 複雑な，込み入った □expect …を予期する
②□attach …を取り付ける □rectangular 長方形の ④□screw on …をねじで取り付ける
□-shaped …の形をした □bracket 取付用金具 ⑥□get X p.p. Xを…してしまう

Part 3

3_133

A 会話を聞いて，発言の意図問題を含む１から３の問題を解きなさい。

1. What will they do next week?

(A) Meet a business owner
(B) Begin a new work schedule
(C) Take a vacation
(D) Attend a conference

2. What does the man mean when he says, “that’s what we did last year”?

(A) An idea is a reliable option.
(B) He wants to do something different.
(C) A price has not changed.
(D) He has contacts in the area.

Date
／ Ⓐ Ⓑ Ⓒ Ⓓ ?
／ Ⓐ Ⓑ Ⓒ Ⓓ ?
／ Ⓐ Ⓑ Ⓒ Ⓓ ?

3. What will the woman do next?

(A) Visit a book store
(B) Reserve some tickets
(C) Update a Web page
(D) Leave the office early

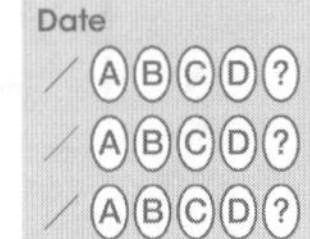

3_134 M:カナダ W:アメリカ

B もう一度会話を聞いて，空所部分を書き取ってください。

Questions 1-3 refer to the following conversation.

M: ① **1** ____.
② I want to arrive in plenty of time to hear Amy Atherton’s talk on team management.

W: ③ I was planning on driving there, but Alan suggested we take the Interstate train. ④ **2** ____?

M: ⑤ Well, that’s what we did last year.

W: ⑥ OK. **3** ____.
⑦ It’ll likely be crowded in the early morning.

解説・正解

A

1. 2人は来週何をしますか。
(A) 事業主に会う
(B) 新しい勤務計画を開始する
(C) 休暇を取る
(D) 学会に出席する

①で We need to make travel arrangements for next Monday's trip to the "Chicago Business Forum". と述べています。来週は「ビジネス・フォーラムに参加する」とわかるので，これを表した (D) Attend a conference を選べば OK です。②の「チーム管理に関する講演を聞く」もヒントになります。

2. 男性が "that's what we did last year" と言う際，何を意図していますか。
(A) 案は採用できる選択肢である。
(B) 彼は何か他のことをしたいと考えている。
(C) 価格は変わっていない。
(D) 彼はその地域に人脈を持っている。

女性は「列車で行く」という案について，④で Do you think it will get there early enough? と尋ねています。それに対して男性が that's what we did last year. と述べ，「昨年も列車で行った（から大丈夫・早く着く）」と伝えているので，(A) An idea is a reliable option. が正解です。意図問題では，発言を受けて「だから〇〇」とつながる選択肢がよく答えになります。

3. 女性は次に何をしますか。
(A) 書店へ行く
(B) チケットを複数予約する
(C) ウェブページを更新する
(D) オフィスを早く出る

女性は，⑥で I'll make the booking for the three of us online. と言っています。make a booking for ～「～を予約する」という表現を reserve「予約する」に言い換えた，(B) Reserve some tickets が正解です。「次の行動」が問われたときは，後半に出てくる "I'll ～" がよく該当箇所になるのでしたね。

B

問題1から3は次の会話に関するものです。

男性：①来週月曜の「シカゴ・ビジネス・フォーラム」への出張手配をする必要があります。②チーム管理に関する Amy Atherton さんの講演を聞くため，十分な時間の余裕を持って到着しておきたいです。
女性：③車で行こうと思っていましたが，Alan さんが Interstate 列車（州間列車）で行こうと提案してくれました。④そうすれば早めに到着できると思いますか。
男性：⑤ええと，去年はそうしました。
女性：⑥わかりました。オンラインで3人分の予約をします。⑦早朝は混み合う可能性が高いですね。

Part 3

① **1 We need to make travel arrangements for next Monday's trip to the "Chicago Business Forum"**

④ **2 Do you think it will get there early enough**

⑥ **3 I'll make the booking for the three of us online**

---

①□make travel arrangements 旅行の手配をする ②□in plenty of time 十分な時間的余裕を持って
③□plan on -ing …するつもりである □suggest …を提案する □interstate 各州間の
⑥□make a booking 予約する ⑦□likely おそらく □crowded 混雑した
2.(A) □reliable 信頼できる，確かな (D) □contact（人との）関係，人脈 3.(B) □reserve …を予約する

1(D) 2(A) 3(B)

3_135

A 会話を聞いて，発言の意図問題を含む4から6の問題を解きなさい。

4. What do the speakers need to do?

(A) Employ new staff
(B) Work extra hours
(C) Arrange a meeting room
(D) Rewrite a report

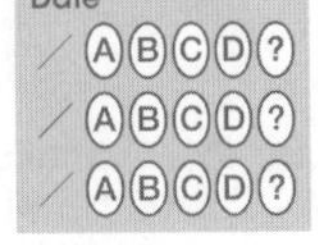

5. What does the woman imply when she says, "I've already spoken to Mr. Baxter"?

(A) Mr. Baxter cannot attend the meeting.
(B) She has received approval for a plan.
(C) She does not need to send an e-mail.
(D) Mr. Baxter has arrived at the building.

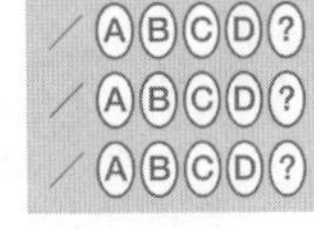

6. What does the man ask the woman to do?

(A) Assign jobs to team members
(B) Go to a job interview
(C) Add graphics to a report
(D) Gather office materials

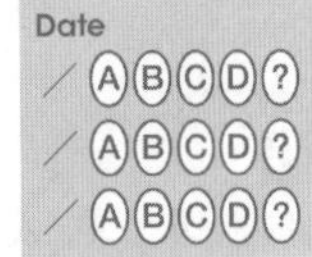

3_136 (M:カナダ W:イギリス)

B もう一度会話を聞いて，空所部分を書き取ってください。

Questions 4-6 refer to the following conversation.

M: ① Good morning, Jenna.
 ② **1** ______________________________
this weekend to make sure we finish the proposal documents on time, but I've been thinking. ③ Do we actually have the authority to arrange overtime pay? ④ **2** ______________________________, don't you think?

W: ⑤ It's fine. I've already spoken to Mr. Baxter. ⑥ I caught him just as he was leaving the office last night.

M: ⑦ Great! In that case, I'll tell the others that we're going forward with the plan to work on Saturday.
⑧ **3** ______________________________?

解説・正解

A

4. 話し手たちは何をする必要がありますか。
(A) 新しいスタッフを雇用する
(B) 時間外労働をする
(C) 会議室を手配する
(D) 報告書を書き直す

②で I know we decided to ask the team to do overtime with us と言っており，話し手のチームは「残業する」とわかります。これを言い換えた (B) Work extra hours が正解です。本文では「時間外に（overtime）仕事をする（do）」，選択肢では「余分な時間（extra hours）働く（work）」と表しているわけです。

5. 女性が "I've already spoken to Mr. Baxter" と言う際，何を示唆していますか。
(A) Baxter 氏は会議に出席できない。
(B) 彼女は計画の承認を受けた。
(C) 彼女は E メールを送る必要がない。
(D) Baxter 氏は建物に到着した。

男性は「時間外手当を支給する権限があるか」を心配し，女性に④で We should check with upper management, don't you think? と尋ねています。それに対して女性は It's fine. I've already spoken to Mr. Baxter. と答えて「すでに上司に話して OK だった」と伝えています。よって，(B) She has received approval for a plan. が正解です。

6. 男性は女性に何をするよう頼んでいますか。
(A) チームメンバーに仕事を割り振る
(B) 採用の面接に行く
(C) 報告書に図を追加する
(D) 事務用品を集める

Would you mind -ing?「～してくださいませんか？」を使い，男性は女性に⑧で Would you mind drawing up a list of who needs to do what? と依頼しています。who needs to do what は「誰が何をする必要があるか」で，「仕事の分担リスト作成」をお願いしているわけなので，(A) Assign jobs to team members が正解です。

B

問題４から６は次の会話に関するものです。

男性：①おはようございます，Jenna さん。②提案書を期限までに確実に書き上げるため，今週末にチームに一緒に時間外勤務をしてもらうことにしましたが，ずっとそのことを考えているんです。③時間外手当を支給する権限が本当に私たちにあるのでしょうか。④会社に確認すべきだと思いませんか。

女性：⑤大丈夫です。もうすでに Baxter 氏に話してあります。⑥昨夜彼がちょうどオフィスを出るところで会いました。

男性：⑦よかったです！　そういうことなら，土曜に仕事をする話を進めると他の人たちに伝えます。⑧各自の分担のリストを作ってもらえますか。

② **1** **I know we decided to ask the team to do overtime with us**

④ **2** **We should check with upper management**

⑧ **3** **Would you mind drawing up a list of who needs to do what**

---

②□do overtime 時間外勤務をする　□make sure 確実に…する　□on time 時間通りに
③□authority 権限　④□upper management 経営幹部　⑥□catch …を見つける
⑦□go forward with（計画など）を進める　⑧□draw up（文書など）を作成する　5.(B) □approval 承認
6.(A) □assign（仕事）を割り当てる　(D) □materials pl. 用具，道具

4(B)　5(B)　6(A)

3_137

A 会話を聞いて，発言の意図問題を含む７から９の問題を解きなさい。

7. Where most likely are the speakers?

(A) In a warehouse
(B) In a retail store
(C) In a head office
(D) In a convention center

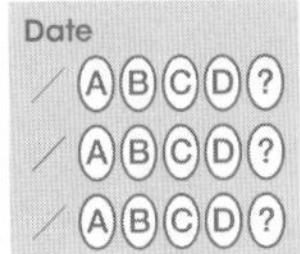

8. What does the man mean when he says, "Look at the size of these"?

(A) He is surprised at a material's price.
(B) He cannot see some text clearly.
(C) He thinks a request is impossible.
(D) He is sure there is enough of an item.

9. Why does the woman have to wait?

(A) The man is too busy right now.
(B) An office is closed until the afternoon.
(C) Material specifications have not been decided.
(D) Equipment needs to be transferred.

3_138 (W:アメリカ M:オーストラリア)

B もう一度会話を聞いて，空所部分を書き取ってください。

Questions 7-9 refer to the following conversation.

W: ① Paulo, we need to **1** ______________________________.
② I'd like to store them in this area.
③ **2** ______________________________?

M: ④ By hand? Look at the size of these.

W: ⑤ I see what you mean. ⑥ Can we get the forklift here now? ⑦ I really want to avoid the possibility of leaving the delivered boxes outside when they arrive in the morning.

M: ⑧ It's being used on another urgent job at the moment, but **3** ______________________________.
⑨ We'll make sure it gets done.

解説・正解

A

7. 話し手たちはどこにいると考えられますか。
(A) 倉庫
(B) 小売店
(C) 本社
(D) 会議場

①の we need to make some space for tomorrow's shipment of electronic goods from the Vietnam factory で「電子機器用のスペースを空ける」，②の I'd like to store them in this area. で「保管する」と言っています（store は動詞「保管する」）。話し手は「機器を保管する場所」にいると考えられるので，(A) In a warehouse を選べば OK です。

8. 男性が "Look at the size of these" と言う際，何を意図していますか。
(A) 彼は資材の価格に驚いている。
(B) 彼にははっきり見えない文字がいくつかある。
(C) 彼は要求されたことは実行不可能だと考えている。
(D) 彼は商品が十分にあると確信している。

女性は③で Could you move these boxes to an outer area today? と依頼し，それに対して男性が By hand? Look at the size of these. と返答しています。男性は「この箱の大きさを見て」→「この大きさを手で運ぶのは不可能だ」と伝えているので，(C) He thinks a request is impossible. が正解です。

9. 女性はなぜ待たなければなりませんか。
(A) 男性は今忙しすぎる。
(B) オフィスは午後まで閉まっている。
(C) 資材の仕様が決められていない。
(D) 機器を移動する必要がある。

forklift について，男性は⑧で ～, but I'll call Karen in the control office to request it for this afternoon. と言っています。女性は「今日の午後まで forklift が使えるのを待つ」わけなので，(D) Equipment needs to be transferred. が正解です（forklift をまとめ単語の equipment で表しています）。

B

問題７から９は次の会話に関するものです。

女性：① Paulo さん，ベトナム工場から明日届く電子機器のためにいくらかスペースを空ける必要があります。②この区画に保管したいのです。③今日これらの箱を外側の区画に移動してもらえますか。
男性：④自力で運ぶんですか。この大きさですよ。
女性：⑤わかります。⑥今ここにフォークリフトを持って来られますか。⑦午前中に到着した箱を外に置きっ放しにすることは絶対に避けたいのです。
男性：⑧今のところ他の急ぎの作業で使われていますが，管理事務所の Karen さんに電話して今日の午後にそれを使えるようにしてもらいます。⑨必ず終わらせます。

① **1** **make some space for tomorrow's shipment of electronic goods from the Vietnam factory**

③ **2** **Could you move these boxes to an outer area today**

⑧ **3** **I'll call Karen in the control office to request it for this afternoon**

①□make space スペースを空ける □shipment 出荷品，発送品 ②□store …を倉庫に保管する ③□outer 外側の ⑥□forklift フォークリフト ⑦□avoid …を避ける □possibility 可能性 □leave …を置いたままにしておく ⑧□control office 管理事務所 7.(A) □warehouse 倉庫 (B) □retail 小売（の） 9.(C) □specifications pl. 仕様，スペック (D) □equipment 機器

7(A) 8(C) 9(D)

3_139

A 会話を聞いて，発言の意図問題を含む 10 から 12 の問題を解きなさい。

10. What did the woman say she did earlier?

(A) Placed a stationery order
(B) Printed some documents
(C) Attended a financial meeting
(D) Cleaned the office desks

11. Why does the man say, "There's still plenty of ink"?

(A) To eliminate a possible cause
(B) To report an order's error
(C) To recommend a product
(D) To offer to share some supplies

12. What does the woman suggest the man do?

(A) Check a document with a superior
(B) Purchase some computer equipment
(C) Borrow another department's machine
(D) Delete a data file

3_140 (M:オーストラリア W:イギリス)

B もう一度会話を聞いて，空所部分を書き取ってください。

Questions 10-12 refer to the following conversation.

M: ① Do you have a minute, Sachiko?
② **1** ____.
③ There are white lines through the text.
W: ④ That's strange. ⑤ **2** ______________________________.
⑥ Did you run the cleaning function?
M: ⑦ Yes, and I checked inside. ⑧ There's still plenty of ink. ⑨ I can't afford to spend any more time on it. ⑩ I have clients coming at two o'clock.
W: ⑪ I'll call the maintenance office and inform them of the problem.
⑫ **3** ____
____?
M: ⑬ Great idea. I'll do that.

解説・正解

A

10. 女性はさっき何をしたと言いましたか。
(A) 文具を発注した
(B) 文書を印刷した
(C) 財務会議に出席した
(D) オフィスの机をきれいにした

女性は⑤で，I used it twenty minutes ago for the accounts reports. と言っています。it は②の the printer を指しており，女性は「先ほどプリンターを使った」とわかるので，(B) Printed some documents を選べば OK です。TOEIC の世界では，今回のような「コピー機の故障」は頻繁に起こります。

11. 男性はなぜ "There's still plenty of ink" と言っていますか。
(A) 考え得る原因の１つを消去するため
(B) 発注のミスを報告するため
(C) 製品を推薦するため
(D) 備品を共有することを申し出るため

女性の⑥ Did you run the cleaning function? に対して，男性は⑦で Yes, and I checked inside. と返答し，さらに There's still plenty of ink. と付け加えています。コピー機の故障は「クリーニング機能を使っていない・インクがない」ことが原因ではないと伝えているので，(A) To eliminate a possible cause が正解です。

12. 女性は男性に何をするよう提案していますか。
(A) 上司と文書をチェックする
(B) コンピューター機器を購入する
(C) 他部署の機器を借りる
(D) データファイルを削除する

女性は男性に，⑫の Why don't you put your data file on a USB stick, go up to the third floor and use their printer? で「他の階のプリンターを使う」ことを提案しています。これを「他部署の機器を借りる」と表した，(C) Borrow another department's machine が正解です。本文の printer を，選択肢ではまとめ単語 machine で表しています。

B

問題 10 から 12 は次の会話に関するものです。

男性：①ちょっといいですか，Sachiko さん。②プリンターが正しく動作していないようなのです。③文字の上に白い線が入っています。
女性：④それはおかしいですね。⑤私は 20 分前に会計報告書の印刷に使いました。⑥クリーニング機能を使いましたか。
男性：⑦はい，それに内部も確認しました。⑧まだインクも十分にあります。⑨もうこれ以上このことに時間を使っていられません。⑩お客様が２時に来るんです。
女性：⑪メンテナンスオフィスに電話して問題を知らせます。⑫データを USB メモリーに入れて，３階のプリンターを使ってはどうですか。
男性：⑬良いですね。そうします。

② **1** **The printer doesn't seem to be working properly**
⑤ **2** **I used it twenty minutes ago for the accounts reports**
⑫ **3** **Why don't you put your data file on a USB stick, go up to the third floor and use their printer**

②□work（機械などが）動く □properly 適切に ⑤□accounts pl. 会計
⑥□run（機械など）を動かす・使う □function 機能 ⑧□plenty of たくさんの…
⑨□can afford to *do* …する余裕がある □spend A on B A（時間・お金など）をBに使う
⑪□inform A of B AにBを知らせる 10.(A) □place an order 注文する □stationery 文房具
11.(A) □eliminate …を除去する □cause 原因，理由 (D) □share …を共有する
12.(A) □superior 目上の人 (B) □equipment 備品 (D) □delete（データ）を消す・削除する

10(B) 11(A) 12(C)

Part 3

3_141

A やり取りの回数が多い会話を聞いて，13 から 15 の問題を解きなさい。

13. What are the speakers talking about?

(A) A product promotion
(B) A reward card application
(C) A store policy
(D) A car charging point

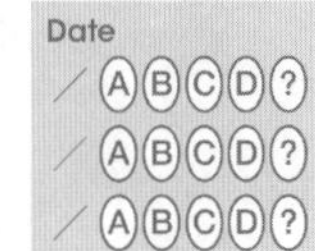

14. What does the woman suggest?

(A) Returning to the store later
(B) Buying multiple items
(C) Joining a scheme
(D) Purchasing a bag

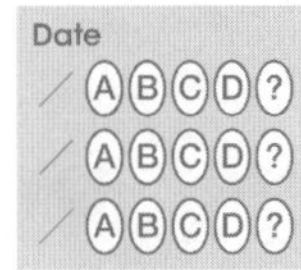

15. What will the woman do for the man?

(A) Deduct an earlier charge
(B) Pack his groceries
(C) Make a document copy
(D) Give him a coupon

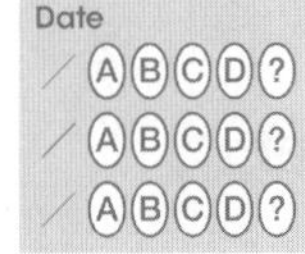

3_142 W:イギリス M:カナダ

B もう一度会話を聞いて，空所部分を書き取ってください。

Questions 13-15 refer to the following conversation.

W: ① That comes to $25.70 please, sir. ② Are you aware of the 10 cents charge per plastic grocery bag?

M: ③ No. That seems a bit expensive. ④ Why are you charging for them now?

W: ⑤ **1** ____.

⑥ We sell a range of cotton tote bags for a dollar.

⑦ **2** ____.

M: ⑧ Hmm. That might be better. ⑨ Ok, give me a light green one. ⑩ Oh, and can I use my store reward points to pay for it?

W: ⑪ You sure can. And **3** ______________________________.

M: ⑫ Great. Thanks for your help.

解説・正解

A

13. 2人は何について話していますか。
(A) 商品の販売促進
(B) ポイントカードの申し込み
(C) 店の方針
(D) 車の充電スタンド

店員（女性）はレジ袋が有料だと説明し，⑤で As a store, we want to reduce waste and encourage our customers to bring their own reusable bags. と言っています。As a store を使って「店の方針」を伝えているので，(C) A store policy が正解です。今回のように，本文の内容を選択肢で「漠然とまとめて表す」パターンに慣れておきましょう。

14. 女性は何を提案していますか。
(A) 後で店舗に戻ること
(B) たくさんの商品を買うこと
(C) 計画に参加すること
(D) バッグを購入すること

女性は⑦で，Perhaps you'd like to buy <u>one</u> now. と提案しています（直訳「ひょっとするとあなたは～したいと思うかもしれない」→「(そう思うならば) ～してみてはいかがでしょうか」という提案表現)。one は⑥の a tote bag を指し，女性は「バッグを買う」ことを提案しているので，(D) Purchasing a bag が正解です。

15. 女性は男性のために何をしますか。
(A) 先ほど加算された料金を差し引く
(B) 食料品を袋に詰める
(C) 文書のコピーを作成する
(D) クーポンを渡す

女性は最初「レジ袋 1 枚につき 10 セントかかる」と言いましたが，最終的には⑪で I'll take off the 20 cents for the plastic bags. と述べています（この take off は「値段から (off) とる (take)」→「差し引く・値引く」)。つまり「(加算する予定だった) レジ袋分の料金を値引く」ということなので，(A) Deduct an earlier charge が正解です。

B

問題 13 から 15 は次の会話に関するものです。

女性：① 25 ドル 70 セントになります，お客様。②レジ袋は 1 枚につき 10 セントなのはご存じですか。
男性：③いいえ。それは少し高いですね。④どうして今は袋は有料なのですか。
女性：⑤小売店として，当店はごみを削減したいと考え，マイバッグをお持ちいただくようお客様に推奨しています。⑥木綿のさまざまなトートバッグを 1 ドルで販売しています。⑦おひとつお求めになってはいかがですか。
男性：⑧そうですね。その方がいいかもしれません。⑨わかりました，薄緑色のをください。⑩あ，それと支払いにお店のポイントを使えますか。
女性：⑪もちろんお使いいただけます。それではレジ袋の分の 20 セントを値引きします。
男性：⑫それはよかった。ありがとうございました。

⑤ **1** **As a store, we want to reduce waste and encourage our customers to bring their own reusable bags**
⑦ **2** **Perhaps you'd like to buy one now**
⑪ **3** **I'll take off the 20 cents for the plastic bags**

①□come to 合計…になる ②□be aware of …に気が付いている □charge 請求金額 □grocery bag レジ袋 ④□charge for …の代金を請求する ⑤□reduce …を減少させる □encourage X to *do* Xに…するように勧める □reusable 再利用できる ⑥□a range of さまざまな… □cotton 綿（の） □tote bag トートバッグ ⑩□reward 報奨，謝礼 ⑪□take off …を値段から差し引く 13.(C) □policy 方針 14.(B) □multiple 多数の (C) □scheme 計画 15.(A) □deduct …を差し引く

Part 3

13(C) 14(D) 15(A)

3_143

A やり取りの回数が多い会話を聞いて，発言の意図問題を含む 16 から 18 の問題を解きなさい。

16. What does the man mean when he says, "I'm still waiting on a reply from the marketing department"?

(A) He cannot give an exact number yet.
(B) A product has yet to be approved.
(C) He doesn't know when he can begin work.
(D) A computer problem is still ongoing.

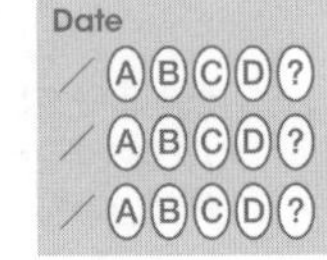

17. What does the woman say about the training?

(A) It may have to be cancelled.
(B) It is repeated annually.
(C) It will focus on accounting procedures.
(D) It is aimed at recently hired staff.

18. Who will the woman contact?

(A) Her direct superior
(B) A government employee
(C) Another department's head
(D) A transport company

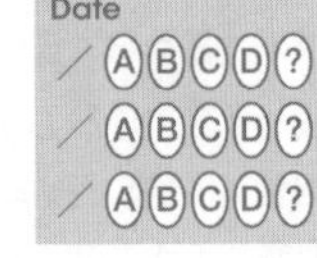

3_144 (M:オーストラリア W:アメリカ)

B もう一度会話を聞いて，空所部分を書き取ってください。

Questions 16-18 refer to the following conversation.

M: ① Everything all set up for your training session on workplace safety, Yolanda?
W: ② Not quite. I can't do final preparations until I know how many are coming.
M: ③ Oh, yeah. **1** ______________________________, but I'm still waiting on a reply from the marketing department.
W: ④ Right. Well, **2** ______________________________ ______________________. ⑤ It should be easy to count.
M: ⑥ Leave it with me. ⑦ I'll contact them this afternoon.
W: ⑧ Thanks. **3** ______________________________ ______________________________.

解説・正解

A

16. 男性が "I'm still waiting on a reply from the marketing department" と言う際，何を意図していますか。
(A) まだ正確な数字を伝えられない。
(B) 製品はまだ承認されていない。
(C) いつ仕事を始められるのか知らない。
(D) コンピューターの問題はまだ解決していない。

女性の②「何人来るかわからない」に対して，男性は **I had wanted to tell you by now, but I'm still waiting on a reply from the marketing department.** と返答しています。「参加者の数を伝えたかったけど，まだ返信を待っている」→「まだ参加者の数を伝えられない」ということなので，**(A) He cannot give an exact number yet.** が正解です。

17. 女性は研修について何と言っていますか。
(A) キャンセルしなければならないかもしれない。
(B) 毎年繰り返し行っている。
(C) 会計処理がテーマだ。
(D) 最近採用されたスタッフを対象とする。

女性は④で，**basically everyone who's joined in the last six months needs to undertake the training** と言っています。「ここ6か月に入社した人は研修に出る必要がある」→「研修は最近採用されたスタッフが対象」だとわかるので，**(D) It is aimed at recently hired staff.** を選べばOKです。

18. 女性は誰に連絡しますか。
(A) 直属の上司
(B) 公務員
(C) 他部署の部長
(D) 運送会社

⑧に **I also need to confirm the official safety inspector from city hall is coming to address the attendees.** とあるので，「市役所の安全検査官」を言い換えた **(B) A government employee** を選びます。ちなみに，**address** の核となるイメージは「ぽ～んと向ける」で，今回は「話の内容を聴衆にぽ～んと向ける」→「話をする・講演する」です。

B

問題16から18は次の会話に関するものです。

男性：①職場の安全性に関する講習会の準備はすべて終わりましたか，Yolandaさん。
女性：②あまりできていません。何人来るかわかるまで最終準備ができません。
男性：③ああ，そうですね。この時期までには伝えたいと思っていたのですが，マーケティング部からの返信をまだ待っているところなんです。
女性：④そうですか。ええと，基本的にここ6か月間に入社した方は研修に出る必要があります。⑤その人数を数えるのは簡単じゃないですか。
男性：⑥それは私に任せてください。⑦今日の午後，マーケティング部に連絡します。
女性：⑧ありがとうございます。市役所の安全検査官の方が参加者に話をしにいらっしゃることを確認する必要もあります。

③ **1** **I had wanted to tell you by now**
④ **2** **basically everyone who's joined in the last six months needs to undertake the training**
⑧ **3** **I also need to confirm the official safety inspector from city hall is coming to address the attendees**

①□set up …の準備をする □workplace 職場 ②□Not quite. そういうわけではない。
□preparation 準備，用意 ④□undertake（義務など）を引き受ける
⑥□leave A with B A（仕事など）をBにゆだねる ⑧□official 形 公務上の 名 公務員
□inspector 検査官 □city hall 市役所 □address（人）に話をする 16.(A) □exact 正確な
(D) □ongoing 形 継続している 17.(B) □annually 毎年 (C) □focus on …に焦点を当てる
□accounting 会計 □procedure 処理，手順 (D) □aim at …を対象とする

16(A) 17(D) 18(B)

3_145

A やり取りの回数が多い3人の会話を聞いて，19から21の問題を解きなさい。

19. Where most likely is the conversation taking place?

(A) At a theater
(B) In a boardroom
(C) At a trade show
(D) At a factory

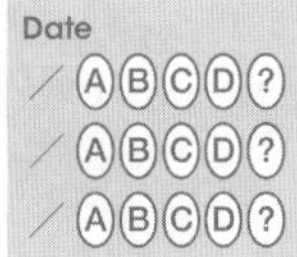

20. What does the women's company sell?

(A) Travel equipment
(B) Fashion accessories
(C) Hotel room supplies
(D) Consumer electronics

Date
／ Ⓐ Ⓑ Ⓒ Ⓓ ?
／ Ⓐ Ⓑ Ⓒ Ⓓ ?
／ Ⓐ Ⓑ Ⓒ Ⓓ ?

21. What does Suzanna inquire about?

(A) A price
(B) An order size
(C) A customer reaction
(D) A client location

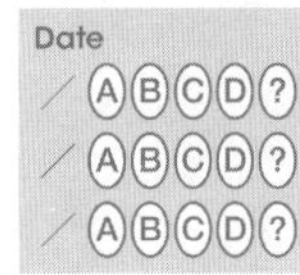

3_146 (M:カナダ W1:アメリカ W2:イギリス)

B もう一度会話を聞いて，空所部分を書き取ってください。

Questions 19-21 refer to the following conversation with three speakers.

M: ① **1** ______________________________
and your range of products is the most impressive. ② I'm especially interested in **2** ______________________________.
③ Do you offer reductions for bulk orders?

W1: ④ We might be able to. ⑤ My colleague Suzanna will be able to advise you on that.

W2: ⑥ Good afternoon, sir. In terms of discounts,
3 ______________________________.

M: ⑦ Well, I own a holiday park with around two dozen cabins. ⑧ We're looking to install home cinemas in each of them.

W2: ⑨ I'm sure we can do a deal for you. ⑩ Let me explain the different models we sell.

解説・正解

A

19. この会話はどこで行われていると考えられますか。
(A) 劇場
(B) 役員室
(C) 展示会
(D) 工場

①に Nice booth. I've visited a lot of vendors here today and your range of products is the most impressive. とあります（here で「ここにいる」と示す難問でよくあるパターン）。「ブース・お店・商品」がある場所として適切なのは，(C) At a trade show です。trade show とは「業界の最先端の商品・開発段階の技術を発表するイベント」です。

20. 女性の会社は何を販売していますか。
(A) 旅行用品
(B) ファッションアクセサリー
(C) ホテルの客室用備品
(D) 消費者向け電子機器（家電製品）

男性は女性に対して，②で I'm especially interested in this projector and speaker combination for the home. と言っているので，(D) Consumer electronics を選べば OK です。本文の for the home「家庭用」を選択肢では consumer「消費者」，projector and speaker を electronics「電子機器」と表しています。

21. Suzanna は何について尋ねていますか。
(A) 価格
(B) 発注の規模
(C) 顧客の反応
(D) クライアントの所在地

Suzanna は⑥で，we first need to know what kind of volume we're talking about と言っています。注文する「量」について尋ねているので，(B) An order size が正解です（size は「（実際の）大きさ」に限らず，「数量・規模」も表します）。その後に，男性が「山小屋が 24 棟くらいあって，1 棟 1 棟に導入する」と続けているのもヒントになりますね。

B

問題 19 から 21 は次の 3 人の会話に関するものです。

男性： ①良いブースですね。今日ここでたくさんの販売ブースを見ましたが，御社の製品の品揃えが一番印象的です。②特にこの家庭用プロジェクターとスピーカーのセットにひかれました。③大量注文をしたら割引をしてもらえますか。

女性 1： ④できるかもしれません。⑤この件は同僚の Suzanna が対応いたします。

女性 2： ⑥こんにちは。割引に当たっては，まずどれくらいの量を考えていらっしゃるのか教えていただけますか。

男性： ⑦ええと，私は山小屋が 24 棟くらいあるホリデーパークを所有しています。⑧山小屋 1 棟 1 棟にホームシネマを導入しようと考えています。

女性 2： ⑨では，割引のご提案が可能です。⑩当社はいろいろなモデルを販売しておりますので，ご説明します。

① **1 Nice booth. I've visited a lot of vendors here today**

② **2 this projector and speaker combination for the home**

⑥ **3 we first need to know what kind of volume we're talking about**

---

①□booth（展示会場などの）ブース □vendor 販売会社，販売店 □range 品ぞろえ，商品の種類
□impressive 強い印象を与える ③□reduction 割引，削減 □bulk order 大口発注，大量注文
⑤□colleague 同僚 ⑥□in terms of …に関して，…の立場から □volume（取引などの）額，量
⑦□own …を所有する □dozen ダース，12（個） □cabin 小屋 ⑧□look to *do* …するつもりでいる
□install …を取り付ける ⑨□do a deal 取引をする 19.(B) □boardroom 役員会議室
20.(A) □equipment 用品，備品

19(C) 20(D) 21(B)

3_147

A やり取りの回数が多い3人の会話を聞いて，22から24の問題を解きなさい。

22. Who is Nathan?

(A) A new employee
(B) A parking lot attendant
(C) A department manager
(D) A visiting client

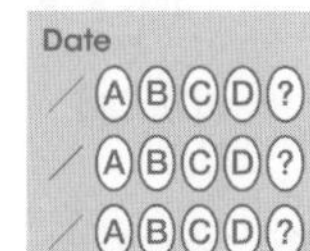

23. Why does the woman interrupt the conversation?

(A) She has an urgent task.
(B) She does not understand an instruction.
(C) Some information was incorrect.
(D) An important person is waiting.

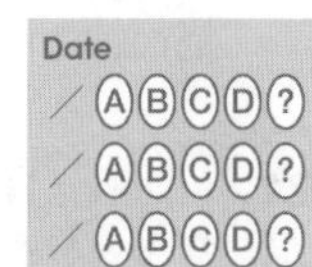

24. What does Nathan say he will do now?

(A) Visit another department
(B) Check a vehicle
(C) Send a document
(D) Return to his office

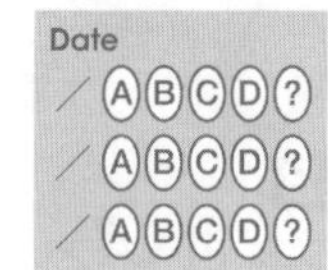

3_148 M1:オーストラリア M2:カナダ W:アメリカ

B もう一度会話を聞いて，空所部分を書き取ってください。

Questions 22-24 refer to the following conversation with three speakers.

M1: ① Hi, Nathan. **1** ____________________?
② I know it's tough starting someplace new.

M2: ③ Everyone's been so helpful. ④ Say, do you know where I should park my car? ⑤ I can't use the employee lot without a pass.

M1: ⑥ Just keep using the visitors' lot till you get one. There's plenty....

W: ⑦ Actually Kenji, **2** ____________________.
⑧ You need to get a temporary pass today from the human resource section.

M2: ⑨ Right. **3** ____________________.

W: ⑩ You might want to do it now, Nathan. ⑪ Managers get annoyed if our cars are in the visitors' parking lot.

M2: ⑫ Got it. I will. Thanks for the warning.

解説・正解

A

22. Nathanは誰ですか。
(A) 新しい従業員
(B) 駐車場の係員
(C) 部長
(D) 訪問中のクライアント

Nathanに対して，①でHow's your first day going?と「初日の感想」を聞いています。その後にI know it's tough starting someplace new.と続けており，Nathanは「新しい場所で働き始めた」とわかるので，(A) A new employeeを選べばOKです。TOEICでは「新入社員への指示・新入社員の紹介」はよく出てきます。

23. 女性はなぜ会話に割り込んでいるのですか。
(A) 彼女には緊急の任務がある。
(B) 彼女には指示がわからない。
(C) ある情報が間違っていた。
(D) 重要人物が待っている。

男性1が⑥「訪問者用駐車場を使ってOK」と言っているところに，女性は⑦でActually Kenji, the guidelines have changed.と割り込んでいます。Actuallyを使って「方針が変わった」と伝え，その後で「許可証を受け取る必要がある」と男性1の指示を訂正しているので，(C) Some information was incorrect.が正解です。

24. Nathanは今から何をすると言っていますか。
(A) 他の部署へ行く
(B) 車両を確認する
(C) 文書を送る
(D) 事務所に戻る

Nathanは⑨でI'll go see them after lunch.と言い（themは「人事部の人」を表しています），これに対して女性が⑩You might want to do it now, Nathan.と言っています。Nathanはそれに同意しており，「今から人事部に行く」とわかるので，(A) Visit another departmentを選べばOKです。

B

問題22から24は次の3人の会話に関するものです。

男性1： ①こんにちは，Nathanさん。初日はどうですか。②新しい場所で働き始めるのは大変でしょう。
男性2： ③皆さんとても協力的ですよ。④そうだ，どこに駐車すればいいか知っていますか。⑤許可証がないので従業員駐車場を使えないのです。
男性1： ⑥許可証を受け取るまで訪問者用駐車場を使っていればいいですよ。たくさんあり…
女性： ⑦実はね，Kenjiさん，ガイドラインが変わったのです。⑧今日，人事部から仮の許可証を受け取る必要があるんです。
男性2： ⑨そうですか。では，昼食の後で人事部に行きます。
女性： ⑩今作った方がいいかもしれませんよ，Nathanさん。⑪マネジャーは訪問者用駐車場に従業員の車があると気分を害されますから。
男性2： ⑫わかりました。そうします。教えてくださってありがとうございます。

① **1** **How's your first day going**

⑦ **2** **the guidelines have changed**

⑨ **3** **I'll go see them after lunch**

②□someplace (= somewhere) どこかに，どこかへ ③□helpful 助けになる
④□say（間投詞的に用いて）ねえ，ちょっと □park …を駐車する ⑤□lot 一区画
⑧□temporary 仮の，一時的な □human resource section 人事部門 ⑪□get p.p. …される
□annoy …を悩ます・いらだたせる ⑫□Got it. (= I got it.) わかりました。□warning 警告
22.(B) □attendant 係員，案内係 23.(B) □instruction 指示，命令 24.(B) □vehicle 乗り物

22(A) 23(C) 24(A)

3_149

A 会話を聞いて，図表問題を含む 25 から 27 の問題を解きなさい。

Annual Life Skills Classes for Employees
Saturday, Sept. 4

Time	Activity	Location
11:00 A.M.	Woodworking - Level 2	Loading Bay
11:20 A.M.	Elementary Cooking	Employee Services Room
1:00 P.M.	Photography tips	Meeting Room A
1:15 P.M.	Clothes making and repair	Meeting Room B

25. Why was the woman unable to choose an activity?

(A) She has taken all the classes previously.
(B) She has been too busy to decide.
(C) She is unsure of her September schedule.
(D) She did not receive the information in time.

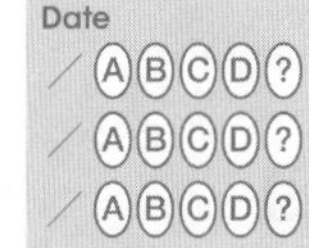

26. Look at the graphic. Where will the man take a class?

(A) In the Loading Bay
(B) In the Employee Services Room
(C) In Meeting Room A
(D) In Meeting Room B

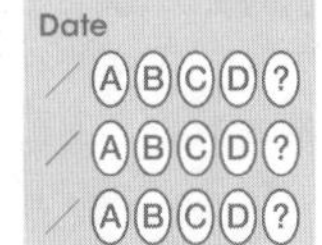

27. What does the woman say she will do?

(A) Think about which class to take
(B) Make a lunch appointment
(C) Meet the man at the class
(D) Ask other employees for help

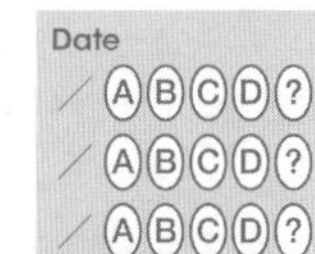

3_150 M:カナダ W:アメリカ

B もう一度会話を聞いて，空所部分を書き取ってください。

Questions 25-27 refer to the following conversation and schedule.

M: ① Are you looking forward to the life skills event this weekend, Moira?
② I think it's great that our company arranges these classes for us every year.
③ I always enjoy learning something new.

W: ④ Sure. It helps build team relationships, too. ⑤ But, **1** ________________
________________.
⑥ What are you doing?

M: ⑦ Well, I did the woodworking class last year.
⑧ **2** ________________
so that I can bring lunch to the office.

W: ⑨ That's a great idea! ⑩ I'd like to do that, too.
⑪ **3** ________________.

解説・正解 p.482-483

A

25. 女性はなぜ活動を決められなかったのですか。
(A) 彼女は以前すべての講座を受講した。
(B) 彼女は忙しすぎて決められなかった。
(C) 彼女は9月の予定がよくわからない。
(D) 彼女は情報を受け取るのが遅かった。

女性は⑤で，because of my full schedule, I haven't had time to decide which class I'm gonna takeと言っています（because of ～「～が原因で」で理由を示している）。my full schedule「私のきついスケジュール」をbusyと表した，(B) She has been too busy to decide. が正解です。

26. 図を見てください。男性はどこで講座を受けますか。
(A) 積み降ろし場
(B) 従業員サービスルーム
(C) 会議室A
(D) 会議室B

男性は今年受ける講座について，⑧でThis time I'd like to learn how to make some basic recipesと言っています。図で「基本的なレシピの作り方」の講座を探すと，Elementary Cookingが見つかります（本文のbasicが，図ではelementary「基本の・初歩の」で表されています）。よって，正解は(B) In the Employee Services Roomです。

27. 女性は何をすると言っていますか。
(A) どの講座を受けるか考える
(B) ランチの予約をする
(C) 講座で男性と会う
(D) 他の従業員に助けを求める

女性は⑩でI'd like to do that, too.，⑪でI guess I'll see you there. と言っており，thatは（男性と同じ）Elementary Cookingの講座，thereは（その講座が開かれる）In the Employee Services Roomを指しています。つまり，女性は「同じ講座で男性と会う」とわかるので，(C) Meet the man at the classが正解です。

毎年恒例の従業員向け生活技能講座
9月4日　土曜

時間	活動	場所
午前11時	木工 - レベル 2	積み降ろし場
午前11時20分	料理初級	従業員サービスルーム
午後1時	写真撮影のこつ	会議室 A
午後1時15分	衣服の仕立てと繕い	会議室 B

B

問題25から27は次の会話と予定に関するものです。

男性：①今週末の生活技能イベントを楽しみにしていますか，Moiraさん。②会社が私たちのためにこうした講座を毎年用意してくれるのはとても良いことだと思います。③何か新しいことを学ぶのはいつも楽しいです。

女性：④そうですね。チームの人間関係を築くのにも役立ちます。⑤でも，スケジュールがいっぱいで，どの講座を受けるか決める時間がありませんでした。⑥あなたは何をするんですか。

男性：⑦ええと，私は去年木工の講座を受けました。⑧今回は会社に弁当を持ってこられるよう，基本的なレシピの作り方を習ってみたいです。

女性：⑨それはいい考えですね！　⑩私もしてみたいです。⑪きっとそこで会えますね。

⑤ **1** **because of my full schedule, I haven't had time to decide which class I'm gonna take**

⑧ **2** **This time I'd like to learn how to make some basic recipes**

⑪ **3** **I guess I'll see you there**

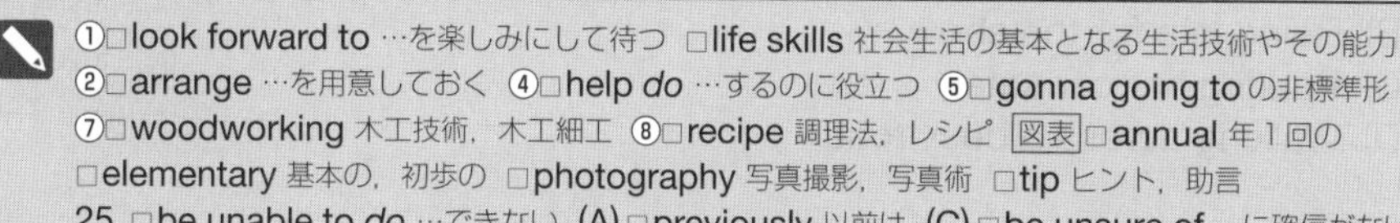

①□look forward to …を楽しみにして待つ　□life skills 社会生活の基本となる生活技術やその能力
②□arrange …を用意しておく　④□help *do* …するのに役立つ　⑤□gonna going toの非標準形
⑦□woodworking 木工技術，木工細工　⑧□recipe 調理法，レシピ　図表□annual 年1回の
□elementary 基本の，初歩の　□photography 写真撮影，写真術　□tip ヒント，助言
25. □be unable to *do* …できない　(A) □previously 以前は　(C) □be unsure of …に確信がない

3_151

A 会話を聞いて，図表問題を含む 28 から 30 の問題を解きなさい。

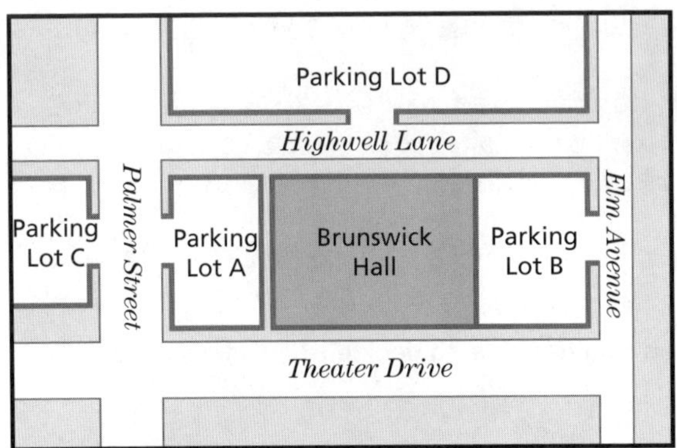

28. What is the woman concerned about?

(A) Paying parking charges
(B) Being late for the show
(C) Parking her car safely
(D) Walking across a busy road

Date
/ Ⓐ Ⓑ Ⓒ Ⓓ ?
/ Ⓐ Ⓑ Ⓒ Ⓓ ?
/ Ⓐ Ⓑ Ⓒ Ⓓ ?

29. Look at the graphic. Where will the woman park her vehicle?

(A) Parking Lot A
(B) Parking Lot B
(C) Parking Lot C
(D) Parking Lot D

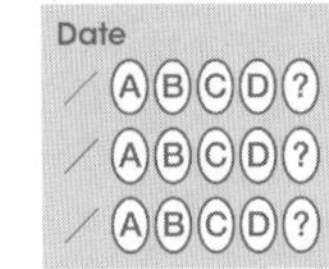

30. How many tickets will the woman show?

(A) 1
(B) 2
(C) 3
(D) 4

Date
/ Ⓐ Ⓑ Ⓒ Ⓓ ?
/ Ⓐ Ⓑ Ⓒ Ⓓ ?
/ Ⓐ Ⓑ Ⓒ Ⓓ ?

3_152 M:オーストラリア W:イギリス

B もう一度会話を聞いて，空所部分を書き取ってください。

Questions 28-30 refer to the following conversation and map.

M: ① Ma'am, these parking spaces are reserved for performers and hall staff.
② Please use one of the other parking lots.

W: ③ Oh, I see. The thing is, I don't want to park on the other side. ④ I'm here with my young daughter, and
1 ____.

M: ⑤ There's parent and child parking at the other entrance to the hall.

W: ⑥ Great. How do I get to it?

M: ⑦ **2** ____.
⑧ **3** ____.

W: ⑨ Understood. Thanks for your help.

解説・正解 p.486-487

A

28. 女性は何を心配していますか。
(A) 駐車料金を支払うこと
(B) ショーに遅れること
(C) 安全に駐車すること
(D) 交通量が多い道路を歩いて渡ること

女性は④で **it's really dangerous crossing over Palmer Street with her** と述べ，「娘と通りを渡るのは危険」と心配しているので，**(D) Walking across a busy road** が正解です。**busy** は「やかましい」イメージで，今回は「人や車でやかましい」→「交通量が多い」を表しています（他に「電話線がやかましい」→「話し中で」でも使われます）。

29. 図を見てください。女性はどこに駐車しますか。
(A) 駐車場A
(B) 駐車場B
(C) 駐車場C
(D) 駐車場D

男性は⑤で「お子様連れの方のための駐車場がホールの別の入り口にある」と言って，⑦で **The gate is on Elm Avenue.** と説明しています。**on** は本来「接触」を表し，「Elm 通りに接触している」→「Elm 通りに面している」ということなので，**(B) Parking Lot B** を選べば OK です。

30. 女性はチケットを何枚見せますか。
(A) 1枚
(B) 2枚
(C) 3枚
(D) 4枚

男性は女性に，⑧で **Get your and your daughter's ticket ready to show the attendant.** と言っています（**get OC**「OをCの状態にする」の形）。女性は「自分のチケットと娘のチケット」＝「2枚」を見せるとわかるので，**(B) 2** が正解です。問 29 を解くことを意識しすぎて，直後の⑧を聞き逃さないように注意しましょう。

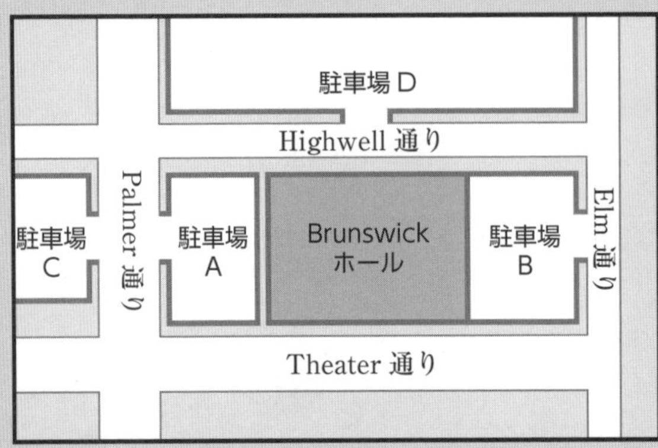

B

問題 28 から 30 は次の会話と地図に関するものです。

男性：①お客さま，この駐車スペースは演者とホールスタッフ専用ですので，②他の駐車場をご利用くださいますか。

女性：③あ，わかりました。でも，反対側には駐車したくないのです。④私は幼い娘を連れて来ているので，Palmer 通りを渡るのはかなり危険です。

男性：⑤お子様連れの方のための駐車場がホールの別の入り口にあります。

女性：⑥そうですか。どうすればそこへ行けますか。

男性：⑦入り口は Elm 通りに面しています。⑧お客さまとお嬢さまのチケットを係員に見せる用意をしておいてください。

女性：⑨わかりました。ありがとうございます。

④ **1** **it's really dangerous crossing over Palmer Street with her**

⑦ **2** **The gate is on Elm Avenue**

⑧ **3** **Get your and your daughter's ticket ready to show the attendant**

①□reserve A for B AをBのために取っておく □performer 演技者，演奏者
③□the thing is 重要なことは…だ，その理由は…だ（副詞的に用いる）④□cross over …を渡る
⑤□entrance 入り口 ⑧□ready to *do* …する用意ができて □attendant 案内係，係員
28. □be concerned about …について心配している (B) □be late for …に遅れる
(C) □park …を駐車する (D) □busy 交通量が多い 29. □vehicle 乗り物

Part 3

3_153

A 会話を聞いて，図表問題を含む 31 から 33 の問題を解きなさい。

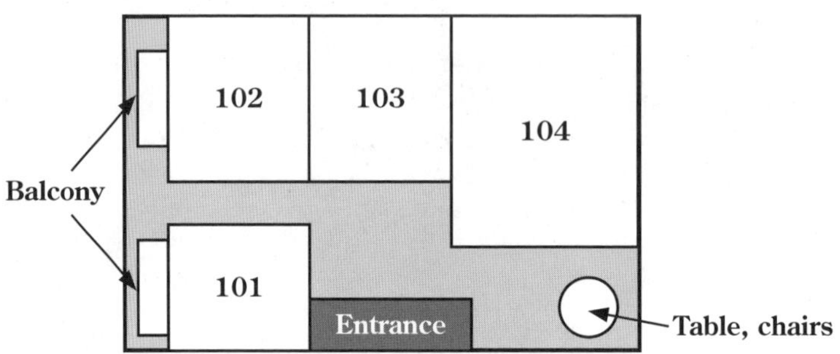

31. What does the man want the woman to do?

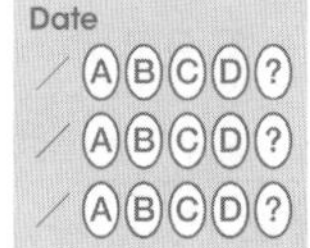

(A) Consider his recommendation
(B) Visit him at his office
(C) Collect an apartment key
(D) Sign a rental contract

32. Look at the graphic. Which apartment are they talking about?

Date

(A) 101
(B) 102
(C) 103
(D) 104

33. What will the man do later?

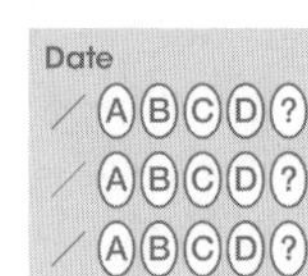

(A) Drive the woman to her apartment
(B) Take some photographs
(C) Call the building's owner
(D) Show interior design samples

3_154 M:カナダ W:イギリス

B もう一度会話を聞いて，空所部分を書き取ってください。

Questions 31-33 refer to the following conversation and floor plan.

M: ① Hello, Ms. Jackson? This is Lester from Bonnington Real Estate. ② Do you have a moment to chat about a vacant apartment we've identified for you?

W: ③ Oh, sure. I've been waiting to hear back from you. ④ Can you tell me a little about it?

M: ⑤ Well, it's the corner apartment in a small building of four units.
⑥ **1** ______________________________.
⑦ **2** ______________________________.

W: ⑧ I see. I don't have time to view it today, but can you e-mail me some images of the interior?

M: ⑨ Certainly. **3** ______________________________.
⑩ I'll call again this evening to follow up.

解説・正解 p.490-491

A

31. 男性は女性に何をしてほしいと思っていますか。
(A) 彼が勧めたものを検討する
(B) 彼のオフィスを訪ねる
(C) アパートの鍵を受け取る
(D) 賃貸契約に署名する

男性は女性に，②で Do you have a moment to chat about a vacant apartment we've identified for you? と言っています。男性（不動産業者）は女性（客）に「空き部屋を検討してほしい」と思っているので，(A) Consider his recommendation を選べば OK です（his recommendation は「男性が勧めたもの」＝「空き部屋」を指しています）。

32. 図を見てください。彼らはどのアパートの部屋について話していますか。
(A) 101
(B) 102
(C) 103
(D) 104

⑤で it's the corner apartment in a small building of four units.. ⑥で This is the biggest one.. ⑦で there's no balcony と言っています。「角部屋・一番広い・バルコニーがない」という説明に合うのは，(D) 104 です。ここまで正確に聞き取れなくても，実際には the biggest one だけで正解は選べますね。

33. 後で男性は何をしますか。
(A) 女性を彼女のアパートまで車で送る
(B) 写真を撮る
(C) 建物の所有者に電話する
(D) インテリアデザインのサンプルを見せる

女性の can you e-mail me <u>some images of the interior</u>? に対して，男性は⑨で Certainly. I'll drive over there this afternoon and <u>take some</u>. と返答しています。take some は「内装の写真を何枚か撮る」ことを表しているので，(B) Take some photographs が正解です。ちなみに，(A) は本文と同じ単語 drive を使ったひっかけです。

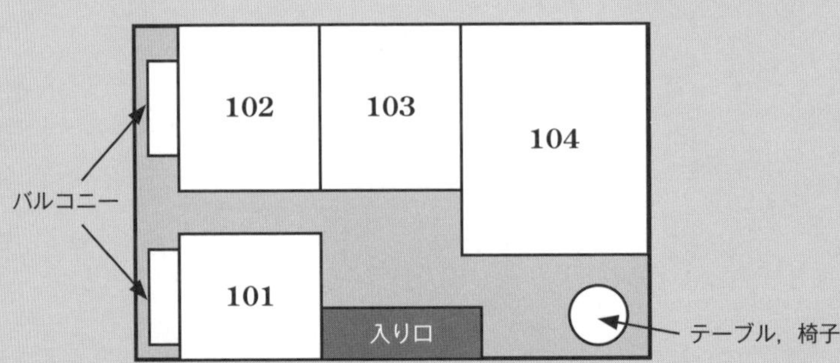

B

問題 31 から 33 は次の会話と見取り図に関するものです。

男性：①もしもし，Jackson さんですか。Bonnington 不動産の Lester です。②アパートの空室が見つかったんですが，それについて少しお話をする時間はありますか。

女性：③あ，もちろんです。お返事を待っておりました。④お話を聞かせていただけますか。

男性：⑤ええと，全部で４戸ある小さなアパートの角部屋です。⑥一番広い住戸です。⑦バルコニーはありませんが，お客さまの希望にぴったりだと思います。

女性：⑧わかりました。今日は見る時間がありませんが，内装の写真を何枚かメールで送っていただけますか。

男性：⑨かしこまりました。今日の午後，車で行って何枚か撮影してきます。⑩夕方再度お電話して続きをお話しします。

⑥ **1** **This is the biggest one**

⑦ **2** **Even though there's no balcony, I think it's a great match for your needs**

⑨ **3** **I'll drive over there this afternoon and take some**

---

①□real estate 不動産 ②□have a moment ちょっと時間がある □vacant（部屋などが）空いている □identify …を見つけ出す ③□hear back from …から返事をもらう
⑦□a match for …にふさわしいもの ⑧□view …を見る・検分する □image 画像，映像 □interior 室内，内側 ⑨□drive over there 車をそこまで走らせる
⑩□follow up 情報を伝える，適切に対応する 31.(A) □consider …をよく考える・検討する (D) □sign a contract 契約書にサインする，契約を結ぶ 33.(A) □drive A to B AをBまで車で送る

Part 3

31(A) 32(D) 33(B)

3_155

A 会話を聞いて，図表問題を含む 34 から 36 の問題を解きなさい。

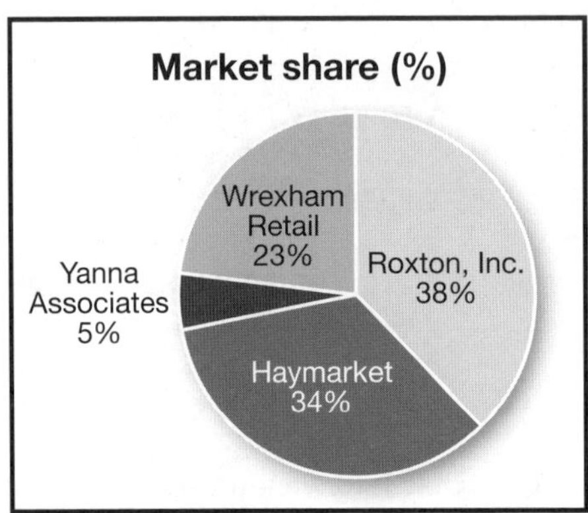

34. Look at the graphic. Where do the speakers work?

(A) Wrexham Retail
(B) Roxton, Inc.
(C) Haymarket
(D) Yanna Associates

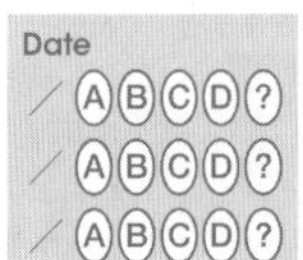

35. What does the speakers' company produce?

(A) Prepared meals
(B) Business software
(C) Sports equipment
(D) Home furnishings

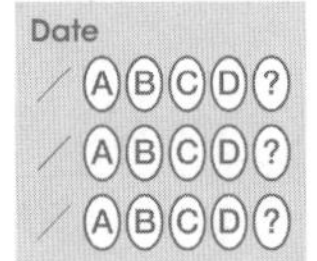

36. Why does the woman disagree with a strategy?

(A) It will cost too much money.
(B) It will take too long to implement.
(C) It was unsuccessful in the past.
(D) A competitor uses a similar strategy.

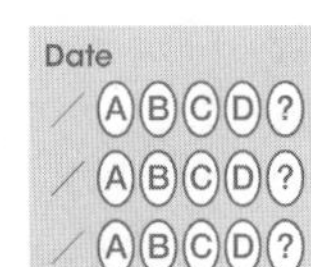

3_156 (W:アメリカ M:オーストラリア)

B もう一度会話を聞いて，空所部分を書き取ってください。

Questions 34-36 refer to the following conversation and chart.

W: ① I've got the quarterly figures which show our market share among domestic retail customers.

M: ② OK, it looks like **1** ______________________________.

W: ③ I had hoped our redesigned range of dining tables and chairs would boost sales.

M: ④ It did, just not enough to become market leader.

W: ⑤ Do you have any suggestions for improving our position?

M: ⑥ **2** ____.
⑦ I think we should run a magazine advertising campaign based around it.

W: ⑧ I'm not convinced.
⑨ **3** ____.

Part 3

解説・正解 p.494-495

A

34. 図を見てください。話し手たちはどこで働いていますか。
(A) Wrexham 小売店
(B) Roxton 社
(C) Haymarket 社
(D) Yanna アソシエイツ

②の we've maintained our place just behind Roxton で,「Roxton のちょうど後ろの位置」→「Roxton の次の順位」と言っています（behind は本来「背後（～の後ろに）」で，今回は「順位が後ろ」を表しています）。グラフを見て，Roxton 社の次に市場シェアが大きい (C) Haymarket を選べば OK です。

35. 話し手たちの会社は何を生産していますか。
(A) 調理済み食品
(B) ビジネス用ソフトウェア
(C) スポーツ用品
(D) 家具

③の our redesigned range of dining tables and chairs，⑥の The bedroom cabinet をまとめて表した，(D) Home furnishings「家具」が正解です。furnish は動詞「備え付ける」で，home furnishings は「家に備え付けられたもの」→「家財道具・家具」となりました。絶対に複数形にしない furniture と違って，furnishings は複数で使うのが基本です。

36. 女性はなぜ戦略に反対しているのですか。
(A) 費用がかかりすぎる。
(B) 実行するのに時間がかかりすぎる。
(C) 過去に失敗に終わった。
(D) 競合他社が同様の戦略を採用している。

女性は提案について，⑧で I'm not convinced. と言った後，⑨で We tried that last year, and the results were disappointing. と理由を述べています。これを「過去に失敗した」と言い換えた，(C) It was unsuccessful in the past. が正解です。convinced は「納得させられる」→「納得して」，disappointing は「がっかりさせるような・期待外れの」です。

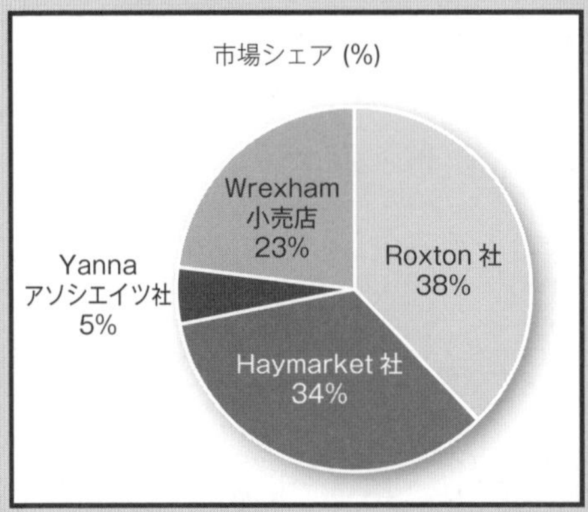

B

問題 34 から 36 は次の会話とグラフに関するものです。

女性：①国内小売市場における当社の四半期の市場シェアの数字です。
男性：②なるほど，相変わらず Roxton の次の順位のようですね。
女性：③デザインを見直したダイニングテーブルと椅子のシリーズが売り上げを伸ばすことを期待していたのですが。
男性：④伸ばしたのは事実ですが，ただ市場のトップになるには不十分でした。
女性：⑤さらに上を目指すための提案はありますか。
男性：⑥来月，寝室用キャビネットのシリーズを発売します。⑦それを軸にした雑誌広告キャンペーンを展開すべきだと思います。
女性：⑧それはどうでしょうか。⑨去年やってみましたが，結果はよくありませんでした。

② **1** **we've maintained our place just behind Roxton**

⑥ **2** **The bedroom cabinet range is being released next month**

⑨ **3** **We tried that last year, and the results were disappointing**

---

①□quarterly 四半期の □figures pl. 数字 □domestic 国内の □retail 小売（業）
②□look like …のようだ □maintain …を維持する □place 順位，位置 □behind …の後に
③□redesign …をデザインし直す □range（商品などの）種類 □boost …を増加する
④□enough to *do* …するのに十分な ⑤□suggestion 提案 □improve …を一層良くする
□position 立場，位置 ⑥□cabinet 飾り棚 □release（新製品など）を発売する
⑦□run a campaign キャンペーンを行う □base …の基礎を置く ⑧□convinced 確信を抱いた
⑨□disappointing がっかりさせる，期待はずれの 34.(D) □associate 提携者，仲間
35.(A) □prepared 調理された (C) □equipment 用品，機材 (D) □furnishings pl. 備え付け家具
36. □strategy 戦略 (B) □implement …を実行する (C) □unsuccessful 失敗した
(D) □competitor 競合相手

Part 3

34(C) 35(D) 36(C)

実際の TOEIC 形式の問題を解き，これまでの学習内容を復習しましょう。

3_157

1. What are the speakers mainly discussing?

(A) Replacing office equipment
(B) Submitting a transfer request
(C) Purchasing printer ink
(D) Promoting a new product range

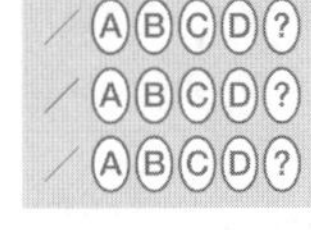

2. What does the woman hope will happen?

(A) A meeting with management will go ahead.
(B) A repair person will arrive soon.
(C) She can move to a new department.
(D) Her proposal will be accepted.

3. Why does the man say, "The BizTab 5 isn't due for release until next January"?

(A) To complain about a delay
(B) To correct the woman's belief
(C) To highlight a product's popularity
(D) To recommend changing a schedule

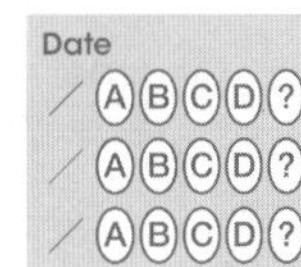

3_157 M:カナダ W:イギリス

Questions 1-3 refer to the following conversation.

M: ① Karen, it seems the printer isn't working properly again.

W: ② We really need a new model urgently — and not just the printer. ③ All of our section's laptops are slow and badly outdated.

M: ④ **1** You submitted a request to management for a range of new machines, didn't you?

W: ⑤ Last month. **2** Hopefully, the requests will be approved soon. ⑥ **1** I want us to move away from using laptops and work on tablets instead. ⑦ I've recommended that we purchase the BizTab 5.

M: ⑧ The BizTab 5 isn't due for release until next January.

W: ⑨ **3** Is that so? I don't want to wait that long. ⑩ I'd better amend my request.

解説・正解

1. 話し手たちは主に何を話し合っていますか。
(A) オフィス機器を買い替えること
(B) 異動願いを提出すること
(C) プリンターのインクを購入すること
(D) 新しい製品シリーズの販売を促進すること

①～③で「プリンターが動かない・ノートパソコンは遅くて古い」，④で「新しい機械を買ってほしい」，⑥で「ノートパソコンの代わりにタブレットで作業したい」と言っています。全体を通して「古い機器の買い替え」について話しているので，(A) Replacing office equipment を選べば OK です。

2. 女性はどうなることを望んでいますか。
(A) 経営陣との打ち合わせがうまく進む。
(B) 修理担当者がすぐに到着する。
(C) 彼女が新しい部署に異動できる。
(D) 彼女の提案が受け入れられる。

女性は⑤で，Hopefully, the requests will be approved soon. と言っており，文頭 Hopefully から「望んでいること」だとわかります。よって，(D) Her proposal will be accepted. が正解です。本文と選択肢で request「依頼」→ proposal「提案」，approve → accept「認める」と言い換えられています。

3. 男性が "The BizTab 5 isn't due for release until next January" と言うのはなぜですか。
(A) 遅れについて苦情を言うため
(B) 女性の思い込みを正すため
(C) 製品の人気を強調するため
(D) スケジュールの変更を勧めるため

The BizTab 5 ～ という発言を受けて，女性は⑨・⑩で Is that so? I don't want to wait that long. I'd better amend my request. と言っています。男性は発売日を伝え，それによって実際に「女性が考えを変えている」ので，(B) To correct the woman's belief が適切です。他の選択肢が明らかに間違いなので，消去法で解くのもアリです。

問題 1 から 3 は次の会話に関するものです。

男性：① Karen さん，プリンターがまた正常に動いていないようです。
女性：②本当に今すぐ新しいのを買ってもらわないと — それにプリンターだけじゃありませんよ。③うちの課のノートパソコンは全部遅いし，かなり古いです。
男性：④新しい機械をまとめて購入してほしいと会社に申請したのですよね。
女性：⑤先月しました。その要望がすぐに認められるといいのですが。⑥ノートパソコンを使うのをやめて，タブレットで作業したいですね。⑦ BizTab 5 を購入するよう提案しました。
男性：⑧ BizTab 5 は来年の 1 月まで販売されないはずですけど。
女性：⑨そうなんですか。そんなに待ちたくありません。⑩要望を変更した方がよいですね。

Part 3

---

①□work 動（機械などが）動く □properly 適切に ②□urgently 緊急に ③□badly とても，ひどく □outdated 旧式の ④□submit …を提出する □a range of ある範囲の… ⑤□approve …を承認する ⑥□move away from -ing …することから脱却する ⑧□be due for …の予定である □release 発売 ⑨□that 副 それほど，そんなに ⑩□amend …を修正する 1.(A) □replace …を取り替える □office equipment オフィス機器 (B) □transfer 異動，転任 (D) □promote（商品）の販売を促進する 2.(A) □go ahead（仕事などが）はかどる (D) □accept …を認める 3.(A) □complain about …について不平を言う (B) □correct …を訂正する □belief 確信，信じること (C) □highlight …を強調する・目立たせる □popularity 人気

1(A) 2(D) 3(B)

3_158

4. What does the man imply when he says, "it's 4 P.M."?

(A) The woman should go home now.
(B) A deadline has been missed.
(C) He is surprised that time has passed quickly.
(D) A work timetable is incorrect.

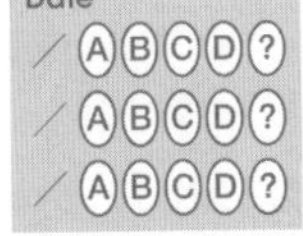

5. Where do the speakers most likely work?

(A) In a restaurant
(B) In a printing firm
(C) In a design studio
(D) In a transportation office

6. What does the man say he will do next?

(A) Welcome some customers
(B) Remind an employee of company policy
(C) Work on promotional material
(D) Rearrange duties of some staff

Date
／ Ⓐ Ⓑ Ⓒ Ⓓ ?
／ Ⓐ Ⓑ Ⓒ Ⓓ ?
／ Ⓐ Ⓑ Ⓒ Ⓓ ?

3_158 M:カナダ W:アメリカ

Questions 4-6 refer to the following conversation.

M: ① Chloe, it's 4 P.M.

W: ② I'm sorry, Mr. Bristow. ③ **4** **5** I know you asked me to print the new dinner menus by three-thirty, but I haven't used this design software before.

M: ④ Can you complete them soon? ⑤ We have some reservations for 5 o'clock.

W: ⑥ It'll probably take another half an hour. ⑦ Another reason for the delay is **5** Chef Peter asked me to help him prepare vegetables in the kitchen.

M: ⑧ Well, he shouldn't have done that. ⑨ Your duties are service and administration only.

W: ⑩ I don't mind helping, especially if we're busy.

M: ⑪ That's kind of you, but **6** I'll tell Peter not to do that again.

解説・正解

4. 男性が "it's 4 P.M." と言う際，何を示唆していますか。
(A) 女性は今帰宅すべきだ。
(B) 締め切りに間に合わなかった。
(C) 彼は時間が経つのが早いことに驚いている。
(D) 仕事の予定表に間違いがある。

男性の **it's 4 P.M.** に対して，女性は **I'm sorry** と謝った後，③で **I know you asked me to print the new dinner menus by three-thirty** と言っています。「3時半までの仕事が終わっていない」とわかるので，**(B) A deadline has been missed.** を選べばOKです（**miss a deadline**「締め切りに間に合わない」の現在完了形＋受動態）。

5. 話し手たちはどこで働いていると考えられますか。
(A) レストラン
(B) 印刷会社
(C) デザインスタジオ
(D) 運輸事務所

③の **the new dinner menus** や，⑦の **Chef Peter asked me to help him prepare vegetables in the kitchen** から，話し手は **(A) In a restaurant** で働いていると考えられます。ちなみに，**(B)**・**(C)** は本文に出てきた単語（**print**・**design**）を使ったひっかけです。

6. 男性は次に何をすると言っていますか。
(A) 客を数名迎え入れる
(B) 従業員に会社の方針について注意を促す
(C) 販売促進資料に取り組む
(D) スタッフ数名の仕事の割り振りをやり直す

男性は⑪で，**I'll tell Peter not to do that again** と言っています。この **that** は「Chloe に野菜の準備を手伝うよう頼む」ことを表し，サービスと運営のみを担っている Chloe に野菜の準備を頼むべきではない（＝会社の方針を守るべき）と言っているわけです。よって，**(B) Remind an employee of company policy** が正解です。

問題4から6は次の会話に関するものです。

男性：① Chloe さん，午後4時になりましたよ。
女性：②すみません，Bristow さん。③3時30分までに新しい夕食メニューを印刷するよう言われていましたが，このデザインソフトウェアをこれまで使ったことがないもので。
男性：④すぐにできますか。⑤5時に何件か予約が入っているんですが。
女性：⑥たぶんあと30分かかると思います。⑦遅れたのは Peter シェフにキッチンで野菜の準備を手伝うよう言われたからでもあります。
男性：⑧ああ，そんなことをしてはだめですね。⑨あなたの仕事はサービスと運営だけですから。
女性：⑩でも手伝うのは構いません，忙しい時は特に。
男性：⑪親切なんですね。でも今後はやめるよう Peter さんに伝えておきます。

④□**complete** …を仕上げる ⑦□**delay** 遅れ □**help X *do*** Xが…するのを手伝う
⑧□**shouldn't have p.p.** …するべきではなかった ⑨□**duties** pl. 特定の任務，職務
□**administration** 管理，運営 ⑩□**mind -ing** …するのをいやがる □**especially** とりわけ
4. □**imply** …を暗に意味する (B) □**miss a deadline** 締め切り（日時）に間に合わない・遅れる
(D) □**timetable** 予定表 □**incorrect** 間違った 5.(D) □**transportation** 輸送，運送
6.(B) □**remind A of B** AにBを気づかせる □**company policy** 会社の方針
(C) □**work on** …に取り組む □**promotional** 宣伝用の □**material** 資料
(D) □**rearrange** （従業員の仕事など）の割り振りをやり直す，…を整理しなおす

4(B) 5(A) 6(B)

3_159

7. What does the woman say about her employees?

(A) They would like to meet the man.
(B) They work in different branches.
(C) They perform various duties.
(D) Some are not working today.

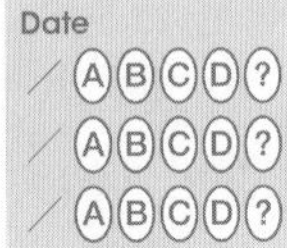

8. What does the woman want to do?

(A) Visit the man's company
(B) Purchase staff uniforms
(C) Arrange a cleaning service
(D) Renew a maintenance contract

Date
A B C D ?
A B C D ?
A B C D ?

9. When will the man next see the woman?

(A) On Monday
(B) On Tuesday
(C) On Wednesday
(D) On Thursday

3_159 M:オーストラリア W:イギリス

Questions 7-9 refer to the following conversation.

M: ① Ms. Sanchez? I'm Victor Korbin from Boulder Gear. ② We talked on the phone last week.

W: ③ Ah, Mr. Korbin! Come in. ④ **8** I see you've brought fabric samples of your range of work wear.

M: ⑤ Yes. Tell me, what kind of material do you require?

W: ⑥ Well, **7** our employees mainly work in car maintenance, so **8** their clothing needs to be easy to clean. ⑦ However, **7** they also greet customers and sometimes sit in the office, **8** so it should look smart too.

M: ⑧ This fabric in a dark grey would be best, I think. ⑨ **8** **9** I can bring over a jacket and pants set with your logo on it next Tuesday.

W: ⑩ **9** Could you come the day after? ⑪ I'm tied up all day Tuesday.

M: ⑫ No problem. **9** I'll see you then.

解説・正解

7. 女性は従業員について何と言っていますか。
(A) 彼らは男性に会いたがっている。
(B) 彼らは別々の支店で働いている。
(C) 彼らはさまざまな職務を行っている。
(D) 今日働いていない者が数人いる。

⑥で our employees mainly work in car maintenance，⑦で they also greet customers and sometimes sit in the office と言っています。これを「さまざまな職務を行っている」と表した，(C) They perform various duties. が正解です。TOEIC では「本文の内容を選択肢で漠然と表す」ことがよくあり，今回はそのパターンの問題です。

8. 女性は何をしたいと望んでいますか。
(A) 男性の会社を訪れる
(B) スタッフの制服を購入する
(C) 清掃サービスを手配する
(D) 保守契約を更新する

④の I see you've brought fabric samples of your range of work wear. から，男性が「作業着の生地のサンプルを持って来た」とわかります。そして，女性は⑥・⑦で「作業着の素材の要望」を伝え，それに対して男性が⑨で「ジャケットとズボンを持っていく」と述べています。よって，女性がしたいことは (B) Purchase staff uniforms と判断できます。

9. 男性が女性に次に会うのはいつですか。
(A) 月曜日
(B) 火曜日
(C) 水曜日
(D) 木曜日

男性の⑨ I can bring ～ next Tuesday. に対して，女性は⑩で Could you come the day after? と言っています。the day after は「来週の火曜日の翌日」＝「来週の水曜日」を指し，男性は⑫で I'll see you then. とそれに同意しているので，(C) On Wednesday が正解です。今回のように「日時が変更になる」のは TOEIC の定番パターンです。

問題７から９は次の会話に関するものです。

男性：① Sanchez さんですか。私は Boulder Gear の Victor Korbin です。②先週電話でお話ししました。

女性：③ああ，Korbin さんですね。お入りください。④作業着シリーズの生地のサンプルをお持ちいただいたのですね。

男性：⑤はい。どのような種類の素材が必要か教えていただけますか。

女性：⑥ええと，うちの従業員は主に車のメンテナンスをしていますので，洗濯しやすい服でないと困ります。⑦しかし，接客もしますし，時にはオフィス業務もありますから，こざっぱりとしていなければなりません。

男性：⑧では，このダークグレーの生地が最適だと思います。⑨来週の火曜にジャケットとズボンのセットに貴社のロゴを付けてお持ちすることもできます。

女性：⑩その翌日に来ていただけますか。⑪火曜日は一日中手が離せませんので。

男性：⑫けっこうです。ではまたその時に。

①□gear（特定の用途のための）衣服・服装 ④□fabric 生地，布 □range（商品などの）種類・品揃え
⑤□material 洋服の生地，素材 □require …を必要とする ⑥□maintenance 整備
⑦□greet（人）を迎える ⑨□bring over …を持ってくる ⑪□be tied up 忙しくて手が離せない
7.(B) □branch 支店 (C) □perform …を行う・果たす 8.(D) □renew …を更新する
□maintenance contract 保守契約

7(C) 8(B) 9(C)

3_160

10. What business is the woman calling from?

(A) An insurance firm
(B) A vehicle manufacturer
(C) A car repair shop
(D) A loan company

11. Why does the man say, "I've been using the same car for four years"?

(A) To justify a purchase
(B) To show his job experience
(C) To complain about a warranty
(D) To dispute a decision

12. What does the woman ask for?

(A) Proof of vehicle ownership
(B) A method of payment
(C) More time to check her data
(D) A customer's address

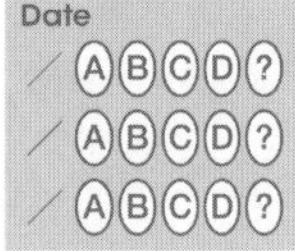

3_160 W:アメリカ M:オーストラリア

Questions 10-12 refer to the following conversation.

W: ① Hi, this is Lisa Duncan from R&C General Life. ② **10** We recently received an e-mail from you questioning the increase in the monthly premiums for your vehicle.

M: ③ Oh, yes. **10** **11** The letter you sent explains the insurance payments will rise because I'm now driving a larger car. ④ I've been using the same car for four years.

W: ⑤ Let me check your file. ⑥ Yes, I can see a change of vehicle has been recorded. ⑦ To amend our records, **12** could you please send a copy of your current car's registration document?

M: ⑧ Certainly. I'll post one to you this afternoon.

解説・正解

10. 女性はどの業種の会社から電話をしていますか。

(A) 保険会社
(B) 自動車メーカー
(C) 自動車修理業者
(D) 金融会社

女性は②で We recently received an e-mail from you questioning the increase in the monthly premiums for your vehicle. と言っており，「車の保険料の値上がり」について質問されたとわかります。③にも the insurance payments will rise とあり，女性は「保険」に関わっているとわかるので，(A) An insurance firm を選べば OK です。

11. 男性が "I've been using the same car for four years" と言うのはなぜですか。

(A) 購入した理由を述べるため
(B) 職務経験を示すため
(C) 保証について苦情を言うため
(D) 決定事項に異議を述べるため

男性は③で The letter you sent explains the insurance payments will rise because I'm now driving a larger car. と言った後に，「4年間同じ車を運転している」と続けています。つまり，「大きな車を運転しているので保険料が上がると書かれているが，それは正しくない」と主張しているので，(D) To dispute a decision が正解です。

12. 女性は何を求めていますか。

(A) 車両の所有証明書
(B) 支払い方法
(C) データを確認する時間の余裕
(D) 顧客の住所

女性は⑦で，could you please send a copy of your current car's registration document? と依頼しています。これを言い換えた，(A) Proof of vehicle ownership「車両の所有証明書」が正解です。本文の car を，選択肢ではまとめ単語 vehicle「乗り物」で表しています。

問題 10 から 12 は次の会話に関するものです。

女性：①私，R&C General Life の Lisa Duncan と申します。②最近お客様から月々の車の保険料の値上げについて，お問い合わせのメールをいただきました。

男性：③あ，はい。御社の手紙には，私が今，前より大きい車を運転しているので保険料が上がる，と書かれています。④でも，私は4年間同じ車を運転しているんですが。

女性：⑤お客様の記録を確認いたします。⑥はい，車両の変更が記録されていることが確認できました。⑦記録を訂正いたしますので，現在所有されている車両の登録書類のコピーを送ってくださいませんか。

男性：⑧わかりました。今日の午後郵送いたします。

②□question 動 …を疑う・問題にする □increase in …の増加 □monthly 月1回の，毎月の □premium 保険料 ③□insurance 保険（契約） ⑦□amend …を修正する □registration 登録 ⑧□post …を郵送する 10. □business 商売，ビジネス，会社
11.(A) □justify …が正当である理由を示す，…を正当化する・弁明する (C) □warranty 保証（書） (D) □dispute 動 …に異議を唱える 12. □ask for …を求める (A) □proof 証拠，証明 □ownership 所有権，持ち主であること

10(A) 11(D) 12(A)

3_161

13. Why does Emily apologize to the man?

(A) She made mistakes in a project.
(B) She did not tell clients about a problem.
(C) Her accounts form is late.
(D) She cannot attend a meeting.

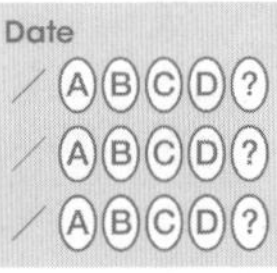

14. In which industry do the speakers work?

(A) Online advertising
(B) Market research
(C) Software development
(D) Magazine publishing

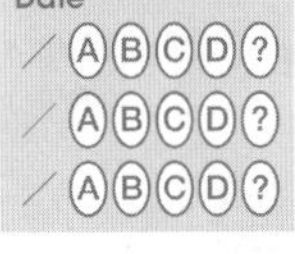

15. What will the man do for Jennie?

(A) Inform her superior of a schedule change
(B) Drive her to a meeting
(C) Help her to finish a report
(D) Teach her how to improve a product

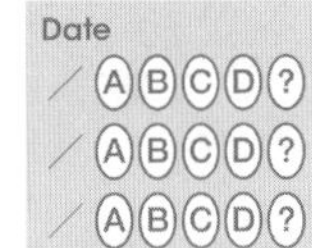

3_161 W1:アメリカ M:オーストラリア W2:イギリス

Questions 13-15 refer to the following conversation with three speakers.

W1: ① Kieran, 13 I'm afraid you're gonna have to meet with the clients tomorrow without me. ② 14 Some problems have arisen with the accounting app Helios 2.1 which need my urgent attention. ③ I'm really sorry.

M: ④ I understand, Emily. ⑤ 14 But I need someone from app development to assist me in the negotiations. ⑥ As a marketing manager, I can't confirm if client requests are doable. ⑦ Jennie, are you free?

W2: ⑧ 15 I may be able to come, but it would mean missing a report deadline for my team leader.

M: ⑨ Leave it to me. ⑩ 15 I'll talk to Alan and explain how important this is.

解説・正解

13. Emilyが男性に謝っているのはなぜですか。
(A) 彼女はプロジェクトでミスをした。
(B) 彼女は問題についてクライアントに知らせなかった。
(C) 彼女の計算書が遅れている。
(D) 彼女は会議に参加できない。

Emilyは男性に対して，①でI'm afraid you're gonna have to meet with the clients tomorrow without me.と言っています（I'm afraidで「マイナス情報」を予告している）。「私抜きでクライアントに会う」，つまり「クライアントとの会議に参加できない」ことを謝っているので，(D) She cannot attend a meeting.を選べばOKです。

14. 話し手たちは何の業界で働いていますか。
(A) オンライン広告
(B) 市場調査
(C) ソフトウェア開発
(D) 雑誌出版

②のSome problems have arisen with the accounting app Helios 2.1，⑤のI need someone from app developmentから，話し手は「アプリ」関係で働いているとわかるので，(C) Software developmentを選びます。⑥にAs a marketing managerとありますが，話し手が「市場調査の業界」で働いているわけではありません。

15. 男性はJennieのために何をしますか。
(A) 予定の変更について上司に知らせる
(B) 彼女を会議場へ車で送る
(C) 彼女が報告書を書き上げるのを手伝う
(D) 彼女に製品を改良する方法を教える

⑧の「会議に参加すると締め切りに間に合わない」という発言を受けて，男性は⑩でI'll talk to Alan and explain how important this is.と言っています。thisは「会議に参加すること」を指し，「上司に会議に参加することの重要性を伝える（＝予定の変更を伝える）」ということなので，(A) Inform her superior of a schedule changeが正解です。

問題13から15は次の3人の会話に関するものです。

女性1： ①Kieranさん，明日私がいないときにお客様に会ってもらわなければならなくなりました。②会計アプリのHelios 2.1にいくつか問題が生じていて，私はそちらに緊急に対処する必要があるんです。③本当にすみません。

男性： ④大丈夫です，Emilyさん。⑤でも交渉の際に誰かアプリ開発の人にサポートしてもらう必要があります。⑥私はマーケティングマネジャーとして，お客様のご要望に添えることを確約できません。⑦Jennieさんは空いていますか。

女性2： ⑧行くことはできるかもしれませんが，チームリーダーに出すレポートの締め切りに間に合わないかもしれません。

男性： ⑨そちらは私に任せてください。⑩私がAlanさんにこの件の重要性を説明します。

①□I'm afraid (that) あいにく…である □gonna going toの非標準形 ②□arise（問題などが）発生する □accounting 会計，経理 □app アプリ □attention 対処 ⑤□development 開発 □assist（人）を助ける ⑥□confirm if 節 …を確かめる □doable 行うことのできる
⑧□mean …ということを示す □miss a deadline 締め切りに間に合わない
⑨□leave it to（人）に委ねる 13. □apologize to（人）に謝る (A) □make mistakes 間違いをする
15.(A) □inform A of B AにBについて知らせる □superior 上司
(C) □help X to *do* Xが…するのを手伝う (D) □improve …を改善する

13(D) 14(C) 15(A)

3_162

16. Where does the conversation take place?

(A) At a library
(B) At a fitness center
(C) At an Internet café
(D) At a community college

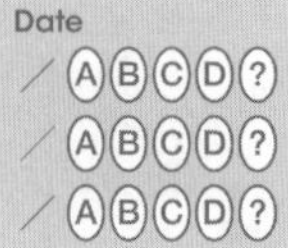

17. What is the woman concerned about?

(A) Renewing her membership
(B) Enrolling in a popular class
(C) Having to work until late
(D) Using unfamiliar equipment

Date
／ Ⓐ Ⓑ Ⓒ Ⓓ ?
／ Ⓐ Ⓑ Ⓒ Ⓓ ?
／ Ⓐ Ⓑ Ⓒ Ⓓ ?

18. What does Harry ask the woman about?

(A) When she is available
(B) What her future plans are
(C) How much experience she has
(D) Where she heard about the facility

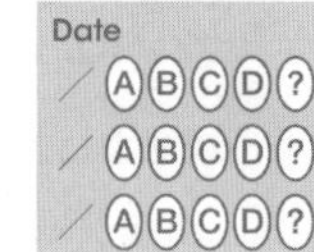

3_162 M1:オーストラリア W:アメリカ M2:カナダ

Questions 16-18 refer to the following conversation with three speakers.

M1: ① 16 Thank you for joining Empress Gym, Ms. Perez. ② To make sure you get the full benefits of your membership, here's a pamphlet explaining what facilities and classes we offer.

W: ③ Great. 16 I've noticed all the exercise machines you have. ④ 17 To be honest, I'm a little confused about the different types and how they work.

M1: ⑤ Don't worry. I'll have one of our instructors give you a quick tour. ⑥ Harry, 16 could you take Ms. Perez to the main exercise room and give a short explanation?

M2: ⑦ Happy to. Please follow me. ⑧ 18 Have you used any of the more recent types of machines?

W: ⑨ No. The last place I was a member of only had basic types, and that was five years ago.

解説・正解

16. この会話が行われているのはどこですか。
(A) 図書館
(B) フィットネスセンター
(C) インターネットカフェ
(D) コミュニティカレッジ

①で Thank you for joining Empress Gym と言っています。さらに，③の I've noticed all the exercise machines you have.，⑥の the main exercise room などから「スポーツジム」だとわかるので，(B) At a fitness center を選べば OK です。TOEIC では gym の話が意外とよく出ます。

17. 女性は何について心配していますか。
(A) 会員資格を更新すること
(B) 人気のクラスへ登録すること
(C) 遅くまで仕事をしなければならないこと
(D) 慣れない設備を利用すること

女性は④で，To be honest, I'm a little confused about the different types and how they work. と言っています（To be honest「正直に言うと」は，何か大事なことを告白するときによく使われます）。「機械の使い方がわからない」と心配しているので，(D) Using unfamiliar equipment を選べば OK です。

18. Harry さんは女性に何について質問していますか。
(A) いつ都合が良いか
(B) 今後の予定はどうなっているのか
(C) どれくらいの経験があるか
(D) この施設についてどこで聞いたか

Harry は女性に対して，⑧で Have you used any of the more recent types of machines? と尋ねています。「使ったことがある？」と経験を聞いているので，(C) How much experience she has が正解です。ちなみに，(A) When ～ は女性の返答にある five years ago，(D) Where ～ は The last place からの連想を利用したひっかけです。

問題 16 から 18 は次の３人の会話に関するものです。

男性１： ①Empress ジムにご入会いただきありがとうございます，Perez 様。②会員特典を十分にご利用になるため，こちらのパンフレットで当ジムの施設やクラスの説明をご覧ください。

女性： ③ありがとうございます。エクササイズマシンがそろっているのが目を引きました。④正直，さまざまなタイプがあって，それぞれの機能がよくわかりません。

男性１： ⑤ご心配いりません。当ジムのインストラクターの一人に簡単なご案内をさせます。⑥Harry さん，Perez 様をメインのエクササイズルームへお連れして手短に説明してくれませんか。

男性２： ⑦もちろんです。どうぞこちらです。⑧これよりも新しいタイプのマシンを使ったことはありますか。

女性： ⑨いいえ。私が前回入会していたところは基本的な種類のものだけしかありませんでした。それは５年前のことです。

Part 3

②□make sure 確実に…する □benefit 利益，利得 □facilities pl. 施設 ③□notice …に注目する
④□be confused about …に困惑している □work（機械などが）動く・機能する
⑤□have X *do* Xに…させる・してもらう □instructor 指導員 □give X a tour Xを案内する
⑦□follow …についていく 17.□be concerned about …を心配している
(A)□renew …を更新する (B)□enroll in …に入会する・登録する
(D)□unfamiliar 熟知していない，不慣れの □equipment 設備，備品
18.(A)□available 手が空いている

16(B) 17(D) 18(C)

3_163

Unity Bay Building
Directory

Floor 5	Wells Construction
Floor 4	TCC Incorporated
Floor 3	BASE Brothers
Floor 2	Grayton Realty
Floor 1	Lobby & Security

19. What is the man's problem?

(A) He forgot to bring his ID badge.
(B) He cannot remember his security code.
(C) He left some paperwork in his office.
(D) He does not know where he should go.

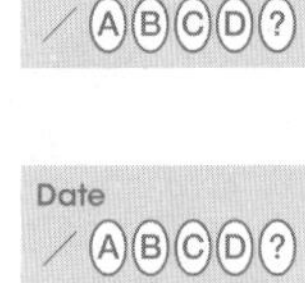

20. Look at the graphic. For what company does the man work?

(A) Wells Construction
(B) TCC Incorporated
(C) BASE Brothers
(D) Grayton Realty

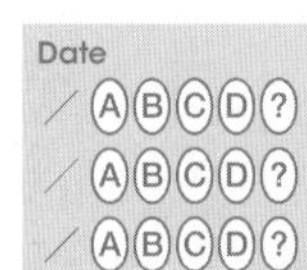

21. What should the man do?

(A) Return to his house
(B) Wait in the lobby
(C) Contact a colleague
(D) Go through the security barrier

Date
/ A B C D ?
/ A B C D ?
/ A B C D ?

3_163 (M:オーストラリア W:イギリス)

Questions 19-21 refer to the following conversation and building directory.

M: ① Good morning. I started working in the building this week. ② **19** I received my entry pass yesterday, but I've left it at home.

W: ③ I see. **20** You work on the second floor, don't you?

M: ④ **20** Yes, that's right. ⑤ Would it be possible to let me through the barrier today? ⑥ I'll make sure to bring it tomorrow.

W: ⑦ I'm afraid not. ⑧ It's against the security policy. ⑨ What I can do is call your company and ask someone to come down and sign you in.

M: ⑩ Thanks. I'm sorry to cause so much trouble.

W: ⑪ It's no trouble. **21** Just take a seat and I'll make the call.

解説・正解

19. 男性の問題は何ですか。

(A) 彼は ID バッジを持ってくるのを忘れた。
(B) 彼はセキュリティコードを思い出すことができない。
(C) 彼は必要な文書を事務所に置いてきた。
(D) 彼はどこに行くべきかわからない。

男性は②で，I received my entry pass yesterday, but I've left it at home. と言っています。it は entry pass を指し，「入館許可証を家に置いてきた（持ってくるのを忘れた）」ということなので，(A) He forgot to bring his ID badge. が正解です（entry pass「入館許可証」が ID badge「ID バッジ」に言い換えられています）。

20. 図を見てください。男性はどの会社に勤めていますか。

(A) Wells 建設
(B) TCC 社
(C) BASE Brothers
(D) Grayton 不動産

女性の③ You work on the second floor, don't you? に対して，男性は④で Yes, that's right. と答えています。男性は「2 階で働いている」とわかるので，図で Floor 2 に対応する (D) Grayton Realty を選べば OK です。選択肢には「会社名」が並んでいるので，本文では「階数」が流れてくると先読み時点で予想できますね。

21. 男性は何をすべきですか。

(A) 家に戻る
(B) ロビーで待つ
(C) 同僚に連絡する
(D) セキュリティゲートを通り抜ける

女性は男性に対して，⑪で Just take a seat and I'll make the call. と言っています。男性は「座って待つ」とわかるので，(B) Wait in the lobby を選べば OK です。本文は "Just + 原形" の「命令文」で，これが設問の should に対応しています。ちなみに，今回のように「相手の発言」が根拠になることはよくあるのでしたね。

Unity Bay ビル
ご案内

階	会社
5 階	Wells 建設
4 階	TCC 社
3 階	BASE Brothers
2 階	Grayton 不動産
1 階	ロビーおよびセキュリティゲート

問題 19 から 21 は次の会話と建物の案内に関するものです。

男性：①おはようございます。私は今週からこのビルで働いています。②昨日入館許可証を受け取りましたが，家に置いてきてしまったんですが。
女性：③わかりました。2 階で働いているのですね。
男性：④はい，その通りです。⑤今日このゲートを通らせていただくのは可能ですか。⑥明日は必ず持ってきます。
女性：⑦申し訳ありませんができません。⑧セキュリティポリシー違反になります。⑨私には貴社に電話してどなたかに降りてきてもらい，入場確認の署名をしていただくことしかできません。
男性：⑩ありがとうございます。お手数おかけしてすみません。
女性：⑪いいえ。座ってお待ちください，電話してみます。

②□entry 入場 □pass 許可証 ⑤□let X through Xに…を通過させる □barrier 入場ゲート，改札口
⑧□be against …違反である □security policy セキュリティポリシー
⑨□come down 階下へ下りてくる □sign X in 署名してXを入らせる ⑩□cause …を引き起こす
⑪□take a seat 腰掛ける □make a call 電話をする 図表□directory 案内板 □realty 不動産
19.(A) □forget to *do* …するのを忘れる cf. forget -ing …したことを忘れる
□ID badge（社員などの）身分証明カード (C) □paperwork 必要な文書，事務書類
21.(C) □colleague 同僚 (D) □go through …を通り抜ける □security barrier セキュリティゲート

19(A) 20(D) 21(B)

3_164

D&L'S DEPARTMENT STORE
SPRING CAMPAIGN

Present this coupon at any store to receive:

- **15% off** business shirts
- **10% off** all footwear
- **8% off** T-shirts

Valid until April 30

OR shop online at www.dl-department.com and get 5% EVERYTHING by quoting #SPRING@DL

22. Why is the woman relieved?

(A) Her coupon is still valid.
(B) A product is still in stock.
(C) She has enough cash in her purse.
(D) The store is still open.

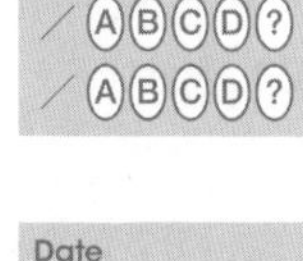

23. Look at the graphic. What discount will the woman receive?

(A) 5%
(B) 8%
(C) 10%
(D) 15%

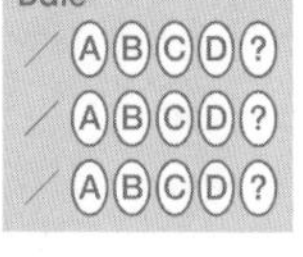

24. What does the man say is a benefit of registering with the store?

(A) Product news
(B) Further discounts
(C) A store credit gift
(D) Extended warranties

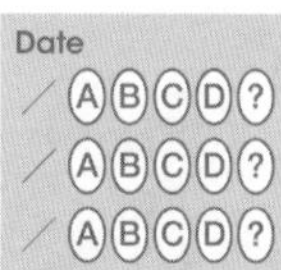

3_164 M:カナダ W:アメリカ

Questions 22-24 refer to the following conversation and voucher.

M: ① Good evening, ma'am. I'll ring these up for you.

W: ② Thanks. 22 I'm so glad I was able to get here before you shut. ③ I need these for a job interview tomorrow.

M: ④ 23 The Stacey Millar formal shoes are a popular item. ⑤ We've almost sold out.

W: ⑥ Is that so? Oh, and I have this coupon. ⑦ I believe it applies to this purchase.

M: ⑧ It certainly does. ⑨ And if you haven't already, I recommend registering your e-mail on our Web site. ⑩ 24 You'll then get exclusive money-off deals that we don't advertise elsewhere.

解説・正解

22. 女性が安心しているのはなぜですか。
(A) 彼女のクーポンはまだ有効である。
(B) まだ商品の在庫がある。
(C) 財布に十分な現金がある。
(D) 店がまだ開いている。

女性は②で，I'm so glad I was able to get here before you shut. と言っています。本文の be glad「うれしく思う」が設問の be relieved「安心している」に対応しており，その理由は「閉店前に来られた（＝お店がまだ開いていた）」からだとわかります。よって，(D) The store is still open. が正解です。「感情表現」は解答のキーによくなります。

23. 図を見てください。女性はどの割引を受けますか。
(A) 5%
(B) 8%
(C) 10%
(D) 15%

④に The Stacey Millar formal shoes are a popular item. とあり，女性は「靴」を買うとわかります。クーポンを見ると，10% off all footwear と書かれているので，(C) 10% を選べば OK です。footwear は「足（foot）に身に着けるもの（wear）」→「履物」で，「靴・ブーツ・スリッパ」などを総称的にまとめて表します。

24. 男性は店に登録する特典は何だと言っていますか。
(A) 製品情報
(B) さらなる割引
(C) 店で使える商品券の付与
(D) 保証の延長

男性は⑨で「登録する」ことを勧めた後，⑩で You'll then get exclusive money off deals that we don't advertise elsewhere. と言っています。money off deals は「お金がオフになる（money off）取引・契約（deals）」→「割引」を表すので，(B) Further discounts が正解です。

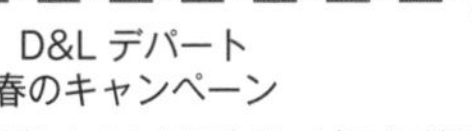
D&L デパート
春のキャンペーン
このクーポンを店頭で提示した方に以下のサービスをご提供します：
• ビジネスシャツ 15% オフ
• 靴全品 10% オフ
• T シャツ 8% オフ
4 月 30 日まで有効
または www.dl-department.com でオンラインショッピングをして #SPRING@DL を入力すると全品 5% オフ

問題 22 から 24 は次の会話とクーポンに関するものです。

男性： ①いらっしゃいませ。お客様。お会計いたします。

女性： ②ありがとうございます。閉店前にここに来られてよかったです。③明日の採用面接でこれが必要なんです。

男性： ④ Stacey Millar のフォーマル靴は人気の品です。⑤ほぼ品切れ状態です。

女性： ⑥そうなんですか。あ，それからこのクーポンを持っています。⑦今回の買い物に使えると思うのですが。

男性： ⑧もちろんお使いになれます。⑨もしまだでしたら，当社のウェブサイトで E メールアドレスを登録することをお勧めします。⑩そうすれば他ではお知らせしていない会員限定の割引をお受けになれます。

---

①□ma'am 店員が女性のお客さんに丁寧に呼びかけるときのことば
□ring up（売り上げ）をレジに打つ ③□job interview 就職面接 ⑦□apply to …に適用される
□purchase 購入 ⑧□certainly 確かに，間違いなく ⑩□exclusive 専用の
□money-off deals（客に提供する）割引 □advertise …を宣伝する
図表 □present 動 …を提示する □footwear 履物類 □quote …を入力する □valid 有効な
22. □relieved ほっとした，安心した (B) □be in stock 在庫がある (C) □purse 財布，ハンドバッグ
24. □benefit 特典 □register with …に登録する (B) □further それ以上の，さらなる
(D) □extended 期間を延長した □warranty 品質保証（書）

22(D) 23(C) 24(B)

3_165

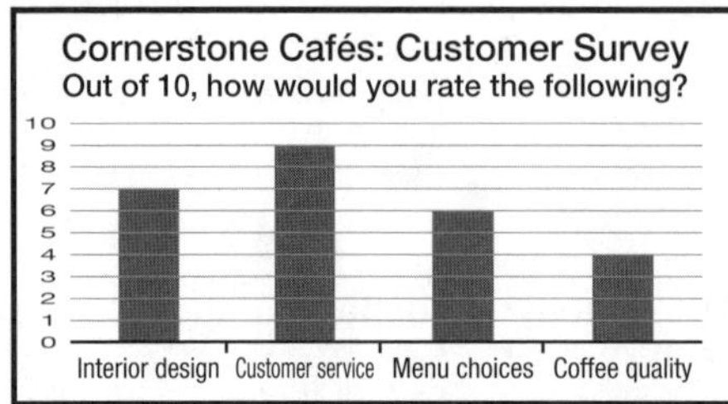

25. What has the woman recently done?

(A) Asked customers for feedback
(B) Started working for Cornerstone Cafés
(C) Rearranged a café's interior
(D) Learned how to use a computer program

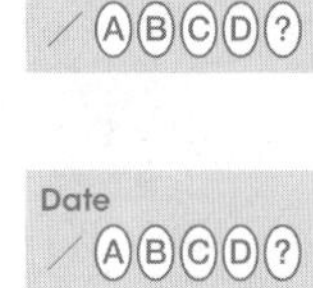

26. Look at the graphic. What is Mark Johnston responsible for?

(A) Interior design
(B) Customer service
(C) Menu choices
(D) Coffee quality

27. What are the speakers considering?

(A) Giving an employee a job promotion
(B) Conducting further surveys
(C) Asking workers for their menu ideas
(D) Serving a new coffee recipe

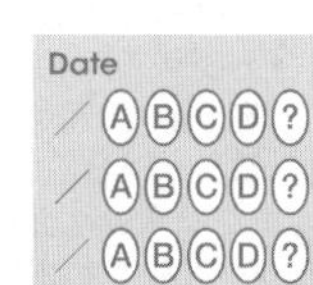

3_165 W:イギリス M:カナダ

Questions 25-27 refer to the following conversation and chart.

W: ① I finished analyzing the data from our customer surveys, and I've arranged everything into a report.

M: ② This is fantastic, Suzanne. ③ It must have taken a lot of effort to do this.

W: ④ 25 I've been teaching myself how to use data analysis software. ⑤ It was quite interesting to play with the figures.

M: ⑥ Well, we've clearly performed excellently in this area. ⑦ 26 It's got the highest approval rating.

W: ⑧ 26 That's because of Mark Johnston's hard work. ⑨ 26 He takes his responsibility very seriously.

M: ⑩ Hmm... 27 perhaps he deserves to move up to an area manager position.

W: ⑪ I agree. We should invite him for a meeting and hear his ideas first.

解説・正解

25. 女性は最近何をしましたか。

(A) 顧客に意見を求めた
(B) Cornerstone カフェで働き始めた
(C) カフェのインテリアの模様替えをした
(D) コンピュータープログラムの使い方を学んだ

女性は④で，I've been teaching myself how to use data analysis software. と言っています。teach oneself how to use ～ は直訳「自分自身に～の使い方を教える」→「自分で（独学で）～の使い方を学ぶ」で，「ソフトウェアの使い方を学んだ」と言っています。よって，(D) Learned how to use a computer program が正解です。

26. 図を見てください。Mark Johnston は何の責任者ですか。

(A) インテリアデザイン
(B) 顧客サービス
(C) メニューの選択肢
(D) コーヒーの品質

⑦で It's got the highest approval rating. と言った後，女性が⑧・⑨で That's because of Mark Johnston's hard work. He takes his responsibility very seriously. と述べています。Mark Johnston は「もっとも高く評価された分野の責任者」だとわかるので，グラフを見て (B) Customer service を選べば OK です。

27. 話し手たちは何を検討していますか。

(A) 従業員を昇進させること
(B) さらに調査を実施すること
(C) 従業員にメニューのアイデアを募ること
(D) コーヒーの新しい淹れ方を始めること

男性は⑩で，perhaps he deserves to move up to an area manager position と言っています（deserve to ～「～するのにふさわしい」の形）。「Mark Johnston は昇進にふさわしい」と言って，女性も⑪でこれに同意しているので，(A) Giving an employee a job promotion を選べば OK です。

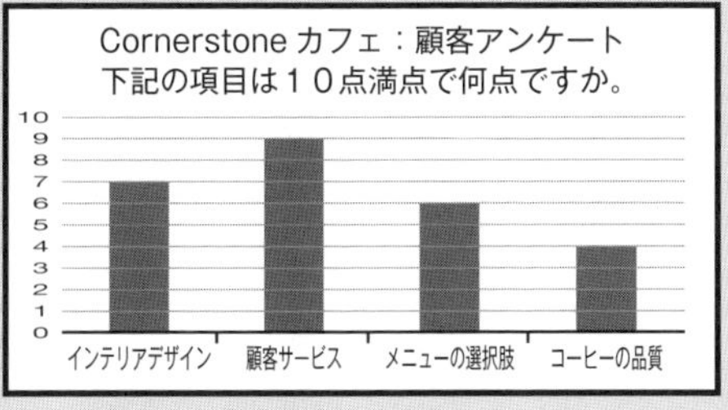

問題 25 から 27 は次の会話とグラフに関するものです。

女性：①顧客アンケートのデータの分析が終わり，レポートにすべてまとめました。

男性：②お疲れさまでした，Suzanne さん。③かなり手間がかかったでしょう。

女性：④データ解析ソフトの使い方については独学で学んでいました。⑤数字で遊ぶのは楽しかったです。

男性：⑥ええと，この分野では明らかに私たちのやり方はうまくいっていますね。⑦最も高く評価されています。

女性：⑧それは Mark Johnston さんが頑張ってくれたおかげです。⑨彼はかなり真剣に職責を果たしています。

男性：⑩ふむ…たぶん彼はエリアマネジャーの役職への昇格にふさわしいでしょうね。

女性：⑪私もそう思います。まず彼を会議に呼んで考えを聞くべきですね。

①□analyze …を分析する □customer survey 顧客アンケート ②□fantastic 素晴らしい，すてきな
③□It takes an effort to *do* …するには手間がかかる ④□analysis 分析 ⑤□figures pl. 数字
⑥□clearly 明らかに，明瞭に □perform 成し遂げる □excellently すぐれて ⑦□approval 賛成，是認
□rating 評価，格付け ⑨□take one's responsibility 責任を引き受ける □seriously 真剣に，本気で
⑩□deserve to *do* …するのにふさわしい □move up to …に昇進する □position 地位，役職
図表 □rate …を評価する □the following 下記，次に述べる事柄 25. □recently 最近
(A) □feedback 意見，反応 (C) □rearrange …の模様替えをする
26. □be responsible for（人が）…に責任がある 27. □consider …をよく考える
(B) □conduct a survey 調査を実施する (D) □serve（食事・飲み物）を出す □recipe 調理法，レシピ

25(D) 26(B) 27(A)

極めろ！ Part 4
説明文問題

Part 4 の解答戦略と勉強法

Unit 1　メッセージ

Unit 2　案内・お知らせ

Unit 3　広告

Unit 4　スピーチ

Unit 5　報道

Unit 6　スケジュール紹介

※「まとめ問題」は Unit ごと

アイコン一覧

4_001 MP3音声ファイル

 解説

 語句

 解答

動 動詞

名 名詞

形 形容詞

副 副詞

pl. 複数形

cf. 参照

Part 4 の解答戦略と勉強法

1. Part 4 の流れ

(1) Directions（約 30 秒）が流れます。

(2) “Questions 71 through 73 refer to the following announcement.” などと問題タイトルが流れ，説明文が始まります。

(3) 第 71 問から第 100 問までの 30 問（3 問× 10 セット）です。

(4) announcement（お知らせ）の他に，talk（話），telephone message（電話メッセージ），advertisement（宣伝）などがあります。

(5) 設問・選択肢・図表が問題用紙に印刷されています。

(6) 1 題につき 3 問の設問があり，1 つの設問に 4 つの選択肢（(A)・(B)・(C)・(D)）があります。

(7) 発話者の説明を聞いて設問に合う選択肢を選びます。

(8) **新形式**「図表」に関する設問

Part 3 と同様に，「図表」が問題用紙に印刷されている問題が 2~3 セットあります。図表は Part 3 と同様多岐にわたりますが，複雑なものは出題されません。

(9) **新形式** Part 3 と同様に，「発言意図」問題は，あらかじめ説明文中の表現が印刷されています。Part 4 の 30 問中 2~3 設問だけです。

(10) 説明文の音声終了後，3つの設問の音声が約5秒流れ，その後解答時間は 1 問あたり 8 秒あります。ただ，Part 3と同じく，設問は最初から問題冊子に書いてあるので，このアナウンスに合わせて解答する必要はありません。どのくらい時間が残っているかの目安に利用しましょう。

新形式 図表に関する設問の解答時間は少し長めで，約 5 秒（設問読み上げ）＋ 12 秒（解答時間）。

問題用紙に印刷されている設問

71. What type of event is being announced?

(A) An insurance seminar
(B) A health fair
(C) An employment fair
(D) A fitness class

72. What should employees do if they want to attend the event?

(A) Pay a fee
(B) Fill out a form
(C) Contact human resources
(D) Speak with a doctor

73. When will this event be held?

(A) On Tuesday
(B) On Wednesday
(C) On Thursday
(D) On Friday

放送される説明文と設問

Questions 71 through 73 refer to the following announcement.

Good morning. Before we get started with today's meeting, I have an announcement. The human resources department has organized the health fair to be held on Thursday in meeting room B from 9 A.M. to 12 P.M. At the fair, employees will have the opportunity to learn about a variety of health topics. There'll also be a small group of doctors available for consultations and a health check. This check involves a series of simple questions to help doctors determine if a following appointment is recommended. If you plan to attend the health fair on Thursday, please notify the human resources department by Wednesday afternoon so that they can have time to prepare enough packets for every attendee.

Number 71. What type of event is being announced? — 13秒（設問5秒＋インターバル8秒）

Number 72. What should employees do if they want to attend the event? — 13秒（設問5秒＋インターバル8秒）
＊図表に関する設問の場合は 17 秒（設問 5 秒 ＋ インターバル 12 秒）

Number 73. When will this event be held? — 13秒（設問5秒＋インターバル8秒）
⇒この 13 秒で次の設問を読む

Part 4

2. Part 4 の解答戦略

基本的には，Part 3の解き方とまったく変わりません。先読み・図表問題・発言の意図問題などの取り組み方も同じなので，ここではより詳しく「誤答パターン」，「手遅れパターン」，「説明文の型」について説明していきます。

(1)「誤答のパターン」を知っておく

TOEICテストで使われる「誤答パターン」は，ある程度決まっています。よく使われるのは，①意味の連想を利用する，②音声を利用する，③受験者の常識を利用する，という3つです。

試しに，前頁（P.517）の設問71と72の選択肢を確認した後，スクリプト（announcement）を読んでみてください。そうすると，設問71の(A) An insurance seminarはスクリプト中のhealthやdoctorsからinsurance（保険）という「意味の連想」を利用したひっかけだとわかります。また，(C) An employment fairは，スクリプト中のfairという「音」を利用したひっかけです。さらに，設問72の(A) Pay a feeや(B) Fill out a formは，音声をきちんと聞き取れなかった受験者が，常識を頼りに選んでしまうひっかけと言えるでしょう。

(2) 先読みができても油断してはいけない！

Part 3と同じく，先読みで「何が問われるか？」を事前に頭に入れておくことは重要です。ただ，先読みを完璧にできたからといって，それで安心してはいけません。従来のTOEIC対策では「先読みで得た情報を待ち伏せる（そこをピンポイントで聞き取る）」と説明されることが多いのですが，これには決定的に欠けている視点があります。それは，「先読みで得た情報の直前に解答のキーがくる」ことの方が多いという視点です。

たとえば，先読みで「木曜に何が開かれる？」という情報を得たとしましょう。ここで多くの人がThursdayが出てきたら反応しようと思い，On Thursday, ～ のような英文を期待してしまいます。しかし，実際にはThe human resources department has organized the health fair to be held on Thursday.のように，Thursdayが聞こえたときには必要な情報が流れた後，ということが非常に多いんです。

ですから，「必要な情報だけ聞く」ような姿勢ではなく，「すべての英文を集中して聞く」という姿勢でリスニングに臨んでください（もちろん，聞きはするけど，「これは必要ない情報だな」と思えば，無理に記憶に留める必要はありません）。本書ではこれを「手遅れパターン」と呼び，解説の中でもきちんと説明していきます。

(3) 説明文の種類により「型」があることを知っておく

Part 3と同様に，Part 4でも「話の流れ」はある程度決まっています。たとえば，Part 4頻出の「宣伝」では，①「疑問文（～を探していませんか？）」→ ②「自慢（商品の特徴）」→ ③「特典（割引・おまけなど）」→ ④「問い合わせ（電話番号・Webサイト）」という流れで進むことが多いです。また，「ツアーガイド」もPart 4によく出てきますが，①「ツアーガイドの自己紹介」→ ②「ツアーの内容（目的・見るもの）」→ ③「付加情報・注意情報（お土産を買う場所・撮影禁止など）」→ ④「ツアー開始」というように，パターン化しています。

最近では新しいジャンルの英文が出ることもありますが，新しく見えるだけで，実は「従来のパターンを組み合わせているだけ」ということもよくあるんです。ですから，本書に出てくる英文を何度もシャドーイングして，話のパターンを押さえておきましょう。これによって，話の流れを予想することができ，理解するのがかなりラクになるはずです。

Part 4 Unit 1 ▶メッセージ ▶チャレンジ

❶ 電話メッセージ

「留守番電話のメッセージ」はよく出題されます。メッセージの内容は，「ホテルの予約確認・約束時間の変更・招待・情報提供依頼・注文確認・業務関連の問い合わせや指示」など多岐にわたります。ただ，話の流れ自体はある程度決まっていて，①自己紹介 → ②電話の目的 → ③用件や依頼 → ④締めくくり（連絡先などを伝える）と進んでいくことが多いです。

4_001

電話メッセージの音声を聞いて，1から3の設問に答えてください。

＊各音声には，問題に入る前に先読みするためのポーズ（無音）があります。（以降すべての音声同様）

1. Why is the woman going to be late?

(A) The road is too icy.
(B) Her train is delayed.
(C) She lost her purse.
(D) She has taken the wrong train.

2. When was the woman supposed to be at the office?

(A) At 8:30 A.M.
(B) At 9 A.M.
(C) At 9:30 A.M.
(D) At noon

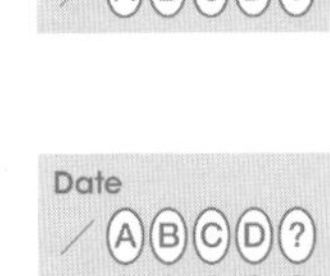

3. What does the woman ask the man to do?

(A) Start the session without her
(B) Have her group wait for her
(C) Give her a ride home
(D) Reschedule the session

4_001 イギリス

① Hi, George. It's Jennifer. ② It looks like I'm going to be thirty minutes late today. ③ **1** My train is delayed. ④ The announcement said that some snow had to be cleared off the tracks and it took them almost half an hour. ⑤ **2** I was supposed to arrive at 9 o'clock and lead the training session. ⑥ However, I'm afraid I can't make it on time. ⑦ **3** Can you go ahead and start without me? ⑧ Give the trainees my apologies, please. ⑨ I should be there by 9:30 to lead them. Thanks.

解説・正解

1. 女性はなぜ遅れそうなのですか。
(A) 道路がひどく凍っているから。
(B) 列車が遅れているから。
(C) 彼女は財布を失くしたから。
(D) 彼女は違う列車に乗ったから。

②で「遅れそう」と伝えた後に，③で **My train is delayed.** とその理由を説明しています。よって，**(B) Her train is delayed.** が正解です。TOEIC ではよく「遅れる理由」が問われますが，今回の「電車（バス・フライト）の遅延」の他に，「交通渋滞・機械のトラブル・悪天候」などが理由になることが多いです。

2. 女性はオフィスに何時に着く予定でしたか。
(A) 午前 8 時 30 分
(B) 午前 9 時
(C) 午前 9 時 30 分
(D) 正午

⑤に **I was supposed to arrive at 9 o'clock** とあるので，**(B) At 9 A.M.** を選びます。**be supposed to ～** は，直訳「～すると思われている」→「～する予定」となりました。⑨に **I should be there by 9:30** とあってまぎらわしいですが，問われているのは「過去（元々の予定時刻）」なので，今回の設問には関係ありません。

3. 女性は男性に何をするように頼んでいますか。
(A) 彼女抜きでセッションを始める。
(B) グループに彼女の到着を待たせる。
(C) 彼女を車で自宅へ送る。
(D) セッションの予定を変更する。

女性は，⑦で **Can you go ahead and start without me?**「私抜きで進めて開始してもらえますか？」と頼んでいます。よって，これを言い換えた **(A) Start the session without her** が正解です。「依頼」を問う設問では，**Can you ～?/Could you ～?** のような「依頼表現」がポイントになるのは，Part 3 と同じですね。ちなみに，この「遅れるので先に進めておいて」という内容は，Part 7 のチャットのやりとりでもよく登場します。

①もしもし，George さん。Jennifer です。②私は今日，30 分ほど遅れてしまいそうです。③列車が遅れているのです。④アナウンスによると，線路から雪を除去しなければならないようで，それには 30 分ほどかかりそうだということです。⑤私は 9 時に到着して研修会をする予定でした。⑥ですが，あいにく時間に間に合いそうにありません。⑦私抜きで進行して，始めてもらえますか。⑧受講者には私からの謝罪の言葉をお伝えください。⑨ 9 時 30 分までには到着して指導できると思います。ではよろしくお願いします。

②□It looks like＋節 …しそうだ・らしい ③□be delayed 遅れている
④□be cleared off …から除去される cf. clear A off B BからAを除去する □track 線路
⑤□be supposed to *do* …する予定である □lead the training session 研修を進める
⑥□can't make it on time 時間に間に合わない ⑦□go ahead 先に進める ⑧□trainee 研修生
□apology おわび，謝罪 1.(A) □icy 氷で覆われた，たいへん滑りやすい
3.(C) □give X a ride Xを車に乗せる

Part 4

1(B) 2(B) 3(A)

2 自動応答メッセージ

営業時間外に顧客から会社にかかってきた電話に対する「自動応答メッセージ」です。冒頭で，You've reached ～「こちらは～です」や Thank you for calling ～「～にお電話いただきありがとうございます」などがよく使われます。

また，展開はだいたい決まっており，①挨拶（会社名・業種・肩書／目的・理由）→ ②営業時間・休業日の案内 → ③サービス案内番号や申込方法（何番を押すか・サービスを受けるためにどうしたらいいか）→ ④締めくくり（ウェブサイトの URL など詳細情報を得る方法）と進むことが多いです。内容としては，上映中の映画と予約方法の案内，博物館・遊園地の案内，顧客のサポート（Customer Support）などがよく出ます。

4_002

自動応答メッセージの音声を聞いて，1から3の設問に答えてください。

1. What type of organization is the Portland Historical Society?

(A) A travel agency
(B) A cinema
(C) A museum
(D) A private school

Date
／ ⒶⒷⒸⒹ?
／ ⒶⒷⒸⒹ?
／ ⒶⒷⒸⒹ?

2. What is the maximum number of tours that can be given in a day?

(A) One
(B) Three
(C) Five
(D) Ten

Date
／ ⒶⒷⒸⒹ?
／ ⒶⒷⒸⒹ?
／ ⒶⒷⒸⒹ?

3. What information is requested to make a reservation?

(A) The customer's phone number
(B) The location of the customer's organization
(C) The method of payment to be used
(D) The best time to contact the customer

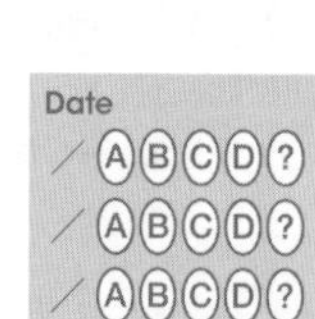

4_002 アメリカ

① You have reached the Portland Historical Society. ② **1** We've displayed historical artifacts to the public for over 50 years. ③ Our hours of operation are Monday through Friday from 9 A.M. to 7 P.M., and Saturdays from 10 A.M. until 5 P.M. ④ **2** Only three tours can be given in one day, so ⑤ we advise you to make group tour reservations well in advance. ⑥ If you would like to make a reservation, please leave a message after the tone, ⑦ with your name, the date and time you would like a tour, the number of people in your party, your organization's name, ⑧ and **3** the number at which you can be reached. ⑨ Thank you for calling.

解説・正解

1. Portland 歴史協会はどのような種類の団体ですか。
(A) 旅行代理店
(B) 映画館
(C) 博物館
(D) 私立学校

②で，We've displayed historical artifacts to the public for over 50 years. と言っています。「歴史的遺産を展示する」場所を考え，(C) A museum「博物館」を選べばOKです。自動応答メッセージで「業種」が問われたら，最初の「挨拶（会社名・業種・肩書など）」にヒントがくることが多いです。

2. 1日に開催可能なツアーの回数は最大何回ですか。
(A) 1回
(B) 3回
(C) 5回
(D) 10回

④のOnly three tours can be given in one day から，1日に開催できるツアーの回数は「3回」だとわかります。よって，(B) Three が正解です。他にもたくさん数字が出てくるので，先読みで「ツアーの回数」を意識しておくことが重要になります。

3. 予約に際してどんな情報が求められていますか。
(A) 顧客の電話番号
(B) 顧客の団体の所在地
(C) 使用される支払い方法
(D) 顧客に連絡できる最良の時間帯

⑥のIf you would like to make a reservation, please ～ から，「予約方法」が述べられています。⑧にthe number at which you can be reached「連絡先の電話番号」とあるので，これを言い換えた (A) The customer's phone number が正解です。reach は「到達する」の意味が有名ですが，今回のように「電話で相手に届く」→「電話する・連絡する」という意味もあるんです（①でも使われています）。

①Portland 歴史協会でございます。②私たちは50年以上にわたって歴史的な文化遺産を展示しております。③営業時間は，月曜日から金曜日までは午前9時から午後7時まで，土曜日は午前10時から午後5時までです。④1日に開催できるツアーは3回のみとなっておりますので，⑤グループツアーをご希望の方は十分前もってご予約になることをお勧めいたします。⑥予約をしたい方は，発信音の後にメッセージを残してください。⑦お名前，ツアーをご希望の日時，グループの人数，団体名，⑧それからご連絡先の電話番号をお願い致します。⑨お電話ありがとうございました。

①□reach（電話などで）…に連絡を取る □historical society 歴史協会 ②□display …を展示する □historical artifacts 歴史的遺産 □the public 一般の人々 ③□hours of operation 営業時間 ⑤□make a reservation 予約する □well in advance 十分前に cf. well かなり ⑥□tone 音 ⑦□party 一行，グループ 2. □maximum 最大の

Part 4

1(C) 2(B) 3(A)

4_003

A 電話メッセージの音声を聞いて，1から3の設問に答えてください。

1. What is the purpose of the message?

(A) To report a problem
(B) To promote a service
(C) To request information
(D) To apologize for a mistake

2. What type of business is Dale's Garage?

(A) A rental agency
(B) A parking garage
(C) A car repair shop
(D) A vehicle manufacturer

3. What is the listener asked to do?

(A) Return the call
(B) Sign a contract
(C) Visit the business
(D) Make a payment

4_004 カナダ

B もう一度電話メッセージを聞いて，空所部分を書き取ってください。

Questions 1-3 refer to the following telephone message.

① Good afternoon, Ms. Verne. ② This is Derrick James from Dale's Garage.
③ **1** ______________________________
______________________________.
④ **2** ______________________________,
but ⑤ the cost might be more than you expected.
⑥ **3** ______________________________
⑦ so we can discuss the price and payment options. ⑧ Also, you should know that we'll need your signature on the cost estimate in order to proceed with the repairs. ⑨ I hope to see you soon.

解説・正解

A

1. メッセージの目的は何ですか。
(A) 問題を知らせること。
(B) サービスを宣伝すること。
(C) 情報を求めること。
(D) 誤りを詫びること。

③の we discovered a major problem with the engine で，「エンジンに問題がある」ことを伝えています。よって，(A) To report a problem が正解です。

2. Dale's ガレージはどんな業種ですか。
(A) レンタル業者
(B) 立体駐車場
(C) 自動車修理店
(D) 自動車メーカー

③で inspecting your vehicle「車を点検する」，④で We can repair your car「車を修理できる」と言っています。「車の点検・修理」をする業者として適切なのは，(C) A car repair shop「自動車修理店」です。

3. 聞き手は何をするよう求められていますか。
(A) 折り返し電話する。
(B) 契約書に署名する。
(C) 店を訪問する。
(D) 支払いをする。

⑥に Please stop by our shop「店に立ち寄って」とあり，これを言い換えた (C) Visit the business が正解です。stop by は直訳「そばに（by）止まる（stop）」→「立ち寄る」で，これが選択肢では visit に言い換えられているわけです。ちなみに，Please で始まる文（命令文）は解答のキーになることが多く，今回は設問の be asked to do に対応しています。

B

問題 1 から 3 は次の電話のメッセージに関するものです。

①こんにちは，Verne 様でいらっしゃいますか。②Dale's Garage の Derrick James と申します。③お客様のお車を綿密に検査した結果，エンジンに大きな問題があることがわかりました。④お車の修理はできますが，⑤費用が予想以上にかかるかもしれません。⑥できるだけ早く当店にお立ち寄りいただけませんか。⑦そこで金額とお支払い方法についてお打ち合わせしたいと存じます。⑧また，修理を続けるためには，費用見積書にお客様のサインが必要になりますので，御了承ください。⑨ご来店をお待ちしておりますので，よろしくお願いいたします。

③ **1 After inspecting your vehicle further, we discovered a major problem with the engine**

④ **2 We can repair your car**

⑥ **3 Please stop by our shop as soon as possible**

②□garage（自動車の）修理店 ③□inspect …を検査する □vehicle 乗り物，車 □further もっと □discover …を見つける □major problem with …に関する大きな問題 ④□repair …を修理する ⑥□stop by …に立ち寄る ⑦□discuss the payment options 支払い方法について話し合う ⑧□signature 署名 □cost estimate 費用見積書 □proceed with …を進める
2.(B) □parking garage 立体駐車場 (D) □manufacturer 製造業者，メーカー 3.(C) □business 会社 (D) □make a payment 支払いをする

1(A) 2(C) 3(C)

4_005

A 自動応答メッセージの音声を聞いて，4から6の設問に答えてください。

4. Why is the museum closed today?

(A) It is being renovated.
(B) It is a regular holiday.
(C) It is hosting a private event.
(D) It is upgrading its online network.

5. What event is planned for tomorrow?

(A) A guided tour
(B) A history lecture
(C) A debate session
(D) An exhibit opening

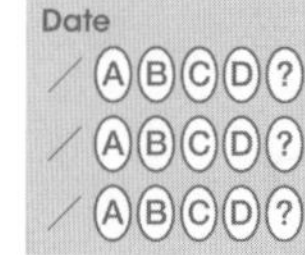

6. How can listeners register for the event?

(A) By purchasing a ticket
(B) By filling in an online form
(C) By calling a telephone number
(D) By contacting an archaeologist

4_006 アメリカ

B もう一度自動応答メッセージを聞いて，空所部分を書き取ってください。

Questions 4-6 refer to the following recorded message.

① Thank you for calling the Portland Metropolitan Museum.
② **1** ____.
③ We will **2** ____
____.
④ Archaeologist Elizabeth Marston will be our guest speaker for the event,
⑤ and she will talk about the stone tools Native Americans used for hunting and preparing food. ⑥ Anyone who is interested in attending can reserve a seat
3 ____.
⑦ Although admission is free, space is limited, so ⑧ try not to miss this great opportunity. ⑨ Once again, thank you for calling.

解説・正解

A

4. 博物館は今日なぜ閉館しているのですか。
(A) 改修工事中だから。
(B) 定休日だから。
(C) 非公式のイベントを開催しているから。
(D) オンラインネットワークをアップグレードしているから。

②の We're closed today while renovations are being completed. から，閉館しているのは「改修中だから」とわかります。よって，(A) It is being renovated. が正解です。今回の「博物館・美術館への問い合わせ」は Part 3・4 頻出で，「改修のために一時休館」という返答もお決まりのパターンです。

5. 明日はどんなイベントが予定されていますか。
(A) ガイド付きのツアー
(B) 歴史の講義
(C) 討論会
(D) 展覧会の開幕

③に，We will resume our regular hours tomorrow, when the Native American history lecture will take place とあります。明日は通常通り開館し，「歴史の講義」が行われるとわかるので，(B) A history lecture を選べば OK です。

6. 聞き手はどのようにすればイベントに登録できますか。
(A) チケットを購入する。
(B) オンラインの申込フォームに入力する。
(C) 電話番号にかける。
(D) 考古学者に連絡する。

⑥の by visiting our web page and completing the appropriate form で，「ウェブページの該当フォームに入力する」と申込方法を伝えています。よって，これを言い換えた (B) By filling in an online form が正解です。fill in は「用紙の中を（in）文字で満たしていく（fill）」→「記入する」で，fill in [fill out] ≒ complete の言い換えは非常によく狙われます。

B

問題 4 から 6 は次の録音メッセージに関するものです。

① Portland メトロポリタン博物館にお電話いただき，ありがとうございます。②本日は改修工事の完了のため作業中につき閉館となっております。③こちらは明日，通常の営業を再開し，アメリカ先住民の歴史に関する講義は当初の予定通り明日開催されます。④考古学者 Elizabeth Marston 氏を講演者として招き，⑤アメリカ先住民が狩りや調理に使用した石器についてお話しいただきます。⑥ご参加を希望される方は，ウェブページにアクセスして該当のフォームに入力すれば席をご予約になれます。⑦入場は無料ですが，座席に限りがありますので，⑧この貴重な機会をどうぞお見逃しなく。⑨お電話いただきありがとうございました。

② **1 We're closed today while renovations are being completed**

③ **2 resume our regular hours tomorrow, when the Native American history lecture will take place as originally planned**

⑥ **3 by visiting our web page and completing the appropriate form**

②□renovation 改修 ③□resume our regular hours 通常営業を再開する □take place 開催される
□as originally planned 当初から予定していた通りに ④□archaeologist 考古学者
□guest speaker ゲストスピーカー ⑤□tool 道具 □Native American アメリカ先住民
⑥□reserve a seat 席を予約する □appropriate 適切な ⑦□admission 入場
□space is limited 座席に限りがある ⑧□try not to *do* …しないようにする
□miss the opportunity 機会を逃す 6.(B) □fill in …に記入する

Part 4

4(A) 5(B) 6(B)

実際の TOEIC 形式の問題を解き，これまでの学習内容を復習しましょう。

4_007

1. Where does the speaker most likely work?

(A) At a hotel
(B) At a restaurant
(C) At a grocery store
(D) At a travel agency

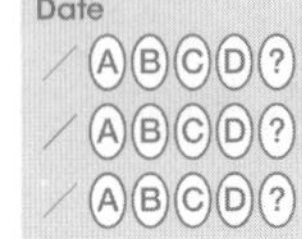

2. What problem is being reported?

(A) A delivery arrived late.
(B) Some items were unusable.
(C) Some charges were repeated.
(D) A shipment was never received.

3. What does the speaker plan to do this morning?

(A) Place an order
(B) Make a payment
(C) Send a document
(D) Apply for a credit card

4_007 イギリス

Questions 1-3 refer to the following telephone message.

① **1** Hi, this is Carla Garcia, the owner of the Turkish Cafe. ② This phone call is in regard to the tomatoes and eggplants we ordered from you. ③ Yesterday, when the shipment arrived, **2** I was shocked to discover that half of the tomatoes were rotten. ④ **2** We weren't able to use them, and as a result ⑤ we ran out of ingredients during our dinner service. ⑥ I hope you are more selective in the future about the products you deliver. ⑦ If this problem repeats itself, I will look for another supplier. ⑧ **3** As for the bill, I will e-mail you a copy of the invoice later this morning. ⑨ Please credit my account accordingly; ⑩ I shouldn't be charged for rotten produce.

解説・正解

1. 話し手はどこで働いていると考えられますか。
(A) ホテル
(B) レストラン
(C) 食料雑貨店
(D) 旅行代理店

①で Hi, this is Carla Garcia, the owner of the Turkish Cafe と自己紹介しているので，(B) At a restaurant を選べば OK です。食べ物の名前がたくさん出てきて (C) At a grocery store「食料雑貨店」を選びたくなりますが，話し手は食べ物を使って「料理を提供する」側です。

2. どんな問題が報告されていますか。
(A) 配送が遅かった。
(B) ある商品が使える状態でなかった。
(C) 料金が二重に請求された。
(D) 配送品が受け取られなかった。

④に We weren't able to use them とあり，この them は half of the tomatoes のことです。つまり，「半分のトマトが（腐っていて）使えなかった」とわかるので，(B) Some items were unusable. を選べば OK です。tomatoes という具体的なものを，items「商品」でまとめて表しています。

3. 話し手は今日の午前中，何をする予定ですか。
(A) 注文する。
(B) 支払いをする。
(C) 文書を送る。
(D) クレジットカードに申し込む。

⑧に，As for the bill, I will e-mail you a copy of the invoice later this morning. とあります。よって，これを言い換えた (C) Send a document が正解です（a copy of the invoice「請求書のコピー」が，a document「文書」に言い換えられています）。ちなみに，今回は先読みで this morning だけに注目していると該当箇所を聞き逃してしまう「手遅れパターン」になっています。

問題 1 から 3 は次の電話のメッセージに関するものです。

①もしもし，Turkish カフェのオーナー，Carla Garcia と申します。②そちらに注文したトマトとナスについてお電話を差し上げています。③昨日，配達されましたが，トマトの半分が腐っているのを見て大変ショックを受けました。④使うことができなかったため，⑤ディナーを提供する時間帯に材料を切らしてしまいました。⑥今後は，配送品を一層注意して選別していただきたいです。⑦このような問題が再発するようであれば，他の供給業者を検討いたします。⑧今回の請求書に関しては，今日の午前中にコピーをEメールでお送りします。⑨それに応じて私の口座へ振り込んでください。⑩腐った食材の分が課金されないようにお願いします。

②□in regard to …に関して □eggplant ナス ③□shipment 配送(品)
□be shocked to *do* …してショックを受けた □discover that 節 …ということがわかる
□rotten 腐った ④□as a result その結果 ⑤□run out of …を切らす □ingredient 材料
⑥□selective 注意深く選ぶ □in the future 今後 ⑦□repeat oneself 繰り返される
□supplier 供給業者 ⑧□as for …に関しては □bill 請求書 □invoice 請求書
⑨□credit one's account …の口座に振り込む □accordingly それに応じて
⑩□be charged for …に対して課金される □produce 名 農産物 1.(C) □grocery store 食料雑貨店
2.(B) □unusable 使用できない (C) □charge 名 課金 3.(A) □place an order 注文する
(B) □make a payment 支払いをする (C) □document 文書 (D) □apply for …に申し込む

1(B) 2(B) 3(C)

4_008

4. What is the main purpose of the message?

(A) To introduce a new product
(B) To outline the duties of a position
(C) To announce an upcoming inspection
(D) To suggest new safety measures

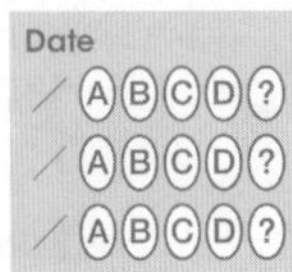

5. Where does the speaker probably work?

(A) At a medical facility
(B) At a pharmaceutical company
(C) At a chemicals plant
(D) At a cosmetics manufacturer

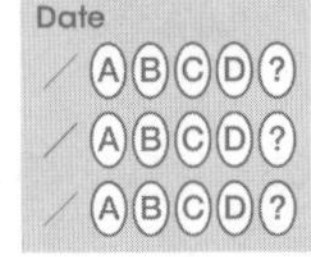

6. According to the speaker, why should Ms. Bundy call him?

(A) To request an information packet
(B) To confirm receipt of a package
(C) To receive product samples
(D) To schedule a meeting

4_008 オーストラリア

Questions 4-6 refer to the following telephone message.

① [5] Hello, this is Ted van Winkle from the personnel department at Beauticious Cosmetics calling for Martha Bundy. ② Ms. Bundy, I have looked over your application form and work history, ③ and you appear to be an ideal candidate for the safety officer position in our Research and Development laboratories. ④ [4] As a laboratory safety officer, your primary duties would be to minimize the risk of injury or illness to employees by ensuring that they have the training, information, support, and equipment needed to work safely in the laboratory. ⑤ [4] [5] You would also be responsible for the testing and monitoring of our skin care and make-up products during each stage of development. ⑥ Further details can be found in the information packet we sent to you by express delivery this morning. ⑦ [6] If you would like to discuss the position in person, contact me at 555-8623 ⑧ and [6] we can arrange to do that sometime this week.

解説・正解

4. このメッセージの主な目的は何ですか。
(A) 新製品を紹介すること。
(B) 職務の概要を説明すること。
(C) 次の検査を知らせること。
(D) 新しい安全対策を提案すること。

③で相手が応募者として適任であることを伝え，④の your primary duties would be ～ や⑤の You would also be responsible for ～ などで，「職務内容」を説明しています。よって，**(B) To outline the duties of a position** が正解です。

5. 話し手はどこで働いていると考えられますか。
(A) 医療機関
(B) 製薬会社
(C) 化学薬品工場
(D) 化粧品メーカー

①の this is ～ from the personnel department at Beauticious Cosmetics から，「化粧関係」の会社で働いているとわかります（"from 所属" の言い方です）。また，⑤に testing and monitoring of our skin care and make-up products とあるので，**(D) At a cosmetics manufacturer**「化粧品メーカー」を選べばOKです。

6. 話し手によると，Bundy さんはなぜ彼に電話すべきなのですか。
(A) 情報一式を要求するため。
(B) 荷物を確かに受け取ったと知らせるため。
(C) 製品サンプルを受け取るため。
(D) 面談の日時を決めるため。

⑦の If you would like to discuss the position in person, contact me at 555-8623 で，「直接会って話す」方法を伝えています。そして，⑧の we can arrange to do that sometime this week で「話せるように手配する」と言っているので，**(D) To schedule a meeting**「面談の日時を決めるため」が正解です。

問題 4 から 6 は次の電話のメッセージに関するものです。

①もしもし，Beauticious 化粧品人事部の Ted van Winkle と申しますが，Martha Bundy さんでいらっしゃいますか。②Bundy さんの応募用紙と職歴を拝見したところ，③当社の研究開発室の安全担当者にぴったりの方のようです。④開発室の安全担当者の主な職務の中には，室内の安全な職場環境づくりに必要な教育，情報，サポート，そして機器などを従業員に提供することによって，彼らの怪我や病気のリスクを最小限度に抑えることがあります。⑤また，当社のスキンケアやメイクアップの商品のテストや管理も開発の各段階でご担当いただきます。⑥詳しい情報は今朝速達でお送りしたご案内の封書でご覧ください。⑦もし職務について直接ご相談になりたい場合は，555-8623 までご連絡ください。⑧今週のどこかに予定を入れます。

---

①□personnel department 人事部 □cosmetics 化粧品 ②□look over …に目を通す □application form 応募用紙 □work history 職歴 ③□appear to be …のようだ □ideal 理想的な □candidate 応募者 □safety officer 安全担当者 □research and development 研究開発 □laboratory 実験室，ラボ ④□primary 主要な □duty 職務 □minimize …を最小限にする □risk 危険性 □injury 怪我 □illness 病気 □ensure that 節 …を保証する，確実に…するようにする □equipment 機器 ⑤□be responsible for …に責任を持つ □monitor …を管理する □each stage of …の各段階 □development 開発 ⑥□further それ以上の □details 詳細 □information packet 情報一式 ⑦□discuss …を話し合う □in person 直接会って ⑧□arrange to *do* …するように手配する 4.(A) □introduce …を紹介する (B) □outline 動 …を大まかに説明する (C) □upcoming 来たる □inspection 検査 (D) □safety measures 安全対策 5.(A) □facility 施設 (B) □pharmaceutical 製薬の (C) □chemical 名 化学薬品 □plant 工場 (D) □manufacturer メーカー 6.(B) □receipt 受け取り

4(B) 5(D) 6(D)

4_009

7. What did Ms. Grizby request?

(A) A missing package
(B) A price estimate
(C) A doctor's appointment
(D) A free delivery service

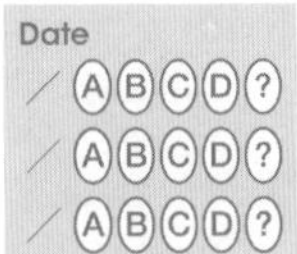

8. What additional information does Ms. Grizby have to provide?

(A) A contact address
(B) A receipt of payment
(C) A delivery preference
(D) A company name

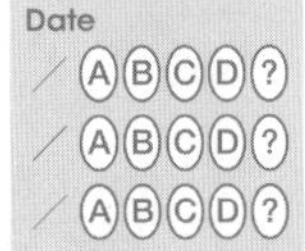

9. What does the caller say about Select Air?

(A) It is quick.
(B) It is inexpensive.
(C) It is dependable.
(D) It is very popular.

4_009 アメリカ

Questions 7-9 refer to the following telephone message.

① Hello, Ms. Grizby. ② This is Marcia Lee from GTS Delivery. ③ I received **7** your request for an estimate on the price of a delivery. ④ Unfortunately, I need some more information before I can actually give you an estimate. ⑤ First, can you please let me know the size of the package and how much it weighs? ⑥ Also, you said that you wanted to ship the package by air, but ⑦ **8** we have multiple options for air shipping. ⑧ Basic Air will ensure the package gets to its destination in three days, ⑨ and Expedited Air will get it there in two. ⑩ **9** The quickest option would be Select Air, which will have the package delivered within 24 hours. ⑪ The quicker you let me know this information, the quicker I can give you an estimate. ⑫ Thanks for using GTS Delivery and I look forward to hearing from you.

解説・正解

7. Grizby さんは何をお願いしましたか。
(A) 紛失した荷物
(B) 費用の見積もり
(C) 医者の予約
(D) 無料の配達サービス

③の your request for an estimate on the price of a delivery から，Grizby さんは「配送費の見積もり」をお願いしたとわかります。よって，(B) A price estimate が正解です。

8. Grizby さんが提供しなければならないのはどんな追加情報ですか。
(A) 連絡先
(B) 領収証
(C) 選んだ配送方法
(D) 会社名

⑦で，we have multiple options for air shipping「航空配送にはいくつか選択肢がある」と言っています。荷物の大きさ（the size of the package）や重さ（how much it weighs）に加えて，「配送方法」を尋ねているので，(C) A delivery preference を選べば OK です。

9. 電話をかけている人は特別航空便について何と言っていますか。
(A) 速い。
(B) 料金が安い。
(C) 信頼できる。
(D) 非常に人気がある。

⑩の The quickest option would be Select Air, which will have the package delivered within 24 hours. で，Select Air は「最も速い便（24 時間以内に配送される）」と言っています。よって，(A) It is quick. が正解です。

問題 7 から 9 は次の電話のメッセージに関するものです。

①もしもし，Grizby さんでいらっしゃいますか。②GTS 配送社の Marcia Lee と申します。③お客様から配送費の見積もりのご依頼を承りました。④あいにく，実際に見積もりをお出しする前にいくつか必要な情報がございます。⑤まず，お荷物のサイズと重さを教えていただけますか。⑥また，航空便での配送をご希望とのことでしたが，⑦航空配送にはいくつかの選択肢がございます。⑧通常航空便では 3 日後に宛先に到着することを保証いたします。⑨急送航空便では到着までに 2 日かかります。⑩最も速い便は特別航空便となりますが，こちらは 24 時間以内での配達が可能です。⑪ご回答を早くご連絡いただきますと，その分お見積もりも早くお出しすることができます。⑫GTS 配送社をご利用いただきまして，ありがとうございました。ご連絡をお待ちしております。

③□request for …のお願い □estimate 名 見積もり ④□unfortunately あいにく，残念ながら
⑤□weigh 動 重さが…ある ⑥□ship 動 …を出荷する □by air 航空便で ⑦□multiple 多数の
⑧□ensure …を確実にする・保証する □destination 目的地 ⑨□expedited 早められた
cf. expedite 動 …を促進する ⑩□select 形 極上の □within 24 hours 24 時間以内に
⑪□The quicker..., the quicker... …が早ければ早いほど，…も早くなる
⑫□look forward to -ing …することを心待ちにする □hear from …から連絡がある
7.(A) □missing 紛失した 8.(B) □receipt 領収証 □payment 支払い (C) □preference 好み
9.(B) □inexpensive 安い (C) □dependable 信頼できる

7(B) 8(C) 9(A)

4_010

10. Why has the man called Ms. Gardener?

(A) To ask her to attend a presentation
(B) To discuss marketing strategies
(C) To suggest a meeting place
(D) To reschedule a meeting

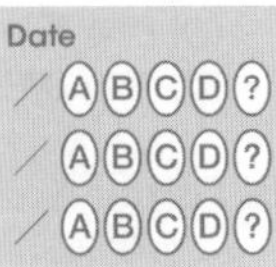

11. What will the man do tomorrow?

(A) Organize a conference
(B) Deliver a sample to clients
(C) Go to a different office
(D) Start a new project

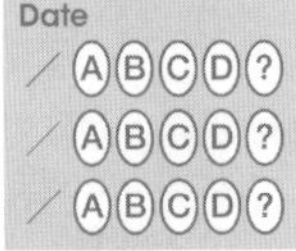

12. What does the man ask Ms. Gardener to do?

(A) Call him back later
(B) Send him an e-mail
(C) Visit his office
(D) Talk to his secretary

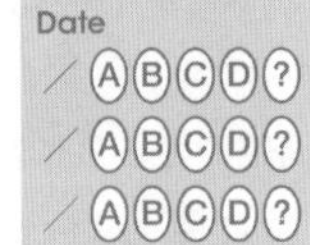

4_010 カナダ

Questions 10-12 refer to the following telephone message.

① Hi, Ms. Gardener. This is Lance Parker from the marketing department. ② You and I were scheduled to get together tomorrow to discuss merging departments, but ③ **10** unfortunately we will have to reschedule the meeting. ④ **11** I need to be at another branch office tomorrow to lead a product demonstration for some Japanese clients. ⑤ They were supposed to arrive the day after tomorrow, but they flew in earlier than expected. ⑥ I'm the person here that knows the most about the project, so ⑦ I'll have to visit our Halliston office first thing tomorrow morning. ⑧ I do apologize for having to postpone our meeting. ⑨ If you could please let me know when you will be available next week, I'd appreciate it. ⑩ **12** It would be best to call me back at extension 2137, rather than e-mail me. ⑪ Again, I'm very sorry if this caused you any inconvenience, Ms. Gardener, ⑫ and I hope to hear from you soon.

解説・正解

10. 男性はなぜ Gardener さんに電話をかけましたか。
(A) プレゼンテーションに参加するよう頼むため。
(B) マーケティング戦略について話し合うため。
(C) ミーティングの場所を提案するため。
(D) ミーティングの予定を変更するため。

③で unfortunately we will have to reschedule the meeting と言っているので，**(D) To reschedule a meeting** を選べば OK です。今回の unfortunately「残念ながら」のように感情がこもった表現は，解答のキーになることが多いんでしたね（355 ページに出てきました）。

11. 男性は明日何をするつもりですか。
(A) 会議の準備をする。
(B) 顧客へサンプルを届ける。
(C) 別の支社へ行く。
(D) 新しいプロジェクトを始める。

④に I need to be at another branch office tomorrow とあります。another branch office は「もう1つの支社」→「別の支社」ということなので，**(C) Go to a different office** が正解です。今回も，tomorrow より前に該当箇所が出てくる「手遅れパターン」になっています。

12. 男性は Gardener さんに何をするように頼んでいますか。
(A) 後で彼に折り返し電話をかける。
(B) 彼に E メールを送る。
(C) 彼のオフィスへ来る。
(D) 彼の秘書に話をする。

⑩の It would be best to call me back at extension 2137 で，「折り返し電話をかける」ようお願いしています。よって，正解は **(A) Call him back later** です。この「折り返し電話して」というのは頻出パターンなので，call 人 back「人 に電話をかけ直す・折り返し電話する」という表現は，ぜひ押さえておきましょう。

問題 10 から 12 は次の電話のメッセージに関するものです。

①もしもし Gardener さんですか，マーケティング部の Lance Parker です。②明日，２人で部署の統合について話し合う予定でしたが，③すみませんが，ミーティングの予定を変更しなければならなくなりました。④明日は別の支社で，ある日本人のお客様に製品デモをしなければならないのです。⑤彼らが到着するのは明後日の予定でしたが，予定よりも早く着いたのです。⑥プロジェクトの内容がいちばんよくわかっているのは私なので，⑦ Halliston 支社へ明日の朝一番に行かなければなりません。⑧ミーティングを延期しなければならなくなって，申し訳ありません。⑨来週ご都合のよい日をお知らせくださいませんか。⑩ E メールよりも，内線 2137 に折り返しかけていただいたほうが助かります。⑪このたび Gardener さんにご迷惑をおかけすることを重ねてお詫びいたします。⑫ご連絡をお待ちしています。

②□be scheduled to *do* …する予定である □get together 集まる □merge …を合併する
③□reschedule …の予定を変更する ④□branch office 支社 □demonstration 実演，デモ
⑤□be supposed to *do* …することになっている □fly in 飛行機で着く
□earlier than expected 予定よりも早く ⑦□first thing tomorrow morning 明日の朝一番に
⑧□postpone …を延期する ⑨□available 手が空いている
⑩□call X back Xに電話をかけ直す，Xに折り返し電話する □extension 内線
⑪□cause X inconvenience Xに不便をかける 10.(B) □strategy 戦略
11.(A) □organize …の準備をする 12.(D) □secretary 秘書

10(D) 11(C) 12(A)

4_011

13. What is the purpose of the message?

(A) To schedule a delivery time
(B) To obtain information about an order
(C) To inquire about receiving a refund
(D) To introduce a staff member to a client

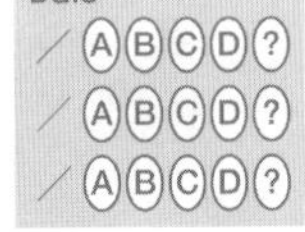

14. What does Ms. Drake want to buy?

(A) Some tools
(B) Some pants
(C) A T-shirt
(D) A table

Date
ⒶⒷⒸⒹ?
ⒶⒷⒸⒹ?
ⒶⒷⒸⒹ?

15. What does the speaker say about the price of the item?

(A) It has decreased.
(B) It includes shipping costs.
(C) It will go up next week.
(D) It has to be paid in cash.

4_011 オーストラリア

Questions 13-15 refer to the following telephone message.

① Hi, Ms. Drake. This is Gilbert Bradford at the Perkley Uniform Center. ② [14] Your order for work pants has been received. However, ③ [13] you didn't indicate which color you want on the order form that you sent. ④ [13] I'd appreciate it if you could call me back and let me know if you want them in gray or black, ⑤ and I can take care of the order quickly. ⑥ Then it will be delivered to you by the end of next week. ⑦ Also, I'm happy to tell you that [14] [15] the price of the pants has gone down. ⑧ [15] Instead of $30, they're now $22 a pair. ⑨ Please call me at 555-4562, and let me know your decision. Thanks, Ms. Drake.

解説・正解

13. メッセージの目的は何ですか。
(A) 配達予定時刻を決めること。
(B) 注文品に関する情報を得ること。
(C) 返金の受領に関して問い合わせること。
(D) 従業員の1人をお客様に紹介すること。

③で「希望の色が記載されていなかった」と述べ，④のI'd appreciate it if you could call me back and let me know if you want them in gray or blackで「希望の色（灰色 or 黒）を教えて」と頼んでいます。よって，「注文に関する情報を得る」ことが目的だとわかるので，(B) To obtain information about an orderを選べばOKです。

14. Drakeさんは何を買いたいのですか。
(A) 道具
(B) ズボン
(C) Tシャツ
(D) テーブル

②のYour order for work pantsや⑦のthe price of the pantsから，(B) Some pantsを選べばOKです。

15. 話し手は商品の値段について何と言っていますか。
(A) 値下げになった。
(B) 送料を含んでいる。
(C) 来週値上げされる。
(D) 現金で支払う必要がある。

⑦でthe price of the pants has gone down「ズボンの値段が下がった」と言い，⑧でInstead of $30, they're now $22 a pair.と値下げについて具体的に説明しています。よって，(A) It has decreased.を選べばOKです。本文のpantsが，設問ではまとめ単語のitem「商品」で表現されているわけです。

問題13から15は次の電話のメッセージに関するものです。

①もしもしDrake様ですか，Perkleyユニフォームセンターの Gilbert Bradfordと申します。②作業用ズボンのご注文を承りましたが，③お送りいただいた注文用紙にご希望の色が記載されていませんでした。④折り返しお電話で，灰色と黒のどちらをご希望かをお知らせいただければ幸いです。⑤そうしましたら，注文の処理を迅速に行うことができます。⑥来週末までには商品をお手元にお届けします。⑦また，ズボンの値下げについてもお知らせします。⑧ただ今1着30ドルが22ドルになっております。⑨555-4562におかけになって，ご回答をお知らせください。よろしくお願いいたします。

②□order 注文 □work pants 作業用ズボン ③□indicate …を指示する □order form 注文用紙
④□I'd appreciate it if もし…だと大変ありがたいのですが ⑤□take care of …を処理する
⑦□go down 下がる ⑧□instead of …の代わりに cf. instead 副 その代わりに ⑨□decision 決定
13.(B) □obtain …を得る (C) □inquire about …について問い合わせる
□receive a refund 払い戻しを受ける 15.(B) □shipping costs 送料 (D) □in cash 現金で

Part 4

13(B) 14(B) 15(A)

4_012

16. Who is the message probably for?

(A) Medical patients
(B) Specialized doctors
(C) Insurance agents
(D) Conference attendees

17. What is the message mainly about?

(A) Conference schedules
(B) Hours of operation
(C) Canceled appointments
(D) Using a phone system

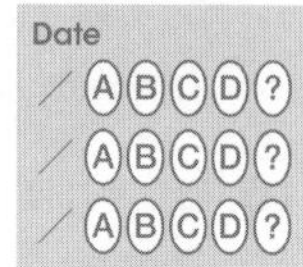

18. According to the message, what will happen on May 6?

(A) Renovations will be made.
(B) An operation will take place.
(C) The phone system will be upgraded.
(D) Doctors will travel out of town.

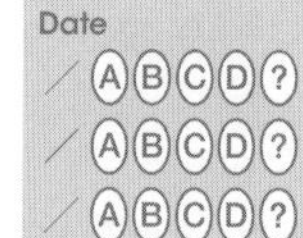

4_012 オーストラリア

Questions 16-18 refer to the following recorded message.

① Thank you for calling the Redville Medical Clinic, located on Fairley Boulevard. ② 16 If you're calling to schedule an appointment with a doctor, ③ please leave a message or call again when our office is open. ④ 17 Our regular office hours are from 9 A.M. to 7 P.M. Monday through Friday, and 10 A.M. to 3:30 P.M. on Saturdays. ⑤ However, 17 our office will be closed on Thursday, 18 May 6 because our doctors will be leaving at 9 A.M. to attend a medical conference in Detroit. ⑥ Therefore, no appointments can be made for that day. ⑦ Please leave a message after the tone and we will return your call when we are available.

解説・正解

16. このメッセージは誰に宛てたものだと考えられますか。
(A) 患者
(B) 専門医
(C) 保険代理人
(D) 会議の出席者

②に If you're calling to schedule an appointment with a doctor とあり，このメッセージは「病院の予約を入れる人」へ向けたものだとわかります。よって，(A) Medical patients「患者」が正解です。患者が病院に電話をかけたけれど，営業時間外で「自動応答メッセージ」が流れているという場面になります。

17. 主に何についてのメッセージですか。
(A) 会議の予定
(B) 営業時間
(C) キャンセルされた予約
(D) 電話システムの使用

④の Our regular office hours are ～ や，⑤の our office will be closed on ～ など，全体を通して「診療時間」に関して述べています。よって，(B) Hours of operation「営業時間」が正解です。

18. メッセージによると，5月6日に何が起こりますか。
(A) 改修が行われる。
(B) 作業が行われる。
(C) 電話システムがアップグレードされる。
(D) 医師が出掛けて留守になる。

⑤に May 6 が出てきて，その日は our doctors will be leaving at 9 A.M. to attend a medical conference in Detroit と言っています。5月6日に「医師がデトロイトでの会議に出るため出発する」とわかるので，(D) Doctors will travel out of town. を選べば OK です。

問題 16 から 18 は次の録音メッセージに関するものです。

① Fairley 大通りの Redville メディカルクリニックでございます。お電話ありがとうございます。②医師の診察のご予約でしたら，③メッセージを残すか，営業時間内に再度お電話をお願いいたします。④通常の営業時間は，月曜日から金曜日は午前 9 時から午後 7 時まで，土曜日は午前 10 時から午後 3 時 30 分まででとなっております。⑤ただ，5 月 6 日木曜日は休診の予定です。当院の医師はデトロイトでの医学会議に出るため，午前 9 時には出発いたします。⑥そのため，その日のご予約はお受けできません。⑦発信音の後にメッセージをいただきますと，営業時間内に折り返しお電話いたします。

①□be located on …に位置する cf. 本文では which is located on の which is が省略されている □boulevard 大通り ②□schedule an appointment 予約を設定する（= make an appointment） ③□leave a message 伝言を残す ④□regular office hours 通常の営業時間 ⑤□attend …に参加する ⑦□tone 発信音 □available 電話をかけられる，手が空いている 16.(B) □specialized 専門の (C) □insurance 保険 (D) □attendee 参加者，出席者 17.(B) □operation 操業，作業 18.(B) □take place 行われる (D) □travel 行く，出かける □out of town 町の外へ

Part 4

16(A) 17(B) 18(D)

4_013

19. Why is the speaker calling?

(A) To explain a technical fault
(B) To reschedule some repairs
(C) To promote an Internet service
(D) To report a power failure

20. What has to be repaired?

(A) A cable
(B) An antenna
(C) A computer
(D) A monitor

21. According to the speaker, when will technicians arrive?

(A) This morning
(B) This afternoon
(C) Tomorrow morning
(D) Tomorrow afternoon

4_013 カナダ

Questions 19-21 refer to the following telephone message.

① Hello, Mr. Spalding. This is Sanjay from the technical assistance department at Digitech Telecom. ② A colleague of mine informed me that you have called a number of times today about the problems you experienced this morning with your wireless internet connection. ③ Other people in Fairmont County have also informed us that their connection has been shutting off intermittently. ④ [19] This seems to be due to a malfunction of the wireless network in your local area. ⑤ [19] [20] We believe that the recent strong winds have broken the main antenna. ⑥ Unfortunately, because we are understaffed on this holiday weekend, and you live in such a remote area, ⑦ [21] the technicians won't be able to get out there until around 3 P.M. ⑧ It may take some time to repair the equipment, but ⑨ they will work through the night to make sure the problem is fixed by tomorrow morning.

解説・正解

19. なぜ話し手は電話をしていますか。
(A) 機械の故障について説明するため。
(B) 修理の予定を変更するため。
(C) インターネットサービスを宣伝するため。
(D) 停電を報告するため。

「インターネット接続トラブル」に関する問い合わせに対して，④の a malfunction of the wireless network や⑤の the recent strong winds have broken the main antenna で，「機械の故障」について説明しています。よって，(A) To explain a technical fault が正解です。

20. 修理する必要があるのは何ですか。
(A) ケーブル
(B) アンテナ
(C) コンピューター
(D) モニター

⑤の We believe that the recent strong winds have broken the main antenna. で，「アンテナが壊れた」と言っています。よって，正解は (B) An antenna です。ちなみに，antenna は「アンテナ」と後ろにアクセントがくるので気をつけましょう。

21. 話し手によると，技術者はいつ到着しますか。
(A) 今朝
(B) 今日の午後
(C) 明日の朝
(D) 明日の午後

⑦に the technicians won't be able to get out there until around 3 P.M.「技術者は午後3時頃までそこに行けない」とあるので，技術者が到着するのは「今日の午後」だとわかります。よって，(B) This afternoon が正解です。⑨に tomorrow morning が出てきますが，これは「問題が解決する時間」です。

問題 19 から 21 は次の電話のメッセージに関するものです。

①もしもし，Spalding 様ですか。Digitech Telecom の技術サポート部の Sanjay と申します。②私の同僚から，お客様が今朝ほどワイヤレスのインターネット接続でお困りだった件で，今日何度もお電話いただいたと聞きました。③ Fairmont 郡の他のお客様からも同様に，接続が断続的に途切れるとお知らせいただいています。④これは，お客様の地域でのワイヤレスネットワークの故障が原因のようです。⑤先日の強風によって主アンテナが破損していると思われます。⑥申し訳ございませんが，今週末の休日は人員不足であるうえに，お客様は離れた場所にお住まいということもあり，⑦技術者は午後3時頃まではそちらに伺うことができません。⑧機器の修理が終わるまで少々お時間を頂戴するかもしれませんが，⑨明日の朝までには問題が必ず解決しているように夜間も作業いたします。

①□technical assistance department 技術サポート部 ②□colleague 同僚
□inform X that 節 Xに…だと知らせる □a number of times 何度も
③□shut off（機械などが）止まる □intermittently 断続的に ④□due to …のせいで（= because of）
□malfunction 故障 ⑥□understaffed 人手不足で
□such a remote area とても遠い地域 cf. remote 離れた ⑦□technician 技術者
⑧□It may take some time to *do* …するには少し時間がかかるかもしれない
□repair …を修理する（= fix） □equipment 機器 ⑨□make sure（that 節）確実に…する
19.(A) □fault 故障 (B) □reschedule …の予定を変更する (C) □promote …の宣伝をする
(D) □power failure 停電

Part 4

19(A) 20(B) 21(B)

4_014

22. How many City Bank branch locations are there?

(A) One
(B) Two
(C) Three
(D) Four

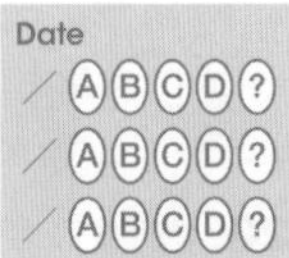

23. What time does the Mayberry branch lobby close on Mondays?

(A) 1 P.M.
(B) 2 P.M.
(C) 3 P.M.
(D) 12 P.M.

24. How can a caller get information about bank accounts right now?

(A) By pressing 1 for more options
(B) By waiting on the line for a representative
(C) By using the walk-up services
(D) By logging on to the Web site

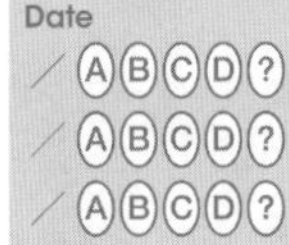

4_014 アメリカ

Questions 22-24 refer to the following telephone message.

① 22 Thank you for calling the metro branch of City Bank. ② Our lobby hours are from 8:30 A.M. to 3 P.M. on weekdays, and 9 A.M. to noon on Saturdays. ③ 22 23 The other branch, located on Route 1 in Mayberry, has lobby hours from 8:30 A.M. to 2 P.M. Monday through Friday, 9 A.M. to noon on Saturdays, ④ and walk-up hours from 2 P.M. to 6 P.M., Monday through Friday. ⑤ 24 Please call back during business hours, or visit us any time online at www.citybank.com. ⑥ You can link directly to your existing checking or savings account, set up a new account, trade online, get stock quotes and economic reports, and track your portfolio — 24/7(twenty-four seven). ⑦ Thank you for your patronage and have a nice day.

解説・正解

22. City 銀行の支店はいくつありますか。
(A) 1
(B) 2
(C) 3
(D) 4

このメッセージに出てくる支店は，①の the metro branch of City Bank と③の The other branch, located on Route 1 in Mayberry の2つです。the other は「もう一方・残りの1つ」を表すので，③に出てくる支店が最後（合計2つ）と判断できます。the は「共通認識」を表し，the other で「共通認識（特定）できる他の1つ」→「(2つあるうちの）残りの1つ」となるわけです。

23. 月曜日，Mayberry 支店のロビーは何時に閉まりますか。
(A) 午後1時
(B) 午後2時
(C) 午後3時
(D) 午後12時（正午）

③に The other branch, located on Route 1 in Mayberry, has lobby hours from 8:30 A.M. to 2 P.M. Monday through Friday とあるので，(B) 2 P.M. が正解です。今回は固有名詞や数字がたくさん出てきてまぎらわしく，先読みで「Mayberry · Mondays · close」を意識しておくことが大事になります。

24. 電話をかけている人は，どうすれば銀行口座に関する情報を今すぐ入手できますか。
(A) オプションを増やすために1を押す。
(B) 販売担当者が来るまで電話で待つ。
(C) 店外サービスを使う。
(D) ウェブサイトにログインする。

⑤の Please ～, or visit us any time online at www.citybank.com. から，「ウェブサイトはいつでもアクセスできる」とわかります。よって，(D) By logging on to the Web site が正解です。Please から始まる文（命令文）は，設問で狙われやすいんでしたね。ちなみに，⑥後半に出てくる 24/7 は「年中無休で」という意味で，これもヒントになります（24 hours a day, 7 days a week「1日24時間，週7日」の略です）。

問題22から24は次の電話のメッセージに関するものです。

① City 銀行の都心支店でございます。お電話ありがとうございます。②ロビーの窓口は平日午前8時30分から午後3時まで，土曜日は午前9時から正午まで営業いたします。③もう1つの支店は Mayberry の1号線上にありますが，ロビーの窓口は，月曜日から金曜日の午前8時30分から午後2時まで，土曜日は午前9時から正午までです。④店外窓口の営業は月曜日から金曜日の午後2時から午後6時までです。⑤営業時間内にお電話をかけ直すか，ウェブサイト www.citybank.com にいつでもアクセスをお願いします。⑥お客様の当座預金口座や普通預金口座に直接アクセスしたり，新規口座の開設やオンライン取引をしたり，株式相場に関する情報や経済リポートを入手したり，ご自身のポートフォリオを確認したりしていただけます。24時間いつでもご利用可能です。⑦当行をご愛顧いただき，ありがとうございます。失礼いたします。

①□metro 大都市の □branch 支店 ②□lobby hours ロビーの窓口の営業時間
③□located on …に位置する ④□walk-up 店に入らず外から利用できる
⑥□link directly to 直接…に接続する □existing 現存の □checking account 当座預金口座
□savings account 普通預金口座 □set up …を開設する・設定する
□trade online インターネットで取引する □stock quotes 株式相場 cf. quote 相場
□track …をたどる □portfolio ポートフォリオ，有価証券明細一覧 □24/7 一日24時間
⑦□patronage ひいき，愛顧 24.(B) □on the line 電話に出て □representative 名 販売員，担当者
(D) □log on to …にログインする

22(B) 23(B) 24(D)

4_015

25. For what kind of business is the message intended?

(A) An adult education facility
(B) A pharmacy
(C) A city hall
(D) A dental practice

26. Why does the speaker say, "I finish work at 3 P.M. next Tuesday"?

(A) To complain about a schedule
(B) To offer help with an event
(C) To suggest a convenient time
(D) To correct an error

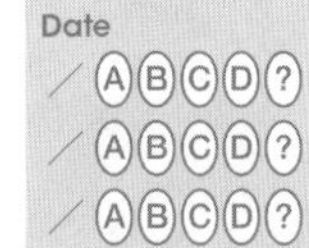

27. What request does she make?

(A) She would like to arrive slightly early.
(B) She prefers to receive a reply by e-mail.
(C) She wants to be sent some information.
(D) She wants to see a particular person.

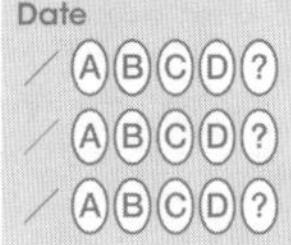

4_015 イギリス

Questions 25-27 refer to the following telephone message.

① This is Jen Hanaoka. ② 25 I realize this is out of clinic hours, but I'd like to request a rescheduling of my Saturday morning appointment for my six-monthly checkup and teeth cleaning. ③ I'm really sorry for the short notice. ④ Now, I usually can't come on weekdays, but I finish work at 3 P.M. next Tuesday. ⑤ 26 If you have any available slots then, I would be grateful if you could fit me in. ⑥ 27 I'd prefer to still be seen by Dr. Anderson, as he knows me best. ⑦ You can reach me on my cell or office number.

解説・正解

25. このメッセージの相手先はどの業種ですか。
(A) 社会人向け教育施設
(B) 薬局
(C) 市役所
(D) 歯科医院

②に I realize this is out of clinic hours, but I'd like to request a rescheduling of ～ for my six-monthly checkup and teeth cleaning. とあり，clinic hours「診療時間」／checkup「検査」／teeth cleaning「歯のクリーニング」から，電話の相手は「歯医者」だと考えられます。よって，(D) A dental practice「歯科医院」が正解です（この practice は名詞「診療所」）。

26. 話し手が "I finish work at 3 P.M. next Tuesday" と言うのはなぜですか。
(A) 予定について苦情を言うため
(B) イベントの手伝いを申し出るため
(C) 都合の良い時間を知らせるため
(D) 誤りを訂正するため

「来週の火曜は午後３時に終わる」と言った後，⑤で If you have any available slots then, I would be grateful if you could fit me in. と言っています。「３時以降に空きがあれば予約したい」と伝えているので，(C) To suggest a convenient time が正解です。slot「時間枠・空き」と fit 人 in「人のために時間を取る」は，図表問題や Part 7 のチャット問題でもよく使われます。

27. 彼女はどんなことを要望していますか。
(A) 少し早めに到着したいと考えている。
(B) Eメールで返信してほしいと思っている。
(C) 情報を送ってもらいたいと思っている。
(D) 特定の人に診てもらいたいと思っている。

女性は⑥で，I'd prefer to still be seen by Dr. Anderson, as he knows me best. と言っています。これを「特定の人に診てもらう」と言い換えた，(D) She wants to see a particular person. が正解です。今回のような「病院の予約変更」は TOEIC の定番パターンです。

問題 25 から 27 は次の電話のメッセージに関するものです。

① Jen Hanaoka です。②診療時間外とは承知しているのですが，土曜午前の６か月ごとの検査と歯のクリーニングの予約について変更をお願いしたいのです。③直前のお願いで本当にすみません。④それで，普段だと平日は伺えないのですが，来週の火曜は午後３時に仕事が終わります。⑤その時にもし空きがあれば，そこに予約を入れていただけると嬉しいです。⑥私のことを一番わかっているのはやはり Anderson 先生なので，先生に診てもらえればありがたいです。⑦私の携帯電話かオフィスの電話にご連絡ください。

②□realize …を十分に理解する □request …を求める □rescheduling 予定変更 □appointment 予約 □six-monthly 6カ月ごとの □checkup 検査，健康診断 ③□short notice 急なお願い，突然の知らせ ⑤□available 手が空いている，利用できる □slot 時間帯 □I would be grateful if …してもらえるとありがたいのですが □fit X in Xのために時間を取る ⑥□prefer to *do* むしろ…するほうを選ぶ ⑦□reach（電話などで）…に連絡する □cell 携帯電話 25. □be intended for …宛てである，…を対象としている (A) □facility 施設 (B) □pharmacy 薬局 (D) □dental 歯科の □practice（医師の）診療所 26.(A) □complain about …について苦情を言う (C) □suggest …を提案する・示唆する □convenient 都合の良い (D) □correct …を訂正する 27.(A) □slightly 少しばかり，わずかに (D) □particular 特定の

25(D) 26(C) 27(D)

4_016

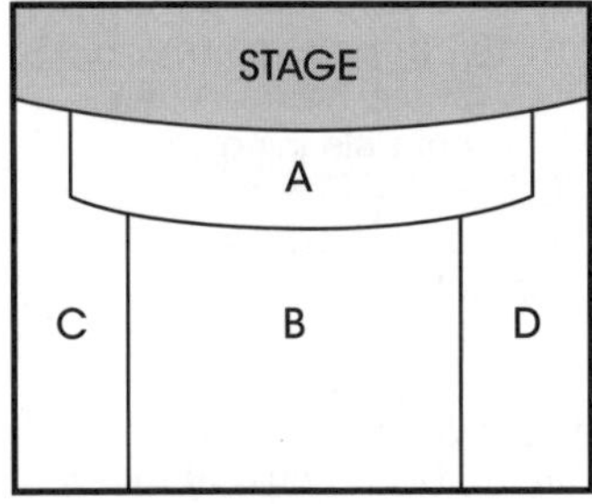

28. What does the speaker say has changed?
(A) Cast members
(B) Ticket prices
(C) Show times
(D) Seating arrangements

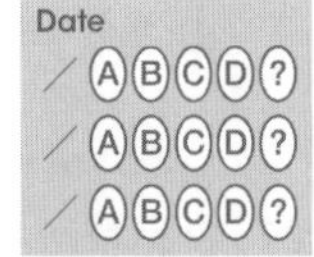

29. Look at the graphic. Where are there available seats?
(A) In Section A
(B) In Section B
(C) In Section C
(D) In Section D

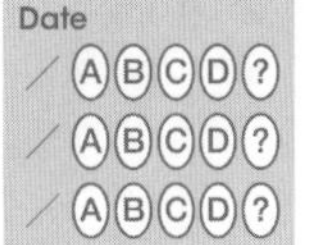

30. How can tickets be purchased?
(A) By going to the theater's ticket office
(B) By visiting a Web site
(C) By calling the next day
(D) By sending a text message

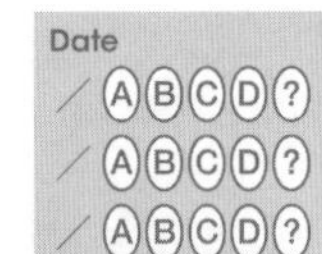

4_016 オーストラリア

Questions 28-30 refer to the following recorded message and seating chart.

① Thank you for calling Ascot Lane Theater. ② There are still some tickets available for tomorrow evening's stage performance of Shakespeare's Hamlet. ③ 28 As a special late offer, they can now be purchased with a 20% reduction. ④ The show begins at 7 P.M. ⑤ 29 Please be advised that these seats are at the far right of the theater, and there may be some limited views. ⑥ 30 Visit us on Ascot Lane to get yours. ⑦ We are open from 10:30 A.M. ⑧ Note that internet sales are closed. ⑨ For information on upcoming shows, please call this number during office hours or check the Web site at www.ascotlanetheater.com.

解説・正解

28. 話し手は何が変更されたと言っていますか。
(A) 出演者
(B) チケットの価格
(C) 上演時間
(D) 座席の配置

③の As a special late offer, they can now be purchased with a 20% reduction. から,「チケットの値段が割引された」とわかるので,(B) Ticket prices を選べばOKです。now は「昔と違って今は」というニュアンスを持つことが多く,これが設問の has changed に対応しています。

29. 図を見てください。購入可能な座席はどこですか。
(A) セクションA
(B) セクションB
(C) セクションC
(D) セクションD

⑤に Please be advised that these seats are at the far right of the theater とあり,購入可能な座席は「劇場の右端」だとわかります。よって,右端の (D) In Section D を選べばOKです。Please be advised that ~ は直訳「~とアドバイスされてください」→「~をご承知おきください」という表現で,相手に強くお願いするわけなので,設問でよく狙われます。

30. どのようにしてチケットを購入できますか。
(A) 劇場のチケットオフィスに出向いて
(B) ウェブサイトにアクセスして
(C) 翌日電話して
(D) テキストメッセージを送って

⑥で Visit us on Ascot Lane to get yours. と言っており,さらに⑦で We are open from 10:30 A.M. と「営業時間」を伝えているので,チケットは「劇場に行って買う」とわかります。よって,(A) By going to the theater's ticket office が正解です。ちなみに,⑧の Note that internet sales are closed. もヒントになります(選択肢(B)は誤りだと判断できます)。

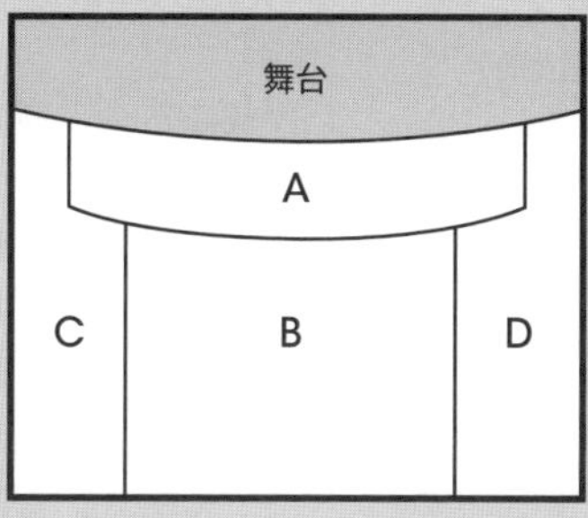

問題28から30は次の録音メッセージと座席表に関するものです。

① Ascot Lane 劇場にお電話いただきありがとうございます。②明日夕方の舞台公演,シェイクスピアのハムレットのチケットがまだ数枚ございます。③特別直前割引として,現在20%割引でご購入可能です。④公演は午後7時に始まります。⑤こちらの座席は劇場の右端にあり,視野が限られる可能性がございますのでご承知おきください。⑥チケットは Ascot Lane でご購入願います。⑦当劇場は午前10時30分開場です。⑧インターネット販売は締め切っておりますのでご了承ください。⑨今後の公演の情報は営業時間内にこちらの番号におかけになるか,ウェブサイト www.ascotlanetheater.com をご確認ください。

②□available 入手できる □performance 公演 ③□a special offer 特価提供
□late 遅い,終わりに近い □reduction 割引,削減
⑤□Please be advised that 節 …をご承知おきください □far right 右端
⑧□note that 節 …に注意する ⑨□upcoming 今度の 28.(D) □seating 座席 □arrangement 配置

28(B) 29(D) 30(A)

Part 4 Unit 2 ▶ 案内・お知らせ ▶チャレンジ

1 公共案内放送

空港・機内・映画館・ショッピングモール・博物館などの案内放送が出ますが，その中でも特に「機内アナウンス」がよく出題されます。機長や乗務員がフライトに関する情報を伝えるもので，内容は「飛行機の到着や欠航・搭乗案内・機長の挨拶・着陸前の案内や注意事項」が多いです。説明の展開もある程度パターン化しており，①挨拶 → ②飛行状況に関する詳細事項（出発・到着時刻，飛行時間，フライトに影響を及ぼす気象状況など）→ ③注意事項・参考事項（シートベルト着用，機内サービスの案内など）→ ④締めくくり，というのが定番の流れです。

4_017

公共案内放送の音声を聞いて1から3の設問に答えてください。

1. What is the purpose of this announcement?

(A) To notify passengers of gate assignments
(B) To announce flight information
(C) To inform passengers of menu selections
(D) To report a schedule change

2. Who is the speaker?

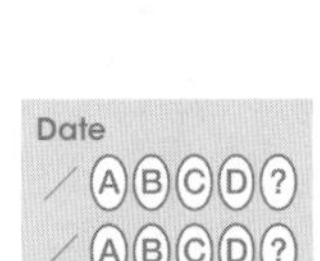

(A) An airline pilot
(B) A flight attendant
(C) A travel agent
(D) A tour guide

3. When is the flight expected to arrive at its destination?

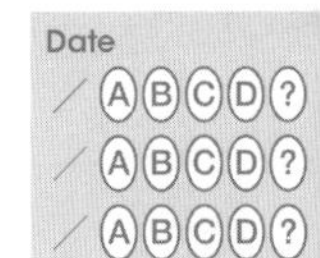

(A) 11:00 A.M.
(B) 11:30 A.M.
(C) 8:00 P.M.
(D) 8:30 P.M.

4_017 カナダ

① Welcome all passengers on board Coastal Airlines Flight 48A to Bangkok. ② **2** This is your pilot, Henry Gomez, ③ and **1** we'll be leaving the gate shortly, at our scheduled departure time. ④ **1** The flight will take about 11 hours and 30 minutes. ⑤ **3** We'll arrive at Bangkok International Airport at 8:30 P.M. local time. ⑥ Weather conditions are currently clear in Bangkok, but it may be slightly rainy when we land. ⑦ During takeoff, please remember to keep your seat belts fastened until the seat belt sign is turned off. ⑧ If there's anything we can do to make your flight more enjoyable, ⑨ feel free to call for a flight attendant using the service button above your seat. ⑩ Thank you for flying with Coastal Airlines and enjoy your flight.

解説・正解

1. このアナウンスの目的は何ですか。
(A) 乗客にゲートの割り振りを知らせること。
(B) フライト情報を知らせること。
(C) 乗客にメニューの種類を伝えること。
(D) 予定の変更について知らせること。

パイロットは，③〜⑤で「出発時刻（departure time）・飛行時間・到着時刻」を伝えています。その後も，気象状況・シートベルト着用・客室乗務員など「フライトに関する情報」を続けているので，**(B) To announce flight information** を選べば OK です。

2. 話し手は誰ですか。
(A) 航空機のパイロット
(B) 客室乗務員
(C) 旅行代理店の店員
(D) ツアーガイド

①で搭乗客に挨拶した後，②で This is your pilot, Henry Gomez と自己紹介しています。よって，**(A) An airline pilot**「航空機のパイロット」が正解です。This is ○○.「こちらは○○です」は電話やアナウンスで名乗る表現で，設問でもよく狙われます。

3. この便は目的地にいつ到着する予定ですか。
(A) 午前 11 時
(B) 午前 11 時 30 分
(C) 午後 8 時
(D) 午後 8 時 30 分

⑤の We'll arrive at Bangkok International Airport at 8:30 P.M. から，**(D) 8:30 P.M.** を選べば OK です。いろんな時刻が出てくるので，先読みで「到着時刻」を意識しておくことが大事になります。

①皆さま，Coastal 航空バンコク行き 48A 便にご搭乗いただき，ありがとうございます。②こちらはパイロットの Henry Gomez です。③まもなく定刻通りにゲートを離れます。④運航時間は約 11 時間 30 分を予定しております。⑤バンコク国際空港には現地時間で午後 8 時 30 分に到着予定です。⑥バンコクは現在快晴ですが，着陸時には少々雨が降るかもしれません。⑦離陸中，シートベルト着用サインが消えるまではベルトをしっかりと締めていただきますようお願いします。⑧皆さまのフライトをより快適にするために何か乗務員にできることがございましたら，⑨座席上部のサービスボタンで客室乗務員をいつでもお呼びください。⑩ Coastal 航空をご利用いただきありがとうございます。では空の旅をお楽しみください。

①□on board …に乗車（乗船，搭乗）して ③□shortly 間もなく（= soon）
□scheduled departure time 出発の定刻 ⑤□local time 現地時間 ⑥□currently 現在のところ
□slightly 副 やや □land 動 着陸する ⑦□takeoff 離陸
□keep one's seat belt fastened シートベルトを締めたままにしておく
cf. keep X p.p. Xを…された状態にしておく □fasten …を締める □turn off …を消す
⑨□feel free to *do* 自由に…する □flight attendant 客室乗務員
1.(A) □notify A of B AにBを知らせる (C) □inform A of B AにBを知らせる

Part 4

1(B) 2(A) 3(D)

2 社内通知

会社で社員に,「業務日程の変更・新しいシステムの紹介・新たな会社の方針・施設の点検・工事日程・行事日程・業務上の指示」などを伝えるものです。基本的には,①挨拶・注意喚起 → ②目的・用件 → ③伝達内容の具体的説明(変更事項,新たな方針,日程の伝達など)→ ④注意事項・指示事項,という流れで進んでいきます。④では,must, have to, need to などの義務・必要の助動詞,Be sure to ~, Please ~ のような依頼表現,Let's ~ などの提案表現が使われることが多く,設問でもよく狙われます。

4_018

社内通知の音声を聞いて,各設問に答えてください。

1. What is the main purpose of the announcement?

(A) To announce shortened work hours
(B) To let employees know about a schedule change
(C) To notify staff of building maintenance
(D) To inform staff of a main entrance closure

2. When does the speaker expect conditions to return to normal?

(A) On Monday
(B) On Thursday
(C) On Friday
(D) On Saturday

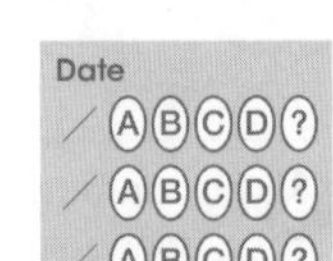

3. According to the speaker, what should the employees do?

(A) Come to work earlier
(B) Use a different entrance
(C) Take the subway to work
(D) Use the stairs instead

4_018 イギリス

① This is the office manager with an announcement for all employees in our building. ② The building's maintenance department has just informed me that ❶ they will be doing maintenance work on the building's elevators for three days starting on Wednesday. ③ Because of this, the main elevators in the building will not be operational. ④ ❷ These elevators will start operating again on Friday afternoon. ⑤ Until then, ❸ all employees in the building will have to use the elevator on the west side of the building or the stairway near the rear entrance. ⑥ If the work lasts longer than expected, we will make sure to notify all employees in advance.

解説・正解

1. アナウンスの主な目的は何ですか。
(A) 短縮された勤務時間を知らせること。
(B) 従業員に予定の変更を知らせること。
(C) ビルのメンテナンスについてスタッフに知らせること。
(D) スタッフに正面入り口の閉鎖について知らせること。

②の they will be doing maintenance work on the building's elevators で,「ビルのエレベーターのメンテナンス作業を行う」ことを伝えています。その後も「メンテナンスに関する注意事項」が続いているので,(C) To notify staff of building maintenance を選べば OK です。今回のように,冒頭で「目的」を述べてから詳細な説明に入っていくのは定番の流れです。

2. 話し手はいつ通常の状態に戻ると期待していますか。
(A) 月曜日
(B) 木曜日
(C) 金曜日
(D) 土曜日

④の These elevators will start operating again on Friday afternoon. から,エレベーターは「金曜日に通常の状態に戻る」とわかります。よって,(C) On Friday が正解です。設問の「通常の状態に戻る」を,本文では start operating again「再稼働する」で表しているわけです。

3. 話し手によると,従業員は何をするべきですか。
(A) 早く出勤する。
(B) 別の入口を使う。
(C) 地下鉄で通勤する。
(D) 代わりに階段を使う。

⑤で,all employees in the building will have to use the elevator on the west side of the building or the stairway near the rear entrance. と言っています。「裏口付近の階段を使う」ように指示しているので,(D) Use the stairs instead「代わりに階段を使う」が正解です。本文では助動詞 have to を使って指示しており,これが設問の should に対応しています。

①オフィスマネジャーより,当ビルの全従業員にお知らせします。②ビルの管理部がたった今知らせてきたところによると,水曜日より3日間にわたってビルのエレベーターのメンテナンス作業を行うそうです。③このため,ビルのメインエレベーターは使用できません。④エレベーターは金曜日の午後に再稼働します。⑤それまでは,当ビルの全従業員はビルの西側にあるエレベーターを使用するか,裏口付近の階段を利用する必要があります。⑥もし作業が予定より長くかかる場合は,あらかじめ従業員の皆さまに必ず知らせるようにします。

②□maintenance department 管理部　□inform X that 節 Xに…を知らせる
③□operational 運転中の,いつでも使える　⑤□stairway 階段　□rear 後方の　⑥□last 動 続く
□make sure to *do* 必ず…する　□notify …に知らせる　□in advance あらかじめ,前もって
3.(D) □stairs 階段

Part 4

1(C) 2(C) 3(D)

4_019

A 公共案内放送の音声を聞いて，１から３の設問に答えてください。

1. Where is the announcement being made?

(A) In an airport
(B) In a train station
(C) In a bus terminal
(D) In a ferry terminal

2. According to the speaker, what has caused the delay?

(A) A mechanical failure
(B) Road construction
(C) A tunnel closure
(D) Weather conditions

3. When is the next announcement?

(A) In 5 minutes
(B) In 10 minutes
(C) In 15 minutes
(D) In 20 minutes

4_020 アメリカ

B もう一度公共案内放送を聞いて，空所部分を書き取ってください。

Questions 1-3 refer to the following announcement.

① Could I have your attention, please?
② **1** ____.
③ **2** ____.
④ Our technicians are currently working on it, but ⑤ it will take a few more minutes to complete the repairs. ⑥ The bus is expected to begin boarding in twenty minutes, so ⑦ all passengers standing by near Gate 15 should continue waiting patiently.
⑧ **3** ____.
⑨ We sincerely apologize for the inconvenience.

解説・正解

A

1. どこでこのアナウンスをしていますか。
(A) 空港
(B) 駅
(C) バスターミナル
(D) 連絡船ターミナル

②の There will be a slight delay in the departure of Bus 105 for Chicago. で，「バスの出発が遅れる」ことを案内しています。よって，ここは「バスターミナル」だと考えられるので，(C) In a bus terminal を選べば OK です。⑥の The bus is expected to ～ もヒントになります。

2. 話し手によると，遅延の原因は何ですか。
(A) 機械の故障
(B) 道路工事
(C) トンネルの封鎖
(D) 天候状態

②で「バスの出発が遅れる」ことを伝えた後，③の A minor mechanical failure was discovered during a routine check. でその理由を説明しています。よって，(A) A mechanical failure が正解です。TOEIC の世界ではあらゆるものが遅れますが，「遅れた理由」は設問でよく狙われます。

3. 次のアナウンスはいつですか。
(A) 5 分後
(B) 10 分後
(C) 15 分後
(D) 20 分後

⑧の We will update you on the situation in ten minutes.「10 分後に最新状況を伝える」から，(B) In 10 minutes を選びます。この in は「経過（～後）」を表しており，リスニング・リーディング問わず非常によく出てくるので，必ずチェックしておきましょう。

B

問題 1 から 3 は次のアナウンスに関するものです。

①皆さまにお知らせいたします。②シカゴ行きのバス 105 便の出発に関しまして，少々遅れが発生する見込みです。③定期検査で機械の不具合が見つかりました。④技術者が現在作業中ですが，⑤修理を終えるまでにはあと数分かかるとのことです。⑥バスへのご案内は 20 分後には開始する予定ですので，⑦15 番ゲート付近でお待ちの乗客の皆さまはもうしばらくお待ちください。⑧10 分後に最新状況をお知らせいたします。⑨ご不便をおかけしますことを心よりお詫び申し上げます。

② **1 There will be a slight delay in the departure of Bus 105 for Chicago**

③ **2 A minor mechanical failure was discovered during a routine check**

⑧ **3 We will update you on the situation in ten minutes**

②□slight わずかな □delay 遅延 □departure 出発 ③□minor 重大ではない
□mechanical failure 機械の故障 □discover …を発見する □routine check 定期検査
④□technician 技術者 □currently 現在のところ ⑥□be expected to *do* …する予定だ
□boarding 乗車 ⑦□stand by 待機する □patiently 辛抱強く
⑧□update A on B AにBの最新状況を知らせる ⑨□sincerely 心より □inconvenience 不便

Part 4

1(C) 2(A) 3(B)

4_021

A 社内通知の音声を聞いて４から６の設問に答えてください。

4. What is the main purpose of the talk?

(A) To clarify new policies
(B) To explain a helmet
(C) To introduce new machinery
(D) To announce a safety inspection

5. Where does the speaker work?

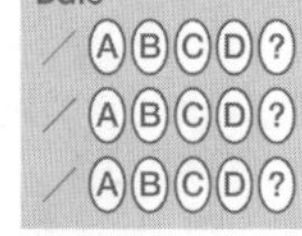

(A) At a clothing store
(B) At an advertising agency
(C) At a manufacturing plant
(D) At a charity organization

6. What does the speaker say the supervisors will do?

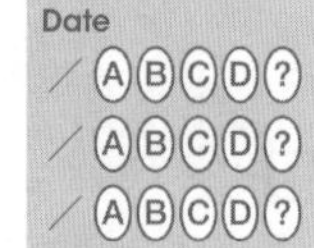

(A) Give a presentation
(B) Pass out equipment
(C) Check visitor passes
(D) Lead training sessions

4_022 (オーストラリア)

B もう一度社内通知を聞いて，空所部分を書き取ってください。

Questions 4-6 refer to the following talk.

① Good morning, everyone. I'm Leon Jeffries from the quality control department.
②  ______________________________
that will be implemented as of next Monday here at Hard Line Manufacturing.
③ There will be a few changes to
2 ______________________________,
and ④ I'll be explaining them to you today. ⑤ The first things you should note are the changes to the uniform. ⑥ From next week, a helmet and protective eyewear will be required at all times. ⑦ On Monday morning,
3 ______________________________
to you all. ⑧ Also, visitors will no longer be permitted on the production floor.
⑨ Thank you for your attention.

解説・正解

A

4. この話の主な目的は何ですか。
(A) 新方針を明らかにすること。
(B) ヘルメットについて説明すること。
(C) 新しい機械を導入すること。
(D) 安全検査を告知すること。

②の I'm here to speak to you about the new safety guidelines で，「新たな安全ガイドラインについて説明する」と目的を述べています。よって，この内容を表した (A) To clarify new policies が正解です。今回も，冒頭で「目的」を述べてから具体的な説明に入っていますね。

5. 話し手はどこで働いていますか。
(A) 衣料品店
(B) 広告代理店
(C) 製造工場
(D) 慈善団体

②の here at Hard Line Manufacturing や③の make this plant a safer place to work などから，話し手は「工場」で勤務しているとわかります。よって，(C) At a manufacturing plant が正解です。「場所」を問う設問では，今回のように here や this がヒントになることもあります。ちなみに，⑥の a helmet や protective eyewear，⑦の safety goggles などからも推測できますね。

6. 話し手は監督が何をすると言っていますか。
(A) プレゼンテーションをする。
(B) 装備品を渡す。
(C) 来訪者用の通行証を確認する。
(D) 研修を進める。

⑦で，some of the supervisors will be distributing safety goggles to you all と言っています。よって，これを言い換えた (B) Pass out equipment が正解です。distribute ≒ pass out ～「～を配る」の言い換えと，具体的なもの（safety goggles）をまとめ単語の equipment「装備・機器」で表すパターンは，どちらも本当によく使われます。

B

問題 4 から 6 は次の話に関するものです。

①皆さま，おはようございます。品質管理部の Leon Jeffries です。② Hard Line Manufacturing にて今度の月曜日から実施される新たな安全ガイドラインについてお話しするために参りました。③この工場をより安全な職場とするために，いくつかの点を変更しますので，④本日はそれらを皆様にご説明いたします。⑤まず始めに皆様にご注意いただきたいのは，制服に関する変更点です。⑥来週から，ヘルメットと保護用のメガネを常時着用することになります。⑦月曜日の朝には，監督が皆さま全員に安全用メガネを配布します。⑧また，来訪者による製造フロアへの立ち入りは，今後は許可されないこととなりました。⑨ご静聴ありがとうございました。

② **1** **I'm here to speak to you about the new safety guidelines**

③ **2** **make this plant a safer place to work**

⑦ **3** **some of the supervisors will be distributing safety goggles**

---

①□quality control department 品質管理部 ②□safety guidelines 安全ガイドライン
□implement …を実施する □as of（日付など）…より，…から ⑤□note …を注意する
⑥□protective eyewear 保護用メガネ □be required at all times 常時必要とされる
⑦□supervisor 管理者，責任者，上司 □distribute A to B AをBに配布する
□safety goggles 安全用メガネ ⑧□no longer be permitted もはや許されていない
□production floor 製造フロア 4.(A) □clarify …を明らかにする (D) □safety inspection 安全検査
5.(C) □manufacturing plant 製造工場 (D) □charity organization 慈善団体
6.(B) □pass out …を配る（= distribute）

Part 4

4(A) 5(C) 6(B)

実際の TOEIC 形式の問題を解き，これまでの学習内容を復習しましょう。

4_023

1. What will happen next Friday?

(A) A renovation project will begin.
(B) An award ceremony will take place.
(C) A building will be demolished.
(D) A museum will be opened.

2. Why does the speaker ask employees to be careful?

(A) To prevent the loss of equipment
(B) To keep the museum clean
(C) To avoid disturbing visitors
(D) To ensure that there are no injuries

3. What will employees probably do next?

(A) Move all the exhibits
(B) Discuss plans for next week
(C) Talk to the building owner
(D) Paint the interior of a museum

Date
Ⓐ Ⓑ Ⓒ Ⓓ ?
Ⓐ Ⓑ Ⓒ Ⓓ ?
Ⓐ Ⓑ Ⓒ Ⓓ ?

4_023 カナダ

Questions 1-3 refer to the following talk.

① Thanks for attending today's meeting. ② We will discuss **1** <u>the restoration of the Runtant Museum in the downtown area which will start next Friday</u>. ③ We will **2** <u>have to take extra safety measures</u> because the building is very old. ④ So while you are working, **2** <u>make sure you wear gloves and a safety helmet to prevent accidents</u>. ⑤ We want to have the interior of the building stripped down and remodeled within the next couple of months. ⑥ Mr. Runtant, the museum's owner, wants to open the museum to the public again before the start of next year, so ⑦ please work cautiously to avoid any mistakes that could lengthen the restoration process. ⑧ Now, **3** <u>let's plan how we can take care of the work starting next Friday</u> as effectively as possible. ⑨ Does anyone have any ideas?

解説・正解

1. 次の金曜日には何が起こりますか。
(A) 改修計画が始まる。
(B) 授賞式が開催される。
(C) 建物が取り壊される。
(D) 博物館がオープンする。

②に the restoration of the Runtant Museum in the downtown area which will start next Friday とあるので，(A) A renovation project will begin. を選べば OK です（restoration「修復」が renovation「改修」に言い換えられています）。ちなみに，今回も next Friday の前に該当箇所がくる「手遅れパターン」になっています。

2. 話し手はなぜ従業員に注意するよう求めていますか。
(A) 機器の損失を防ぐため。
(B) 博物館をきれいに保つため。
(C) 来訪者の邪魔にならないようにするため。
(D) 絶対に怪我をしないようにするため。

③で「特別な安全対策を取る必要がある」と言い，④で make sure you wear gloves and a safety helmet to prevent accidents と続けています。注意を求めているのは「事故防止のため」だとわかるので，これを言い換えた (D) To ensure that there are no injuries が正解です。make sure ～「確実に～する」は強いメッセージを伝えるので，よく解答のキーになります（417 ページにも出てきました）。

3. 従業員は次に何をすると考えられますか。
(A) 全ての展示品を移動する。
(B) 来週の計画を話し合う。
(C) ビルのオーナーに話をする。
(D) 博物館内を塗装する。

⑧で let's plan how we can take care of the work starting next Friday と提案しているので，(B) Discuss plans for next week が正解です。take care of ～ は「～を世話する」の意味ばかり有名ですが，「仕事を世話する」→「仕事を遂行する・処理する」という意味でもよく使われます。

問題 1 から 3 は次の話に関するものです。

①本日のミーティングにお集まりいただきまして，ありがとうございます。②繁華街にある Runtant 博物館の修復が今度の金曜日から始まりますが，その件について話し合いたいと思います。③建物が非常に古いため，特別な安全対策を取る必要があります。④よって作業中は，事故防止のために手袋と安全用ヘルメットを必ず着用するようにしてください。⑤今後数カ月以内に内装の壁紙をはがして改装を行いたいと思います。⑥博物館の所有者，Runtant さんは来年の初めよりも前に博物館を再開したいというご意向ですので，⑦修復工事に遅れをきたすようなミスを避けるように注意深く作業してください。⑧では，今度の金曜日から始まる作業をできるだけ効率的に行うための計画を立てていきましょう。⑨誰かアイデアがある人はいますか。

②□restoration 修復 □downtown area 繁華街 ③□take measures 対策を取る
④□make sure（that 節）必ず…をする □prevent …を防止する
⑤□have X p.p. Xが…されるようにする □strip down …をはがす □remodel …を改装する
⑥□the public 一般の人々 ⑦□cautiously 注意深く □avoid …を避ける □lengthen 動 …を延ばす
□process 工程 ⑧□take care of …を処理する □as effectively as possible できるだけ効率的に
1.(A) □renovation 改修 (B) □award ceremony 授賞式 □take place 行われる
(C) □demolish …を取り壊す 2.(A) □loss 損失 (C) □disturb …を邪魔する
(D) □ensure that 節 確実に…する □injury 怪我 3.(A) □exhibit 名 展示

Part 4

1(A) 2(D) 3(B)

4_024

4. Where does this announcement most likely take place?

(A) At an orchestra performance
(B) At the opening of a play
(C) At a television studio
(D) At a painting exhibition

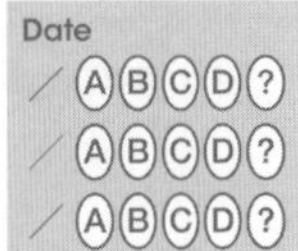

5. What is the main reason for this announcement?

(A) To announce a change in a schedule
(B) To advertise a new exhibit
(C) To ask for compliance with rules
(D) To introduce actors from a play

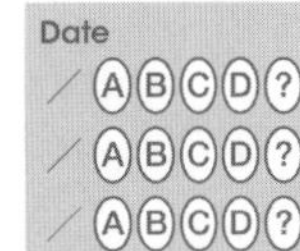

6. What are available near the entrances?

(A) Refreshments
(B) Recordings of a play
(C) Photographs of actors
(D) Performance schedules

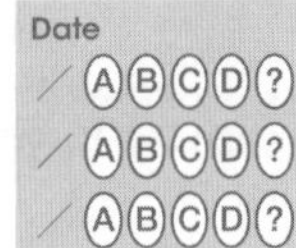

4_024 イギリス

Questions 4-6 refer to the following announcement.

① Good evening everyone and welcome to **4** the premiere of our play, *The Devil's Disciple*. ② We'd like to take this chance to remind everyone that food and beverages are available in the lobby, but ③ **5** they are not allowed in the theater. ④ Also, **5** please turn off any mobile phones for the duration of the performance. ⑤ Please remember that you will have the chance to take pictures with the actors after the performance, but ⑥ **5** no photographs should be taken while they are on stage. ⑦ Thank you in advance for your cooperation. ⑧ After the performance, **6** please feel free to take a schedule of future performances at the Grand Theater, which are on the display stand by the entrances. ⑨ Thank you again and enjoy the show.

解説・正解

4. どこでこのアナウンスをしていると考えられますか。
(A) オーケストラの公演会場
(B) 演劇の初日公演の会場
(C) テレビのスタジオ
(D) 絵画展

①の **the premiere of our play**「私たちの初日公演」から，**(B) At the opening of a play**「演劇の初日公演の会場」を選べば OK です。**premiere**「(演劇・映画の) 初日」は TOEIC 重要単語で，日本語でも「ジャパンプレミア（日本で初公開となる試写会）」などと使われています。

5. このアナウンスをした主な理由は何ですか。
(A) 予定の変更を知らせるため。
(B) 新しい展示会を告知するため。
(C) 規則の順守を求めるため。
(D) 出演した俳優を紹介するため。

③の **they are not allowed in the theater** や④の **please turn off any mobile phones**，⑥の **no photographs should be taken while they are on stage** などで，「（会場内での飲食・携帯電話の使用・写真撮影に関する）注意事項」を伝えています。よって，**(C) To ask for compliance with rules** が正解です。

6. 入口付近で何を入手できますか。
(A) 軽食
(B) 演劇を録画したもの
(C) 俳優の写真
(D) 公演のスケジュール

⑧に，**please feel free to take a schedule of future performances at the Grand Theater, which are on the display stand by the entrances** とあります。よって，**(D) Performance schedules** が正解です。今回も，先読みで **entrances** だけに注目していると該当箇所を聞き逃してしまう「手遅れパターン」ですね。

問題 4 から 6 は次のアナウンスに関するものです。

①皆さま，こんばんは。私たちの公演 *The Devil's Disciple* の初日にご来場いただき，ありがとうございます。②ロビーでは軽食とお飲物を召し上がれますが，③劇場内では飲食禁止となっておりますので，ご注意ください。④また，上演中は携帯電話の電源をお切りください。⑤公演終了後は，俳優たちと写真撮影をする時間がありますが，⑥公演中は撮影禁止となっております。⑦ご協力をお願い申し上げます。⑧公演後は，Grand 劇場の公演予定表をご自由にお持ち帰りください。入口付近の陳列棚に置いてあります。⑨重ねて，ご来場にお礼申し上げます。どうぞ公演をお楽しみください。

①□premiere (演劇，映画の) 初日，初演　□disciple 弟子
②□We'd like to take this chance to *do* この機会に…いたします
□remind X that 節 Xに…だと思い出させる　□beverage 飲み物　□available 入手できる
③□allow …を許す　④□turn off (電源など) を切る　□for the duration of …が続いている間は
⑦□in advance あらかじめ　□cooperation 協力　⑧□feel free to *do* 自由に…する
□display stand 陳列台　□entrance 入口　4.(D) □exhibition 展示会，展覧会
5.(B) □exhibit 展示会，展覧会　(C) □compliance with …の順守　6.(A) □refreshments 軽食
(B) □recording 記録，録画テープ

4(B)　5(C)　6(D)

4_025

7. What is the purpose of the meeting?

(A) To announce new policies
(B) To inform customers of a store closing
(C) To notify employees of a promotion
(D) To introduce a new worker

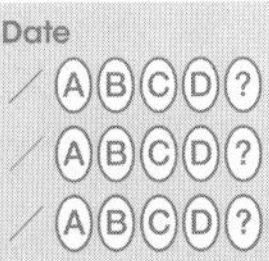

8. Who most likely is the speaker?

(A) A store cashier
(B) A security guard
(C) A store manager
(D) A real estate agent

9. According to the speaker, what is the good news?

(A) Workers will receive more vacation time.
(B) Sales of the company have increased.
(C) All employees will get a higher salary.
(D) Clerks will be able to work shorter hours.

Questions 7-9 refer to the following talk.

① 7 8 I wanted to have a meeting with all of you to go over some new rules that we will be implementing here at the store. ② Firstly, all clerks and cashiers will have to make sure that the back office is locked from now on. ③ Later this week, we will be distributing new back office keys that employees should hold onto securely while working in the store. ④ The second thing is only for those who are responsible for counting the money in the safe. ⑤ Beginning next month, the money in the safe must be counted two times a day rather than once, like we do now. ⑥ The money should be counted once at noon and then again at the end of an employee's shift. ⑦ Finally, 9 I have some good news. The owner has decided to increase everyone's salary by 5%, so congratulations to you all.

解説・正解

7. ミーティングの目的は何ですか。
(A) 新しい方針を知らせること。
(B) 顧客に閉店を知らせること。
(C) 従業員に昇進について知らせること。
(D) 新入社員を紹介すること。

①の I wanted to have a meeting with all of you to go over some new rules that ～ で，「新しい規則を知らせる・理解してもらう」ことが目的だと言っています。よって，(A) To announce new policies が正解です。本文中の to 不定詞の「副詞的用法（～のために）」がヒントになっています。

8. 話し手は誰だと考えられますか。
(A) 店のレジ係
(B) 警備員
(C) 店舗の責任者
(D) 不動産業者

①で「店舗内の新たな規則を従業員に知らせている」ので，この地位にある人物を考え，(C) A store manager を選びます。(A) A store cashier は②の cashiers からのひっかけ，(B) A security guard は③の securely や④・⑤の safe からのひっかけになっています（この safe は名詞「金庫」です）。

9. 話し手によれば，よい知らせとは何ですか。
(A) 従業員は休暇を多く取得できる。
(B) 会社の売上が増えた。
(C) 全従業員の給与が上がる。
(D) 店員は短時間勤務ができるようになる。

⑦で I have some good news. と言った後に，The owner has decided to increase everyone's salary by 5% と続けています。「全従業員の給料が上がる」とわかるので，(C) All employees will get a higher salary. が正解です（「給料が高い・低い」には，high・low/large・small を使います）。

問題 7 から 9 は次の話に関するものです。

①当店で実施予定の新しい規則をご理解いただくため，皆さんとミーティングを開催することにしました。②まず初めに，店員，レジ係は全員，今後事務管理棟に必ず鍵をかけるようにしてください。③今週中に，事務管理棟の新しい鍵をお配りしますので，店内で就業中はなくさずに携帯するようお願いいたします。④次の話は，金庫の金銭の勘定担当者にだけ関係があります。⑤来月より，金庫の金銭の勘定は，現在のように 1 日 1 回ではなく，2 回行うことになります。⑥正午と，従業員のシフト終了時の 2 回数えなければなりません。⑦最後に，皆さんによい知らせがあります。オーナーが全員の給料を 5%アップすることに決定しました。皆さん，おめでとうございます。

①□go over（理解を深めるために）…について熟考する □implement 動 …を実施する ②□clerk 店員 □cashier レジ係 □make sure 必ず…する □lock …に鍵をかける □from now on ただ今より
③□distribute …を配布する □hold onto …を携帯する □securely なくさずに
④□be responsible for …に責任のある □count …を勘定する □safe 名 金庫
⑤□beginning（時を表す表現とともに）…から □rather than …よりむしろ，…ではなく
⑥□shift シフト勤務 ⑦□by 5% 5%の割合で 7.(A) □policy 方針
(B)(C) □inform [notify] A of B AにBについて知らせる (C) □promotion 昇進 9.(B) □sales 売上

Part 4

7(A) 8(C) 9(C)

4_026

10. What type of event is being announced?

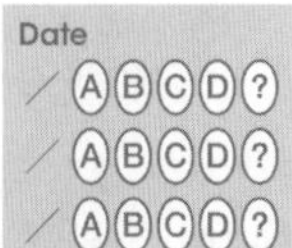

(A) A leadership seminar
(B) A technology fair
(C) A career expo
(D) An annual conference

11. When will the event be held?

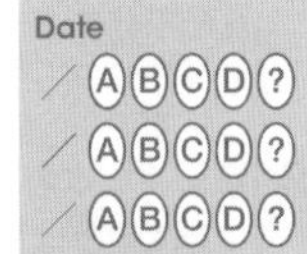

(A) On Tuesday
(B) On Wednesday
(C) On Thursday
(D) On Friday

12. What should employees do if they want to attend the event?

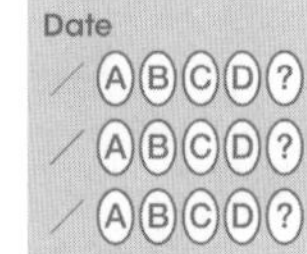

(A) Hand in registration forms
(B) Talk to a presenter
(C) Contact human resources
(D) Provide an e-mail address

Questions 10-12 refer to the following announcement.

① Good afternoon, everyone. ② I just have a short announcement to make before the meeting starts. ③ 10 11 The Midland Technology Fair will be held on Friday, August 20th at the Renaissance Exhibition Center. ④ Many technology companies throughout the country will participate in the fair, and ⑤ they will be exhibiting high-quality software programs and fantastic state-of-the-art computer technology. ⑥ Our employees in the IT department can not only obtain useful information about creative and innovative technology, but also gain the skills necessary to use software more effectively. ⑦ A representative at each company's booth will be giving demonstrations as well as handing out information pamphlets and free samples. ⑧ 12 If you are planning to attend the technology fair, please notify the human resources department by Tuesday so that you can receive more information about the event.

解説・正解

10. どんな種類のイベントの案内をしていますか。
(A) リーダーシップに関するセミナー
(B) 技術フェア
(C) 就職相談会
(D) 年次会議

③で The Midland Technology Fair will be held と言っているので，(B) A technology fair を選べば OK です。その後にも，Many technology companies, software programs, computer technology, IT department など，たくさんヒントがあります。

11. イベントはいつ開催されますか。
(A) 火曜日
(B) 水曜日
(C) 木曜日
(D) 金曜日

③に The Midland Technology Fair will be held on Friday, August 20th とあるので，(D) On Friday が正解です。「設問10の答えを考えているうちに聞き逃してしまう」ことがないように気をつけましょう。

12. 従業員がイベントに参加したい場合はどうすればいいですか。
(A) 登録用紙を提出する。
(B) 発表者に話をする。
(C) 人事部に連絡する。
(D) Eメールアドレスを教える。

⑧で，If you are planning to attend the technology fair, please notify the human resources department と言っています。よって，これを言い換えた (C) Contact human resources が正解です。今回も，please から始まる文（命令文）がポイントになっていますね。

問題 10 から 12 は次のお知らせに関するものです。

①皆さま，こんにちは。②ミーティングを始める前に，ちょっとした発表があります。③ Midland 技術フェアが 8 月 20 日金曜日に Renaissance 展示センターで開催される予定です。④全国の技術系企業が多数フェアに参加し，⑤高品質のソフトウェアプログラムや素晴らしい最新式のコンピューター技術を見せてくれます。⑥当社の IT 部の従業員は，創造的で革新的なテクノロジーに関する有益な情報を入手できるだけでなく，ソフトウェアをより効率的に使うために必要なスキルを得ることができます。⑦各社のブースの担当者が，詳しいパンフレットや無料サンプルを配布し，そのうえ製品デモも行います。⑧技術フェアに参加する予定がある人は，イベントの詳細情報を手に入れるため，火曜日までに人事部に連絡してください。

③□fair フェア □be held（イベント，行事が）開催される（= take place）
□exhibition center 展示センター ④□throughout the country 国中の
□participate in …に参加する ⑤□exhibit 動 …を展示する □high-quality 上質の
□state-of-the-art 最新式の ⑥□obtain …を得る □innovative 革新的な
□skills necessary to *do* …するのに必要なスキル □effectively 効率的に ⑦representative 営業員
□booth ブース □give a demonstration デモを行う □hand out …を配る ⑧□attend …に出席する
□notify …に知らせる □human resources department 人事部
10.(C) □expo 博覧会（= exposition の短縮語） (D) □annual 年次の，毎年恒例の
12.(A) □hand in …を提出する □registration form 登録用紙

Part 4

10(B) 11(D) 12(C)

4_027

13. Where is the announcement being made?

(A) At an amusement park
(B) On a train
(C) On a ferry
(D) On an airplane

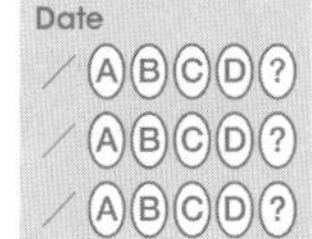

14. What does the speaker mention?

(A) Ticket prices
(B) Flight connections
(C) Menu changes
(D) Weather conditions

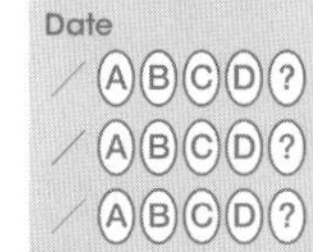

15. What will probably happen next?

(A) The customers will go on a shopping trip.
(B) Entertainment will be provided for the audience.
(C) The passengers will receive beverages.
(D) The travelers will pay for their tickets.

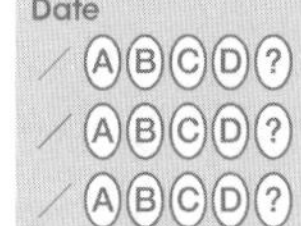

4_027 オーストラリア

Questions 13-15 refer to the following announcement.

① Good morning all. ② 13 Welcome aboard World Airlines Flight 888. ③ Our destination is Fukuoka, Japan, and we should be there in about four hours. ④ 14 Although we expected the weather to be clear and sunny, there is light rain in Japan. ⑤ Fortunately, 14 the skies are expected to clear up later today, so ⑥ there will not be any delay to our flight. ⑦ In the seat back in front of you, we have magazines for duty free shopping. ⑧ Just circle what you would like to order and press the attendant call button to summon a flight attendant when you are ready. ⑨ 15 Now, a variety of snacks and beverages will be served. ⑩ Thank you for choosing World Airlines and I hope you enjoy your flight.

解説・正解

13. どこでこのアナウンスをしていますか。

(A) 遊園地
(B) 列車
(C) フェリー
(D) 飛行機

②の Welcome aboard World Airlines Flight 888. から,「飛行機」でのアナウンスだとわかります。よって,(D) On an airplane が正解です。⑥の our flight や⑧の a flight attendant, ⑩の Thank you for choosing World Airlines and I hope you enjoy your flight. などもヒントになります。

14. 話し手は何について述べていますか。

(A) チケットの値段
(B) フライトの乗り継ぎ
(C) メニューの変更
(D) 天候の状況

④の Although we expected the weather to be clear and sunny, there is light rain in Japan.,⑤の the skies are expected to clear up later today で,「気象状況」について説明しています。よって,(D) Weather conditions が正解です。

15. 次に何が起きると考えられますか。

(A) 顧客が買い物旅行に出かける。
(B) 余興が観客に提供される。
(C) 乗客が飲み物を受け取る。
(D) 旅行者がチケット代を支払う。

⑨で,Now, a variety of snacks and beverages will be served. と言っています。これから「軽食と飲み物が提供される」とわかるので,(C) The passengers will receive beverages. を選べばOKです。serve は「(食べ物・飲み物)を出す」という意味です。

問題 13 から 15 は次のお知らせに関するものです。

①皆さま,おはようございます。②World 航空 888 便にご搭乗いただき,誠にありがとうございます。③当機は日本の福岡行きで,約4時間で到着予定です。④天候は快晴を予想していましたが,現在日本では小雨が降っています。⑤幸運なことに,今日中には晴れるという予報ですので,⑥飛行の遅延はない見込みです。⑦皆様の前のシートの背もたれに,免税品の掲載された雑誌をご用意しております。⑧ご注文になる商品に丸印を記入したら,呼び出しボタンで客室乗務員をお呼び出しください。⑨これより,各種取り揃えた軽食とお飲物をご用意いたします。⑩World 航空をご利用いただき,誠にありがとうございました。空の旅をお楽しみください。

②□aboard 副 乗り物に乗って ③□destination 目的地 □in about four hours 約4時間後に
④□expect X to *do* Xが…すると予測する ⑤□fortunately 運よく
□be expected to *do* …する予定である □clear up 晴れる ⑥□delay 遅延
⑦□seat back 座席の背もたれ・背面 □duty free 免税 ⑧□circle 動 …に丸を付ける,…を丸で囲む
□summon …を呼び寄せる □flight attendant 客室乗務員 ⑨□a variety of さまざまな種類の
□beverage 飲み物 □serve (食べ物)を提供する 14.(B) □connection 接続(便)
15.(B) □entertainment 余興 □audience 観客

Part 4

13(D) 14(D) 15(C)

4_028

16. Why is Fairways closing tomorrow?

(A) To close down the business
(B) To celebrate a holiday
(C) To change displays in the store
(D) To get rid of extra produce

Date
／ Ⓐ Ⓑ Ⓒ Ⓓ ⓘ?
／ Ⓐ Ⓑ Ⓒ Ⓓ ?
／ Ⓐ Ⓑ Ⓒ Ⓓ ?

17. What type of business is Fairways?

(A) A grocery store
(B) A bookstore
(C) A restaurant
(D) An office supply store

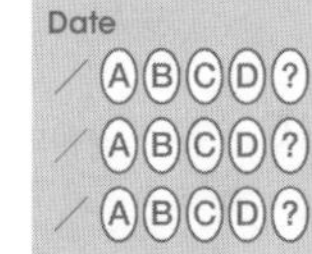

18. What will Fairways offer starting the day after tomorrow?

(A) Plates
(B) Ink cartridges
(C) Cookbooks
(D) Organic vegetables

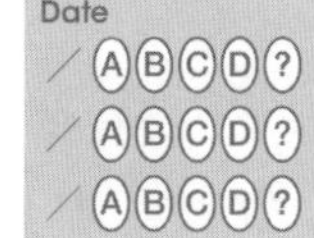

4_028 カナダ

Questions 16-18 refer to the following announcement.

① Thank you all for shopping at Fairways. ② Today, Fairways will be closing at 11 P.M., so ③ you still have 30 minutes to pick up any last-minute products for the holiday. ④ We will be closed all day tomorrow. ⑤ We apologize for the inconvenience, ⑥ but 16 we must rearrange the display areas in our store. ⑦ 17 18 Beginning the day after tomorrow, Fairways will carry organic vegetables and salads that are not only fresh, but also delicious. ⑧ Also, we will have a "buy one, get one free" special on 17 canned foods. ⑨ If you are looking for a wide selection of food, ⑩ we hope you come back the day after tomorrow to shop 17 at Fairways, your number one source for food.

解説・正解

16. Fairways はなぜ明日休業するのですか。
(A) 店を畳むため。
(B) 休日を祝うため。
(C) 店のディスプレイを変えるため
(D) 余分な農産物を廃棄するため。

④で「明日は営業を休む」と言い，⑥で we must rearrange the display areas in our store とその理由を説明しています。よって，これを言い換えた (C) To change displays in the store が正解です。rearrange は「再び（re）きちんと並べる（arrange）」→「配置替えをする」で，これが選択肢では change で表されています。

17. Fairways はどんな種類の店ですか。
(A) 食料雑貨店
(B) 書店
(C) レストラン
(D) 事務用品店

⑦の organic vegetables and salads，⑧の canned foods などで各種食料品について説明し，最後に⑩で at Fairways, your number one source for food と言って会社を宣伝しています。よって，「食料品」を扱っているとわかるので，(A) A grocery store「食料雑貨店」を選べば OK です。

18. Fairways は明後日から何を販売しますか。
(A) 皿
(B) インクカートリッジ
(C) 料理の本
(D) 有機野菜

⑦の Beginning the day after tomorrow, Fairways will carry organic vegetables and salads から，(D) Organic vegetables を選べば OK です。ちなみに，この carry は「運ぶ」→「手に持っている」→「店が（品物を）持っている・扱っている」という意味です。リスニングでよく出てくるので，チェックしておきましょう。

問題 16 から 18 は次のお知らせに関するものです。

①Fairways でお買い上げいただき，ありがとうございます。②本日，Fairways は午後 11 時に閉店いたしますので，③休日前の最後のお買い物の時間は，まだ 30 分ほどございます。④明日は終日休業しますので，⑤ご不便をおかけしますことをお詫びいたします。⑥店内の陳列スペースの配置替えをしなければなりません。⑦明後日より，Fairways では新鮮で，とてもおいしい有機野菜とサラダをご提供いたします。⑧また，缶詰に関しては，一点のご購入でもう一点を無料で提供いたします。⑨豊富な品揃えの食料品をお探しならば，⑩皆さまのナンバーワンの食料品店，Fairway に明後日またご来店いただけますようお願いいたします。

③□pick up …を選ぶ □last-minute 最後の，土壇場の ⑤□inconvenience 不便
⑥□rearrange …の配置替えをする □display area 陳列スペース
⑦□beginning（時を表す表現とともに）…から □the day after tomorrow 明後日
□carry（店が品物）を扱う・売る □organic 有機の ⑧□canned 缶詰の
⑨□a wide selection of 幅広い種類の… ⑩□source 源 16.(A) □close down …を閉鎖する
(B) □celebrate …を祝う (D) □get rid of …を処分する □produce 名 農産物

16(C) 17(A) 18(D)

4_029

19. What type of company does the speaker most likely work for?

(A) An electronics store
(B) An advertising agency
(C) A catering company
(D) A mobile phone firm

20. What is the purpose of the talk?

(A) To offer encouragement to employees
(B) To discuss a design fault
(C) To report a decrease in sales
(D) To announce an awards nomination

21. Who has the speaker met with?

(A) Awards judges
(B) Financial experts
(C) Board members
(D) Investors

4_029 イギリス

Questions 19-21 refer to the following talk.

① It's good to see you all here today. ② I'm sorry to tell you that we failed to win the "Most User-Friendly Interface" award for [19] our Saturn range of smart phones at the Berlin Future Expo. ③ Our streamlined menu system, as well as numerous other design features, was praised for being easy to operate and visually appealing. ④ But the panel of judges presented the award to the Amadeus 430i, ⑤ which was deemed to possess a superior user interface. ⑥ [20] I wanted to take this opportunity to tell you all that you've done an exceptional job, ⑦ and [20] you should not be disheartened by this news. ⑧ [21] I've already met with the board of directors and they have approved a budget increase for our design department. ⑨ Let's put all our energy into developing our products further and impressing those judges at next year's event.

解説・正解

19. 話し手は何の会社で働いていると考えられますか。
(A) 電子機器の店
(B) 広告代理店
(C) 仕出し業者
(D) 携帯電話会社

②の our Saturn range of smart phones から，話し手は「スマートフォン」を扱う会社で働いているとわかります。よって，(D) A mobile phone firm「携帯電話会社」が正解です。「職業・会社」を問う設問では，our がよくポイントになるんでしたね。

20. この話の目的は何ですか。
(A) 従業員を激励する。
(B) デザインの欠陥について話し合う。
(C) 売上の減少について報告する。
(D) 授賞候補として推薦されたことを発表する。

受賞は逃したものの，⑥で you've done an exceptional job，⑦で you should not be disheartened by this news と言い，社員を励ましています。よって，(A) To offer encouragement to employees が正解です。smart phones や user interface などが出てきて新しい話題のように思えますが，実は「社員を励ます・社員に感謝する」のは TOEIC 定番のパターンです。

21. 話し手は誰と会いましたか。
(A) 賞の審査員
(B) 金融の専門家
(C) 取締役会のメンバー
(D) 投資家

⑧の I've already met with the board of directors から，(C) Board members を選べば OK です。board は元々「板」で，そこから「黒板」→「黒板がある部屋・会議室」→「会議室に集まる人・役員(会)」となりました。board of directors「取締役会」という表現は非常によく出てきます。

問題 19 から 21 は次の話に関するものです。

①本日は皆さまにお集まりいただき，ありがとうございます。②残念ながら当社のスマートフォン Saturn シリーズは Berlin Future エキスポにて「ユーザーフレンドリー・インターフェース大賞」を逃してしまいました。③数多くのデザイン上の特徴だけでなく，合理的なメニューシステムまで，操作のしやすさと見た目の美しさのため，賞賛を受けました。④しかし，審査委員会は Amadeus 430i に授賞しました。⑤そちらの機種のほうが優れたユーザーインターフェースを持っていると判断されたからです。⑥この機会に，皆さん全員がすばらしい仕事をしてくれたことをお伝えしたいと思います。⑦今回の結果に気落ちしないようにしてください。⑧私はすでに取締役の方々と面談して，私たちデザイン部への予算の増額を承認していただけました。⑨われわれの全精力をもっと製品開発へと注ぎこみ，来年のイベントでは審査員をうならせられるように頑張りましょう。

②□I'm sorry to *do* …するのは残念だ □fail to *do* …しそこなう
□user-friendly ユーザーフレンドリーな □interface インターフェース □range 商品のラインアップ
③□streamlined 合理化された □numerous 無数の □feature 名 特徴
□be praised for …で賞賛される □operate 操作する □visually 視覚的に
□appealing 訴えてくる，魅力的な ④□panel of judges 審査委員会
□present A to B AをBに贈る ⑤□be deemed to *do* …すると思われる □possess …を所有する
□superior より優れた ⑥□exceptional 並はずれた ⑦□disheartened がっかりする
⑧□board of directors 取締役会 □approve …を承認する □budget increase 予算の増額
⑨□impress 動（人）に印象付ける・感銘を与える 19.(A) □electronics 電子機器
(C) □catering 仕出し業 20.(A) □encouragement 激励 (B) □fault 欠陥
(D) □nomination 授賞候補者 21.(B) □expert 専門家 (D) □investor 投資家

19(D) 20(A) 21(C)

4_030

22. What is mainly being discussed?

(A) Details of a relocation
(B) The results of a survey
(C) Instructions for furniture assembly
(D) A schedule for construction

23. Why does the speaker suggest calling Mr. Brooks?

(A) To schedule a delivery
(B) To ask for extra boxes
(C) To borrow some tools
(D) To request some paperwork

24. What information will be e-mailed to employees?

(A) Work area assignment
(B) Driving directions
(C) A list of rental prices
(D) Pictures of a building

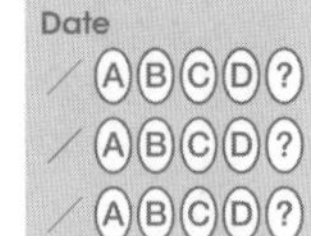

4_030 カナダ

Questions 22-24 refer to the following announcement.

① I would like to [22] start this week's meeting by talking about our office's move to the Sherman Building on Thursday morning. ② We would like to get settled in our new office as quickly as possible, so ③ please pay attention to the following instructions. ④ On Wednesday morning, I'd like everyone to place their personal belongings into boxes. ⑤ Afterwards, in the afternoon, we will begin disassembling the office furniture. ⑥ [23] If you need a screwdriver or a hammer, just contact Mr. Brooks at 555-2342. ⑦ He can lend you some tools. ⑧ Then, on Thursday, everyone should report to work at the Sherman Building and be ready to start setting up their work areas. ⑨ [24] Check your e-mail later today to find out which part of the new office you'll be assigned to.

解説・正解

22. 主に何について話していますか。

(A) 移転の詳細
(B) 調査結果
(C) 家具の組み立て方の説明
(D) 建設計画

①で our office's move to the Sherman Building「Sherman ビルへのオフィスの移転」について説明すると言い，その詳細を伝えています。よって，(A) Details of a relocation が正解です（move が relocation に言い換えられています）。relocation は，「再び（re）ある場所に置くこと（location）」→「移転」となりました。

23. 話し手はなぜ Brooks さんに電話をするよう提案していますか。

(A) 配送予定日を決めるため。
(B) 予備の箱をもらうため。
(C) 道具を借りるため。
(D) 事務処理を依頼するため。

⑥の If you need a screwdriver or a hammer, just contact Mr. Brooks at 555-2342. から，連絡するのは「ねじ回し・ハンマーが必要な場合」だとわかります。よって，これを言い換えた (C) To borrow some tools が正解です。具体的な screwdriver や hammer を，tools「道具」でまとめて表しているわけです。

24. どんな情報が従業員に E メールで送られますか。

(A) 仕事場の割り当て
(B) 運転経路の指示
(C) レンタル価格のリスト
(D) ビルの写真

⑨の Check your e-mail later today to find out which part of the new office you'll be assigned to. から，従業員はメールで「新オフィスの割り当て」を知らされるとわかります（assign 人 to 場所「人 を 場所 に割り当てる」が受動態になっています）。よって，(A) Work area assignment が正解です。

問題 22 から 24 は次のお知らせに関するものです。

①今週のミーティングでは，木曜日の朝に予定されている Sherman ビルへの移転を最初の議題にしたいと思います。②私たちはできるだけ早いうちに新オフィスで業務を行いたいと思っていますので，③これから申し上げる指示に従うようにしてください。④水曜日の朝，私物を箱に入れていただきたいと思います。⑤その後，午後には，オフィス什器の解体に取り掛かります。⑥ねじ回しかハンマーが必要であれば，555-2342 の Brooks さんに連絡してください。⑦彼が道具を貸してくれます。⑧そして木曜日には，Sherman ビルに出勤して，仕事場の準備をお願いします。⑨本日，後ほど E メールをチェックして，新オフィスで各自が勤務する場所を見てください。

②□get settled 落ち着く □as quickly as possible できるだけ早く
③□pay attention to …に注意を払う □following 次の □instructions 指示 ④□belongings 所有物
⑤□afterwards 副 後で □disassemble …を分解する・解体する ⑥□screwdriver ねじ回し
⑦□lend A B AにBを貸す □tool 道具 ⑧□report to work 出勤する □set up …を組み立てる
⑨□find out …を見つける □be assigned to …に配属される cf. assign A to B AをBに配属する
22.(A) □relocation 移転 (C) □instructions 説明（書） □assembly 名 組み立て
23.(C) □borrow …を借りる (D) □paperwork 事務処理 24.(A) □assignment 割り当て
(B) □directions 道順

22(A) 23(C) 24(A)

4_031

25. Who is the speaker?

(A) A tour guide
(B) A pilot
(C) A customer service representative
(D) An engineer

26. What problem is mentioned?

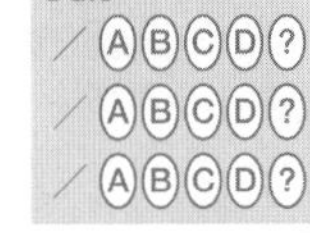

(A) Earlier flights were delayed.
(B) There are technical malfunctions.
(C) Some safety rules were not followed.
(D) A passenger cannot be contacted.

27. Why does the speaker say, "entertainment systems are available to use"?

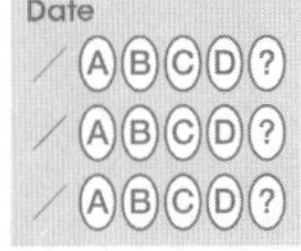

(A) To suggest a way to pass time
(B) To promote a tour option
(C) To indicate a problem has been fixed
(D) To explain a company policy

4_031 オーストラリア

Questions 25-27 refer to the following announcement.

① 25 Welcome on board our flight to Kolkata. ② 25 I'm your captain, Ian Preston. ③ My crew and I hope you have a pleasant journey. ④ Just a brief explanation for the delay we are experiencing in taking off. ⑤ 26 The control tower is having some issues with its communication systems, but we shouldn't have to wait much longer. ⑥ Please be assured flight safety is not affected by this problem in any way. ⑦ In the meantime, entertainment systems are available to use. ⑧ 27 You may also like to browse the product catalog in your seat pocket for some gift ideas. ⑨ I'll be back with an update when we get clearance to take off.

解説・正解

25. 話し手は誰ですか。
(A) ツアーガイド
(B) パイロット
(C) 顧客サービス担当者
(D) 技術者

①で Welcome on board our flight to Kolkata.. ②で I'm your captain, Ian Preston. と言っています。ここでの captain は「機長」を表しているので，(B) A pilot を選べば OK です。Welcome on board our flight to ～ を聞いた瞬間に，「フライトのアナウンス」だと思ってください。

26. どのような問題が述べられていますか。
(A) 前のフライトが遅れた。
(B) 技術的な不具合がある。
(C) 安全規定が守られなかった。
(D) 乗客に連絡が取れない。

④で「離陸が遅れている」と言って，⑤で The control tower is having some issues with its communication systems と原因を伝えています。some issues with ～「～に関する問題」を malfunctions「不具合」と表した，(B) There are technical malfunctions. が正解です。遅延の理由として，technical malfunctions「技術的な不具合」はよく出てきます。

27. 話し手が "entertainment systems are available to use" と言うのはなぜですか。
(A) 時間をつぶす方法を提案するため
(B) ツアーのオプションを宣伝するため
(C) 問題が解決したことを示すため
(D) 会社の方針を説明するため

「entertainment systems が利用可能」と言った後に，⑧で You may also like to browse the product catalog in your seat pocket for some gift ideas. と述べています。直訳「あなたは～することを好むかも」→「(そうならば) ～してみてはいかがでしょうか」という提案表現で，「飛行機の中でできること」を付け加えているので，(A) To suggest a way to pass time が正解です。

問題 25 から 27 は次の案内に関するものです。

①コルカタ行きの便にご搭乗いただき，ありがとうございます。②私は機長の Ian Preston です。③皆さまにとって快適な旅行となりますよう，乗組員共々願っております。④離陸に遅れが生じていることについて簡単にご説明いたします。⑤管制塔の通信システムに問題が生じていますが，それほど待つ必要はない見込みです。⑥この問題が飛行の安全に影響することは決してありませんのでご安心ください。⑦それまでの間，エンターテインメントシステムをご利用になれます。⑧座席ポケットに入っている商品カタログをご覧になってお土産を考えるのも良いかもしれません。⑨離陸の許可が下りましたら，最新情報を追ってお知らせいたします。

①□on board（飛行機などに）乗り込んで ②□captain 機長 ③□crew 全乗務員，全乗組員
□pleasant 気持ちの良い，快適な ④□brief 簡潔な □experience …を経験する
□take off（飛行機が）離陸する ⑤□issue トラブル，問題
⑥□Please be assured (that 節) …なのでご安心ください □affect …に影響を及ぼす
⑦□in the meantime その間に ⑧□browse …を拾い読みする ⑨□clearance 離着陸許可
25.(C) □representative 外交員，代理人 26.(B) □malfunction（機械などの）不調
(C) □follow …に従う，…を守る 27.(A) □pass time 時間を過ごす・つぶす
(B) □promote …を宣伝する (C) □indicate …を示す □fix …を解決する
(D) □company policy 会社の方針

Part 4

25(B) 26(B) 27(A)

4_032

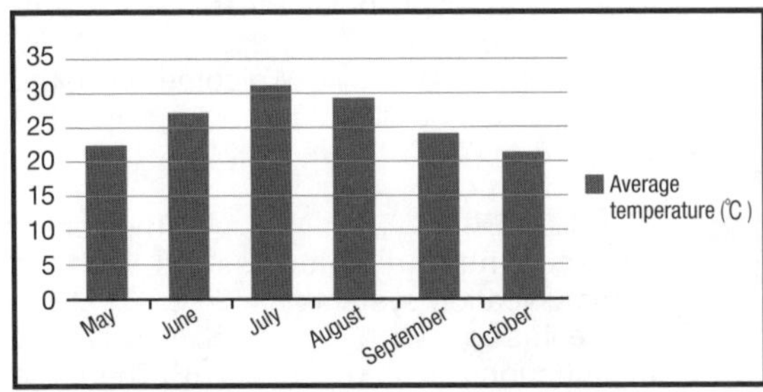

28. What does the company aim to do?

(A) Improve office air quality
(B) Install a new cooling system
(C) Decrease electricity costs
(D) Reduce working hours

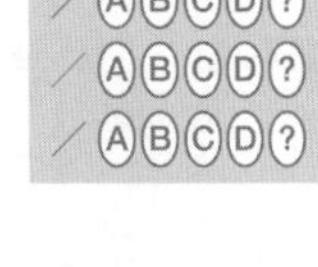

29. Look at the graphic. When will the air conditioning first be turned on?

(A) May
(B) June
(C) July
(D) August

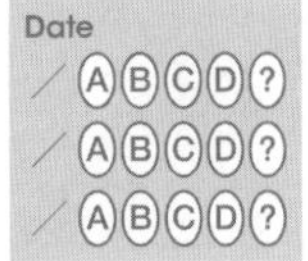

30. What are the listeners advised to do?

(A) Open the window
(B) Wear sun block cream
(C) Dress in suitable clothing
(D) Turn down the air conditioning

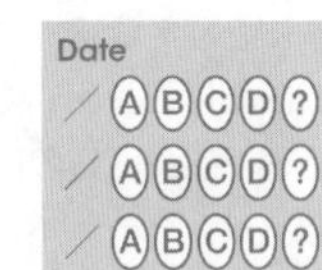

4_032 イギリス

Questions 28-30 refer to the following announcement and graph.

① Attention all employees. ② There will be a change in company policy regarding the use of air conditioning. ③ 28 We are looking to reduce the amount spent on energy bills and also our impact on the environment. ④ To that end, 29 the office cooling system will only operate in the three warmest months of the year on average. ⑤ If employees feel hot in other months, 30 they are encouraged to wear short-sleeved shirts and use desk fans. ⑥ Additionally, sun blocking material will be attached to the exterior of the building to further reduce the heat inside. ⑦ Your cooperation is appreciated.

解説・正解

28. この会社は何をすることを目指していますか。
(A) 事務所の空気の質を改善する
(B) 新たな冷房システムを導入する
(C) 電気料金を削減する
(D) 労働時間を減らす

③の We are looking to reduce the amount spent on energy bills and also our impact on the environment. で，「光熱費の削減」を目指していると言っています（本文の look to ～「～しようとする」が，設問の aim to ～「～を目指す」に対応しています）。よって，(C) Decrease electricity costs が正解です。

29. 図を見てください。エアコンが最初につけられるのはいつですか。
(A) 5 月
(B) 6 月
(C) 7 月
(D) 8 月

④の the office cooling system will only operate in the three warmest months of the year on average で，エアコンは「1年で平均気温が最も高い3か月のみ」つけると言っています。グラフを見ると "June · July · August" の3か月だとわかるので，エアコンが最初につくのは (B) June です。

30. 聞き手たちは何をするよう指示されていますか。
(A) 窓を開ける
(B) 日焼け止めクリームを塗る
(C) 適切な衣服を着る
(D) エアコンを弱くする

⑤に they are encouraged to wear short-sleeved shirts and use desk fans とあり，「半袖シャツを着る」ことが推奨されています（本文の be encouraged to ～「～するよう推奨される」が，設問の be advised to ～「～するよう助言される」に対応しています）。「半袖シャツ」を「適切な衣服」と表した，(C) Dress in suitable clothing が正解です（in は「着用」を表す）。

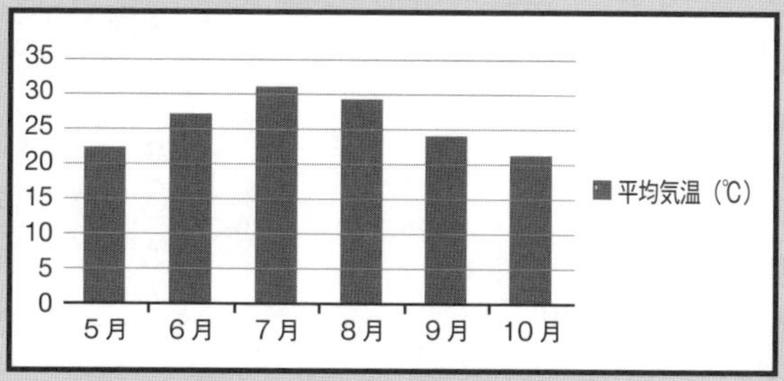

問題 28 から 30 は次の案内とグラフに関するものです。

①従業員の皆さんにお知らせです。②エアコンの利用に関する会社の方針が改定されます。③当社は光熱費および環境に与える影響の削減を目指しています。④その目標に向けて，事務所の冷房システムは平均気温が一年で最も高い3か月間のみ運転します。⑤それ以外の月に暑いと感じる場合は，半袖シャツの着用と卓上扇風機の利用をお願いします。⑥そして，さらに屋内の温度を下げるため，太陽光遮断素材を建物の外壁に取り付けます。⑦皆さんのご協力をお願いします。

②□regarding …に関して ③□look to *do* …するつもりでいる □reduce …を減少させる
□amount 総計，総額 □spend A on B AをBに使う □bill 費用，経費
④□to that end その目標に向けて □on average 平均して
⑤□encourage X to *do* Xに…することを奨励する □short-sleeved 半袖の
⑥□additionally その上に，さらに □blocking 遮断 □material 材料，素材
□attach A to B AをBに取り付ける □exterior 外面，外側 □further さらに
⑦□cooperation 協力 □appreciate …をありがたく思う 28. □aim to *do* …することを目指す
(A) □improve …を向上させる (B) □install …を設置する・導入する (C) □decrease …を削減する
29. □turn on（電気製品など）をつける 30. □advise X to *do* Xに…するよう助言する
(C) □suitable 適した (D) □turn down …を弱くする・下げる

28(C) 29(B) 30(C)

Part 4 Unit 3 ▶広告 ▶チャレンジ

❶ 製品・サービスの広告

製品の広告として「新製品・新刊書籍の発売」，サービスの広告として「デパート・スーパーの割引，新聞の長期購読割引」などがよく出ます。広告の対象はさまざまですが，流れはかなり決まっており，①疑問文（～を探していませんか？）→ ②自慢（商品の特徴）→ ③特典（割引・おまけなど）→ ④問い合わせ（電話番号・Web サイト）と進むことが多いです。いきなり「疑問文」がくるとパニックになる人も多いので，しっかり広告のパターンに慣れておきましょう。

4_033

製品・サービスの広告の音声を聞いて１から３の設問に答えてください。

1. What product is being advertised?

(A) A new garden tool
(B) A television
(C) A series of books
(D) A phone service

2. Who would most likely be interested in the product?

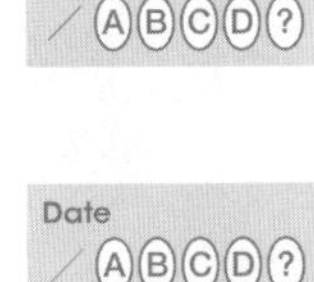

(A) Company CEOs
(B) Novice gardeners
(C) Language teachers
(D) Fitness instructors

3. How can someone purchase the product?

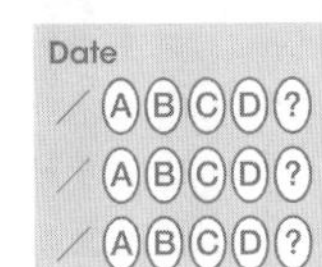

(A) By sending an e-mail
(B) By visiting a store
(C) By placing an order over the phone
(D) By submitting information via a Web site

4_033 アメリカ

① ❷ Have you ever thought about starting your own garden? ② ❶ We can teach you all the secrets to creating a harmonious and beautiful garden with our series of books titled *Great Gardening Guides*. ③ The books begin with ❷ tips on gathering the necessary tools for gardening as well as suggestions for where to plant your garden and what to grow. ④ The books are written by former Home Living Television host, Andrea Dref, whose writings will help guide you smoothly through the process of starting your own thriving garden. ⑤ If you buy our series of books, you will also receive a gift certificate worth $20, ⑥ which can be used at a variety of restaurants. ⑦ This is a limited-time offer that expires on June 20th, so don't delay. ⑧ ❸ The books can only be ordered over the phone. ⑨ Call us at 555-4488 to get started on your beautiful garden.

解説・正解

1. どんな製品が宣伝されていますか。

(A) 新しいガーデニング用品
(B) テレビ
(C) シリーズ本
(D) 電話のサービス

②の our series of books titled *Great Gardening Guides* から，宣伝されているのは「(ガーデニングに関する) 本」だとわかります。よって，(C) A series of books が正解です。「本の宣伝」は TOEIC に意外とよく出てきますが，今回はさらに頻出テーマの「ガーデニング・造園」が組み合わさっています。

2. その製品に最も興味を持つのは誰だと考えられますか。

(A) 会社の最高経営責任者
(B) ガーデニングを始めたばかりの人
(C) 語学の先生
(D) フィットネスのインストラクター

①で Have you ever thought about starting your own garden? と本を宣伝しているので，この本は「ガーデニングを始める人」に向けたものだとわかります（③の内容もヒントになります）。よって，(B) Novice gardeners「ガーデニング初心者」が正解です。"nov" は「新しい」を表し（例：novel「新しい」，innovation「革新」），novice は「新しく始めた人」→「初心者」となりました。ちなみに，スポーツ用語として「ノービス」が使われることがありますが，主に「一定の基準に達していない人」を指します。

3. その製品はどうすれば買うことができますか。

(A) Eメールを送る。
(B) 店へ行く。
(C) 電話で注文する。
(D) ウェブサイトで情報を送信する。

⑧の The books can only be ordered over the phone. で，「購入方法」が説明されています。よって，これを言い換えた (C) By placing an order over the phone を選べば OK です。place an order は「注文状態（order）に置く（place）」→「注文する」という表現で，TOEIC で非常によく出てきます。ネットショッピングで「order ボタンにカーソルを置く（place）」イメージで考えてもいいでしょう。

①自分で庭作りを始めてみようと思ったことはありませんか。②私たちは，*Great Gardening Guides* というタイトルのシリーズによって，調和の取れた美しいお庭を作る秘訣の全てをお教えします。③この本の冒頭には，どこに何を植えるかについてのアイデアだけでなく，ガーデニングに必要となる道具を集めるコツまで掲載されています。④この本の著者は Home Living テレビの元司会者である Andrea Dref で，その著作は皆さまが緑あふれる庭作りを始める際の各工程をスムーズに進めるのに役立つでしょう。⑤シリーズをお買い上げになったお客様には，20ドル相当のギフト券をさしあげます。⑥こちらはさまざまなレストランでご利用いただけます。⑦このサービスは6月20日までの期間限定となっておりますので，どうぞお見逃しなく。⑧本のご注文はお電話でのみ受け付けております。⑨555-4488 に電話をかけて，ご自身で美しい庭づくりを始めてみませんか。

②□secret to -ing …する秘訣 □harmonious 調和の取れた □titled＋作品名 …というタイトルの □gardening ガーデニング ③□tips on …のコツ □tool 道具 □plant one's garden 庭に植物を植える
④□former 元の □guide …を導く □smoothly 円滑に □process 工程 □thriving 生い茂る
⑤□gift certificate ギフト券 □worth＋金額 …(額) 相当の ⑥□a variety of さまざまな…
⑦□expire 失効する ⑧□over the phone 電話で ⑨□get started on …を始める
2.(B) □novice 名 初心者

Part 4

1(C) 2(B) 3(C)

❷ イベントの広告

「デパートやスーパーの割引イベント・新製品発売イベント・建物の開館・映画祭・博覧会・遊園地・年次イベント」など，さまざまなイベントの広告が出ます。ただし，これもパターンはある程度決まっており，①挨拶（挨拶とともにイベント名を述べる）→ ②特徴（イベントのテーマ・特典・改善点など）→ ③詳細情報（期間・場所・参加方法・資格など）→ ④注意事項・指示事項（ウェブサイト・パンフレットに詳細情報が載っているなど），という流れが多いです。

4_034

イベントの広告の音声を聞いて，各設問に答えてください。

1. What kind of event is being advertised?

(A) Martial arts lessons
(B) Tryouts for a dance troupe
(C) A restaurant opening
(D) A culture fair

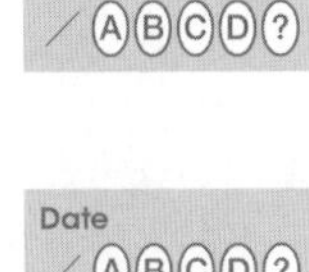

2. According to the speaker, what costs $1?

(A) Entry to exhibits
(B) A dance lesson
(C) Exotic food
(D) A raffle ticket

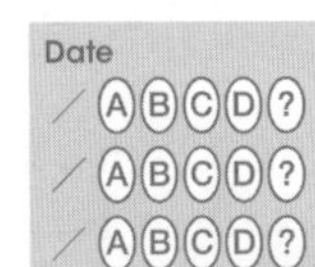

3. When will the event take place?

(A) On Thursday
(B) On Friday
(C) On Saturday
(D) On Sunday

Date
／ⒶⒷⒸⒹ?
／ⒶⒷⒸⒹ?
／ⒶⒷⒸⒹ?

4_034 オーストラリア

① ❶ This year's Uptown Cultural Celebration Fair is ❸ taking place this Saturday, from 10 A.M. to 8 P.M. in the Uptown Culture Center. ② Come celebrate a variety of cultural events that will be held in our area. ③ This event is open to the public and admission is free. ④ The event will include food samples and traditional dances from around the world as well as martial arts demonstrations. ⑤ Kids can take part in making arts and crafts from different countries. ⑥ ❷ Attendees of the fair can buy a raffle ticket for $1 for a chance to win great prizes. ⑦ All proceeds from the raffle will go towards the World Children's Fund. ⑧ ❸ So mark your calendars for this Saturday and get ready to come enjoy the fair. ⑨ For more information, visit our Web site at www.uwcf.com.

解説・正解

1. どんなイベントが宣伝されていますか。
(A) 武術のレッスン
(B) ダンスグループへの入団テスト
(C) レストランのオープン
(D) 文化フェア

①で This year's Uptown Cultural Celebration Fair とイベント名を述べ，「文化フェア」について宣伝しています。よって，(D) A culture fair が正解です。(A) Martial arts lessons は lessons がアウト（④に demonstrations とあります），(B) Tryouts for a dance troupe は Tryouts がアウトです（④に traditional dances とはありますが，Tryouts とは言っていません）。また，④に food samples とはありますが，「レストランのオープン」には言及していないため (C) A restaurant opening もアウトです。

2. 話し手によると，何に 1 ドルかかりますか。
(A) 展示会への入場
(B) ダンスレッスン
(C) エスニック料理
(D) 福引券

⑥の Attendees of the fair can buy a raffle ticket for $1 for a chance to win great prizes. から，(D) A raffle ticket を選びます。今回はまったく同じ語句が使われているので raffle ticket「福引券」を知らなくても選べますが，高得点を狙う方はチェックしておきましょう（この後も何度か出てきます）。

3. イベントはいつ開催されますか。
(A) 木曜日
(B) 金曜日
(C) 土曜日
(D) 日曜日

①の taking place this Saturday や⑧の mark your calendars for this Saturday and get ready to come enjoy the fair から，(C) On Saturday を選べば OK です。ちなみに，⑧の come enjoy は "come＋原形"「～しに来る」の形で，日常会話でもよく使われます。come and [to] ～ の形から，and · to が省略されたものです。（②でも，Come celebrate とこの形が使われています）

①今年の Uptown 文化祭典フェアは今週の土曜日，午前 10 時から午後 8 時まで，Uptown 文化センターにて開催されます。②さまざまな文化イベントが当地域で催されますので，ぜひご来場ください。③このイベントにはどなたでも無料で入場できます。④イベントには，世界各地の食べ物の試食会や伝統的なダンスだけでなく，武術のデモンストレーションもございます。⑤お子様はさまざまな国の美術・工芸品の作成に参加することができます。⑥フェアに参加すると，豪華賞品を獲得するチャンスのある福引券を 1 ドルでお買い求めになれます。⑦福引の収益は全て World Children's Fund に寄付します。⑧カレンダーの今度の土曜日に印をつけて，来場して楽しむ準備をなさってください。⑨詳細情報につきましては，ウェブサイト www.uwcf.com にアクセスしてください。

①□take place（イベントなどが）開催される ③□admission 入場 ④□ martial arts 武術 □demonstration デモンストレーション，実演 ⑤□take part in …に参加する □arts and crafts 美術工芸品 ⑥□attendee 参加者 □raffle ticket 福引券 cf. raffle 福引 □win a prize 賞品を獲得する ⑦□proceeds 収益 □go towards …に役立てられる ⑧□get ready to *do* …する準備をする 1.(B) □troupe（歌手・ダンサーなどの）一座・一団 2.(C) □exotic 異国情緒ある

1(D) 2(D) 3(C)

4_035

A 製品・サービスの広告を聞いて 1 から 3 の設問に答えなさい。

1. What kind of product is being advertised?

(A) A fruit beverage
(B) A vitamin supplement
(C) A healthy snack bar
(D) A breakfast cereal

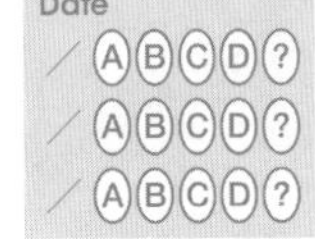

2. What is suggested about the product?

(A) It has a distinctive flavor.
(B) It is popular worldwide.
(C) It has an appealing texture.
(D) It contains enough fiber for a day.

3. According to the advertisement, who recommends the product?

(A) Pharmaceutical firms
(B) Satisfied consumers
(C) Health care experts
(D) Supermarket executives

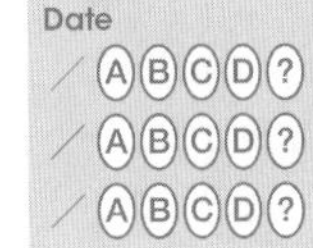

4_036 イギリス

B もう一度製品・サービスの広告を聞いて，空所部分を書き取ってください。

Questions 1-3 refer to the following advertisement.

① Want to kick-start your day with something filling, yet nutritious? ② Lapun is a delicious product available at most grocery stores. ③ Lapun contains 3 different cereal grains — oats, corn, and wheat — as well as dried banana, nuts, and honey, ④ making it **1** ____________________ .

⑤ Just one bowl of Lapun **2** ____________________ as recommended by the Food and Drug Association, ⑥ and helps to lower blood cholesterol. ⑦ So, it comes as no surprise that **3** ____________________ Lapun to anyone who wants to enjoy a healthy lifestyle.

解説・正解

A

1. どんな製品が宣伝されていますか。
(A) フルーツ飲料
(B) ビタミン剤
(C) 体にいいスナックバー
(D) 朝食用のシリアル

①の kick-start your day，③の 3 different cereal grains，④の an excellent source of nutrition and the healthiest way to start your day などから，宣伝しているのは「朝食用のシリアル」だと考えられます。よって，(D) A breakfast cereal が正解です。

2. 製品について何がわかりますか。
(A) 独特の味がする。
(B) 世界中で人気がある。
(C) 魅力的な食感である。
(D) 1日に必要な食物繊維を含んでいる。

⑤で，Just one bowl of Lapun fulfills a person's daily fiber requirement「1日に必要な食物繊維量を満たす」と言っています（fulfill one's requirement「～の要求・基準を満たす」という表現）。よって，この内容を表した (D) It contains enough fiber for a day. が正解です。

3. 広告によると，誰が製品を勧めていますか。
(A) 製薬会社
(B) 満足している消費者
(C) ヘルスケアの専門家
(D) スーパーマーケットの幹部

⑦の leading dieticians throughout the country have recommended Lapun to ～ から，製品を勧めているのは，leading dieticians「一流の栄養士」だとわかります。よって，(C) Health care experts が正解です。leading は「他を lead するような」→「一流の」で，これが選択肢では experts で表されています。

B

問題1から3は次の広告に関するものです。

①おなかがいっぱいになるけど栄養価の高いものを食べて一日を元気よく始めたいと思いませんか。②Lapun はとてもおいしい食品で，たいていの食料雑貨店でお買い求めいただけます。③Lapun は3種類の穀粒，オート麦，コーン，小麦の他に，乾燥バナナ，ナッツ，ハチミツを含み，④優れた栄養源であるとともに，1日の始まりを最高に健康的なものにします。⑤ボウル1杯の Lapun だけで食品医薬品協会が推奨する1日に必要な食物繊維量を満たし，⑥血中コレステロールを下げる効果もあります。⑦そのため，健康的なライフスタイルを楽しみたい全ての人に，名だたる栄養士の方々が全国で Lapun を推奨しているのも当然なんです。

④ **1 an excellent source of nutrition and the healthiest way to start your day**

⑤ **2 fulfills a person's daily fiber requirement**

⑦ **3 leading dieticians throughout the country have recommended**

---

①□kick-start one's day 一日の始まりに勢いをつける **cf.** kick-start …にはずみをつける
□filling お腹を満たす □nutritious 栄養豊かな ②□grocery store 食料雑貨店 ③□grain 穀粒
□oat オート麦 □wheat 小麦 □nut ナッツ ④□nutrition 栄養 ⑤□bowl ボウル □fulfill …を満たす
□daily fiber requirement 1日に必要な食物繊維 ⑥□lower **動** …を下げる
□blood cholesterol 血中コレステロール ⑦□it comes as no surprise that 節 …は不思議でない
□leading 一流の，名だたる □dietician 栄養士 1.(B) □supplement 栄養補助食品
2.(A) □distinctive 独特の (C) □appealing 魅力的な □texture 食感 3.(A) □pharmaceutical 製薬の
(B) □satisfied 満足した (D) □executive 重役，幹部

1(D) 2(D) 3(C)

4_037

A イベントの広告の音声を聞いて，４から６の設問に答えてください。

4. What special occasion is mentioned?

(A) A product test
(B) A fashion show
(C) A store opening
(D) A building renovation

5. According to the speaker, what will happen this week?

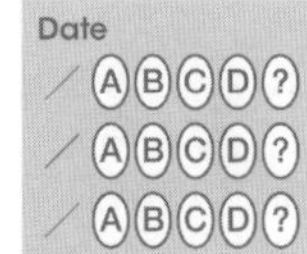

(A) A drawing will be held.
(B) Business hours will be extended.
(C) A special sale will start.
(D) New employees will be hired.

6. Why should customers stop by the main entrance?

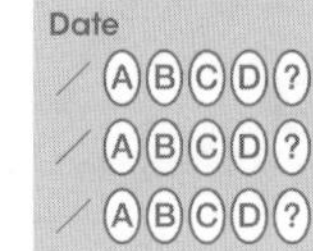

(A) To pick up discount coupons
(B) To enroll in a shopper's club
(C) To inquire about employment
(D) To exchange store merchandise

4_038 カナダ

B もう一度イベントの広告を聞いて，空所部分を書き取ってください。

Questions 4-6 refer to the following advertisement.

① S-Mart, the area's largest department store offering fresh food, fashionable clothing, and the latest home appliances,
1 ______________________________
______________________________.
② To mark this occasion, we will be holding a raffle for ten $100 gift certificates.
③ Customers can **2** ______________________________
______________________________.
④ And we'd also like to take this opportunity to mention S-Mart's Gold Club.
⑤ All members of our Gold Club receive an additional 5% off each purchase.
⑥ **3** ______________________________
on the 1st floor if you're interested.

解説・正解

A

4. どのような特別な出来事について述べていますか。
(A) 製品のテスト
(B) ファッションショー
(C) 開店
(D) ビルの改装

①で ~ is pleased to announce the grand opening of its First Avenue location と「新規店舗の開店」を伝え，その後は詳細を説明しています。よって，(C) A store opening が正解です。

5. 話し手によると，今週何が起きますか。
(A) くじ引きが行われる。
(B) 営業時間が延長される。
(C) 特売が始まる。
(D) 新入社員が採用される。

③の stop by our new location any time this week to sign up for Friday's drawing から，今週「くじ引きが開催される」とわかります。よって，(A) A drawing will be held. が正解です。draw は本来「引く」という意味で，drawing は「くじを引くこと」→「くじ引き」となります。ちなみに，その前の raffle「福引」もヒントになっています。

6. 顧客はなぜ正面入り口に立ち寄ったほうがいいのですか。
(A) 割引クーポンをもらうため。
(B) デパートの顧客のクラブに入会するため。
(C) 雇用について問い合わせるため。
(D) 店の商品を交換するため。

⑥の Just fill out a registration form at the main entrance で「申込用紙に記入する」よう勧めていますが，この registration form は，⑤から「Gold Club 加入申込書」のことだとわかります。よって，(B) To enroll in a shopper's club が正解です。Just から始まる「命令文」がポイントになっています。

B

問題 4 から 6 は次の広告に関するものです。

①生鮮食品，ファッション，最新の家電製品を販売している，この地域で最大のデパート S-Mart が，一番街店のグランドオープンをお知らせいたします。②開店を記念して，100 ドル相当のギフト券が 10 名様に当たる福引を開催いたします。③お客様は今週中のいつでも新店舗に立ち寄って，金曜日のくじ引きにお申し込みになれます。④また，S-Mart ゴールドクラブについてもお知らせいたします。⑤ゴールドクラブの会員はお買い上げごとに追加でもれなく 5%の割引を受けられます。⑥入会を希望されるお客様は，1 階の正面入口で申込用紙にご記入ください。

① **1** **is pleased to announce the grand opening of its First Avenue location**

③ **2** **stop by our new location any time this week to sign up for Friday's drawing**

⑥ **3** **Just fill out a registration form at the main entrance**

①□fashionable 流行の □home appliance 家電 □be pleased to *do* 喜んで…する □location 場所
②□mark this occasion この機会を記念する □hold a raffle for …が当たる福引を行う
□$100 gift certificate 100ドル相当のギフト券 ③□stop by …に立ち寄る □sign up for …に登録する
□drawing くじ引き ④□take this opportunity to mention この機会に…を知らせる
⑤□receive an additional 5% off each purchase お買い上げごとに追加で5%の割引を受ける
⑥□fill out a registration form 申込用紙に記入する 6.(B) □enroll in …に登録する
(D) □merchandise 商品

Part 4

4(C) 5(A) 6(B)

実際の TOEIC 形式の問題を解き，これまでの学習内容を復習しましょう。

4_039

1. What type of business is being advertised?

(A) A grocery store
(B) A car dealership
(C) A movie theater
(D) An electronics store

2. According to the advertisement, why do customers like the business?

(A) It has the widest selection of goods.
(B) It is the biggest store in the area.
(C) It is conveniently located.
(D) It has exceptional customer service.

3. What will the business do on June 27th?

(A) Open a new store
(B) Hold a clearance sale
(C) Celebrate 30 years of business
(D) Redesign the entire store

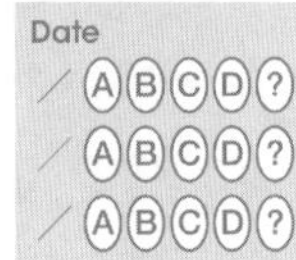

4_039 アメリカ

Questions 1-3 refer to the following talk.

① This Memorial Day weekend, **1** Vince's Electronics is having its famous Customer Appreciation Sale with discounts on TVs, home theater systems, car audio equipment and a whole lot more. ② Our clients keep coming back to us not only for the great deals, but because of **2** our excellent customer service which is second to none in the electronics industry. ③ For almost three decades, Vince's has been the number one store for electronics in our community, and ④ we'd like to say thanks to all our customers by **3** inviting you all to our 30th anniversary celebration on June 27th. ⑤ Come see our redesigned home theater section and ⑥ test out some systems with the excellent service that you expect from Vince's.

解説・正解

1. どんな店が宣伝されていますか。
(A) 食料雑貨店
(B) 車の販売代理店
(C) 映画館
(D) 電器店

①の Vince's Electronics is having its famous Customer Appreciation Sale から，(D) An electronics store「電器店」を選べば OK です。その後の TVs, home theater systems, car audio equipment や②文末の electronics industry，③の store for electronics などもヒントになりますね。

2. 広告によると，なぜ顧客はその店が好きなのですか。
(A) 製品をいちばん幅広く取り揃えているから。
(B) 地域で最大の店舗だから。
(C) 便利な場所にあるから。
(D) 優れた顧客サービスがあるから。

②で Our clients keep coming back to us と言い，その理由の１つとして our excellent customer service を挙げています。よって，excellent を exceptional に言い換えた，(D) It has exceptional customer service. が正解です。前置詞 except「～を除いて」は有名ですが，名詞 exception は「例外」，形容詞 exceptional は「例外的な」→「(例外的に) 優れた」となります。

3. 6月27日にこの店は何をしますか。
(A) 新店舗をオープンする。
(B) 在庫一掃セールを行う。
(C) 創業 30 周年を祝う。
(D) 店全体の模様替えをする。

④の inviting you all to our 30th anniversary celebration on June 27th から，6月27日に「30周年記念のイベントを行う」とわかります。よって，(C) Celebrate 30 years of business が正解です。これも，June 27th より前に該当箇所がくる「手遅れパターン」になっています。

問題１から３は次の話に関するものです。

①追悼記念日を迎える今週末，Vince's エレクトロニクスでは，テレビ，ホームシアターセット，カーオーディオ機器，その他たくさんの品々を割引でご提供する，恒例のお客様感謝セールを開催いたします。②お客様はお買い得品をお求めになるためだけでなく，エレクトロニクス業界では随一の顧客サービスを受けるためにご来店くださっています。③30年近くにわたり，Vince's は当地域のナンバーワン電器店としてご愛顧いただいておりますが，④全てのお客様への感謝の印として，6月27日に迎える30周年記念に皆さまをご招待します。⑤リニューアルされたホームシアターセクションに来て，⑥お客様に好評の優れたサービスがついたホームシアターシステムを，ぜひお試しください。

①□Memorial Day 戦没将兵記念日，メモリアルデー □appreciation 感謝
□a whole lot more まだまだたくさん ②□great deals お買い得品
□second to none 誰にも劣らない ③□almost three decades 30年間近く
④□30th anniversary celebration 30周年記念イベント cf. anniversary 記念（日）
⑤□redesign …を再設計する ⑥□test out（新製品など）をチェックする
□expect A from B BにAを期待する 1. □business 店，会社 (B) □car dealership 車の販売代理店
2.(A) □a wide selection of 幅広い取り揃えの… (C) □conveniently 便利に (D) □exceptional 優れた
3.(B) □clearance sale 在庫一掃セール (D) □entire 全体の

Part 4

1(D) 2(D) 3(C)

4_040

4. Who most likely is the caller?

(A) A magazine salesperson
(B) A magazine editor
(C) A magazine columnist
(D) A magazine subscriber

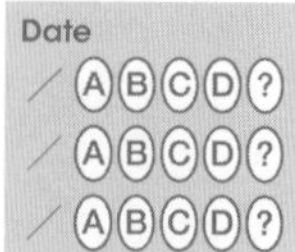

5. What does the caller suggest Ms. Treberton do?

(A) Call the magazine back
(B) E-mail her decision
(C) Take some pictures
(D) Visit a Web site

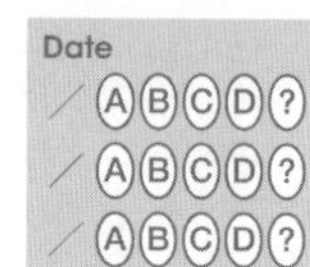

6. According to the caller, what will happen after next week?

(A) A new photography section will be featured.
(B) A special discount will no longer be available.
(C) A Web site will make exclusive content available.
(D) A magazine will publish its final issue.

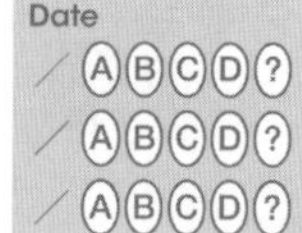

4_040 オーストラリア

Questions 4-6 refer to the following telephone message.

① Hi, Ms. Treberton. **4** This is Jason Freeman with *Pacific Islander Magazine.* ② **4** I'm calling to offer you an exclusive deal that is only available to preferred subscribers like you. ③ By the end of next week, if you choose to renew your subscription to *Pacific Islander Magazine*, ④ you'll get 50% off the regular yearly subscription price ⑤ and we'll even throw in our book of Pacific Island photography for free. ⑥ To take advantage of this incredible offer, **5** simply go to our Web site and click on the subscription renewal link. ⑦ Don't forget that **6** this offer will only be valid until the end of next week.

解説・正解

4. 電話をかけている人は誰だと考えられますか。
(A) 雑誌の営業担当者
(B) 雑誌の編集者
(C) 雑誌のコラムニスト
(D) 雑誌の購読者

①で This is Jason Freeman with *Pacific Islander Magazine* と名乗り，②で I'm calling to offer you an exclusive deal that is only available to ～ と，「サービスの提供」について話しています。よって，電話をかけているのは「雑誌の営業」に関係する人だと考えられるので，**(A) A magazine salesperson** を選べば OK です。

5. 電話をかけている人は Treberton さんに何をすることを提案していますか。
(A) 雑誌社に電話をかけ直す。
(B) 決めたことをEメールで知らせる。
(C) 写真を数枚撮る。
(D) ウェブサイトにアクセスする。

⑥で simply go to our Web site and click on the subscription renewal link と言っているので，**(D) Visit a Web site** を選びます。「命令文」がポイントで，今回は動詞の原形の前に simply がついて，「ただ～してください・ただ～すればいいだけです」となっています。just と似たイメージで考えれば OK です。

6. 電話をかけている人によると，来週以降に何が起こりますか。
(A) 新しい写真のコーナーが目玉になる。
(B) 特別割引が利用できなくなる。
(C) ウェブサイトで独占的なコンテンツが閲覧できるようになる。
(D) 雑誌が最終号を刊行する。

⑦の this offer will only be valid until the end of next week から，来週以降は「割引が受けられなくなる」とわかります。よって，**(B) A special discount will no longer be available.** が正解です。⑦で Don't forget that ～「～は忘れないで」と言っており，「忘れないで」ということは当然，大事な内容になるため，設問でもよく狙われます。

問題 4 から 6 は次の電話のメッセージに関するものです。

①もしもし，Treberton 様ですか。*Pacific Islander Magazine* 誌の Jason Freeman と申します。②お客様のような選ばれた購読者の方だけがご利用になれる，限定サービスのご提供についてお電話を差し上げております。③来週末までに，*Pacific Islander Magazine* 誌のご購読を継続されますと，④通常の年間購読価格が 50%割引になります。⑤また，Pacific Island の写真集を無料で差し上げます。⑥この大変お得なサービスは，弊社のウェブサイトにアクセスして購読継続のリンクをクリックするだけで受けられます。⑦お申し込みは来週末までとなっておりますので，お忘れのないようにお願いします。

②□exclusive 独占的な，他では得られない □deal 取引 □preferred 優先された
□subscriber 新聞・雑誌などの購読者 cf. subscription to …の購読
③□choose to *do* …することを選ぶ（= decide to *do*） □renew …を更新する
□subscription（定期）購読 ④□regular 通常の □yearly 年間の ⑤□throw in …をおまけにする
⑥□take advantage of（チャンスなど）を利用する □incredible 驚くべき ⑦□valid 有効な
5.(B) □decision 決定 6.(A) □feature 動 …を目玉にする (B) □no longer もはや…ない
(D) □issue（雑誌・新聞などの）号

Part 4

4(A) 5(D) 6(B)

4_041

7. What is being advertised?

(A) A digital camera
(B) A television program
(C) A tourist attraction
(D) A foreign film

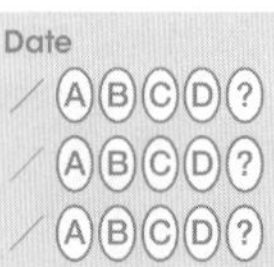

8. Who is Serge McTrip?

(A) A photographer
(B) A business owner
(C) A travel agent
(D) A television show host

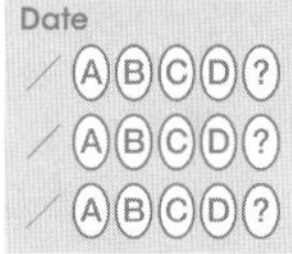

9. What can be found on the Web site?

(A) A registration form
(B) A list of tourist destinations
(C) A contact address
(D) A list of travel agencies

4_041 カナダ

Questions 7-9 refer to the following radio advertisement.

① If you like learning about extraordinary travel spots, then don't miss **7** **8** *Permanent Holiday*, hosted by Serge McTrip every week on the Vacation Channel. ② Each week, Serge McTrip visits and explores glamorous vacation destinations around the world with our cameras behind him the whole time. ③ Serge checks out tourist attractions and local restaurants, and ④ gets tips from travel agents that will help **7** viewers to make the most of their vacations. ⑤ **7** You can watch a new episode of *Permanent Holiday* every Thursday at 9 P.M. ⑥ **9** For a full list of the destinations that Serge will be exploring, check out our Web site at www.permanentholiday.net.

解説・正解

7. 何が宣伝されていますか。
(A) デジタルカメラ
(B) テレビ番組
(C) 観光名所
(D) 外国の映画

①で *Permanent Holiday*, hosted by ～「～の司会でお送りする Permanent Holiday」と宣伝しているので，何らかの「番組」だと考えられます。さらに，④の viewers や⑤の You can watch a new episode of *Permanent Holiday* から「テレビ番組」だと判断できるので，(B) A television program を選べば OK です。

8. Serge McTrip の職業は何ですか。
(A) 写真家
(B) 事業主
(C) 旅行業者
(D) テレビ番組の司会者

①の hosted by Serge McTrip every week on the Vacation Channel から，Serge McTrip は「テレビ番組の司会者」だとわかります。よって，(D) A television show host が正解です。host は「司会をする・司会」という意味で，最近はテレビでも「司会者」のことを「ホスト役」と言うことが増えました。

9. ウェブサイトには何がありますか。
(A) 申込フォーム
(B) 観光地のリスト
(C) 連絡先
(D) 旅行会社のリスト

⑥で，For <u>a full list of the destinations</u> that Serge will be exploring, check out our Web site at ～ と言っています。よって，これを言い換えた (B) A list of tourist destinations が正解です。ちなみに，これも Web site だけに注目していると該当箇所を聞き逃す「手遅れパターン」になっています。

問題 7 から 9 は次のラジオの広告に関するものです。

①珍しい旅行先について知ることが好きな方には，毎週 Vacation チャンネルで Serge McTrip の司会でお送りしている *Permanent Holiday* は必見です。②毎週，Serge McTrip は常にカメラを帯同させながら世界各地の魅力的なリゾート地を巡ります。③ Serge は観光名所や地元のレストランを訪れたり，④視聴者が休暇を最大限に楽しむためのコツを旅行業者から聞いたりします。⑤ *Permanent Holiday* は毎週木曜日午後 9 時から最新の回を放送します。⑥ Serge の旅行先の一覧は，ウェブサイト www.permanentholiday.net でご確認ください。

①□extraordinary 並はずれた □travel spot 旅行先 □miss …を見逃す
□hosted by …が司会をする cf. host 名 司会 ②□explore …を探訪する □glamorous 魅力的な
□vacation destination リゾート地 □the whole time いつでも ③□check out …を確認する
□attraction 人目をひくもの，名所 □local 地元の ④□tip コツ □travel agent 旅行業者
□viewer 視聴者 □make the most of …を最大限に活用する 9.(A) □registration form 申込フォーム
(D) □travel agency 旅行業者

7(B) 8(D) 9(B)

4_042

10. Which product is being advertised?

(A) Clothes
(B) Office supplies
(C) Home decorations
(D) Tools

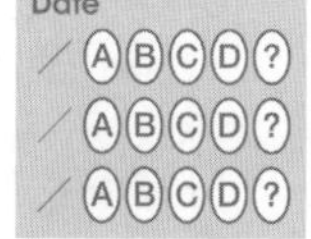

11. What is being offered to the customers?

(A) Design books
(B) Decorating tips
(C) Free designer clothes
(D) Home repairs

12. When does the sale start?

(A) On Monday
(B) On Friday
(C) On Saturday
(D) On Sunday

Date

4_042 イギリス

Questions 10-12 refer to the following advertisement.

① Tired of having the same boring old rooms? ② Then, come on down to 10 Lacy's Home Supplies! ③ We will help you decorate your home for less! ④ 10 Everything is on sale - paints, curtains, light fixtures, and even doors! ⑤ Let us redo your rooms for you! ⑥ It will look like you bought a brand new house! ⑦ 11 We even have designers on hand to offer special tips for your new look! ⑧ 12 The sale starts on Monday and ends on Friday! ⑨ So don't delay, come today!

解説・正解

10. どの製品が宣伝されていますか。
(A) 衣服
(B) 事務用品
(C) 住宅の内装用品
(D) 道具類

②で Lacy's Home Supplies と店舗名を紹介した後，④で paints, curtains, light fixtures, and even doors と取扱商品を列挙しています。よって，これらを表す (C) Home decorations が正解です。③の decorate your home などもヒントになりますね。

11. 顧客に対して何が提供されていますか。
(A) デザインの本
(B) 内装に関するアドバイス
(C) 無料のデザイナーブランドの服
(D) 住宅の修繕

⑦の We even have designers on hand to offer special tips for your new look! で，「装いを新たにするための特別なアドバイス」を提供すると言っています。よって，(B) Decorating tips を選べば OK です。設問の offer が，本文でもそのまま使われています。

12. セールはいつ始まりますか。
(A) 月曜日
(B) 金曜日
(C) 土曜日
(D) 日曜日

⑧の The sale starts on Monday から，(A) On Monday を選びます。こういった単語ピンポイントを聞き取る問題は意外とミスしやすいので，先読みで「セールの開始日」をしっかり意識しておきましょう。

問題 10 から 12 は次の広告に関するものです。

①いつもの古びた部屋にはもううんざり。②そんな方は，Lacy's ホーム用品店にお越しください。③当店は手頃な価格で住宅の内装工事のお手伝いをいたします。④塗料，カーテン，照明器具からドアに至るまで，全てを揃えております。⑤お客様のお部屋を見違えるようにします。⑥まるで新築の家を購入したようになります。⑦当店には装いを新たにするための特別なアドバイスができるデザイナーも常駐しております。⑧セールは月曜日から金曜日までとなっております。⑨どうぞお見逃しのないよう，今すぐご来店ください。

①□tired of …にうんざりする ③□help X *do* Xが…するのを助ける □decorate …の内装工事をする □for less より安く ④□on sale 売りに出されて □light fixture 照明器具 ⑤□redo …を改装する ⑥□It will look like …のように見えるだろう □brand new 新品の ⑦□on hand 手元に，居合わせて □tip 助言，コツ □new look 新たな装い cf. look 名 様子 ⑨□delay 遅れる
10.(B) □office supplies 事務用品 (D) □tool 道具 11.(C) □designer clothes デザイナーブランドの服

Part 4

10(C) 11(B) 12(A)

4_043

13. Where does the talk probably take place?

(A) At a sports center
(B) In a library
(C) In a cafeteria
(D) In a department store

14. According to the speaker, what change has been made this year?

(A) Membership fees have increased.
(B) There is free parking behind the complex.
(C) Two buildings will be used for the event.
(D) A speech will be given at the beginning.

15. Who is Kevin Lowe?

(A) A retired coach
(B) An event coordinator
(C) A professional speaker
(D) A sales representative

4_043 オーストラリア

Questions 13-15 refer to the following talk.

① 13 Welcome, everyone, to the Riley Sports Complex. ② This is where this year's Sports Equipment Fair will soon be held. ③ Because of the increasing popularity of the event, we have decided to make some changes regarding the venue. ④ 14 This year, equipment will be showcased in the community center as well as here in the sports complex, ⑤ which will allow us to display twice the number of items as we did before. ⑥ Now, I'd like to introduce 15 Kevin Lowe, the coordinator of this event. ⑦ Mr. Lowe is in charge of inviting different companies to the fair to display their merchandise. ⑧ If you would like to speak to Mr. Lowe about displaying your own items at the fair, ⑨ you might want to make an appointment to discuss it in advance.

解説・正解

13. どこでこの話をしていると考えられますか。
(A) スポーツセンター
(B) 図書館
(C) カフェテリア
(D) デパート

①で Welcome, everyone, to the Riley Sports Complex.「Riley スポーツ施設へようこそ」と言っているので，(A) At a sports center を選べばOKです。この complex は名詞「複合施設」で，TOEIC によく出てきます。「シネコン（cinema complex）」とは，「1つの建物にいくつも映画館がある（複合してある）施設」のことです。

14. 話し手によると，今年はどんな変更がありましたか。
(A) 会費が値上げされた。
(B) 複合施設の裏に無料の駐車場ができた。
(C) 2棟のビルをイベントに使う。
(D) スピーチが最初に行われる。

③で「会場に関して変更する」と言った後，④で This year, equipment will be showcased in the community center as well as here in the sports complex と説明しています。「イベントで2箇所（地域センター・スポーツ施設）が使われる」とわかるので，(C) Two buildings will be used for the event. を選べばOKです。

15. Kevin Lowe の職業は何ですか。
(A) 引退したコーチ
(B) イベントコーディネーター
(C) プロのナレーター
(D) 販売員

⑥の Kevin Lowe, the coordinator of this event から，(B) An event coordinator を選びます。このように，人物名の後に「肩書・職業・部署名」などを付け加えて説明することはよくあるので，この形に慣れておきましょう。

問題 13 から 15 は次の話に関するものです。

①皆さま，Riley スポーツ施設へご来場いただき，ありがとうございます。②ここで本年度のスポーツ用品フェアが間もなく実施されます。③イベントが好評をいただいているため，会場に関していくつか変更することにしました。④今年は，こちらのスポーツ施設だけでなく地域センターでも用具類の展示をすることになりました。⑤これにより，以前の2倍の用具の展示が可能になります。⑥では，このイベントのコーディネーターである Kevin Lowe をご紹介します。⑦ Lowe は各企業様に商品の展示をお願いする責任者です。⑧皆さまの商品をフェアで展示する件で Lowe との面談を希望される方は，⑨事前にご相談の予約をなさることをお勧めします。

②□be held（行事・イベントなどが）開催される ③□increasing 増加する… □popularity 人気 □decide to *do* …することにする □make changes 変更する □regarding …に関して □venue 会場 ④□equipment 機器 □showcase 動 …を展示する □as well as …だけでなく ⑤□allow X to *do* Xが…することを可能にする □display 動 …を陳列する，名 陳列 □twice the number of …の2倍の数 ⑥□coordinator コーディネーター ⑦□in charge of …を担当して □merchandise 商品 ⑨□make an appointment 予約する □in advance あらかじめ 13.(C) □cafeteria カフェテリア 14.(A) □membership fee 会費 (B) □free parking 無料駐車場 (D) □give a speech スピーチをする 15.(A) □retired 引退した (D) □sales representative 販売員

Part 4

13(A) 14(C) 15(B)

4_044

16. What event is being advertised?

(A) An orientation session
(B) A store opening
(C) A company picnic
(D) A photography contest

17. How can people at the event enter a raffle?

(A) By completing a form
(B) By ordering a catalog
(C) By purchasing an item
(D) By becoming a member

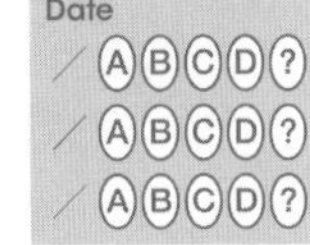

18. According to the advertisement, what can be found online?

(A) Sample pictures
(B) A discount coupon
(C) Product information
(D) A set of directions

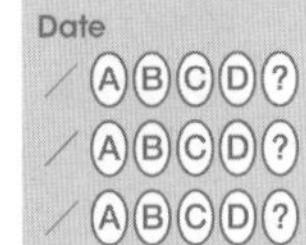

4_044 アメリカ

Questions 16-18 refer to the following advertisement.

① If you're in the market for a new camera, stop by Picture Perfect this Saturday or Sunday 16 for great deals during our store's grand opening. ② This weekend only, every camera in stock will be 15% off, and all accessories will be 25% off. ③ Plus, free beverages and refreshments will be available to everyone outside our store in the parking area. ④ All customers who stop by can 17 enter a raffle for a 16 mega-pixel SLR camera simply by completing a brief form; ⑤ no purchase is required. ⑥ 18 For a map of our location and a set of detailed driving directions, visit us on the Internet at www.pictureperfect.com.

解説・正解

16. どんなイベントが宣伝されていますか。

(A) オリエンテーション
(B) 店のオープン
(C) 会社のピクニック
(D) 写真コンテスト

①の great deals during our store's grand opening で，「新規開店セール」があると伝えています。よって，(B) A store opening を選べば OK です。この「新規開店」のパターンは TOEIC に本当によく出てきます（Part 7 でも頻出です）。

17. どうすればイベントで福引に参加できますか。

(A) 用紙に記入する。
(B) カタログを取り寄せる。
(C) 商品を購入する。
(D) 会員になる。

④の enter a raffle for a 16 mega-pixel SLR camera simply by completing a brief form から，福引に参加するには「申込用紙に記入すればよい」とわかります。よって，(A) By completing a form が正解です。今回のように，by ～ で「申込方法・登録方法」を示すことはよくあります。

18. 広告によると，オンラインでは何が見られますか。

(A) サンプル写真
(B) 割引クーポン
(C) 製品の情報
(D) 道順

⑥の For a map of our location and a set of detailed driving directions, visit us on the Internet at ～. から，(D) A set of directions を選べば OK です。ちなみに，この「オンラインで見られるもの」を問うパターンはまとめ問題・設問 9（589 ページ）とまったく同じで，該当箇所の "For ～, 命令文" という形までそのままですね。

問題 16 から 18 は次の広告に関するものです。

①新しいカメラをお探しでしたら，今週の土曜日と日曜日に開催される Picture Perfect のグランドオープンの期間内にご来店になってお買い得品をお求めください。②今週末に限り，カメラの全在庫が 15%引きで，付属品は全て 25%引きになります。③さらに，店外の駐車スペースでは皆さまにお飲物と軽食を無料でご提供いたします。④ご来店くださった全てのお客様は，簡単な申込用紙にご記入になるだけで 16 メガピクセルの SLR カメラが当たる福引にご参加になれます。⑤こちらはお買い上げの有無は問いません。⑥当店の地図やお車でのご来店の詳細な案内につきましては，ウェブサイト www.pictureperfect.com にアクセスしてください。

---

①□be in the market for …を買いたい □stop by …に立ち寄る (= drop by)
□great deals お買い得品 ②□in stock 在庫にあって □accessories 付属品 ③□beverage 飲み物
□refreshment 軽食 □available 利用できる ④□enter a raffle 福引に参加する cf. raffle 福引
□complete a form 用紙に記入する □brief 簡単な ⑤□purchase 名 購入 ⑥□detailed 詳細な
□driving directions 車での行き方の案内 16.(A) □session 集まり

Part 4

16(B) 17(A) 18(D)

4_045

19. What is the purpose of this weekend's event?

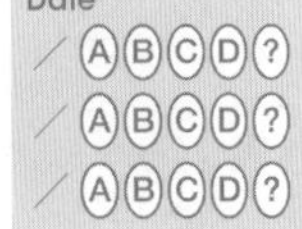

(A) To clean up a city park
(B) To recycle old home appliances
(C) To launch a new business
(D) To collect unwanted clothing

20. What should participants do when they arrive?

(A) Go to the charity store
(B) Put on colored vests
(C) Find an event organizer
(D) Place items in green bins

21. What will be given to all participants?

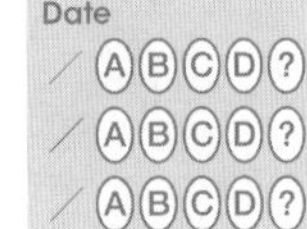

(A) Complimentary snacks
(B) A free gift from a local store
(C) Official event t-shirts
(D) A restaurant voucher

Questions 19-21 refer to the following advertisement.

① Do you have a wardrobe full of clothes that you no longer wear? ② 19 This weekend, the Salvation Army Store and the Barnardo's charity organization are teaming up to help you get rid of your old jeans, sweaters, t-shirts, and dresses. ③ Just bring them along to Willsbury Park, which is directly across from the store, on Sunday, September 21st, between 10 A.M. and 4 P.M. ④ Event organizers will be easily recognizable as they will be wearing green vests with the Barnardo's logo on the front. ⑤ 20 Once you've located one of them, you can give them the garments that you have brought. ⑥ As an added incentive, 21 everyone who participates by bringing along used items will receive a discount voucher that entitles the holder to 15% off their meal at Kathy's Bistro on Manitoba Street.

解説・正解

19. 今週末のイベントの目的は何ですか。

(A) 市の公園を清掃すること。
(B) 古くなった家電をリサイクルすること。
(C) 新規ビジネスを立ち上げること。
(D) 不要な衣服を回収すること。

②で This weekend と言った後，行事の趣旨に関して to help you get rid of your old jeans, sweaters, t-shirts, and dresses と説明しています。「不要な服の処分の手伝いをする」ということなので，(D) To collect unwanted clothing が正解です。

20. 参加者は到着したときに何をしなければなりませんか。

(A) 慈善活動の店に行く。
(B) 色付きのベストを着用する。
(C) イベントの主催者を探す。
(D) 商品を緑色の容器に入れる。

⑤に Once you've located one of them, ～ とあり，この them は event organizers を指しています。つまり，「event organizer の1人を見つける」ということなので，(C) Find an event organizer が正解です。locate は be located「(場所に) 位置している」の形が有名ですが，⑤の locate は「(人) の居場所を見つける・突き止める」という意味で使われています。

21. 全ての参加者に何が与えられますか。

(A) 無料の軽食
(B) 地元の店から提供された無料の景品
(C) 公式のイベント用Tシャツ
(D) レストランの割引券

⑥に，everyone who participates ～ will receive a discount voucher that entitles the holder to 15% off their meal とあります（that 以下は entitle A to B「AにBの権利を与える」の形)。「参加者は食事の割引券がもらえる」とわかるので，(D) A restaurant voucher を選べば OK です。

問題 19 から 21 は次の広告に関するものです。

①衣装だんすがもう着ることのない洋服であふれていませんか。②今週末，救世軍の店と Barnardo's 慈善団体が共同で，皆さまの古着のジーンズ，セーター，Tシャツ，ドレスなどの処分のお手伝いをいたします。③9月21日の午前10時から午後4時までの間に，店の真向かいにある Willsbury 公園まで衣類をお持ちください。④イベントの主催者は前面に Barnardo's のロゴが付いた緑色のベストを着ているので，すぐに見てわかるはずです。⑤主催者がいたら誰にでも，お持ちになった衣類をお渡しいただいてかまいません。⑥さらに，古着をお持ちくださった方全員に，Manitoba 通りにある Kathy's ビストロで 15%引きでお食事ができる割引券をさしあげます。

①□wardrobe 衣装だんす □full of …でいっぱいの □no longer もはや…ない
②□Salvation Army Store 救世軍の店（中古品などを安く販売している店）
□charity organization 慈善団体 □team up 共同作業する □get rid of …を処分する
③□bring X along to Xを…へ持ってくる □directly across from …の真向かいの
④□organizer 主催者 □easily recognizable 簡単に認識できる □vest ベスト □on the front 正面に
⑤□once いったん…すると □locate …の位置を見つける □garment 衣類 ⑥□incentive 動機
□participate 参加する □used item 中古品 □discount voucher 割引券
□entitle A to B AにBの権利を与える 19.(B) □home appliances 家電 (C) □launch …を立ち上げる
(D) □unwanted 不要な 20. □participant 参加者 (B) □put on …を着る・身に着ける (D) □bin 容器
21.(A) □complimentary 無料の（= free）

Part 4

19(D) 20(C) 21(D)

4_046

22. According to the speaker, why is the car dealership having a sale?

(A) To introduce a new models
(B) To celebrate its anniversary
(C) To promote its grand opening
(D) To get rid of older automobiles

23. How can listeners find out about reduced prices?

(A) By checking a Web site
(B) By reading the newspaper
(C) By talking to a staff member
(D) By watching a television advertisement

24. When will the sale end?

(A) Thursday
(B) Friday
(C) Saturday
(D) Sunday

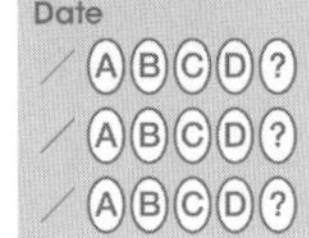

4_046 イギリス

Questions 22-24 refer to the following radio advertisement.

① If you're searching for a reliable and affordable automobile, look no further than Rapid City Cars. ② Our lot is always full of low-price older models, and our selection is second-to-none. ③ 22 To mark our dealership's tenth anniversary, we're cutting prices on every vehicle in our inventory, starting this Saturday morning. ④ The savings are too unbelievable to fully explain over the radio or in newspapers. ⑤ 23 So you'll have to speak to one of our sales representatives at our dealership this weekend to discover the bargains. ⑥ But act fast! ⑦ 24 These prices will only last until Sunday.

解説・正解

22. 話し手によると，なぜ自動車販売店はセールをしていますか。

(A) 新型モデルを紹介するため。
(B) 記念日を祝うため。
(C) グランドオープンを宣伝するため。
(D) 古い自動車を処分するため。

③の To mark our dealership's tenth anniversary, we're cutting prices on every vehicle から，セールの理由は「営業 10 周年を記念するため」だとわかります。よって，これを言い換えた (B) To celebrate its anniversary が正解です。③の mark は「普通の日にマークをつける」→「記念する・祝う」という意味で，これが選択肢では celebrate に言い換えられています。

23. 聞き手はどうすれば値下げ価格を知ることができますか。

(A) ウェブサイトを確認する。
(B) 新聞を読む。
(C) 従業員に話しかける。
(D) テレビの広告を見る。

⑤で，you'll have to speak to one of our sales representatives at our dealership this weekend to discover the bargains と言っています。「販売員に声をかける」という内容を言い換えた，(C) By talking to a staff member が正解です。

24. セールはいつ終わりますか。

(A) 木曜日
(B) 金曜日
(C) 土曜日
(D) 日曜日

⑦の These prices will only last until Sunday. から，「この価格は日曜日まで」→「セールは日曜日に終わる」とわかります。よって，(D) Sunday が正解です。⑦の last は「続く」という動詞で，化粧品や日焼け止めの CM でも「ラスティング（lasting）効果」＝「化粧が続く効果」という形で使われています。

問題 22 から 24 は次のラジオの広告に関するものです。

①信頼できるお手頃な価格の自動車をお探しなら，Rapid City 自動車にお任せください。②低価格の中古車をいつも多数取りそろえており，品ぞろえは他の追随を許しません。③営業 10 周年を記念して，今週の土曜日の朝から，在庫車全てを値下げいたします。④とても信じられないぐらい安くしますので，ラジオや新聞では全てを言い尽くせません。⑤ですので，掘り出し物を見つけるには，今週末に当社の代理店へご来店になり，販売員にお声かけください。⑥ただし，お急ぎください。⑦この価格は日曜日までとなっております。

①□reliable 信頼できる □affordable 手頃な値段の □look no further than …だけを見る
②□lot 敷地 □be full of …であふれている □selection 精選品
□second-to-none 他に引けを取らない ③□mark …を記念する・祝う □dealership 販売代理店
□anniversary 記念日 □vehicle 乗り物 □inventory 在庫品（リスト） ④□saving 割引
□too 形容詞 to あまりに…すぎて～できない □unbelievable 信じられないほどすごい
□fully 完全に ⑤□sales representative 販売担当者 □discover …を発見する □bargain お買い得品
⑥□act fast 早く行動する ⑦□last 動 続く 22.(B) □celebrate …を祝う (C) □promote …を宣伝する
(D) □get rid of …を処分する 23.(C) □staff member 従業員

Part 4

22(B) 23(C) 24(D)

4_047

25. Who is the magazine aimed at?

(A) Beauty therapists
(B) Woodworking hobbyists
(C) Construction workers
(D) Job seekers

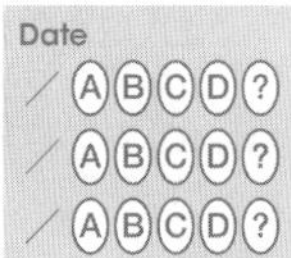

26. What does the speaker mean when he says, "And you're not just buying a magazine"?

(A) Additional benefits are included in the price.
(B) Readers can use the skills to find a job.
(C) The magazine must be bought as a package of items.
(D) The publisher will donate some proceeds to charities.

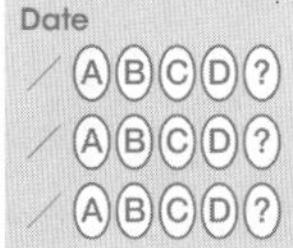

27. What will subscribers receive?

(A) A tool
(B) A carrying case
(C) A credit coupon for a store
(D) A subscription discount

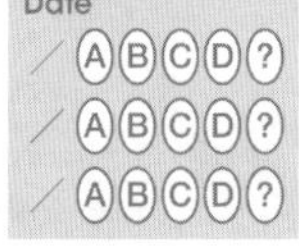

4_047 カナダ

Questions 25-27 refer to the following advertisement.

① 25 Are you interested in trying some home improvements and craft projects but never built anything before? ② A subscription to *Handy Hands* magazine will lead you through simple builds before moving on to advanced wood joints and construction methods. ③ And you're not just buying a magazine. ④ 26 Your subscription comes with access to an online community of experts and professional craftspeople who'll answer your questions. ⑤ 27 Purchase a year's subscription from this book store and get a twenty-dollar voucher redeemable at any branch of Bright Land Hardware.

解説・正解

25. この雑誌は誰を対象にしていますか。
(A) 美容セラピスト
(B) 木工を趣味にしている人
(C) 建設労働者
(D) 求職者

①の Are you interested in trying some home improvements and craft projects but never built anything before? では，疑問文で「広告の対象」を示しています。「家の修繕や工芸に興味があるが，まだ作っていない人」を「木工が趣味の人」と言い換えた，(B) Woodworking hobbyists が正解です。②の construction methods などにつられて，(C) を選ばないように注意しましょう。

26. 話し手が "And you're not just buying a magazine" と言う際，何を意図していますか。
(A) この価格にはさらなる特典が含まれる。
(B) 読者は能力を活用して仕事を見つけられる。
(C) この雑誌は商品とのセットで購入しなければならない。
(D) 出版社は売り上げの一部を慈善事業に寄付する。

「雑誌の購読だけじゃない」と言った後，④で Your subscription comes with access to an online community of experts and professional craftspeople ～ と「定期購読に含まれる特典」を付け加えています。よって，(A) Additional benefits are included in the price. が正解です。not just ～「～だけでない」の後ろには，今回のように「…も」と追加する内容がよく続きます。

27. 定期購読者は何を受け取りますか。
(A) 道具
(B) キャリングケース
(C) 店舗で現金の代わりに使えるクーポン
(D) 定期購読料の割引

⑤で Purchase a year's subscription from this book store and get a twenty-dollar voucher と言っています。定期購読すると「20ドルのクーポン券がもらえる」とわかるので，(C) A credit coupon for a store を選べば OK です。本文の voucher が，選択肢では coupon に言い換えられています（この言い換えは超頻出）。

問題 25 から 27 は次の広告に関するものです。

①家の修繕や工芸のプロジェクトに挑戦してみたいのに，これまで何も作ったことがないという人はいませんか。② *Handy Hands* 誌を定期購読すれば，簡単な創作から始めて，だんだん高度な木材接合や施工法に進むことができます。③そして雑誌の購読以外に，④定期購読者にはあなたの質問に答えてくれる専門家やプロの職人で構成されるオンラインコミュニティへのアクセス権をさしあげます。⑤当店で年間購読を申し込んで，Bright Land 金物店のどの支店でも商品と交換できる 20 ドルのクーポン券を手に入れましょう。

①□improvement 改良，改善 □craft 工芸 ②□subscription to …の定期購読（期間）
□lead X through Xを…の習得へ導く □build 設計，型 □advanced 進歩した，高度な
□wood joint 木材接合 ④□come with（保証・性能など）を伴う □access to …の利用（の権利）
□expert 専門家 □craftspeople 職人 ⑤□voucher クーポン券
□redeemable 換金できる，商品に換えられる □hardware 金物類，金属製品
25. □be aimed at …に向ける，…をねらいとする (A) □therapist セラピスト
(B) □woodworking 木工 □hobbyist 趣味を楽しむ人 (D) □job seeker 求職者
26.(A) □additional 追加の，さらなる □benefit 特典 □include …を含む
(D) □proceeds pl. 収入，収益

25(B) 26(A) 27(C)

4_048

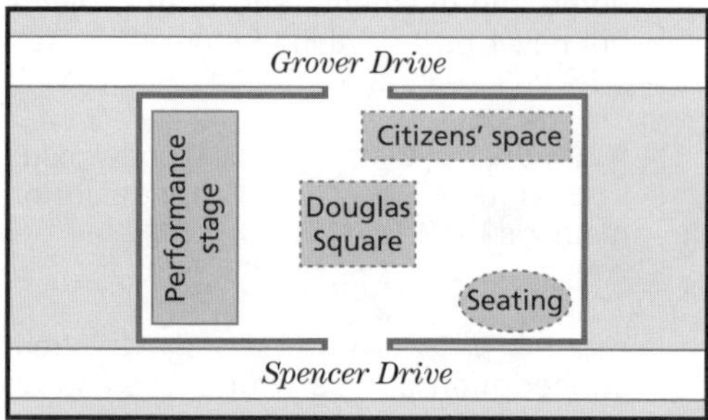

28. What are listeners invited to do?

(A) Taste a new snack food
(B) Buy discounted goods
(C) Enter a product prize draw
(D) Watch a performance

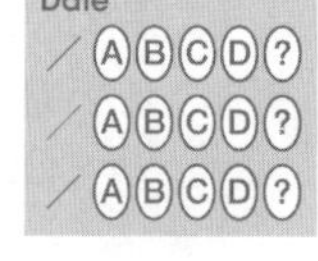

29. Look at the graphic. Where is the event being held?

(A) Performance stage
(B) Citizens' space
(C) Seating area
(D) Douglas Square

Date

30. What is highlighted about the product?

(A) It uses recycled material.
(B) It is more durable than previous models.
(C) It is healthier than similar products.
(D) It is suitable for children.

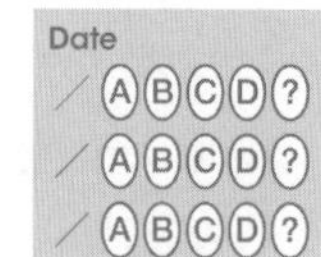

4_048 オーストラリア

Questions 28-30 refer to the following advertisement and map.

① Great news from Quipper Foods! ② Your favorite brand of potato chips just got even better. ③ They've got the same great flavors and satisfying crunch, but [30] they now contain less fat and salt thanks to our revolutionary frying method. ④ [30] That makes our potato chips much better for you than any other on the supermarket shelves. ⑤ [28] Want to try them for yourself? ⑥ Then head down to Douglas Mall tomorrow. ⑦ [29] We're giving out free samples all day from our stand at the public area near the Grover Drive entrance. ⑧ You can even take a bag home with you. See you there!

解説・正解

28. 聞き手は何をするよう勧められていますか。
(A) 新しいスナックを試食する
(B) 割引された商品を買う
(C) 商品の抽選に応募する
(D) 演技を観る

⑤に Want to try them for yourself? とあります。Do you want to ～? から Do you が省略された形で，直訳「あなたは～したいですか？」→「(したいなら) ～するのはどうですか？」と解釈してください。them は potato chips を指し，「ポテトチップスを試食する」ことを勧めているので，(A) Taste a new snack food を選べば OK です（この taste は動詞「試食する」)。

29. 図を見てください。このイベントはどこで行われていますか。
(A) 舞台
(B) 市民スペース
(C) 座席エリア
(D) Douglas 広場

イベントの場所について，⑦で We're giving out free samples all day from our stand at the public area near the Grover Drive entrance. と言っています。地図を見て「Grover 通り側の入り口に近い公共エリア」を探し，(B) Citizens' space を選べば OK です。⑥の Douglas だけを聞いて，(D) Douglas Square に飛びつかないように気をつけてください。

30. 商品について何が強調されていますか。
(A) リサイクルされた素材を使っている。
(B) 以前のモデルよりも耐久性に優れている。
(C) 類似商品よりもヘルシーである。
(D) 子ども向きである。

③の they now contain less fat and salt thanks to our revolutionary frying method，④の That makes our potato chips much better for you than any other on the supermarket shelves. から，類似商品より「油分と塩分が減った」＝「健康的」になったとわかります（この now も「昔と違って今は」を表しています)。よって，(C) It is healthier than similar products. が正解です。

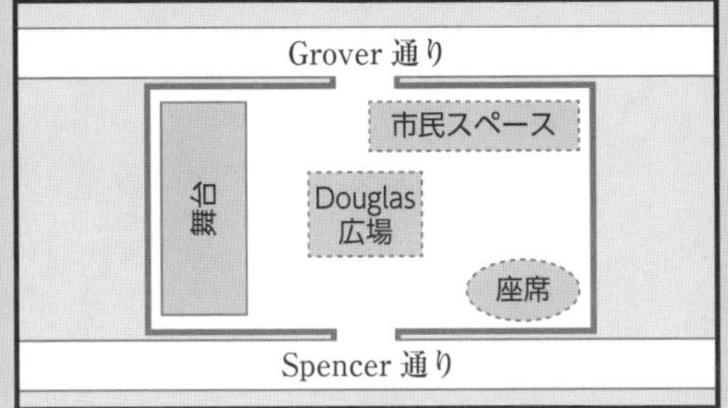

問題 28 から 30 は次の広告と地図に関するものです。

① Quipper 食料品店から耳寄りなお知らせです。②お客様に大人気のポテトチップスの銘柄がさらにグレードアップしました。③美味しさや歯ごたえのよさはそのままに，当社の革新的なフライ製法によって油分と塩分の含有量を抑えました。④これにより当社のポテトチップスは店頭に並ぶ他のどのチップスよりも健康に良いものになっています。⑤ご自身で試食してみたい方は，⑥明日 Douglas モールへお越しください。⑦ Grover 通り側の入り口に近い公共エリアの当社スタンドで無料サンプルを一日中配布いたします。⑧さらに一袋ご自宅にお持ち帰りいただけます。みなさまのご来場をお待ちしています。

②□favorite 格別人気のある，お気に入りの □even（比較級を強調して）さらに ③□flavor 味わい，風味 □satisfying 満足を与える，十分な □crunch かみ砕くこと，ばりばり，がりがり □contain …を含む □fat 油，脂肪 □revolutionary 画期的な，革新的な ⑥□head down to …へ向かう
⑦□give out …を配る □stand 売店 28. □invite X to *do* Xに…するよう勧める
(A) □taste …を試食する (C) □enter a draw くじ引きに参加する 30. □highlight …を強調する
(A) □recycle …を再生する □material 原料，素材 (B) □durable 丈夫な，耐久性のある
□previous 以前の (D) □be suitable for …にふさわしい

28(A) 29(B) 30(C)

1 人物紹介

「新入社員紹介・退職者紹介・講演会でのゲスト紹介・放送での著名人紹介」などがあります。流れとしては，①挨拶 → ②人物紹介（名前・職業の紹介）→ ③人物の職歴・業績や今後の担当業務の紹介 → ④今後すること・締めくくり（紹介した人物を歓迎するよう頼み，次に起きることを伝えて締めくくる），というパターンが多いです。複数の人名が出てきて混乱してしまいがちなので，きちんと整理しながら聞けるように練習しておきましょう。

4_049

人物紹介の音声を聞いて1から3の設問に答えてください。

1. Where does the introduction take place?

(A) In a home improvement store
(B) In a recording studio
(C) In a TV station's headquarters
(D) In a concert hall

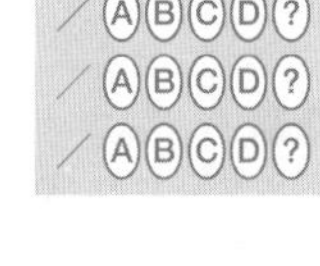

2. What are listeners asked to do?

(A) Prepare a new office
(B) Introduce themselves
(C) Leave work early
(D) Assist a new worker

3. What does the speaker say he will do this morning?

(A) Explain a new system
(B) Show someone around
(C) Be a guest on a show
(D) Install new equipment

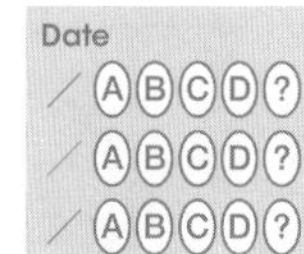

4_049 アメリカ

① Good morning, everyone. ② This is Wendel Korswert, who will be the new sound engineer **1** at our television station. ③ Mr. Korswert worked at a few radio stations before joining us, ④ and I think he'll do excellent work here. ⑤ However, this is his first time working at a station as large as ours, so ⑥ **2** I'd appreciate it if you all assist him in getting used to our audio system and show him where all the tools and equipment are kept. ⑦ **3** I'll give him a short tour of the building now, ⑧ and after that Renee will explain our audio system to him.

解説・正解

1. この紹介はどこで行われていますか。
(A) 家のリフォームの専門店
(B) レコーディングスタジオ
(C) テレビ局の本社
(D) コンサートホール

②で at our television station と言っているので，(C) In a TV station's headquarters を選べばOKです。ちなみに，(A) In a home improvement store は，⑥の tools and equipment から連想させるひっかけになっています。また，(B) In a recording studio と (D) In a concert hall は，②の sound engineer や⑥・⑧の audio system からのひっかけです。

2. 聞き手は何をするよう求められていますか。
(A) 新しいオフィスを準備する。
(B) 自己紹介をする。
(C) 早く退社する。
(D) 新しい従業員をサポートする。

⑥の I'd appreciate it if you all assist him in getting used to ～ で，話し手は「新入社員のサポートをする」ようお願いしています。よって，(D) Assist a new worker が正解です。I'd appreciate it if ～ は「～していただけたらありがたいのですが」という丁寧な依頼表現で，感謝する行為を it で漠然と言っておいて，if 以下で詳しく述べる形になります。

3. 話し手は自分は今朝何をする予定だと言っていますか。
(A) 新システムを説明する。
(B) 誰かにある場所を案内する。
(C) 番組にゲスト出演する。
(D) 新しい機器を設置する。

⑦の I'll give him a short tour of the building now で，「彼（新入社員）にビルを案内する」と言っています（give 人 a tour は，直訳「人 にツアー・案内（a tour）を与える」→「人 に案内する」という表現）。よって，これを言い換えた (B) Show someone around が正解です。give 人 a tour ≒ show 人 around「人 に案内する」の言い換えは TOEIC 頻出なので，ぜひ押さえておきましょう。ちなみに，(A) Explain a new system は⑧の Renee will explain our audio system to him からひっかける選択肢です。

①皆さま，おはようございます。②こちらは Wendel Korswert さんで，当テレビ局の新しいサウンドエンジニアに内定している方です。③ Korswert さんはいくつかのラジオ局で経験を積んだ後にこちらへ入社されました。④素晴らしい仕事をここでなさることを期待しています。⑤ただ，当社のような大きい局での勤務は初めてなので，⑥当社の音響システムに慣れるように全員でサポートして，道具や機器の保管場所などを教えていただきたいと思います。⑦今からこのビルを簡単に案内します。⑧その後，Renee さんが当社の音響システムについて説明します。

②□station 局 ③□join …に入社する ⑥□I'd appreciate it if …していただけたらありがたいのですが
□assist X in -ing Xが…するのをサポートする □get used to + 名詞 …に慣れる □tool 道具
□equipment 機器 ⑦□give X a tour Xに案内して回る（= show X around）
3.(D) □install …を設置する

Part 4

1(C) 2(D) 3(B)

❷ 講演・イベント案内

TOEICではイベントがよく開かれ,「会社の売上増を祝うイベント・記念式典・授賞式・開業の祝辞・歓迎の言葉」などの場面が出題されます。流れとしては,①挨拶 → ②イベントの目的・講演のテーマ → ③具体的説明（売上の伸び,社員に対する感謝,記念すべき事柄など）→ ④締めくくり（この後のイベント・講演者・講演のテーマを伝える),と進むことが多いです。

4_050

講演・イベント案内の音声を聞いて,1から3の設問に答えてください。

1. What is the talk mainly about?

(A) The grand opening of a store
(B) The recovery of a patient
(C) An increase in sales
(D) A new hospital department

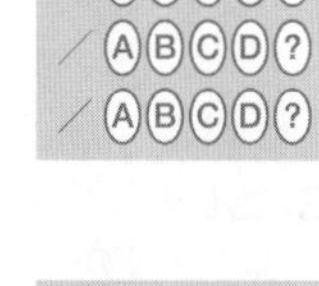

2. Who does the speaker thank?

(A) Store customers
(B) University professors
(C) Hospital employees
(D) A marketing manager

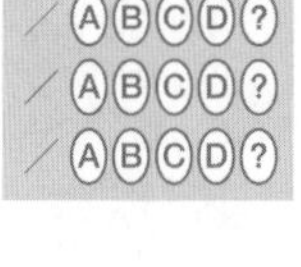

3. What will probably happen next?

(A) A new director will make a speech.
(B) The audience will watch a video.
(C) A dinner will be served.
(D) A discussion will be held.

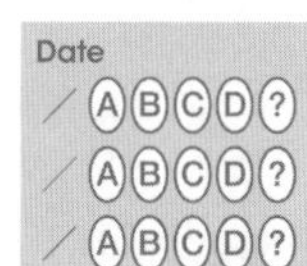

4_050 オーストラリア

① Good evening, everyone. ② I'm happy to see so many people have come to this event. ③ As director of the hospital, it is my great pleasure to **1** welcome you all to the opening of the new children's clinic. ④ Here, we hope to treat and cure the diseases of children from all over the country. ⑤ This wouldn't have been possible without the dedication, support, and donations of many people. ⑥ I'd also like to **2** give special thanks to the hospital staff for planning tonight's opening event. ⑦ And now, **3** I hope you'll all give a big welcome to our next speaker, the director of this new department, Dr. Barbara Himmerton, ⑧ who is here to celebrate its opening. ⑨ She will also answer any questions you have after her speech.

解説・正解

1. この話は主に何に関するものですか。
(A) 店のグランドオープン
(B) 患者の回復
(C) 売上の増加
(D) 新しい病院の部局

③の welcome you all to the opening of the new children's clinic から,「新しい小児クリニックのオープン」に関する話だとわかります。よって, (D) A new hospital department が正解です。本文・選択肢ともに new が使われて,ヒントになっていますね。(A) The grand opening of a store がまぎらわしいですが,オープンしたのは clinic であって, store ではありません。

2. 話し手は誰に感謝していますか。
(A) 店の顧客
(B) 大学教授
(C) 病院の従業員
(D) マーケティング部長

⑥の I'd also like to give special thanks to the hospital staff for planning tonight's opening event. で,「(イベントの準備をしてくれた) 病院のスタッフ」に感謝しています。よって, (C) Hospital employees が正解です。「社員に感謝を伝える」のは頻出パターンで,569 ページにも出てきましたね。

3. 次に何が起きると考えられますか。
(A) 新しい局長がスピーチする。
(B) 観衆がビデオを見る。
(C) 夕食が出される。
(D) ディスカッションが行われる。

⑦の I hope you'll all give a big welcome to our next speaker, the director of this new department, Dr. Barbara Himmerton で,「次の講演者」を紹介しています。よって, (A) A new director will make a speech. が正解です。「次は○○のスピーチです・拍手で迎えましょう」というのは,お決まりの流れです。

①皆さま,こんばんは。②このイベントにたくさんの方々にお越しいただいて,嬉しく思います。③この新しい小児クリニックのオープンに院長として皆さまをお迎えできることは大きな喜びです。④国内各地の子どもたちの病気の手当てと治療をこちらでしていきたいと思います。⑤これは多くの方々のご尽力と援助,そしてご寄付がなければ実現できなかったことです。⑥今夜のオープニングイベントを企画してくださった病院スタッフにも格別の感謝を申し上げたいと思います。⑦では,次の登壇者で,この新規部局の局長である Barbara Himmerton 医師に,皆さま全員で大きな拍手をお願いいたします。⑧彼女はこのオープンを祝うためにこちらにいらっしゃいました。⑨スピーチの後で,質問にもお答えくださるでしょう。

③□opening オープン □clinic クリニック ④□treat [cure] …を治療する □disease 病気 □from all over the country 国内各地から ⑤□would not have p.p. …しなかっただろう □dedication 献身 □donation 寄付 ⑥□give special thanks to …に特別な感謝をする ⑧□celebrate …を祝う 1.(B) □patient 患者 3.(C) □serve (飲食物) を出す

Part 4

1(D) 2(C) 3(A)

4_051

A 人物紹介の音声を聞いて 1 から 3 の設問に答えてください。

1. Who is the workshop intended for?

(A) Property developers
(B) Computer technicians
(C) Electronics distributors
(D) Customer service staff

2. According to the speaker, what has happened over the last two years?

(A) Sales have suffered a decrease.
(B) The firm has appointed a new executive.
(C) A new product has been launched.
(D) The company has expanded.

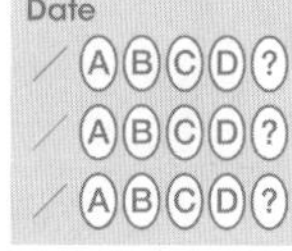

3. What will Mr. Keenan mainly talk about?

(A) The history of Omni Electronics
(B) Ways to improve technical support
(C) How to develop a successful product
(D) Targeting a broader range of consumers

4_052 カナダ

B もう一度人物紹介を聞いて，空所部分を書き取ってください。

Questions 1-3 refer to the following introduction.

① Good morning, everyone. ② Today's workshop will **1** ______________________________.
③ As you know, Omni Electronics **2** ______________________________,
④ and we must strive to maintain the high level of customer satisfaction ⑤ that has always defined the company. ⑥ Our guest speaker, Maynard Keenan, is a renowned expert in **3** ______________________________
who encounter **4** ______________________________.
⑦ Mr. Keenan will be talking to us about how to deal with such cases more efficiently and effectively. ⑧ His expertise should be extremely beneficial to all of us in the customer service team. ⑨ Mr. Keenan, thank you so much for coming.

解説・正解

A

1. 研修会は誰を対象としたものですか。
(A) 不動産開発業者
(B) コンピューター技術者
(C) 電子機器の卸売業者
(D) 顧客サービススタッフ

②の Today's workshop will focus on ways to better meet the demands of our customers. で，ワークショップのテーマは「顧客の要望に応える方法」だと述べています。よって，顧客対応をする (D) Customer service staff が正解です。⑥の providing quality assistance and support to customers や⑧の beneficial to all of us in the customer service team もヒントになります。

2. 話し手によると，この2年間に何が起こりましたか。
(A) 売り上げが減少してきた。
(B) 会社が新しい取締役を任命した。
(C) 新製品が発売された。
(D) 会社が拡大した。

③の Omni Electronics has opened several new locations across the country over the past two years から，この2年間で「新店舗をオープンした」→「会社が拡大した」とわかります。よって，(D) The company has expanded. が正解です。new は，何かしら新しい変化を示し，実は解答のキーになることがよくあります。

3. Keenan さんは主に何について話しますか。
(A) Omni エレクトロニクスの歴史
(B) テクニカルサポートの質を向上させる方法
(C) ヒット商品の開発法
(D) ターゲットになる消費者の層を広げること

⑦に Mr. Keenan will be talking to us about how to deal with such cases とあり，この such cases は⑥の problems with technological products を指しています。つまり，Keenan さんは「technological products に関する問題に対処する方法」を話すとわかるので，(B) Ways to improve technical support を選べば OK です。

B

問題1から3は次の人物紹介に関するものです。

①皆さま，おはようございます。②本日の研修会はお客様の要望によりよく応える方法に絞って行います。③ご存じの通り，Omni エレクトロニクスはこの2年間でいくつか新店舗を全国にオープンしてきました。④私たちはお客様の満足度を高いレベルで維持するように努めなければなりませんが，⑤これこそ常に当社が際立っている点なのです。⑥お話をしてくださる Maynard Keenan さんは，最新技術を使った製品に関する問題を抱えるお客様に対して，優れた助言とサポートを提供することで有名な専門家です。⑦ Keenan さんは，そういったケースをどのように効率的かつ効果的に処理するべきかについてお話しくださいます。⑧彼の専門知識は，私たち顧客サービスチームの全員にとって大いに有益なものになることと思います。⑨ Keenan さん，本日はお越しいただきまして誠にありがとうございます。

② **1 focus on ways to better meet the demands of our customers**
③ **2 has opened several new locations across the country over the past two years**
⑥ **3 providing quality assistance and support to customers**
⑥ **4 problems with technological products**

②□better meet the demands よりよく要求に応える ④□strive to *do* …するよう努める
⑤□define the company 会社を際立たせる ⑥□renowned 有名な □quality 良質な
□encounter problems with …について問題に直面する □technological products 技術を駆使した製品
⑦□deal with …を処理する・扱う ⑧□expertise 専門知識 □beneficial to …にとって有益な
1.(A) □property 地所 (C) □distributor 卸売業者 2.(C) □launch（商品）を市場に出す
3.(B) □improve …を向上させる (D) □target 動 …をターゲットにする

1(D) 2(D) 3(B)

4_053

A 講演・イベント案内の音声を聞いて４から６の設問に答えてください。

4. How long has Wilson Electronics been in business?

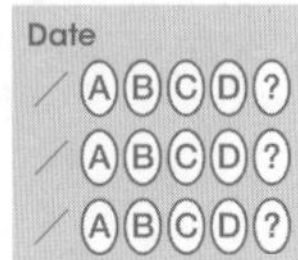

(A) 5 years
(B) 10 years
(C) 15 years
(D) 20 years

5. What is the purpose of the assembly?

(A) To announce a new marketing strategy
(B) To introduce Wilson Electronics' new home appliances
(C) To honor the creators of distinctive products
(D) To present an award to the longest-serving employee

6. Who is the speaker?

(A) The program developer
(B) The sales manager
(C) The company president
(D) The marketing director

4_054 アメリカ

B もう一度講演・イベント案内を聞いて，空所部分を書き取ってください。

Questions 4-6 refer to the following talk.

① Thank you all for coming this evening to our fifth annual Outstanding Achievement Awards dinner. ② As you know, **1** ______________________________.
③ **2** ______________________________ Wilson Electronics
3 ______________________________,
I'm incredibly pleased with the rapid growth and success of the company,
④ and I would like to extend my gratitude to all of you for making it possible.
⑤ I expect that the next ten years will be equally successful, with the development of our new line of home appliances already well underway.

解説・正解

A

4. Wilson エレクトロニクスはどれぐらい営業していますか。
(A) 5 年間
(B) 10 年間
(C) 15 年間
(D) 20 年間

③後半の since its inception twenty years ago「20 年前の創業時以来」から，(D) 20 years を選べばOK です。twenty は「トウェンティ」ではなく「トウェニ」のように発音されることが多いので，注意してください。

5. この会の目的は何ですか。
(A) 新しいマーケティング戦略を知らせること。
(B) Wilson エレクトロニクスの新しい家電製品を売り出すこと。
(C) 個性的な製品の製作者をたたえること。
(D) 最も長く働いている従業員を表彰すること。

②の we are here to acknowledge and reward this year's most creative and commercially successful electronic devices and their developers で，会の「目的」を述べています。「独創的な商品とその開発者をたたえる」と言っているので，(C) To honor the creators of distinctive products が正解です。

6. 話し手は誰ですか。
(A) プログラムの開発者
(B) 営業部長
(C) 社長
(D) マーケティング部長

③の As president of Wilson Electronics から，(C) The company president を選べばOK です。この as は前置詞「〜として」で，"As 職業・肩書, SV." という形で使われています。設問で狙われることも多いので，この形に反応できるようにしておきましょう（Part 7 でも頻出です）。

B

問題 4 から 6 は次の話に関するものです。

①皆さん，今夜は当社の第５回年間最優秀従業員賞の夕食会に参加してくれて，ありがとうございます。②知ってのとおり，今年最も独創的で商業的にも成功した電子機器とその開発者に感謝の意を表し，功績を報奨するための宴会です。③ 20 年前の創業時以来の Wilson エレクトロニクスの社長として，私は当社が急成長を遂げて成功したことを非常に嬉しく思っています。④これを可能にしてくれた皆さん全員に対して感謝の意を述べたいと思います。⑤当社の家電新製品の開発はすでに順調に進んでいるので，次の 10 年間もまた会社が成功することを期待しています。

② **1** **we are here to acknowledge and reward this year's most creative and commercially successful electronic devices and their developers**

③ **2** **As president of**

③ **3** **since its inception twenty years ago**

Part 4

①□outstanding 傑出した □achievement 業績 □awards dinner 授賞晩さん会
②□acknowledge …に謝意を表す □reward …に報いる
□commercially successful 商業的に成功した ③□inception 開始 □incredibly 信じられないほど
□rapid growth 急成長 ④□extend one's gratitude to …に感謝の意を伝える cf. gratitude 感謝の意
⑤□equally 同じ程度に □new line of …の新製品 □home appliance 家電 □underway 進行中で
5. □assembly 集会 (C) □honor …をたたえる □distinctive 特徴的な

4(D) 5(C) 6(C)

実際の TOEIC 形式の問題を解き，これまでの学習内容を復習しましょう。

4_055

1. What is the purpose of the talk?

(A) To inform employees of a meeting
(B) To discuss a new project
(C) To announce a job opening
(D) To introduce a new employee

2. In which city did Mr. Michaels most recently work?

(A) Montreal
(B) Sydney
(C) Minneapolis
(D) New York

3. What will Mr. Michaels probably do next?

(A) Return to his office
(B) Go to a meeting
(C) Start a new project
(D) Talk to the audience

4_055 イギリス

Questions 1-3 refer to the following talk.

① Good morning, everyone, and thanks for getting to the meeting on time. ② We're here today to **1** welcome Vernon Michaels, our new program director here at the television network. ③ Mr. Michaels has had a lot of experience working in the entertainment industry, in both television and radio. ④ Thankfully for us, **2** he left his last position in Montreal to come work with us here. ⑤ Before that, he worked in Sydney and New York. ⑥ So, **3** I'd like to give Mr. Michaels a chance to let you all know about his plans for the station and how he hopes to help us improve. ⑦ Please give a round of applause for Mr. Vernon Michaels.

解説・正解

1. この話の目的は何ですか。
(A) 従業員にミーティングについて知らせること。
(B) 新規プロジェクトについて話し合うこと。
(C) 欠員が出たことを知らせること
(D) 新入社員を紹介すること。

②の We're here today to welcome Vernon Michaels, our new program director で,「新入社員を歓迎する」ことが目的だと言っています。よって,(D) To introduce a new employee が正解です。「新入社員の紹介」という TOEIC の定番テーマになります。

2. Michaels さんは一番最近どの都市で働いていましたか。
(A) モントリオール
(B) シドニー
(C) ミネアポリス
(D) ニューヨーク

④の he left his last position in Montreal から,(A) Montreal を選びます。設問の「一番最近働いていた」が,last で表されているわけです。⑤に Before that, he worked in Sydney and New York. とありますが,これらは「一番最近働いていた都市」ではありません。

3. Michaels さんは次に何をすると考えられますか。
(A) 自分のオフィスに戻る。
(B) ミーティングに行く。
(C) 新規プロジェクトを始める。
(D) 聴衆に語りかける。

⑥で,I'd like to give Mr. Michaels a chance to let you all know about ～ と言っています。直訳「皆さんが～について知る機会を Michaels さんに与える」→「Michaels さんが皆さんに～について話す」とわかるので,(D) Talk to the audience を選べば OK です。

問題 1 から 3 は次の話に関するものです。

①皆さま,おはようございます。定刻通りにミーティングにお集まりいただき,ありがとうございます。②本日はここに Vernon Michaels さんをお迎えしています。当社のテレビネットワークの新しい番組ディレクターです。③ Michaels さんはエンターテインメント業界ではテレビとラジオの双方で経験が豊富です。④私たちにとってありがたいことに,モントリオールでの前職をやめて,当社に入社するために来てくださいました。⑤それ以前は,シドニーとニューヨークで勤務していらっしゃいました。⑥それでは,Michaels さんにこの局での目標や,当社を改善していく方法について皆さんにお話しいただきたいと思います。⑦では,Vernon Michaels さんに盛大な拍手をお願いいたします。

①□get to …に到着する □on time 時間通りに
③□entertainment industry エンターテインメント業界 ④□thankfully ありがたいことに
□position ポスト ⑥□station 局 □help X *do* Xが…するのを助ける □improve 良くなる
⑦□give a round of applause for …にひとしきり盛大な拍手をする **cf.** applause 拍手喝さい
1.(A) □inform A of B AにBを知らせる (C) □job opening 欠員, 空き 3.(D) □audience 聴衆

Part 4

1(D) 2(A) 3(D)

4_056

4. Where is the talk probably taking place?

(A) At a company banquet
(B) At a music festival
(C) At a government conference
(D) At an awards ceremony

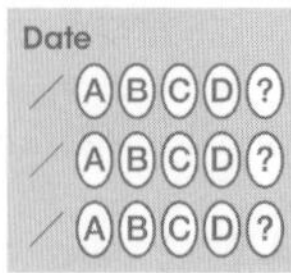

5. When was the first event held?

(A) One year ago
(B) Six years ago
(C) Twenty years ago
(D) Thirty years ago

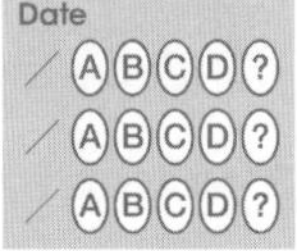

6. What will most likely happen next?

(A) An official will present an award.
(B) The final performance will take place.
(C) There will be a short intermission.
(D) A filmmaker will give a speech.

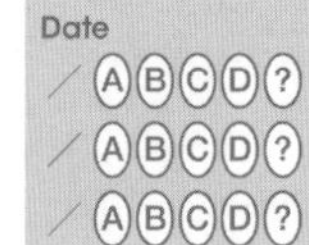

4_056 アメリカ

Questions 4-6 refer to the following talk.

① Welcome to 4 the annual FAZ International Film Awards. ② It was ten years ago that 6 Lora Omar, a French filmmaker, first had the idea of creating a special honor that would recognize foreign films as essential to the growth of our industry. ③ 5 After only six years of existence, the FAZ International Film Awards is now one of the largest awards ceremonies in the country, with more than 200 foreign films nominated each year for awards in over 30 categories. ④ Before we begin, 6 we are going to hear a few words from the woman without whom this ceremony would not exist. ⑤ Everyone, please welcome the founder of this event, Ms. Lora Omar.

解説・正解

4. どこでこの話をしていると考えられますか。
(A) 会社主催の宴席
(B) 音楽祭
(C) 政府の会議
(D) 授賞式典

①の Welcome to the annual FAZ International Film Awards から，「映画の授賞式典」が開かれているとわかります。よって，(D) At an awards ceremony を選べば OK です。③の one of the largest awards ceremonies などもヒントになっています。

5. 第 1 回のイベントはいつ開催されましたか。
(A) 1 年前
(B) 6 年前
(C) 20 年前
(D) 30 年前

③の After only six years of existence から，「6 年間存在した」→「6 年前に初めて行われた」とわかります。よって，(B) six years ago が正解です。②の It was ten years ago that Lora Omar, a French filmmaker, first had the idea of ～ で first が使われていますが，10 年前はまだ「アイデア」の段階で，実際に授賞式が開かれたわけではありません。

6. 次に何が起こると考えられますか。
(A) 担当者が賞を授与する。
(B) 最終公演が行われる。
(C) 短い休憩がある。
(D) 映画製作者がスピーチする。

④に we are going to hear a few words from the woman とあり，この the woman は映画製作者の Ms. Lora Omar を指しています。つまり，今から「映画製作者（Ms. Lora Omar）がスピーチをする」ということなので，(D) A filmmaker will give a speech. が正解です。「次は〇〇のスピーチです」というパターン通りですね。

問題 4 から 6 は次の話に関するものです。

①毎年恒例の FAZ 国際映画賞授賞式にご来場いただき，ありがとうございます。②フランス人の映画製作者 Lora Omar が，我が国の映画産業の発展に欠かせないものとして，外国映画に栄誉を贈る特別な賞を創設することを初めて考えついたのは 10 年前のことでした。③まだ創設してわずか 6 年ですが，FAZ 国際映画賞は今では毎年 30 以上のカテゴリーに 200 以上の外国映画がノミネートされる，国内最大級の授賞式典の 1 つになっています。④始める前に，その存在がなければこの式典の成功はなかったという 1 人の女性からお言葉を頂きたいと思います。⑤皆さま，この式典の創設者，Lora Omar さんをお迎えください。

①□annual 毎年恒例の □award 賞 ②□filmmaker 映画製作者 □honor 名誉となること □recognize …を表彰する・評価する ③□six years of existence 創設後 6 年 □nominate …を候補に挙げる □over 30 categories 30 以上のカテゴリー ④□exit 存在する ⑤□founder 創設者 4.(A) □banquet 宴会 6.(A) □official 名 担当者 □present an award 賞を授与する (B) □take place 行われる (C) □intermission 幕間の休憩 (D) □give a speech スピーチをする

4(D) 5(B) 6(D)

4_057

7. Where is the speaker?

(A) At a company's headquarters
(B) At a theater
(C) At a television studio
(D) At a hotel

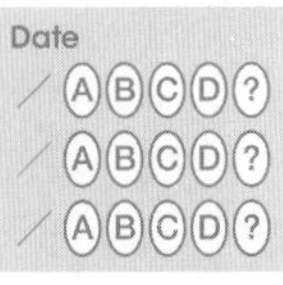

8. Who is Dylan Conners?

(A) A new employee
(B) A caterer
(C) An advertising manager
(D) A hotel patron

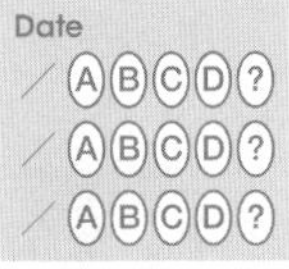

9. What does the speaker say about Dylan Conners?

(A) He will retire soon.
(B) He has won an award.
(C) He worked for an advertising company.
(D) He was a part of Milenta's original workforce.

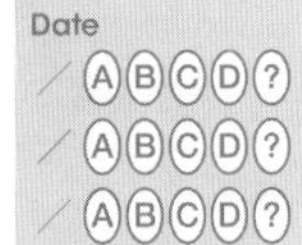

4_057 カナダ

Questions 7-9 refer to the following speech.

① Good afternoon, everyone, and welcome to Milenta Corporation's annual Employee Appreciation Luncheon. ② It's wonderful to see all of you **7** here celebrating at the beautiful Royalton Hotel. ③ This afternoon, we're going to be honoring the work of **8** Dylan Conners, the manager of our advertising department. ④ **9** He first started working at Milenta Corporation when it initially began, and ⑤ he has devoted himself to the development of the company. ⑥ Mr. Conners and his team created a remarkable advertising campaign for our latest line of Milenta electronics. ⑦ It has helped increase our annual sales figures beyond our highest expectations. ⑧ But for now, please enjoy the extensive buffet we have provided for you.

解説・正解

7. 話し手はどこにいますか。
(A) 本社
(B) 劇場
(C) テレビのスタジオ
(D) ホテル

②の here celebrating at the beautiful Royalton Hotel から，(D) At a hotel を選べば OK です。「場所」を尋ねる設問では，今回のように here がポイントになることがよくあります。ちなみに，「ホテル」での会話は TOEIC 頻出ですが，今回のように「宿泊する以外の目的」で使う話もよく出てきます。

8. Dylan Conners とは誰ですか。
(A) 新入社員
(B) 仕出し業者
(C) 広告担当部長
(D) ホテルの常連客

③で Dylan Conners, the manager of our advertising department と紹介しているので，(C) An advertising manager を選びます。名前の後に「肩書・職業・部署名」を付け加えるパターンで，593ページでも狙われましたね。

9. 話し手は Dylan Conners に関して何と言っていますか。
(A) 間もなく引退する。
(B) 賞を獲得した。
(C) 広告会社で働いていた。
(D) Milenta の創業当時の従業員だった。

④の He first started working at Milenta Corporation when it initially began から，Dylan Conners は「創業時から働いている」とわかります。よって，(D) He was a part of Milenta's original workforce. が正解です。original は「独創的な」だけでなく，今回のように「最初の・元の」という意味でもよく使われます（origin「起源・始まり」が形容詞になったものです）。

問題 7 から 9 は次のスピーチに関するものです。

①皆さま，こんにちは。Milenta 社が毎年開催する従業員謝恩昼食会にご参加いただき，ありがとうございます。②皆さまがこうして，この素晴らしい Royalton ホテルにお祝いのためにお集まりくださって嬉しく存じます。③今日の午後は，Dylan Conners 広告部長の業績をたたえたいと思います。④部長が Milenta で働き始められたのは会社が創立されたときで，⑤それから社の発展に献身してこられました。⑥ Conners さんとそのチームは Milenta の電子機器の最新のラインアップに関する非常に優れた広告キャンペーンを作り上げられました。⑦これにより，当社が期待できる最高値を上回る数字まで年間売上を伸ばすことに貢献してこられました。⑧では，たくさんのビュッフェ料理をご用意しましたので，しばらくの間お楽しみください。

①□annual 毎年恒例の □appreciation 感謝の意 □luncheon 昼食会 ②□celebrate 祝う
③□honor 動 …をたたえる ④□initially 初めに ⑤□devote oneself to …に献身する
⑥□remarkable 非常に優れた □electronics 電子機器（= electronic goods）
⑦□help *do* …するのに役立つ □sales figure 売上の数字
□beyond our highest expectations 最高の予想を上回る ⑧□for now ひとまず，差し当たり
□extensive 広範囲の 7.(A) □headquarters 本社 8.(B) □caterer 仕出し業者 (D) □patron お得意様
9.(A) □retire 引退する (D) □original 最初の，元の □workforce 全スタッフ

7(D) 8(C) 9(D)

4_058

10. What is the main topic of the talk?

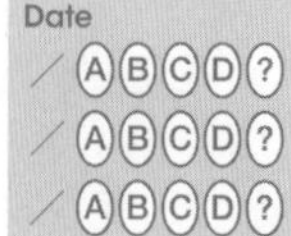

(A) Setting up a business Web site
(B) Choosing a popular business
(C) Placing a job advertisement
(D) Attracting customers to a business

11. What advice does the speaker give listeners?

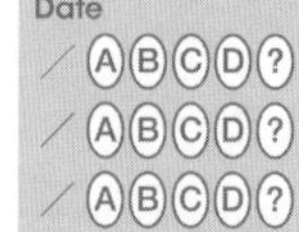

(A) Use a location with low rental rates
(B) Conduct research on the Internet
(C) Hire an advertising agency
(D) Design an eye-catching Web site

12. What will the speaker do next?

(A) Introduce some online sites
(B) Hand out design samples
(C) Present some useful materials
(D) Talk about market trends

4_058 オーストラリア

Questions 10-12 refer to the following talk.

① Good afternoon, everyone. ② Thank you for attending the third of our talks on going into business for yourself. ③ **10** Tonight, we'll be discussing methods and strategies for building your customer base. ④ To gain customers, your product or service needs to be seen by as many people as possible. ⑤ Therefore, the location of your advertisements is one of the most important factors to take into consideration when you're starting up a business. ⑥ **11** The Internet is a great tool for finding suitable locations for your advertisements ⑦ since it is easy to use, informative, and above all, economical. ⑧ You'll be able to find out where to place your ads so that they are easily accessible to your target market. ⑨ **12** First, let's take a look at an example of good advertisements on the screen.

解説・正解

10. この話の主な話題は何ですか。
(A) ある事業のウェブサイトの立ち上げ
(B) 人気がある業種を選ぶこと
(C) 求人広告を出すこと
(D) 顧客を事業に引きつけること

③の we'll be discussing methods and strategies for building your customer base で，「顧客基盤を築く」方法について話すと言っています。直後の To gain customers, ～ からも「顧客の獲得」に関する話だとわかるので，(D) Attracting customers to a business を選べば OK です。

11. 話し手は聞き手にどんなアドバイスをしていますか。
(A) 安い賃料で場所を使用する。
(B) インターネットで調査を実施する。
(C) 広告代理店を使う。
(D) 目を引くようなウェブサイトをデザインする。

⑥の The Internet is a great tool for finding suitable locations for your advertisements で，「インターネットを使って広告の場所を探す」ことを勧めています。よって，(B) Conduct research on the Internet が正解です。

12. 話し手は次に何をしますか。
(A) いくつかのオンラインサイトを紹介する。
(B) デザインのサンプルを配布する。
(C) 役に立つ資料を提示する。
(D) 市場動向について話す。

⑨の let's take a look at an example of good advertisements on the screen で，「スクリーンで良い広告の例を見る」ことを提案しています。よって，話し手はこれから「スクリーンで資料を見せる」と考えられるので，(C) Present some useful materials を選べば OK です。Let's ～ のような提案表現が使われた箇所は，設問でよく狙われます。

問題 10 から 12 は次の話に関するものです。

①皆さま，こんにちは。②独力での起業に関する第３回目の講演にご参加いただき，ありがとうございます。③今夜は，ご自身で顧客の基盤を構築する方法とその戦略について検討いたします。④顧客を獲得するには，皆さまの製品やサービスがなるべく多くの人々の目に触れることが必要です。⑤したがって，商売を始めるにあたり最大限に考慮すべき重要なことの１つは，広告を出す場所ということになります。⑥インターネットは，広告を出すのに適切な場所を探しだすのに非常に役立つツールです。⑦というのも，使いやすくて情報にあふれており，そして何より経済的だからです。⑧ターゲットとする人々によく見てもらうためには，どこに広告を掲載すべきかわかるでしょう。⑨まず初めに，スクリーンに良い広告の例を映しますので，見てみましょう。

---

②□attend …に参加する □go into business 開業する □for oneself 独力で ③□base 基盤
④□gain …を得る ⑤□therefore したがって □take X into consideration Xを考慮に入れる
□start up a business 事業を始める ⑥□tool 道具 □suitable ふさわしい ⑦□informative 有益な
□above all 何よりも □economical 経済的な，安い ⑧□place 動（広告）を載せる・出す
□be accessible to …にとってアクセスしやすい ⑨□take a look at …を見る
10.(A) □set up …を作る・構築する 11.(A) □rental rate 賃料 (B) □conduct …を実施する
(D) □eye-catching 人目を引くような 12.(B) □hand out …を配布する (C) □material 資料

10(D) 11(B) 12(C)

4_059

13. What is the purpose of the talk?

(A) To discuss new house designs
(B) To announce a replacement CEO
(C) To introduce a retiring employee
(D) To welcome attendees of a convention

14. According to the speaker, what did Mr. Banning do?

(A) He designed innovative houses.
(B) He organized an award ceremony.
(C) He started a real estate company.
(D) He was elected as CEO.

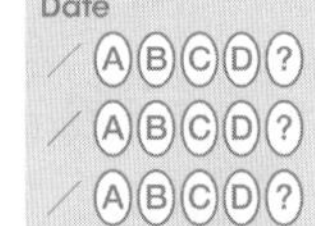

15. What will Mr. Banning do next week?

(A) Present his latest home design
(B) Go on a vacation
(C) Give a speech
(D) Transfer to a new branch

Date
A B C D ?
A B C D ?
A B C D ?

4_059 イギリス

Questions 13-15 refer to the following talk.

① Good afternoon, everyone. ② As CEO, I'd like to [13] thank all of you for coming to the farewell banquet for Victor Banning. ③ Many of you have worked closely with Victor during the years he has worked here, ④ and you probably know that he has won multiple awards for the [14] houses that he designed. ⑤ Because of [14] his innovative designs, Mr. Banning has made our firm one of the top in the home construction industry. ⑥ He has told me that [15] after he retires next week, he's going to take a long trip to Tahiti. ⑦ He certainly deserves to relax after his 40 years of service at our company. ⑧ Now, please join me in welcoming Victor Banning, who will deliver a farewell speech.

解説・正解

13. この話の目的は何ですか。
(A) 家の新しい設計について話し合うこと。
(B) 後任の CEO を発表すること。
(C) 退職する従業員を紹介すること。
(D) 会議の参加者を歓迎すること。

②で the farewell banquet for Victor Banning と言い，退職する Victor Banning さんの経歴を紹介しています。よって，(C) To introduce a retiring employee を選べば OK です。「送別会」は TOEIC 頻出で，「司会者の自己紹介」→「退職する人の功績」→「付加情報（今後の予定など）」→「本人の挨拶」というパターンがほとんどです。

14. 話し手によると，Banning さんは何をしましたか。
(A) 斬新な家を設計した。
(B) 授賞式の準備をした。
(C) 不動産会社を始めた。
(D) CEO に選ばれた。

④の houses that he designed と⑤の his innovative designs から，Banning さんは「独創的な家を設計した」とわかります。よって，(A) He designed innovative houses. が正解です。

15. Banning さんは来週何をする予定ですか。
(A) 家の最新のデザインを発表する。
(B) 休暇に出かける。
(C) スピーチする。
(D) 新支社に異動になる。

⑥で，after he retires next week, he's going to take a long trip to Tahiti と言っています。よって，これを言い換えた (B) Go on a vacation が正解です。TOEIC の世界では，退職した後は「旅行に行く・釣りを楽しむ・南国でゆっくりする」などと優雅に暮らす人が多いです。

問題 13 から 15 は次の話に関するものです。

①皆さん，こんにちは。②最高経営責任者として，Victor Banning さんの送別会に集まってくれたことに感謝します。③皆さんの多くは，Victor さんがここで働いていた間に彼と密接に連携して仕事をしてきたことと思います。④そしておそらく，彼の設計した家がたくさんの賞を獲得したことを知っているかもしれません。⑤その斬新なデザインにより，Banning さんは当社を，住宅建設業界でトップクラスに押し上げてくれました。⑥来週退職した後で，タヒチへ長期の旅行に出かけると話していました。⑦40 年もの間，当社に勤め上げたのですから，彼には間違いなくゆっくり休む資格があります。⑧さあ，Victor Banning さんを一緒に迎えましょう。お別れのご挨拶があります。

②□farewell 送別 □banquet 宴会 ③□work closely with …と密接に連携して働く
④□win awards 賞を獲得する □multiple 多数の ⑤□innovative 斬新な，革新的な □firm 会社
⑥□retire 動 引退する ⑦□deserve to *do* …する権利がある，…に値する □service 勤務
⑧□deliver a speech スピーチする 13.(B) □replacement 後任（者） (D) □attendee 参加者
□convention 会議 14.(C) □real estate 不動産 (D) □elect …を選ぶ
15.(A) □present 動 …を発表する (D) □transfer 異動する □branch 支社，支店

Part 4

13(C) 14(A) 15(B)

4_060

16. Who is Mr. Alphonse?

(A) A waiter
(B) A radio show host
(C) A restaurant chef
(D) A television reporter

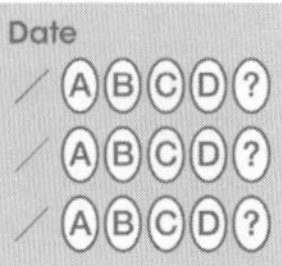

17. What did Mr. Alphonse recently do?

(A) He opened a new restaurant.
(B) He published a book.
(C) He hosted a television show.
(D) He won a cooking award.

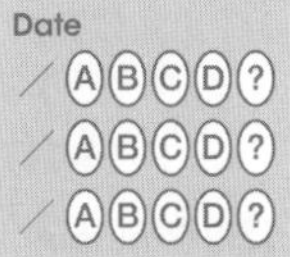

18. What will probably happen next?

(A) A guest will be interviewed.
(B) A recipe will be introduced.
(C) A commercial will be aired.
(D) A designer will give a speech.

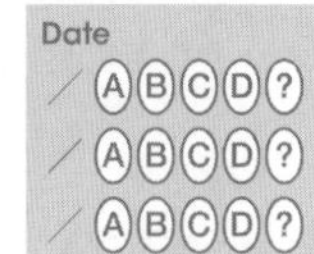

4_060 イギリス

Questions 16-18 refer to the following introduction.

① On today's show, we're happy to be joined by Henri Alphonse. ② As some of you may know, 16 Mr. Alphonse is the owner and head chef of Henri's on Main Street downtown. ③ 16 Henri's has been one of the most popular restaurants in the region for the last five years. ④ We've asked Mr. Alphonse to come to our station today to talk about 17 his newly released cookbook, ⑤ which has been on the bestseller list of most major newspapers for more than 4 weeks. ⑥ His book, *In The Pan with Henri Alphonse*, includes not only recipes and cooking tips for homemade meals, but also very interesting stories related to each dish. ⑦ 18 After the interview, Mr. Alphonse will be taking questions from our viewers. ⑧ If you have something you want to ask Mr. Alphonse, call us at 555-2665.

解説・正解

16. Alphonse さんの職業は何ですか。
(A) ウェイター
(B) ラジオ番組の司会者
(C) レストランのシェフ
(D) テレビの記者

②に Mr. Alphonse is the owner and head chef of Henri's とあり，Henri's は③から「レストラン」だとわかります。つまり，Alphonse さんは「レストランのオーナーシェフ」なので，(C) A restaurant chef が正解です。

17. Alphonse さんは最近何をしましたか。
(A) 新しくレストランを開いた。
(B) 本を出版した。
(C) テレビ番組の司会をした。
(D) 料理の賞を受賞した。

④の his newly released cookbook から，Alphonse さんは最近「本を出版した」とわかります。よって，(B) He published a book. が正解です。release は「解き放つ」→「発売する」という意味で，日本語でも「CD をリリースする」のように使われていますね。

18. 次に何が起こると考えられますか。
(A) ゲストがインタビューされる。
(B) レシピが取り入れられる。
(C) コマーシャルが流される。
(D) デザイナーがスピーチする。

⑦に，After the interview, Mr. Alphonse will be taking questions from our viewers. とあります。「インタビューの後で質問を受ける」と言っているので，(A) A guest will be interviewed. を選べば OK です。ちなみに，「未来進行形（will be -ing）」は TOEIC 頻出で，「（このまま順調に事が進めば）～するはずだろう」というニュアンスでよく使われます。

問題 16 から 18 は次の人物紹介に関するものです。

①本日の番組に，Henri Alphonse さんにご参加いただけて，嬉しく思います。②皆さんの中にはご存じの方もいるかもしれませんが，Alphonse さんは繁華街の大通りにある Henri's のオーナーで，料理長を務めていらっしゃいます。③ Henri's はこの５年間，地元で最も人気のある店の１つとなっています。④私たちは本日，Alphonse さんに，新刊の料理の本について話しに局に来てくださるようお願いしました。⑤その料理の本は主要な新聞で４週間以上にわたってベストセラーになっています。⑥ご著書の *In The Pan with Henri Alphonse* には，家庭料理のレシピや秘訣だけでなく，それぞれの料理にまつわる興味深い話も書かれています。⑦インタビューの後で，Alphonse さんは視聴者からの質問にも答えてくださいます。⑧もし Alphonse さんに何かご質問がおありでしたら，555-2665 までお電話ください。

②□head chef 料理長 ④□ask X to *do* X に…するよう頼む □station 局
□newly released 新しく発売された cf. release …を発売する ⑥□recipe レシピ
□tip 秘訣，コツ □homemade meal 家庭料理 □related to …に関連する □dish 料理
16.(B) □show host 番組の司会者 18.(C) □commercial 名 コマーシャル □air 動 …を放送する

Part 4

16(C) 17(B) 18(A)

4_061

19. Who is Mr. Matthews?

(A) A published author
(B) A company executive
(C) An external consultant
(D) A financial analyst

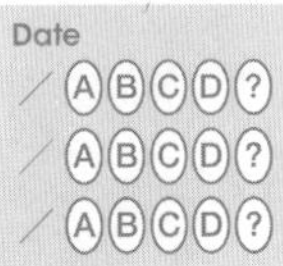

20. What is Mr. Matthews' area of expertise?

(A) Time management
(B) Business strategy
(C) Budget planning
(D) Fire prevention

21. What will employees do tomorrow?

(A) Inspect some equipment
(B) Attend a presentation
(C) Review a new policy
(D) Sign up for a workshop

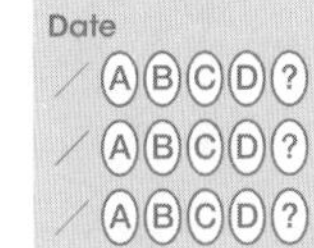

4_061 アメリカ

Questions 19-21 refer to the following talk.

① Good morning, everyone. ② As you all know, 19 we have invited Mr. Stanley Matthews, an occupational safety consultant, to inspect our facilities, ③ so he will be working alongside you on the factory floor this week. ④ Mr. Matthews has a proven track record of developing and executing accident prevention strategies and ⑤ 20 has saved companies millions of dollars by reducing the frequency of fires in the workplace. ⑥ He is scheduled to arrive here in the factory tomorrow morning. ⑦ At 10 A.M., the company's vice president will meet with Mr. Matthews and give him a tour of our main manufacturing plant. ⑧ At around 11:30 A.M., 21 I expect you all to assemble in the meeting room, ⑨ 21 where Mr. Matthews will give a brief presentation on general safety precautions in the workplace. ⑩ We anticipate that Mr. Matthews' input will be extremely beneficial to our operations.

解説・正解

19. Matthews さんの職業は何ですか。
(A) 本を出版した作家
(B) 会社の役員
(C) 外部のコンサルタント
(D) 金融アナリスト

②の we have invited Mr. Stanley Matthews, an occupational safety consultant から，(C) An external consultant を選べば OK です。これも，名前の後に「肩書・職業・部署名」を付け加えるパターンですね。

20. Matthews さんの専門分野は何ですか。
(A) 時間の管理
(B) 経営戦略
(C) 予算の立案
(D) 火災予防

「安全のコンサルタント」と紹介した後，④と⑤で Mr. Matthews ～ has saved companies millions of dollars by reducing the frequency of fires in the workplace. と説明しています。よって，(D) Fire prevention「火災予防」が正解です。

21. 従業員は明日何をしますか。
(A) 機器を検査する。
(B) プレゼンテーションに出席する。
(C) 新方針を見直す。
(D) 研修への参加を申し込む。

⑥以降で「明日の予定」が述べられています。⑧・⑨の I expect you all to assemble in the meeting room, where Mr. Matthews will give a brief presentation から，従業員は明日「集まって Matthews さんのプレゼンを聞く」とわかります。よって，(B) Attend a presentation が正解です。

問題 19 から 21 は次の話に関するものです。

①皆さま，おはようございます。②全員ご存じのとおり，職場の安全のコンサルタントである Stanley Matthews さんをお呼びして，当社の施設を検査していただきます。③そのため，彼は今週中，工場フロアの皆さんと一緒に作業をします。④ Matthews さんは事故予防マニュアルの策定と実施に関して折り紙付きの実績をお持ちで，⑤作業スペースにおける火事の発生頻度を低下させることによって，企業に数百万ドルものコスト削減効果をもたらしてきました。⑥彼は明日の朝，こちらの工場に到着される予定です。⑦午前 10 時には，当社の副社長が Matthews さんと面会し，メインの製造工場を案内して回ります。⑧午前 11 時 30 分ごろには皆さんにミーティングルームに集まっていただきたいと思います。⑨そちらで Matthews さんが作業場での一般的な安全対策について簡単にプレゼンテーションをしてくださいます。⑩ Matthews さんのアドバイスが私たちの業務に大いに役立つことを期待しています。

②□invite X to *do* Xに…するようにお願いする □occupational 職業上の □inspect …を検査する □facilities 施設 ③□alongside（協力して）…と一緒に □factory floor 工場フロア
④□proven 証明された，実績のある □track record 実績 □execute …を実行する
□accident prevention 事故予防 □strategy 戦略 ⑤□frequency 頻度 □workplace 職場
⑥□be scheduled to *do* …することになっている ⑦□vice president 副社長
□manufacturing plant 製造工場 ⑧□expect X to *do* Xが…すると思う □assemble 集まる
⑨□general 一般的な □safety precaution 安全対策 ⑩□anticipate that 節 …だと期待する
□input アドバイス □extremely 非常に □be beneficial to …に利益をもたらす □operation 作業
19.(B) □executive 幹部 (C) □external 外部の 20. □expertise 専門知識
21.(D) □sign up for …に申し込む

Part 4

19(C) 20(D) 21(B)

4_062

22. What is the purpose of the talk?

(A) To honor an employee
(B) To report sales figures
(C) To announce a retirement
(D) To introduce a new design

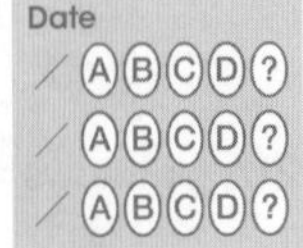

23. What type of business is being discussed?

(A) A fitness club
(B) A shoe manufacturer
(C) An advertising agency
(D) A pharmacy

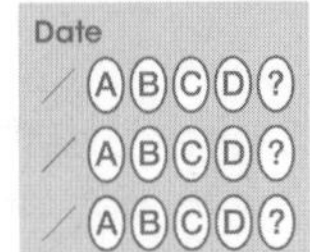

24. What is said about the Professional Basketball League?

(A) It will be adding new teams.
(B) It signed an exclusive contract.
(C) It sponsored a company banquet.
(D) It is Titan Athletics' biggest customer.

4_062 イギリス

Questions 22-24 refer to the following talk.

① Good evening, and welcome to our sixth annual awards. ② 22 I'd like to begin by presenting the Most Innovative Product Designer award to Mr. Louis Miller. ③ We have excellent design teams here at Titan Athletics, but Mr. Miller's contributions are unmatched. ④ Thanks to Mr. Miller's unique designs, we no longer just 23 produce lines of athletic shoes for common consumers, but ⑤ 24 we've also signed a contract to supply the Professional Basketball League exclusively with our products. ⑥ Mr. Miller's new patented designs have given our company a distinct advantage in the industry, and our profits have risen by nearly 40%. ⑦ It's my pleasure to welcome Mr. Louis Miller to the stage.

解説・正解

22. この話の目的は何ですか。
(A) 従業員をたたえること。
(B) 売上高を報告すること。
(C) 退職を発表すること。
(D) 新しいデザインを取り入れること。

①の welcome to our sixth annual awards から，「授賞式」だとわかります。また，②の presenting the Most Innovative Product Designer award to Mr. Louis Miller で「社員に賞を贈呈する」と言っているので，(A) To honor an employee を選べばOKです（この honor は動詞「たたえる，表彰する」の意味）。

23. どんな業種について話していますか。
(A) フィットネスクラブ
(B) 靴のメーカー
(C) 広告代理店
(D) 薬局

④の produce lines of athletic shoes から，「靴を製造している」とわかります。よって，(B) A shoe manufacturer を選べばOKです。

24. プロバスケットボールリーグについて何が言われていますか。
(A) 新しいチームが加入する。
(B) 独占的な契約を結んだ。
(C) 会社の食事会を後援した。
(D) Titan Athletics の最大の顧客である。

⑤の we've also signed a contract to supply the Professional Basketball League exclusively with our products で，「独占的に製品を販売する契約を結んだ」と言っています。よって，(B) It signed an exclusive contract. が正解です。exclusively は「外に（ex）締め出すように」→「独占的に」という意味で，only と同じイメージになります。

問題22から24は次の話に関するものです。

①こんばんは。第6回目を迎えた恒例の授賞式へ来ていただき，ありがとうございます。②まず初めに革新的な製品デザイナーに授与される最優秀賞を Louis Miller 氏に贈呈したいと思います。③当社 Titan Athletics には優秀なデザインチームがありますが，Miller さんの貢献度は比類のないものでした。④ Miller さん独自のデザインのおかげで，当社は一般向けのスポーツシューズの製造にとどまらず，⑤プロバスケットボールリーグに独占的に当社の製品を販売する契約も締結できたのです。⑥ Miller さんの新しい特許デザインのため，当社は業界内で明らかに優位に立ち，利益は40%近く上昇しています。⑦ Louis Miller さんを壇上にお迎えでき，光栄です。

①□annual 毎年恒例の ②□present 動 …を授ける □innovative 革新的な ③□contribution 貢献 □unmatched 比類ない ④□thanks to …のおかげで □unique 独自の □no longer just A but also B もうAだけでなくBもまた □line 製品ライン □athletic shoes スポーツシューズ □common 一般の □consumer 消費者 ⑤□sign a contract 契約にサインする □supply A with B AにBを供給する □exclusively 独占的に ⑥□patented 特許のある □distinct 明らかな □advantage 優位性 □profit 利益 □by nearly 40% 40%近くの割合で cf. by（差を示して）…の分だけ 22.(A) □honor …をたたえる (B) □sales figures 売上高 (C) □retirement 退職 23.(D) □pharmacy 薬局 24.(B) □exclusive 独占的な (C) □sponsor 動 …を後援する □banquet 宴会

Part 4

22(A) 23(B) 24(B)

4_063

25. Who is Michael Monroe?

(A) A business person
(B) An actor
(C) An athlete
(D) A singer

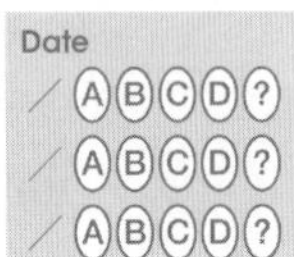

26. What does the speaker imply when he says, "we got over one hundred questions"?

(A) Many people want to attend an event.
(B) The listeners don't understand a procedure.
(C) The event organizer received many complaints.
(D) A guest is extremely popular.

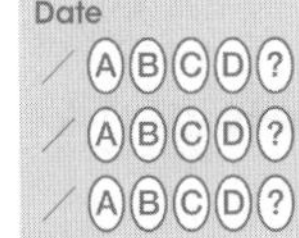

27. What will the speaker do now?

(A) Check on a delay
(B) Announce some information
(C) Begin an interview
(D) Talk to an audience member

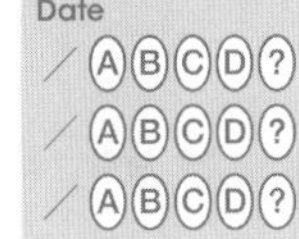

4_063 カナダ

Questions 25-27 refer to the following speech.

① Any moment now, we'll have the honor of welcoming Michael Monroe onto the stage for a discussion of his craft. ② 25 The star of such amazing films as *A Morning Walk*, he'll be talking about his new project where he plays the head of a trading firm who makes a series of bad decisions. ③ As we always do, 26 audience members were asked at the door to write a question for the guest if they wished. ④ 26 Usually we get ten or twenty. ⑤ This time, we got over one hundred questions! ⑥ I don't think we'll have time to ask them all. ⑦ Well, 27 Michael should have been here by now, so I'll quickly go and see what's holding him up. ⑧ In the meantime, you may like to read in the program some background information on Michael.

解説・正解

25. Michael Monroe は誰ですか。
(A) 実業家
(B) 俳優
(C) アスリート
(D) 歌手

Michael Monroe について，②で The star of such amazing films as *A Morning Walk*, he'll be talking about his new project where he plays the head of a trading firm と言っています。彼は「映画の主演」とわかるので，(B) An actor を選べば OK です。Part 4 で「映画紹介」は頻出なので，star「主演／主役を演じる」をしっかりチェックしておきましょう。

26. 話し手が "we got over one hundred questions" と言う際，何を示唆していますか。
(A) 多くの人がイベントへの参加を望んでいる。
(B) 聞き手たちは手順がわかっていない。
(C) イベントの主催者は多くの苦情を受けた。
(D) ゲストはとても人気がある。

③の audience members were asked at the door to write a question for the guest if they wished から，質問は「聴衆が書くもの」だとわかります。そして，④で Usually we get ten or twenty. と言った後に「今回は 100 件以上の質問があった」と言っているので，「Michael Monroe は大人気」だと考えられます。よって，(D) A guest is extremely popular. が正解です。

27. 話し手は今から何をしますか。
(A) 遅れについて調べる
(B) 情報を公表する
(C) インタビューを始める
(D) 聴衆の 1 人と話す

⑦で，Michael should have been here by now, so <u>I'll quickly go and see what's holding him up</u> と言っています。hold 人 up は「人 を遅らせる」で，「Michael を遅らせているもの（原因）を確認する」という意味なので，(A) Check on a delay が正解です。hold up は「手を挙げた（up）状態のまま（hold）待たせる」→「遅らせる」と考えるといいでしょう（強盗が言う Hold up.「手を挙げろ」が有名）。

問題 25 から 27 は次のスピーチに関するものです。

①まもなく，Michael Monroe さんをステージにお迎えして，彼の技能についてお話を伺えることを光栄に思います。②『A Morning Walk』など，非常に素晴らしい映画の主役を演じてこられましたが，誤った判断を続けてしまう貿易会社の社長を演じる新作について話してくださいます。③いつものように，希望される観客の皆さまには，入り口でゲストへの質問を書いていただきました。④いつもは 10 件から 20 件ありますが，⑤今回は 100 件以上の質問がありました。⑥すべてを質問する時間はないと思われます。⑦ええと，Michael さんはそろそろいらっしゃっても良い頃ですので，なぜ遅れているのかちょっと見に行ってきます。⑧その間，プログラムに書かれている Michael さんの経歴をお読みになるのも良いかもしれません。

①□have the honor of -ing …することは光栄である □craft 技能，技巧，技術 ②□star 主役 □a series of 一連の… ③□be asked to *do* …するように求められる ⑦□hold X up Xを遅らせる ⑧□in the meantime その間 □background 経歴，背景 26.(A) □attend …に参加する (B) □procedure 手順，手続き (C) □organizer 主催者 □complaint 苦情 (D) □extremely きわめて 27.(A) □check on …を調べる・確かめる □delay 遅れ (D) □audience 聴衆，観客

Part 4

25(B) 26(D) 27(A)

4_064

Time	Activity
1:00 P.M. - 1:35 P.M.	Toast and speeches
1:45 P.M. - 2:00 P.M.	Prize lottery
2:30 P.M. - 3:30 P.M.	Open mic singing
3:40 P.M. - 4:00 P.M.	Professional magic show

28. Why is the event being held?

(A) To launch a product
(B) To welcome new employees
(C) To celebrate an anniversary
(D) To thank long-term customers

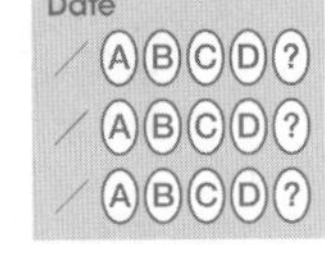

29. Look at the graphic. When will Mr. Emanuel most likely arrive?

(A) 1:00 P.M.
(B) 1:45 P.M.
(C) 2:30 P.M.
(D) 3:40 P.M.

30. What can the listeners do now?

(A) Enter the office
(B) Meet a celebrity
(C) Eat something
(D) Try a new product

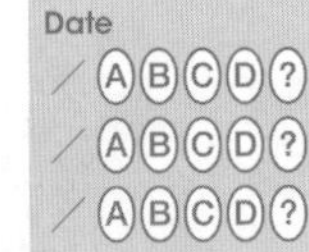

4_064 オーストラリア

Questions 28-30 refer to the following speech and schedule of events.

① Hello everyone and welcome to 28 this special event marking our company's tenth year in business. ② It's great to see so many employees here — all the success we have had is thanks to your talent and hard work, so I hope you enjoy the planned activities. ③ I'm sure you're as excited as I am to meet pro baseball player Sammy Emanuel. ④ 29 He'll be here just in time to select the winning tickets in the prize lottery. ⑤ Hopefully we can persuade him back on stage to join in the singing later on. ⑥ OK — that's enough from me. ⑦ 30 The buffet has just opened, so please grab a plate and help yourself to something nice.

解説・正解

28. イベントはなぜ開催されているのですか。
(A) 製品を発売するため
(B) 新しい従業員を歓迎するため
(C) 記念日を祝うため
(D) 長年の顧客に感謝するため

①に this special event marking our company's tenth year in business とあるので，(C) To celebrate an anniversary を選べば OK です。mark は本来「マークをつける」で，「何でもない普通の日にマークをつける」→「記念する・祝う」となりました。これが選択肢では，celebrate「祝う」に言い換えられているわけです。

29. 表を見てください。Emanuel さんはいつ到着すると考えられますか。
(A) 午後 1 時
(B) 午後 1 時 45 分
(C) 午後 2 時 30 分
(D) 午後 3 時 40 分

Sammy Emanuel について，④で He'll be here just in time to select the winning tickets in the prize lottery. と言っています。just in time to ～ は「～するのにぎりぎり間に合う」で，「賞品の抽選会で当選者を決めるのに，ぎりぎり間に合う」ということです。よって，予定表を見て Prize lottery が始まる (B) 1:45 P.M. を選べば OK です。

30. 聞き手たちは今何ができますか。
(A) オフィスに入る
(B) 有名人に会う
(C) 何かを食べる
(D) 新しい製品を試す

⑦の The buffet has just opened, so please grab a plate and help yourself to something nice. で，「自由に食べて」と言っています（help oneself to ～「～を自由に取って食べる・飲む」）。よって，聞き手が今できることは (C) Eat something です。

時間	アクティビティ
午後 1 時 - 午後 1 時 35 分	乾杯およびスピーチ
午後 1 時 45 分 - 午後 2 時	賞品の抽選
午後 2 時 30 分 - 午後 3 時 30 分	オープンマイクの歌の時間
午後 3 時 40 分 - 午後 4 時	プロのマジックショー

問題 28 から 30 は次のスピーチとイベントスケジュールに関するものです。

①こんにちは，みなさん，当社の創立 10 周年を記念する特別イベントへご来場いただき，ありがとうございます。②ここでたくさんの従業員のみなさんに会うことができて嬉しいです━当社の成功はすべて皆さんの才能と努力のおかげですので，ご用意したアクティビティをぜひ楽しんでいただきたいです。③プロ野球選手の Sammy Emanuel さんに会える機会に，私も皆さんも興奮していることでしょう。④彼は賞品の抽選で当選者を決めるタイミングでいらっしゃいます。⑤その後ステージに戻って歌ってもらえればいいですね。⑥さて，私の話はこれくらいにしましょう。⑦ビュッフェが始まりましたので，ぜひお皿を取ってご自由にご馳走をお楽しみください。

①□mark …を記念する，祝う □in business 商売をして ②□thanks to …のおかげで
□talent 才能，手腕 ④□just in time ぎりぎりの時間に □lottery 抽選，くじ引き
⑤□hopefully うまくいけば □persuade X to *do* Xを説得して…させる ⑦□grab …を急いで取る
□plate 浅い皿 □help oneself to …を自分で取って食べる・飲む 28.(A) □launch （新製品）を売り出す
(C) □anniversary 記念日 (D) □long-term 長期にわたる 30.(B) □celebrity 有名人
図表 □toast 乾杯 □lottery 抽選
□open mic オープンマイク（一般客にマイクを開放する自由参加のステージ）

28(C) 29(B) 30(C)

❶ 天気予報

「気象状況・予報」を伝え，ある行動を勧告する内容です。①挨拶（話し手の名前・職業）→ ②気象状況と予報 → ③勧告（傘を持って外出したほうがよい，豪雨や大雪に備えるべきなど）→ ④次回の放送予告（次の予報が放送される時刻など）という流れで進んでいきます。使われる単語が難しく最初は多くの人が苦労すると思いますが，パターンは単純です。きちんと練習していけば必ず克服できるので，本文を何度も聞き込んで慣れていきましょう。

4_065

天気予報の音声を聞いて１から３の設問に答えてください。

1. When did it start to snow?

(A) In the morning
(B) Around noon
(C) At 3 P.M.
(D) At night

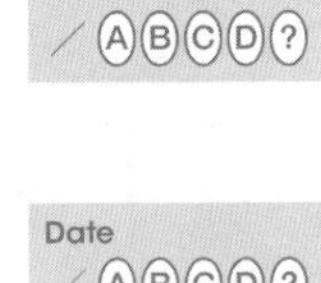

2. What does the speaker recommend listeners do tonight?

(A) Use public transportation
(B) Bring an umbrella
(C) Wear a heavy coat
(D) Refrain from driving

3. According to the report, how will the weather be tomorrow?

(A) Sunny
(B) Snowy
(C) Windy
(D) Rainy

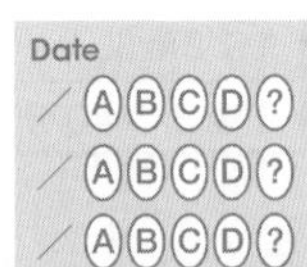

4_065 アメリカ

① Good evening. This is Sylvia Winde with today's weather report on this absolutely freezing Thursday evening. ② I'm sure many winter sports enthusiasts were thrilled with today's weather. ③ **1** This morning started with a blinding snowstorm that went on until around 3 o'clock ④ and covered the area with nearly 6 inches of snow. ⑤ Although the snow stopped falling, the temperature didn't rise, ⑥ so **2** make sure you have your heaviest coat on if you have to go out tonight. ⑦ **3** Tomorrow will warm up just a little bit and it will be sunny with very little wind. ⑧ So, with all the new snow, it will be a perfect day for skiing, snow boarding, and sledding. ⑨ And now, today's business news.

解説・正解

1. いつ雪が降り始めましたか。
(A) 午前中
(B) 正午ごろ
(C) 午後３時
(D) 夜

③の This morning started with a blinding snowstorm から，雪が降り始めたのは「今朝」だとわかります。よって，**(A) In the morning** が正解です。これも，先読みで snow だけに注目していると該当箇所を聞き逃す「手遅れパターン」になっています。

2. 話し手は聞き手に今夜何をするよう勧めていますか。
(A) 公共交通機関を使う。
(B) 傘を持っていく。
(C) 厚手のコートを着る。
(D) 運転を控える。

⑥の make sure you have your heaviest coat on if you have to go out tonight で，「外出時は厚手のコートを着る」ように言っています（have 衣服 on は，「衣服 を自分の体に接触（on）させている」→「衣服 を身につけている」という表現）。よって，**(C) Wear a heavy coat** が正解です。make sure ～「確実に～する」という表現は解答のキーになることが多いんでしたね。

3. 報道によると，明日の天気はどうなりますか。
(A) 晴れ
(B) 雪
(C) 強風
(D) 雨

⑦の Tomorrow will warm up just a little bit and it will be sunny with very little wind. から **(A) Sunny** を選べば OK です。TOEIC の天気予報では，ずっと同じ天気が続くことはほとんどなく，吹雪になったり，晴れたり，豪雨になったりとコロコロ変わることが多いです。

①こんばんは。Sylvia Winde です。凍える寒さの木曜日の夕方となりました。本日の天気予報をお伝えします。②今日のようなお天気の日は，ウィンタースポーツの愛好家にとっては最高の１日だと思います。③今朝は視界をさえぎるほどの吹雪で始まり，これが午後３時ごろまで続きました。④そしてこの地域はおよそ６インチほど雪が積もっています。⑤雪はやみましたが，気温は上がっていません。⑥ですから，今夜外出する必要がある方は，最も厚手のコートをご着用ください。⑦明日は少しだけ温かくなって，風はほとんどなく，概ね晴れるでしょう。⑧そして新雪のため，スキーやスノーボード，そりすべりなどにはうってつけの１日になるでしょう。⑨では次に，今日のビジネスニュースをお届けします。

①□absolutely 完全に □freezing 気温が低い，氷点下の ②□sports enthusiast スポーツ愛好家 □be thrilled with …にわくわくする ③□blinding 視界をさえぎるような □snowstorm 吹雪 ⑥□make sure（that 節）確実に…する □have X on X（洋服など）を着る ⑦□warm up 温かくなる ⑧□sledding そりすべり 2.(D) □refrain from -ing …するのを控える

Part 4

1(A) 2(C) 3(A)

❷ 交通機関での放送

現在の交通状況を伝えますが，ほとんどは「渋滞・道路の閉鎖」などのトラブルに関するものです。流れもかなり決まっており，①挨拶 → ②トラブル（渋滞・道路の閉鎖）とその原因（道路復旧工事・建物補修工事・交通事故・悪天候・イベントなど）→ ③迂回路・代替交通機関の案内と進みます。また，最後に「次は○○です」「次のニュースは○分後です」などと伝えることも多く，設問でよく狙われます。

4_066

交通機関での放送の音声を聞いて，1から3の設問に答えてください。

1. What is the report mainly about?

(A) Road safety tips
(B) Revised bus schedules
(C) Building renovations
(D) Traffic conditions

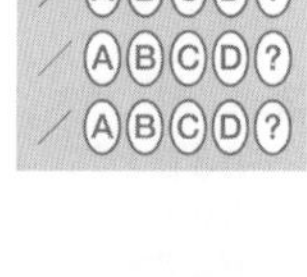

2. What will happen tomorrow?

(A) Some bus routes will change.
(B) A new shopping mall will open.
(C) A road will reopen.
(D) Repair work will start.

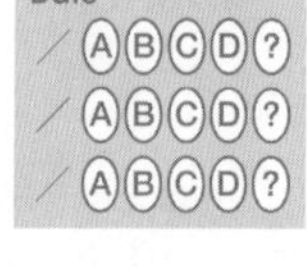

3. When will the next report occur?

(A) In 10 minutes
(B) In 30 minutes
(C) In 45 minutes
(D) In 60 minutes

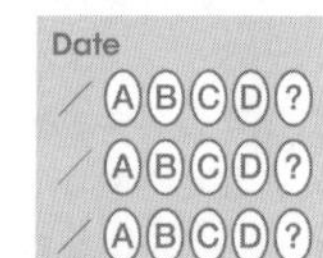

4_066 オーストラリア

① **1** Here's the traffic report from the North Dakota Transit Authority. ② On Interstate 90 right now, traffic is seriously backed up going south. ③ If you're heading in that direction, you should take Highway 52. ④ Delaware Avenue in the downtown area is undergoing repairs and is currently closed, but ⑤ **2** that street will reopen tomorrow morning since construction is expected to be finished today. ⑥ Other roads running parallel to Delaware Avenue are open, so those should be used as a detour for now. ⑦ **3** We'll be back in 30 minutes with more traffic news.

解説・正解

1. この報道は主に何に関するものですか。
(A) 交通安全のためのアドバイス
(B) 変更されたバスの運行スケジュール
(C) 建物の改装
(D) 交通状況

①の Here's the traffic report from the North Dakota Transit Authority. で,「交通情報」を伝えると言っています。その後も「道路が閉鎖中・迂回路を使って」という内容が続いているので, (D) Traffic conditions を選べば OK です。

2. 明日, 何が起こりますか。
(A) バス路線が変更される。
(B) 新しいショッピングモールがオープンする。
(C) 道路が再開する。
(D) 補修作業が始まる。

⑤で, that street will reopen tomorrow morning と言っています。よって, これを言い換えた (C) A road will reopen. が正解です。これも, 先読みで tomorrow だけに注目すると該当箇所を聞き逃してしまう「手遅れパターン」ですね。

3. 次のレポートはいつですか。
(A) 10 分後
(B) 30 分後
(C) 45 分後
(D) 60 分後

⑦の We'll be back in 30 minutes with more traffic news. から, (B) In 30 minutes を選べば OK です。この in は「経過（～後）」を表し, 日常会話でも非常によく使われます。見落としている人が多い用法ですので, きちんと押さえておきましょう。

① North Dakota 交通管理局より交通情報をお送りします。②州間高速道路 90 号線は現在のところ, 南方向が激しく渋滞しています。③そちらへ向かっている方は, 52 号線を利用してください。④中心街の Delaware 通りは補修作業のため現在閉鎖中ですが, ⑤建設工事が今日中に終わると予想されるため, 明日の朝には再び開通するでしょう。⑥ Delaware 通りに並行した他の道路は通行可能ですので, 当面の間は迂回路として通行されるとよいでしょう。⑦最新の交通情報は 30 分後に再びお届けします。

①□traffic report 交通情報 □Transit Authority 交通管理局 ②□interstate 州間道路
□backed up 渋滞して ③□head 動（副詞句などを伴って…へ）向かう □in that direction その方向に
④□undergo（試験・手術など）を受ける・こうむる □currently 現在のところ ⑤□reopen 再開する
□construction 建設 □be expected to *do* …する予定だ
⑥□a road running parallel to X Xと並行して走る道路 □detour 迂回路

1(D) 2(C) 3(B)

❸ その他のニュース

環境問題・エネルギー問題・都市計画・社会団体・企業や産業の現況・ストライキ・政府の計画・税金問題・物価と経済・インタビューなどさまざまな種類がありますが，特に「地域のニュース（地域イベントの紹介など）」がよく出てきます。そのため local という単語が頻出です。local を「田舎の」と勘違いする人が多いのですが，正しくは「地元の・その地域の」という意味です（別に田舎だけを指すわけではありません）。また，典型的な流れは，①挨拶・キャスターの自己紹介など → ②ニュースの概要（問題や事故などが発生したニュースではその原因にも言及する）→ ③具体的な内容 → ④要望事項（聞き手への要望）となります。

4_067

その他のニュースの音声を聞いて，各設問に答えてください。

1. What is scheduled for this evening?

(A) A music concert
(B) An awards dinner
(C) A monthly meeting
(D) An annual fundraiser

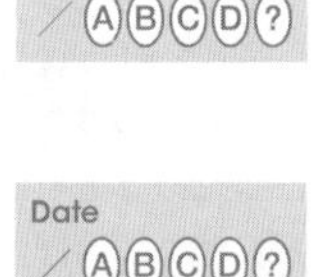

2. What does the Parks Commission hope to do?

(A) Build facilities
(B) Purchase land
(C) Improve safety
(D) Reduce garbage

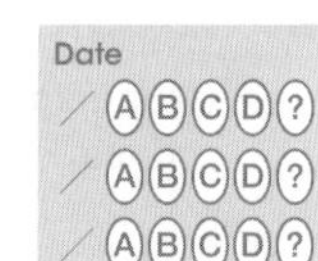

3. What are county residents invited to do?

(A) Attend a picnic
(B) Donate money
(C) Bring food items
(D) Volunteer their time

Date
／ Ⓐ Ⓑ Ⓒ Ⓓ ?
／ Ⓐ Ⓑ Ⓒ Ⓓ ?
／ Ⓐ Ⓑ Ⓒ Ⓓ ?

4_067 イギリス

① Good afternoon. This is Jocelyn Burke with the local news report. ② **1** The County Parks Commission will be holding its annual fundraiser tonight at the Rosebud Community Center at 6 P.M. ③ Commissioner Leonard Potts has said that **2** the proceeds from this event will go towards installing new picnic facilities in each of the parks. ④ He said that many county parks currently lack such facilities. ⑤ **3** Beechwood County residents are encouraged to help out at the event by donating some of their time, ⑥ as several volunteers are still needed. ⑦ Once again, this will be starting at six o'clock at the community center.

解説・正解

1. 今夜何が予定されていますか。
(A) 音楽コンサート
(B) 授賞式の晩さん会
(C) 月例会議
(D) 毎年恒例の資金集めイベント

②の The County Parks Commission will be holding its annual fundraiser tonight から，(D) An annual fundraiser を選べば OK です。設問の this evening が tonight で表され，さらに「手遅れパターン」になっています。ちなみに，動詞 raise には「(お金を) 集める」という意味があり，fund-raise で「資金 (fund) を集める (raise)」となります。fundraiser なら「資金を集めるためのイベント」です。

2. Parks 委員会は何をすることを望んでいますか。
(A) 施設を建設する。
(B) 土地を購入する。
(C) 安全性を高める。
(D) ゴミを減らす。

③で，the proceeds from this event will go towards installing new picnic facilities と言っています。収益は「ピクニック施設を新設する」ために使われるとわかるので，(A) Build facilities を選べば OK です。install は本来「取り付ける」という意味で，今回は「施設を取り付ける」→「建設する」を表しています。

3. 郡の住民は何をするようお願いされていますか。
(A) ピクニックに参加する。
(B) 寄付をする。
(C) 食料品を持ってくる。
(D) 進んで自分の時間をささげる。

設問の be invited to ～ は「～するようお願いされる」という意味です。⑤の Beechwood County residents are encouraged to help out at the event by donating some of their time から，住民は「自分の時間を使ってイベントを手伝う」よう依頼されているとわかります。よって，(D) Volunteer their time「進んで自分の時間をささげる」が正解です（この volunteer は動詞「進んで提供する」)。本文では be encouraged to ～「～することを勧められる」という表現で依頼が表されており，これが設問の be invited to ～ に対応しているわけです。

①こんにちは。私 Jocelyn Burke が地域のニュースをお届けします。②郡 Parks 委員会は Rosebud 地域センターで，今夜6時に毎年恒例の資金集めイベントを行います。③ Leonard Potts 委員によると，このイベントの収益は，全ての公園にピクニック施設を新設するために全額使われるそうです。④同氏は，郡にある公園の多くで現在そのような施設が不足しているとも述べました。⑤ Beechwood 郡の住民の皆さんは，空いた時間にイベントに参加して手伝ってはいかがでしょうか。⑥というのも，まだボランティアが数名不足しているからです。⑦繰り返しになりますが，こちらのイベントは地域センターで6時に開始されます。

②□commission 委員会 cf. commissioner 委員，理事 □fundraiser 資金集めのイベント
③□proceeds 収益 □go towards …に役立てられる □facilities 施設 ④□lack …が不足している
⑤□resident 住民 □be encouraged to *do* …することを勧められる
□donate (時間など) をささげる，…を寄付する ⑥□volunteer ボランティア 動 進んで…を提供する
3. □be invited to *do* …するようお願いされる

Part 4

4_068

A 天気予報の音声を聞いて，1 から 3 の設問に答えてください。

1. Who most likely is the speaker?

(A) A public official
(B) A radio announcer
(C) A traffic coordinator
(D) A newspaper reporter

2. How long has the weather been snowy?

(A) For four hours
(B) For three days
(C) For four days
(D) For one week

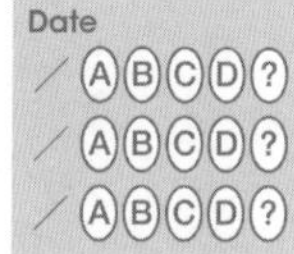

3. What has been closed?

(A) A highway
(B) A driving school
(C) A department store
(D) A government office

4_069 アメリカ

B もう一度天気予報を聞いて，空所部分を書き取ってください。

Questions 1-3 refer to the following broadcast.

① Good afternoon, this is Candice Kim **1** ______________________________.

② Right now, Toronto residents are experiencing continued snowstorms in the metropolitan area. ③ We've been hit hard by freezing temperatures and four feet of snow since the weekend, but ④ **2** ______________________________.

⑤ A warm front is expected to bring us clear skies and temperature increases. ⑥ But because of the current accumulation of snow, **3** ______________________________ on Highway 401, ⑦ and a spokesperson has advised residents to avoid driving on city streets unless absolutely necessary.

解説・正解

A

1. 話し手はどんな人だと考えられますか。
(A) 公務員
(B) ラジオのアナウンサー
(C) 業務が円滑に進むように調整する人
(D) 新聞記者

①の this is Candice Kim with your 104.5 FM radio weather update から，(B) A radio announcer を選べば OK です。Part 4 頻出の「ラジオニュース」は，ラジオ独特のリズムで一気にまくし立て，使われる単語も難しいので，多くの人が苦労します。何度も聞き込んで，ラジオ特有のリズムやパターンに慣れておきましょう。

2. どれぐらいの期間，降雪が続いていますか。
(A) 4 時間
(B) 3 日間
(C) 4 日間
(D) 1 週間

④の this three-day stretch of bad weather will be over soon から，「悪天候（雪）は3日間続いた」とわかります。よって，正解は (B) For three days です。stretch には「一続きの時間」という意味があり，three-day stretch of ～ で「3日連続の～」となります。

3. 何が閉鎖されましたか。
(A) 幹線道路
(B) 自動車学校
(C) デパート
(D) 官庁

⑥の the Department of Transportation has closed all northbound and southbound lanes of traffic on Highway 401 で，「幹線道路の閉鎖」を伝えています。よって，(A) A highway が正解です。「悪天候のため道路が使えない」というのはよくあるパターンです。

B

問題 1 から 3 は次の放送に関するものです。

①こんにちは。Candice Kim です。104.5 FM ラジオより，最新のお天気情報をお伝えします。②現在，トロント都市圏では，引き続き吹雪となっています。③週末から氷点下付近まで気温が下がり，4 フィートの積雪となっていますが，④3日間続いた悪天候はもう間もなく終わるでしょう。⑤温暖前線が晴天をもたらして気温も上昇するでしょう。⑥ただ，現在も残る積雪のため，交通局はすべての南北方向の幹線道路 401 号線のレーンを閉鎖しています。⑦広報担当者によると，同局ではどうしても必要な場合を除いては，住民に道路での運転を控えるよう強く勧めるとのことです。

① **1 with your 104.5 FM radio weather update**

④ **2 this three-day stretch of bad weather will be over soon**

⑥ **3 the Department of Transportation has closed all northbound and southbound lanes of traffic**

①□weather update 最新の天候状況 ②□resident 住民 □continued snowstorms 連続した吹雪
□metropolitan area 都市圏 ③□be hit hard by …に激しく見舞われる
④□three-day stretch of bad weather 3日連続の悪天候 ⑤□warm front 温暖前線
⑥□accumulation 積もること □northbound 北行きの □southbound 南行きの
⑦□spokesperson 広報担当者，スポークスパーソン □avoid -ing …することを避ける
□unless absolutely necessary どうしても必要でなければ 1.(A) □public official 公務員
(C) □traffic coordinator 業務が円滑に進むように調整する人

Part 4

1(B) 2(B) 3(A)

4_070

A 交通情報の音声を聞いて，4 から 6 の設問に答えてください。

4. Where should listeners expect delays?

(A) On Regional Road 174
(B) On Highway 15
(C) On Highway 416
(D) On Highway 417

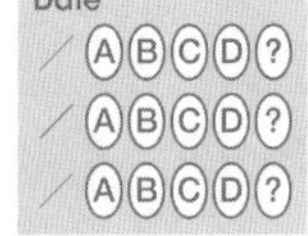

5. What caused the delays?

(A) Heavy snowfall
(B) Road maintenance
(C) An overturned truck
(D) A fallen telegraph pole

6. What does the speaker recommend?

(A) Commuting by train
(B) Leaving earlier for work
(C) Listening for weather updates
(D) Taking an alternative route

4_071 イギリス

B もう一度交通情報を聞いて，空所部分を書き取ってください。

Questions 4-6 refer to the following traffic report.

① Good morning, this is Stella Villeneuve with your 8 A.M. traffic update. ② Traffic is moving at a pleasingly steady rate on most major commuter routes into Ottawa. ③ Even Highway 417 and Regional Road 174 are relatively clear now, despite being partially closed earlier due to heavy snowfall. ④ However,
 ____.
⑤ After colliding with a telegraph pole, **2** ________________________
____.
⑥ Due to this obstruction, delays of approximately 45 minutes are expected on Highway 416. ⑦ **3** ________________________________,
until emergency services have cleared away the vehicle and debris. ⑧ I'll be back with another update after this classic song by The Tragically Dim.

解説・正解

A

4. 聞き手はどこで遅延が生じることを覚悟すべきですか。
(A) 地方道 174 号線
(B) 15 号線
(C) 416 号線
(D) 417 号線

④の delays on Highway 416 are extremely likely から，(C) On Highway 416 を選べば OK です。交通情報では「道路の名前」がたくさん出てきて，パニックになることがよくあります。すべての道路を覚えておくのは不可能なので，しっかり先読みして，問われている内容を明確にしておきましょう。

5. 遅延の原因は何ですか。
(A) 大雪
(B) 道路の保守作業
(C) 転覆したトラック
(D) 倒れた電柱

⑤の a truck flipped over and is now blocking all but one of the lanes で，「トラックが転覆した」ことが遅延の原因だと言っています。よって，これを言い換えた (C) An overturned truck が正解です。(A) Heavy snowfall は③の heavy snowfall，(D) A fallen telegraph pole は⑤の colliding with a telegraph pole からひっかける選択肢になっています。

6. 話し手は何をすることを勧めていますか。
(A) 列車で通勤する。
(B) 早めに職場へ向かう。
(C) 最新の天気予報を聞く。
(D) 別のルートを使う。

⑦の you may want to take Highway 15 instead で，「別のルートを使う」ことを勧めています（instead は「代案」を表す重要単語）。よって，(D) Taking an alternative route が正解です。you may want to ～「～するといいですよ」という提案表現がポイントで，これが設問の recommend に対応しています。

B

問題 4 から 6 は次の交通情報に関するものです。

①おはようございます。Stella Villeneuve です。午前 8 時の最新交通情報をお伝えします。②オタワへ向かう主要な通勤道路は快調なペースで流れています。③417 号道路と地方道 174 号も，大雪で部分的に閉鎖されてはいますが，比較的空いています。④ですが，416 号線で遅れが出るのはほぼ確実のようです。⑤トラックが電柱と衝突して転覆し，現在，1 車線を除いて道路を全てふさいでいます。⑥これが原因となって，416 号線では約 45 分間の遅れが予想されます。⑦そのため，緊急サービスによってトラックや残骸が片付けられるまでは，代わりに 15 号線を通ったほうがいいかもしれません。⑧次の最新情報は Tragically Dim の名曲の後でお送りします。

④ **1 delays on Highway 416 are extremely likely**

⑤ **2 a truck flipped over and is now blocking all but one of the lanes**

⑦ **3 Therefore, you may want to take Highway 15 instead**

①□traffic update 最新の交通状況 ②□at a pleasingly steady rate 快調な一定のペースで □commuter routes 通勤路 ③□relatively 比較的 □clear （道路が）空いている □despite …にもかかわらず □partially 部分的に □heavy snowfall 大雪 ④□be extremely likely …の可能性が非常に高い ⑤□collide with …に衝突する □telegraph pole 電柱 □flip over 転覆する □block all but one of the lanes 1 車線を除いて全て塞ぐ cf. all but …以外の全て ⑥□obstruction 障害物 □delay 遅延 □approximately 約 ⑦□clear away …を片付ける □debris 残骸 5.(C) □overturned 転覆した 6.(D) □alternative 代わりの

4(C) 5(C) 6(D)

4_072

A その他のニュースの音声を聞いて 7 から 9 の設問に答えてください。

7. Why is the library planning to make changes?

(A) Its computer system is outdated.
(B) Its funding is no longer sufficient.
(C) Its interior requires urgent renovations.
(D) Its membership has recently increased.

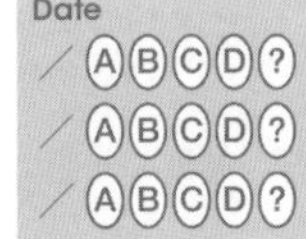

8. On what days will the library be closed?

(A) On Mondays
(B) On Tuesdays
(C) On Thursdays
(D) On Fridays

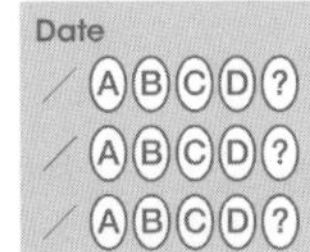

9. What does the speaker mention about the book sale?

(A) It will be held in the lobby.
(B) It will be staffed by volunteers.
(C) It will be postponed until October.
(D) It will include hardcover books.

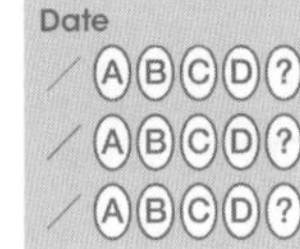

4_073 カナダ

B もう一度その他のニュースを聞いて，空所部分を書き取ってください。

Questions 7-9 refer to the following news report.

① Good morning, listeners. ② This is Dylan Baker with 95.1 FM's nine o'clock local news report. ③ Yesterday, the head librarian at the Suffolk Public Library informed the public that the library would **1** ____.

④ Effective October 1, **2** ____.

⑤ And due to the budget reductions, the library will have to

____.

⑥ This includes the used book sale, which is scheduled to be held next week from Monday to Thursday.

解説・正解

A

7. なぜ図書館は変更を実施しようとしているのですか。
(A) コンピューターシステムが旧式だから。
(B) 資金がもはや十分ではないから。
(C) 内装に早急な改修が必要だから。
(D) 会員数が最近急増したから。

③の the library would be undergoing some changes because of decreased funding で，変更する理由は「資金の減少」と言っています（because of ～「～が原因で」に注目）。よって，(B) Its funding is no longer sufficient. が正解です。TOEIC では，ジャンルにかかわらず「変更点」や「変更の理由」がよく問われます。

8. 図書館の休館日はいつですか。
(A) 月曜日
(B) 火曜日
(C) 木曜日
(D) 金曜日

④の the library will be closed on Fridays から，(D) On Fridays を選べば OK です。ちなみに，その前の Effective October 1 は「10 月 1 日から（金曜日に閉館となる）」という意味です。effective は「（その日付で）有効になる」→「実施される・～付けで」を表し，Part 7 でもよく使われます。

9. 話し手は本の販売について何と言っていますか。
(A) ロビーで行われる。
(B) ボランティアによって運営される。
(C) 10 月まで延期される。
(D) ハードカバーの本も対象だ。

⑤の the library will have to rely on volunteers to run some of its fundraisers と⑥の This includes the used book sale から，the book sale に関して「ボランティアに頼る」とわかります。よって，(B) It will be staffed by volunteers. が正解です（staff は「（人員を）配置する」という動詞）。

B

問題 7 から 9 は次のニュース報道に関するものです。

①リスナーの皆さん，おはようございます。② Dylan Baker がお送りする 95.1 FM，9 時の地域ニュースの時間です。③昨日，Suffolk 公共図書館長が明らかにしたところによると，図書館は資金が減少したために，いくつかの変更を実施するとのことです。④10 月 1 日より，図書館は毎週金曜日に閉館となります。⑤そして予算縮小のため，資金集めのイベントの運営はボランティアに頼らざるを得ないということです。⑥これには，古本の販売も含まれています。なお，このイベントは来週の月曜日から木曜日に開催されることになっています。

③ **1** **be undergoing some changes because of decreased funding**

④ **2** **the library will be closed on Fridays**

⑤ **3** **rely on volunteers to run some of its fundraisers**

---

③□head librarian 図書館長 □inform X that 節 X に…だと知らせる □the public 一般大衆
□undergo（変更など）を加えられる □decreased funding 減額された資金
④□effective October 1 10月1日付けで（= starting October 1, as of October 1）
⑤□budget reduction 予算削減 □rely on …に頼る □run …を運営する
□fundraiser 資金集めのイベント ⑥□include …を含む □used book sale 古本の販売
□be scheduled to *do* …することになっている □be held 開催される 7.(A) □outdated 旧式の
(B) □sufficient 十分な (C) □urgent 緊急の □renovation 改修
9.(B) □staff 動 …に人員を配置する (D) □hardcover ハードカバー

7(B) 8(D) 9(B)

実際の TOEIC 形式の問題を解き，これまでの学習内容を復習しましょう。

4_074

1. Who most likely is the speaker?

(A) A radio reporter
(B) An airline pilot
(C) A tour guide
(D) A transportation director

2. What is the talk mainly about?

(A) Current traffic conditions
(B) Plans for a celebration
(C) Safety regulations
(D) The opening of a public facility

3. What does the speaker recommend?

(A) Having a car inspected
(B) Buying a ticket in advance
(C) Using public transportation
(D) Bringing an umbrella

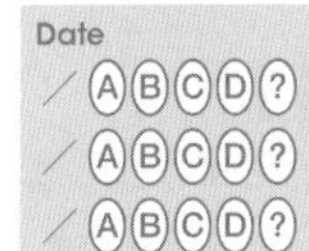

4_074 オーストラリア

Questions 1-3 refer to the following talk.

① Good evening, everyone. ② If you are wandering around downtown along 42nd Street, you may have noticed increased activities in that area. ③ This is because the countdown to the New Year will be held there tonight, and ④ there will be various events to welcome the New Year. ⑤ Even though it is only 7 o'clock now, **2** it is totally packed down there already. ⑥ **2** The crowds stretch all the way back to 34th Street and up to 49th. ⑦ So if you are coming down, **3** public transportation is the only way to get here. ⑧ Absolutely no cars are allowed in these areas.

解説・正解

1. 話し手はどんな人だと考えられますか。
(A) ラジオのリポーター
(B) 航空機のパイロット
(C) ツアーガイド
(D) 運送管理の責任者

話し手は地域の交通状況・イベントについて伝えているので,「記者」や「ニュースのリポーター」などと考えられます。選択肢の中でこういった役割に当たるのは,(A) A radio reporterです。

2. 話は主に何に関するものですか。
(A) 現在の交通状況
(B) 祝典の計画
(C) 安全に関する規則
(D) 公共施設の開館

⑤のit is totally packed down thereや⑥のThe crowds stretch all the way back to ～などで「中心街の交通状況」を伝えています。よって,(A) Current traffic conditionsが正解です。前半は「イベント」の話でまぎらわしいですが,「イベントの影響で混雑している」ということで,あくまで話の中心は「交通情報」です。

3. 話し手は何を勧めていますか。
(A) 車検を受けること。
(B) チケットを事前に買うこと。
(C) 公共交通機関を使うこと。
(D) 傘を持参すること。

⑦でpublic transportation is the only way to get here「公共交通機関が,ここに来る唯一の方法」と言っているので,(C) Using public transportationが正解です。最後に「アクセス方法を伝える」という,TOEICの定番パターンになります。

問題1から3は次の話に関するものです。

①皆さん,こんばんは。②42番街に沿って繁華街付近をゆっくり歩いていると,催しの開催が増えたことに気づいたかもしれません。③これは,新年のカウントダウンが今夜開催されるためで,④新年を迎えるにあたっていろいろなイベントが予定されています。⑤今はまだ午後7時ですが,すでにこの辺りの混雑は激しくなっています。⑥人込みが34番街から49番街に至るまで広がっています。⑦ですから,こちらへいらっしゃるには,公共交通機関を使うしかありません。⑧この一帯では,自動車の通行は一切許可されていません。

②□wander around あたりをさまよう □along …沿いに □may have p.p. …したかもしれない
□notice 動 …に気づく □increased 増加した ⑤□even though …だけれども
□totally すっかり,完全に(= absolutely) □packed 満員の(= crowded) ⑥□stretch 伸びている
⑦□public transportation 公共交通機関 ⑧□absolutely (否定語の前で)少しも…ない,まったく…ない
□allow …を許可する 2.(B) □celebration 祝典 (C) □regulation 規則 (D) □facility 施設
3.(A) □have X p.p. Xを…してもらう (B) □in advance 事前に

Part 4

1(A) 2(A) 3(C)

4_075

4. Who is this report probably for?

(A) Airline passengers
(B) Conference participants
(C) Radio listeners
(D) Weather reporters

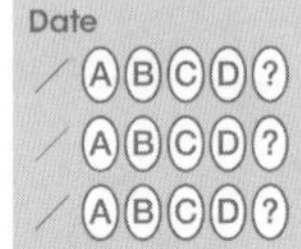

5. What does the speaker ask listeners to do?

(A) Wear warm clothes
(B) Drive with caution
(C) Start boarding
(D) Write a report

Date
／ⒶⒷⒸⒹ?
／ⒶⒷⒸⒹ?
／ⒶⒷⒸⒹ?

6. According to the speaker, what will be different about tomorrow's weather?

(A) It will be raining all day.
(B) The temperature will be higher.
(C) There will be a snowstorm.
(D) It will be too cold to go out.

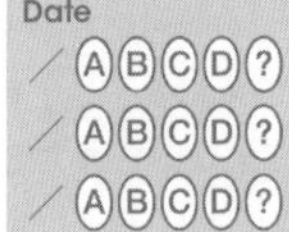

4_075 カナダ

Questions 4-6 refer to the following weather report.

① It's currently 6 A.M. and it's time for **4** the morning weather report on KSOL. ② If you plan on driving this morning, **5** it's highly recommended that you take your time and drive carefully. ③ A heavy fog has settled over the area and will not lift anytime soon. ④ It is rather cool right now and will remain that way until the evening, when the temperature will drop even further. ⑤ **6** Tomorrow will be a little warmer, although it is very possible that the fog will also return. ⑥ **4** That's it for the weather report and we'll be back in an hour, but now here's a word from our sponsor.

解説・正解

4. 誰を対象とした予報ですか。
(A) 航空機の乗客
(B) 会議の参加者
(C) ラジオのリスナー
(D) 天気予報のリポーター

①で the morning weather report on KSOL と言い，「天気予報」について伝えています。この内容を聞く人について考え，(C) Radio listeners を選べば OK です。(D) Weather reporters はこの予報を発信する側で，「(予報を届ける) 対象」ではありませんね。設問をきちんと読まないと，この選択肢にひっかかってしまいます。

5. 話し手は聞き手に何をするよう求めていますか。
(A) 暖かい服を着る。
(B) 用心して運転する。
(C) 搭乗を始める。
(D) 報告書を書く。

②の it's highly recommended that you take your time and drive carefully で，「注意して運転する」ことを勧めています。よって，これを言い換えた (B) Drive with caution が正解です。with caution は直訳「注意深さ (caution) を持って (with)」→「注意深く」で，これが本文の carefully に対応しています。

6. 話し手によると，明日は天気がどう変わりますか。
(A) 一日中雨が続く。
(B) 気温が高くなる。
(C) 吹雪が起きる。
(D) 外出するには寒すぎる。

⑤の Tomorrow will be a little warmer から，明日は「気温が上がる」とわかります。よって，(B) The temperature will be higher. を選べば OK です。今回は Tomorrow が先頭に出てくるので，先読みでチェックできていれば比較的解きやすいでしょう。

問題 4 から 6 は次の天気予報に関するものです。

①時刻は現在午前6時，KSOL の天気予報の時間です。②今朝，車で外出する予定の方は，時間に余裕を持って安全運転でおでかけになることを強くお勧めします。③濃い霧が一帯に広がっていて，すぐには晴れる見込みがありません。④現在，気温はだいぶ低く，これは夜まで続き，さらに気温が下がることが予想されます。⑤明日は少し暖かくなる見込みですが，また霧になる可能性が高いでしょう。⑥以上，天気予報でした。次は1時間後にお知らせします。では，ここでスポンサーからのお知らせをお送りします。

---

②□it is highly recommended that 節 …することを強く勧める cf. highly 大いに
□take one's time ゆっくりやる ③□heavy (霧などが) 濃い □fog 霧 □settle (霧などが) おりる
□lift (霧や雲などが) 晴れる □anytime soon すぐに ④□rather かなり
□remain that way そのまま続く □temperature 気温
⑤□it is very possible that 節 …がかなりの確率で起こる ⑥□sponsor スポンサー，広告主
4.(A) □passenger 乗客 (B) □participant 参加者 5.(B) □with caution 注意深く
6.(D) □too ～ to *do* ～すぎて…できない

4(C) 5(B) 6(B)

4_076

7. When is this traffic report being given?

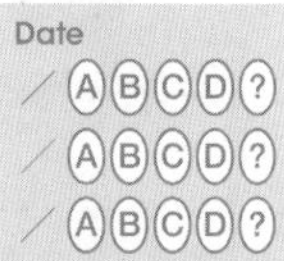

(A) In the morning
(B) At noon
(C) In the afternoon
(D) At night

8. What is causing a traffic delay?

(A) A construction project
(B) A closed highway
(C) A vehicle accident
(D) A collapsed bridge

9. What does the speaker suggest?

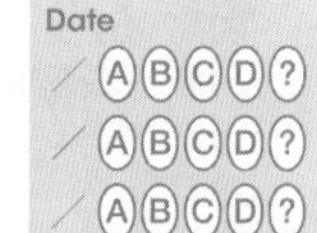

(A) Leaving at an earlier time
(B) Taking public transportation
(C) Driving slower than usual
(D) Using a different route

4_076 オーストラリア

Questions 7-9 refer to the following traffic report.

① It is now 6:45 and this is Nick Lawson with your WOMG Traffic Report. ② We have just **7** one major traffic problem to report this morning. ③ On Highway 284 going west, **8** there is a five-car pileup that authorities are currently trying to clean up. ④ **8** Due to this accident, traffic is currently backed up from North Lake Parkway to Metropolis Avenue. ⑤ Authorities believe that the accident will be cleaned up by 9 o'clock this morning and that traffic will be moving freely shortly thereafter. ⑥ For those of you who have to go in the direction of North Lake Parkway, **9** taking Klein Street or Victory Road seems to be the quickest route at the moment. ⑦ That's all for now, but I'll be back in another 15 minutes with updates on traffic conditions.

解説・正解

7. この交通情報はいつ発信されていますか。
(A) 朝
(B) 正午
(C) 午後
(D) 夜間

It is now 6:45 と言った後に，②で We have just one major traffic problem to report this morning. と伝えています。よって，(A) In the morning が正解です。⑤の～ will be cleaned up by 9 o'clock this morning もヒントになります。

8. 交通渋滞の原因は何ですか。
(A) 建設事業
(B) 幹線道路の封鎖
(C) 自動車事故
(D) 橋の倒壊

③の there is a five-car pileup，④の Due to this accident, traffic is currently backed up から，渋滞の原因は「車の事故」だとわかります。よって，(C) A vehicle accident が正解です。pileup「玉突き事故」という単語は難しいですが，今回は car と accident さえ聞き取れれば，正解を選ぶことはできますね。vehicle は「乗り物」全般を表す重要単語です。

9. 話し手は何を提案していますか。
(A) もっと早く出発すること。
(B) 公共交通機関を使うこと。
(C) いつもよりゆっくり運転すること。
(D) 別のルートを使うこと。

⑥で taking Klein Street or Victory Road seems to be the quickest route と言って，「別のルートを使う」ことを勧めています。よって，(D) Using a different route を選べば OK です。最後に「別のルートを使って」というお決まりのパターンです（641 ページにも出てきました）。

問題 7 から 9 は次の交通情報に関するものです。

①ただ今時刻は午前6時45分，WOMG 交通情報より Nick Lawson がお届けします。②今朝は大事故の情報を1件お伝えしなければなりません。③西方向に延びる 284 号線にて，5台の車両が関係する玉突き事故が発生しており，当局が撤去のため作業中です。④この事故により，現在 North Lake パークウェーから Metropolis 大通りにかけて渋滞となっています。⑤当局によりますと，事故現場は今朝9時ごろまでには片付けられ，その後まもなく交通が再開する模様だということです。⑥ North Lake パークウェー方面へお出かけの方は，Klein 通りか Victory 道路をご利用になるのが現時点での最短ルートのようです。⑦この時間のお知らせはここまでですが，また 15 分後に最新の道路状況をお伝えします。

③□pileup 玉突き事故 □authority 当局者，当局 □clean up …を片付ける
④□be backed up 渋滞して □avenue 大通り ⑤□freely 自由に □shortly thereafter その後まもなく
⑥□go in the direction of …方面に行く □at the moment 現時点で，今のところ
⑦□traffic conditions 交通状況 8.(D) □collapse （建物などが）倒壊する，…を倒壊させる
9.(B) □public transportation 公共交通機関 (C) □slower than usual いつもよりゆっくり

Part 4

7(A) 8(C) 9(D)

4_077

10. What is the report about?

(A) Weather
(B) Industry
(C) Stocks
(D) Crime

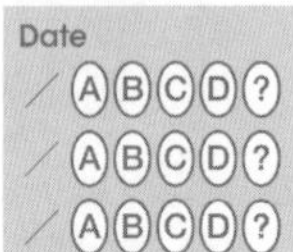

11. What does the speaker suggest listeners do?

(A) Stay indoors
(B) Reduce investments
(C) Wear warm clothes
(D) Carry an umbrella

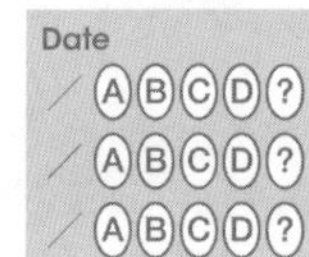

12. What will listeners hear next?

(A) A speech
(B) A traffic report
(C) A news report
(D) A commercial

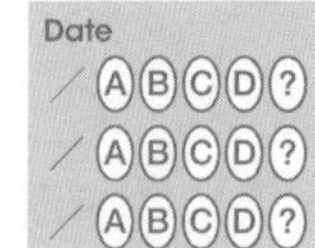

4_077 アメリカ

Questions 10-12 refer to the following report.

① Good afternoon. It's time for **10** the 3 o'clock weather report with me, Jennifer Storm, on KFOG. ② Currently, we're experiencing beautiful weather with temperatures around 10 degrees Celsius with few clouds. ③ Sadly, these conditions are not going to last through the night. ④ The temperature will begin to drop starting around 8 o'clock tonight when a cold front moves in from the east. ⑤ Moreover, temperatures will drop down to 4 degrees Celsius by 10 o'clock tonight. ⑥ So if you're going out for the holiday parade downtown, **11** make sure to wear a warm jacket or sweater. ⑦ **12** Now for a promotional message from the National Art Association.

解説・正解

10. 何に関するレポートですか。
(A) 天気
(B) 産業
(C) 株式
(D) 犯罪

①で the 3 o'clock weather report と言い，全体を通して「気温の変化」について伝えています。よって，(A) Weather が正解です。

11. 話し手は聞き手に何をすることを勧めていますか。
(A) 室内にいる。
(B) 投資を減らす。
(C) 暖かい服を着る。
(D) 傘を持っていく。

⑥の make sure to wear a warm jacket or sweater で，「暖かいジャケット・セーターを着る」ように言っています。よって，(C) Wear warm clothes が正解です（jacket・sweater を，clothes「衣服」でまとめて表しています）。make sure to ～「必ず～する」という表現がポイントになっています。

12. 聞き手は次に何を聞きますか。
(A) スピーチ
(B) 交通情報
(C) ニュース
(D) コマーシャル

⑦で，Now for a promotional message from the National Art Association. と言っています。a promotional message（販売促進メッセージ）は「広告」のことなので，(D) A commercial を選べば OK です。最後に「次は CM です」「次は歌です」「次の情報は 1 時間後に」といった内容がきて，設問で狙われることがよくあります。

問題 10 から 12 は次のレポートに関するものです。

①こんにちは。3時の天気予報を KFOG の Jennifer Storm がお届けします。②現在のところ，雲もほとんどなく，気温はおよそ摂氏 10 度で好天に恵まれています。③でも，この天候は夜までは続かないでしょう。④寒冷前線が東から移動してくる今夜８時ごろから，気温が下がり始めます。⑤そして，今夜 10 時ごろには摂氏４度にまで下がります。⑥ですから，繁華街で行われる休日のパレードに出かける方は，必ず暖かいジャケットやセーターを着るようにしてください。⑦では，次は国立芸術協会からのお知らせです。

---

②□Celsius 摂氏 ③□last 動 続く ④□drop 低下する □cold front 寒冷前線
□move in 移動する ⑥□parade パレード □make sure to *do* 必ず…する
⑦□promotional message 販売促進のメッセージ □association 協会 10.(C) □stock 株式
11.(B) □investment 投資 12.(D) □commercial 名 コマーシャル，広告

Part 4

10(A) 11(C) 12(D)

4_078

13. According to the report, what is unusual about the current weather?

(A) Low temperatures
(B) Heavy snowfall
(C) Strong wind
(D) Low humidity

14. What recommendation have government officials issued?

(A) Avoid going outside
(B) Buy gas heaters
(C) Wear light clothing
(D) Leave the city

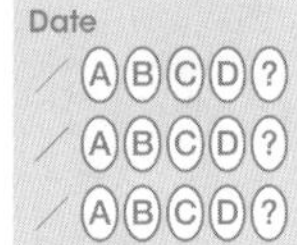

15. When will the weather be better for outdoor activities?

(A) On Tuesday
(B) On Wednesday
(C) On Thursday
(D) On Sunday

Questions 13-15 refer to the following radio broadcast.

① Here's this evening's weather report. ② The National Weather Authority has officially released a cold weather warning beginning tonight, Tuesday, at 7 o'clock and lasting until Thursday. ③ Due to 13 this unseasonably cold weather, the temperature is expected to go down to 20 degrees below zero, ④ 13 which is quite strange for this time of year. ⑤ Government officials have requested that 14 residents stay indoors if possible and stock up on tanks of gas for households using gas heaters. ⑥ The sun will be coming out on Friday and staying out over the weekend. ⑦ It may even be 15 warm enough for sledding or skiing by Sunday. ⑧ Up next is the business report with Todd Wilgren.

解説・正解

13. レポートによると，現在の天候が普段と違う点は何ですか。
(A) 低い気温
(B) 大雪
(C) 強風
(D) 低い湿度

③に this unseasonably cold weather「季節外れの寒い天気」とあり，さらに「氷点下 20 度まで下がる」と続いています。よって，(A) Low temperatures を選べば OK です。unseasonably は「un（反対）＋ seasonably（季節にふさわしく）」→「季節外れに」で，これが設問の unusual に対応しています。

14. 当局の担当者はどんな勧告をしていますか。
(A) 外出を控える。
(B) ガスヒーターを買う。
(C) 軽装をする。
(D) 都市を離れる。

⑤の Government officials have requested that residents stay indoors if possible で，政府は「室内にいる」よう求めています。よって，(A) Avoid going outside が正解です。設問の issue recommendation は直訳「勧め・勧告（recommendation）を出す（issue）」→「勧告する」で，本文では request で表されています。

15. 野外活動をするのに適した天候になるのはいつですか。
(A) 火曜日
(B) 水曜日
(C) 木曜日
(D) 日曜日

⑦の It may even be warm enough for sledding or skiing by Sunday. から，(D) On Sunday を選べば OK です。本文の sledding or skiing「そりすべりやスキー」を，設問では outdoor activities「野外活動」でまとめて表しています。

問題 13 から 15 は次のラジオ放送に関するものです。

①ここで今夜の天気予報です。②国立気象局は公式に，今夜火曜日の7時から木曜日まで寒冷注意報を出しました。③この季節外れの寒さにより，気温は氷点下 20 度まで下がると予想されており，④例年この時期にはない異例の現象が起こっています。⑤当局の担当者は住民に，可能であればできるだけ室内に留まるように要請しており，また，ガスヒーターを使用している家庭には，燃料のガスのタンクを備蓄するよう求めています。⑥金曜日には晴天が戻り，週末にかけて続く模様です。⑦日曜日までにはそりすべりやスキーをするのに適した暖かさになるでしょう。⑧次は Todd Wilgren がお送りするビジネスニュースです。

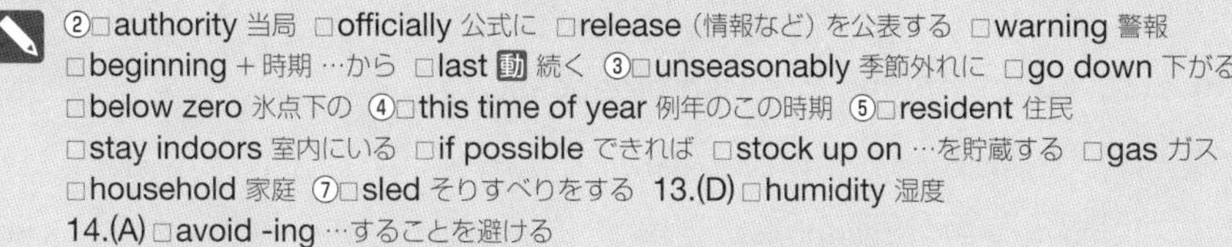

②□authority 当局 □officially 公式に □release（情報など）を公表する □warning 警報
□beginning ＋時期 …から □last 動 続く ③□unseasonably 季節外れに □go down 下がる
□below zero 氷点下の ④□this time of year 例年のこの時期 ⑤□resident 住民
□stay indoors 室内にいる □if possible できれば □stock up on …を貯蔵する □gas ガス
□household 家庭 ⑦□sled そりすべりをする 13.(D) □humidity 湿度
14.(A) □avoid -ing …することを避ける

Part 4

13(A) 14(A) 15(D)

4_079

16. What is the purpose of the broadcast?

(A) To give details of a business scandal
(B) To interview a company owner
(C) To promote a household appliance
(D) To inform listeners of local news

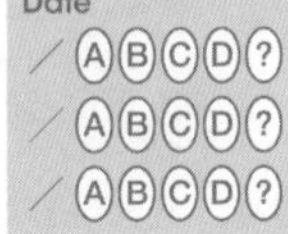

17. Who is Milton Chambers?

(A) A corporate spokesperson
(B) A city planner
(C) A marketing executive
(D) A radio host

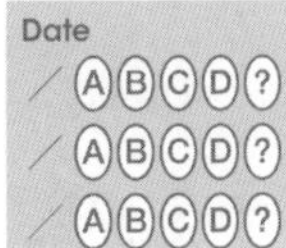

18. What will listeners hear next?

(A) Commercials
(B) Sports scores
(C) A traffic report
(D) A weather update

4_079 カナダ

Questions 16-18 refer to the following broadcast.

① Good morning, Ridgeford, this is Ray Park with your hourly KOPW radio 16 local news report. ② 17 Milton Chambers, a spokesperson for the Altair Corporation, confirmed that the company has allocated over one million dollars for the construction of the Altair Community Center in the downtown area. ③ Altair, one of the world's leading manufacturers of household appliances, has recently built community centers in two other metropolitan areas. ④ These generous acts have greatly improved the corporation's image, which was tarnished in a tax evasion scandal last year. ⑤ We'll return with more stories shortly, but ⑥ first 18 Tyler Poole will tell us about the road conditions commuters can expect on their way to work.

解説・正解

16. 放送の目的は何ですか。
(A) 会社の不祥事の詳細を伝えること。
(B) 経営者にインタビューすること。
(C) 家電を宣伝すること。
(D) 地域のニュースを聞き手に伝えること。

①の local news report で「地域のニュースを伝える」と言い，詳細を説明しています。よって，(D) To inform listeners of local news が正解です。③の household appliances や④の a tax evasion scandal など，詳細情報に惑わされないようにしましょう。

17. Milton Chambers はどんな人ですか。
(A) 企業の広報担当者
(B) 都市計画の立案者
(C) マーケティング担当重役
(D) ラジオ番組の司会者

②の Milton Chambers, a spokesperson for the Altair Corporation から，(A) A corporate spokesperson を選べば OK です。名前の後に「肩書・職業・部署名」を付け加えて説明するパターンですね。また，spokesperson は「宣伝・話す（spoke）ことを仕事にした人（person）」→「広報担当者・代表者」という意味で，TOEIC によく出る職業の1つです。

18. 聞き手は次に何を聞きますか。
(A) コマーシャル
(B) スポーツの試合の得点
(C) 交通情報
(D) 最新の天気予報

⑥の Tyler Poole will tell us about the road conditions commuters can expect on their way to work から，これから「交通情報」が放送されるとわかります。よって，(C) A traffic report が正解です。「次は○○です」というパターンは，本当によく狙われますね。

問題 16 から 18 は次の放送に関するものです。

① Ridgeford のみなさん，おはようございます。Ray Park が KOPW ラジオより1時間ごとにお送りする地域のニュースです。② Altair 社広報の Milton Chambers 氏によると，同社は中心街に建設される Altair 地域センターに 100 万ドル以上もの予算を割り当てたとのことです。③ Altair 社は家電製造業では世界のトップ企業の1つですが，最近になって他の2カ所の大都市圏に地域センターを建設しました。④こうした気前がいい行動により，昨年，脱税の不祥事で大きく損なわれた企業イメージが大いに改善しました。⑤間もなく，詳細なニュースをお届けしますが，⑥その前に Tyler Poole が，通勤途中の皆さまがお待ちかねの道路情報をお送りします。

①□hourly 1時間ごとの □local news 地域のニュース ②□spokesperson 広報担当者，代表者 □confirm …が正しいと認める □allocate（予算など）を割り当てる □community center 地域センター ③□leading 主要な □manufacturer 製造業者 □household appliance 家電製品 □recently 最近 □metropolitan area 大都市圏 ④□generous 気前がいい □act 行為 □greatly 大いに □improve …を改善する □tarnish（評判・名誉など）を汚す・損なう □tax evasion 脱税 □scandal 不祥事 ⑤□return 戻る □shortly じきに ⑥□road conditions 道路状況 □commuter 通勤者 □on one's way to …に行く途中で 16.(C) □promote …を宣伝する (D) □inform A of B AにBを知らせる 17.(A) □corporate 企業の (B) □city planner 都市計画の立案者 (C) □executive 名 重役，執行役員 18.(D) □weather update 最新の天気予報

Part 4

16(D) 17(A) 18(C)

4_080

19. What is the competition about?

(A) Building a town park
(B) Creating a town logo
(C) Honoring a town leader
(D) Choosing a town mascot

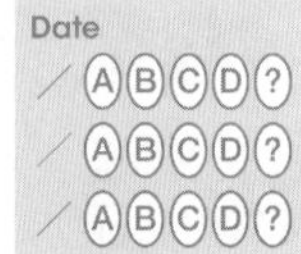

20. According to the speaker, why should residents go to the town hall?

(A) To place a vote
(B) To submit designs
(C) To pick up supplies
(D) To register for the competition

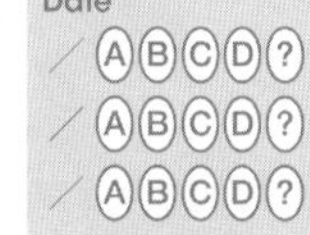

21. When will the winner of the competition be announced?

(A) On August 21
(B) On August 30
(C) On September 21
(D) On September 30

4_080 アメリカ

Questions 19-21 refer to the following news report.

① And in other local news, ② it appears that we will soon have a colorful design accompanying our town's name on all public signs. ③ Earlier this morning, Mayor Anne Curtis informed the media that our town of Pueblo 19 will be holding a competition to create an original town logo. ④ Pueblo residents are asked 20 to turn in their designs at the town hall anytime before August 30. ⑤ The town council will choose the ten most appropriate designs, and ⑥ they will be featured on Pueblo's official Web site so that residents can vote for their favorite. ⑦ 21 The design that receives the most votes will be published on the front page of the town's newsletter on September 21.

解説・正解

19. このコンペは何に関するものですか。

(A) 町の公園を建設すること。
(B) 町のロゴを作ること。
(C) 町のリーダーをたたえること。
(D) 町のマスコットを選ぶこと。

③の ～ will be holding a competition to <u>create an original town logo</u> から，コンペは「町のロゴ作成」に関するものだとわかります。よって，(B) Creating a town logo が正解です。competition「コンペ」の話題は TOEIC 頻出で，Part 7 にもよく出てきます。

20. 話し手によると，町民はなぜ庁舎に行くべきなのですか。

(A) 投票するため。
(B) デザインを提出するため。
(C) 支給物を受け取るため。
(D) コンペに登録するため。

④の Pueblo residents are asked <u>to turn in their designs</u> at the town hall から，town hall に行くのは「デザインを提出するため」だとわかります。よって，これを言い換えた (B) To submit designs が正解です。submit ≒ turn in ≒ hand in「提出する」の言い換えは TOEIC 頻出なので，必ず押さえておきましょう。ちなみに，キーワードの the town hall が 1 番後ろにくる「手遅れパターン」にもなっています。

21. コンペの勝者はいつ発表されますか。

(A) 8 月 21 日
(B) 8 月 30 日
(C) 9 月 21 日
(D) 9 月 30 日

⑦で，The design that receives the most votes will be published ～ on September 21. と言っています。「コンペの勝者（最も多く得票したデザイン）は 9月 21 日に発表される」ということなので，(C) On September 21 を選べば OK です。

問題 19 から 21 は次のニュースに関するものです。

①ではその他の地域ニュースです。②私たちの町名を使った色鮮やかなデザインが，もうすぐ全ての公共の標識で見られそうです。③今朝早く，Anne Curtis 町長がメディアに明らかにしたところでは，Pueblo 町はコンペを開催し，オリジナルの町のロゴを作成するとのことです。④ Pueblo の住民の皆さんに 8 月 30 日までに町の庁舎にロゴデザインを提出するようにお願いしたいとのことです。⑤町議会が最もふさわしいデザインを 10 個選出し，⑥町民が投票で好きなデザインを選べるように Pueblo の公式ウェブサイトに掲載します。⑦最も多く得票したデザインは 9 月 21 日に町の広報誌の第 1 面で発表されます。

②□it appears that 節 …のように思われる □colorful 鮮やかな □accompany …に付随する
③□inform X that 節 Xに…だと知らせる □hold a competition コンペを開く
□original オリジナルの ④□resident 住民 □be asked to *do* …するよう求められる
□turn in …を提出する（= hand in, submit） ⑤□council 議会 □appropriate 適切な
⑥□be featured 目玉として掲載される □so that（目的を表して）…するために
□vote for …に投票する □favorite 名 好きな物 ⑦□front page 第 1 面，トップページ
19.(C) □honor 動 …の栄誉をたたえる (D) □mascot マスコット 20.(A) □place a vote 投票をする
(C) □pick up …を受け取る (D) □register for …に登録する

4_081

22. What is the report about?

(A) The acquisition of an auto company
(B) A change in production procedures
(C) The redesign of a popular automobile
(D) A trend affecting Italian corporations

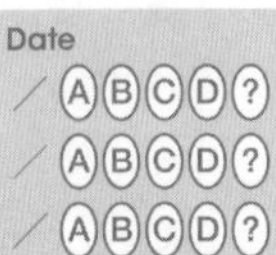

23. What is an expected benefit of Praton Motors' decision?

(A) A higher level of productivity
(B) Less competition in overseas markets
(C) More interest from foreign consumers
(D) A higher budget for research and development

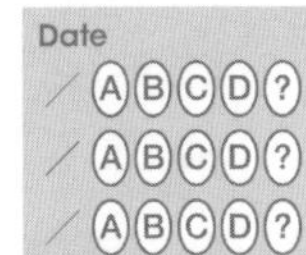

24. What will happen at Praton Motors during the next year?

(A) A company president will retire.
(B) Additional workers will be hired.
(C) A new model will be developed.
(D) Manufacturing facilities will be upgraded.

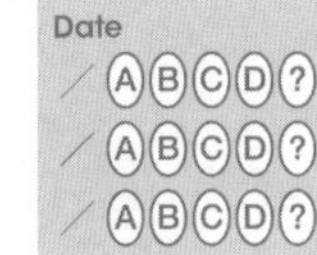

4_081 オーストラリア

Questions 22-24 refer to the following news report.

① You're listening to the KOPW morning report. ② In today's business news, 22 Italian auto manufacturer Praton Motors finalized its acquisition of rival auto company Forwazo. ③ At a press conference yesterday afternoon, a spokesperson from Praton Motors explained that 23 this decision will lower its manufacturing costs and make its cars more attractive to buyers in overseas markets. ④ In the past twelve months, the company experienced a 30% increase in exports, making the past year the company's most profitable year to date. ⑤ It was also announced that 24 the manufacturer will complete its development of a new hybrid model and introduce it to the public sometime within the next year.

解説・正解

22. このニュースは何に関するものですか。
(A) 自動車会社の買収
(B) 製造工程の変更
(C) 人気車種のデザインの変更
(D) イタリアの企業に影響を及ぼすある傾向

②で Italian auto manufacturer Praton Motors finalized its acquisition of rival auto company Forwazo. と言い，「自動車会社の買収」に関して話しています。よって，(A) The acquisition of an auto company が正解です。日本語の記事でも M&A という言葉が使われますが，これは merger and acquisition「企業の合併・買収」の略です。

23. Praton 自動車の決定はどのような利点をもたらすと期待されますか。
(A) 生産性の向上
(B) 海外市場での競争の緩和
(C) 海外の消費者の関心の高まり
(D) 研究開発の予算の増額

③で，this decision will ～ and make its cars more attractive to buyers in overseas markets と言っています。「海外市場の買い手にとってより魅力的になる」ということなので，(C) More interest from foreign consumers を選べば OK です。overseas ≒ foreign「海外の」の言い換えは TOEIC でよく使われます。

24. Praton 自動車では来年中に何が起きますか。
(A) 社長が引退する。
(B) 労働者がさらに採用される。
(C) 新モデルが開発される。
(D) 製造施設が改良される。

⑤の the manufacturer will complete its development of a new hybrid model and introduce it to the public sometime within the next year で，翌年は「新たなモデルを開発・公開する」と言っています。よって，(C) A new model will be developed. が正解です。new に注目できれば，かなり解きやすくなるでしょう。

問題 22 から 24 は次のニュースに関するものです。

①お聞きの番組は KOPW，朝のニュースです。②今日のビジネスニュースによると，イタリアの自動車メーカー Praton 自動車が，ライバルの自動車会社である Forwazo の買収を最終的に承認しました。③昨日の午後に行われた記者会見で，Praton 自動車の広報が説明したところによると，この決定によって製造コストが下がり，また海外市場の買い手にとって同社の自動車は一層魅力的なものになると予想されます。④この12カ月間で，同社の輸出は 30%増加し，昨年はこれまでで最高の利益を記録しています。⑤また，同社は，来年中には新型ハイブリッドモデルの開発を完了し，市場向けに公開すると発表しました。

②□auto manufacturer 自動車メーカー □finalize …を最終的に承認する □acquisition 買収
③□press conference 記者会見 □spokesperson 広報担当者，スポークスパーソン
□explain that 節 …だと説明する □lower 動 …を下げる □manufacturing costs 製造コスト
□attractive to …にとって魅力的な □overseas market 海外市場 ④□in exports 輸出で
□profitable 利益の多い □to date これまでのところ ⑤□complete …を完了する
□development 開発 □introduce …を売り出す □the public 一般大衆 22.(B) □procedure 手順
(D) □affect …に影響を与える 23.(A) □productivity 生産性 (B) □competition 競争
(C) □interest 関心 (D) □budget 予算 24.(A) □retire 引退する，退職する (D) □facilities 施設，設備

Part 4

22(A) 23(C) 24(C)

4_082

25. What is making the traffic situation worse?

(A) A medical emergency
(B) Increased vehicle numbers
(C) A city's transport policy
(D) A shortage of fuel

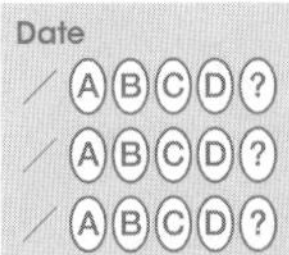

26. What does the speaker mean when she says, "you don't have to sit in a hot car all day"?

(A) A new cooling product is available.
(B) There are other roads into the city.
(C) Working from home is a good option.
(D) It is better to take public transport.

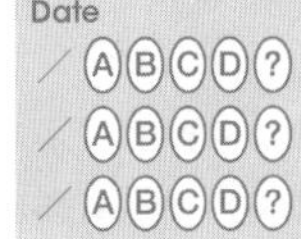

27. What happens every Monday?

(A) Train stations stay open later.
(B) Some parking charges are reduced.
(C) Cars are not allowed to enter the city center.
(D) A civic event is held.

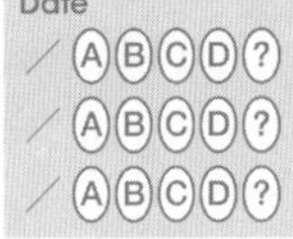

4_082 イギリス

Questions 25-27 refer to the following news report.

① Traffic news now. ② Construction work to fix a cracked water main on Lyeman Avenue means drivers coming into the city center from the south should be prepared for slow moving traffic. ③ 25 The jams are expected to get even longer later in the day due to a medical conference taking place at the Abbot Hotel. ④ But hey, you don't have to sit in a hot car all day. ⑤ 26 Drivers can take advantage of suburban metro stations' reasonable park and ride facilities. ⑥ 26 You can leave your car at your local station and ride the metro into the center. ⑦ Even better is that 27 every Monday, the daily fees are 50% off. ⑧ Think about it before you set off.

解説・正解

25. 交通状況を悪化させているのは何ですか。
(A) 医療関係の緊急事態
(B) 交通量の増加
(C) 市の交通政策
(D) 燃料不足

③の The jams are expected to get even longer later in the day due to a medical conference で，「医学会議があるので，渋滞が長引く」と言っています。これを「交通量が増える」と表した，(B) Increased vehicle numbers が正解です。ちなみに，(A) A medical emergency は本文と同じ単語 medical を使ったひっかけです (emergency「緊急事態」とは言っていませんね)。

26. 話し手が "you don't have to sit in a hot car all day" と言う際，何を意図していますか。
(A) 新しい冷房機器が市販されている。
(B) 都市に通じる他の道路がある。
(C) 在宅勤務は良い選択肢である。
(D) 公共交通機関を利用する方が良い。

直後の⑤で Drivers can take advantage of suburban metro stations' reasonable park and ride facilities.，⑥で You can leave your car at your local station and ride the metro into the center. と「地下鉄を利用する」ことを勧めています。「地下鉄」を「公共交通機関」と表した，(D) It is better to take public transport. が正解です。

27. 毎週月曜に何が起きますか。
(A) 列車の駅が遅くまで営業する。
(B) いくつかの駐車料金が下がる。
(C) 車が街の中心地へ入ることが禁止される。
(D) 市民イベントが行われる。

⑦に every Monday, the daily fees are 50% off とあり，「毎週月曜は 50%オフになる」とわかります。よって，(B) Some parking charges are reduced. が正解です。今回は先読みで every Monday をチェックしておけば，該当箇所を聞き取りやすかったでしょう。

問題 25 から 27 は次のニュース報道に関するものです。

①次は交通情報です。②ひび割れした水道管の修理工事が Lyeman 通りで行われるため，南側から街の中心地へ車で向かう方は渋滞に備えておく必要があります。③ Abbot ホテルで医学会議が行われているため，渋滞はさらにこの日の遅くまで長引くものと予想されます。④ですが，一日中暑い車内に座っている必要はありません。⑤運転手の皆さんは郊外の地下鉄駅の手頃なパークアンドライド施設を活用してはどうでしょうか。⑥地元の駅に車を置いて中心地へ地下鉄で行けるんです。⑦そのうえ，毎週月曜日は一日駐車料金が 50%オフになります。⑧出発の前に考えてみてはいかがですか。

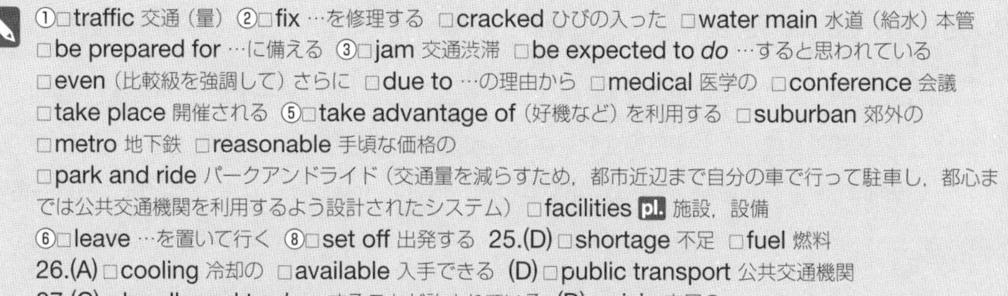
①□traffic 交通（量） ②□fix …を修理する □cracked ひびの入った □water main 水道（給水）本管
□be prepared for …に備える ③□jam 交通渋滞 □be expected to *do* …すると思われている
□even（比較級を強調して）さらに □due to …の理由から □medical 医学の □conference 会議
□take place 開催される ⑤□take advantage of（好機など）を利用する □suburban 郊外の
□metro 地下鉄 □reasonable 手頃な価格の
□park and ride パークアンドライド（交通量を減らすため，都市近辺まで自分の車で行って駐車し，都心までは公共交通機関を利用するよう設計されたシステム） □facilities pl. 施設，設備
⑥□leave …を置いて行く ⑧□set off 出発する 25.(D) □shortage 不足 □fuel 燃料
26.(A) □cooling 冷却の □available 入手できる (D) □public transport 公共交通機関
27.(C) □be allowed to *do* …することが許されている (D) □civic 市民の

Part 4

25(B) 26(D) 27(B)

4_083

Monday	Tuesday	Wednesday	Thursday
high winds	*heavy rain*	*light rain*	*cloudy weather*

28. What will take place this week?

(A) A music show
(B) A boat race
(C) An annual festival
(D) A political event

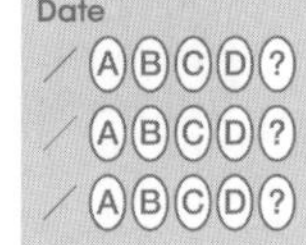

29. Look at the graphic. When will the event be held?

(A) On Monday
(B) On Tuesday
(C) On Wednesday
(D) On Thursday

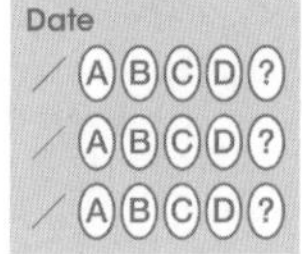

30. According to the forecast, who may be affected by the weather?

(A) City center commuters
(B) Pet owners
(C) Car drivers
(D) A sports team's supporters

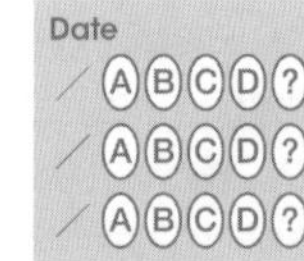

4_083 カナダ

Questions 28-30 refer to the following news report and weather forecast.

① 28 29 The weather forecast is looking positive for Carter Town's yearly foundation day parade. ② 29 Despite expected rain tomorrow and the day after, it's likely to stay dry and calm for the parade — which is great news for everyone taking part. ③ However, because of the potential for heavy rain tomorrow, fans of Carter Tigers should look for updates from the club's official Web site. ④ 30 There is a chance the evening game may be postponed if the pitch is waterlogged, or if the Tigers feel it's too dangerous for spectators to come to the ground.

解説・正解

28. 今週何が行われますか。
(A) 音楽ショー
(B) ボートレース
(C) 毎年恒例のまつり
(D) 政治イベント

①の Carter Town's yearly foundation day parade から，「毎年恒例のパレード」が行われるとわかります。よって，(C) An annual festival が正解です。yearly ≒ annual「毎年恒例の・年1回の」が言い換えられています。どちらも TOEIC のキーになりやすい重要単語です。

29. 図を見てください。イベントはいつ行われますか。
(A) 月曜日
(B) 火曜日
(C) 水曜日
(D) 木曜日

①で The weather forecast is looking positive for Carter Town's yearly foundation day parade.，②で Despite expected rain tomorrow and the day after, it's likely to stay dry and calm for the parade と言っています。イベントの日は「天気が良い・雨が降らず穏やか」だとわかるので，図を見て (D) On Thursday を選べば OK です。

30. 予報によると，天気の影響を受ける可能性があるのは誰ですか。
(A) 市の中心地へ通勤する人
(B) ペットの飼い主
(C) 車の運転手
(D) スポーツチームのサポーター

④で，There is a chance the evening game may be postponed if the pitch is waterlogged, or if the Tigers feel it's too dangerous for spectators to come to the ground. と言っています。the evening game／the pitch「競技場」／for spectators to come to the ground「観客がグラウンドに来る」から，天気の影響を受けるのは (D) A sports team's supporters と考えれば OK です。

問題 28 から 30 は次のニュースと天気予報に関するものです。

①毎年行われる Carter タウンの創立記念パレードの日は，天気が良さそうです。②明日と明後日に雨の予報がありますが，パレードの日は雨が降らず穏やかで，参加する皆さんにとっては嬉しいニュースです。③しかしながら，明日は豪雨の可能性がありますから，Carter Tigers ファンの皆さんはクラブの公式ウェブサイトで最新情報を確認してください。④競技場が浸水した場合，あるいは観客の皆さんがグランドに来るのは危険すぎると Tigers が判断した場合には，夕方の試合は延期される可能性があります。

①□weather forecast 天気予報 □positive 好ましい，楽観的な □yearly 年1回の
□foundation 創立，創設 ②□despite 前 …にもかかわらず
□expected 予想された，起こる可能性のある □be likely to *do* …しそうである，たぶん…だろう
□take part 参加する ③□potential 可能性 □look for …を探す・求める ④□chance 可能性
□postpone …を延期する □pitch 競技場 □waterlogged 水浸しの □spectator 観客
30. □affect …に影響を及ぼす (A) □commuter 通勤者

28(C) 29(D) 30(D)

1 見学・観覧スケジュール

工場・博物館・史跡・観光地などでの「ツアーガイド」の話がよく出ます。ツアーと言っても，数日間ずっと一緒に行動するような旅行ではなく，あるテーマごとに数時間から1日ほど集まる「現地ツアー」です。実際に出題されるのは「ツアー開始時」の内容が多く，①ツアーガイドの自己紹介 → ②ツアーの内容（目的・見るもの）→ ③付加情報・注意情報（お土産を買う場所・撮影禁止など）→ ④ツアー開始，と進んでいきます。③の注意情報では，allow, permit, prohibit, you'll need to ～, Please be careful of ～ などの表現がよく使われるので，チェックしておきましょう。

4_084

見学・観覧スケジュールの音声を聞いて1から3の設問に答えてください。

1. Where is the speaker?

(A) In a hotel
(B) In a history museum
(C) At a convention center
(D) At a photography class

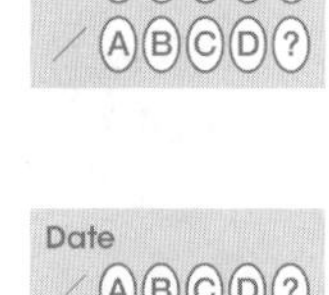

2. What does the speaker recommend to the listeners?

(A) A history book
(B) A video about Washington
(C) A place for food
(D) A brand of coffee

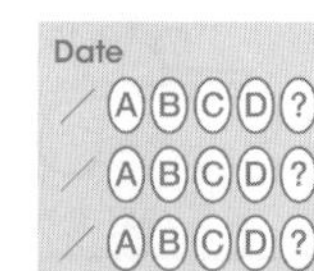

3. What will most likely happen next?

(A) A tour will be given.
(B) A keynote speech will start.
(C) A film will be presented.
(D) A meal will be served.

Date

4_084 イギリス

① Thank you for coming to the **1** Washington State Historical Museum. ② My name is Carol, and I will be your tour guide this afternoon. ③ The tour will take about two and a half hours. ④ Photography is not permitted in the museum, so please put your cameras away until the tour is over. ⑤ Keep in mind that no food or drinks are allowed in any of the display areas, ⑥ but **2** you are welcome to visit our excellent restaurant and café on the first floor just next to the main lobby. ⑦ They have excellent sandwiches, which I suggest you enjoy following the tour. ⑧ Now, please follow me to the **3** pre-history section of the museum where we will begin our tour.

解説・正解

1. 話し手はどこにいますか。
(A) ホテル
(B) 歴史博物館
(C) コンベンションセンター
(D) 写真教室

①の Thank you for coming to the Washington State Historical Museum. から，(B) In a history museum を選べば OK です。仮にここを聞き逃しても，④の museum や⑧の pre-history section of the museum などからも選ぶことができます。

2. 話し手は聞き手に何を勧めていますか。
(A) 歴史書
(B) ワシントンについてのビデオ
(C) 食事ができる所
(D) コーヒーのブランド

⑥の you are welcome to visit our excellent restaurant and café で，「レストラン・カフェ」を勧めています。これを言い換えた (C) A place for food が正解です（その後で「サンドイッチ」を勧めているのもヒントになります）。you are welcome to ～ は，直訳「あなたは～するよう歓迎されている」→「ぜひ～してください」という表現で，これが設問の recommend に対応しているわけです。

3. 次に何が起こると考えられますか。
(A) ツアーが始まる。
(B) 基調講演が始まる。
(C) 映画が上映される。
(D) 食事が提供される。

⑧の Now, please follow me to the pre-history section of the museum where we will begin our tour. で，これから「ツアーを開始する」と言っています。よって，(A) A tour will be given. が正解です。最後に「ツアーを開始する」という定番の流れになります。

①ワシントン州立歴史博物館へお越しいただき，ありがとうございます。②私は Carol と申します。今日の午後，皆さまのツアーガイドを務めます。③ツアーの所要時間は約 2 時間 30 分となっております。④博物館内では写真撮影禁止となっておりますので，カメラはツアー終了までしまっておいてください。⑤展示スペース内での飲食は禁止となっていますのでご注意ください。⑥その代わり，1 階メインロビーに隣接した素晴らしいレストランとカフェにぜひお越しください。⑦そちらには美味しいサンドイッチがありますので，ツアーの後でぜひお楽しみください。⑧では今から，私の後に付いてツアー開始場所である先史時代のセクションへとお進みください。

③□two and a half hours 2 時間 30 分 ④□photography 写真撮影
□permit …を許可する（= allow） □put away …を片付ける・しまう
⑤□keep in mind that 節 …を心に留める □display area 展示エリア
⑥□be welcome to *do* 自由に…してよい，…するのは歓迎だ ⑧□pre-history 先史時代
3.(B) □keynote speech 基調講演 (D) □serve（飲食物）を提供する

Part 4

1(B) 2(C) 3(A)

❷ イベントスケジュール

「イベント会場・講演会場・学術会議・ワークショップ」などで，司会者や主催者が聴衆にイベント情報を伝える内容が出ます。基本的には，①挨拶（イベント名・開催場所）→ ②イベントのテーマ → ③詳細情報（出演者，変更事項，注意事項など）・スケジュールの説明 → ④締めくくり（直後のスケジュール）という流れで進みます。淡々とスケジュールを説明されて記憶に残りにくいことが多いので，しっかり「当事者意識」を持ち，実際に「自分がイベントに参加している」つもりで聞くようにしましょう。

4_085

イベントスケジュールの音声を聞いて1から3の設問に答えてください。

1. Where does this talk probably take place?

(A) At a musical performance
(B) At a movie theater
(C) At a job fair
(D) At a government conference

Date
／ Ⓐ Ⓑ Ⓒ Ⓓ ?
／ Ⓐ Ⓑ Ⓒ Ⓓ ?
／ Ⓐ Ⓑ Ⓒ Ⓓ ?

2. Who is Dave Gruben?

(A) A painter
(B) A keynote speaker
(C) A musician
(D) A CEO

3. What will Mr. Gruben do at the end of the event?

(A) Sell his albums
(B) Take song requests
(C) Hand out some forms
(D) Sign autographs

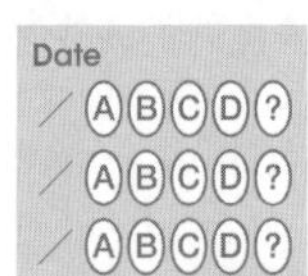

4_085 オーストラリア

① Welcome everyone. ② It's wonderful to see so many of you here for **1** the farewell concert of Dave Gruben, **2** one of the world's most famous pianists. ③ Mr. Gruben will be accompanied tonight by Sylvia Forth on bass and Grover Ruddle on drums. ④ The performance will begin at exactly 7 P.M. ⑤ and later there will be a 15-minute intermission. ⑥ During the intermission, there will be food and beverages available in the lobby, ⑦ and you will also be able to purchase Mr. Gruben's albums on vinyl or CD. ⑧ The performance will finish at 9 o'clock and ⑨ **3** Dave Gruben will be signing autographs for one hour after that. ⑩ We hope you enjoy tonight's performance. ⑪ Now, let me introduce Dave Gruben.

解説・正解

1. どこでこの話をしていると考えられますか。
(A) 演奏会場
(B) 映画館
(C) 就職フェア
(D) 政府の会議

②の the farewell concert of Dave Gruben, one of the world's most famous pianists から,「音楽のコンサート」だとわかります。他にも bass, drums, performance などが出てくるので,(A) At a musical performance を選べば OK です。

2. Dave Gruben とはどんな人ですか。
(A) 画家
(B) 基調講演者
(C) 音楽家
(D) 最高経営責任者

②の Dave Gruben, one of the world's most famous pianists から,(C) A musician を選べば OK です。名前の後に「肩書・職業・部署名」を説明するパターンは,本当によく出てきますね。先読みで Dave Gruben がきちんとチェックできていれば,該当箇所が直後に出てくるので,比較的選びやすいでしょう。

3. Gruben さんはイベントの最後に何をしますか。
(A) 自分のアルバムを売る。
(B) 曲のリクエストを受ける。
(C) 用紙を配布する。
(D) サインをする。

⑨で Dave Gruben will be signing autographs for one hour after that. と言っているので,(D) Sign autographs が正解です。autograph は,「自分(auto)で書いたもの(graph)」→「サイン」となります(graph は,biography「人生(bio)を書いたもの(graphy)」→「伝記」でも使われています)。

①皆さま,こんばんは。②世界で最も有名なピアニストの1人,Dave Gruben 氏のさよならコンサートにこれほど多くの方にお集まりいただき,大変感激しております。③Gruben 氏と今夜ご一緒するのは,ベースの Sylvia Forth 氏,ドラムの Grover Ruddle 氏です。④演奏は午後7時ちょうどに始まります。⑤それから後ほど15分間の休憩があります。⑥休憩の間に,ロビーでは軽食と飲み物を召し上がれます。⑦また,Gruben 氏のアルバムのレコードか CD をお買い求めになれます。⑧演奏は9時に終了し,⑨Dave Gruben 氏はその後1時間ほどサイン会を行います。⑩皆さまが今夜の演奏をお楽しみになれますよう願っております。⑪では,Dave Gruben 氏をご紹介します。

②□farewell concert さよならコンサート ③□accompany …と同行する ④□performance 公演 ⑤□intermission 休憩 ⑥□beverage 飲み物 ⑦□vinyl レコード ⑨□sign autographs サインする 2.(B) □keynote speaker 基調講演者 3.(C) □hand out …を配る

Part 4

1(A) 2(C) 3(D)

4_086

A 見学・観覧スケジュールの音声を聞いて 1 から 3 の設問に答えてください。

1. What is the speaker about to do?

(A) Negotiate with a shopkeeper
(B) Show travelers around a market
(C) Distribute itineraries to a tour group
(D) Transport visitors to their accommodations

2. According to the speaker, what is the Grand Bazaar famous for?

(A) Its antique goods
(B) Its cheap souvenirs
(C) Its historic buildings
(D) Its abundance of shops

Date
/ A B C D ?
/ A B C D ?
/ A B C D ?

3. What will happen at 5 P.M.?

(A) The tour will end.
(B) A sale will begin.
(C) The shops will close.
(D) A meal will be served.

4_087 カナダ

B もう一度見学・観覧スケジュールを聞いて，空所部分を書き取ってください。

Questions 1-3 refer to the following talk.

① Could I have everyone's attention, please?

② **1** ____.

③ Although there isn't enough time to walk through the entire bazaar, you'll still have plenty of opportunities to purchase souvenirs from the countless shopkeepers that make their living there. ④ We'll be entering the market through the main gate, which has been standing ever since the market was built in 1464, ⑤ and we'll also be stopping at one of the two monuments that are located in the market. ⑥ This will be the last stop on the tour. ⑦ Afterward, everyone will be given one hour to explore on their own before regrouping at the Beyazit Cafe **2** ____.
⑧ Please be aware that you will be responsible for paying for any extra food you order.

解説・正解

A

1. 話し手は何をしようとしていますか。
(A) 店主と値段交渉をする。
(B) 旅行者に市場を案内する。
(C) ツアーグループに旅程表を配る。
(D) 来訪者を宿泊施設まで送る。

②の Our tour group will be arriving shortly at the Grand Bazaar, a covered market で「市場に到着する」と言い，市場について説明しています。ツアーで「市場を案内する」と考えられるので，(B) Show travelers around a market を選べば OK です。

2. 話し手によると，Grand 市場は何で有名ですか。
(A) 骨董品
(B) 廉価な土産物
(C) 歴史的建築物
(D) たくさんの店

②の a covered market renowned for the number of stores it has から，市場は「お店の数」で有名だとわかります。よって，(D) Its abundance of shops が正解です。renowned for ～「～で有名な」が，設問の be famous for ～ に対応しています（for はどちらも「理由」を表しています）。

3. 午後 5 時には何が起こりますか。
(A) ツアーが終わる。
(B) 特売が始まる。
(C) 店が閉まる。
(D) 食事が提供される。

⑦に，regrouping at the Beyazit Cafe at 5 P.M. to sit down for some authentic Turkish cuisine とあります。午後 5 時に「食事が提供される」とわかるので，(D) A meal will be served. を選べば OK です。本文の cuisine「料理」が，選択肢では meal「食事」に言い換えられています。

B

問題 1 から 3 は次の話に関するものです。

①皆さま，ご注目ください。②私たちのツアーグループは，店が多いことで有名な屋根付きの市場，Grand 市場に間もなく到着いたします。③市場全体を歩いてまわるには時間が足りませんが，市場で生計を立てている多くの店主から土産物をお買い求めになる機会はまだたくさんございます。④正門から市場に入りますが，この正門は 1464 年に市場が建設されて以来そこに建ち続けています。⑤そして市場の中にある 2 つの遺跡のうちの 1 つにも立ち寄ります。⑥こちらが当ツアーで立ち寄る最後の場所となります。⑦その後，1 時間ほどご自由に散策する時間があります。そして，本物のトルコ料理のご夕食のため，午後 5 時に Beyazit カフェで皆さまは再集合いたします。⑧追加で注文された料理の代金のお支払いはご自身でされるようお願いいたします。

② **1** **Our tour group will be arriving shortly at the Grand Bazaar, a covered market renowned for the number of stores it has**

⑦ **2** **at 5 P.M. to sit down for some authentic Turkish cuisine**

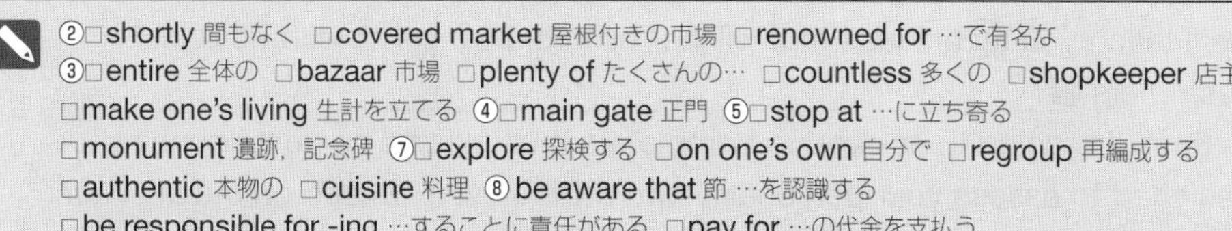
②□shortly 間もなく □covered market 屋根付きの市場 □renowned for …で有名な
③□entire 全体の □bazaar 市場 □plenty of たくさんの… □countless 多くの □shopkeeper 店主
□make one's living 生計を立てる ④□main gate 正門 ⑤□stop at …に立ち寄る
□monument 遺跡，記念碑 ⑦□explore 探検する □on one's own 自分で □regroup 再編成する
□authentic 本物の □cuisine 料理 ⑧be aware that 節 …を認識する
□be responsible for -ing …することに責任がある □pay for …の代金を支払う
1.(A) □negotiate 交渉する (C) □distribute …を配布する □itinerary 旅程表
(D) □accommodations 宿泊施設 2.(A) □antique 骨董の (D) □abundance of たくさんの…

1(B) 2(D) 3(D)

4_088

A イベントスケジュールの音声を聞いて 4 から 6 の設問に答えてください。

4. Who most likely are the listeners?

(A) Management trainees
(B) Customer service advisors
(C) Psychology students
(D) Sales representatives

5. What will the training program focus on?

(A) Increasing productivity in the workplace
(B) Working well as part of a team
(C) Understanding customer behavior
(D) Presenting data effectively

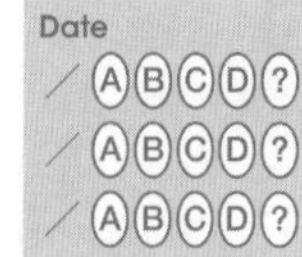

6. How will questionnaire results be used?

(A) By placing participants in pairs
(B) By choosing a role-play exercise
(C) By forming discussion groups
(D) By assigning workers to a branch

4_089 アメリカ

B もう一度イベントスケジュールを聞いて，空所部分を書き取ってください。

Questions 4-6 refer to the following introduction.

① It is my pleasure to welcome you to our firm's advanced training program entitled "Establishing Connections". ② **1** ______________________________
____
from our 27 branch locations nationwide. ③ Throughout the course of the day, we'll teach you techniques that will help you build rapport with potential customers **2** ______________________________.
④ First, I'm going to ask you to complete a multiple choice questionnaire designed to assess your personality and attributes. ⑤ Based on the answers you choose, **3** ______________________________
who shares similar characteristics, ⑥ and we will begin our first role-play exercise.

解説・正解

A

4. 聞き手はどんな人だと考えられますか。
(A) 管理職の研修を受けている人
(B) 顧客サービスのアドバイザー
(C) 心理学を学ぶ学生
(D) 販売員

②の We have chosen only the most gifted salespeople from ～ から，聞き手は「(研修に参加した) 販売員」だとわかります。よって，(D) Sales representatives が正解です。

5. トレーニングプログラムでは何に焦点を絞りますか。
(A) 職場の生産性を上げること。
(B) チームの一員としてよく働くこと。
(C) 顧客の行動を理解すること。
(D) 効果的にデータを提示すること。

③で，～ will help you build rapport with potential customers by reading their body language and interpreting their responses と言っています。「顧客の行動を理解し，良好な関係を作る」ということなので，(C) Understanding customer behavior を選べば OK です。

6. アンケートの結果は何をするときに利用されますか。
(A) 参加者をペアにする。
(B) ロールプレイの演習を選択する。
(C) ディスカッションのグループを作る。
(D) 支社に作業員を配属する。

⑤の Based on the answers you choose, you will then be partnered with someone who shares similar characteristics から，アンケート結果を使って「ペアを作る」とわかります。よって，(A) By placing participants in pairs が正解です。直訳「ペア (pairs) という形式 (in) で参加者を置く (placing participants)」→「参加者をペアにする」となります。

B

問題4から6は次の導入部分に関するものです。

①皆さま，本日は「取引関係の築き方」という当社の高度な研修プログラムにご出席いただき，ありがとうございます。②今回は国内の 27 支社より，最も才能あふれる販売員の方々だけを選抜しました。③今日 1 日のコースを通じて，お客様のボディランゲージを読みとって，その反応の意味を解釈することにより，有望なお客様と友好的な雰囲気を作るためのヒントとなる技術を皆さまにお教えします。④まず初めに，各人の人柄や属性を評価するために作成した多肢選択式のアンケートにご記入いただきます。⑤お選びいただいた回答に基づいて，同じ性格の人とペアを組んでいただきます。⑥それから，最初のロールプレイによる演習を始めましょう。

② **1 We have chosen only the most gifted salespeople**

③ **2 by reading their body language and interpreting their responses**

⑤ **3 you will then be partnered with someone**

①□it is my pleasure to *do* …することができて嬉しい □advanced 進んだ，上級の
□entitled ＋タイトル …というタイトルの □establish connections 取引関係を築く
②□gifted 才能がある □nationwide 全国的に ③□build rapport with …と友好的な関係を構築する
□potential customer 見込み客 □interpret …を解釈する □response 反応
④□complete a questionnaire アンケートに全て記入する □designed to *do* …するために設計された
□assess …を評価する □attribute 名 属性 ⑤□based on …に基づいて
□be partnered with …とペアを組む □share similar characteristics 同じような性格を持つ
⑥□role-play exercise ロールプレイの実践練習 4.(A) □trainee 研修生 5.(A) □productivity 生産性
6.(A) □in pairs 2人1組 (D) □assign A to B AをBに配置する

4(D) 5(C) 6(A)

実際の TOEIC 形式の問題を解き，これまでの学習内容を復習しましょう。

4_090

1. Who is speaking?

(A) A sales manager
(B) A photographer
(C) A painter
(D) A tour guide

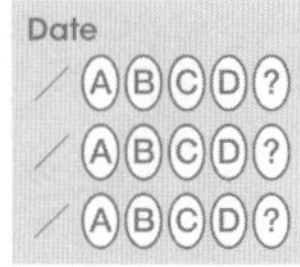

2. Where is the talk being made?

(A) At a travel agency
(B) At a photography studio
(C) At a historic building
(D) At an art gallery

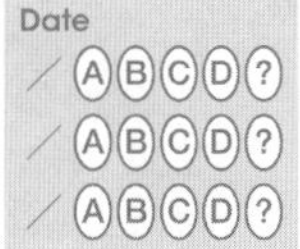

3. According to the speaker, what is prohibited?

(A) Using mobile phones
(B) Making loud noises
(C) Using a flash for taking pictures
(D) Straying from the group

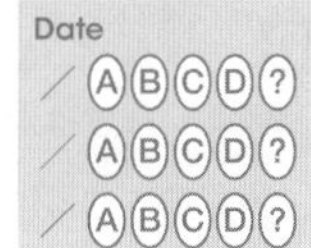

4_090 オーストラリア

Questions 1-3 refer to the following talk.

① Good morning. My name is Edgar. ② Once we make sure everyone's here, **1** **2** we'll begin today's tour of Abbott Castle. ③ Before we start, I do need to set a few guidelines to ensure your safety and to protect the antiques and other items **2** in this historic castle. ④ Please watch your step while we are walking around because some of the stones in the floor do stick out a little. ⑤ Also, **3** no flash photography may be used on the tour ⑥ since the light could damage the finish of the furnishings and the multiple paintings hanging in the castle. ⑦ As long as these rules are followed, I'm sure you'll find the tour enjoyable and informative. ⑧ Please walk this way.

解説・正解

1. 誰が話していますか。
(A) 販売部長
(B) 写真家
(C) 画家
(D) ツアーガイド

②で we'll begin today's tour of Abbott Castle と言い，その後で注意事項などを伝えています。よって，**(D) A tour guide** が正解です。今回 tour は「トゥア」と発音されていますが，時には「トー」と発音されることもあります。

2. どこでこの話をしていますか。
(A) 旅行代理店
(B) 写真スタジオ
(C) 歴史的建造物
(D) 美術館

②の tour of Abbott Castle や③の in this historic castle から，**(C) At a historic building** を選べば OK です。今回のように，「場所」が問われたときは this がヒントになることがあります（555 ページにも出てきました）。

3. 話し手によると，何が禁止されていますか。
(A) 携帯電話を使うこと。
(B) 騒音を立てること。
(C) 写真撮影でフラッシュを使うこと。
(D) グループから離れること。

⑤の no flash photography may be used on the tour で，「カメラのフラッシュ」を禁止しています。よって，**(C) Using a flash for taking pictures** が正解です。後半で「注意情報」を伝える流れはパターン通りで，さらに「写真撮影・フラッシュの禁止」という内容も定番です。

問題 1 から 3 は次の話に関するものです。

①おはようございます。私は Edgar と申します。②みなさん全員がお揃いであることを確認したら，本日の Abbott 城をめぐるツアーを開始します。③出発する前に，お客様の安全確保と，この歴史的なお城にある骨董品やその他の展示品の保護のために，いくつか守っていただくガイドラインを定める必要があります。④まず，歩行中はお足元にお気をつけください。といいますのも，床には多少，石が突き出ている箇所があるからです。⑤また，フラッシュをたいての写真撮影はツアー中一切禁じられております。⑥これは調度品の上塗りや城内に掲げられている多数の絵画を傷める恐れがあるからです。⑦これらの規則をお守りいただければ，皆さまにこのツアーは楽しくて有益なものだと感じていただけるものと思います。⑧ではこちらの方へお進みください。

②□once いったん…すれば　□make sure (that 節) …を確認する　③□set (規則など) を定める
□guideline 指針　□ensure safety 安全を確保する　□protect 動 …を保護する　□antique 骨董品
□historic 歴史的な　④□watch one's step 足元に気をつける　□stick out 突き出ている
⑥□damage 動 …に損害を与える　□finish 名 上塗り　□furnishings pl. 備え付け，調度品
⑦□as long as …する限り　□follow rules 規則を守る
□find the tour enjoyable ツアーが楽しいと思う cf. find A B AがBだと思う・わかる
□informative 有益な，情報を与える　3. □prohibit …を禁止する　(B) □make a noise 騒音を立てる
(D) □stray from …から離れる

Part 4

1(D)　2(C)　3(C)

4_091

4. Where should résumés be submitted?

(A) On the company Web sites
(B) At the registration desk
(C) At the company booths
(D) At the hiring committee office

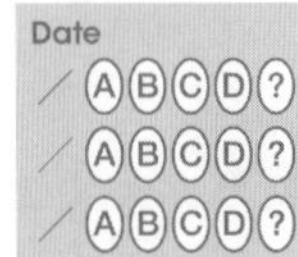

5. What information will be sent to applicants three days later?

(A) A time for a second interview
(B) A hiring decision notification
(C) Company information packets
(D) Position openings

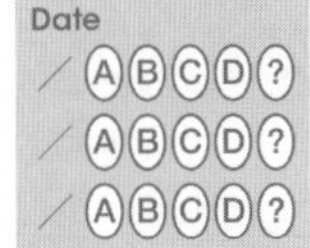

6. What does the speaker ask listeners to do?

(A) Review a schedule
(B) Provide accurate contact information
(C) Attend a presentation
(D) Present their identification cards

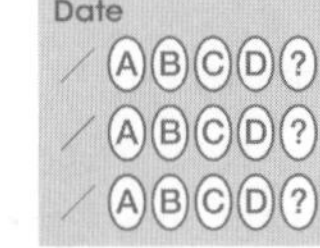

4_091 カナダ

Questions 4-6 refer to the following talk.

① Welcome to the Merrimack Valley annual job fair. ② At the registration desk, you can receive your information packet. ③ The packet will give you information about companies that are participating in this year's fair and positions they're offering. ④ If you want to be considered for an interview, **4** please give a copy of your résumé to one of the company representatives working at the company booths. ⑤ You can ask some questions and have an interview with company personnel managers at each booth. ⑥ **5** After three days, some of the applicants will be selected for a second interview, and appointment times will be sent by e-mail. ⑦ If you are selected for a second interview, you will be interviewed by the hiring committee of the company you have applied for. ⑧ **6** Don't forget to give correct contact information, ⑨ and remember to check your e-mail if you submit your résumé to any companies. Thank you.

解説・正解

4. 履歴書はどこに提出しますか。
(A) 会社のウェブサイト
(B) 受付
(C) 会社のブース
(D) 採用担当者のオフィス

④の please give a copy of your résumé to one of the company representatives working at the company booths から，(C) At the company booths を選べば OK です。please から始まる「命令文」がポイントになっています。

5. 3日後に応募者にはどんな情報が送られますか。
(A) 2次面接の時間
(B) 採用決定通知
(C) 会社案内の一式
(D) 欠員

⑥に，After three days, some of the applicants will be selected for a second interview, and appointment times will be sent by e-mail. とあります。「2次面接の時間」が通知されるとわかるので，(A) A time for a second interview を選べば OK です。interview は「(記者による) インタビュー」ではなく，「面接」の意味でよく使われます。

6. 話し手は聞き手に何をするように求めていますか。
(A) 予定を見直す。
(B) 正確な連絡先を提出する。
(C) プレゼンテーションに参加する。
(D) 身分証明書を提示する。

⑧の Don't forget to give correct contact information で，「正確な情報を提示する」よう求めています。よって，これを言い換えた (B) Provide accurate contact information が正解です（correct ≒ accurate「正確な」)。ちなみに，Don't forget to ～「忘れないで」と言うからには，当然後ろに「重要情報」がきて，設問でもよく狙われます。

問題4から6は次の話に関するものです。

①毎年恒例の Merrimack Valley 就職フェアにご来場いただき，ありがとうございます。②受付で案内書一式をお渡ししております。③その書類を見れば，本年度のフェアに参加している企業や，募集している求人などがわかります。④面接を受けたい場合は，企業ブースで対応している担当者の一人に履歴書のコピーをお渡しください。⑤各ブースでは，人事担当の責任者に質問したり，面接を受けたりすることが可能です。⑥3日後には，数名の応募者が第2次面接へと進み，面接の時間がEメールで通知されます。⑦もし2次面接へと進んだ場合は，応募した企業の採用担当者による面接を受けることになります。⑧必ず，正確な連絡先を伝えるようにしてください。⑨また，企業に履歴書を提出したら，Eメールを必ず確認するようにしてください。ありがとうございました。

①□annual 毎年恒例の □fair フェア，相談会 ②□registration desk 受付，フロントデスク □packet 文書一式 ③□position 職，勤め口 ④résumé 履歴書 □representative 名 代表者 □booth（展示会などの）ブース ⑤□personnel manager 人事部長 ⑥□applicant 応募者 ⑦□hiring 雇用 □apply for …に応募する ⑧□correct 正確な ⑨□submit …を提出する（= hand in）
5.(B) □notification 通知 (D) □opening 欠員 6.(B) □accurate 正確な
(D) □identification card IDカード，身分証明書

Part 4

4(C) 5(A) 6(B)

4_092

7. Who is Lyle Hodgkin?

(A) A painter
(B) A film director
(C) A computer scientist
(D) A producer

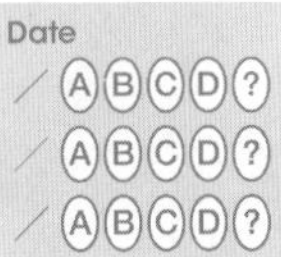

8. What will happen after the workshop?

(A) Movies will be presented.
(B) Items will be on sale.
(C) A speech will be given.
(D) The institute will close.

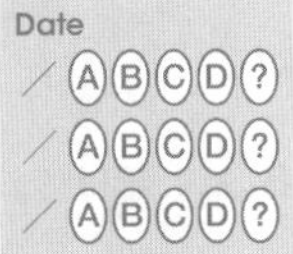

9. What will the listeners do next?

(A) Look at a document
(B) Test a new product
(C) Watch a slide show
(D) Display their work

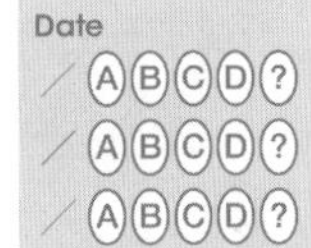

4_092 イギリス

Questions 7-9 refer to the following talk.

① Good afternoon, everyone, and thank you for coming to the Lucivid Art Institute. ② Our workshop today will be led by **7** Lyle Hodgkin, one of Paris' most reputed artists, ③ whose work has been featured in touring exhibitions around the world. ④ Mr. Hodgkin will be demonstrating several **7** painting techniques that employ a wide range of different materials and styles. ⑤ **8** After the workshop, posters, postcards, and books featuring his work will be for sale by the Information Desk. ⑥ Mr. Hodgkin will be available to sign any of the merchandise sold today. ⑦ **9** Mr. Hodgkin will now start the workshop with a slide presentation. ⑧ Please dim the lights for the presentation.

解説・正解

7. Lyle Hodgkin さんの職業は何ですか。
(A) 画家
(B) 映画監督
(C) コンピューター技術者
(D) プロデューサー

②で Lyle Hodgkin, one of Paris' most reputed artists と紹介されているので，(A) A painter が正解です。④の Mr. Hodgkin will be demonstrating several painting techniques などもヒントになります。

8. ワークショップの後で何がありますか。
(A) 映画が上映される。
(B) 商品が販売される。
(C) スピーチがある。
(D) 協会が閉館する。

⑤に，After the workshop, posters, postcards, and books featuring his work will be for sale とあります。ワークショップの後は「商品が販売される」とわかるので，(B) Items will be on sale. を選べば OK です。posters, postcards, and books を，items「商品」でまとめて表しています。

9. 聞き手は次に何をしますか。
(A) 文書を見る。
(B) 新製品をテストする。
(C) スライドショーを見る。
(D) 作品を展示する。

⑦の Mr. Hodgkin will now start the workshop with a slide presentation. から，聞き手はこれから「スライドを使ったプレゼンを聞く」とわかります。よって，(C) Watch a slide show を選べば OK です。ちなみに，now は今回のように「さあ，これから～します」という感じで使われ，do next 問題のヒントになることがよくあります。

問題 7 から 9 は次の話に関するものです。

①皆さま，こんにちは。Lucivid 芸術協会へご来場いただき，ありがとうございます。②本日のワークショップはパリで最も有名な芸術家である Lyle Hodgkin さんによるものです。③ Hodgkin さんの作品は世界中を巡回する展示会に出展されています。④ Hodgkin さんが実演してくださるいくつかの画法は，異なる材料やスタイルを幅広く取り入れたものです。⑤ワークショップの後で，作品を掲載したポスターやポストカードや本などの販売が受付のそばで行われます。⑥本日ご購入いただいた商品には Hodgkin さんがサインしてくださいます。⑦これより，Hodgkin さんがスライドショーによるワークショップを開始します。⑧では始めますので，明かりを暗くしてください。

①□institute 協会，機関 ②□lead …を進める □reputed 評判のよい ③□work 作品 □feature 動 …を呼び物にする □exhibition 展示会 ④□demonstrate …を実演する □technique 技法 □employ（技能・手段など）を用いる □a wide range of 幅広い… □material 材料 ⑤□for sale 売りに出されて ⑥□merchandise 商品 ⑧□dim 動（明かり）を暗くする
8.(A) □present 動 …を上映する (B) □on sale 売りに出された 9.(D) □display …を展示する

Part 4

7(A) 8(B) 9(C)

4_093

10. What is the main purpose of the talk?

(A) To recommend an island vacation
(B) To give instructions for a tour
(C) To discuss an animal's characteristics
(D) To describe the dangers of certain plants

11. Where will the group have lunch?

(A) On top of a mountain
(B) On a sail boat
(C) At a restaurant
(D) On a beach

12. What are listeners asked to do?

(A) Avoid touching plants and animals
(B) Drink a lot of water
(C) Carry their trash with them
(D) Board a tour boat

4_093 オーストラリア

Questions 10-12 refer to the following talk.

① [10] Welcome everyone to our tour of the Galapagos Islands. ② I'm Simon and I'll be your guide for today. ③ The tour will last from now until approximately 3 o'clock this afternoon, ④ during which time we will be mostly exploring the island of Isabela. ⑤ We will take several short breaks along the way including a few stops at many beautiful places. ⑥ [11] We should arrive at the beach on the other side of the island around noon, and then we'll have a picnic lunch. ⑦ I will point out some of the unique flowers and animals and tell you many things about them. ⑧ You're welcome to take as many pictures of the plants and wildlife as you want, but ⑨ [12] we strongly recommend not touching any plants or animals without my supervision, or that of my assistant, Andrew. ⑩ The plants and animals are mostly harmless, but we need to take precautions for your safety. ⑪ Now, let's begin our tour.

解説・正解

10. この話の主な目的は何ですか。
(A) 島で休暇を過ごすことを勧めること。
(B) ツアーに際して必要事項を伝えること。
(C) 動物の特性について話し合うこと。
(D) ある植物の危険性を説明すること。

最初に，①で Welcome everyone to our <u>tour</u> of the Galapagos Islands. と挨拶しています。その後も「ツアーの内容・注意事項」を伝えているので，(B) To give instructions for a tour を選べば OK です。ツアー開始時の「ツアーガイドのセリフ」という，典型的なパターンになります。

11. グループはどこで昼食を取りますか。
(A) 山頂
(B) 帆船
(C) レストラン
(D) ビーチ

⑥に，We should arrive <u>at the beach</u> on the other side of the island around noon, and then we'll have a picnic lunch. とあります。「ビーチでランチをとる」とわかるので，(D) On a beach を選べば OK です。lunch が一番後ろにくる「手遅れパターン」になっています。

12. 聞き手は何をするように求められていますか。
(A) 植物や動物に触らない。
(B) 水をたくさん飲む。
(C) ゴミを持ち帰る。
(D) 観光船に乗る。

⑨の we strongly recommend not touching any plants or animals で，「動植物に触らない」よう注意しています。よって，(A) Avoid touching plants and animals が正解です。recommend not ～「～しないよう忠告する」という表現がポイントで，後半で「注意事項」を伝えるのもパターン通りです。

問題 10 から 12 は次の話に関するものです。

①ガラパゴス諸島のツアーにご参加いただき，ありがとうございます。②私，Simon が本日皆さまのガイドを務めます。③ツアーは今から今日の午後３時ごろまでの予定です。④その間，主にイザベラ島を探検して過ごします。⑤途中，景色が美しいポイントへの立ち寄りを含め，短い休憩が何回かあります。⑥正午ごろには島の反対側にあるビーチに到着し，それからお弁当を食べる予定です。⑦珍しい花や動物がいれば皆さまにお知らせして詳しくご説明します。⑧植物や野生動物の写真はお好きなだけ撮影できますが，⑨私や助手 Andrew の目が届かないところでは，どんな動植物にも決して触らないようにしてください。⑩植物や動物の大半は無害ですが，お客様の安全のために用心する必要があります。⑪では，ツアーを始めましょう。

③□last 動 続く □approximately 大体 ④□explore …を探検する ⑤□stop 名 滞在，立ち寄り
⑥□on the other side of …の反対側にある ⑦□point out …を指摘する □unique 独特の
⑧□be welcome to *do* 自由に…してよい □take pictures of …の写真を撮る □wildlife 野生動物
□as many ... as you want 好きなだけたくさんの… ⑨□strongly 強く □supervision 監督
□assistant 助手 ⑩□harmless 無害な □take precautions 注意する
10.(B) □instructions 指示，説明 (C) □characteristic 名 特徴 (D) □describe …を説明する
□certain 特定の 12.(A) □avoid -ing …することを避ける (D) □board …に乗り込む

10(B) 11(D) 12(A)

4_094

13. Where does the talk take place?

(A) At an orange grove
(B) At a coffee farm
(C) At a candy store
(D) At a chocolate factory

Date
/ Ⓐ Ⓑ Ⓒ Ⓓ ?
/ Ⓐ Ⓑ Ⓒ Ⓓ ?
/ Ⓐ Ⓑ Ⓒ Ⓓ ?

14. What is being demonstrated?

(A) How packaging is made
(B) How products are taste-tested
(C) How beans are ground
(D) How waste is disposed of

15. What will the speaker talk about next?

(A) Shipping methods
(B) Creating new flavors
(C) Spotting bad beans
(D) Coating chocolate

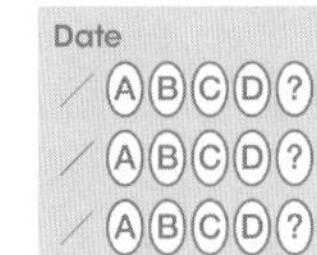

4_094 イギリス

Questions 13-15 refer to the following talk.

① This is the grinding area. ② Earlier [13] in our tour of the Sweet Tooth Chocolate factory, you learned how we make our special chocolate paste that makes our chocolate so rich in flavor. ③ Now, [14] you'll see how we grind real cacao beans to make our delicious dark chocolate. ④ This large machine grinds all the beans to make cacao mass, which is also called cacao paste. ⑤ This mass is melted to become the chocolate liquor. ⑥ The liquor is passed through the machine several times to give it a completely smooth texture. ⑦ Here I'll let you sample the pure liquor. ⑧ As you can see, it has a very dry taste. ⑨ The chocolate is left to dry in molds before it is covered with our sweet coating. ⑩ [15] We'll be able to see how the chocolate coating is made on the next part of our tour if you just follow me this way.

解説・正解

13. どこでこの話をしていますか。
(A) オレンジの果樹園
(B) コーヒー農家
(C) お菓子屋
(D) チョコレート工場

②の in our tour of the Sweet Tooth Chocolate factory から，(D) At a chocolate factory を選べば OK です。その後も，make our delicious dark chocolate など，「チョコレートを作る」ことに関する表現がたくさん出てきますね。

14. 何が実演されていますか。
(A) 包装の方法
(B) 製品の食味試験法
(C) 豆の粉砕法
(D) ゴミの処理法

③の you'll see how we grind real cacao beans から，「カカオ豆の粉砕方法」が実演されるとわかります。よって，これを受動態で表した (C) How beans are ground が正解です。設問の demonstrate は「実演する」という意味で，日本語の「デモンストレーション（派手なパフォーマンス）」のイメージとは異なります。

15. 話し手は次に何について話しますか。
(A) 配送方法
(B) 新しい味の作り方
(C) 悪い豆の見つけ方
(D) チョコレートのコーティング

⑩の We'll be able to see how the chocolate coating is made on the next part of our tour から，次は「チョコレートのコーティング」について話すとわかります。よって，(D) Coating chocolate が正解です。今回のような慣れない話題では話の流れを掴むのに苦労しますが，本文と選択肢で同じ語句が使われることも多いです。わからない単語が出てきても設問を解けることは多いので，心が折れないようにしましょう。

問題 13 から 15 は次の話に関するものです。

①こちらが粉砕加工エリアです。② Sweet Tooth チョコレート工場ツアーの最初の方で，当社のチョコレートを風味豊かなものにしている特別なチョコレートペーストの作り方について学びました。③今から，当社の美味しいダークチョコレートを作るために実際にカカオ豆を粉砕するところを見てみましょう。④この大きな機械ですべての豆を挽いてカカオマスを作ります。これはカカオペーストとも呼ばれるものです。⑤このカカオマスは溶かしてチョコレート原液にします。⑥この原液を機械に何度も通すと，極めてなめらかな質感になります。⑦こちらでは純粋な原液をご試飲いただきましょう。⑧おわかりのように，とても苦い味がします。⑨チョコレートは型の中で固められた後で，甘いコーティングをかけられます。⑩私の後についてこちらへ来ていただければ，チョコレートコーティングがどうやって作られるのかを，ツアーの次の工程で見ることができます。

①□grind …を粉砕する ②□paste ペースト □rich in flavor 風味豊かな，こくのある ③□bean 豆
④□cacao mass カカオマス ⑤□melt …を溶かす □liquor 液 ⑥□smooth 滑らかな □texture 質感
⑦□sample 動 …を試食・試飲する □pure 純粋な ⑧□dry 苦い ⑨□mold 型
□be covered with …で覆われる □coating コーティング 13.(A) □grove 果樹園
14.(B) □taste-test 動 …の食味テストをする (C) □ground grind の過去・過去分詞形
(D) □dispose of …を片付ける 15.(C) □spot 動 …を見つける

13(D) 14(C) 15(D)

4_095

16. Who is the audience for the talk?

(A) Job applicants
(B) Business consultants
(C) Movie directors
(D) Potential customers

17. What does the speaker say will happen at 3 P.M.?

(A) A video will be shown.
(B) A presentation will be given.
(C) A system will be tested.
(D) The schedule will be updated.

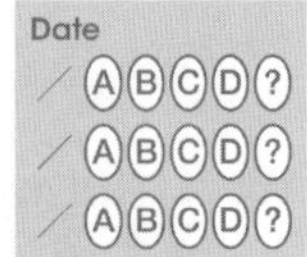

18. According to the speaker, what can the audience do during the break?

(A) Eat in the cafeteria
(B) Obtain a handout
(C) Discuss course materials
(D) Register for another seminar

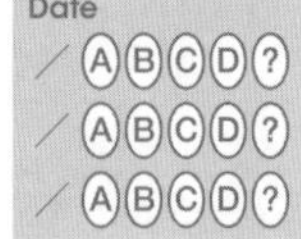

4_095 アメリカ

Questions 16-18 refer to the following announcement.

① Thanks for coming and I hope you enjoyed the lunch we provided. ② My name is Lisa Manstein, the organizer of 16 this year's AMI Filmmaking Conference. ③ Please look at the program schedule for information on today's lectures. ④ This afternoon's session will be broken into two parts. ⑤ In the first part, we'll watch a video, ⑥ which will show several 16 examples of current trends in filmmaking. ⑦ A short fifteen-minute washroom break will follow. ⑧ 17 At 3 o'clock, Dr. Trogdor will start the second part with a presentation and a discussion on computer graphics technology. ⑨ You may refer to your handout during the presentation. ⑩ 18 If you don't have a handout, you may pick one up at the front desk during the washroom break.

解説・正解

16. この話の聴衆は誰ですか。
(A) 求職者
(B) ビジネスコンサルタント
(C) 映画監督
(D) 潜在顧客

②で，Lisa Manstein, the organizer of this year's AMI Filmmaking Conference と言っています。聞き手は「映画製作者会議の参加者」とわかるので，(C) Movie directors「映画監督」を選べば OK です。⑥の several examples of current trends in filmmaking もヒントになります。

17. 話し手は午後3時には何が起こると言っていますか。
(A) ビデオが上映される。
(B) プレゼンテーションが始まる。
(C) システムがテストされる。
(D) スケジュールが更新される。

⑧で，At 3 o'clock, Dr. Trogdor will start the second part with a presentation and a discussion と言っています。午後3時に「プレゼン（と討論）が行われる」とわかるので，(B) A presentation will be given. を選べば OK です。

18. 話し手によると，聴衆は休憩中に何をすることができますか。
(A) カフェテリアで食事する。
(B) 配布物を手に入れる。
(C) 講座の資料について討論する。
(D) 別のセミナーに登録する。

⑩に If you don't have a handout, you may pick one up at the front desk during the washroom break. とあり，one は a handout を指しています。つまり，休憩中に「配布物を受け取れる」ということなので，(B) Obtain a handout が正解です。pick up は本来「拾い（pick）上げる（up）」で，今回は「配布物を拾い上げる」→「配布物を受け取る」となります（選択肢で obtain「手に入れる」に言い換えられています）。

問題 16 から 18 は次のお知らせに関するものです。

①ご来場いただき，ありがとうございます。ご用意しました昼食をお楽しみいただけたなら幸いです。②私は Lisa Manstein と申します。今年の AMI 映画製作者会議を主催しております。③本日の講義に関してはプログラムスケジュールをご覧ください。④今日の午後のセッションは2つのパートに分かれています。⑤最初のパートではビデオを見ますが，⑥これには映画製作の最新の傾向例が数点収録されています。⑦次に15分間の短いトイレ休憩があります。⑧3時には Trogdor 博士が後半のパートを開始し，コンピューターグラフィックス技術のプレゼンテーションと討論を行います。⑨プレゼンテーションの際にはお手元の配布物をご参照になれます。⑩もし配布物をお持ちでなければ，トイレ休憩中に受付で一部お取り下さい。

②□organizer 主催者 □conference 会議 ③□lecture 講義 ④□session 集まり
□be broken into …に分けられる ⑥□trend 傾向 ⑦□washroom 洗面所 ⑨□refer to …を参照する
□handout 配布物 ⑩□pick up …を受け取る 16.(D) □potential 潜在的な
18.(B) □obtain …を得る・手に入れる (D) □register for …に登録する

16(C) 17(B) 18(B)

4_096

19. What is going to be discussed?

(A) A television
(B) A smartphone
(C) A laptop computer
(D) A digital camera

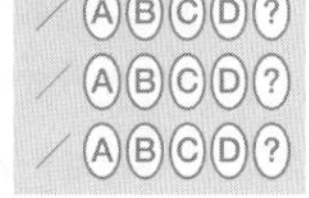

20. Who is the teleconference intended for?

(A) Retailers
(B) Shareholders
(C) Researchers
(D) Manufacturers

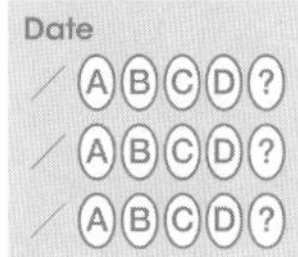

21. What are listeners encouraged to do with the logo designs?

(A) Show them to customers
(B) Improve their appearance
(C) E-mail them to colleagues
(D) Evaluate their suitability

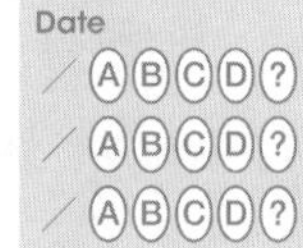

Questions 19-21 refer to the following talk.

① Good afternoon, everyone. ② We are extremely pleased that you could take part in this teleconference, so that 19 we can provide you with a progress report on the development of our newest high-definition TV, the Aurora. ③ 20 As shareholders, you'll be more than satisfied with the progress we have made. ④ We'll be discussing how consumer feedback and surveys have influenced the research and development of the television. ⑤ At the end of our report, I will e-mail you 21 some designs that have been proposed for the product logo, and we would be delighted to hear which one you think is the most appropriate. ⑥ A copy of this information has also been sent to those shareholders who were unable to participate in today's teleconference.

解説・正解

19. 何について話し合う予定ですか。
(A) テレビ
(B) スマートフォン
(C) ノートパソコン
(D) デジタルカメラ

②の a progress report on the development of our newest high-definition TV から，会議のテーマは「テレビの開発」の進捗状況だとわかります。よって，(A) A television が正解です。ちなみに，definition は本来「はっきりさせること」で，今回は「画面をはっきりさせること」→「精細度・鮮明度」という意味になります（「言葉の境界をはっきりさせること」→「定義」の意味が有名です）。

20. テレビ会議は誰のためのものですか。
(A) 小売業者
(B) 株主
(C) 研究員
(D) 製造業者

③の As shareholders, you'll be more than satisfied ～ から，(B) Shareholders を選べば OK です。"As 職業・肩書, SV." という形で，会議に参加した人の身分が表されています。この形は設問でよく狙われるので，必ず反応できるようにしておきましょう（611 ページにも出てきましたね）。

21. ロゴデザインに関して，聞き手は何をすることを勧められていますか。
(A) 顧客に見せる。
(B) 見た目を良くする。
(C) Eメールで同僚に送信する。
(D) ふさわしさを評価する。

ロゴデザインについて，⑤で we would be delighted to hear which one you think is the most appropriate と言っています。「最もふさわしいものを選んでほしい」ということなので，(D) Evaluate their suitability を選べば OK です。would be delighted to hear ～「～が聞けたら嬉しい」の形で，丁寧な依頼を表しています。

問題 19 から 21 は次の話に関するものです。

①皆さま，こんにちは。②このテレビ会議にご参加いただき，当社の最新型高精細テレビ Aurora の開発の進捗状況をご報告できますことを大変嬉しく思っております。③株主として，皆さまは私どもの向上に十二分に満足されることでしょう。④まず消費者の意見や調査結果がテレビの研究開発にいかに影響を与えているかについて議論してまいります。⑤報告が終わったら，製品ロゴとして提案されているデザインを数点Eメールにて皆さまにご送付します。それらのうち，どれが最もふさわしいかについてご意見をいただければ幸いです。⑥こうした一連の情報は，本日のテレビ会議にご参加になれなかった株主の皆さまにもご送付しました。

---

②□extremely 極めて □be pleased that 節 …を嬉しく思う
□take part in …に参加する（= participate in） □teleconference テレビ会議
□so that（結果を表して）その結果… □provide A with B AにBを提供する
□progress report 進捗報告 □high-definition TV 高精細テレビ
③□shareholder 株主（= stockholder） □be satisfied with …に満足している
④□consumer feedback 消費者の意見 □survey 調査 □influence 動 …に影響する
□research and development 研究開発 ⑤□be delighted to *do* …して嬉しい
□appropriate 適切な ⑥□be unable to *do* …することができない 20.(A) □retailer 小売業者
21.(B) □improve …を改善する □appearance 見た目 (C) □colleague 同僚
(D) □evaluate …を評価する □suitability 適合性，妥当性

Part 4

19(A) 20(B) 21(D)

4_097

22. Where is the introduction taking place?

(A) At a building opening
(B) At an awards ceremony
(C) At a shareholders meeting
(D) At a product demonstration

23. Who is Gordon Lee?

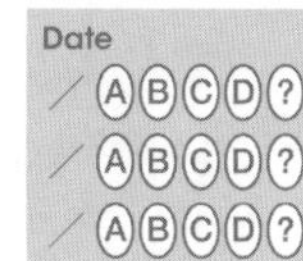

(A) A company president
(B) A real estate investor
(C) An industrial architect
(D) A conference organizer

24. According to the speaker, what will happen after a short break?

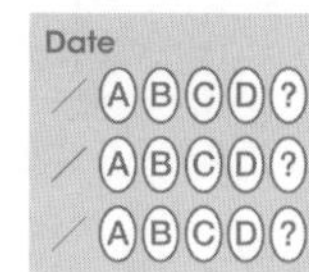

(A) Organizers will count votes.
(B) Refreshments will be served.
(C) Mr. Lee will answer questions.
(D) Attendees will attend a reception.

4_097 カナダ

Questions 22-24 refer to the following introduction.

① I'd like to 22 welcome all of you to the second annual Industrial Architecture Awards. ② Tonight, I have the privilege of introducing our special guest for the evening, 23 Gordon Lee. ③ 23 Mr. Lee is one of the most sought-after industrial architects in the industry. ④ His suspension bridge designs in Europe and South America have created landmarks in metropolitan areas. ⑤ Mr. Lee will say a few words about what inspires his architectural designs, ⑥ and later we'll show a video presentation highlighting his professional achievements. ⑦ 24 Following the scheduled fifteen-minute intermission, Mr. Lee will have a question and answer session on how he combines functionality and aesthetics in his designs. ⑧ Now, let's have a big round of applause for Gordon Lee.

解説・正解

22. この人物紹介はどこで行われていますか。
(A) ビルの開所式
(B) 授賞式
(C) 株主総会
(D) 製品デモンストレーションの会場

①の welcome all of you to the second annual Industrial Architecture Awards から，(B) At an awards ceremony を選べば OK です。「イベント名」や「場所」が問われたら，冒頭の welcome 人 to ～「人 を～に歓迎する」や welcome to ～「～へようこそ」の箇所がヒントになることがよくあります。

23. Gordon Lee とはどんな人ですか。
(A) 社長
(B) 不動産投資家
(C) 産業施設建築家
(D) 会議の主催者

③の Mr. Lee is one of the most sought-after industrial architects から，(C) An industrial architect を選べば OK です。その後にも，suspension bridge「吊り橋」，architectural designs「建築のデザイン」などと，「建築」に関する語句がたくさん出てきます。

24. 話し手によると，休憩の後で何が起こりますか。
(A) 主催者が票を数える。
(B) 軽食が提供される。
(C) Lee さんが質問に答える。
(D) 出席者が歓迎会に参加する。

⑦の Following the scheduled fifteen-minute intermission, Mr. Lee will have a question and answer session から，休憩後は「質疑応答」が行われるとわかります。よって，(C) Mr. Lee will answer questions. が正解です。ちなみに，following「～に続いて」は after と同じイメージで，"Following A, B" の形で「A→B」という順番を表しています。

問題 22 から 24 は次の人物紹介に関するものです。

①第２回年間産業建築賞の授賞式へご来場いただき，ありがとうございます。②今夜は特別ゲストである Gordon Lee さんをご紹介できて光栄です。③ Lee さんは業界でも最も人気のある産業施設建築家のお一人でいらっしゃいます。④ヨーロッパや南米で彼の設計した吊り橋は，大都市圏の代表的な建築物となっています。⑤ Lee さんはこれから，その建築にインスピレーションを与えるものについて短いお話をしてくださいます。⑥それから，彼の業績がよくわかるビデオの上映があります。⑦15 分間の休憩がある予定で，その後，自身のデザインの中で機能性と美学をいかに組み合わせるかについて，Lee さんが質問に答えてくださいます。⑧では，Gordon Lee 氏を盛大な拍手でお迎えください。

①□annual 年次の □industrial architecture 産業施設の建築
②□have the privilege of -ing …できて光栄である ③□sought-after 人気のある □architect 建築家
④□suspension bridge 吊り橋 □landmark 目立つ建物 □metropolitan area 大都市圏
⑤□inspire …にインスピレーションを与える ⑥□highlight 動 …を強調する □achievement 業績
⑦□following …に続いて（= after） □intermission 休憩 □question and answer session 質疑応答
□combine …を組み合わせる □functionality 機能性 □aesthetics 美学
⑧□a big round of applause 盛大な拍手 22.(C) □shareholder 株主（= stockholder）
(D) □demonstration 実演，デモンストレーション 24.(A) □vote 票 (B) □refreshment 軽食
(D) □attendee 出席者 □reception 歓迎会

22(B) 23(C) 24(C)

4_098

25. Where do the listeners most likely work?

(A) At a bank
(B) At a food retailer
(C) At an electric utility company
(D) At an Internet provider

26. What does the speaker mean when she says, "70% of customers say they are either satisfied or very happy"?

(A) A product update was successful.
(B) The company needs to improve their service.
(C) Staff training has been effective.
(D) A bonus will be paid to employees.

27. What does the speaker want one listener to do?

(A) Perform a customer service scenario
(B) Address a client's complaint
(C) Summarize the day's schedule
(D) Divide the attendees into groups

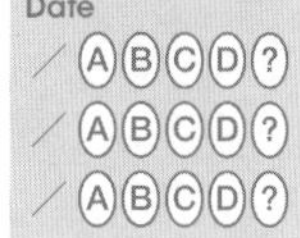

4_098 イギリス

Questions 25-27 refer to the following talk.

① Welcome everyone to the first of three morning workshops on customer service. ② We'll be focusing on dealing with 25 telephone calls from individual account holders. ③ 25 They may be experiencing trouble transferring cash or paying bills online, or maybe they've forgotten their password. ④ In these situations, customers are often stressed, and it's our job to stay calm and help them. ⑤ 26 Before we started running these workshops, our satisfaction rating was 52%. ⑥ Now, 70% of customers say they are either satisfied or very happy. ⑦ To get started, I'd like to demonstrate a typical call. ⑧ I'll be the service representative. ⑨ 27 Would someone like to volunteer to play the part of a customer with a complaint?

解説・正解

25. 聞き手たちはどこで働いていると考えられますか。
(A) 銀行
(B) 食品小売店
(C) 電力会社
(D) インターネットプロバイダー

②の telephone calls from individual account holders, ③の They may be experiencing trouble transferring cash or paying bills online から, (A) At a bank を選べば OK です。ちなみに (D) At an Internet provider は, ③の online からひっかける選択肢です。

26. 話し手が "70% of customers say they are either satisfied or very happy" と言う際, 何を意図していますか。
(A) 製品を最新のものにすることに成功した。
(B) 会社はサービスを改善する必要がある。
(C) スタッフの研修は効果的だった。
(D) ボーナスが従業員に支払われる。

⑤で Before we started running these workshops, our satisfaction rating was 52%. と言った後に, Now, 70% of customers say ~ と続けています。「研修によって, 顧客満足度が 52% から 70%に上がった」=「研修は効果がある」ことを示しているので, (C) Staff training has been effective. が正解です。今回も now を使って「昔と違って現在は」を表していますね。

27. 話し手は聞き手の一人に何をしてほしいと思っていますか。
(A) 顧客サービスのシナリオに沿って役を演じる
(B) クライアントの苦情に対処する
(C) その日の予定を要約して言う
(D) 出席者をグループに分ける

⑦で To get started, I'd like to demonstrate a typical call. と言った後に, ⑨で Would someone like to volunteer to play the part of a customer with a complaint? と頼んでいます。「電話の実演で, 苦情を言う客の役をしてほしい」ということなので, (A) Perform a customer service scenario を選べば OK です。

問題 25 から 27 は次の話に関するものです。

①午前中に３回行う顧客サービスワークショップの第１回を始めます。②今回は個人で口座を持つお客様からの電話の応対の研修をします。③お客様は現金振り込みやオンラインでの請求書の支払いがうまくいかなかったり, あるいはパスワードを忘れてしまったりといったことが起こり得ます。④こうした状況では, お客様はストレスを感じていることが多いので, 落ち着いてお客様のお手伝いをするのが私たちの仕事です。⑤ワークショップを始める前は, 当社の顧客満足度は 52%でした。⑥現在, 70%のお客様に満足または大変満足と答えていただいています。⑦最初に, 典型的な電話を実演してみたいと思います。⑧私がサービス担当者になります。⑨どなたか苦情を言ってくるお客様の役を自発的に引き受けてくれる方はいますか。

①□workshop ワークショップ, 研修 □customer service 顧客サービス
②□focus on …に焦点を合わせる □deal with …に対応する, …を処理する □individual 個人（用）の
□account 口座 ③□transfer（お金など）を移す・振り込む □bill 請求書, 料金
④□stressed ストレスを感じて ⑤□run a workshop ワークショップを行う
□satisfaction rating 満足度 ⑦□get started 始める □demonstrate …を実演する
□typical 典型的な ⑧□service representative サービス担当者
⑨□volunteer to *do* 進んで…しようと申し出る □complaint 苦情 25.(B) □retailer 小売店
(C) □electric utility 電気事業 26.(B) □improve …を改善する (C) □effective 効果的な
27.(B) □address（問題など）を扱う・処理する (C) □summarize …を手短に述べる
(D) □divide A into B AをBに分ける □attendee 出席者

Part 4

25(A) 26(C) 27(A)

4_099

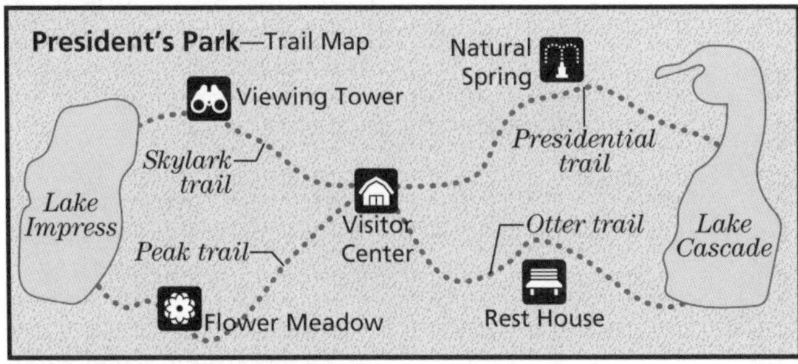

28. Look at the graphic. What trail are the listeners taking?

(A) Presidential trail
(B) Peak trail
(C) Skylark trail
(D) Otter trail

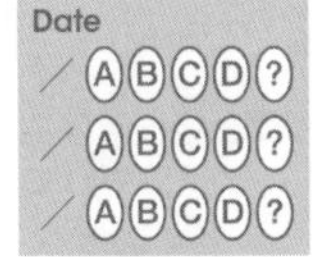

29. What does the speaker say about the trail?

(A) Some sections are wet.
(B) It is steep in parts.
(C) It is closed in bad weather.
(D) There may be wild animals.

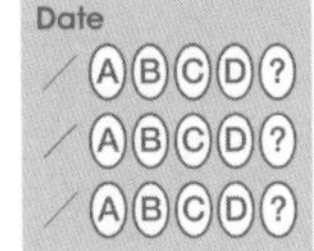

30. What are the listeners advised to do?

(A) Take some food with them
(B) Make a reservation for lunch
(C) Stay close to the guide
(D) Get some water from the visitor center

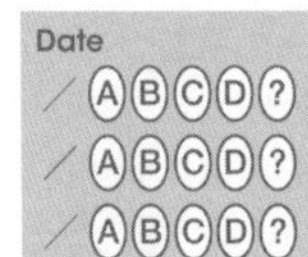

4_099 オーストラリア

Questions 28-30 refer to the following introduction and map.

① Good morning everyone. ② 28 Welcome on today's guided hike, where we'll be walking to Lake Impress and returning back here to the visitor center at approximately 11:45. ③ 28 The trail we're taking goes past President Park's famous lookout tower, so it's a great opportunity to take photos. ④ A word of warning, 29 due to the heavy rain yesterday, there are large puddles on some parts of the trail, but it's possible to walk around them or even through them if your boots are waterproof. ⑤ 30 As there are no natural springs on the way, I recommend using the water fountain here to fill up your bottles. ⑥ And remember, after the hike, we'll enjoy a well-deserved lunch at the center's café.

解説・正解

28. 図を見てください。聞き手たちはどのトレイルを歩きますか。
(A) Presidential トレイル
(B) Peak トレイル
(C) Skylark トレイル
(D) Otter トレイル

②の Welcome on today's guided hike, where we'll be walking to Lake Impress and returning back here to the visitor center at approximately 11:45. から，「Lake Impress と visitor center を行き来する」とわかります。そして，③で The trail we're taking goes past President Park's famous lookout tower と言っているので，tower がある方の (C) Skylark trail を選べば OK です。

29. 話し手はトレイルについて何と言っていますか。
(A) ぬかるんでいるところがある。
(B) ところどころ急勾配である。
(C) 悪天候のため閉鎖している。
(D) 野生動物がいるかもしれない。

トレイルについて，④で due to the heavy rain yesterday, there are large puddles on some parts of the trail と言っています。「水たまりがある」を wet で表した，(A) Some sections are wet. が正解です。puddle「水たまり」を知らなくても，the heavy rain yesterday「昨日の豪雨」や④の waterproof「防水の」から予想できますね。

30. 聞き手たちは何をするよう勧められていますか。
(A) 食料を持って行く
(B) 昼食の予約をする
(C) ガイドから離れない
(D) 案内所で水を汲む

ガイドは⑤で，As there are no natural springs on the way, I recommend using the water fountain here to fill up your bottles. と言っています。here は「案内所」を指し，「案内所で水筒をいっぱいにする」ことを勧めているので，(D) Get some water from the visitor center を選べば OK です。

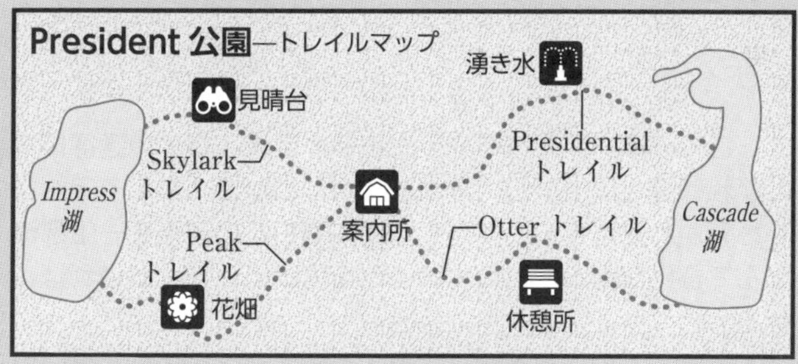

問題 28 から 30 は次の説明と地図に関するものです。

①みなさん，おはようございます。②本日はガイド付きハイキングにご参加いただき，ありがとうございます。このツアーでは Impress 湖まで歩き，だいたい 11 時 45 分にこの案内所へ戻ってきます。③私たちが歩くトレイルは President 公園の有名な見晴台を通るので写真を撮る絶好のチャンスです。④一つ注意を申し上げますと，昨日の豪雨のためトレイルには部分的に大きな水たまりがありますが，その周りは歩けますし，ブーツが防水仕様であれば水たまりの中を歩くことも可能です。⑤途中に湧き水はありませんので，ここの噴水式水飲み場を利用して水筒をいっぱいにしていくことをお勧めします。⑥それから大切なお知らせがあります。ハイキングが終わったらセンターのカフェで，頑張って歩いたご褒美のランチをお楽しみいただきます。

②□guided ガイド付きの □approximately おおよそ，ほぼ ③□past 前 …を通り過ぎて
□lookout 見張り所 ④□due to …が理由で □puddle 水たまり □waterproof 防水の ⑤□spring 泉
□on the way 途中で（= on one's way） □water fountain 噴水式水飲み場
□fill up …をいっぱいに満たす ⑥□well-deserved 享受されて当たり前の，当然の
29.(B) □steep 急こう配の，険しい 図表 □meadow 牧草地

28(C) 29(A) 30(D)

おわりに

ここまで，本当にお疲れ様でした。

韓国では TOEIC テストの対策がとても熱いと聞きます。非常にたくさんの問題をこなしてハイスコアを獲得していく人が多いそうです。その熱さをこの本で実際に感じ取ることができたのではないかと思います。

この『極めろ』シリーズは，かつて僕自身も書店で見かけ，実際に問題を解いたことがあります。そのシリーズの一翼を担う対策本が改訂を迎えた際に，まさか自分のところに執筆依頼を頂けるとは夢にも思いませんでした。

この本の執筆をしながら，TOEIC テスト本番でよく出るもの，世間ではないがしろにされているものの上級者には必要なものなどに触れて，「こんなことまで書いていいんだ」「そんな表現まできっちり教えるんだ」と思うことが何度もあり，ひとりの TOEIC マニアとして楽しい思いを何度もさせていただきました。

今まで僕は 80 冊ほどの本を書いてきましたが，過去に一度も見たことがない，まるで辞書のような量の原稿を見たとき，「これで 1 冊分？」と思わず口にしてしまい，「とんでもない仕事を引き受けてしまったなあ」と思ったのも，今となってはいい思い出です。

もちろんみなさんにとって，この分厚い問題集をやったことが目標スコアの獲得につながり，後々の良い思い出になれば嬉しいですし，みなさんがどこかで「なんでそんなに英語ができるんですか？」と聞かれたときに，「いや，実は TOEIC の勉強を一生懸命やったことがあってね…」なんて言いながら，この本のことを思い出してくださればこれほど嬉しいことはありません。
そしてもし可能なら，テスト当日，この本を持参してみてください。ちょっと重いですが，その重さを感じることで，試験前に「これだけやったんだ」という自信をつけてくれる戦友です。

最後に，この本では，スリーエーネットワークのみなさんに大変お世話になりました。特に谷岡一也さんには企画段階からたくさんのご助言を頂きましたし，TOEIC テスト公開試験の翌日にみんなで集まって，実際の問題を思いおこしながら，「常に原稿をアップデートする」という姿勢で取り組むことができました。本当にどうもありがとうございました。

関 正生

著者紹介：

イ・イクフン語学院　Lee Ik-hoon Language Institute

TOEFL，TOEIC 等英語資格対策の英語学校として 1993 年に設立。徹底的に「耳」を鍛える英語学校として有名。そのメソッドは韓国 36 大学のプログラムにも取り入れられた。これまでの生徒数は 40 万人を超える。設立者であるイ・イクフン著の『ear of the toeic』『eye of the toeic』シリーズは韓国でベストセラーとなり，日本で翻訳出版された『極めろ！ TOEIC』『解きまくれ！ TOEIC』シリーズはこれまでに 45 万部を超えるベストセラーとなった。

関正生　Masao Seki

TOEIC テスト 990 点満点取得。
1975 年 7 月 3 日東京生まれ。埼玉県立浦和高校，慶應義塾大学文学部（英米文学専攻）卒業。
リクルート運営のオンライン予備校「スタディサプリ」講師。スタディサプリでの有料受講者数は 120 万人以上。
今までの予備校では，250 人教室満席，朝 6 時からの整理券配布，立ち見講座，1 日 6 講座 200 名全講座で満席など，数々の記録を残した英語教育業界の革命児。スタディサプリ内の TOEIC テスト対策講座では，動画講義を 300 本以上担当している。
著書は『世界一わかりやすい英文法の授業』『世界一わかりやすい TOEIC テストの英単語』（以上，KADOKAWA）など累計 200 万部突破。また NHK ラジオ「基礎英語 3」テキストでのコラム連載，英語雑誌『CNN ENGLISH EXPRESS』などでの記事執筆多数。ビジネス雑誌の英語特集でも，TOEIC テスト対策に関する取材を多数受ける。
TSUTAYA では DVD 版授業 33 タイトルがレンタル中。DVD BOX も 8 作。
オンライン英会話スクール hanaso（株式会社アンフープ）での教材監修，社会人向けの講演など，25 年以上のキャリアで磨かれた「教えるプロ」として，英語を学習する全世代に強力な影響を与えている。

掲載写真クレジット一覧

P.14 © kurhan / Shutterstock.com
P.26 (6) © StockLite / Shutterstock.com
P.26 (7) © Monkey Business Images / Shutterstock.com
P.28 (13) © fizkes / Shutterstock.com
P.28 (14) © ArrowStudio / Shutterstock.com
P.30 (20) © Radu Razvan / Shutterstock.com
P.30 (21) © Nomad_Soul / Shutterstock.com
P.32 (27) © Alexander Fedorov / Dreamstime.com
P.32 (28) © Erwin Purnomo Sidi / Dreamstime.com
P.34 (34) © Avnerr / Dreamstime.com
P.34 (35) © Stephen Coburn / Shutterstock.com
P.36 (41) © Tom Dowd / Dreamstime.com
P.36 (42) © Stephen Coburn / Shutterstock.com
P.38 (1) © StockLite / Shutterstock.com
P.38 (2) © Monkey Business Images / Shutterstock.com
P.38 (3) © Starfotograf / Dreamstime.com
P.40 (4) © Zurijeta / Shutterstock.com
P.40 (5) © Lisa F. Young / Shutterstock.com
P.40 (6) © Monkey Business Images / Shutterstock.com
P.42 (6) © RIVstock / Shutterstock.com
P.42 (7) © Pedro Diaz / Shutterstock.com
P.44 (13) © Nazile Keskin / Shutterstock.com
P.44 (14) © haveseen / Shutterstock.com
P.46 (20) © Sonya Etchison / Dreamstime.com
P.46 (21) © Uros Ravbar / Dreamstime.com
P.48 (27) © Syda Productions / Shutterstock.com
P.48 (28) © Orange Line Media / Shutterstock.com
P.50 (34) © Sergiy Zavgorodny / Shutterstock.com
P.50 (35) © Mangojuicy / Dreamstime.com
P.52 (41) © oneinchpunch / Shutterstock.com
P.52 (42) © Bignai / Shutterstock.com
P.54 (1) © Tim photo-video / Shutterstock.com
P.54 (2) © Christina Richards / Shutterstock.com
P.54 (3) © Kzenon / Shutterstock.com
P.56 (4) © Korneeva Kristina / Shutterstock.com
P.56 (5) © Lisa F. Young / Shutterstock.com
P.56 (6) © Oshchepkov Dmitry / Shutterstock.com
P.58 (6) © Cineberg / Shutterstock.com
P.58 (7) © Christina Richards / Shutterstock.com
P.60 (13) © Bobby Deal / Dreamstime.com
P.60 (14) © Sebastian Czapnik / Dreamstime.com
P.62 (20) © Aleksey Kurguzov / Shutterstock.com
P.62 (21) © Olesia Bilkei / Shutterstock.com
P.64 (27) © suhendri / Shutterstock.com
P.64 (28) © Monkey Business Images / Shutterstock.com
P.66 (34) © Parn Parn / Shutterstock.com
P.66 (35) © David Tadevosian / Dreamstime.com
P.68 (1) © Pixel-Shot / Shutterstock.com
P.68 (2) © Lastdays1 / Dreamstime.com
P.68 (3) © bokan / Shutterstock.com
P.70 (4) © Linqong / Dreamstime.com
P.70 (5) © Lisa F. Young / Shutterstock.com
P.70 (6) © Christina Richards / Shutterstock.com
P.72 (6) © Jojo Photos / Shutterstock.com
P.72 (7) © DGLimages / Shutterstock.com
P.74 (13) © AVAVA / Shutterstock.com
P.74 (14) © wavebreakmedia / Shutterstock.com
P.76 (20) © New Africa / Shutterstock.com
P.76 (21) © iofoto / Shutterstock.com
P.78 (27) © katja kodba / Shutterstock.com
P.78 (28) © Virrage Images / Shutterstock.com
P.80 (34) © Oleg Mikhaylov / Shutterstock.com
P.80 (35) © newphotoservice / Shutterstock.com
P.82 (41) © Dreamstime Agency / Dreamstime.com
P.82 (42) © Aaca / Dreamstime.com
P.84 (48) © glenda / Shutterstock.com
P.84 (49) © Cristian Gutu / Shutterstock.com
P.86 (55) © Maria Sbytova / Shutterstock.com
P.86 (56) © RossHelen / Shutterstock.com
P.88 (1) © Mindscape studio / Shutterstock.com
P.88 (2) © Jacob Lund / Shutterstock.com
P.88 (3) © Carme Balcells / Shutterstock.com
P.90 (4) © Dennis Tokarzewski / Shutterstock.com
P.90 (5) © Flamingo Images / Shutterstock.com
P.90 (6) © UvGroup / Shutterstock.com
P.92 (6) © Dmytro Voinalovych / Shutterstock.com
P.92 (7) © Krzyssagit / Dreamstime.com
P.94 (13) © helloijan / Shutterstock.com
P.94 (14) © Erwin Purnomo Sidi / Dreamstime.com
P.96 (20) © George Mayer / Shutterstock.com
P.96 (21) © Interior Design / Shutterstock.com
P.98 (27) © Stock-Asso / Shutterstock.com
P.98 (28) © Wei Wei / Dreamstime.com
P.100 (34) © Lora liu / Shutterstock.com
P.100 (35) © Pavel L Photo and Video / Shutterstock.com
P.102 (41) © Chernetskaya / Dreamstime.com
P.102 (42) © StockLite / Shutterstock.com
P.104 (1) © terekhov igor / Shutterstock.com
P.104 (2) © Daniel Tadevosyan / Shutterstock.com
P.104 (3) © Marko Poplasen / Shutterstock.com
P.106 (4) © Petrushin Evgeny / Shutterstock.com
P.106 (5) © I. Pilon / Shutterstock.com
P.106 (6) © David Biagi / Dreamstime.com

P.108 (6) © WorldStock / Shutterstock.com
P.108 (7) © azorr / Shutterstock.com
P.110 (13) © Goh Hock Choon / Shutterstock.com
P.110 (14) © AlexKZ / Shutterstock.com
P.112 (20) © Ken Cole / Dreamstime.com
P.112 (21) © Pressmaster / Shutterstock.com
P.114 (27) © JoLin / Shutterstock.com
P.114 (28) © Leonid Andronov / Shutterstock.com
P.116 (34) © Marius Jasaitis / Dreamstime.com
P.116 (35) © Sergpav4074 / Dreamstime.com
P.118 (41) © william casey / Shutterstock.com
P.118 (42) © Africa Studio / Shutterstock.com
P.120 (1) © JoLin / Shutterstock.com
P.120 (2) © Media_works / Shutterstock.com
P.120 (3) © Ken Cole / Dreamstime.com
P.122 (4) © HacKLeR / Shutterstock.com
P.122 (5) © Mike Malajalian / Shutterstock.com
P.122 (6) © Elena Elisseeva / Dreamstime.com
P.124 (1) © Susan Law Cain / Shutterstock.com
P.124 (2) © kurhan / Shutterstock.com
P.124 (3) © Sean Pavone / Shutterstock.com
P.126 (4) © Serghei Starus / Shutterstock.com
P.126 (5) © Orangeline / Dreamstime.com
P.126 (6) © Africa Studio / Shutterstock.com
P.128 (7) © JHDT Productions / Shutterstock.com
P.128 (8) © Supagrit Ninkaesorn / Shutterstock.com
P.128 (9) © SANCHIT RASTOGI / Shutterstock.com
P.130 (10) © Radu Razvan / Shutterstock.com
P.130 (11) © RossHelen / Shutterstock.com
P.130 (12) © Auremar / Dreamstime.com
P.132 (13) © Iakov Filimonov / Shutterstock.com
P.132 (14) © Olena Yakobchuk / Shutterstock.com
P.132 (15) © s74 / Shutterstock.com
P.134 (16) © Sopotnicki / Shutterstock.com
P.134 (17) © alexfan32 / Shutterstock.com
P.134 (18) © Bilanol / Shutterstock.com

装幀　BUDDHA PRODUCTIONS 斉藤 啓

制作協力　韓文化言語工房 中村克哉，竹内健，桑原雅弘，Karl Rosvold，CPI Japan，高木恭子，渡邉真理子，菊池裕実子，Dreamstar 小野彰子

図版制作　有限会社 ギルド

音源制作　株式会社 巧芸創作

ナレーション　David Schaufele ／ Emma Howard ／ Howard Colefield ／ Jason Takada ／ Rachel Walzer

極めろ！ リスニング解答力 TOEIC® L&R TEST

2021年 3 月31日　初版第 1 刷発行
2023年 7 月25日　第　3　刷発行

著　者　　イ・イクフン語学院，関 正生
発行者　　藤嵜 政子
発　行　　株式会社 スリーエーネットワーク
〒102-0083 東京都千代田区麹町3丁目4番 トラスティ麹町ビル2F
電話：03-5275-2722［営業］ 03-5275-2726［編集］
https://www.3anet.co.jp/
印　刷　　倉敷印刷

ISBN 978-4-88319-677-7　C0082